高等职业教育工业机器人技术专业系列教材

数字孪生与虚拟调试技术应用

主　编　王　亮　张青波　李方园

副主编　刘　彦　薛　强　权利红

参　编　王　晨　孙宏昌　陈冲锋　高　强

　　　　程培林　郝　磊　席宇迪

主　审　邓三鹏

机 械 工 业 出 版 社

本书是由长期从事工业机器人技术的一线教师和企业工程师，根据机器人工程技术人员、数字化解决方案设计师等新职业要求，结合职业院校自动化类专业转型升级需求和《数字孪生应用技术员国家职业标准》编写的理实一体化教材。

本书围绕虚拟调试技术应用设计了五个项目，分别为虚拟调试技术认知、智能制造生产线模型创建、工业机器人仿真应用案例、谐波减速器装配虚拟调试、数字孪生综合应用。本书采用项目化编写体例，每个项目下设若干任务，通过知识页、任务页、习题页，将理论与实践相结合，符合职业教育的教学特点以及学生的认知特点。书中各项目内容由浅入深，循序渐进，知识结构分布合理，操作步骤详细、清晰，突出职业教育特色，着重培养学生数字孪生应用相关岗位的职业技能。本书配有仿真模型、彩色图片、习题解答、动画仿真和微课视频等教学资源。

本书可作为高等职业院校、应用型本科院校智能制造相关专业的教材，也可供工程技术人员参考阅读。

本书配有电子课件，凡使用本书作为教材的教师可登录机械工业出版社教育服务网（www.cmpedu.com）注册后下载。咨询电话：010-88379375。

图书在版编目（CIP）数据

数字孪生与虚拟调试技术应用 / 王亮，张青波，李方园主编. -- 北京 ：机械工业出版社，2025. 8.
（高等职业教育工业机器人技术专业系列教材）. -- ISBN 978-7-111-78363-3

Ⅰ. TH-39

中国国家版本馆 CIP 数据核字第 2025B0W002 号

机械工业出版社（北京市百万庄大街 22 号　邮政编码 100037）
策划编辑：薛　礼　　　　责任编辑：薛　礼　周海越
责任校对：郑　婕　李　杉　　封面设计：张　静
责任印制：常天培
河北虎彩印刷有限公司印刷
2025 年 8 月第 1 版第 1 次印刷
184mm×260mm · 21.5 印张 · 532 千字
标准书号：ISBN 978-7-111-78363-3
定价：69.00 元

电话服务	网络服务
客服电话：010-88361066	机　工　官　网：www.cmpbook.com
010-88379833	机　工　官　博：weibo.com/cmp1952
010-68326294	金　　书　　网：www.golden-book.com
封底无防伪标均为盗版	机工教育服务网：www.cmpedu.com

前言

数字孪生是通过数字技术创建的物理或虚拟对象的数字化复制品，包括物理实体（如建筑物、设备或产品）的数字模型，以及虚拟实体（如过程或系统）的数字模型。数字孪生利用大量数据收集、整合和分析的方法，以提供对实体或系统的准确表示和仿真。随着数字化转型的不断推进，新一代信息技术如物联网、大数据、云计算和人工智能等发展迅猛，数字孪生和虚拟调试技术已经成为推动产业升级和创新发展的重要手段之一。通过虚拟调试技术改变传统生产模式，可解决企业资源短缺的问题，推动企业数字化转型。

党的二十大报告指出，“加快发展数字经济，促进数字经济和实体经济深度融合，打造具有国际竞争力的数字产业集群”。我们要紧紧抓住新一轮科技革命和产业变革的战略性机遇，从全面建设社会主义现代化国家的战略高度，推动数字技术在实体经济中的广泛应用，赢得数字经济时代国际竞争的主动权。加快推进制造业数字化转型，促进数字经济和实体经济深度融合，迫切需要推进产业领域数字化转型。要加快5G、人工智能、数字孪生等新兴融合型技术的推广应用，推动智能制造单位、智能产线、智能车间建设，构建智能制造生态。鼓励和支持行业龙头企业立足自身优势，开放数字化资源和能力，带动供应链上下游的中小企业融入数字化应用场景和产业生态，提升产业链、供应链整体效率和竞争力。

本书包括虚拟调试技术认知、智能制造生产线模型创建、工业机器人仿真应用案例、谐波减速器装配虚拟调试、数字孪生综合应用等内容，旨在通过完成渐次复杂的工作任务，逐步提升工程实践能力，对数字孪生技术进行系统应用。本书的主导思想是突出操作技能，提高动手能力。本书采用了大量的实例，知识结构由浅到深；项目训练由易到难，循序渐进；理论与实践紧密结合，将企业岗位所需的技能融入工作任务；项目设计紧密对接前沿技术发展趋势，由校企联合开发，将企业技术融入教材内容当中，各项目任务由企业真实项目转化而来，贴近生产实际应用，从Sim IPT的基础仿真到智能制造生产线的仿真设计、从“虚控虚”仿真再到“实控虚”，涵盖了虚拟调试的核心技能。本书所涉及的核心内容是智能制造生产线的虚拟调试技术，该技术是传统装备制造大类专业课程体系的提升和拓展，兼顾高等职业教育专科层次和本科层次衔接，高度契合新兴专业转型升级。本书充分考虑新兴岗位职业素养要求、项目化课程建设要求、职业技能等级证书考核要求、技能大赛要求等，深度融通岗课赛证内涵要求，对照《数字孪生应用技术员国家职业标准》，有效地将相关知识技能点融入本书知识技能当中，深入结合企业生产实际应用。

本书可作为高等职业教育工业机器人技术、电气自动化技术、智能控制技术和机电一体化技术等相关专业的教材，也可作为从事数字化设计、数字化仿真及虚拟调试等相关岗位的技术人员，特别是刚接触数字孪生技术的工程技术人员的参考用书。

本书由浙江工商职业技术学院王亮、张青波、李方园任主编，天津博诺智创机器人技术有限公司刘彦、薛强、权利红任副主编。天津博诺智创机器人技术有限公司王晨，天津职业技术师范大学孙宏昌，芜湖机械工程学校陈冲锋，浙江工商职业技术学院高强、程培林，安徽机电职业技术学院郝磊、席宇迪参与了本书的编写工作。天津职业技术师范大学邓三鹏审阅了本书并提出了宝贵意见。

本书在编写过程中得到了天津市机器人学会，天津职业技术师范大学机械工程学院、机器人及智能装备研究院研究生杨志国、乔国庆等同学的技术支持和帮助，在此深表谢意。

由于编者水平所限，书中难免存在不妥之处，恳请广大读者批评指正。

编　者

二维码索引

目录

项目一

虚拟调试技术认知

随着众多新兴科技的发展，一种以数字化、网络化、智能化新技术为代表的新质生产力正加快新一轮的科技革命和产业革命。新质生产力，是以智能制造为核心的新型工业化体系的生产力，而智能化生产线是智能制造技术的重要体现，在制造业中广泛使用。智能化生产线能实现自动化、高效率、高产量、连续性的生产工作，大量采用自动化设备，将关键工序智能化、关键岗位机器人替代、生产过程智能优化控制，极大程度减少人工劳动，在现代化工业生产中发挥着重要作用。

在智能制造生产线虚拟调试与数字孪生系统中，虚拟调试可以在制造单机和生产线产品之前模拟出实物，这不仅可以缩短生产的工期，还可以避免不必要的返工；数字孪生可以帮助人们在信息化平台上了解物理实体的状态，甚至可以对物理实体里面预定义的接口组件进行控制，从而帮助组织监控运营、执行预测性维护和改进流程。数字孪生的特征如下：

1）虚实映射：数字孪生技术要求在数字空间构建物理对象的数字化表示，现实世界中的物理对象和数字空间中的孪生体能够实现双向映射、数据连接和状态交互。

2）实时同步：基于实时传感等多元数据的获取，孪生体可全面、精准、动态反映物理对象的状态变化，包括外观、性能、位置、异常等。

3）共生演进：在理想状态下，数字孪生所实现的映射和同步状态应覆盖孪生对象从设计、生产、运营到报废的全生命周期，孪生体应随孪生对象生命周期进程而不断演进更新。

4）闭环优化：建立孪生体的最终目的，是通过描述物理实体内在机理，分析规律、洞察趋势，基于分析与仿真对物理世界形成优化指令或策略，实现对物理实体决策优化功能的闭环。

本项目主要内容如下：

1）虚拟现实技术特征及其系统的关键技术。

2）虚拟现实技术与现场生产相结合的优势。

3）虚拟调试技术应用。

4）数字孪生技术。

5）Sim IPT 软件特点。

6）数字孪生开发及应用的典型案例。

7）软件基本操作知识。

本项目重点是了解虚拟现实技术、数字孪生技术、Sim IPT 软件相关知识点以及数字孪生等的实际应用。通过学习本项目，读者应了解虚拟现实技术、数字孪生技术的发展历程和实际应用案例，以及熟悉相关领域的软件的基础知识。

任务一　虚拟调试技术概述

1. 知识页

<table>
<tr><td>工作任务</td><td>虚拟调试技术认知</td><td>教学模式</td><td>理实一体</td></tr>
<tr><td>建议学时</td><td>1 学时</td><td>所需设备、器材</td><td>VR 设备</td></tr>
<tr><td>任务描述</td><td>了解虚拟现实技术特征及其系统的关键技术</td><td rowspan="2">更多资料</td><td rowspan="2">虚拟调试技术概述</td></tr>
<tr><td>职业技能</td><td>1）了解虚拟现实技术特征及其系统的关键技术
2）了解虚拟现实技术与现场生产相结合的优势
3）虚拟调试技术应用
4）数字孪生技术</td></tr>
<tr><td colspan="4">任务实施</td></tr>
</table>

1. 虚拟现实技术简介

虚拟现实（Virtual Reality，VR）技术又称灵境技术，是以浸没感、交互性和构想为基本特征的计算机高级人机界面，是迅速发展的一项综合性计算机、图形交互技术，它综合利用了计算机图形学、仿真技术、多媒体技术、人工智能技术、计算机网络技术、并行处理技术和多传感器技术，模拟人的视觉、听觉、触觉等感官功能，使人能够沉浸在计算机生成的虚拟境界中，并能够通过语言、手势等自然的方式与之进行实时交互，创建一种拟人化的多维信息空间。使用者不仅能够通过虚拟现实系统感受到“身临其境”的逼真性，而且能够突破空间、时间以及其他客观限制，感受到在真实世界中无法亲身经历的体验。

计算机技术的迅速发展为我们提供了许多解决问题的新方法。虚拟现实技术的产生与发展也同样如此，目前虚拟现实系统的研究主要涉及 3 个领域：依靠计算机图形方式建立实时的三维视觉效果、构建对虚拟世界的观察界面和使用虚拟现实技术加强其在现实世界中的应用。

2. 虚拟现实技术特征及其系统的关键技术

从本质上说，虚拟现实就是一种先进的计算机用户接口，它通过给用户同时提供诸如视、听、触等各种直观而又自然的实时感知交互手段，最大限度地方便用户的操作，从而减轻用户的负担、提高整个系统的工作效率。因此，虚拟现实技术具有以下 4 个重要特征。

(1) 多感知性　所谓多感知性就是指除视觉感知外，还包括听觉、力觉、触觉和运动感知，甚至包括味觉感知、嗅觉感知等。

(2) 存在感　存在感又称临场感，它是指用户感到作为主角存在于模拟环境中的真实程度。理想的模拟环境应该达到使用户难以分辨真假的程度。

(3) 交互性　交互性指用户对模拟环境内物体的可操作程度和从环境得到反馈的自然程度（包括实时性）。我们借助于自身的感觉器官，在虚拟的环境中体验真实的环境。

(4) 自主性　自主性是指虚拟环境中物体依据物理定律进行动作的程度。虚拟现实系统的关键技术主要由动态环境建模技术、实时三维图形生成技术、立体显示和传感器技术、应用系统开发工具和系统集成技术 5 个方面组成。其中动态环境建模技术的目的是根据应用的需要获取实际环境的三维数据，并利用获取的三维数据建立相应的虚拟环境模型。而三维图形的生成技术关键是如何实现“实时”生成，立体显示和传感器技术是虚拟现实中实施交互能力的关键。

3. 虚拟现实技术应用

(1) 医学应用　虚拟现实在医学方面的应用具有十分重要的现实意义。在虚拟环境中，可以建立虚拟的人体模型，借助于跟踪球、头戴式显示器（Head Mounted Display，HMD）、感觉手套，学生可以很容易了解人体内部各器官结构，这比现有的采用教科书的方式要有效得多。Pieper 及 Satara 等研究者在 20 世纪 90 年代初基于两个 SGI 工作站建立了一个虚拟外科手术训练器，用于腿部及腹部外科手术模拟，这个虚拟的环境包括虚拟的手术台与手术灯、虚拟的外科工具（如手术刀、注射器、手术钳等）、虚拟的人体模型与器官等。借助于 HMD 及感觉手套，使用者可以对虚拟的人体模型进行手术。但该系统有待进一步改进，如需提高环境的真实感，增加网络功能，使其能同时培训多个使用者，或可在外地专家的指导下工作等。在手术后果预测及改善残疾人生活状况，甚至新型药物的研制等方面，虚拟现实技术都有十分重要的意义。

(2) 娱乐应用　丰富的感觉能力与 3D 显示环境使得虚拟现实成为理想的视频游戏工具。由于在娱乐方面对虚拟现实的真实感要求不是太高，故近些年来虚拟现实在该方面发展最为迅猛。如 Chicago（芝加哥）开放了世界上第一台大型可供多人使用的 VR 娱乐系统，其主题是关于 3025 年的一场未来战争；英国开发的名为“Virtuality”的 VR 游戏系统，配有 HMD，极大增强了真实感；1992 年的一台名为“LegealQust”的系统由于增加了人工智能功能，使计算机具备了自学习功能，极大增强了趣味性及难度，并获该年度 VR 产品奖。另外在家庭娱乐方面，虚拟现实也显示出了很好的前景。

(3) 室内设计　虚拟现实不仅是一个演示媒体，而且是一个设计工具。它以视觉形式反映了设计者的思想，比如装修房屋之前，你首先要做的事是对房屋的结构、外形做细致的构思，为了使之定量化，你还需设计许多图样，当然这些图样只有内行人能读懂。虚拟现实可以把这种构思变成看得见的虚拟物体和环境，使以往只能借助传统的设计模式提升到数字化的所看即所得的完美境界，大大提高了设计和规划的质量与效率。运用虚拟现实技术，设计者可以完全按照自己的构思去构建装饰“虚拟”的房间，并可以任意变换自己在房间中的位置，来观察设计的效果，直到满意为止，既节约了时间，又节省了制作模型的费用。图 1-1 所示为室内设计虚拟模型。

（4）房产开发　随着房地产业竞争的加剧，传统的展示手段如平面图、表现图、沙盘、样板房等已经远远无法满足消费者的需要。因此，敏锐把握市场动向，果断启用最新的技术并迅速转化为生产力，方能领先一步，超越竞争对手。虚拟现实技术是集影视广告、动画、多媒体、网络科技于一身的新型房地产营销方式，在国内的广州、上海、北京等大城市，国外的加拿大、美国等经济和科技发达的国家都非常热门，是当今房地产行业一个综合实力的象征和标志，其最主要的核心是房地产销售。同时，在房地产开发中的其他重要环节包括申报、审批、设计、宣传等方面也有着非常迫切的需求。图 1-2 所示为房产虚拟模型。

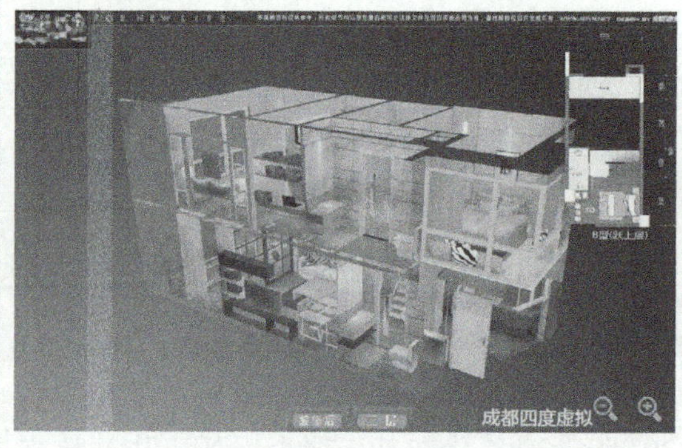

图 1-1　室内设计虚拟模型

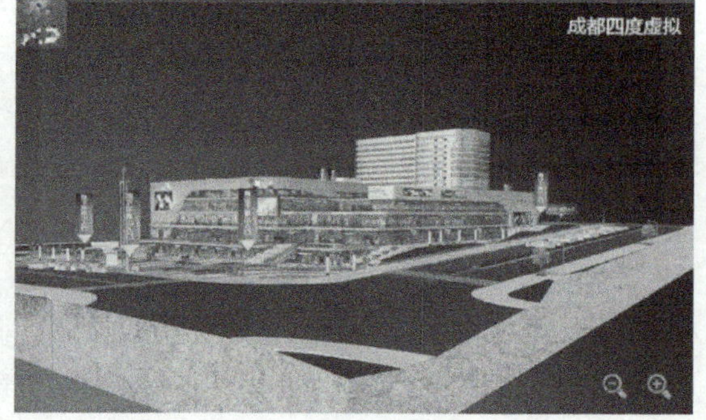

图 1-2　房产虚拟模型

（5）工业仿真　当今世界工业模式已经发生了巨大的变化，劳动密集型模式早已不适应工业的发展，先进科学技术的应用显现出巨大的威力，特别是虚拟现实技术的应用正在工业领域掀起一场前所未有的革命。虚拟现实技术已经被世界上一些大型企业广泛地应用到工业的各个环节，对企业提高开发效率，加强数据采集、分析、处理能力，减少决策失误，降低企业风险起到了重要的作用。虚拟现实技术的引入，将使工业设计的手段和思想发生质的飞跃，更加符合社会发展的需要，可以说在工业设计中应用虚拟现实技术是可行且必要的。

工业仿真系统不是简单的场景漫游，是真正意义上用于指导生产的仿真系统，它结合用户业务层功能和数据库数据组建一套完全的仿真系统，可组建 B/S、C/S 两种架构的应用，可与企业资源规划（Enterprise Resource Planning，ERP）、管理信息系统（Management Information System，MIS）无缝对接，支持 SQLServer、Oracle、MySQL 等主流数据库。

（6）应急推演　防患于未然，是各行各业尤其是具有一定危险性行业（消防、电力、石油、矿产等）的关注重点，定期地执行应急推演是传统并有效的一种防患方式，但其弊端也相当明显，投入成本高，每一次推演都要投入大量的人力、物力，大量的投入使得其不可能频繁地执行。虚拟现实的产生为应急演练提供了一种全新的开展模式，将事故现场模拟到虚拟场景中去，在这里人为地模拟各种事故情况，组织参演人员做出正确响应，如图 1-3 所示。这样的推演大大降低了投入成本，提高了推演实训时间，从而保证了人们面对事故灾难时的应对技能，并且可以打破空间的限制，方便地组织各地人员进行推演，这样的案例已有应用，是应急推演的发展趋势之一。

（7）军事航天 模拟训练一直是军事与航天工业中的一个重要课题，这为虚拟现实提供了广阔的应用前景。美国国防部高级研究计划局（Defense Advanced Research Projects Agency，DARPA）自20世纪80年代起一直致力于研究名为SIMNET的虚拟战场系统，以提供坦克协同训练，该系统可联结200多台模拟器。另外利用虚拟现实技术，可模拟零重力环境，代替非标准的水下训练宇航员的方法。图1-4所示为军事航天虚拟模型。

图1-3 应急推演虚拟模型

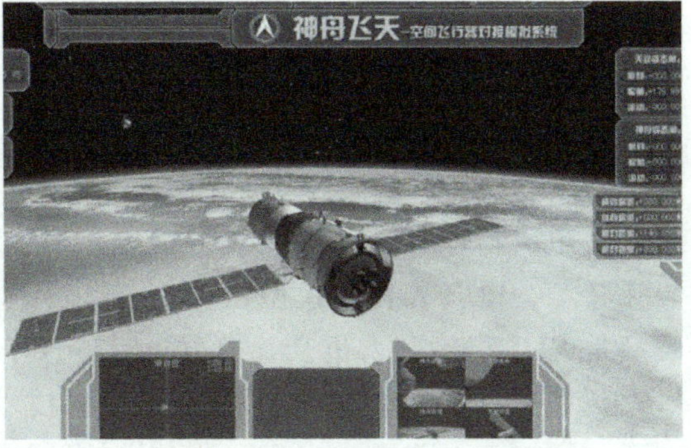

图1-4 军事航天虚拟模型

4. 虚拟调试

虚拟调试是虚拟现实技术在工业领域的应用，通过虚拟技术创建出物理制造环境的数字复制品，用来测试和验证产品设计的合理性。虚拟调试技术可以在设计的虚拟环境中对制造流程的变化进行数字化实验，可以实现在现场设备安装之前，即可以提前对工业生产线中的机械设计、工艺流程、电气连接等进行验证与调试。它可以缩短生产线和自动化设备的现场调试时间、优化节拍时间、提高生产效率及降低现场调试风险。例如，在计算机上模拟整个生产过程，包括机器人和自动化设备、PLC、变频器、电动机等单元。

如果在过程自动化或机器人运动中需要进行优化，则可以在同一台计算机上进行更改，虚拟调试允许重新编程机器人或更改变频驱动器、PLC编程等操作。一旦重新编程，系统会再次进行测试，如果通过，则可以进行下阶段的物理部署。

使用虚拟调试来提前编程和测试产品，可以减少过程停机时间，并且制造商可以降低将设计转换为产品的过程风险。因为自动化编程和软件发生错误可能要付出高昂的代价，特别是在生产过程中发现这些错误，需要花费大量的时间和金钱去纠正。

5. 虚拟调试的优势

系统集成商和工厂工程师们最能在日常工作中体会到虚拟调试的种种好处。虽然这项技术的作用难以被量化，但大致可以归纳总结为以下几点：

1）更早地发现编程错误和逻辑问题等棘手情况，无须等设备在物理环境中安装完成。最大限度地避免真实物理环境下的碰撞等错误，从而降低昂贵的修改成本。

2）调试整体环节所需的时间显著缩短，交货时间总体缩短20%左右。

3）可以在项目初期就开始对操作员的培训，提高工作质量。

虚拟调试在复杂的自动化项目中具有显著优势。此外，如果有多个控制系统，虚拟调试可以在不同系统的同一个仿真模型中对机器人代码进行仿真。同时，PLC也可以集成到程序中，从而使整个加工单元的自动化技术得以投入运行。

6. 虚拟调试技术应用

（1）虚拟设备模型定义　在设备开发中应用虚拟调试，首先要创建一个虚拟设备，虚拟设备模型主要包括 3 部分，即物理和运动系统模型、电气和行为模型、自动化模型，如图 1-5 所示。

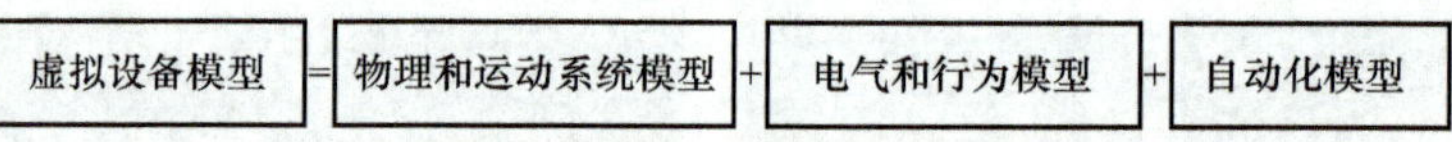

图 1-5　虚拟设备模型定义

其中，物理和运动系统模型主要是机械组件，比如设备主体、执行机构、输送带、工装夹具等；电气和行为模型主要是一些活动组件，例如驱动器、阀门和外设行为；自动化模型是 PLC 程序和人机交互（Human-Machine Interaction，HMI）软件。

（2）搭建虚拟调试平台　虚拟调试技术分软件在环（Software in Loop，SiL）和硬件在环（Hardware in Loop，HiL），根据不同的仿真环境可以选择软件在环或硬件在环。软件在环是把整体设备完全虚拟化，即由虚拟控制器 CPU、虚拟 HMI、虚拟信号及模型算法、虚拟机械模型组成；硬件在环是把设备主要的硬件放在仿真环境中，使用真实 HMI、真实控制器 CPU、现场 I/O 信号设备与虚拟机械模型组成虚拟设备模型。图 1-6 所示为虚拟调试平台。

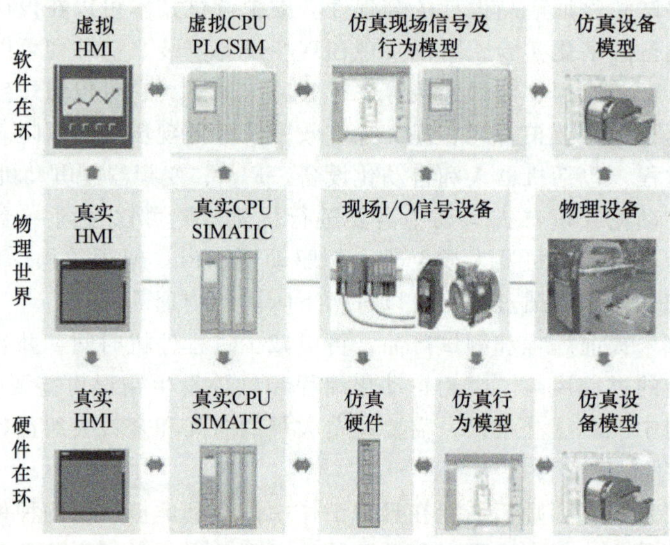

图 1-6　虚拟调试平台

在软件在环的仿真环境下，将 NX MCD1、PLCSIM Advanced2、HMI 仿真器 3 与 SIMIT4 软件集成到虚拟调试平台，对包含多物理场以及通常存在于机电一体化产品中的自动化相关行为进行 3D 建模和仿真，使机械、电气和自动化设计能够同时工作，并行协同设计一个项目：

1）机械工程师可以根据 3D 形状和运动学创建数字模型。

2）电气工程师可以选择并定位传感器和驱动器等行为模型。

3）自动化编程人员可以设计设备的控制逻辑和 HMI 程序，然后与机械模型、电气模型连接，实现基于事件或命令的控制和运动模型。

在硬件在环的仿真环境下，采用标准化的通信协议 OPCUA，用于在仿真设备模型与 PLC、HMI 和现场信号设备之间交换数据，以确保在实际调试之前能够模拟和优化所有机械动作和控制功能。

（3）在 NX MCD 中建立虚拟设备模型　首先要了解设备的真实控制机理，分析每个运动的真实物理场景中所对应的控制信号，在 NX MCD 建立虚拟设备模型，创建及匹配相应的信号，并使用信号来控制运动模型的动作，仿真实际机械部件的运动情况，为后续使用 PLC 的虚拟调试打下基础。

建立虚拟设备模型的流程包括：

1）分析设备真实控制机理。

2）在 NX MCD 中创建 3D 模型及运动状态。

3）在 NX MCD 中创建信号，建立仿真序列（输入信号）、运行表达式（输出信号）、检验信号对运动的控制。

（4）建立虚拟 PLC　在 TIA Portal 中编写 PLC 控制程序和 HMI 画面，图 1-7 所示 PLC 控制程序编程和 HMI 工作完成后，启动 PLCSIM Advanced 建立虚拟 PLC，如图 1-8 所示，与真实 PLC 具有相同的功能，将 PLC 控制程序下载到虚拟 PLC 中，并启动 HMI Simulation 建立虚拟 HMI。

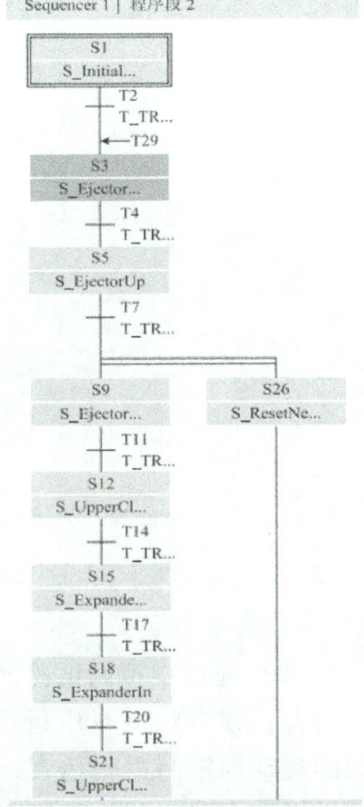

图 1-7　PLC 控制程序

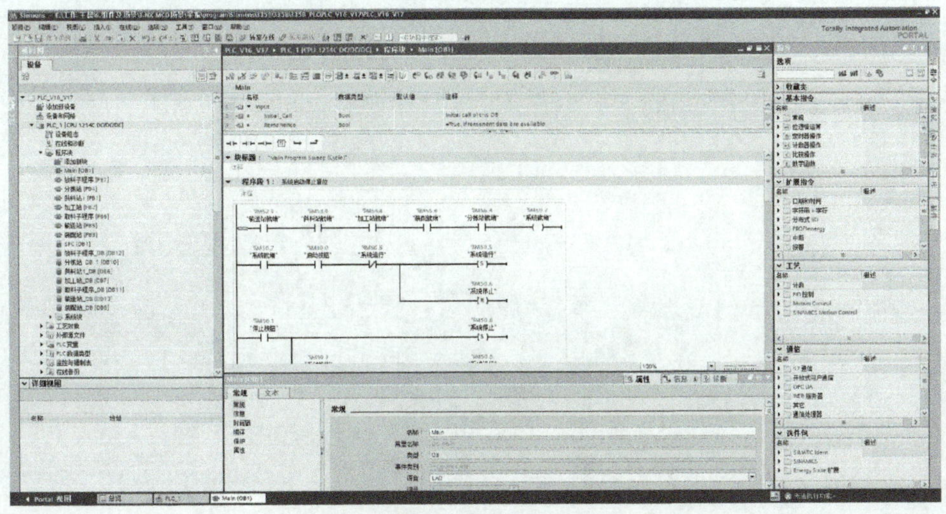

图 1-8　建立虚拟 PLC

（5）建立NX MCD与PLC信号的映射关系　将PLC中的输入、输出变量与NX MCD中输入、输出信号建立联系，从而使PLC中的输出信号作为NX MCD的输入信号，NX MCD的输出信号作为PLC中的输入信号。图1-9所示为NX MCD与PLC信号映射。

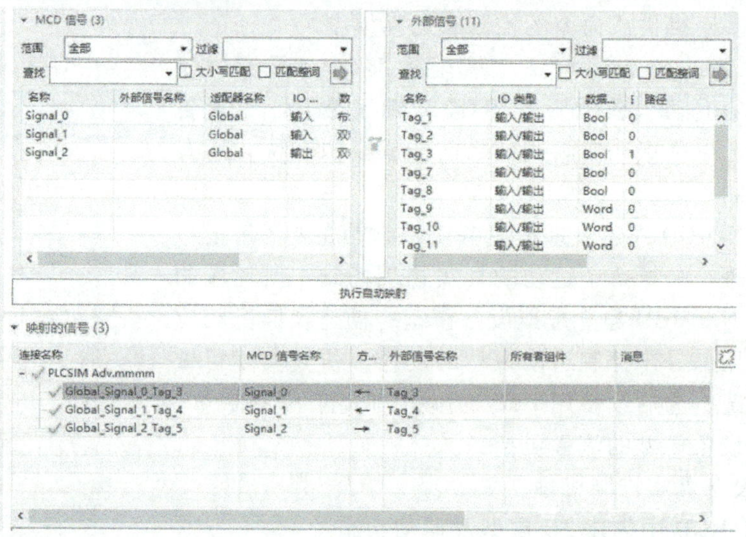

图1-9　NX MCD与PLC信号映射

（6）通过虚拟调试验证设计的可用性　启动虚拟PLC，在线监控PLC控制程序的运行情况；在NX MCD中运行虚拟设备模型，查看程序控制的运动情况。通过虚拟设备模型的运动和控制逻辑仿真，优化改进自动化模型、电气和行为模型，以及物料和运动模型，而不会造成硬件资源的浪费。图1-10所示为虚拟调试对设备设计进行验证。

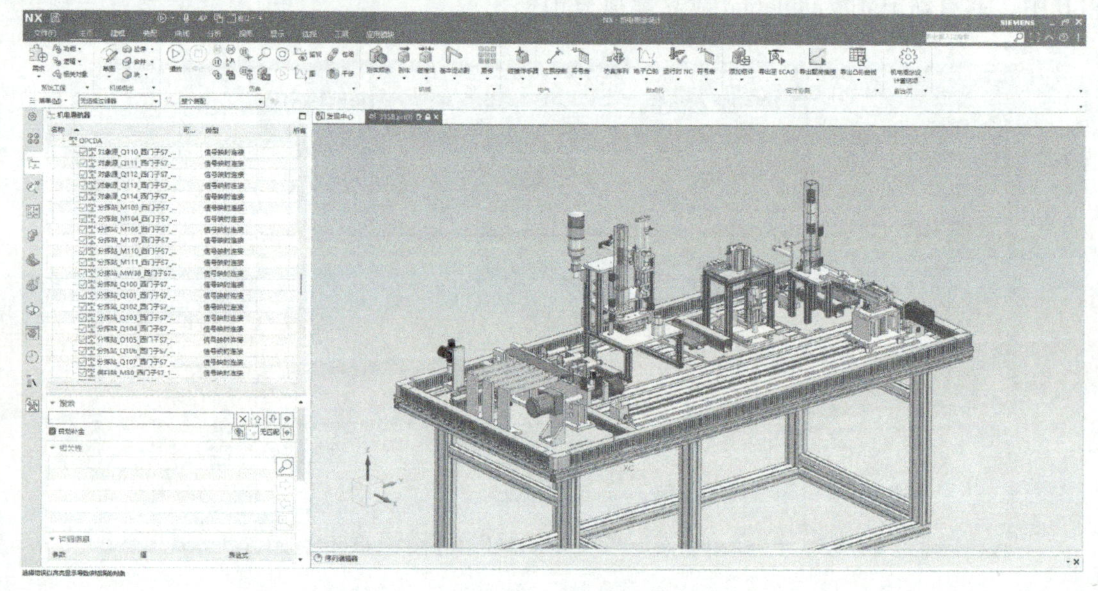

图1-10　虚拟调试对设备设计进行验证

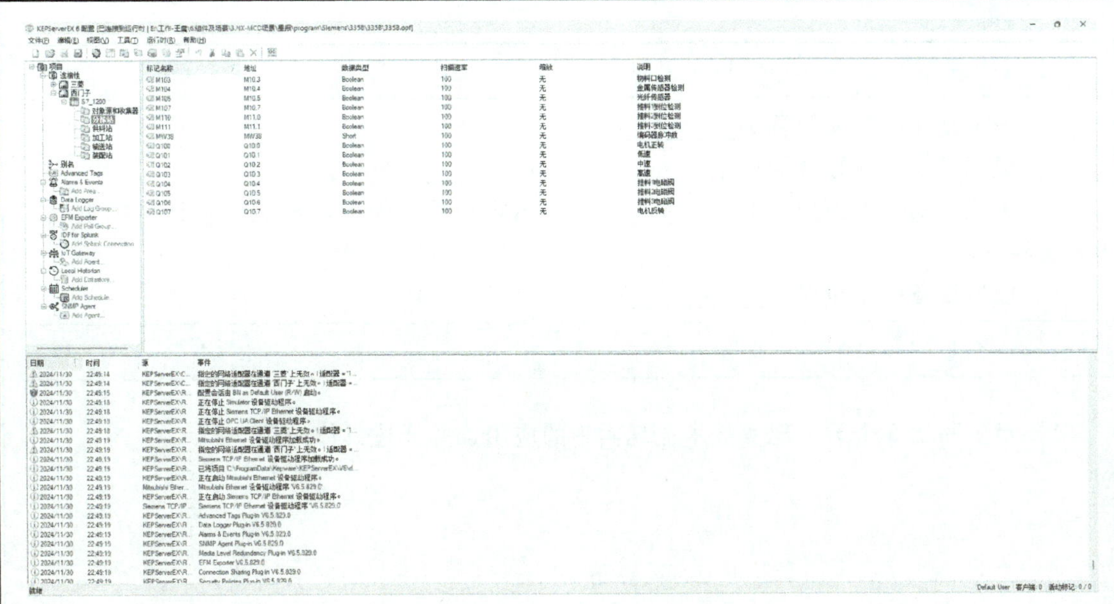

图 1-10　虚拟调试对设备设计进行验证（续）

注意：

1）NX MCD 是西门子提供的机电一体化概念设计解决方案，对 CAD 模型进行物理属性赋值，以实现对机电一体化的虚拟映射。

2）PLCSIM Advanced 是基于西门子 TIA Portal 平台的高级仿真器，可以模拟和验证 PLC 代码，仿真包括通信、知识产权功能块、安全性和 Web 服务器。

3）HMI 仿真器即 HMI Simulation，可以模拟操作员面板，以便测试和优化已经处于工程阶段的操作概念或接口。

4）NX MCD 是西门子工业自动化仿真软件，可以代替现场 I/O 设备，仿真电气部件的行为模型和算法。

7. 虚拟调试与虚拟现实的区别

如果说虚拟现实（VR）是构建一个完全虚拟的世界，那么虚拟调试则是构建一个虚拟的真实世界。虽然都是虚拟，虚拟调试与 VR 不同的是，其不仅是物理世界的数字化映射，更与物理世界有着强交互性，具备双向影响的能力。比如通过数字世界对物理世界的事物下达指令、计算控制；反向也可以将物理世界中的点滴变化实时映射到数字世界中，双向影响。

8. 虚拟调试与数字孪生

数字孪生的概念经过近些年的发展，其理论逐步完善，应用范围逐渐扩大，在设备行业也逐渐得到应用。虚拟调试就是数字孪生在行业中的一个应用，其工作原理是创建与物理对象完全等价的虚拟模型，虚拟模型通过对物理对象进行实时性的仿真，从而验证物理对象的机械设计、电气设计、控制系统的合理性和安全性，以便改进和优化设计。

Sim IPT 软件是专业的虚拟仿真编程平台，具有多种类型的功能与特性，多种应用编程接口，可以用于二次定制开发、轨迹规划、3D 可视化与渲染/碰撞检测/信号交互协同控制/机器人运动学分析/离散事件处理等规划类 CAE 分析功能。

2. 习题页

1. 填空题

1）虚拟现实的英文简称为____________。

2）虚拟现实技术综合利用了____________和____________。

3）虚拟现实技术模拟人的____________等感官功能，使人能够沉浸在计算机生成的虚拟境界中。

4）虚拟设备模型包含____________。

2. 简答题

1）至少写出5个虚拟现实技术在现实中的应用，并详述具体应用。

2）简述虚拟调试技术的优势。

3）简述虚拟调试与虚拟现实的区别。

4）建立虚拟设备模型的流程包括哪几步？

任务二　Sim IPT 软件介绍及基本操作

1. 知识页

<table>
<tr><td>工作任务</td><td>认识 Sim IPT 软件</td><td>教学模式</td><td>理实一体</td></tr>
<tr><td>建议学时</td><td>1 学时</td><td>所需设备、器材</td><td>Sim IPT 软件</td></tr>
<tr><td>任务描述</td><td>了解 Sim IPT 软件的界面布局与基本操作</td><td rowspan="2">更多资料</td><td rowspan="2">基础功能模块</td></tr>
<tr><td>职业技能</td><td>1）了解 Sim IPT 软件特点
2）了解数字孪生开发及应用的典型案例
3）掌握软件的基本操作</td></tr>
<tr><td colspan="4">任务实施</td></tr>
</table>

1. Sim IPT 软件特色功能

（1）海量的组件库　具有海量的机器人组件库，涵盖市面上大部分品牌的机器人，如 ABB、KUKA、FANUC 等，国产埃夫特、遨博、新松等，并提供大量生产线组件，包括机床、传送带、导轨及其他外围设备的模型组件，支持超大场景的生产线仿真，在大场景搭建、拖动和仿真过程中，界面流畅。

（2）自定义模型创建功能　支持包含 stp、step、igs、stl、dxf 等标准 CAD 文件格式的文件导入，建立关节轴，创建辅助坐标系，制作非标模型组件，保存组件形成组件库，建立自己独有的模型库；可为机器人加入运动学正、逆解算法，对工业机器人的可达性、轴超限、碰撞等进行检查；具备欧拉角计算功能，能够进行各种欧拉角、四元数之间的相互转换。

（3）快速捕捉功能　可快速捕捉点、线、面、圆心、坐标系等特征，并进行角度与距离的测量。

（4）3D 点云数据导入　可直接导入 3D 点云数据生成各种加工路径。

（5）精准布局　可输入实际设备的用户坐标、工具坐标及关节软限位等数值，快速匹配场景与实际设备。

（6）特定工艺加工　针对曲面加工的特定工艺，可沿着加工路径对工件进行着色处理，通过颜色的不同来分析加工的差异性，如喷涂的膜厚、抛光的次数等。

（7）快速提取加工路径　可提取 3D 模型的边缘特征直接生成切割和焊接等工艺的机器人加工运动轨迹；可提取 3D 模型的曲面特征进行分层切片；可对曲面进行手工标定后，自动生产各种复杂加工路径。

（8）自定义工具参数　提供 Excel 工艺模板，可设置自定义的工艺参数，输出工艺参数到实际设备。

（9）加工路径优化　快速调整点位姿态，调整路径加工顺序，提供批量调整位姿，锁定轴向、姿态渐变、自动排序等各种调试功能。可实现示教编程操作，控制各轴运动，可以添加、编辑、删除轨迹点。可通过调整平面曲线的方式调整点位姿态，一键自动调整关节姿态（曲线调点功能），达到快速调整机器人点位的效果。

（10）后置输出　支持主流机器人与G代码后置输出，加工路径程序可逆向导入仿真软件进行轨迹模拟并仿真，进行数值编辑，可观察修改后的仿真效果。

（11）协作离线编程　单个场景中支持多机器人协作离线编程，支持双-多机器人同步工作的相关应用。

（12）示教编程　点位示教编程可生成PTP点与Line点，并可相互转换，可拖动机器人末端进行已有点位修改，示教生成的路径可相互调用，任意程序可作为其他程序的子程序使用。

（13）自定义物料　自定义物料生成，参数化控制物料生成个数、时间间隔、供料速度等，可修改物料生成位置。

（14）加工路径调用　产线规划时可调用离线编程生成的加工路径进行仿真，让加工工位仿真时不仅限于做简单动作，而是能够仿真出更加准确的实际加工路径。

（15）自定义传送带　自定义传送带，参数化控制传送速度和传送容量，可实现直线传送和曲线传送，可在传送带上增加传感器。

（16）信号控制功能　虚拟设备之间如机器人与机器人、机器人与机床间，通过交互控制与传感器信号建立逻辑关系，每个信号的仿真情况可通过信号列表实时观察。

（17）虚拟联调功能　支持OPC UA等标准的通信协议，可与如西门子博途、CODESYS等PLC编程软件互联互通，实现单站到生产线的PLC虚拟联调。

（18）分析计算功能　可统计各工位物料的加工时间、加工数量等，并实时输出饼状图和柱状图等分析结果到Excel中。

（19）数字孪生　充分利用软件进行物理模型导入、传感器更新、运行历史等数据，集成多学科、多尺度、多概率的仿真过程，在虚拟空间中完成映射，从而反映相对应的实体装备的全生命周期过程。以数字化方式创建物理实体的虚拟模型，借助数据模拟物理实体在现实环境中的行为。

支持机器人运动点位信息的后置输出；能够直接生成代码，导入控制柜，控制实体机器人（包括但不限于ABB、KUKA、EFORT、FANUC等品牌的机器人）。

支持2个旋转轴的3~5轴机床，3~6个旋转轴的串联、并联、双臂、直角坐标等类型的机器人，以及生产线上对应的工装夹具、自动导引车（Automated Guided Vehicle，AGV）、人员、传送带等辅助设施。图1-11所示为数字孪生虚拟模型。

2. 数字孪生开发及应用案例介绍

通过与工业机器人、PLC等相关设备的通信，实现了与真实系统数据的互联互通。并可通过真实系统反馈的信息进行节拍分析、计件等功能，从而提高生产效率，优化生产过程。

3. Sim IPT软件基本操作

（1）Sim IPT软件的安装　Sim IPT支持Windows7或Windows10平台下安装。将安装包放在一条英文路径下，双击安装程序进行安装。根据提示进行操作安装即可。注意：安装过程可自定义安装目录，自定义安装目录也放在英文路径下。一旦开始安装后，默认是不能取消的。

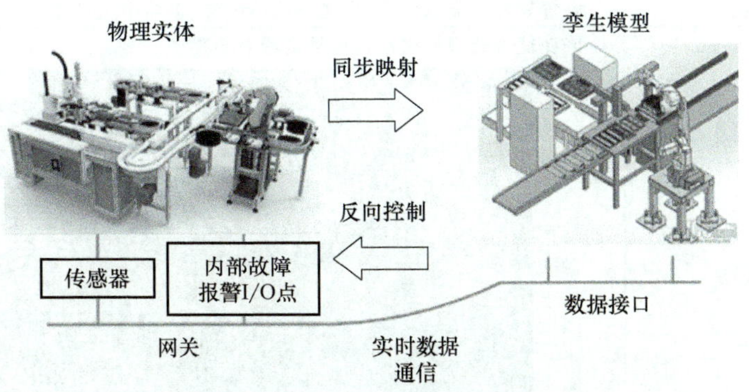

图 1-11　数字孪生虚拟模型

（2）界面各图标意义　软件界面及鼠标各项意义见表 1-1～表 1-4。

表 1-1　菜单栏各项含义

菜单			含义
文件	导入		导入工件数模
	新建		重新建立一个新的场景
	打开		打开已保存的场景（场景格式为 . hemz）
	保存		保存当前打开的场景
	另存为		另存当前打开的场景
	加载组件		可加载已保存的组件（组件格式为 . hecz），在任意场景中都可加载组件
	保存组件		在建模界面，选中任意 Model，点击保存组件，会把选中的 Model 保存为组件
	导出模型		将场景中的模块导出为 . stl 格式的模型
视图	显示方式		选择点、线、面，显示或隐藏场景中几何体上的点、线、面
	显示视角		显示视角以不同的视角展现场景
设置	仿真场景	地板大小	设置 4D 仿真场景的地板显示与否和尺寸。输出数字设置地板长宽，“显示”勾选后显示地板，不勾选不显示地板。若勾选“自适应”，则地板大小会自动根据场景内数模占地面积大小自动调节地板大小
		场景设置	设置场景的视觉效果。平行投影：呈现远处小近处大的视觉效果。透视投影：呈现远处近处一样大的视觉效果
		渲染质量	软件画面渲染效果，可调节高、中、低 3 种效果。若计算机配置较低，打开软件后，地板颜色显示为黑色，可将渲染质量调节为低，即可正常显示。根据计算机配置调节软件画面呈现效果
		背景颜色	可根据使用者喜好和视觉清晰效果来选择背景颜色
		仿真效果	仿真效果设置为清晰后，打开场景进行喷涂、打磨、抛光等工艺的仿真，可以看到实际加工效果
	显示设置	当前姿态	在当前姿态中选择姿态格式（机器人术语称为欧拉角格式），选择后打开右侧示教界面，可查看机器人当前位置的信息，包括所选姿态下的姿态角度值
		线体显示	勾选“显示方向”后，工件上已生成的线体都会显示线体方向。勾选“显示引线”后，工件上已生成的线体都会显示引线方向
		坐标类型	坐标显示可设置位置点、基坐标点、工具坐标点的显示效果
		时间与关节	勾选“显示”后，软件右上角可显示程序仿真时间和机器人当前关节值

（续）

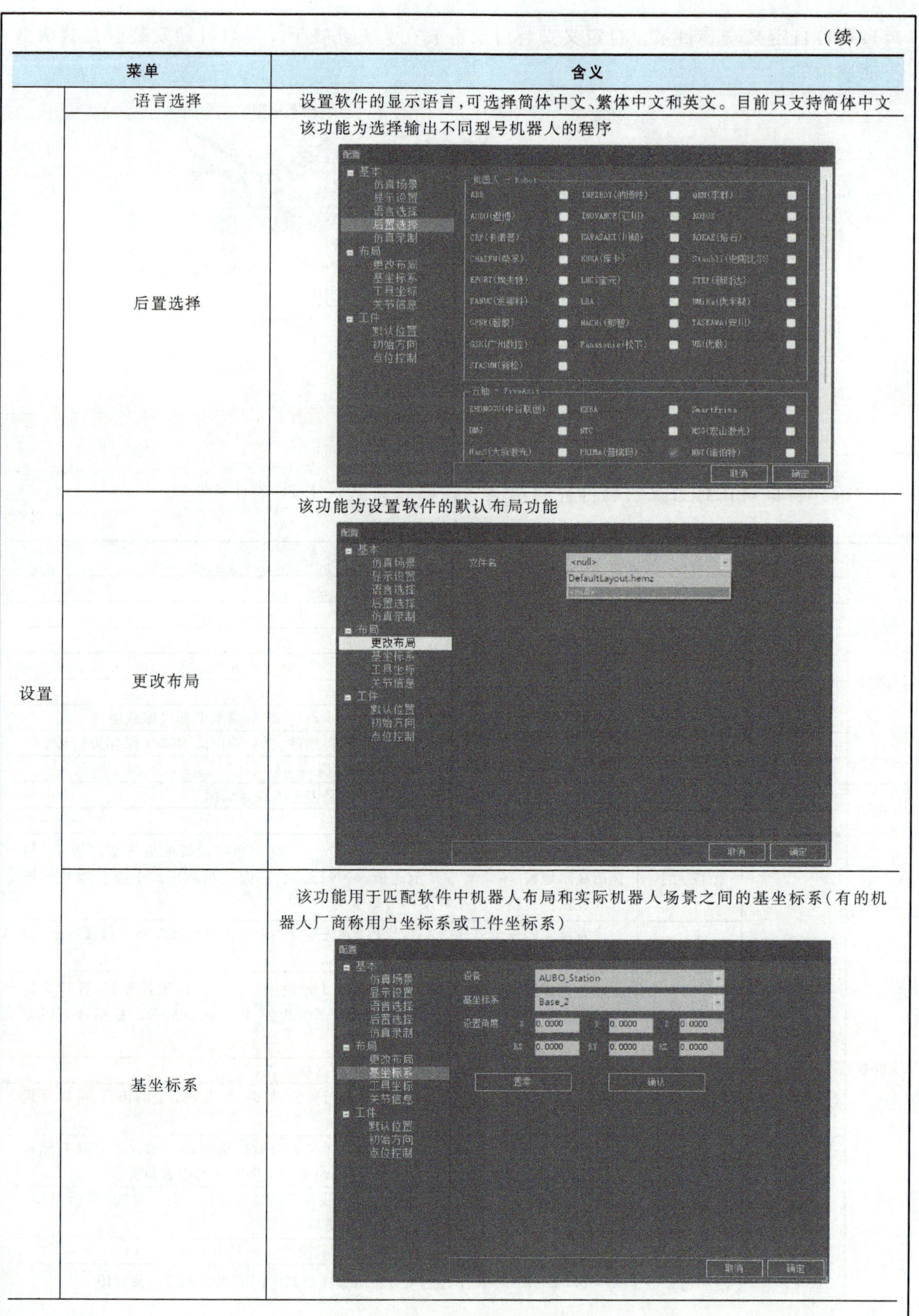

菜单		含义
设置	语言选择	设置软件的显示语言，可选择简体中文、繁体中文和英文。目前只支持简体中文
	后置选择	该功能为选择输出不同型号机器人的程序
	更改布局	该功能为设置软件的默认布局功能
	基坐标系	该功能用于匹配软件中机器人布局和实际机器人场景之间的基坐标系（有的机器人厂商称用户坐标系或工件坐标系）

（续）

菜单		含义
设置	工具坐标	该功能用于匹配软件中机器人布局和实际机器人场景之间的工具坐标 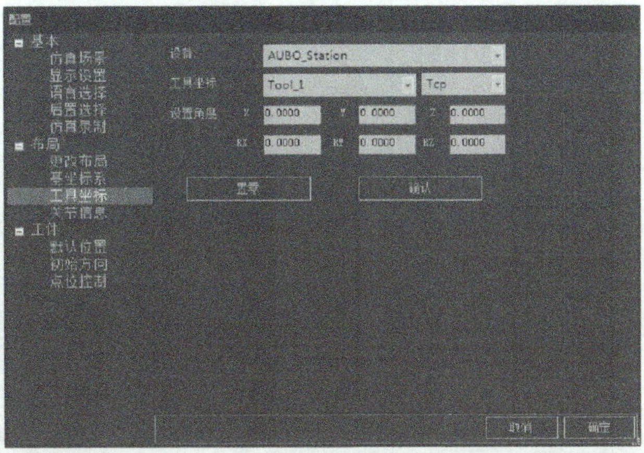
	关节信息	勾选激活按钮，在需要修改的关节后，输入最大值和最小值，单击“确定”按钮，完成修改 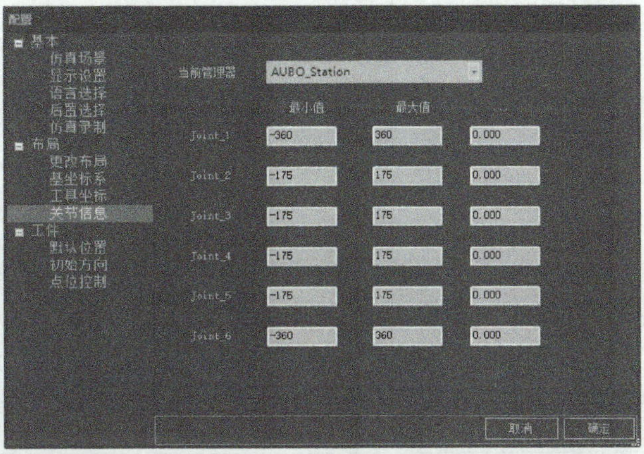
	默认位置	该功能可设置导入工件的默认位置，根据场景不同，可设置工件导入位置在工作台、变位机或机器人上 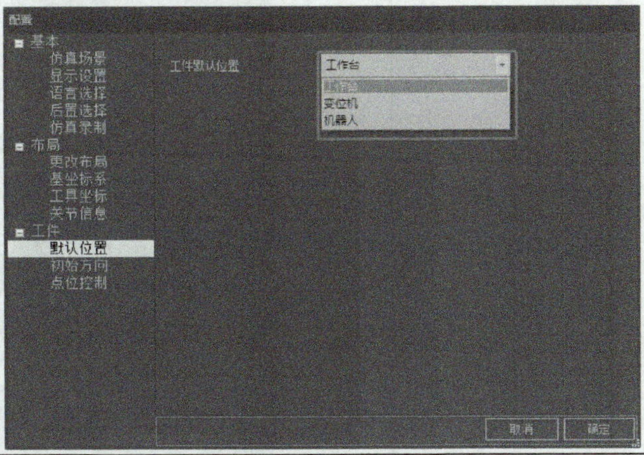

（续）

菜单		含义
设置	初始方向	生成加工路径之前，设置加工路径的初始姿态。因为要保证 Z 方向与法向重合，因此只可以确定生成初始路径点位坐标 X 坐标轴的方向 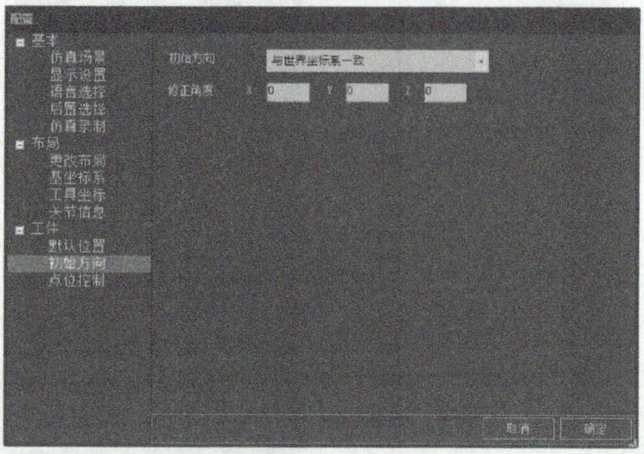
	点位控制	拟合精度是控制路径生成圆弧点或直线点的一个阈值，软件一般默认为 0.2。阈值越小，拟合精度越高，路径拟合出来的圆弧越精确，阈值大会把圆弧拟合成多条直线拼接的形式 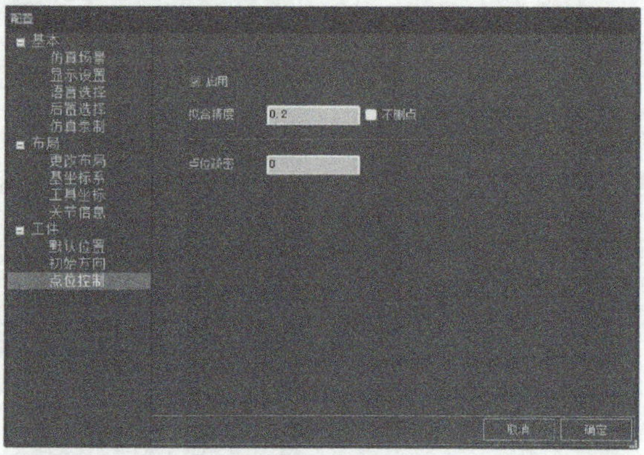
工具	欧拉角计算器	软件中位姿值默认是 RxRyRz 旋转角格式，如果实际机器人不是该格式，需要通过转换工具将旋转格式转换成 RxRyRz 格式 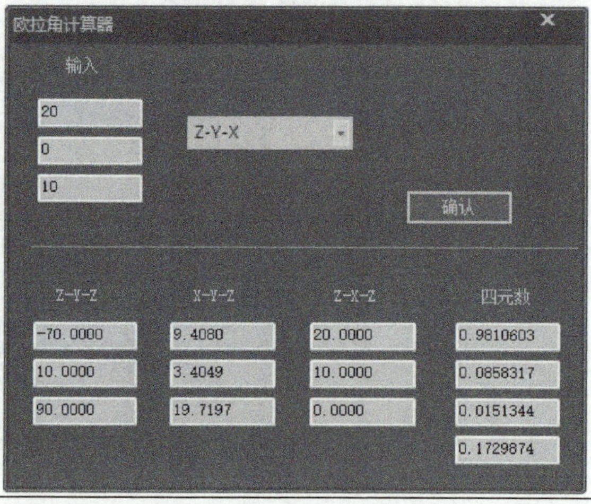

（续）

菜单		含义
帮助	帮助文档	打开帮助文档，即智能产线规划与数字孪生仿真软件操作手册 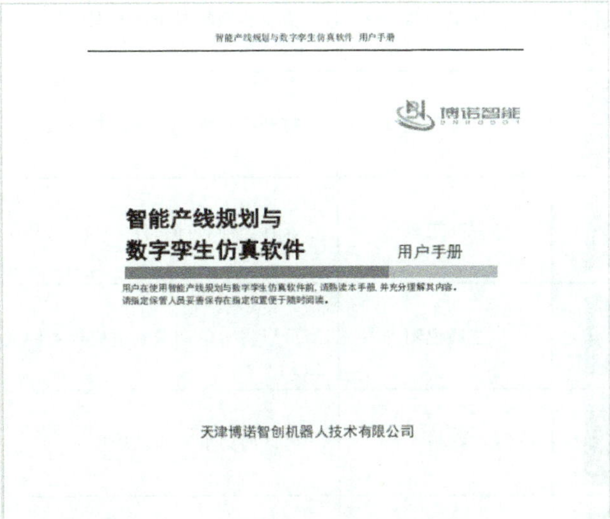
	联系我们	进入天津博诺智创机器人技术有限公司官网，查找相应的信息 
	版本信息	查看当前安装软件的版本信息 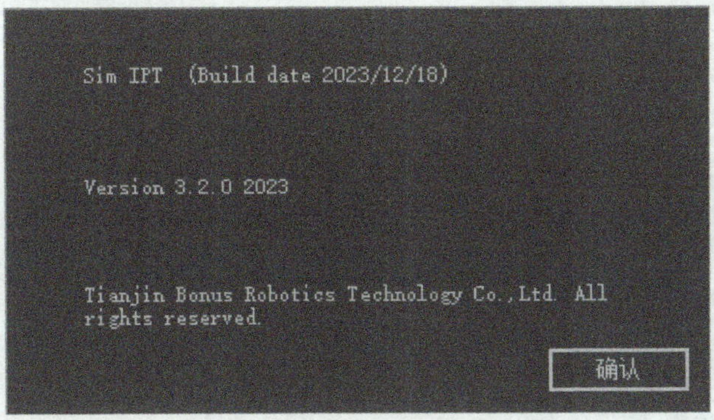
	软件更新	更新软件系统

表 1-2　工具栏图标各项含义

图标	名称	含义
	清空工程	清空当前场景下的布局
	打开工程	打开格式为 .hemz 的布局文件
	保存工程	保存当前布局文件
	全局视图	可以将对象调整到适应视图的大小
	撤销	可以回到上一步的操作
	重做	返回上一步的撤销操作
	到点/不到点	单击到点后，在 4D 场景或加工路径中选择一个点，工具头就会移动到所选择的点位 单击不到点后，在 4D 场景或加工路径中选择一个点，工具头保持原位不动，不会移动到所选择的点位
	碰撞检测	开启碰撞检测功能，在仿真的时候出现碰撞，机器人的颜色会出现橙色警示 关闭碰撞检测功能，则已设置的碰撞关系不生效
	关节锁定	将机器人控制器的关节进行锁定/解锁
	选择	单击此图标后会出现很多选项，可选择边/面/线体/法向/轮廓/支架/点位/模型，根据自己的需要来选择，选择模型，对模型进行修改操作
	平移旋转	单击此图标可以改变场景中任意物体的位置
	选中末端	鼠标左键按住坐标系旋转方向，然后同时滚动滚轮能改变方向
	测量	单击此图标，可测量物体间的距离和角度
	对接	此功能用于产线仿真场景中相邻容器和传送带的快速对接

（续）

图标	名称	含义
	默认	单击此图标会显示上次打开的功能界面
	属性	单击此图标会显示上次打开的属性界面
	功能	单击可显示或隐藏组件/物料的属性
	示教	单击此图标会出现示教界面
	工件	可以对工件进行导入、焊接等功能
	加工	对生成的工件加工路径进行调整
	组件	自带的模型库，也可以把做好的组件放到规定的模型文件下，可以直接加载使用
	建模	可以对模型进行合并、拆分、上色等操作
	规划	用于实现编程的路径规划
	连接	用于实现与外部通信，实现数字孪生

表 1-3　仿真图标各项含义

图标	名称	含义
	仿真开始/暂停	可看到机器人按顺序执行路径里的点位
	仿真暂停	可以暂时停止当前的仿真
	停止仿真	结束当前的仿真，返回初始状态

（续）

图标	名称	含义
	加快仿真速度	可以加快仿真过程
	重置仿真速度	将仿真速度切换到实时状态
	降低仿真速度	可以放慢仿真过程

表 1-4　鼠标操作

操作	含义
鼠标左键	按住可进行视图视角平移
鼠标右键	按住可进行视图视角旋转
中键滚轮	滚动滚轮可进行视图视角缩放

4. Sim IPT 的用户界面（见图 1-12）

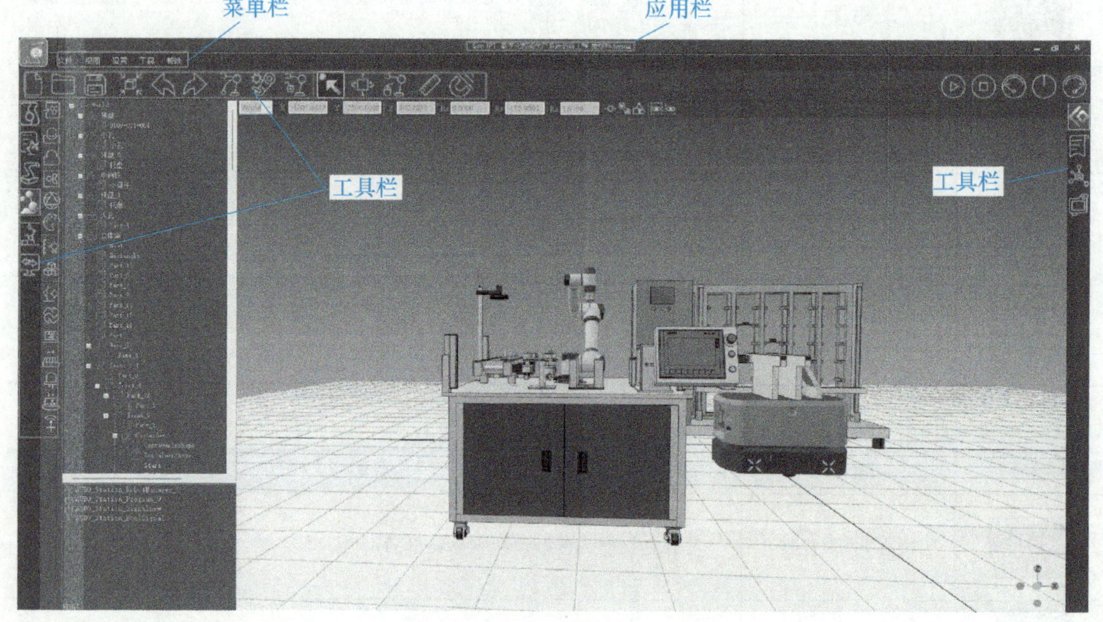

图 1-12　Sim IPT 的用户界面

（1）应用栏　应用栏显示了软件的名称。

（2）菜单栏　菜单栏显示了对象的常用操作，文件列表框用于场景的建立和保存。支持 obj、dxf、stl、stp、step、iges 等网格文件的导入。也可以直接加载 . hemz 格式的场景。支持对单独的形状进行导出；编辑列表可以对已选择的对象进行复制、粘贴、删除等操作；设置包括仿真设置和系统设置，用户可以自定义一些状态参数的设置，可参考仿真设置和系统设置等内容。

(3) 工具栏　工具栏位于菜单栏下边、场景层次栏的左侧，以及场景的右侧。工具栏用于编辑模型和场景、控制仿真过程，主要包括场景的新建、打开和保存，对象的平移和旋转，撤销与重做，示教平移和示教旋转，以及页面选择和场景选择，渲染模式，对象的合并与分解，关节、实体、坐标点、传感器、路径、线程脚本等的添加，网格简化，距离计算，模型库、建模及编程等。图 1-13 所示为模型组件库。

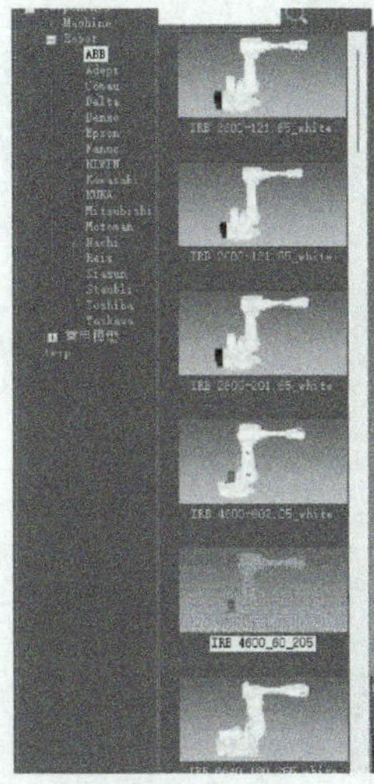
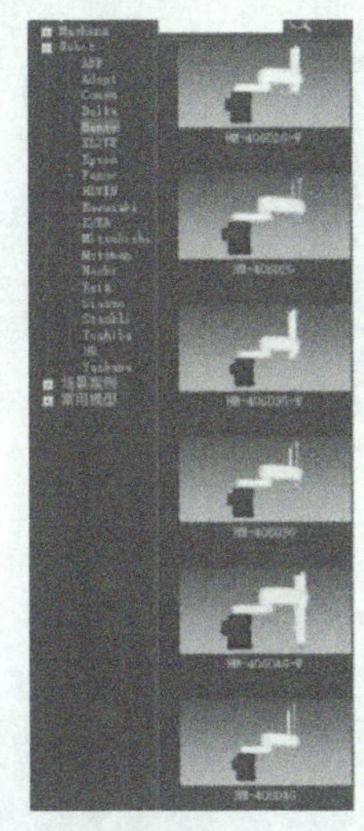
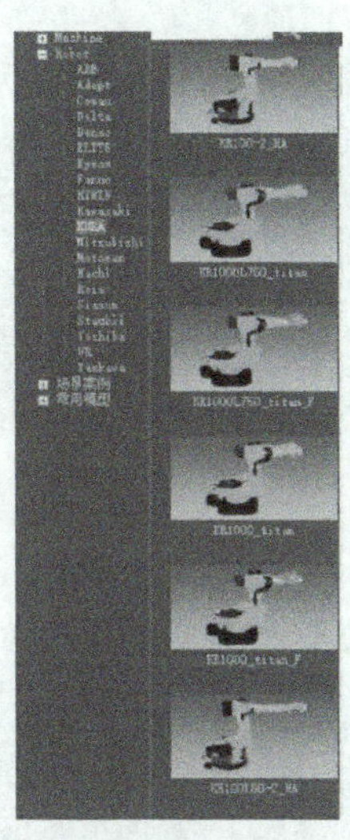

图 1-13　模型组件库

模型库中有各种模型的缩略图，通过将缩略图拖到场景中，可以方便调用。单击侧边栏的建模按钮，在场景层次栏中双击图标右边的名字，可以对名字进行更改，双击名字左边的图标，可以对相应的组件进行参数设置。鼠标左键选中某个对象，进行拖动，可以改变场景的层次结构，如果想选中模型的组件，可先选中第一个对象，按住<Shift>键，再选择最后的对象，多选也可以通过按住<Ctrl>键间接选择。图 1-14 所示为场景层次栏。

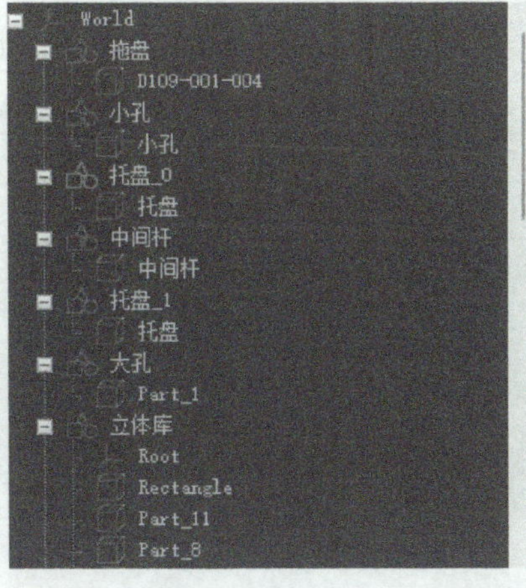

图 1-14　场景层次栏

单击规划按钮，弹出如图 1-15 所示的规划框，主要用于建立机器人路径点，并仿真运行，还可以进行后置输出。图 1-16 所示为机器人示教。

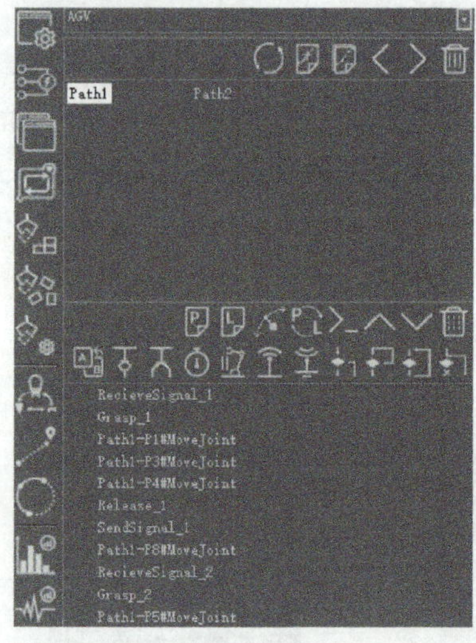

图 1-15　规划框

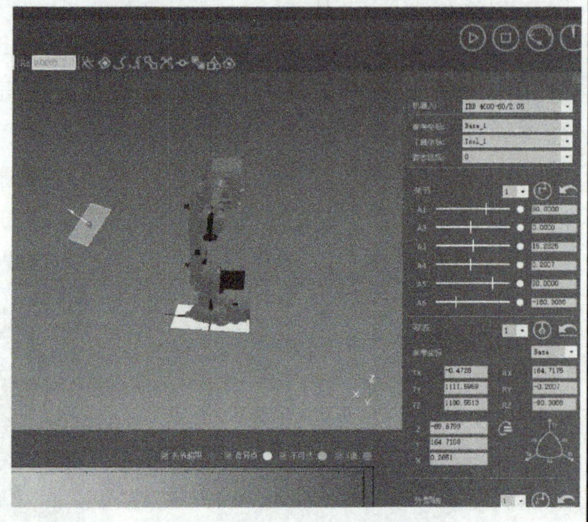

图 1-16　机器人示教

场景下面是状态栏，如图 1-17 所示。

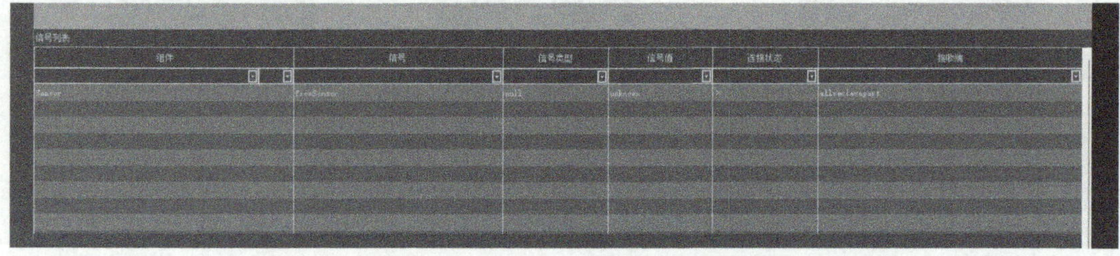

图 1-17　状态栏显示

5. 页面和场景

单击“视图”→“显示视角”可以选择自己想要的视角，如图 1-18 所示。

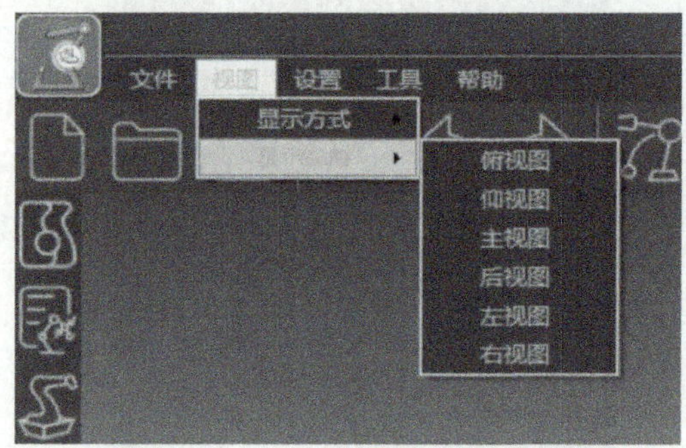

图 1-18　查看视图选择器

6. 软件基本操作

长按鼠标右键，翻转场景；翻转场景时，先用鼠标滚轮在场景中任意处单击一下，翻转场景时以此点为旋转中心。长按鼠标左键，移动鼠标可移动场景；上下滚动鼠标滚轮可放大/缩小场景，长按鼠标滚轮拖动可以快速放大缩小。单击<Ctrl>键，滑动鼠标滚轮可设置放大/缩小场景灵敏度。

7. Sim IPT 的环境

（1）环境定义　Sim IPT 中的环境是场景属性和参数的一部分，但不是场景对象，在保存场景时被一同保存。环境定义以下属性和参数：

1）背景颜色。

① 雾参数：雾参数不直接与场景对象交互，除非使用视觉传感器。

② 场景创建信息。

③ 其他设置。

2）背景（上/下）：允许调整场景的背景颜色。上对应屏幕靠上的部分，下对应屏幕靠下的部分。背景仅在禁用雾功能时可见。

3）环境照明：允许调整场景的环境光。环境光可以被视为场景的最小光。

4）地板大小：设置 4D 仿真场景的地板显示与否和尺寸。输出数字设置地板长宽，“显示”勾选后显示地板，不勾选则不显示地板。

5）可视化无线发射/接收：勾选后，所有无线发射/接收活动将被可视化。

6）最大三角形尺寸（绝对）：这选项不会影响形状的视觉外观，但会影响计算模块的执行速度。例如，在两个实体间执行最小距离计算时，如果两个实体由大小基本相同的三角形组成，则执行速度更快。最大三角形尺寸值指定如何处理形状的内部表示（即形状的计算结构精细程度）。小的尺寸会增加预处理时间，但同时将提高仿真速度。这个值将最大三角形大小设置为绝对值。

7）最小三角形尺寸（相对）：类似于最大三角形尺寸，但此项有助于避免创建可能需要很长时间的过大的计算结构。此值将最小三角形大小设置为相对值（相对于给定对象的最大维度）。

8）保存操作同时会保存已有的计算结构：对于距离计算碰撞检测等，为了加速计算，在仿真一开始（预处理）时，或者第一次涉及有关形状的计算时，数据结构将被计算。该数据结构的计算可能是耗时的，因此用户可以选择将其与场景或模型一起保存。然而，需要注意的是，如果附加信息体积很大，将导致总的文件变得很大（有时是两倍或更大）。

9）禁用形状纹理：勾选后，将禁用应用于形状的所有纹理。

10）禁用基于 OpenGL 的自定义用户界面纹理：勾选后，将禁用应用于 OpenGL 的自定义用户界面（User Interface，UI）的所有纹理。

11）下一个场景保存后锁定场景：如果要在编辑/修改、查看脚本内容、导出资源这些操作中锁定场景，可以勾选该选项。如果想以后能进行修改，确保在已经解锁状态下保存相同场景。

12）自定义碰撞/接触响应：勾选后，所有动态接触处理由用户自定义，通过接触回调脚本执行。请记住，此设置与场景相关，模型在不同场景中有不同表现，此设置适合于了解它们功能的用户。

13）一般回调脚本：勾选后，将能够处理普通回调脚本中特定的用户回调。当插件调用 API 函数 simHandleGeneralCallbackScript 时，将调用通用回调脚本。

14）扩展字符串：描述其他环境属性的字符串，主要由扩展插件使用，与 simGetExtensionString 函数有关。

15）清除对象名：允许将哈希标记的对象按顺序放入对象名称中。这并非必需，但可以减少哈希标记后的后缀数。

16）清除镜像：删除场景可能包含的所有镜像对象，这与镜像记录功能有关。

17）场景内容须知/信息：与场景有关的信息。确认场景、模型或导入网格的原始作者。当打开包含确认信息的场景时，它将自动显示该信息。

（2）组件

1）增加文件。根据客户定制需求将所需机器人库导入软件文件夹中。图 1-19 所示为导入模型。

增加文件：右键单击空白处，打开储存路径，把需要添加的文件添加到此路径下。图 1-20 所示为增加文件。

删除文件：选择要删除的机器人库，单击删除文件即可。

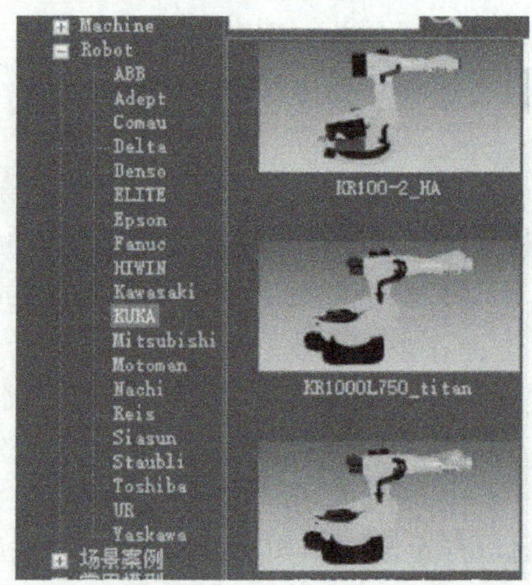

图 1-19　导入模型

此电脑 › Windows-SSD (C:) › Users › Public › Documents › TrustRobot ›

名称	修改日期	类型	大小
CAMData	2022/3/31 7:41	文件夹	
Config	2021/9/27 10:18	文件夹	
RobotComponents	2021/12/15 17:05	文件夹	
SaveTemp	2022/3/30 15:42	文件夹	

图 1-20　增加文件

2）支架。

① 设置好平移和旋转的参数，以及支架板材厚度、高度等参数，单击“生成切线”按钮，选择好切线之后单击“生成支架”按钮，就可得出支架线体模型。图 1-21 所示为支架模型。

② 设置好支架的参数，例如减重、避让距离等，设置完毕之后单击“生成路径”按钮，然后单击“创建模型”按钮，即可创建出支架，如图 1-22 所示。

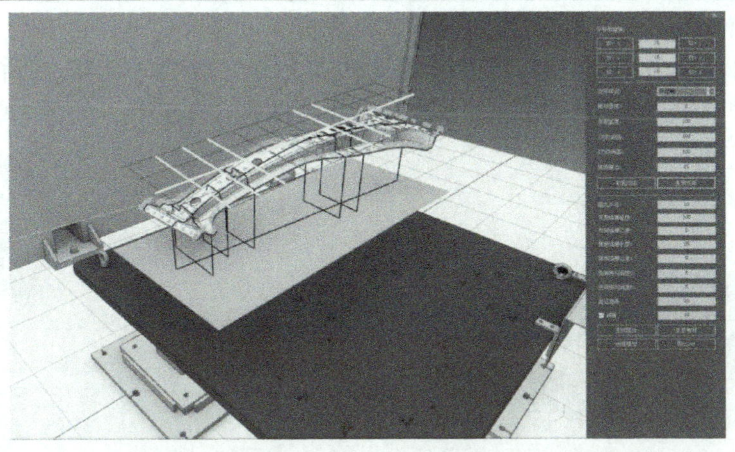

图 1-21 支架模型

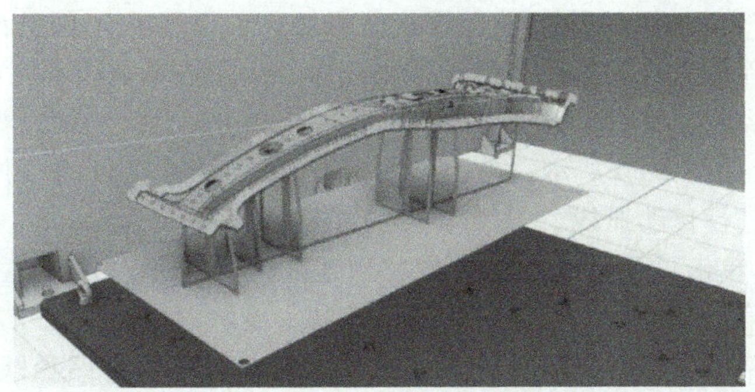

图 1-22 支架

3）点云。导入点云数据，设置参数，生成点云模型，如图 1-23 所示，设置缩放比例、采样长度、统计滤波以及拟合降噪，单击“确认”按钮，然后单击“剪裁”按钮，得到模型。

图 1-23 点云模型

4）机器人焊接。焊接机器人是从事焊接（包括切割与喷涂）的工业机器人。根据国际标准化组织（ISO）的定义，工业机器人属于标准焊接机器人，是一种多用途的、可重复编程的自动控制操作机（Manipulator），具有 3 个或更多可编程的轴，用于工业自动化领域。

机器人焊接工具通常有两种：焊钳和焊枪。焊钳是一种用于夹持工件的自动化工具，如图 1-24 所示，而焊枪则是一种用于传输电流和气体的自动工具，如图 1-25 所示。

图 1-24　焊钳

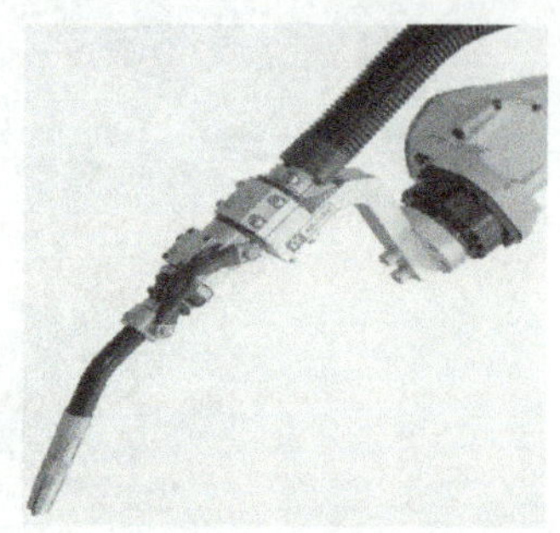

图 1-25　焊枪

（3）编程　在 Sim TPT 软件中进行焊接编程操作，需要在工件里面进行编程，工件里面的焊接路径捕捉分为自动抓线和手动抓线，通过使用自动抓线和手动抓线可以快速捕捉到工件的焊接路径点。

1）自动抓线。如图 1-26 所示，单击“自动抓线”下的“自动”按钮，软件自动识别布局中的工件，进行自动抓线。

2）手动抓线。单击“手动抓线”下的“新建线体”按钮，在工件上选择路径的第一点，按空格键，在第一点上会出现两个箭头，该箭头显示的是路径加工方向，选择加工方向，再按空格键，路径线体就抓取，完成该抓线会自动抓取闭合路径线体，如抓取过多，按<Backspace>键，删除路径线体上的多余点。抓取完成一个路径后，再单击“新建线体”按钮，或按空格键可再次抓线。

在进行焊接路径点捕捉之后，可以在软件自带的调整路径中，对路径进行调整，以免发生碰撞，让焊接点更加准确，如图 1-27 所示。

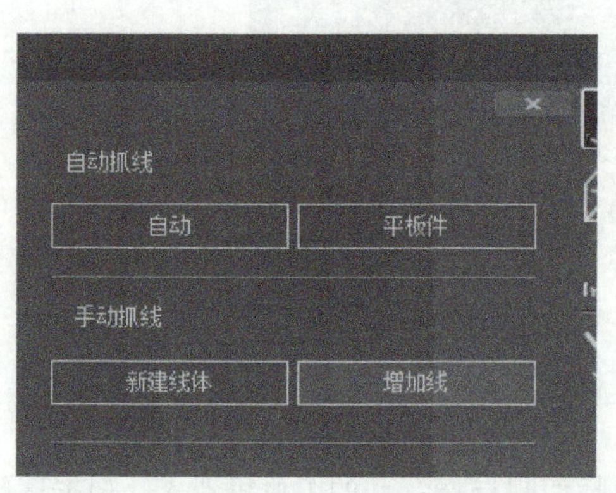

图 1-26　自动抓线和手动抓线

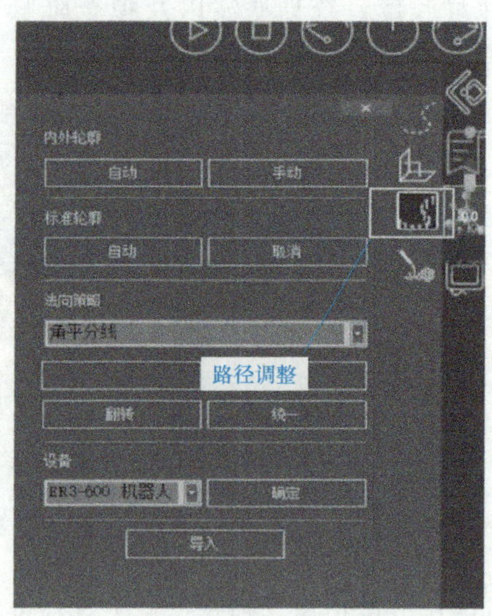

图 1-27　路径调整

利用加工功能再次对路径顺序进行调整，可以使路径更加精确，如图 1-28 所示，调整后单击“仿真开始”按钮（见图 1-29），焊接程序开始执行。

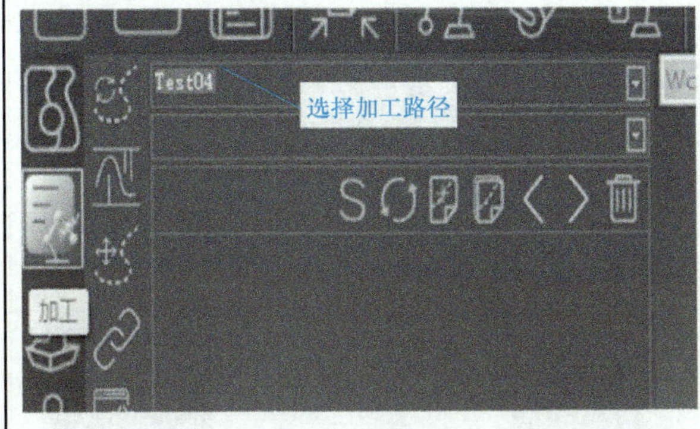

图 1-28　加工

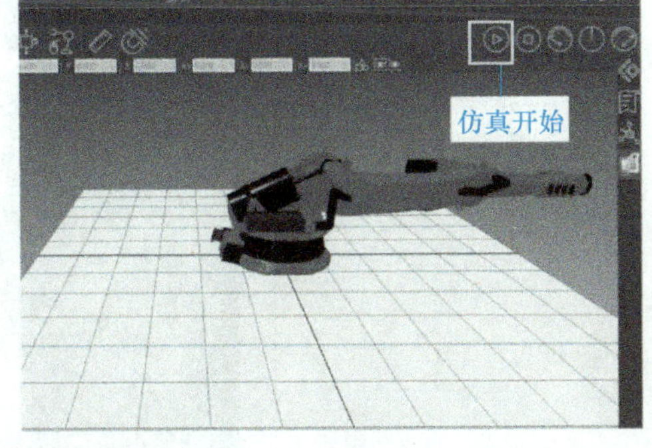

图 1-29　仿真开始

2. 任务页

工作任务	进行机器人焊接	教学模式	理实一体
建议学时	2 学时，其中相关知识学习 1 学时，学员实操 1 学时	所需设备、器材	Sim IPT 软件
任务描述	使用机器人对工件进行焊接处理，掌握自动抓线和手动抓线使用方法，能够完成焊接逻辑编程	职业技能	1）打开需要的场景 2）导入工件 3）自动抓线、手动抓线焊接
任务实施			
步骤	图示		
1）打开焊接场景。首先，打开 Sim IPT 软件。单击软件界面上方菜单栏中的“文件”选项。在弹出的下拉菜单中，选择“打开文件”选项，单击“打开文件”按钮。 接着，在新弹出的窗口中，选择要打开的场景文件。在文件浏览器中找到所需的场景文件，并将其选中 最后，单击窗口底部的“打开”按钮，以打开选中的场景文件	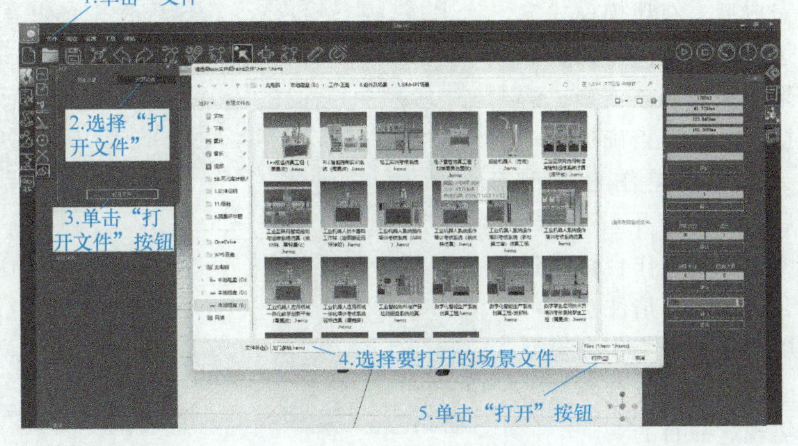		

<table>
<tr><th>步骤</th><th>图示</th></tr>
<tr><td></td><td>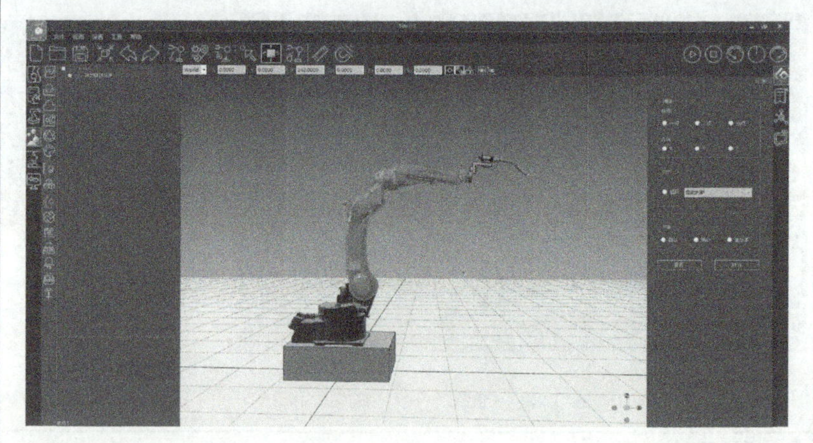</td></tr>
<tr><td>2）导入工作台。首先，打开使用的软件界面，并单击“组件”图标
在下拉菜单中，选择“常用模型”。接着，在弹出的子菜单中单击“工作台”选项
接下来，在弹出的子菜单中，双击要打开的工作台模型
等待工作台模型加载完成后，在建模模式下选中该模型。注意，如果无法找到该模型，请检查是否已正确加载
在选中工作台模型后，单击“平移旋转”图标以将工作台移动到合适位置。请注意，可以通过拖拽工作台模型或手动调整位置参数来实现这一目的</td><td>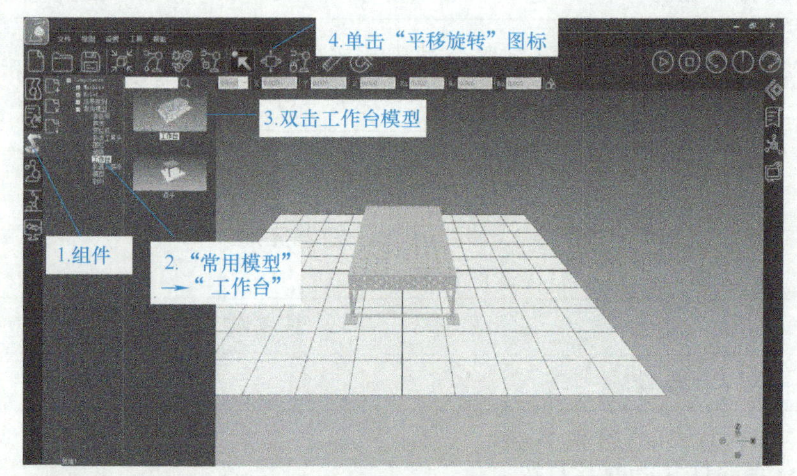

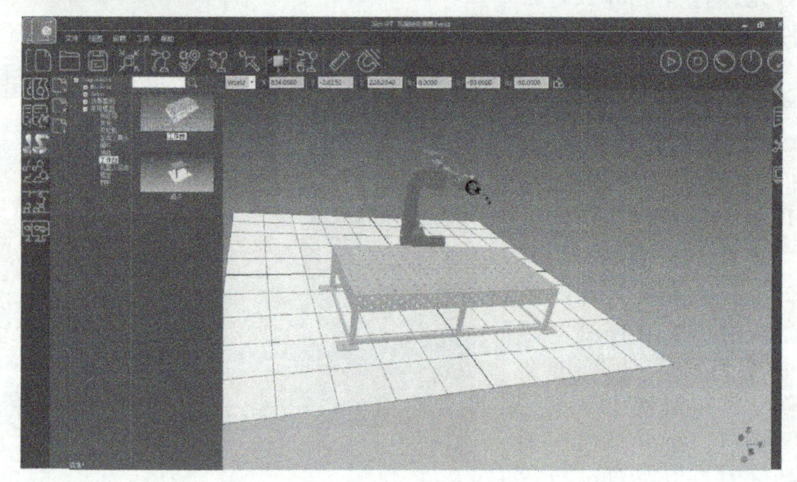</td></tr>
</table>

<table>
<tr><th>步骤</th><th>图示</th></tr>
<tr><td>3）导入焊接工件。首先，单击左侧工具栏中的“工件”→“导入工件”图标
接着，在弹出的窗口中，寻找包含所需工件模型的文件位置。选中一个后缀为 .igs 的文件
最后，单击窗口底部的“打开”按钮，以导入选中的工件文件
导入完成后，在建模模式下选中工件模型。单击“平移旋转”图来移动工件到合适的位置，也可以通过拖拽工件模型或手动调整位置参数来实现。最终结果如右图所示</td><td>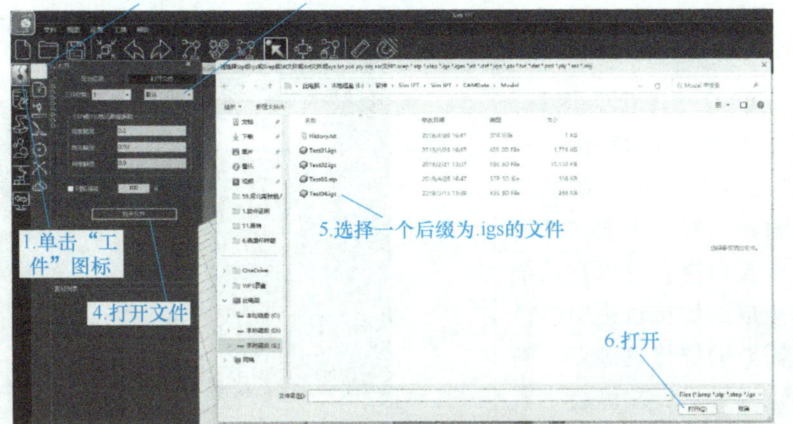

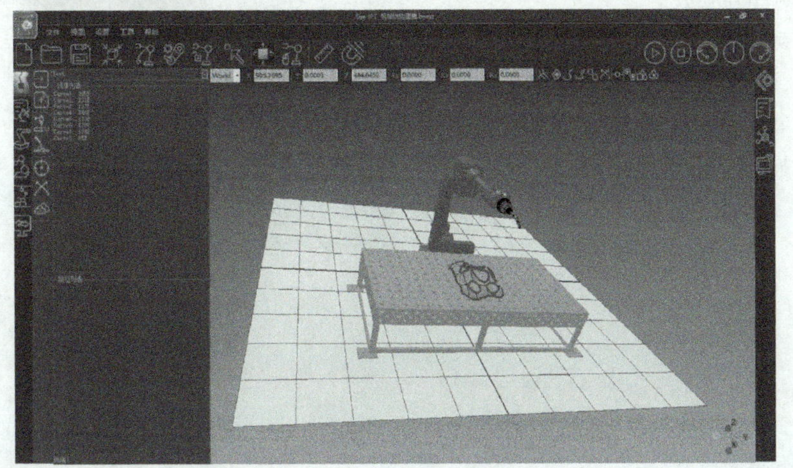</td></tr>
<tr><td>4）焊接自动抓线。首先，单击“工件”图标。选中之前导入的工件模型
接着，按<Delete>键删除选中的焊接轨迹，确保所有之前添加的焊接轨迹都被选中并删除</td><td>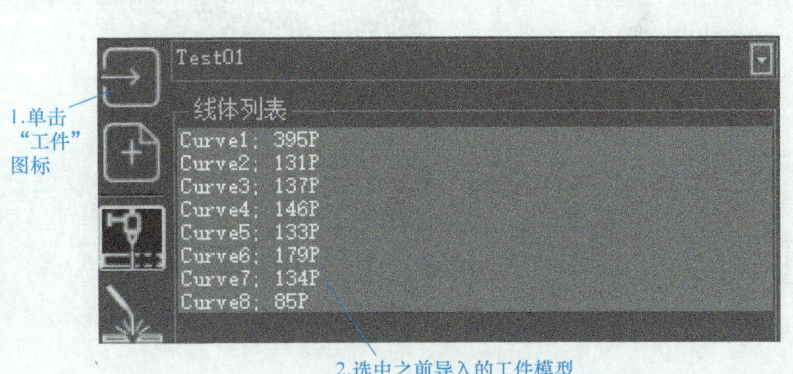
</td></tr>
</table>

步骤	图示
单击“焊接”图标。在右侧对话框中选择“自动”选项，系统将自动捕捉并生成工件的焊接轨迹。可以在系统生成的焊接轨迹中选择需要的焊接轨迹点。确认选择后，左侧会生成新的轨迹 接下来，为了进行加工仿真，需要调整路径：选择右侧的“调整路径”图标	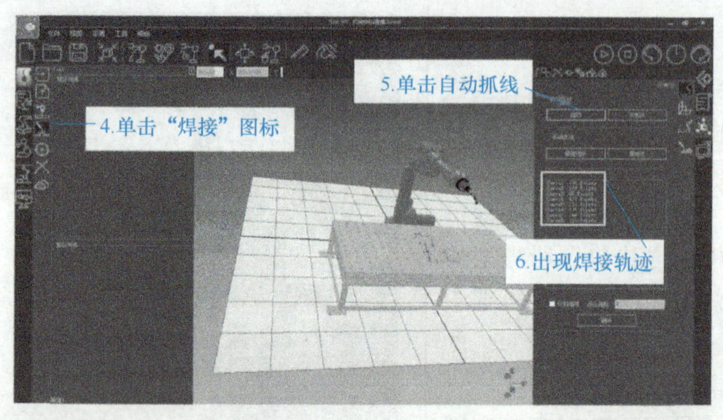 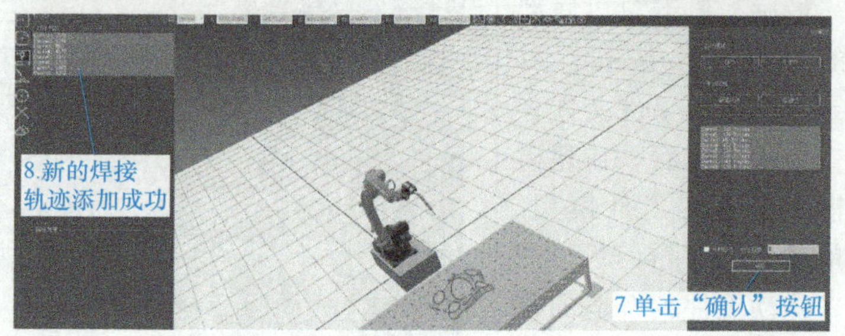
根据所选择的法向策略，在此处选择“角平分线”。单击“生成”按钮，系统将根据选择的法向策略生成新的路径 单击“确定”按钮，然后导入生成的路径，将在左下角看到生成的新的轨迹文件	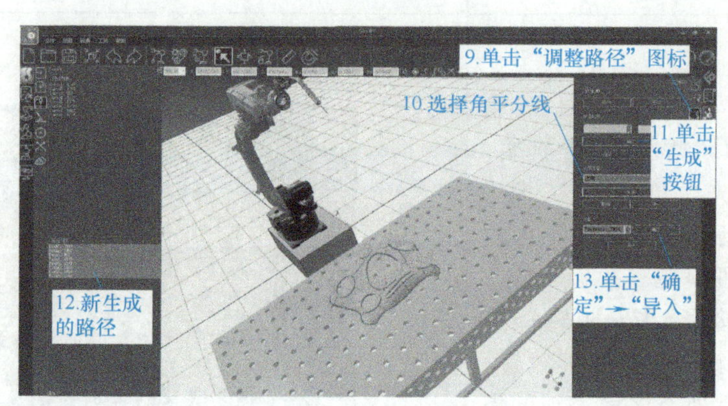

步骤	图示
5）加工仿真1。在4）的基础上，进行以下操作调整焊接轨迹点的位置：单击“加工”图标。在下拉列表中，选择之前生成的路径文件（例如Path1路径文件）。此时，能够在加工选项下方看到关于路径文件的相关设置和参数 在这个界面上，可以调整焊接轨迹点的位置，例如修改坐标值或使用其他方法进行微调	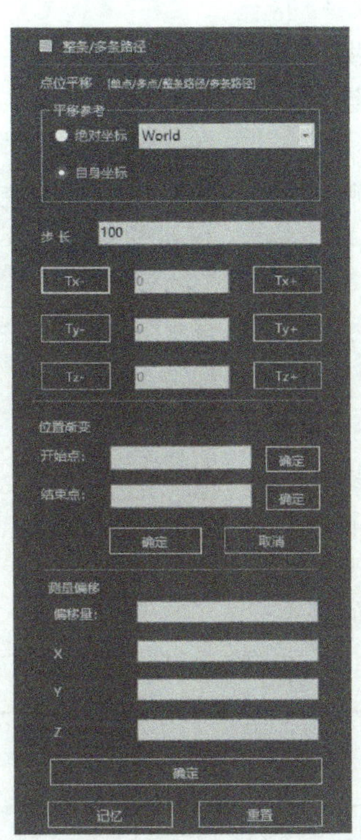
6）加工仿真2。完成对焊接轨迹点位置的调整后，执行仿真以验证焊接轨迹指令的执行情况： 单击“仿真开始”按钮，系统将开始执行仿真，并显示焊接过程的模拟结果 可以观察焊接轨迹指令的执行情况，检查焊接是否按照预期进行	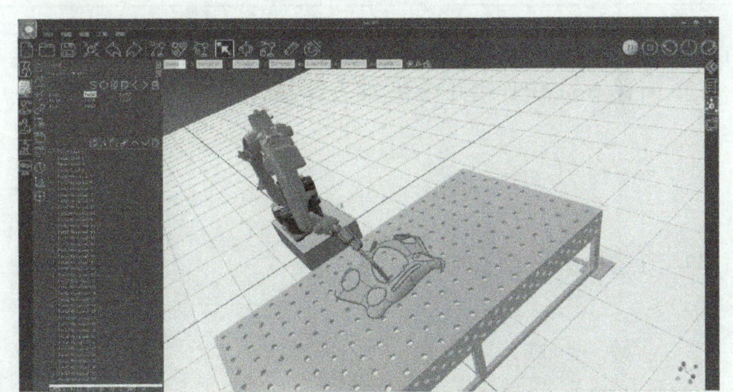

步骤	图示
7）手动抓线 1。首先将 4)、5）产生的线体、路径全部删除 单击“工件”→“焊接”图标。在右侧对话框选择“手动抓线”中的“新建线体”，创建一个新的线体用于添加轨迹 单击要添加轨迹的轮廓，出现一条黑色线表示选中的区域。按下空格键，黑色线将变为绿色线，表示成功添加绿色轨迹	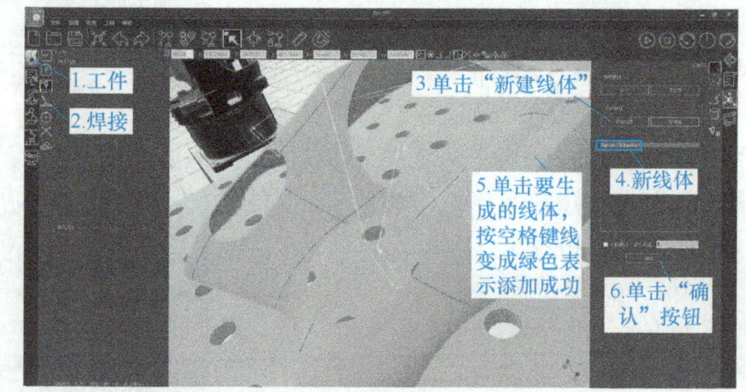

3. 习题页

1. 填空题
1）在 Sim IPT 软件中，图标 的功能为__________。 2）Sim IPT 软件中使用的模型有两个来源，分别为__________和__________。 3）Sim IPT 软件中抓线分为__________和__________。 4）Sim IPT 软件的工具栏有__________个。
2. 简答题
1）简述 Sim IPT 软件中机器人焊接的过程。   2）简述抓线的两种方法。

项目二

智能制造生产线模型创建

本项目主要介绍智能制造生产线上各个模块模型建立的方法，是整个智能制造生产线建立的第一步。

本项目主要内容如下：

1）标准实训平台模型创建。

2）快换工具模块模型创建。

3）旋转供料模块模型创建。

4）机器人本体模型创建。

5）传送带输送模块模型创建。

6）快换底座模块模型。

7）涂胶模块模型创建。

8）码垛模块模型创建。

9）伺服变位模块模型创建。

10）井式供料模块模型创建。

本项目重点是掌握在 Sim IPT 软件中进行相关模块创建的方法，通过学习本项目，读者应了解场景层次的从属关系和坐标系在模型中的重要性，从而可以创建新的场景模型。

任务一　创建标准实训平台模型

1. 知识页

工作任务	了解平台导入相关知识	教学模式	理实一体
建议学时	1 学时	所需设备、器材	Sim IPT 软件
任务描述	1）Sim IPT 软件模型库基础应用知识 2）自定义模型创建功能	更多资料	创建标准实训平台模型

任务实施

1. 模型库

定义：模型库是一个存储库，其中包含了许多可以直接使用的模型。这些模型分为两类：机器人厂家提供的模型和自己做好的组件保存模型。有了这些做好的模型，使用时直接导入即可。

用途：Sim IPT 拥有独立的组件库，可以大大地缩短工作周期，当需要完成某种建模的时候，只需要针对典型的场景调用针对的模型，即可快速地搭建场景，方便快捷。

建立模型库的起因：在每次建模的时候都需要对模型进行复杂的拆分、合并、组合、上色，添加运动属性等，如果没有模型库就会导致在需要某个以前做过的模型时，还需要进行重复性的工作，浪费时间。

模型库的作用：模型库可以提升建模效率，对于已有的模型，直接导入即可。

通过 Sim IPT 软件的模型库，选择建立工作台所需要的模型，包含 ABB、KUKA、EFFORT、FANUC 等机器人模型和其他大量生产线组件。进入 Sim IPT 软件界面后，单击左侧工具栏的“组件库”图标，根据机器人品牌或组件名称挑选合适的模型，库中有各种模型的缩略图，如图 2-1 所示，将缩略图拖到场景中，可以方便调用。

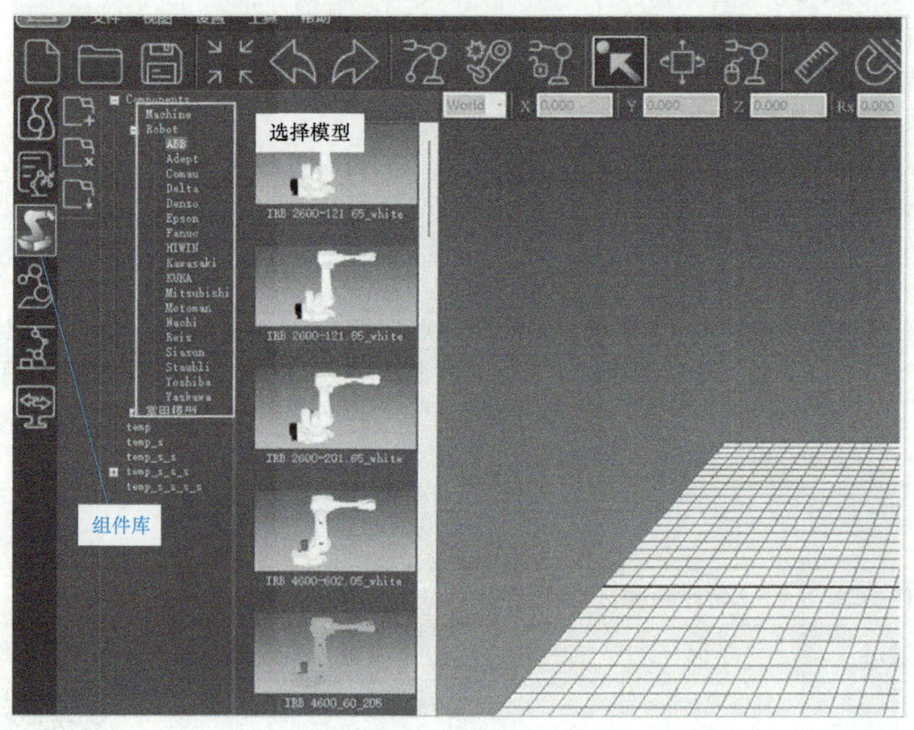

图 2-1 Sim IPT 组件库

2. 自定义模型创建功能

通过单击菜单栏的“文件”选项，可从外部导入 CAD 文件，制作非标模型组件，其中“加载组件”可以加载本地 .hemz 格式的模型；“打开”可以打开一个 .hemz 格式的场景；单击“导入”按钮，可以进行 CAD 文件、CSV 文件的导入。“文件”菜单如图 2-2 所示。

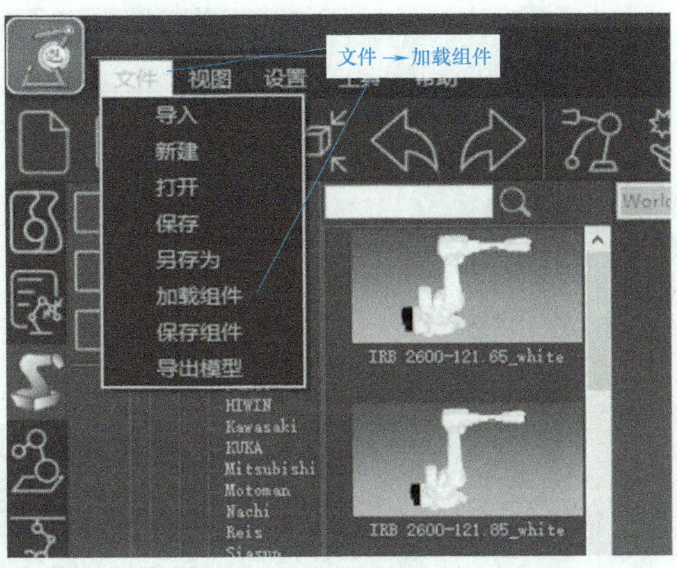

图 2-2 “文件”菜单

2. 任务页

工业机器人应用领域一体化教学创新平台工作台用于承载机器人本体和其他应用模块，包括码垛模块、涂胶模块、井式供料模块、三色警示灯和触摸屏等。

工作任务	平台导入	教学模式	理实一体
建议学时	2 学时，其中相关知识学习 1 学时，实践操作 1 学时	所需设备、器材	Sim IPT 软件
任务描述	搭建工业机器人应用领域一体化教学创新平台标准台体模型	职业技能	1）了解 Sim IPT 软件的使用 2）能正确导入标准实训平台

<table>
<tr><th colspan="2">任务实施</th></tr>
<tr><th>步骤</th><th>图示</th></tr>
<tr><td colspan="2">（1）导入标准工作台</td></tr>
<tr><td>1）导入模型文件。首先单击“建模”→“导入模型”图标，在弹出的对话框中选择“打开文件”。在个人的存储文件目录中，选择“底部桌面（包边）”文件，并单击“打开”按钮。右图显示了导入的标准平台模型的初始状态</td><td>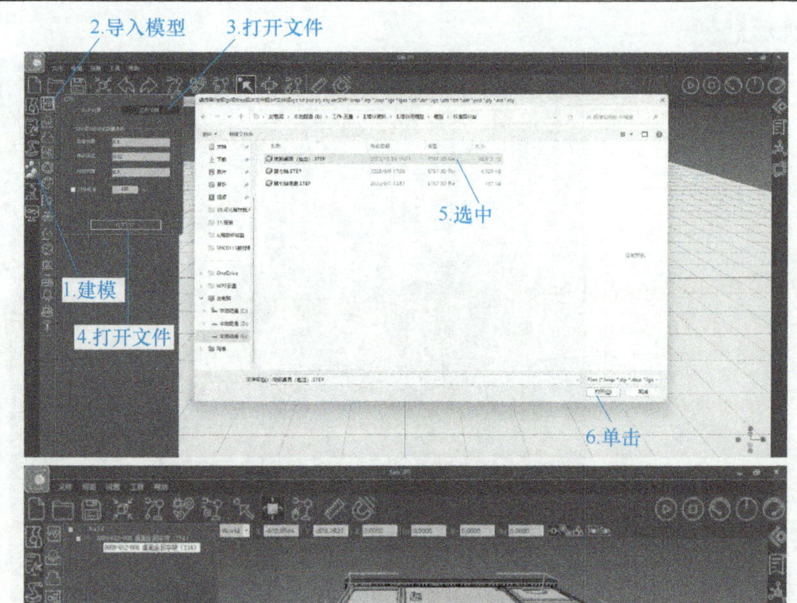

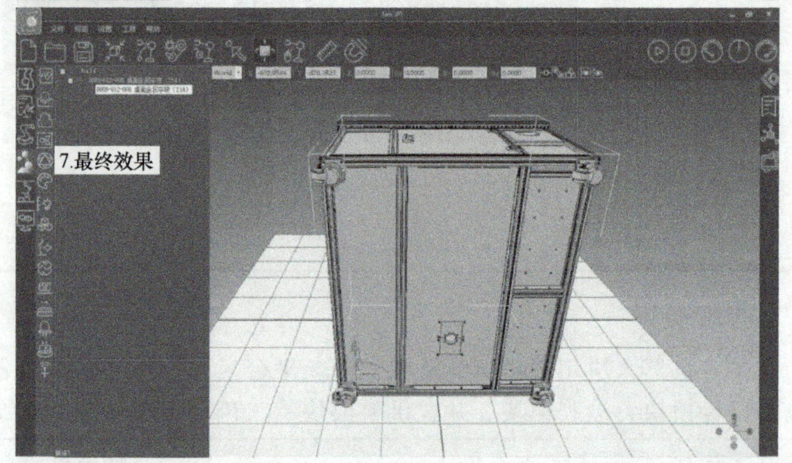
</td></tr>
<tr><td>2）调整模型位姿。选中桌面工作台，然后单击“平移旋转”图标，并将坐标系切换到Own。接下来，通过拖动坐标系来进行选择，也可以选择将Rx旋转90°</td><td>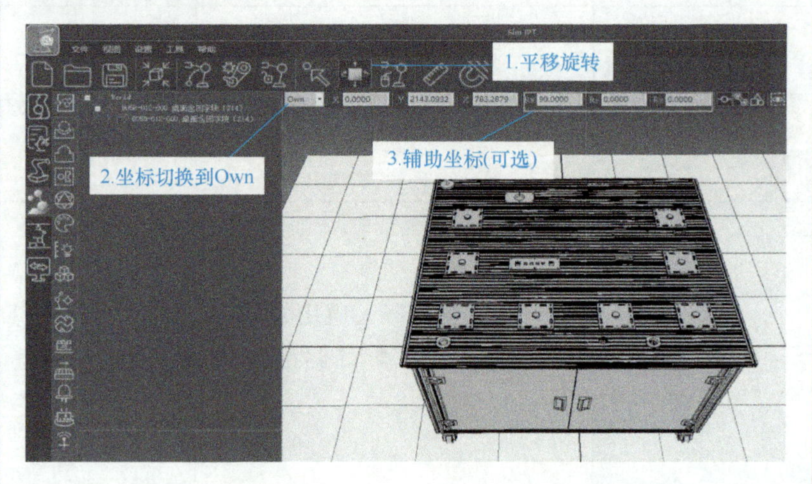
</td></tr>
</table>

<table>
<tr><th>步骤</th><th>图示</th></tr>
<tr><td>3）拆分并组合回字块。选中标准平台，然后单击“建模”→“拆分”图标。在右侧弹出的对话框中，单击“拆分”按钮，即可将组件全部拆分
组合回字块：首先单击回字块中心，出现黄色选中框；然后按住<Ctrl>键并单击回字块，即可全选中。完成全选后，单击工具栏的“组合”图标，即可完成一个回字块的组合
按照相同的步骤，将8个回字块全部组合成一个整体。最后，修改名称为“组合回字块”</td><td>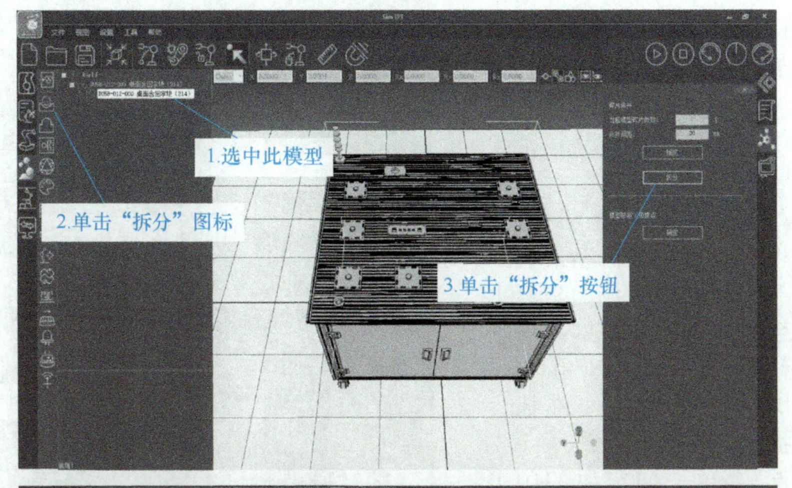

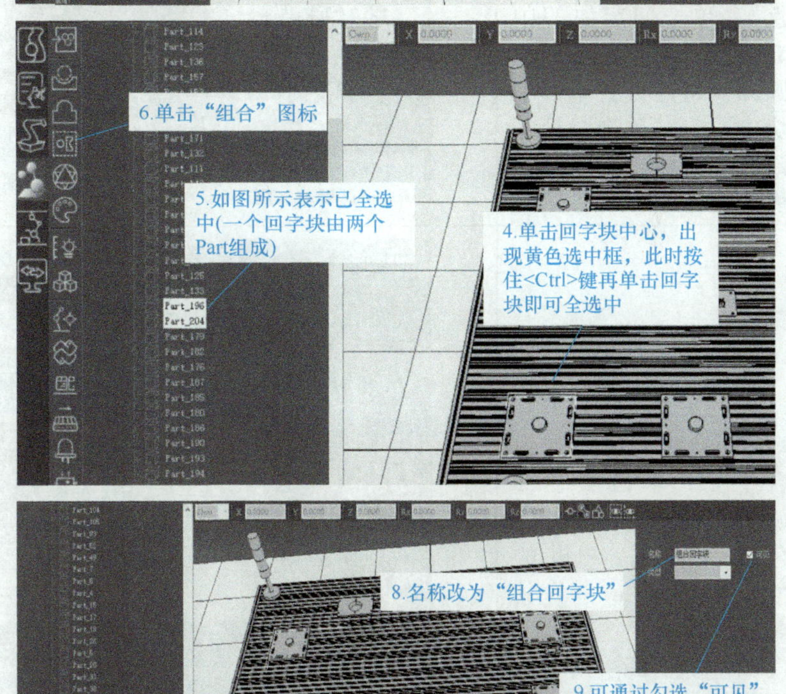
</td></tr>
</table>

<table>
<tr><th>步骤</th><th>图示</th></tr>
<tr><td>4）建立回字块坐标系。为了与所放置的模块配合，回字块的坐标方向和坐标点需要进行设置
选择桌面模型并单击“建模”图标。在右侧单击“坐标系”图标。将模型窗口下滑至最底部，找到新生成的坐标系并单击。单击“平移旋转”图标，并再次单击“捕捉”。在捕捉选项中选择“一点”。单击回字块的中心位置，即可出现绿色圆圈。将光标置于回字块中心，并单击鼠标左键，即可成功建立回字块的坐标系</td><td>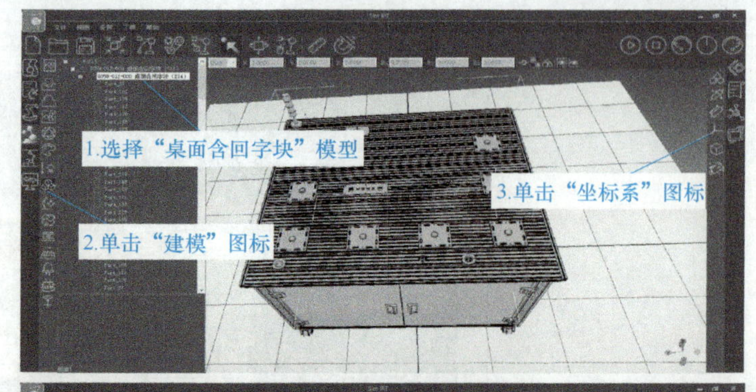

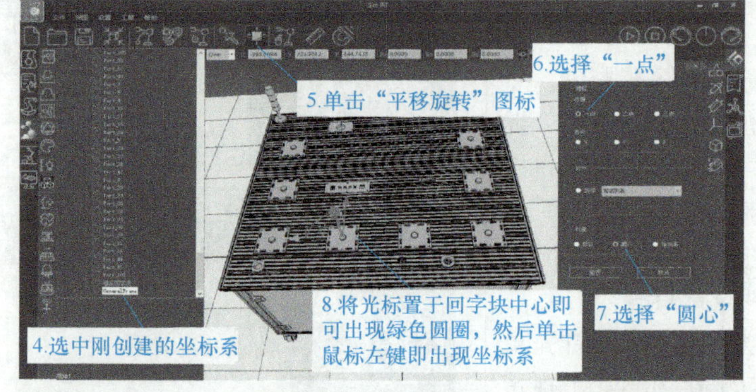
</td></tr>
<tr><td>5）修改三色灯并组合平台，单击“平移旋转”图标并单击三色灯。双击左侧的“三色灯”Part，将其名称修改为“三色灯”模块。选中除了“组合回字块”和“三色灯模块”以外的其他部分，并单击“组合”图标进行组合</td><td>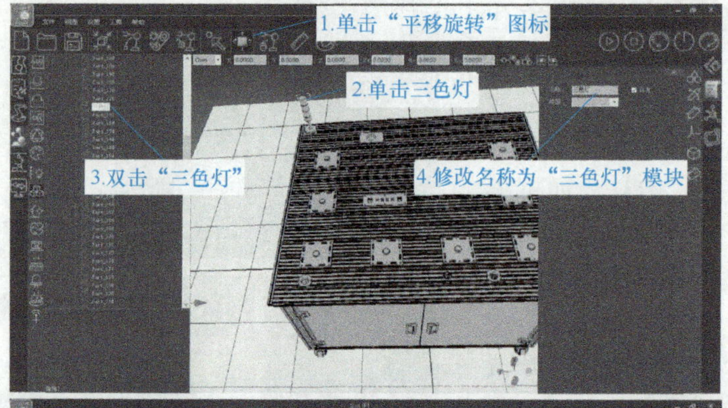

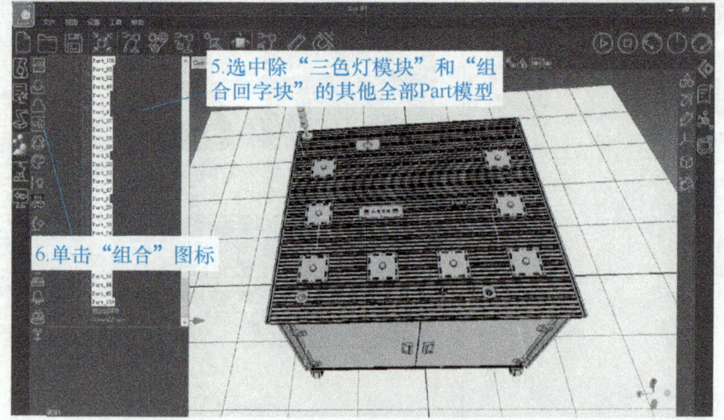
</td></tr>
</table>

<table>
<tr><th>步骤</th><th>图示</th></tr>
<tr><td>6）组合平台。最终组合后的平台如右图所示</td><td>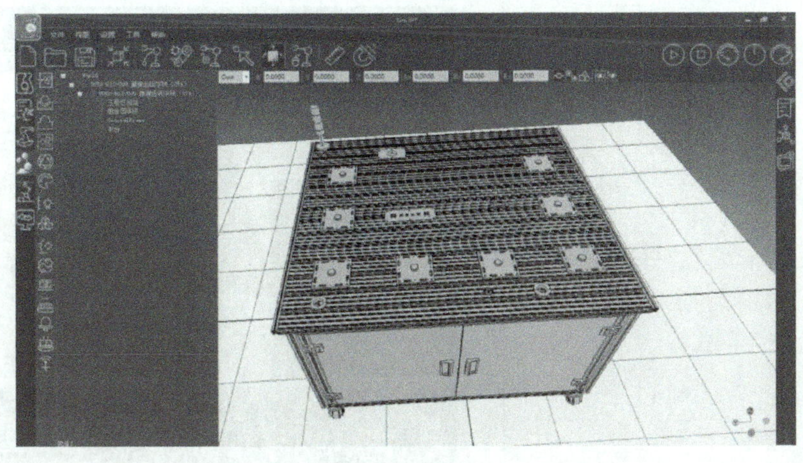</td></tr>
<tr><td colspan="2">（2）建立第七轴</td></tr>
<tr><td>1）导入第七轴。首先单击“建模”→“导入模型”图标，然后选择“打开文件”并单击“打开文件”按钮。根据个人存储文件的目录，找到并选择“第七轴”的文件
然后单击“打开”按钮。进行导入操作，方式与桌面模型导入相同。接下来单击“平移旋转”图标，并将Rx旋转角度设置为90°。最后，调整第七轴的姿态</td><td>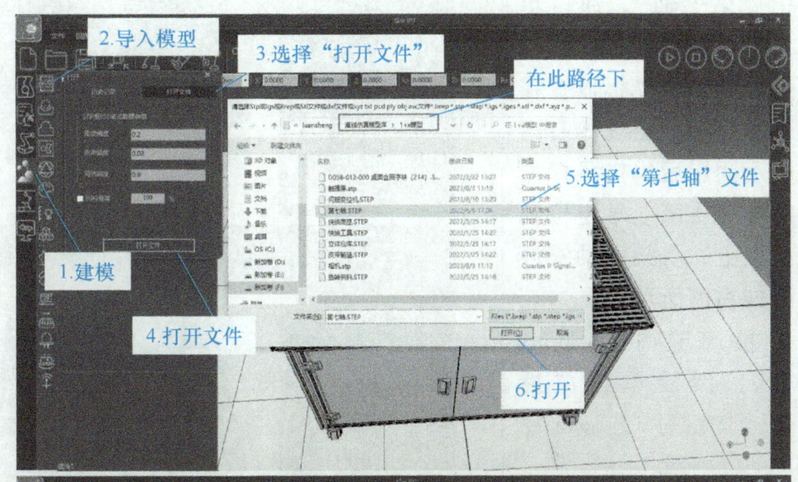

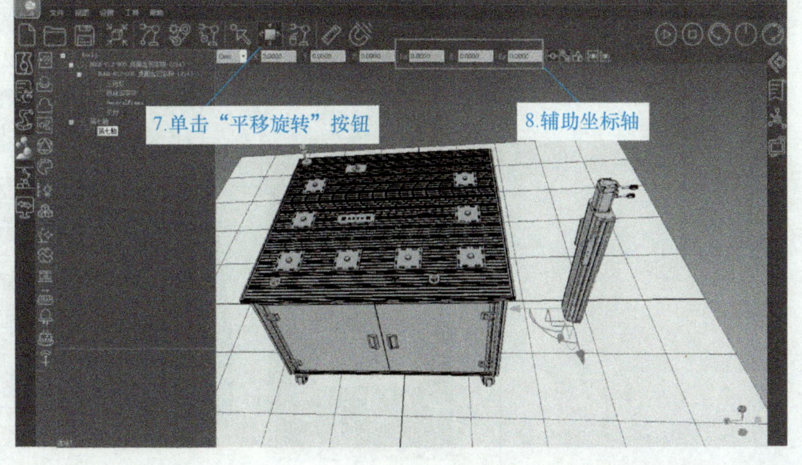
</td></tr>
</table>

步骤	图示
2）放置第七轴。选中“第七轴”，通过单击“平移旋转”图标，用一点法将光标放置在工作台上，出现如右图所示阴影后单击鼠标左键即可将第七轴定位到桌面上，将第七轴安放于如右图所示位置 接着选中“第七轴”，然后单击“拆分”按钮为3）做准备	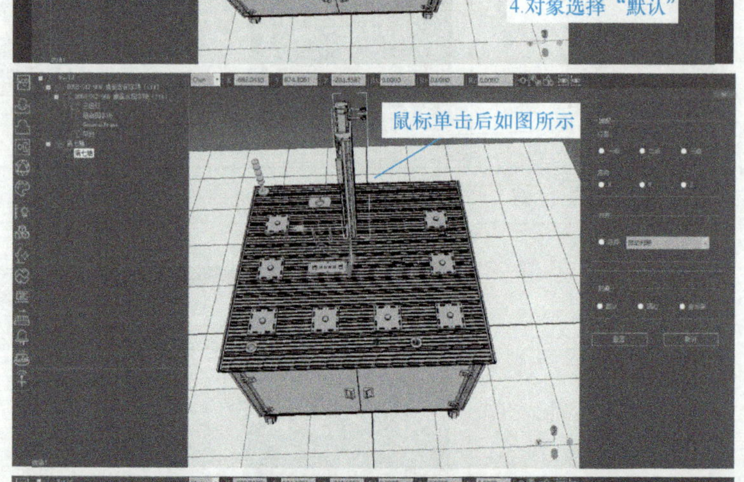 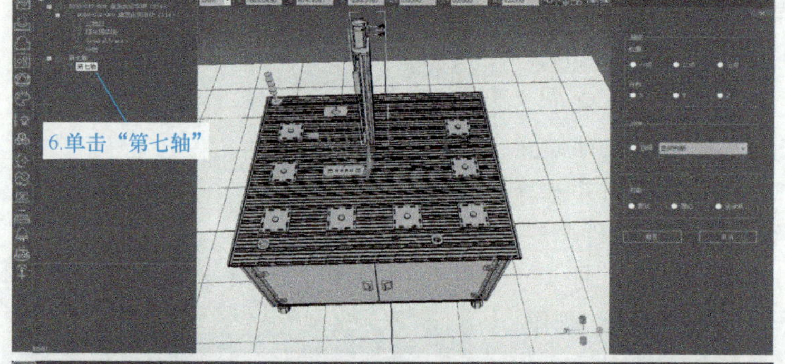 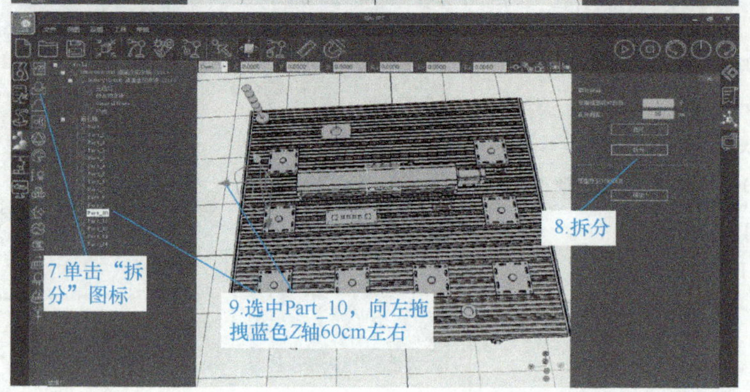

<table>
<tr><th>步骤</th><th>图示</th></tr>
<tr><td>3）上色并组合第七轴。上色：首先单击“材质”图标，然后单击“色板”图标，分别对 Part～Part5 和 Part6～Part14 进行上色（注意：选择颜色后再单击对应的组件进行上色）
组合：按住 <Ctrl> 键，同时选取第七轴的各组件，然后单击“组合”图标，即可将第七轴组件组合</td><td>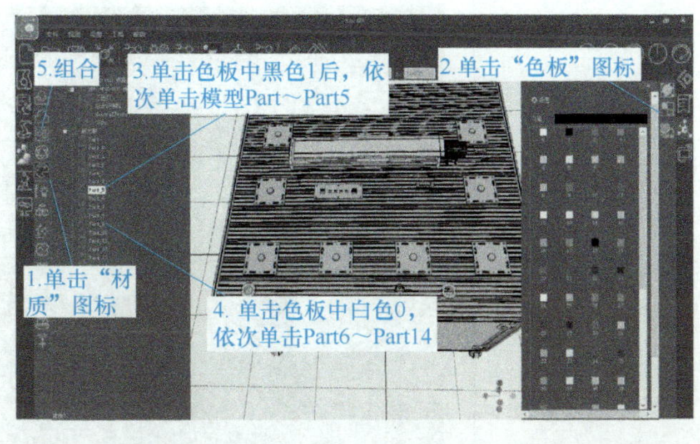
</td></tr>
<tr><td>4）导入机器人底座并上色。机器人底座位于第七轴上，是机器人和第七轴之间连接的桥梁，通过平移旋转将机器人底座放置于第七轴上
然后通过步骤 7～10 使用一点法将两者固定在一起
上色：单击“材质”→选择色板中白色后，单击机器人底座。最终结果如右图所示</td><td>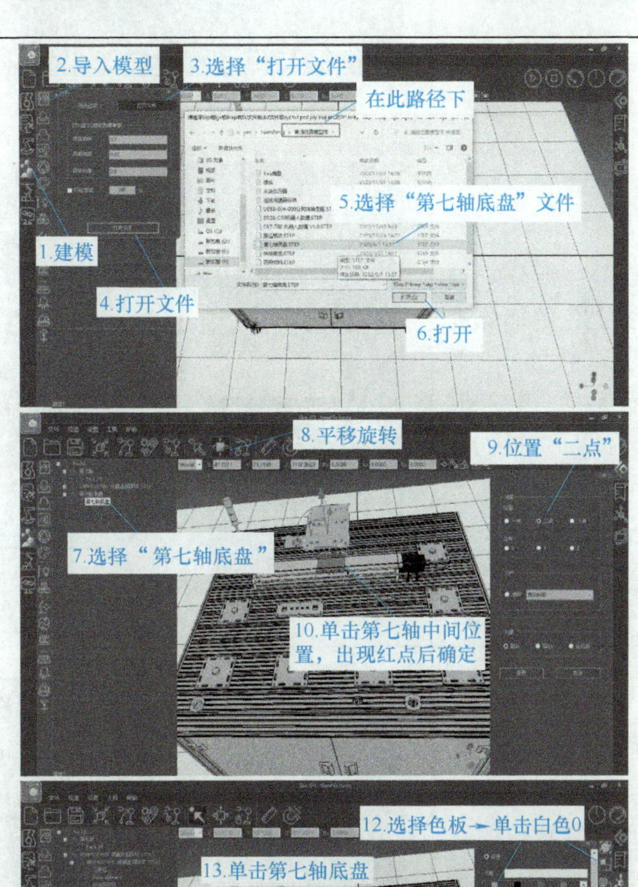
</td></tr>
</table>

步骤	图示
5）把“第七轴”模型拖到桌面模型下，把“第七轴底盘”拖到“第七轴”模型下。最终效果如右图所示	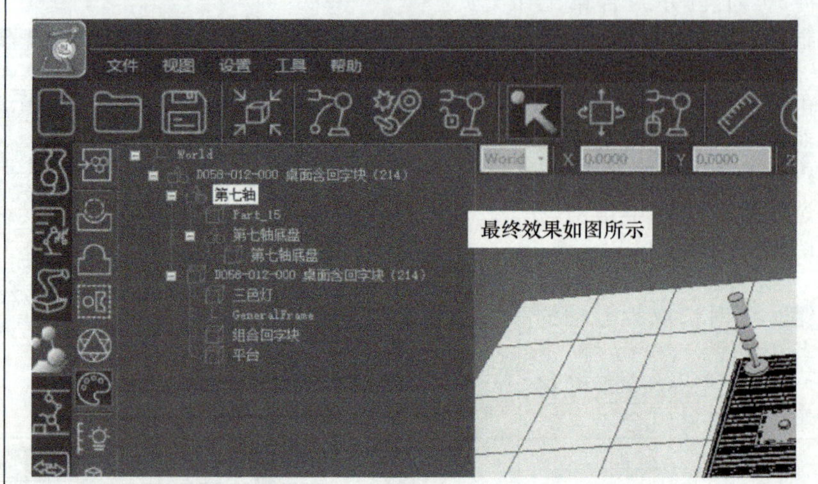
6）工作台拆分。首先对需要上色的部分进行拆分，单击“平台”，然后单击“拆分”图标及“拆分”按钮	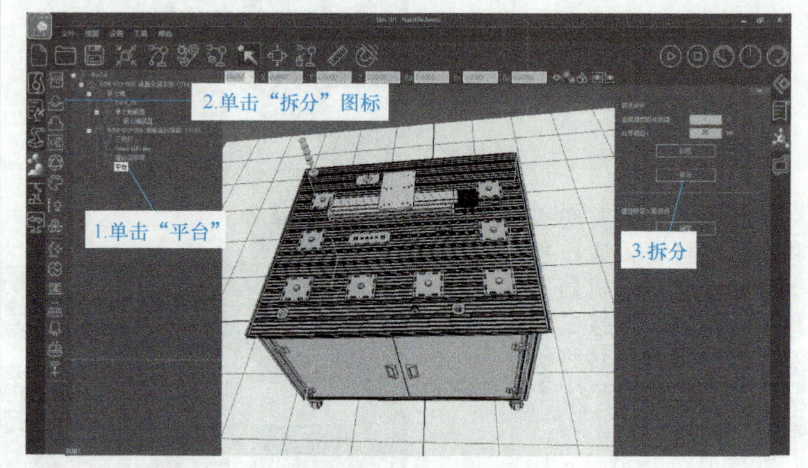
7）工作台上色。单击“材质”→“色板”图标，单击要更改的颜色（此处选择蓝色10），再单击要更改的组件，为平台门上色 重复上面操作，为4个面的门上色	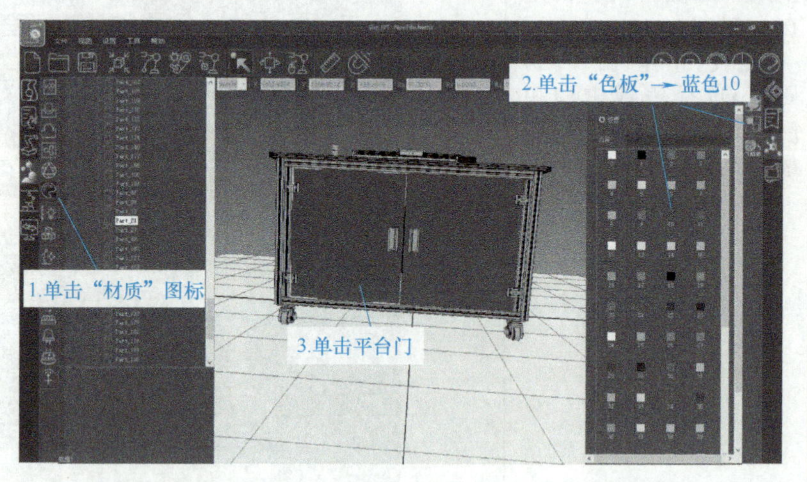

<table>
<tr><th>步骤</th><th>图示</th></tr>
<tr><td>8）组合。单击刚刚拆分的平台组件，单击第一个，按住<Shift>键，再单击最后一个（即选中拆分的全部组件），单击“组合”图标</td><td>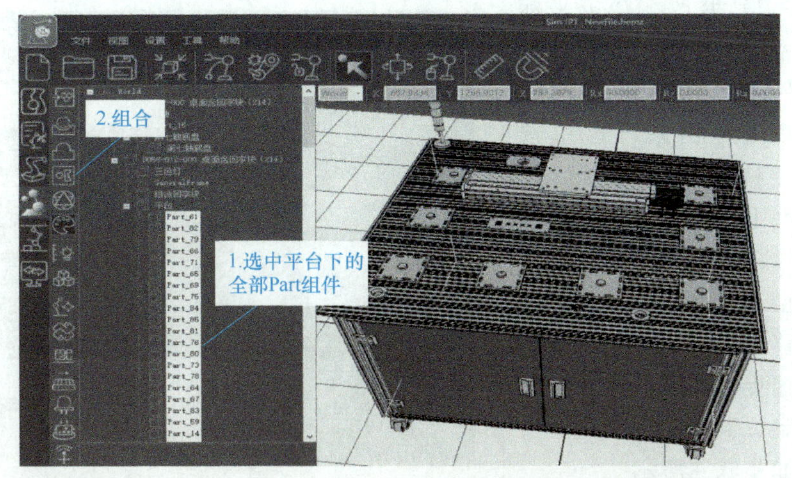</td></tr>
<tr><td>9）保存组件。选中要保存的模型，单击“文件”图标保存组件，在弹出的对话框中修改自己要保存的路径和文件名，单击“确认”按钮</td><td>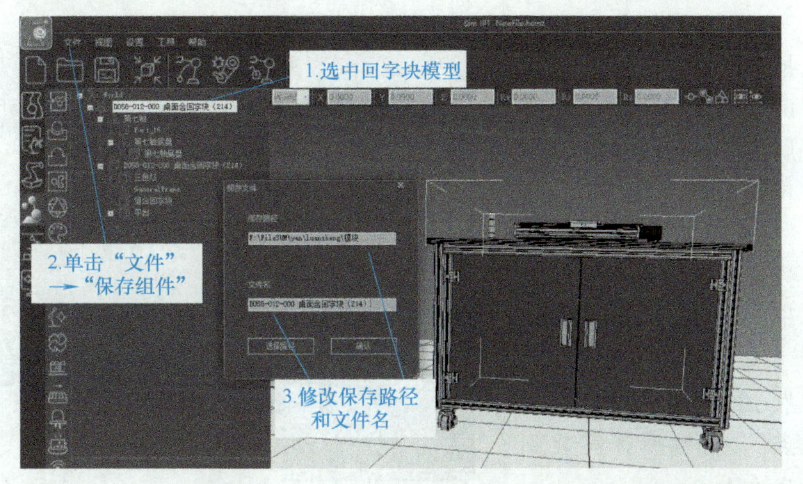</td></tr>
<tr><td colspan="2">（3）创建触摸屏</td></tr>
<tr><td>1）导入触摸屏文件。依次单击“建模”→“导入模型”图标，然后选择“打开文件”，单击“打开文件”按钮。根据个人存储文件的目录，选择“触摸屏”文件，单击打开</td><td>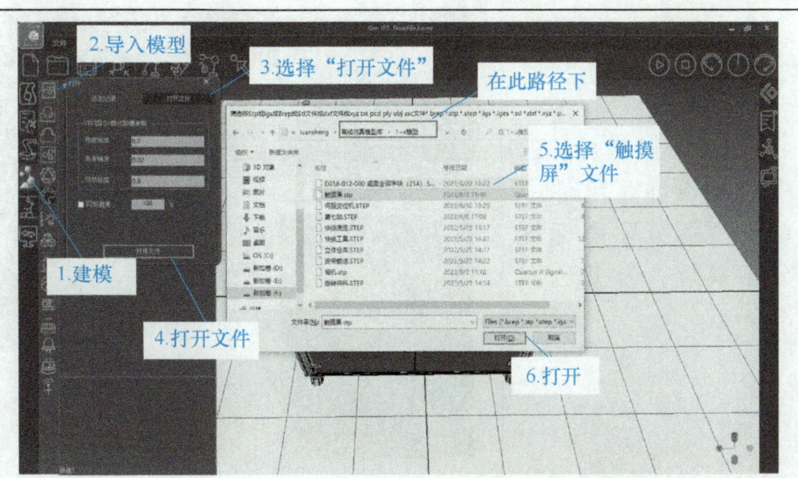</td></tr>
</table>

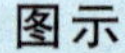

步骤	图示
2）修改触摸屏坐标系。把“触摸屏”组件从“触摸屏”模型里面移出来（这里选择移到“第七轴”模型下） 选中“触摸屏”模型（重要），单击“平移旋转”图标，选中捕捉“一点”，将坐标定位到触摸屏底座上，如步骤 4 所示	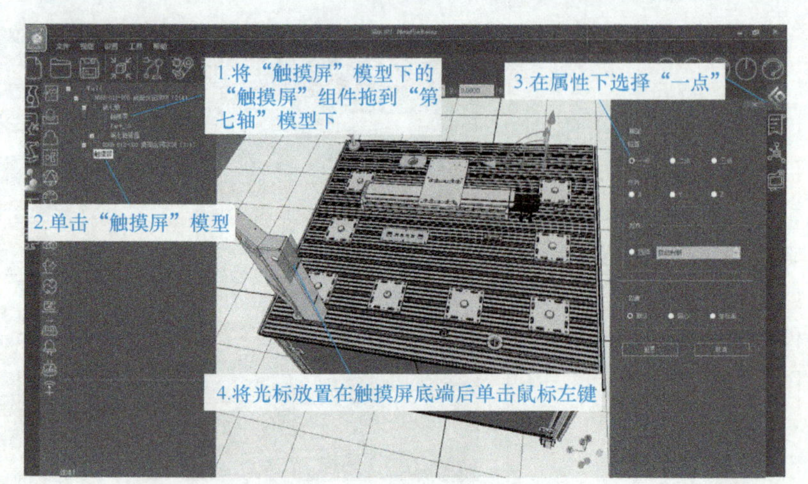
3）放置触摸屏。再把 2）中移出的“触摸屏”组件拖回“触摸屏”模型下（方便定位）。此步需先通过“平移旋转”按钮将触摸屏调整至水平后，再进行操作 再单击触摸屏模型，然后单击捕捉“一点”，将触摸屏安装到桌面上	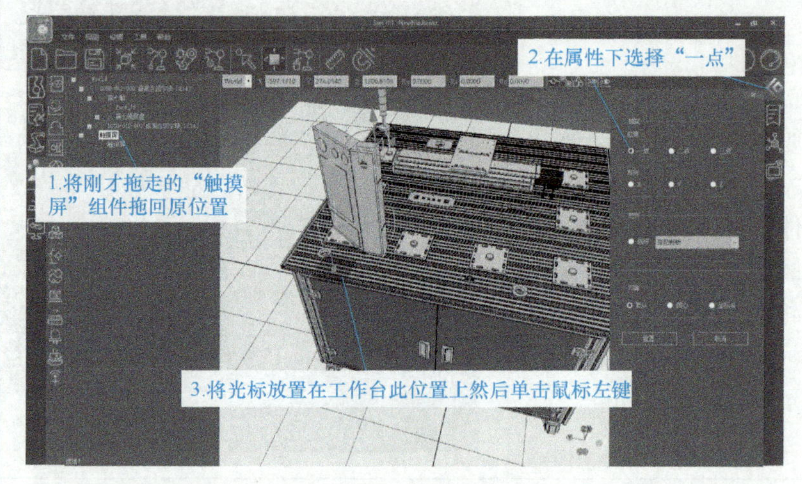
4）拆分触摸屏。选中“触摸屏”组件→单击“拆分”图标拆分触摸屏，为上色做准备	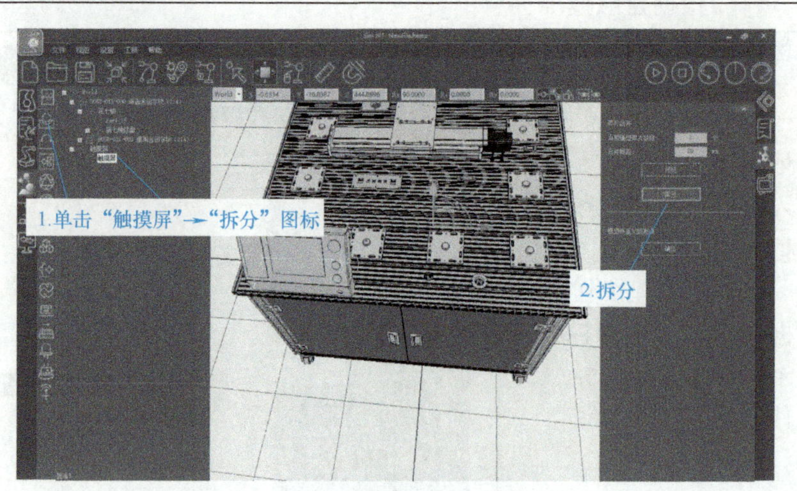

<table>
<tr><th>步骤</th><th>图示</th></tr>
<tr><td>5）触摸屏上色。单击“材质”→“色板”图标，然后选中要上色的物体为触摸屏上色（必须先选中颜色，再单击要上色的组件），上色完成如右图</td><td>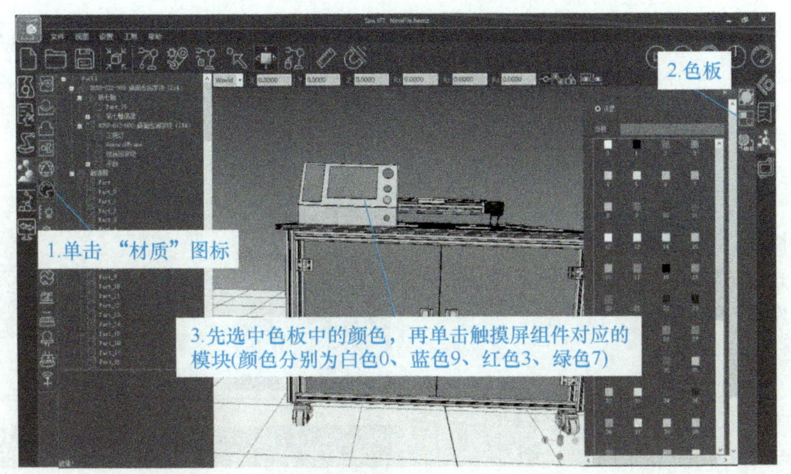</td></tr>
<tr><td>6）组合并保存文件。选中触摸屏模型下的全部 Part，可借助 <Shift>键。全部选中后单击“组合”图标，组合完成后选中“触摸屏”，然后单击文件→保存组件，在弹出的对话框中修改保存路径和文件名，单击“确认”按钮，方便后面直接使用</td><td>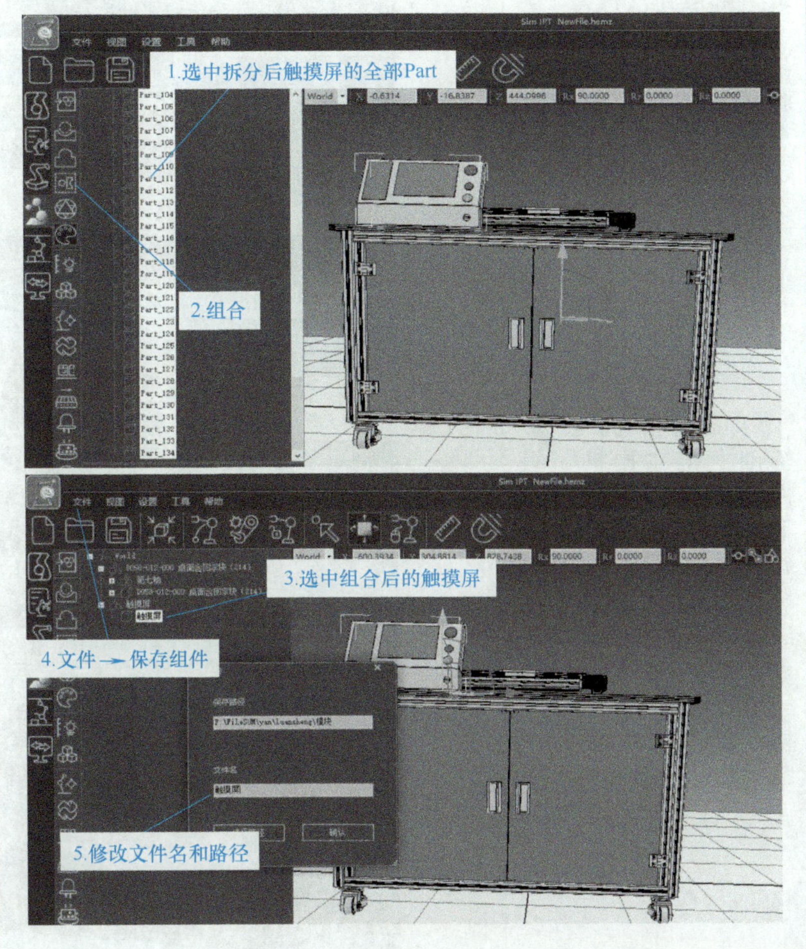</td></tr>
</table>

步骤	图示
（4）创建相机	
1）导入相机。依次单击“建模”→“导入模型”图标，然后选择“打开文件”，单击“打开文件”按钮。根据个人存储文件的目录，选择“相机”文件，单击“打开”按钮	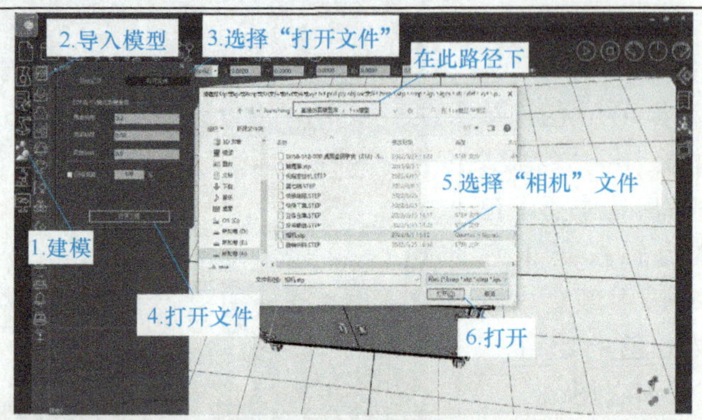
2）修改相机坐标系。先把“相机”组件从“相机”模型下移出来（这里选择移到“触摸屏”模型下） 选中“相机”模型（重要），单击“平移旋转”图标，使用一点法把相机模型的坐标定位到相机底部中心，Z 轴向上	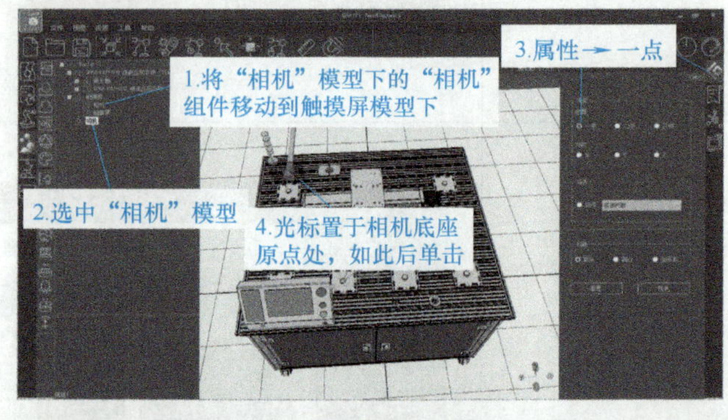
3）放置相机。在2）基础上把“相机”组件移回“相机”模型下。然后单击“平移旋转”图标，选中相机模型，采用捕捉一点法，将相机安装到工作台上 最后通过平移旋转调整位姿，最终结果如右图所示	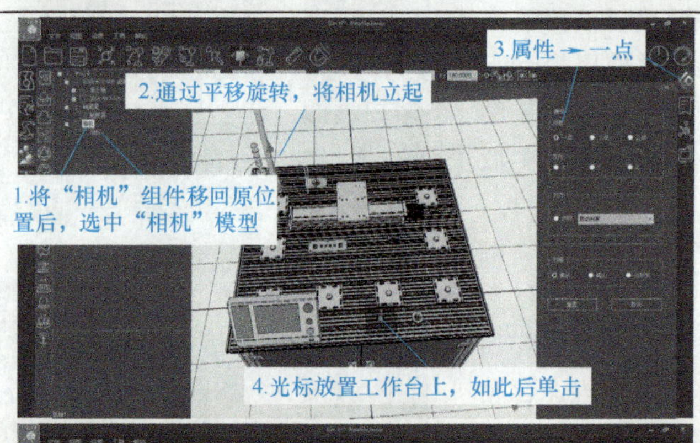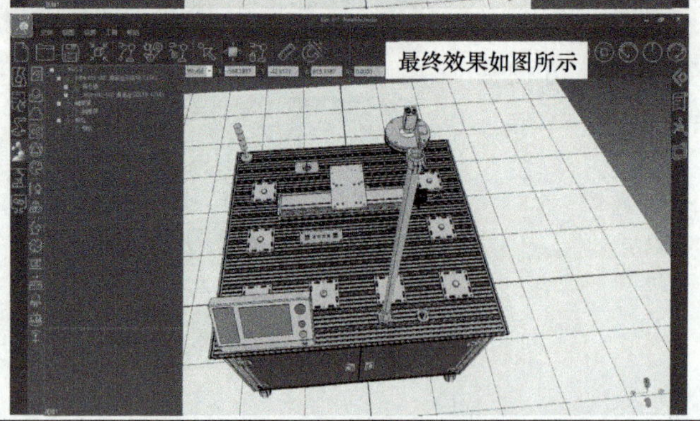

<table>
<tr><th>步骤</th><th>图示</th></tr>
<tr><td>4）相机上色。选中“相机”组件，进行拆分
单击“材质”→“色板”图标，选中上色颜色，然后单击建模材质，为相机上色</td><td>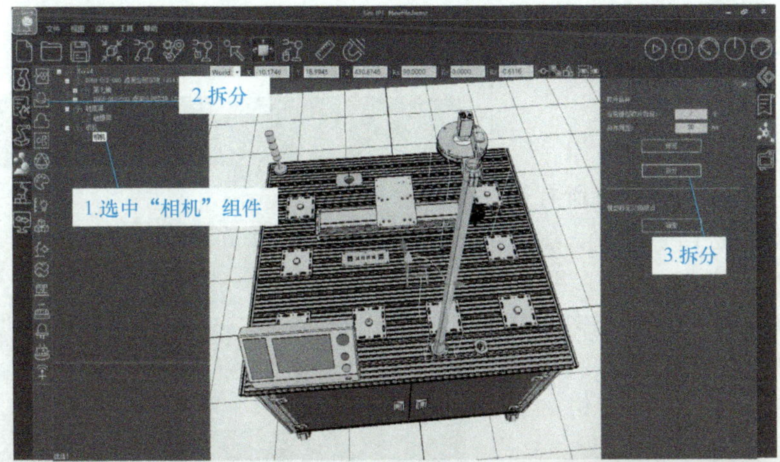

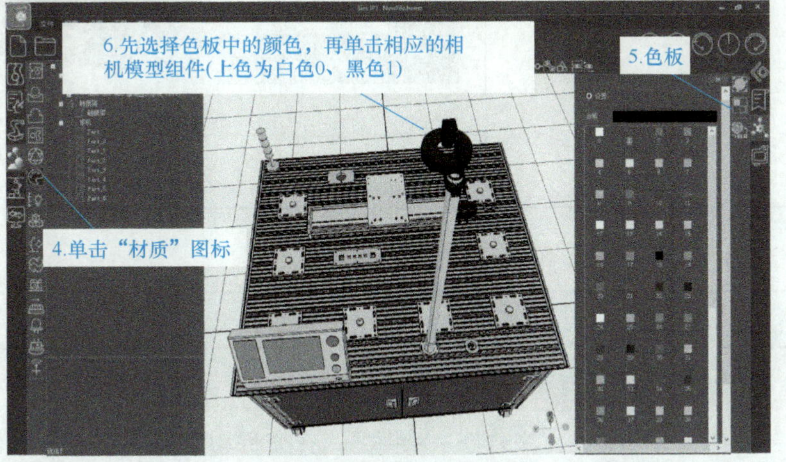
</td></tr>
<tr><td>5）组合并保存文件。选中相机模型下的全部组件，可借助<Shift>键。全部选中后单击“组合”图标</td><td>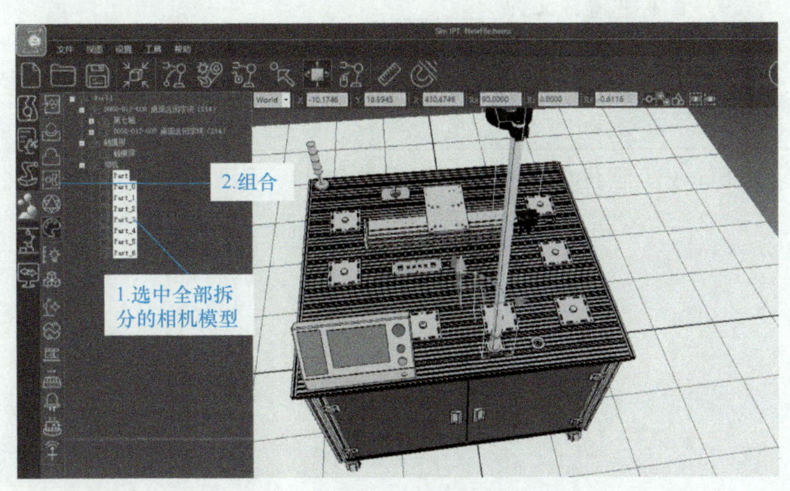
</td></tr>
</table>

步骤	图示
组合完成后将所有模型放进回字块中，然后单击文件→保存组件，在弹出的对话框中修改保存路径和文件名，单击“确认”按钮，方便后面直接使用	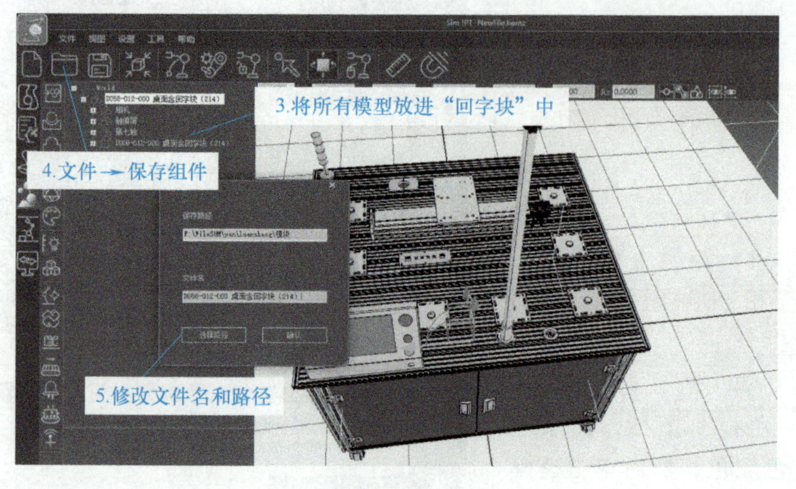

3. 习题页

1. 填空题

1）单击图标，即可将组件进行______操作。

2）依次单击“文件”→“导入”，在文件中选择模型文件的格式为____________。

3）图标含义为________。

4）图标含义为________。

2. 简答题

Sim IPT 软件中模型库的作用是什么？模型库的用途有哪些？

任务二 创建快换工具模块模型

1. 知识页

工作任务	了解夹爪相关知识	教学模式	理实一体
建议学时	1 学时	所需设备、器材	Sim IPT 软件
任务描述	1）坐标系的作用 2）了解手爪功能及种类 3）工业机器人手爪的功能要求	更多资料	创建快换工具模块模型
任务实施			

1. 坐标系

世界坐标系是一种用于定义 3D 虚拟空间中的坐标原点（0，0，0）和彼此正交的三个单位轴的约定。它是 3D 场景的“本初子午线”，是对任何其他点或任何其他任意坐标系进行测量的参考。世界坐标系可以任意选择，为假想坐标系，在被指定后保持不变且唯一，即为绝对坐标系，图 2-3 所示为各种坐标系。

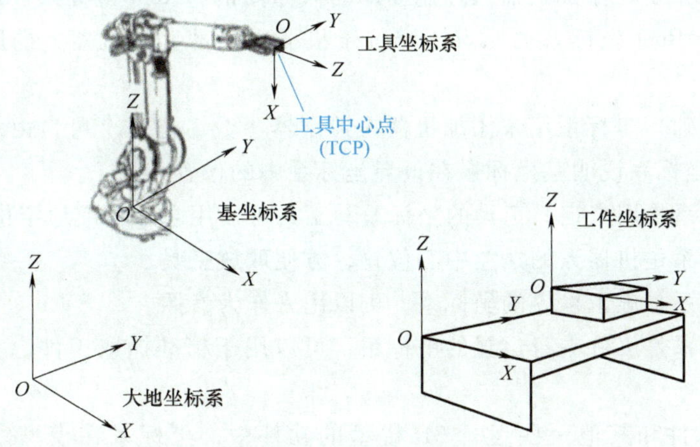

图 2-3 各种坐标系

工具坐标系是工业机器人使用的一种坐标系，用于描述工具的位置和姿态。建立工具坐标系有两个好处：①在定义机器人定位旋转时，可以很方便地让机器人绕着定义的点做空间旋转，从而把机器人调整到我们需要的位置；②可以避免在机器人运动过程中，由于工具坐标系不准确而导致的工具位置偏差。图 2-4 所示为世界坐标系和工具坐标系。

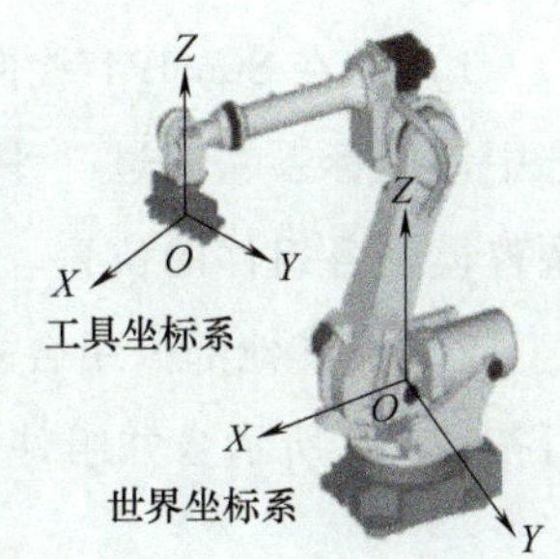

图 2-4 世界坐标系和工具坐标系

图 2-5 所示工件坐标系用于定义工件相对于大地坐标系或者其他坐标系的位置，具有两个作用：①方便用户以工件平面方向为参考手动操纵调试；②当工件位置更改后，通过重新定义该坐

标系，机器人即可正常作业，不需要对机器人程序进行修改 。

基坐标系（Root）是机械设计中的一个重要概念，它是机械设计中的基础，所有的尺寸都以基坐标系为基准，如图 2-6 所示。

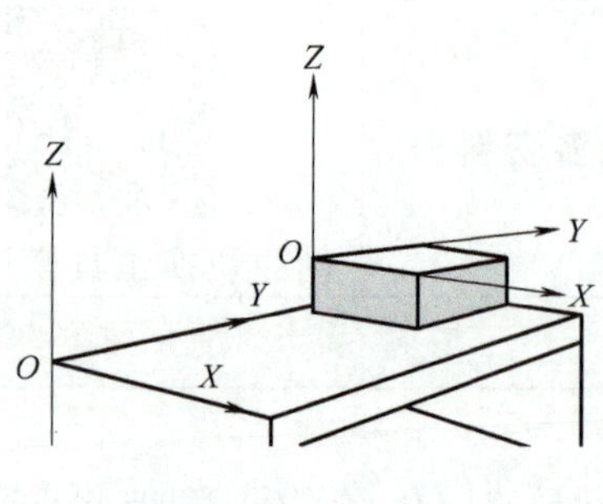

图 2-5 工件坐标系

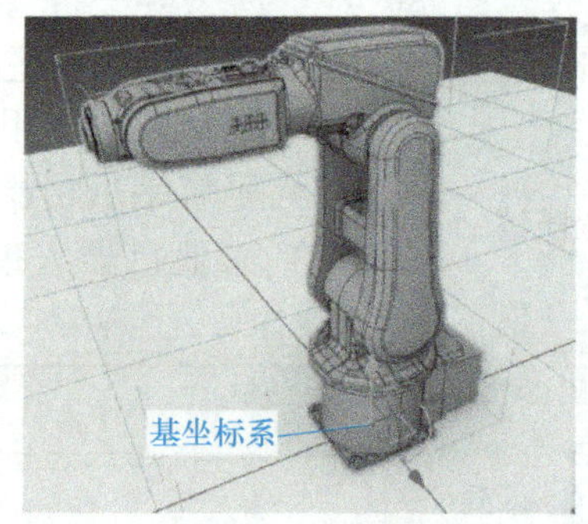

图 2-6 基坐标系

软件使用的坐标系（软件中的坐标系跟实际生产中的坐标系一致）的作用有：

1）Root 坐标系是在添加机器人控制器的时候需要的，Root 坐标系一般情况下为机器人底座的坐标系。Root 坐标系的原点固定位于机器人足部，是机器人的原点，也是世界坐标系的参照点。

2）Base（基础）坐标系用来添加机器人控制器参数，是一个可自由定义、用户定制的坐标系。Base 坐标系说明基坐标系在世界坐标系中的位置。

3）Tool 坐标系是用来定义工具的坐标系，工具可以用它来精准地定位抓取点。

4）法兰坐标系是机器人的法兰中心位置，方便取放工具。

5）世界坐标系是虚拟世界的坐标系，可以用来作为参照。

6）工件坐标系是工件本身位置的坐标系，可以用于精准抓取工件，完成精度较高的焊接工艺。

在 Sim IPT 软件和其他一些运行 3D 模型的软件中，坐标系在模型之间起到了桥梁作用。

1）如在 Sim IPT 软件中将模型的一部分整体绑定并放置在某个坐标系下，使用鼠标选中该坐标系，通过“平移旋转”图标，可将该部分进行 *Z/Y/Z* 方向的移动，从而调整模型各组件的位置。

2）与其他部分结合：当两个组件需要紧密结合在一块时，单击“合并”图标，可按图 2-7 所示合并组件。

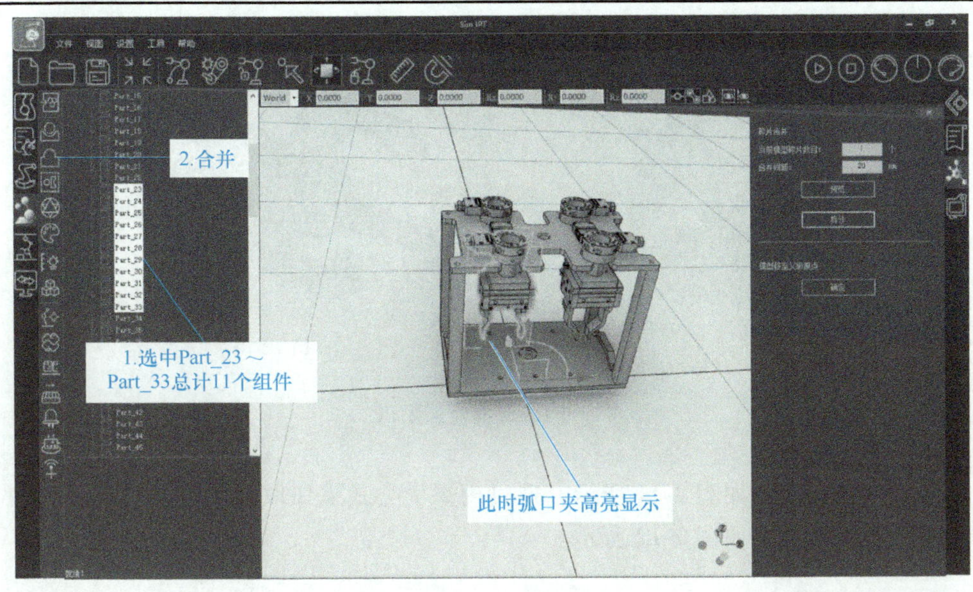

图 2-7　合并组件

2. 手爪

图 2-8　机器人手爪

图 2-8 所示机器人手爪（或抓持器）类似于人手，依靠一对能够抓取各种物体的末端抓手，机器人可以完成许多任务。通用手爪广泛应用于机器人领域。它可以暂时将机器人与物体连接起来，并在适当的时候释放。它是机器人与外界交互的重要终端，广泛应用于工业自动化领域。

工业机器人手爪是实现类似人手功能的工业机器人部件，是工业机器人执行机构之一。工业机器人手爪的几种常用夹持形式如下：

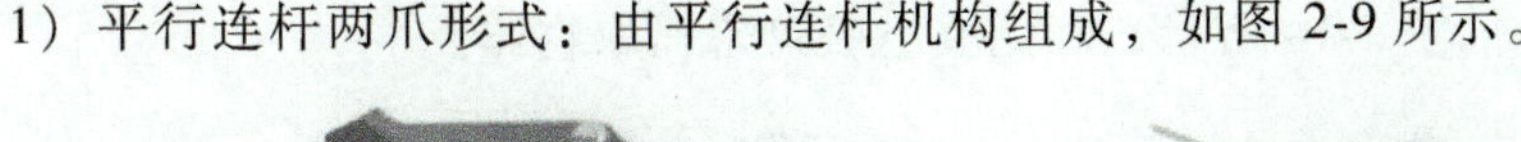

1）平行连杆两爪形式：由平行连杆机构组成，如图 2-9 所示。

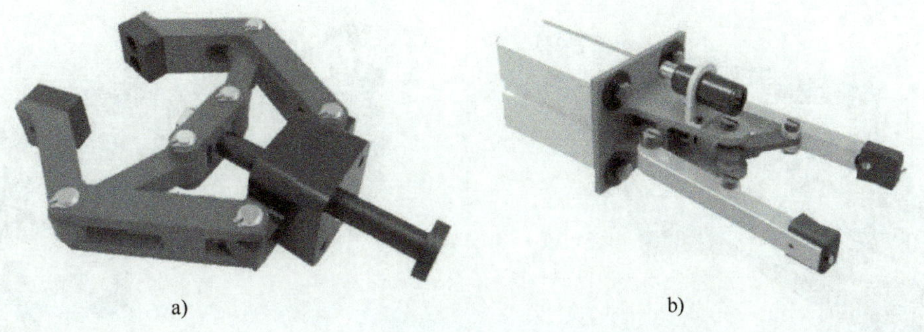

图 2-9　平行连杆两爪

2）三爪外抓形式：如图 2-10 所示。

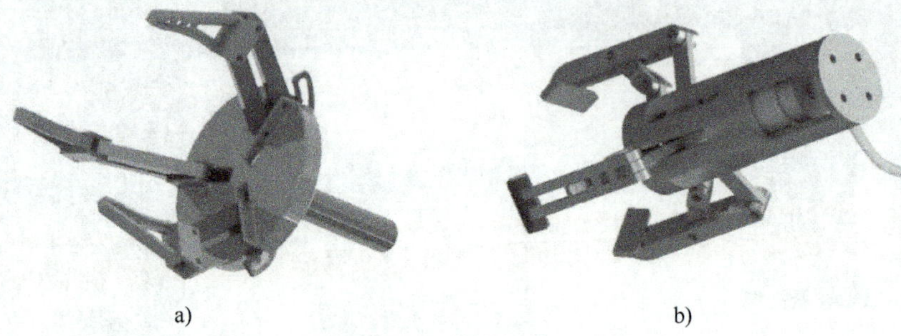

a)　　　　b)

图 2-10　三爪外抓手爪

3）三爪内撑形式：如图 2-11 所示，通过内撑的方式来抓取物体。

4）连杆四爪形式：如图 2-12 所示。

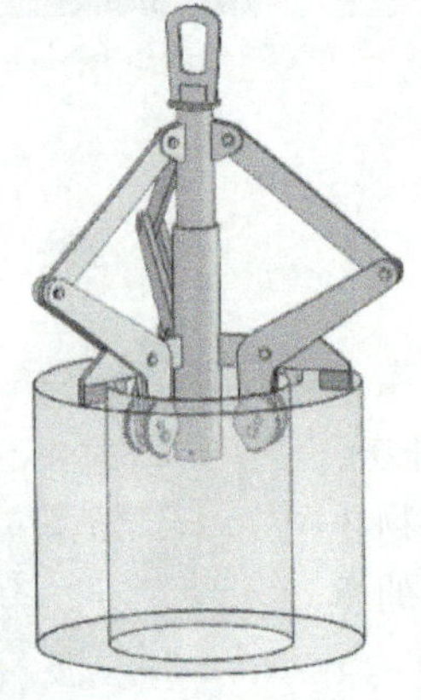

图 2-11　三爪内撑手爪

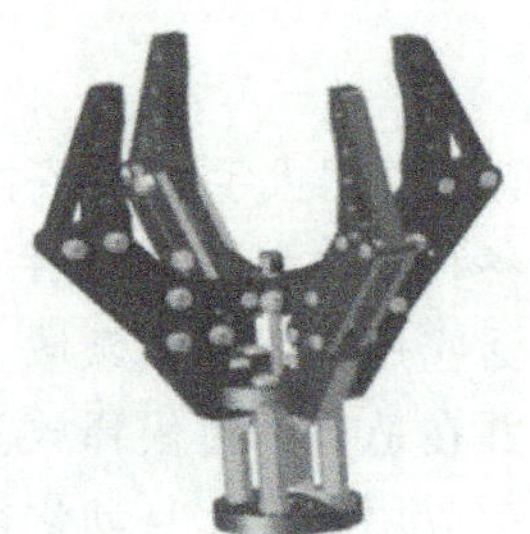

图 2-12　连杆四爪手爪

5）柔性自适应形式：如图 2-13 所示，可抓取空间几何形状复杂的物体。

6）真空吸盘形式：如图 2-14 所示，利用真空吸盘来抓取物体。

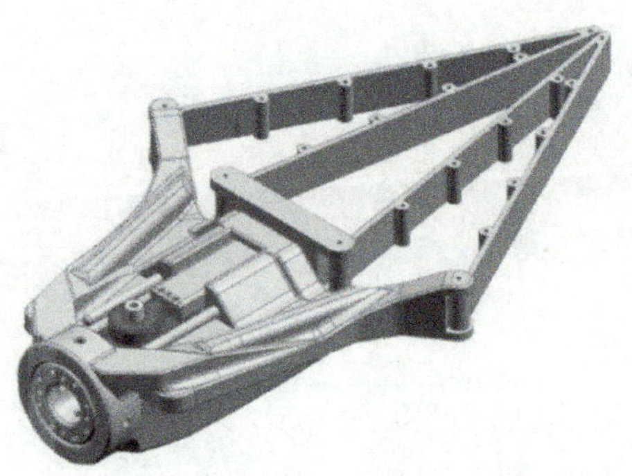

图 2-13　柔性自适应手爪

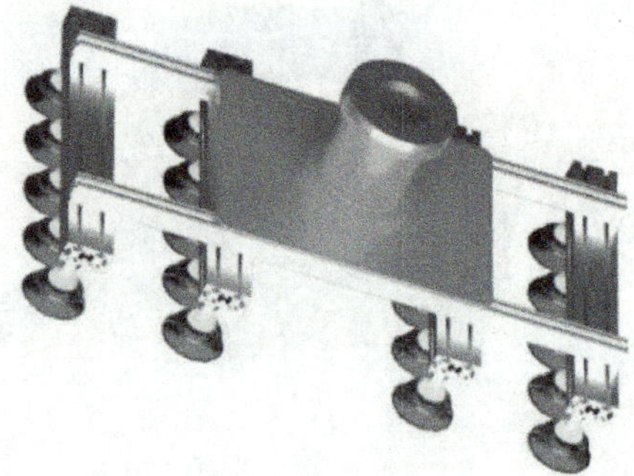

图 2-14　真空吸盘手爪

7）仿生机械手形式：如图 2-15 所示，利用仿生学原理，具有多个自由度（Degree of Freedom，DOF）的多指灵巧手爪，其抓取的工件多为不规则、圆形等轻便物体。

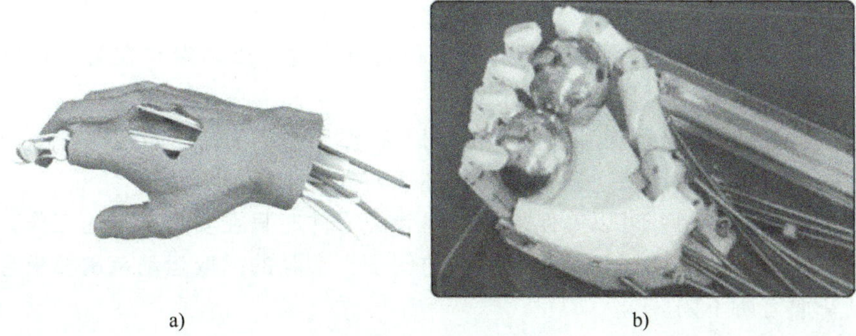

a) b)

图 2-15 仿生机械手爪

3. 工业机器人手爪的功能要求

工业机器人手爪在接收到抓取工件信号后，按指定的路径和抓取方式，在规定的时间内完成工件取放动作。工业机器人在抓取工件过程中，为保证抓取工件的可靠性，工业机器人手爪应具备一定的抓取运动范围、工件清洁所需的气管，工件在手爪中可靠定位、工件抓取后的检测报警、工业机器人手爪断电保护等相关功能。

（1）抓取运动范围要求 抓取运动范围是手爪抓取工件时手指张开的最大值与收缩的最小值之间的差值。由于工件的大小、形状、抓取位置的不同，为使手爪适合抓取不同规格的工件，手爪的运动范围应有所不同。工作时工件夹紧位置应处于最大值与最小值之间，在工件夹紧后，手指的实际夹紧位置应大于手指收缩后的最小位置，使工件夹紧后夹紧气缸能有一定的预留夹紧行程，保证工件可靠夹紧。图 2-16 所示为抓取运动范围要求。

例如，设计一个自动化的机械臂系统，该机械臂用于在制造流水线上装配汽车零件。在这种情况下，抓取运动范围的要求如下：

1）指定工作区域：定义机械臂可以执行操作的特定工作区域，通常使用坐标系来表示。例如，可以指定一个三维坐标系，其中 X 轴表示横向移动，Y 轴表示纵向移动，Z 轴表示垂直移动。这个工作区域的大小和形状将取决于装配线和机械臂的设计。

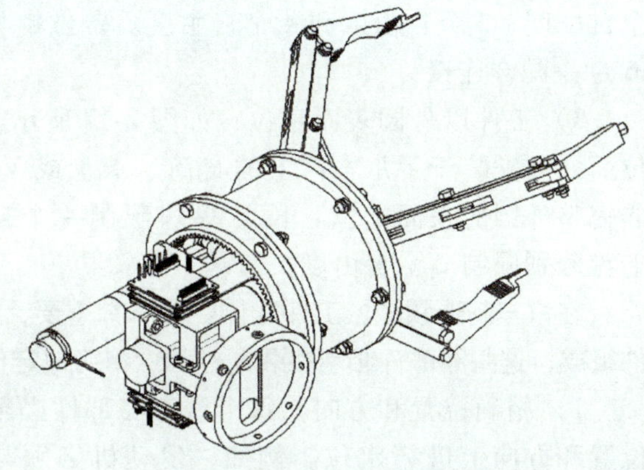

图 2-16 抓取运动范围要求

2）确定最大和最小工作范围：定义机械臂的最大和最小工作范围，以确保它不会超出规定的边界。例如，机械臂的 X 轴移动范围可以是 -100～100cm，Y 轴移动范围可以是 0～200cm，Z 轴移动范围可以是 0～50cm。

3）安全边界和碰撞检测：设置安全边界，以避免机械臂与其他设备或工作人员发生碰撞。设置碰撞检测系统，以检测机械臂的位置，并在接近安全边界时停止或调整机械臂的运动。

4）姿态和角度限制：限制机械臂的姿态和关节角度，以确保它在装配零件时不会发生不正常的姿态或运动。

5）编程和控制：编写程序和控制算法，以确保机械臂在规定的运动范围内按照预定的轨迹执行操作，这可能涉及逆运动学和轨迹规划等技术。

通过这些要求和限制，可以确保机械臂在装配零件时只在安全范围内工作，从而提高了生产效率和工作安全性。这只是一个简单的例子，实际的抓取运动范围要求会根据具体的应用和设备而有所不同。

（2）工件定位要求　为使手爪能正确抓取工件，保证工件在工业机器人运行过程中能与手爪可靠地接触，工件在手爪中必须有正确、可靠的定位要求，需分析零件的具体结构，确定零件的定位位置及定位方式。工件的定位方式有如下几种：

1）工件以平面定位：工件在手爪中以外形或某个已加工面作为定位平面，定位后工件在手爪中具有确定的位置，为保证工件可靠定位，需限制工件的 6 个自由度。一般大平面限制 3 个自由度，一个侧面限制 2 个自由度，另一个侧面限制 1 个自由度。定位元件一般采用支承钉或支承板，并在手爪中以较大距离布置，以减少定位误差，提高定位精度和可靠性。支承钉或支承板与手爪本体的连接多采用销孔 H7/n6 或 H7/r6 过盈配合连接或螺钉固定连接。

2）工件以孔定位：工件在手爪中以某孔中心线作为定位基准，定位元件一般采用心轴或定位销。

心轴定位限制 4 个自由度，根据不同要求，心轴可用间隙配合心轴、锥度心轴、弹性心轴、液塑心轴、自定心轴等。

定位销分短圆柱定位销、菱形销、圆锥销和长圆柱定位销，分别限制 2 个自由度、1 个自由度、3 个自由度和 4 个自由度。定位销与手爪本体的连接多采用销孔 H7/n6 或 H7/r6 过盈配合连接。

3）工件以外圆表面定位：如图 2-17 所示，工件在手爪中时，以某对外圆表面作为定位面，与安装于手爪本体上的套筒、卡盘或 V 形块一同定位。采用 V 形块定位，可用于非完整外圆的表面定位。长 V 形块限制 4 个自由度，短 V 形块限制 2 个自由度。套筒、卡盘分别限制 2 个自由度。

在汽车制造领域，工件定位要求非常重要，因为汽车由许多零部件组成，这些零部件必须在装配过程中精确地定位和连接，例如

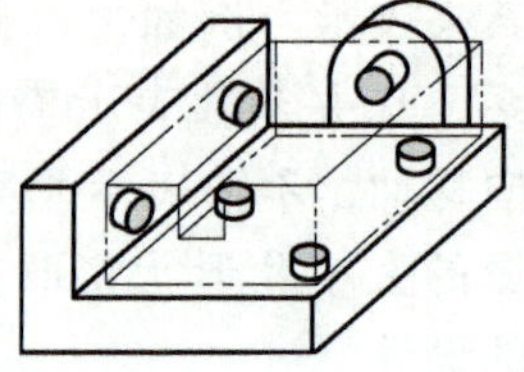

图 2-17　工件定位要求

1）精确位置和方向：每个汽车零部件必须在装配线上的精确位置和方向上进行定位。例如，发动机必须与底盘正确对齐，以确保正确的安装位置。

2）定位参考点：确定每个零部件的定位参考点，通常是一些特殊的标记、凹槽或配合面，以帮助系统精确定位工件。

3）定位公差：规定工件定位的公差，即允许工件位置相对于目标位置的最大偏差。这个公差将取决于具体的应用和装配要求。

4）定位工具和夹具：设计和使用定位工具和夹具，以确保工件在正确的位置和方向上定位。这可以包括气动夹具、机械夹具或磁性夹具。

5）检测和验证：设置检测和验证程序，以确保每个工件都在定位要求内。这可以通过视觉系统、激光测量、编码器或其他传感器来完成。

6）自动校正：实施自动校正系统，以在检测到工件位置偏差时自动调整工件位置，以纠正这些偏差。

7）报警和停机：如果工件位置偏差超过了允许的范围，设置报警系统并自动停机，以防继续装配不合格的产品。

8）定位稳定性：要求工件在装配后保持稳定的定位，以确保整个汽车的性能和安全性。

这些工件定位要求对于汽车制造来说非常重要，因为它们有助于确保每个零部件都被准确地定位和安装，从而提高整车的质量和性能。实际上，工件定位要求在制造和装配的许多领域都扮演着关键的角色，以确保产品的精度和一致性。

（3）工件位置检测要求　工业机器人手爪抓取工件后将按照工艺流程和 PLC 程序执行下一步动作，在执行此动作前，须告知工件在手爪中的位置是否正确，并将该结果以电信号的形式发送给机床和相关专用设备，以使机床和相关专用设备能提前做好接收工件的准备工作，如松开夹头、清洁定位面等。工件位置检测如图 2-18 所示，工件在手爪中的位置检测一般通过位置传感器确定，传感器可采用接近开关、光电开关等与 PLC 连接，通过 PLC 的控制确定工件的位置。如工件位置不符合要求，PLC 将不执行下一步工作，以保证手爪和机床等工作设备的安全性和可靠性。

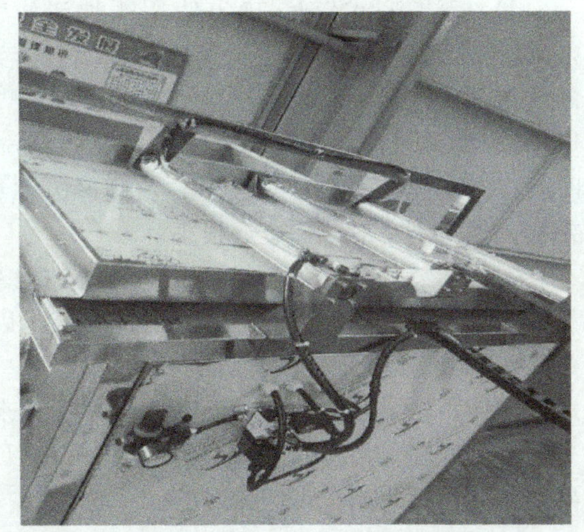

图 2-18　工件位置检测

例如，制造一台汽车发动机，需要检测发动机零件的位置，以确保它们正确安装在发动机组装线上。工件位置检测要求如下：

1）目标位置精度：确定每个发动机零件的目标位置，以确保它们在发动机中正确安装。例如，发动机气缸套必须位于特定位置，以确保活塞在其内部正常工作。

2）检测方法：定义用于检测工件位置的方法。这可能包括使用激光测量、视觉系统、编码器、传感器或机械夹具等技术。例如，可以使用激光传感器来测量发动机零件的位置。

3）位置公差：确定工件位置的公差，即允许工件位置相对于目标位置的最大偏差。这个公差将取决于具体的工程要求。例如，公差可以在 0.1mm 以下。

4）检测周期：确定多久需要进行一次工件位置检测，检测可以连续地、定期地或在特定事件触发时进行。例如，在每个发动机装配周期之前都要进行位置检测。

5）数据记录和反馈：设定数据记录系统，以记录每次工件位置检测的结果。如果检测到位置偏差，系统可以提供反馈，以便采取纠正措施。

6）报警和自动停机：如果工件位置偏差超过了允许的范围，设置报警系统并自动停机以防止继续生产不合格的产品。

7）校正措施：在检测到位置偏差时，定义校正措施，例如自动调整机械装置或机器人来修正工件位置。

通过这些工件位置检测要求，可以确保在发动机装配过程中，每个零件都被准确地定位和安装，从而保证最终发动机的性能和质量。这些要求在制造和装配领域中非常关键，因为它们有助于避免生产缺陷和提高产品的一致性。

（4）工件清洁要求　工件在手爪中定位时，为保证工件位置的正确和定位夹紧的可靠，手爪中工件的定位面、夹爪的夹紧面、插销的定位孔、工件的外表面等必须予以清洁处理，去除定位面、夹紧面、定位孔、外表面的灰尘或垃圾，如图 2-19 所示，从而使工件在手爪中定位正确、夹紧可靠。

在医疗设备制造领域，工件清洁要求非常严格，因为医疗设备必须无菌、无污染、无毒性，以确保患者的健康和安全。例如：

图 2-19　工件清洁

1）粒子和微生物限制：工件必须在无尘、无微生物、无细菌、无病毒的环境下生产和装配，这通常要求在无尘室或无菌室中进行工作。

2）清洁剂和溶剂：确定使用哪种清洁剂或溶剂来去除污染物。通常使用无残留、不含有毒物质的清洁剂，以避免对患者造成潜在危害。

3）清洗程序：制订清洗程序，包括清洗方法、时间、温度和压力。这些程序必须确保去除所有污染物，但又不会对工件造成损害。

4）清洁设备：使用专门设计的清洁设备，例如超声波清洗器、高温高压蒸汽清洗器等，以确保彻底的清洁。

5）检测和验证：设置检测和验证程序，以确保每个工件都满足清洁要求。这可以通过检测残留污染物、微生物测试或可视检查来完成。

6）包装和存储：在清洁后，确保工件以适当的方式包装和存储，以防止再次受到污染。包装材料应是无菌和无毒的。

7）记录和追踪：记录每个工件的清洁历史和清洁程序的执行。这有助于追踪任何潜在的问题或质量问题。

8）员工培训：对工作人员进行培训，以确保他们了解工件清洁的重要性，并按照规程执行清洁过程。

这些工件清洁要求在医疗设备制造中是绝对必要的，以确保最终的产品是安全且不会对患者产生任何危害。清洁要求也在其他行业中扮演着重要的角色，以确保产品质量和安全性。

（5）安全要求　手爪在抓取工件后，通过手爪手指的夹紧力将工件与手爪可靠地连接在一起，为保证工件与手爪在工业机器人运行过程中安全可靠，要求工业机器人手爪运行过程中如夹钳体突然断气或断电后，手爪手指仍能可靠地夹紧工件，如图 2-20 所示，保证工件抓取后运行的可靠性、安全性。这是手爪必须具备的安全功能，是工业机器人手爪的重要性能。

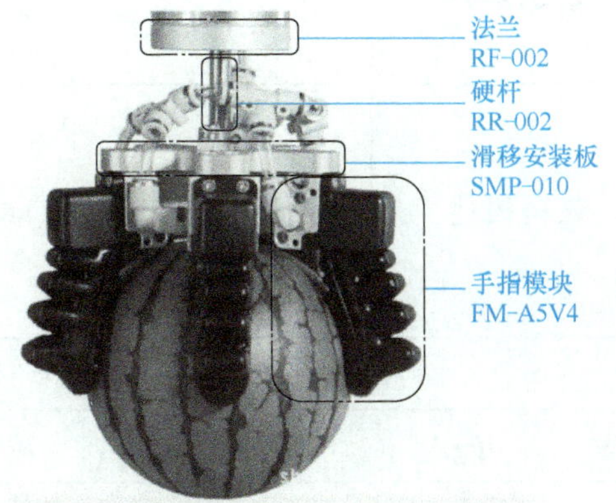

图 2-20　安全要求

安全要求是为了确保在特定环境或操作中保障人员、设备和资产的安全而设定的规则和条件。例如：

假设你正在设计一个工业自动化系统，用于加工化学品，并且希望确保操作的安全性。以下是一些可能的安全要求示例：

1）人员安全装备：所有工作人员必须穿戴适当的个人防护装备，包括安全眼镜、耳塞、手套和防护服。这有助于防止化学品溅泼或其他危险物质对操作人员的伤害。

2）安全培训：所有操作人员必须接受适当的安全培训，包括关于化学品的危险性、紧急情况处理和设备操作的培训。培训应定期进行更新。

3）应急停机装置：设计应急停机装置以便在紧急情况下能够立即停机，这可以通过急停按钮或自动紧急停机系统来实现。

4）防爆措施：在操作中使用防爆设备，以防止化学品的爆炸或火灾。这可能包括使用防爆电气设备、防爆传感器和防爆控制系统。

5）通风系统：安装有效的通风系统可以将有害气体或蒸气排到安全区域，从而减少潜在的毒性或爆炸风险。

6）化学品储存要求：规定化学品的储存要求，包括容器的正确标记、储存位置和温度要求。禁止混合不同种类的化学品或存储不相容的化学品。

7）定期检查和维护：确保设备定期接受安全检查和维护，以检查潜在的故障或安全问题。

8）事故报告和记录：规定任何安全事故或异常事件都必须立即报告，并记录详细信息，以便进一步的调查和改进。

9）紧急情况计划：制订紧急情况计划，包括火灾逃生路线、急救措施和应对化学泄漏的应急方案。

这些安全要求的目的是确保在处理危险化学品的操作中，人员和设备都受到适当的保护，减少事故的风险，并在紧急情况下采取适当的措施。安全要求对于工业和化学处理领域尤为重要，因为它们可以帮助预防事故和保护工作人员的生命和健康。

2. 任务页

快换模块上的快换工具能够使机器人在数秒内完成末端工具的更换，通过在应用中使用

1 个以上的末端执行器，从而使生产的柔性化增加，本任务以弧口夹爪为例，进行机器人末端工具的创建。

工作任务	创建弧口夹爪工具	教学模式	理实一体
建议学时	2 学时，其中相关知识学习 1 学时，实践操作 1 学时	所需设备、器材	Sim IPT 软件
任务描述	机器人弧口夹爪工具的创建	职业技能	1. 了解 Sim IPT 软件的使用 2. 能正确建立弧口夹爪工具

<table>
<tr><th colspan="2">任务实施</th></tr>
<tr><th>步骤</th><th>图示</th></tr>
<tr><td colspan="2">创建弧口夹爪工具</td></tr>
<tr><td>1）导入模型文件。在打开 Sim IPT 软件后，依次单击左侧工具栏中的“建模”→“导入模型”图标，在出现的对话框中选择“打开文件”，选择“模型库”文件夹内的“快换模块 .STEP”文件，单击“打开”按钮。导入后效果如右图所示，若出现模型位置姿态不一致现象，请按 2）的方法进行调整</td><td>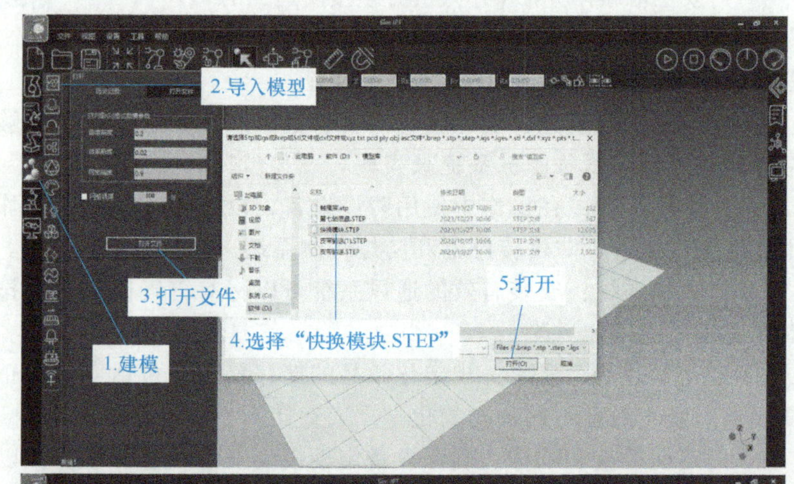

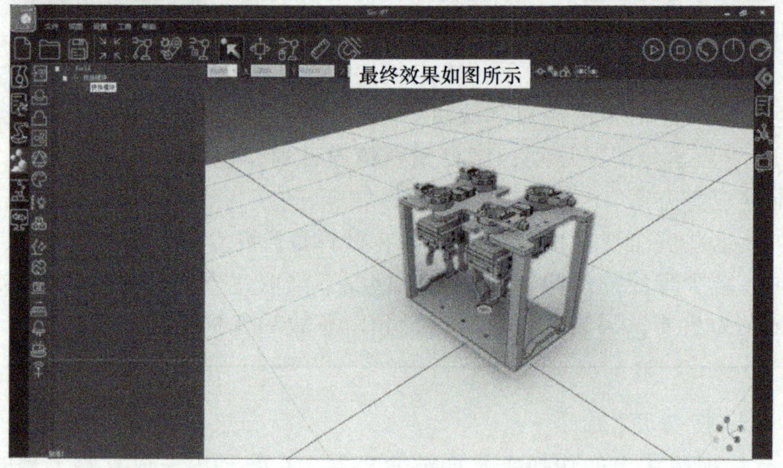
</td></tr>
</table>

步骤	图示
2）调整工件至初始姿态。稍等片刻，待模型导入后，单击选中导入的“快换工具模块”，再单击“平移旋转”图标。将场景左上角 6 个自由度改为 X = 0，Y = 0，Z = 0，Rx = 0，Ry = 0，Rz = 0，调整快换模块到初始位置和初始姿态	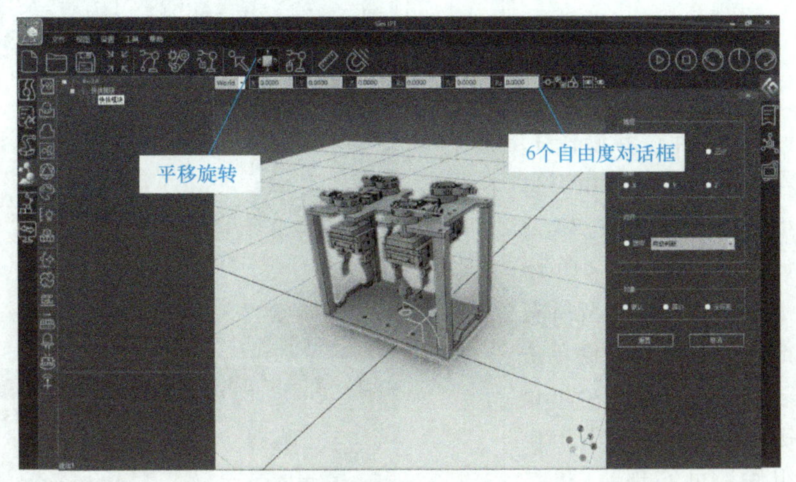
3）调整视角至最佳。滚动鼠标滚轮缩放画面，按住并拖动鼠标右键调整视角，使窗口大小合适且弧口夹爪正对操作者	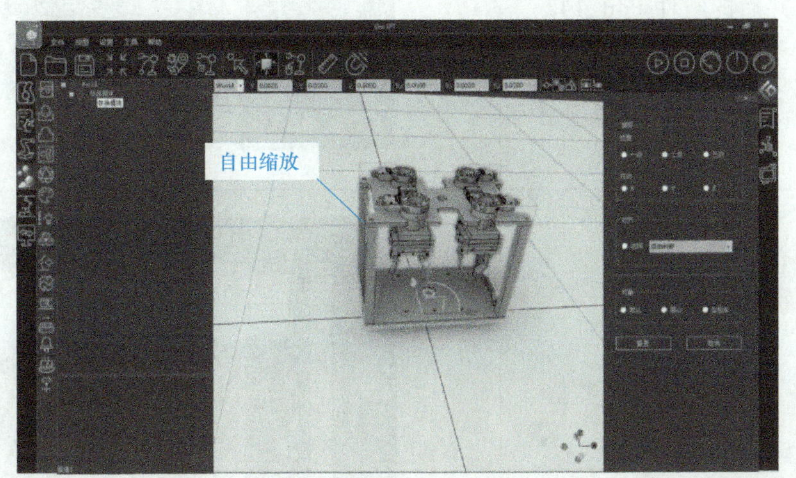
4）工件整体拆分。在建模模式下，先选中“快换模块”，在弹出的对话框中单击“拆分”图标，此时在屏幕右侧单击“拆分”按钮，完成组件拆分操作	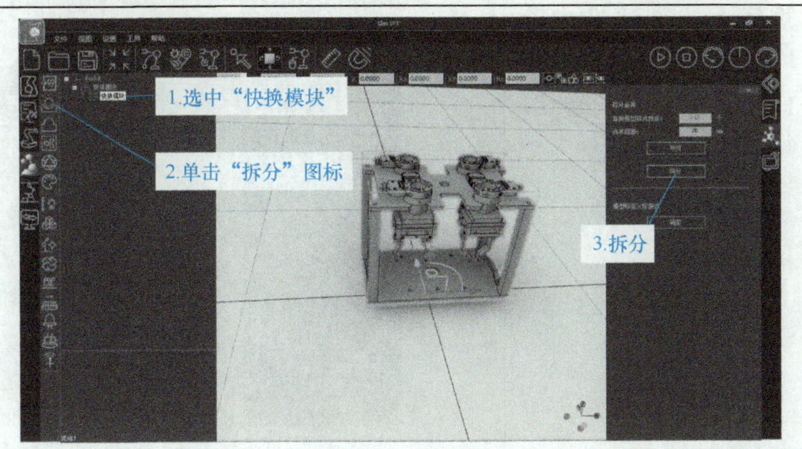

<table>
<tr><th>步骤</th><th>图示</th></tr>
<tr><td>5）工件合并操作 1。在左侧所有组件中，选中 Part_23～Part_33 总计 11 个组件（<Ctrl>键+鼠标左键单击所有部件或者鼠标左键单击第一个组件配合<Shift>键+鼠标左键单击末尾组件均可实现），单击“合并”图标，得到合并后的组件 Part_142</td><td>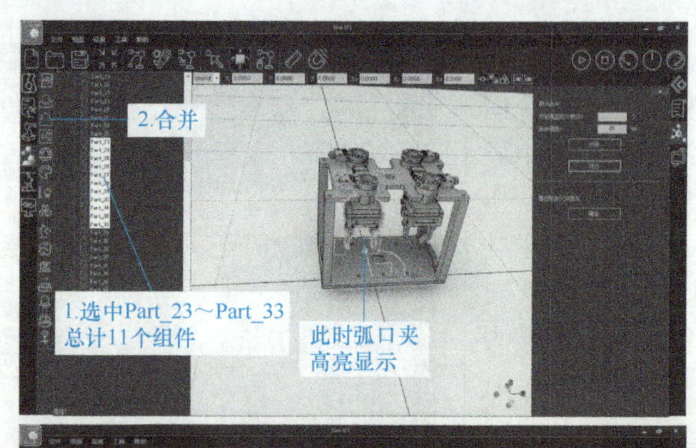

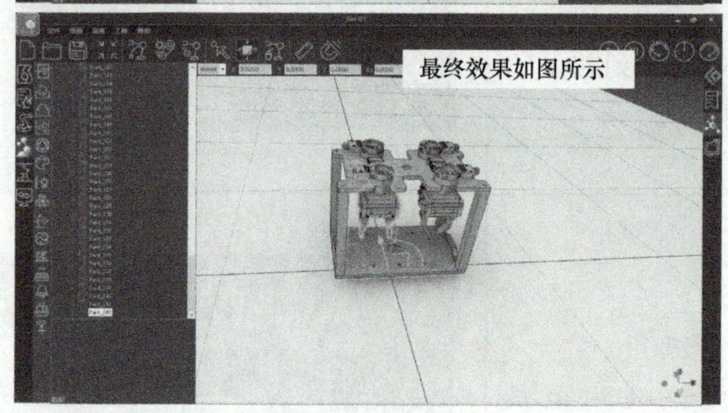
</td></tr>
<tr><td>6）工件合并操作 2。重复上述方法选中除 Part_142 之外的所有组件并且进行合并操作，得到组件 Part_23</td><td>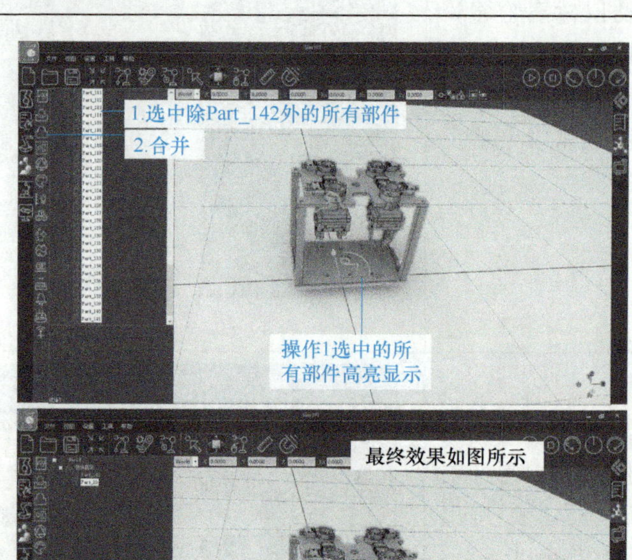
</td></tr>
</table>

步骤	图示
7）隐藏非工作组件。双击 Part_23，在右侧弹出对话框中，取消勾选“可见”，实现隐藏此部件功能	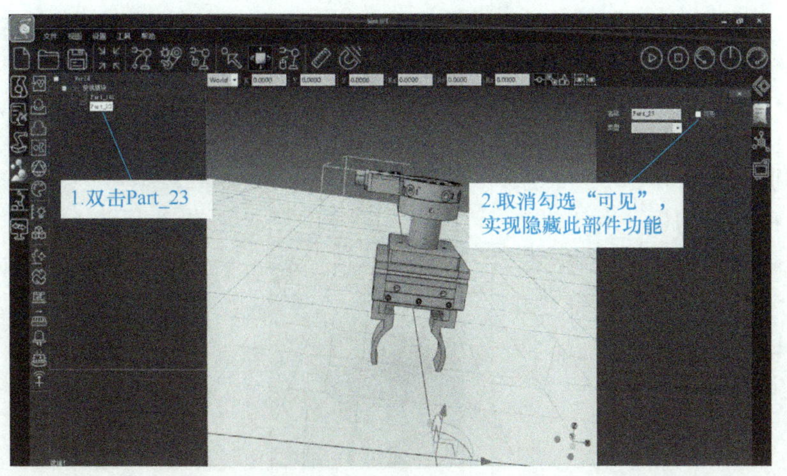
8）拆分工作组件。选中 Part_142，重复 4）中的拆分操作，得到若干小组件	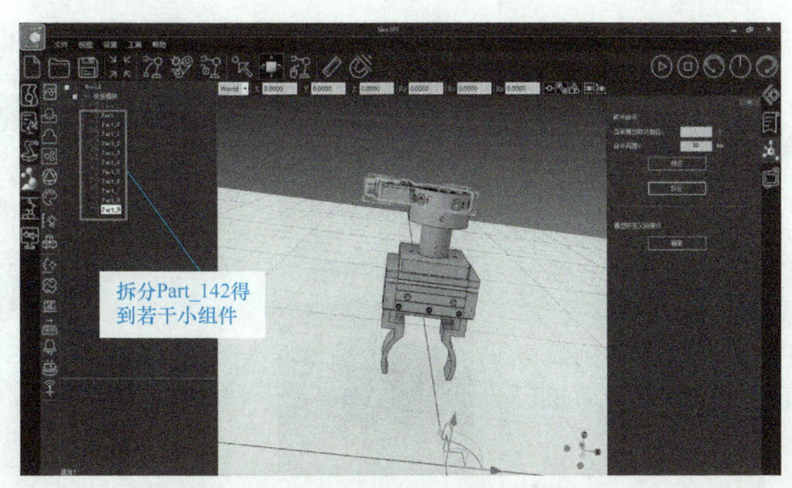
9）根据组件运动状态分别合并。按照 5）的方法，将 Part_2 和 Part_4 进行合并，将 Part_3 和 Part_5 进行合并，将剩余组件进行合并，得到 Part_2、Part_3、Part_10。注意红色组件 Part_23 为隐藏组件，不要进行任何操作	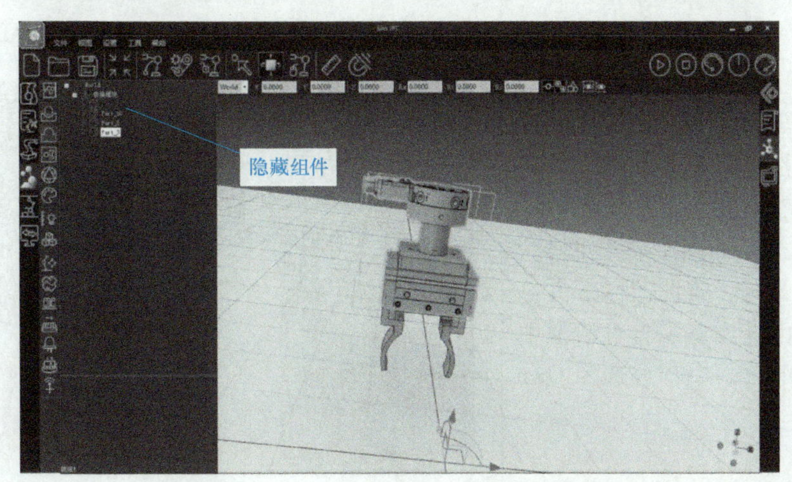

步骤	图示
10）命名组件。分别双击 Part_2、Part_3 和 Part_10，并且重新命名为“弧口夹右爪”“弧口夹基座”和“弧口夹左爪”	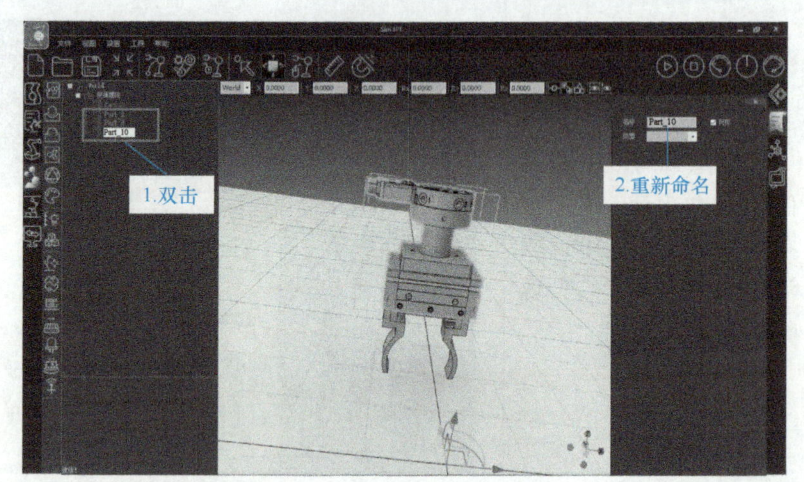
11）创建平移关节。在建模模式下，单击“快换模块”，依次单击左侧工具栏中的“创建”图标，右侧工具栏中的“平移关节”图标，此时左侧列表中新增了一个节点 Joint_1	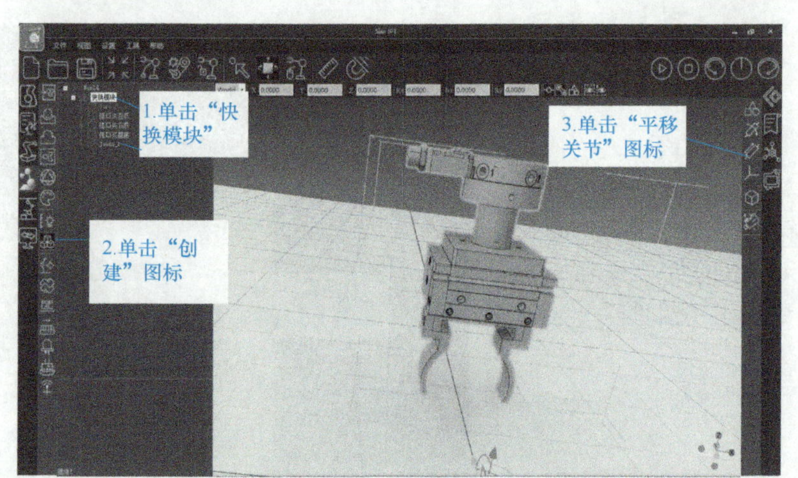
12）更改坐标系属性。单击节点 Joint_1，然后在上方工具栏中单击“平移旋转”图标，此时，将此图标下方自由度调整工具对话框中的第一个部分选为 Own	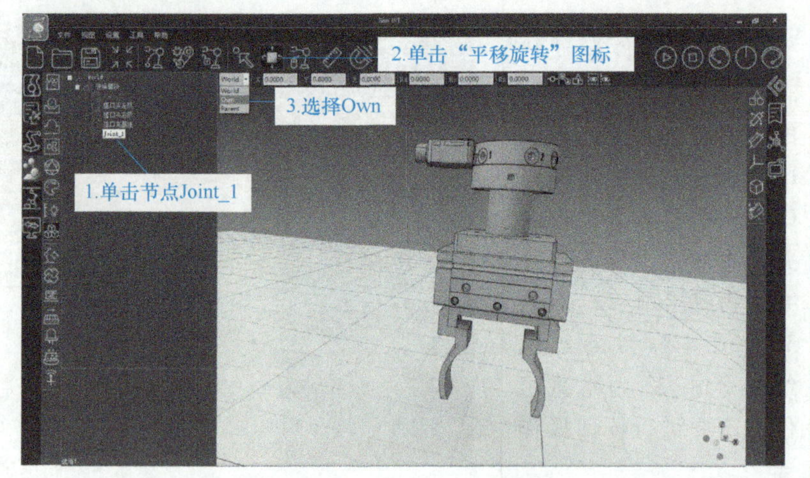

步骤	图示
13）定义平移关节。在右侧“捕捉”复选框“位置”一项里选择“一点”。鼠标左键在“弧口夹左爪”水平边缘线条上选定一点，此时会出现一个坐标系，调整此坐标系使 Z 轴与此夹爪水平边缘线平行	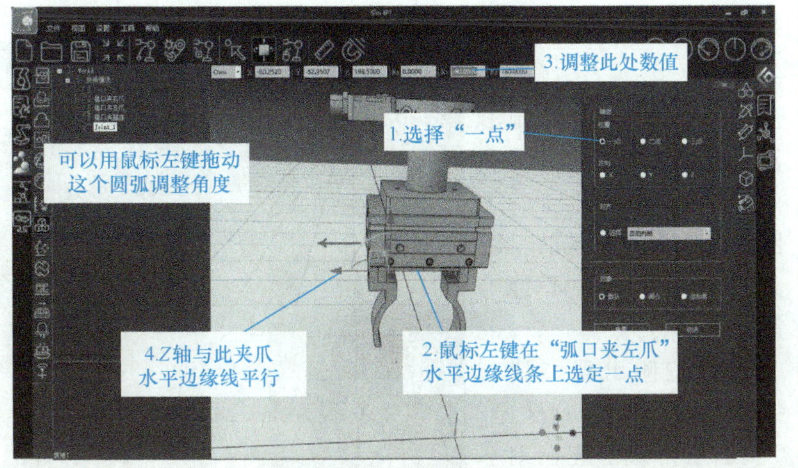
14）定义其他平移关节。按照 11）~ 13）的方法生成节点 Joint_2，在弧口夹右爪上建立另一个坐标系 两个坐标系的 Z 轴方向应相反，表示两个夹爪的运动方向相反	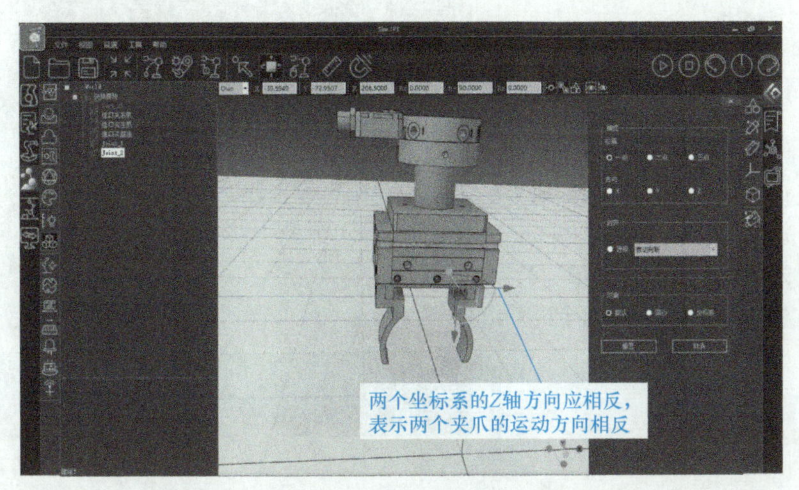
15）定义组件运动方式。用鼠标左键将“弧口夹左爪”拖到 Joint_1 节点下，用鼠标左键将“弧口夹右爪”拖到 Joint_2 节点下	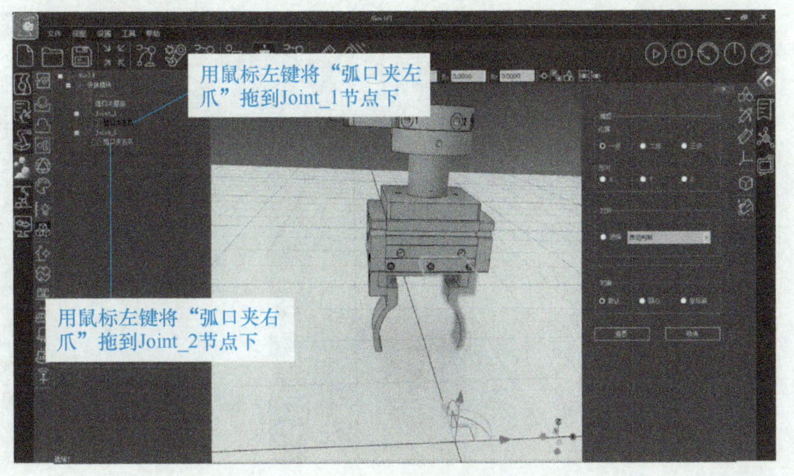

步骤	图示
16）设置关节控制器。在左侧建模工具中单击“运动控制器”图标，在右侧出现的工具栏中单击“关节控制器”图标 此时左侧出现“快换模块_JointManager_0”选项，双击它，则右侧出现“匹配关节”对话框 单击左侧“Joint_1”节点，然后单击右侧“匹配关节”对话框里面的“确定”按钮，添加Joint_1，重复上述步骤添加Joint_2，然后勾选右侧对话框“耦合”项	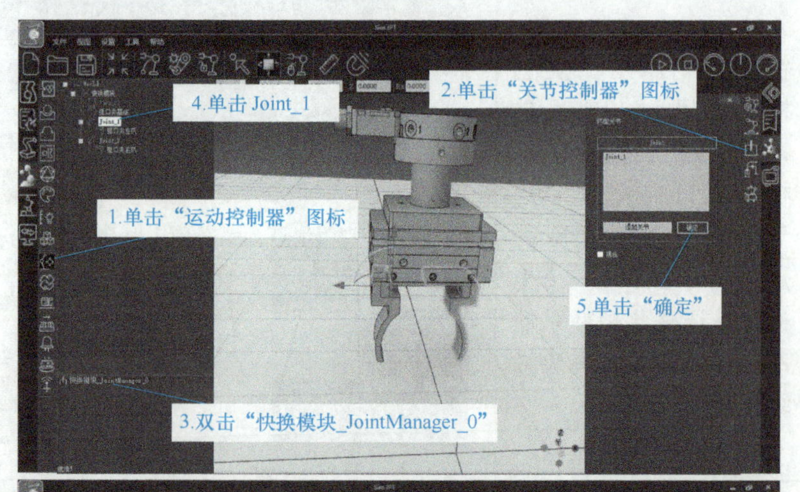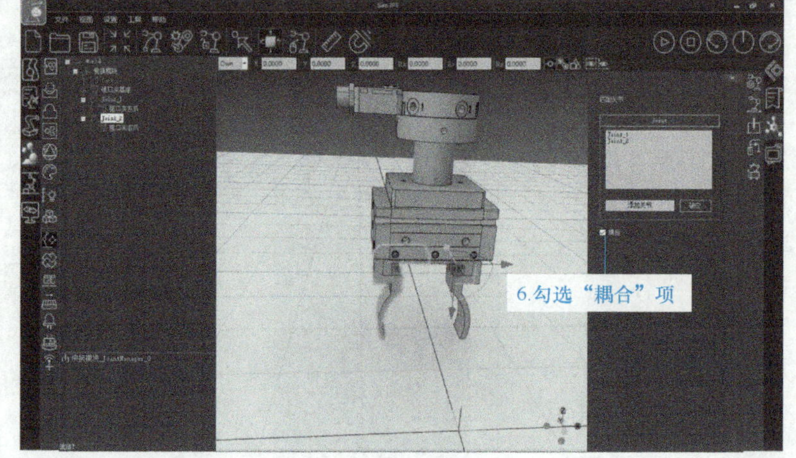
17）示教检验。单击右侧工具栏中的“示教”图标，弹出对话框，单击任意关节数字，滚动鼠标中心滚轮，此时可见两个夹爪相对运动	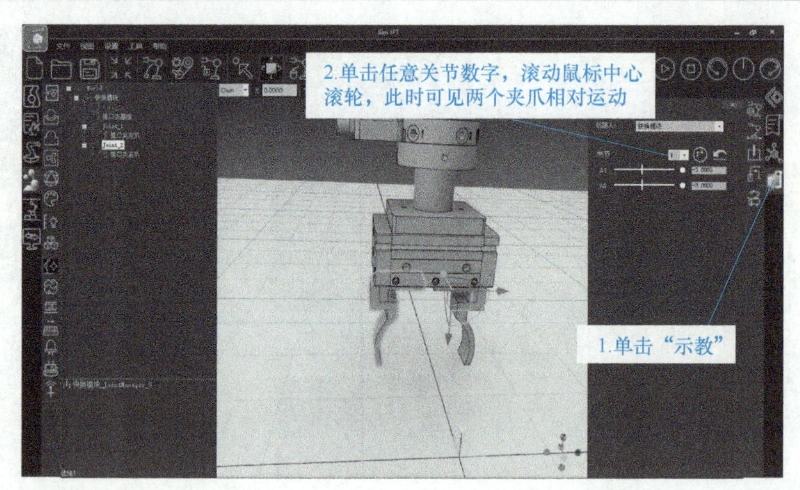

步骤	图示
18）保存组件。依次单击“文件”→“保存组件”，保存组件至相应目录下	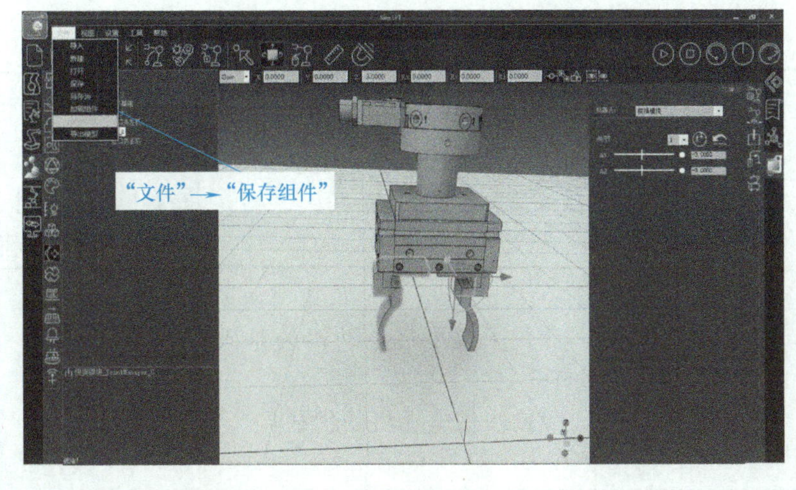

3. 习题页

1. 填空题

1）通过“平移旋转”图标，可将该部分进行__________、__________、__________方向的移动。

2）仿生机械手是利用__________原理，具有多个自由度的__________，其抓取的工件多为__________、__________等轻便物体。

3）图标的功能为__________。

2. 简答题

1）请简述几种常见的工业机器人手爪。

2）请简述工业机器人手爪的清洁要求。

3）请简述工业机器人手爪的安全要求。

任务三　创建旋转供料模块模型

1. 知识页

工作任务	了解旋转供料模块步进电动机的相关知识	教学模式	理实一体
建议学时	1学时	所需设备、器材	Sim IPT 软件
任务描述	1）了解步进电动机的基础知识 2）步进电动机的优缺点	更多资料	创建旋转供料模块模型
任务实施			

1. 步进电动机基础知识

图 2-21　步进电动机

图 2-21 所示步进电动机是一种将电脉冲信号转换成离散力学运动的机电设备。当施加适当的电脉冲指令时，步进电动机旋转的轴或主轴将会以不连续的步进增量旋转。电动机转动与施加的脉冲之间有几个方面的直接关系。所施加的脉冲序列决定了电动机轴的旋转方向；电动机输出轴旋转的速度决定于输入脉冲的频率；电动机旋转的角度决定于输入脉冲的数量。

步进电动机是一种数字控制电动机，其接收控制脉冲信号并相应地转动一定的角度。实际运用中步进电动机与控制器是不可分割的整体，通过单片机、DSP 等微控制器产生的控制脉冲信号是弱电信号，需要经过驱动电路功率放大后才可以作用在电动机的绕组上，使绕组按一定顺序通电。只要各相绕组按既定的顺序轮流通电，步进电动机就能产生所需的步进运动。步进电动机是将电脉冲信号转变为角位移或线位移的开环控制电动机，又称为脉冲电动机。在额定功率下，步进电动机的旋转是以固定的角度一步一步运行的，可以通过控制脉冲个数来控制角位移量，从而达到准确定位的目的，同时可以通过控制脉冲频率来控制电动机转动的速度和加速度，从而达到调速的目的。

2. 步进电动机的类型

步进电动机有 3 种类型，分别是

（1）可变磁阻（Variable Reluctance，VR）型　这种类型的步进电动机结构比较简单且易于理解。

图 2-22 所示为可变磁阻型步进电动机的截面。这种类型的电动机包括一个软铁多齿的转子和一个定子。当定子绕组通过直流电流时，电动机磁极则被磁化。当转子齿被吸引到带电的定子级时，电动机发生旋转。图 2-23 所示为可变磁阻型步进电动机的外形。

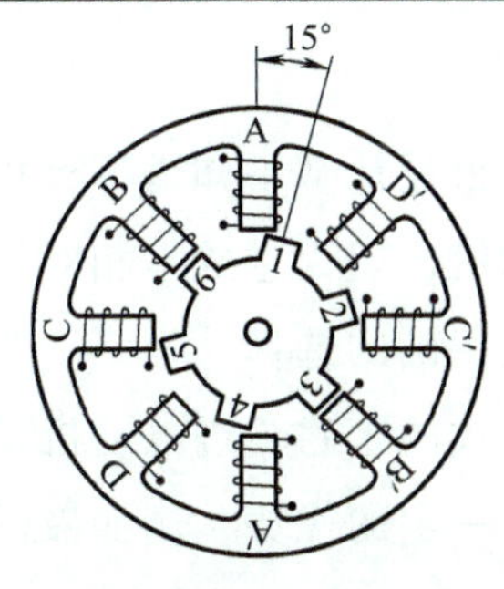

图 2-22　可变磁阻型步进电动机的截面

图 2-23　可变磁阻型步进电动机外形

（2）永久磁场（Parmanent Magnet，PM）型　图 2-24 所示为永久磁场型步进电动机，这是一种低成本、低分辨率的电动机，它的典型步距角为 7.5°～15°（48～24 步/转）。永久磁场型步进电动机有永久磁铁附加结构。与可变磁阻型步进电动机相比，永磁型步进电动机的转子由多个永磁体磁极构成，当定子绕组中的电流产生磁场时，这个磁场将与转子上的永磁体磁极相互作用，使转子沿特定方向旋转。因此这种永久磁场型电动机与可变磁阻型电动机相比，具有更好的转矩特性。

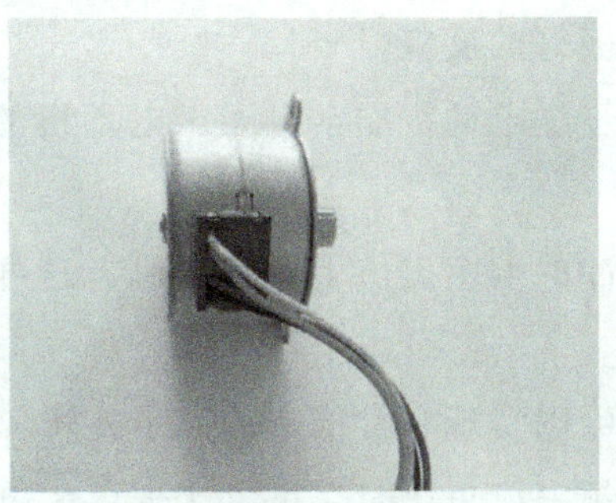

图 2-24　永久磁场型步进电动机

（3）混合（Hybrid，HB）型　混合型步进电动机比永久磁场型步进电动机更昂贵，但在分辨率、转矩和速度上提供了更好的性能。对于混合型步进电动机，其典型的步距角的范围是 0.9°～3.6°（400～100 步/转）。混合式步进电动机结合了永久磁场型步进电动机和可变磁阻型步进电动机的优良特性。混合型步进电动机如图 2-25 所示。

图 2-25　混合型步进电动机

最常用的两种步进电动机是永久磁铁型和混合型。如果设计师不知道哪种类型的步进电动机更能满足应用需求，应先评估永久磁场型步进电动机，因为它成本相对较低。如果永久磁场型电动机不适合，那么混合型步进电动机可能是正确的选择。

此外，还存在着一些特殊设计的步进电动机。例如盘式的永磁步进电动机，它的转子是由稀土磁铁制成的，设计得像一张光盘。该型电动机有一定的优势，例如极低的转动惯量和无耦合绕组。在某些应用中，这些特性是必不可少的。

3. 步进电动机的优缺点

（1）优点

1）电动机的旋转角度与输入脉冲成正比。

2）当绕组通电时，电动机处于完全静止状态。

3）因为良好的步进电动机的误差为3%~5%，而且不会将误差累积到下一步，所以步进电动机能够精确定位。

4）对起动/停止/换向有极好的反应。

5）因为没有电刷，所以步进电动机非常可靠。电动机的使用寿命主要取决于轴承的寿命。

6）电动机对数字输入脉冲的响应提供了开环控制，这样使电动机能够更简单和低成本的进行控制。

7）负载直接耦合到轴，可以实现非常低速的同步旋转。

8）当速度与输入脉冲的频率成正比时，可以实现更大范围的调速。

（2）缺点

1）如果控制不恰当可能会产生共振。

2）如果速度太快则不易操作。

4. 步进电动机的用途

步进电动机在工业生产中应用广泛，例如数控车床中的数控雕刻机、激光打标机，电子产品中的电缆剥线机，包装设备中的广告设备、自动贴标机、3D打印机等，智能机器人等自动化机械也需要使用步进电动机。

2. 任务页

机器人生产线有多种供料方式，旋转供料为其中一种，步进电动机通过转动将其他位置的物料旋转至机器人末端可以达到的位置。

<table>
<tr><td>工作任务</td><td colspan="2">创建旋转供料模块模型</td><td>教学模式</td><td>理实一体</td></tr>
<tr><td>建议学时</td><td colspan="2">2 学时，其中相关知识学习 1 学时，实践操作 1 学时</td><td>所需设备、器材</td><td>Sim IPT 软件</td></tr>
<tr><td>任务描述</td><td colspan="2">创建旋转供料模块</td><td>职业技能</td><td>1）掌握 Sim IPT 软件的使用
2）创建旋转供料模块</td></tr>
<tr><td colspan="5">任务实施</td></tr>
<tr><td colspan="2">步骤</td><td colspan="3">图示</td></tr>
<tr><td colspan="5">创建旋转供料模块</td></tr>
<tr><td colspan="2">1）打开旋转供料场景。首先，打开 Sim IPT 软件。单击界面左侧工具栏中的“建模”图标。在弹出的工具栏中选择第一个“导入模型”图标，在弹出的对话框中选择“打开文件”
接着，在新弹出的窗口中，选择要打开的场景文件
最后，单击窗口底部的“打开”按钮，以打开选中的场景文件</td><td colspan="3">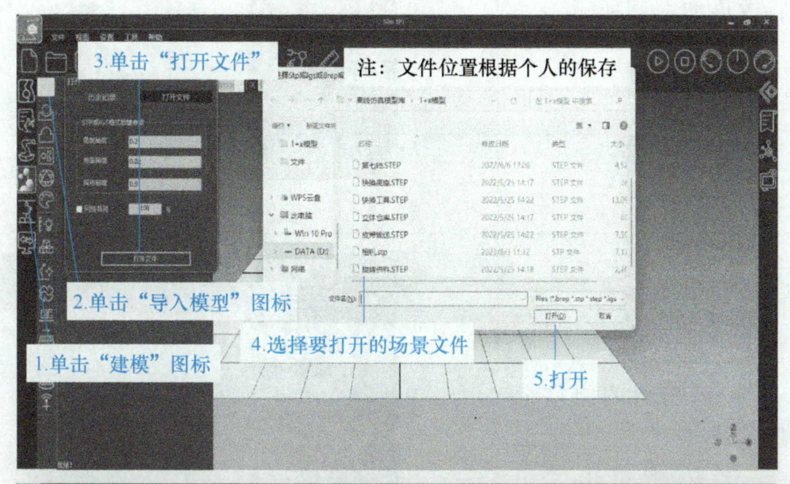

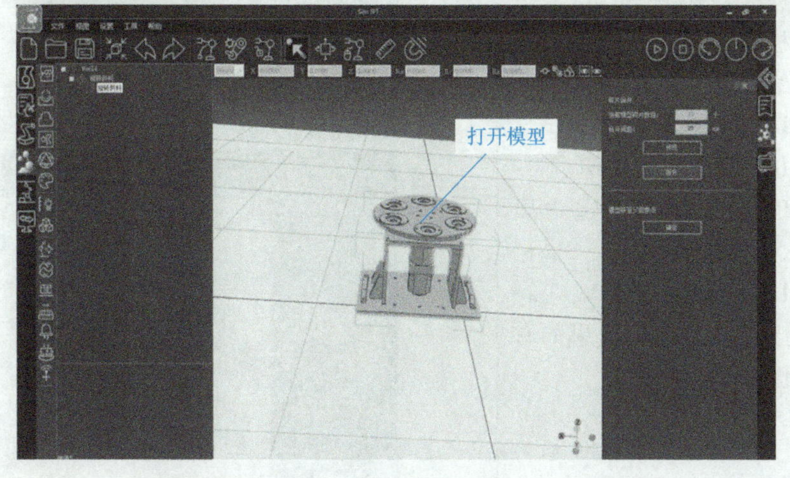
</td></tr>
</table>

<table>
<tr><th>步骤</th><th>图示</th></tr>
<tr><td>2）工件整体拆分。在“建模”模式下，先选中“旋转供料”，在弹出的对话框中单击“拆分”图标，此时屏幕右侧的对话框中单击“拆分”按钮，完成组件拆分操作，操作完成后效果如右图所示</td><td>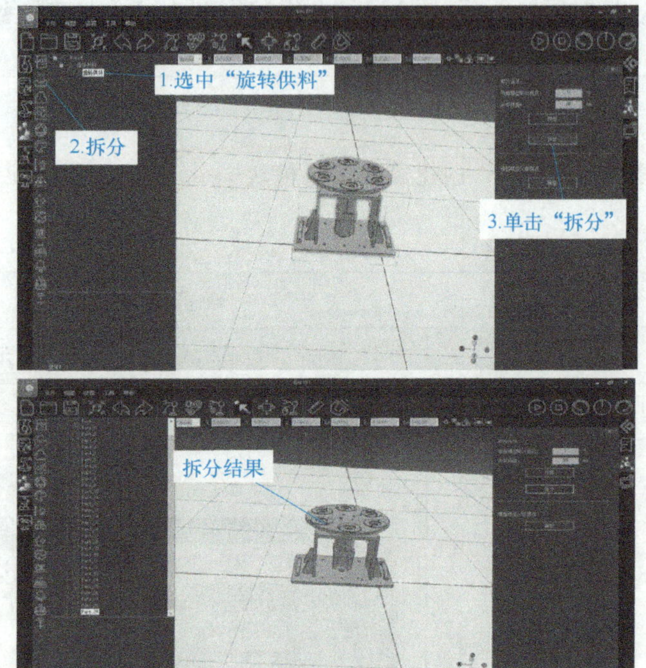
</td></tr>
<tr><td>3）给物料的组件上色。单击“材质”图标，在右侧单击“色板”图标，选中白色 0 给 Part、Part_0 ~ Part_14、Part_16、Part_18 ~ Part_20、Part_27 ~ Part_29 上色。选中黑色 1 给 Part_15、Part_17、Part_21 ~ Part_26 上色，上色后效果如右图所示</td><td>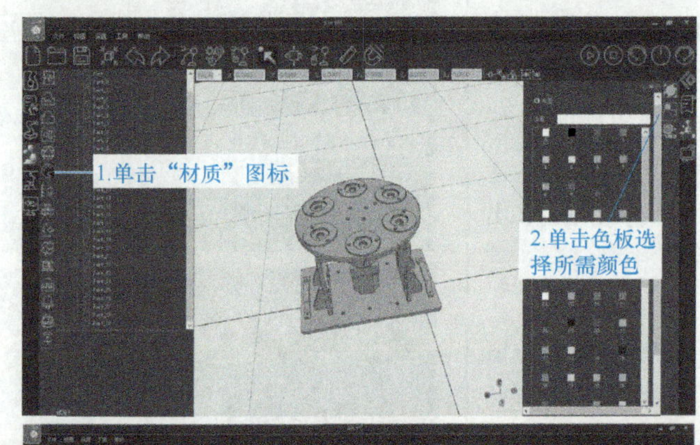

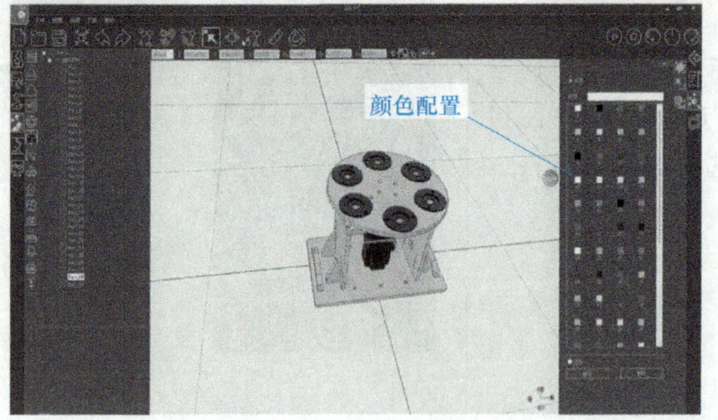
</td></tr>
</table>

步骤	图示
4）工件组合操作1。在左侧所有组件中，选中Part_5～Part_7、Part_13，总计4个组件（<Ctrl>键+鼠标左键单击所有组件，或者鼠标左键单击第一个组件配合<Shift>键+鼠标左键单击末尾组件均可实现），单击左侧“建模”工具中的“组合”图标，得到组合后的组件Part_30	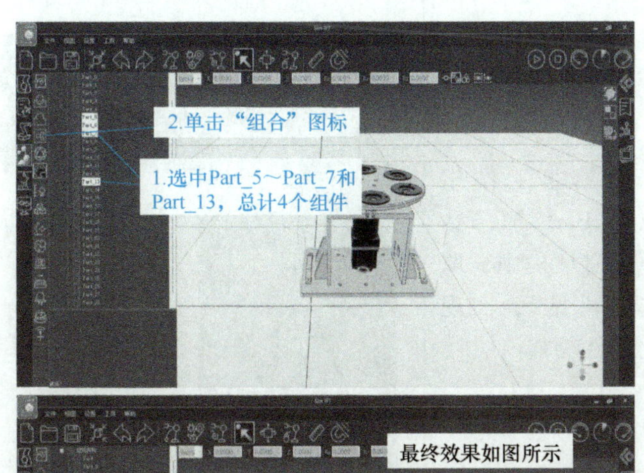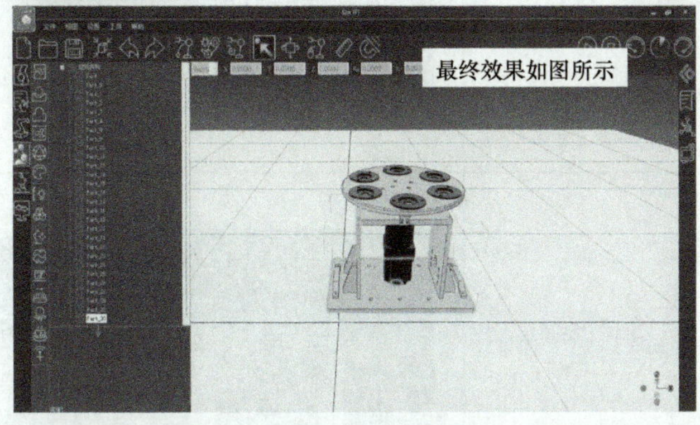
5）工件组合操作2。在左侧所有组件中，选中Part_0、Part_4、Part_8、Part_15、Part_16、Part_30，总计6个组件，单击左侧“建模”工具中的“组合”图标，得到组合后的组件Part_31	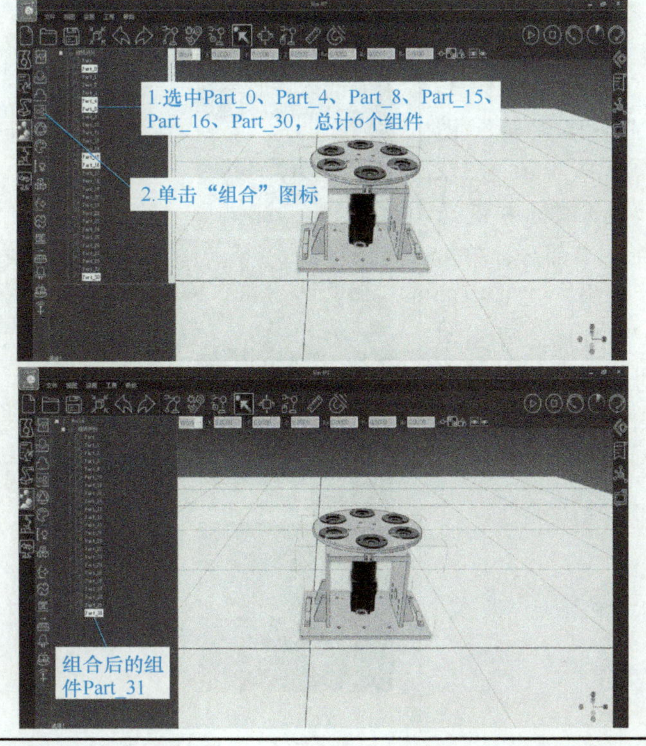

步骤	图示
6）隐藏非工作组件。双击 Part_31，在右侧弹出对话框中，取消勾选“可见”，实现隐藏此组件功能	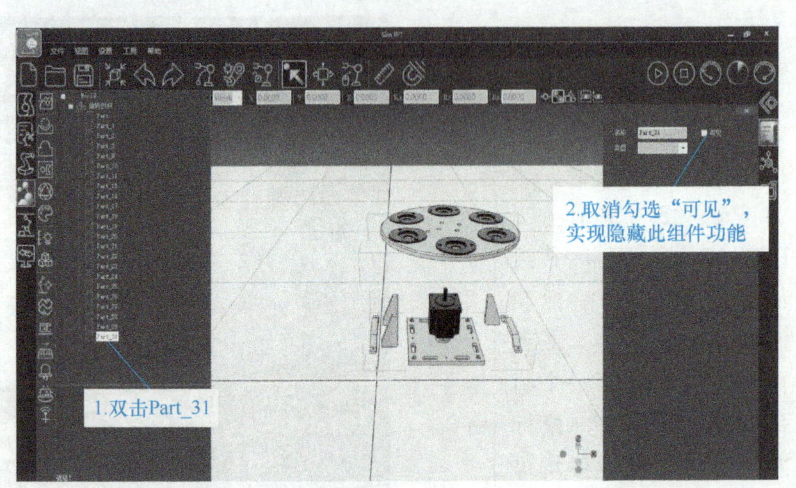
7）工件组合操作 3。单击“平移旋转”图标后单击 Part _ 31，<Shift>键+鼠标左键选中工件下半部分，单击左侧“建模”工具中的“组合”图标，得到组合后的组件 Part_32	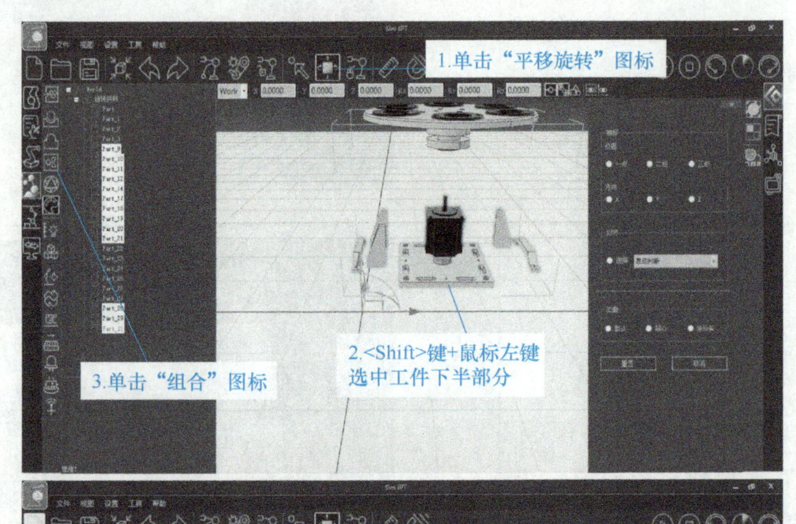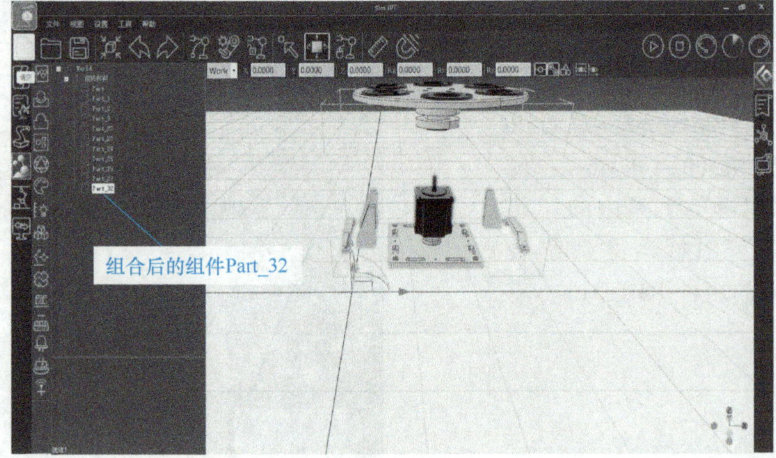

<table>
<tr><th>步骤</th><th>图示</th></tr>
<tr><td>8）工件组合操作 4。选中除 Part_32 之外的所有组件，单击左侧“建模”工具中的“组合”图标，得到组合后的组件 Part_33</td><td>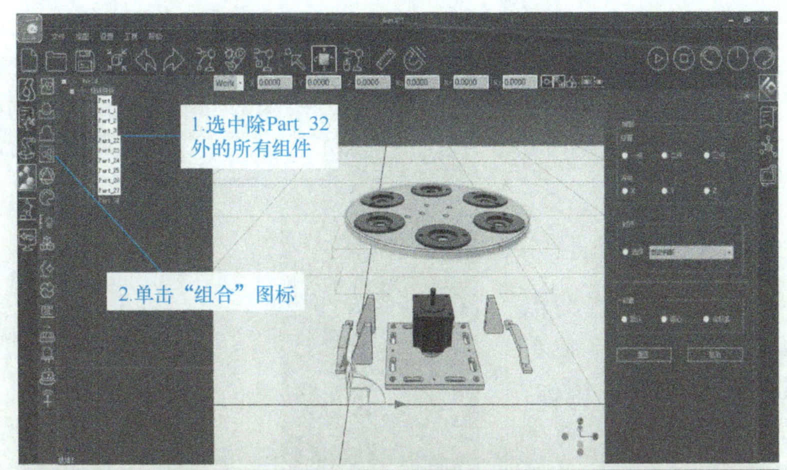

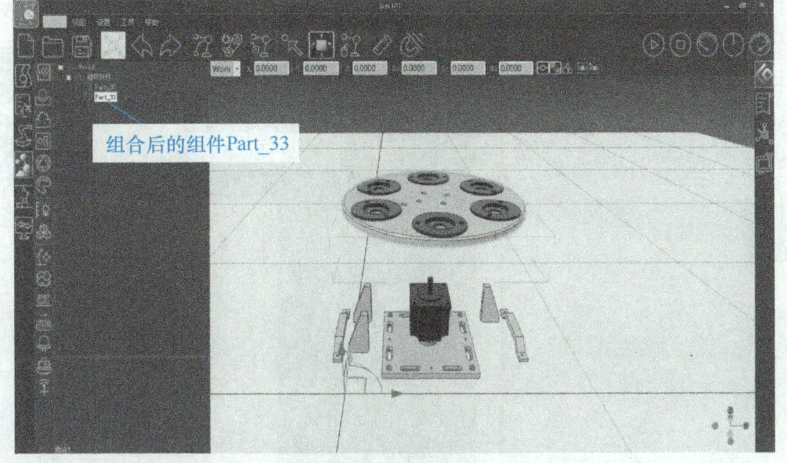
</td></tr>
<tr><td>9）创建旋转关节。在建模模式下单击“创建”图标，单击右侧工具栏中的“旋转关节”，此时左侧下拉菜单中新增了一个节点 Joint_1</td><td>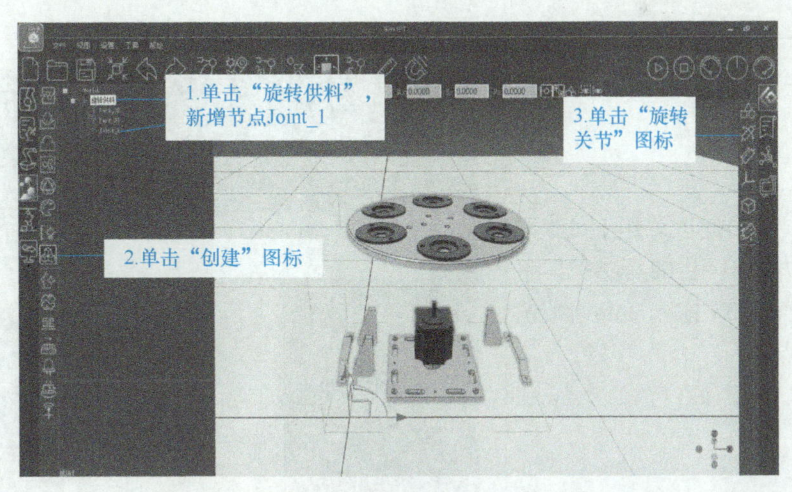
</td></tr>
</table>

步骤	图示
10）选中一点圆点法。双击 Part_33 后单击“平移旋转”图标，在右侧弹出的对话框中，取消勾选“可见”，隐藏 Part_33。选中 Joint_1，在右侧工具栏中单击“默认”图标，在弹出的对话框中选中“一点”“圆心”	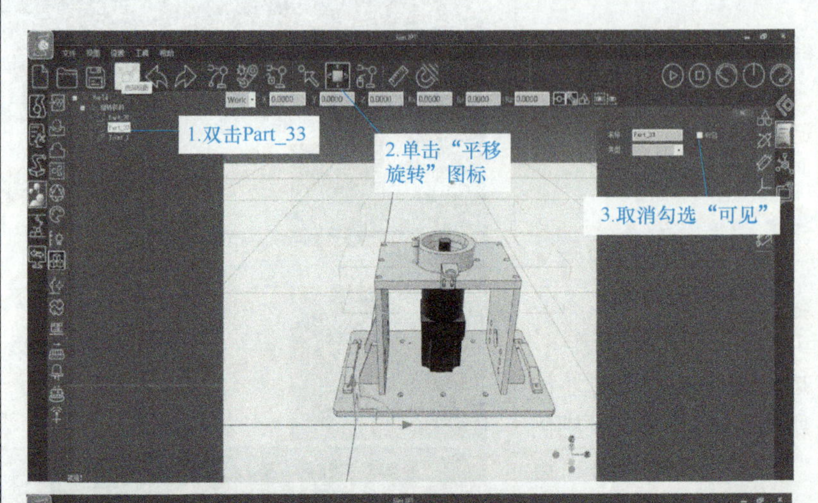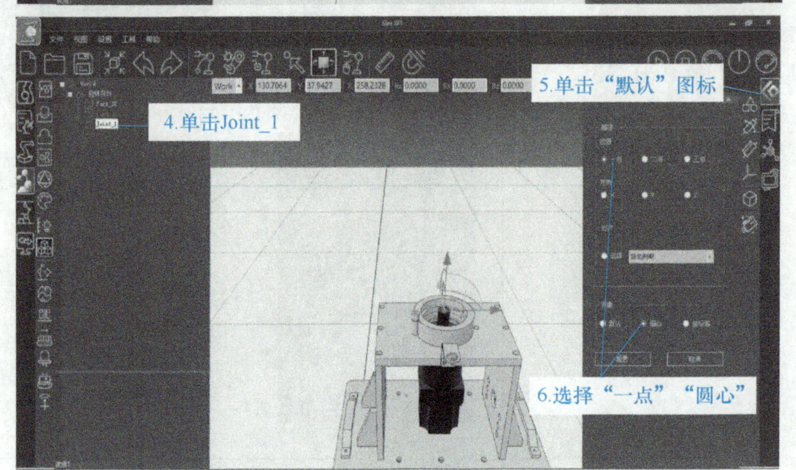
11）定义组件运动方式。用鼠标左键将 Part_33 拖到 Joint_1 节点下	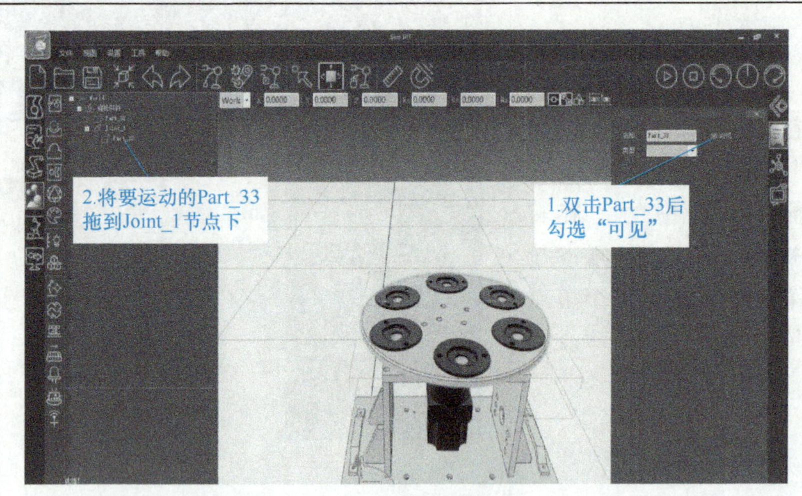

步骤	图示
12）设置关节控制器。在左侧“建模”工具中单击“运动控制器”图标，在右侧出现的工具栏中单击“关节控制器”图标 此时左侧出现一个“旋转供料_JointManager_0”选项，双击它，此时右侧出现“匹配关节”对话框 单击左侧 Joint_1 节点，然后单击右侧“匹配关节”对话框里面的“确定”按钮，添加 Joint_1	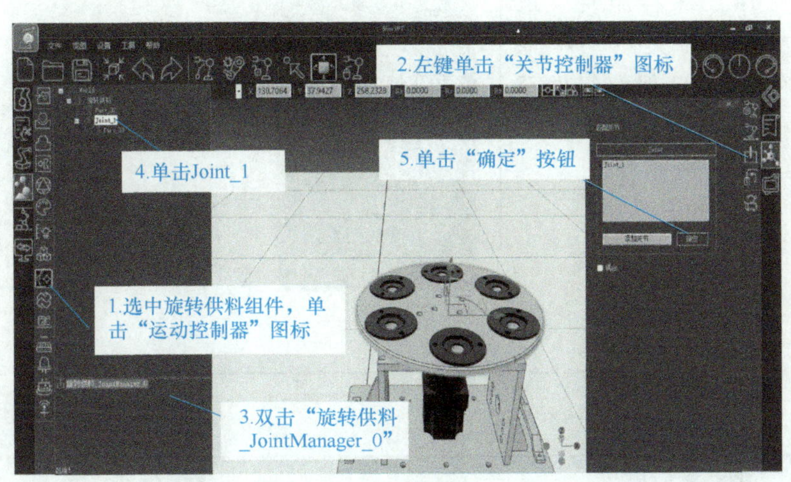
13）示教检验。单击右侧工具栏中的“示教”图标，在弹出的对话框中输入任意关节数字，滚动鼠标中心滚轮，此时可见转盘在转动	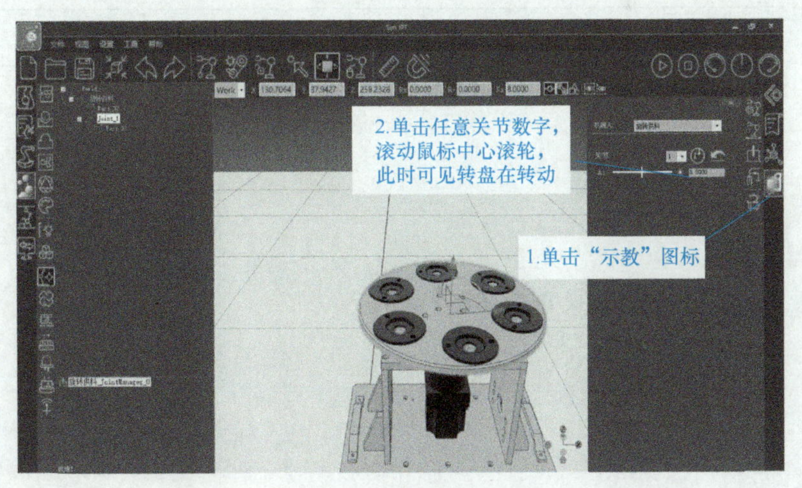

步骤	图示
14）保存组件。依次单击“文件”→“保存组件”，保存组件至相应目录下。	单击“文件”→“保存组件”

3. 习题页

1. 填空题
1）电动机的旋转角度与输入脉冲成__________。 2）步进电动机有3种类型，分别为__________、__________、__________。 3）当速度与输入脉冲的频率成__________时，可以实现更大范围的调度。

2. 简答题
1）简述步进电动机的优缺点。 2）如何自定义创建模型？

任务四　创建机器人本体模型

1. 知识页

工作任务	了解机器人本体参数知识	教学模式	理实一体
建议学时	1 学时	所需设备、器材	Sim IPT 软件
任务描述	1）了解机器人本体旋转轴的参数 2）了解机器人参数		
任务实施			

1. 机器人旋转轴的参数设置

机器人 6 个关节的旋转角度数值设置要参考机器人运动参数表，见表 2-1。以一轴为例，图 2-26 所示为机器人轴设置。

表 2-1　机器人运动参数

型号	BN-R3	轴数	6 轴
有效载荷	3kg	重复定位精度	±0.02mm
环境温度	0～45℃	本体重量	27kg
能耗	1kW	安装方式	任意角度
功能	装配、物料搬运	最大臂展	593mm
本体防护等级	IP40	电柜防护等级	IP20
各轴运动范围		最大单轴速度	
J1 轴	±170°	J1 轴	400°/s
J2 轴	+85°/-135°	J2 轴	300°/s
J3 轴	+185°/-65°	J3 轴	520°/s
J4 轴	±190°	J4 轴	500°/s
J5 轴	±130°	J5 轴	530°/s
J6 轴	±360°	J6 轴	840°/s

2. 机器人参数理论知识

机器人参数理论知识包括机器人的自由度（DOF）、工作范围、工作速度、承载能力、精度、驱动方式、控制方式等。其中，自由度是指机器人所具有的独立坐标轴运动的数目，但是一般不包括手部（末端操作器）的开合自由度。自由度表示机器人动作灵活的尺度。工作范围是指机器人能够在三维空间内完成的任务范围。工作速度是指机器人在单位时间内完成的任务量。承载能力是指机器人能够承受的最大重量或最大负载。精度是指机器人在执行任务时所达到的精确程度。驱动方式是指机器人运动时所使用的动力来源，如电动机、气泵等。控制方式是指机器人运动时所使用的控制方式，如手动控制、自动控制等 。

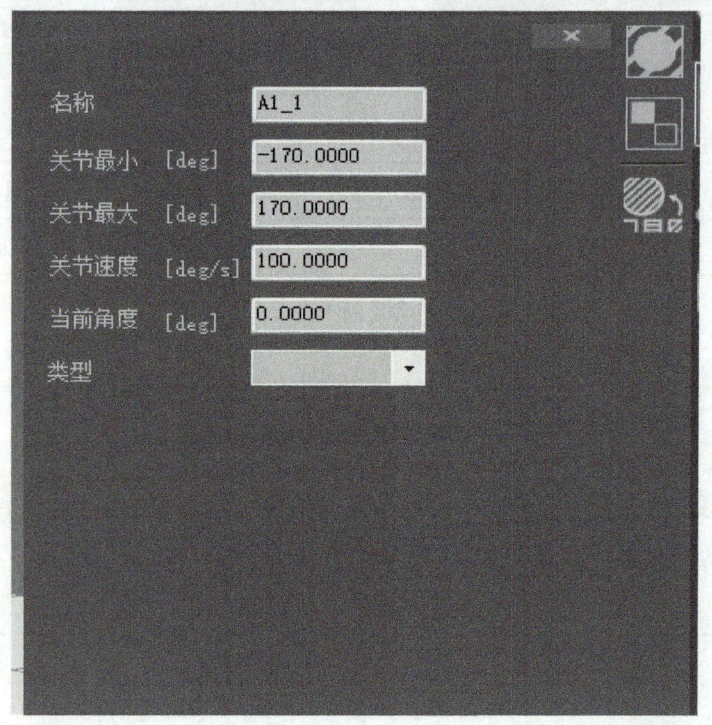

图 2-26　机器人轴设置

机器人的自由度：机器人能够旋转的自由度数量，通常作为机器人的技术指标，反映机器人动作的灵活性，可用轴的直线移动、摆动或旋转动作的数目来表示。机器人机构能够独立运动的关节数目，称为机器人机构的运动自由度，简称自由度（DOF）。图 2-27 所示为机器人 6 个关节。

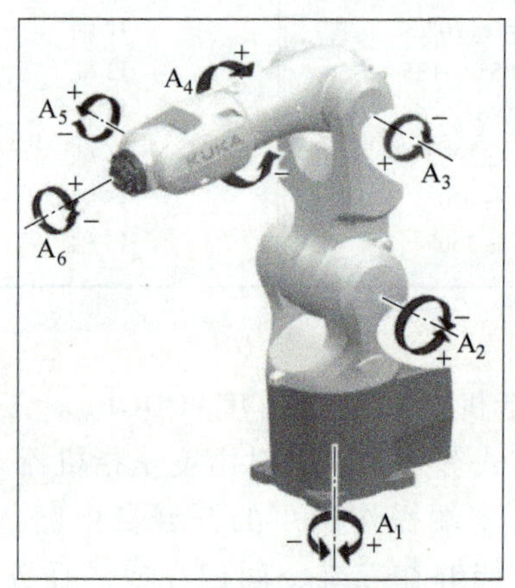

图 2-27　机器人 6 个关节

工作范围：也称为工作空间，它指的是在未安装末端执行器的情况下机器人可以到达的空间。作为腕部上的参考点，工作范围应排除工作区域。机器人移动时可能会引起碰撞和干扰，即使在实际使用中，安装末端执行器后也应考虑发生碰撞的可能性。工业机器人的工作范围如图 2-28 所示。工业机器人的工作范围是指工业机器人手臂或手部安装点所能达到的空间区域。

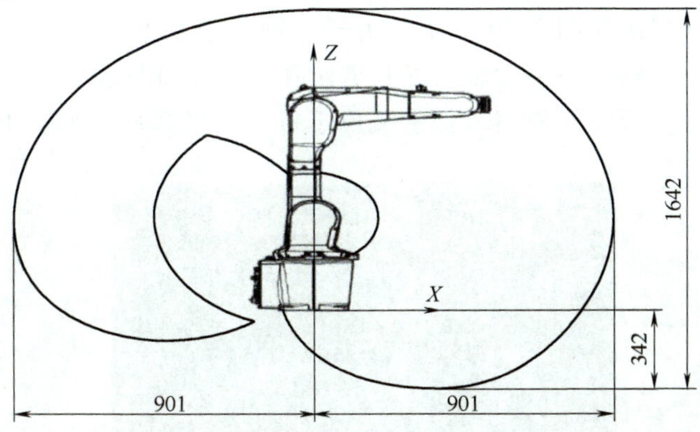

图 2-28　工业机器人的工作范围

工作速度：工作速度指机器人在工作载荷条件下、匀速运动过程中，机械接口中心或工具中心点在单位时间内所移动的距离或转动的角度。产品说明书中一般提供了主要运动自由度的最大稳定速度，但是在实际应用中仅考虑最大稳定速度是不够的。这是因为运动循环包括加速起动、等速运行和减速制动 3 个过程。

承载能力：有效负载也称承载能力，指机器人工作时所能处理的最大负载质量。确定承载能力时，不仅要考虑机器人末端执行器的载荷能力，还要考虑附加负载，超过这一负载，机器人将会停运或出现精度偏差等情况，目前工业机器人的最大有效负载约为 4t。

精度：机器人的精度包括定位精度和重定位精度。定位精度是指机器人手部实际到达位置与目标位置的差异。重定位精度是指机器人重复定位其手部于同一目标位置的能力，可以用标准偏差这个统计量来表示。图 2-19 所示为工业机器人重定位示意图。

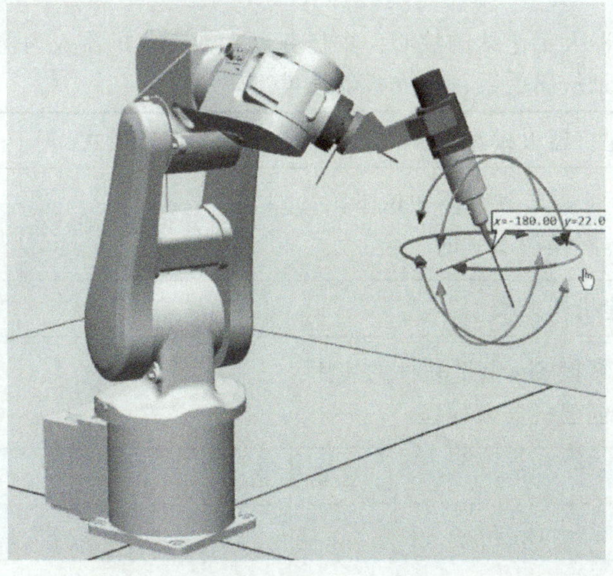

图 2-29　工业机器人重定位

驱动方式：目前机器人的主要驱动方式有液压驱动、气压驱动、电气驱动和新型的驱动装置。

3. 机器人旋转轴的设置

机器人本体场景层次如图 2-30 所示，由于一轴位于底部，六轴位于末端，所以各轴的场景层次为一轴→二轴→…→六轴，并且各轴模块位于旋转关节下，由旋转关节带动所属机器人轴进行运动。所以，机器人信息又位于机器人坐标系“ER3_600_3kg”下。

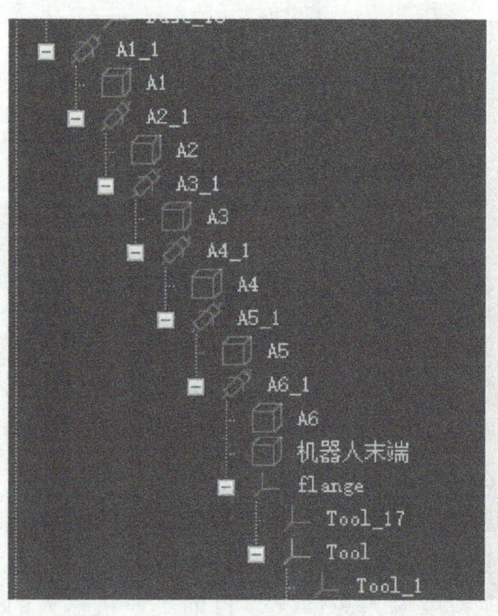

图 2-30 机器人本体场景层次

2. 任务页

机器人本体是机器人工作站的核心，本任务以六轴工业机器人为例，通过建立各轴的转动关节和六关节的场景从属关系，建立机器人模型。

工作任务	创建机器人模型	教学模式	理实一体
建议学时	2 学时，其中相关知识学习 1 学时，实践操作 1 学时	所需设备、器材	Sim IPT 软件
任务描述	创建机器人模型		
职业技能	1）掌握 Sim IPT 软件的使用 2）创建机器人模型		
任务实施			
步骤	图示		
创建机器人模型			

<table>
<tr><th>步骤</th><th>图示</th></tr>
<tr><td>1）导入模型文件。在打开 Sim IPT 软件后，依次单击左侧工具栏中的“建模”→“导入模型”图标，在出现的对话框中选择“打开文件”按钮，选择“模型库”文件夹内的“ER3B-C30 机器人数模 .STEP”文件，单击“打开”按钮。导入后效果如右图所示</td><td>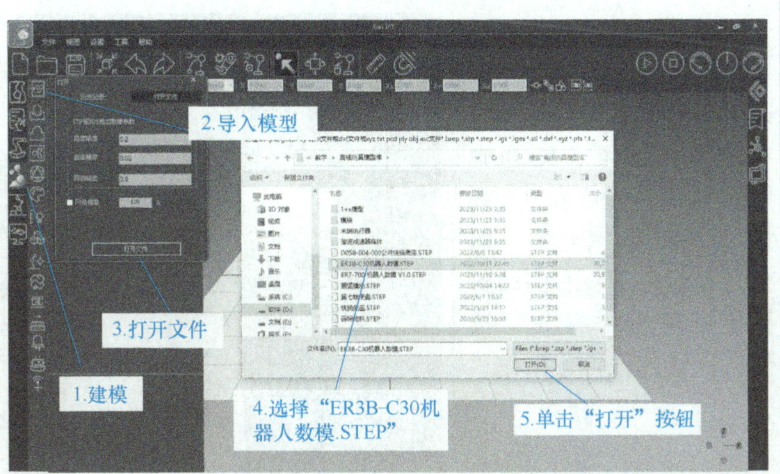

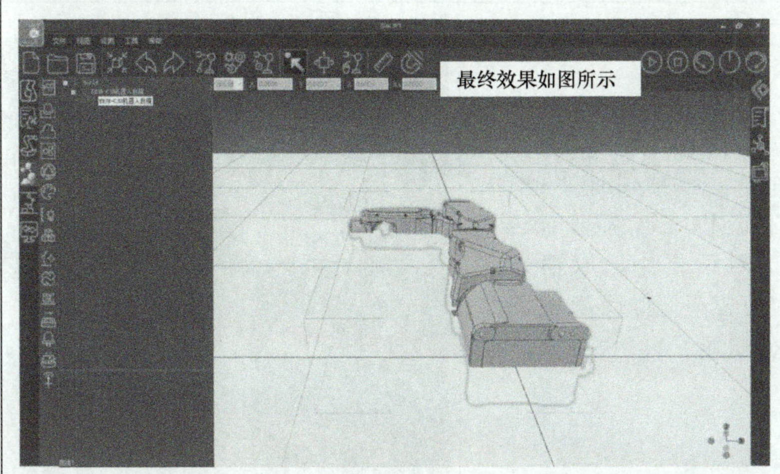
</td></tr>
<tr><td>2）调整工件至初始姿态。稍等片刻，待模型导入后，单击选中导入的“ER3B-C30 机器人数模”，再单击“平移旋转”按钮
更改场景左上角 6 个对话框内“X = 0，Y = 0，Z = 0，Rx = 90，Ry = 0，Rz = 90”，调整机器人到初始位置和初始姿态</td><td>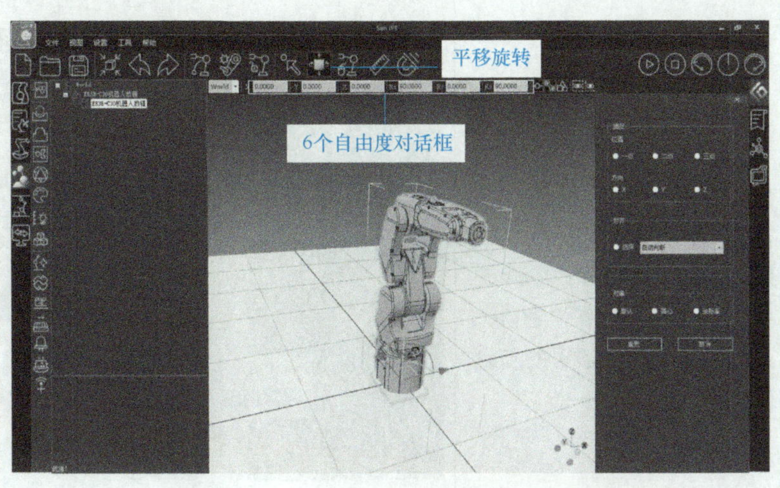
</td></tr>
</table>

步骤	图示
3）机器人整体拆分。在建模模式下，先选中“ER3B-C30 机器人数模”，单击“拆分”图标，此时在屏幕右侧的对话框中单击“拆分”按钮，完成部件拆分操作	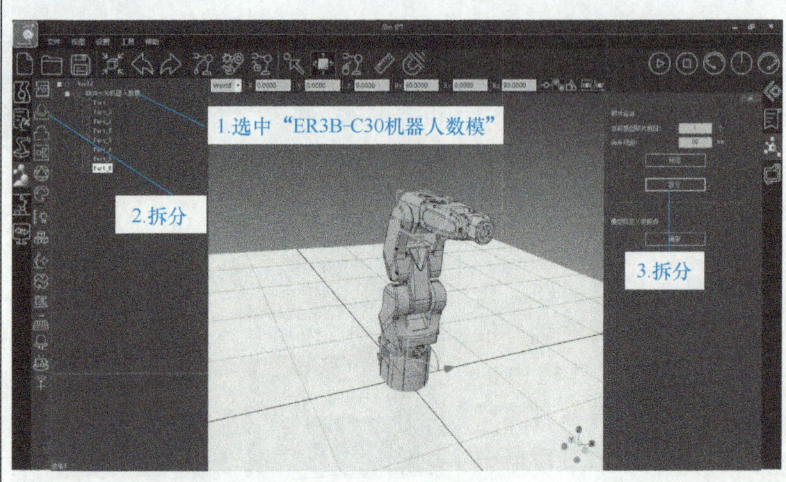
4）隐藏组件 Part_0。双击 Part_0，在右侧弹出的对话框中，取消勾选“可见”，实现隐藏此组件功能	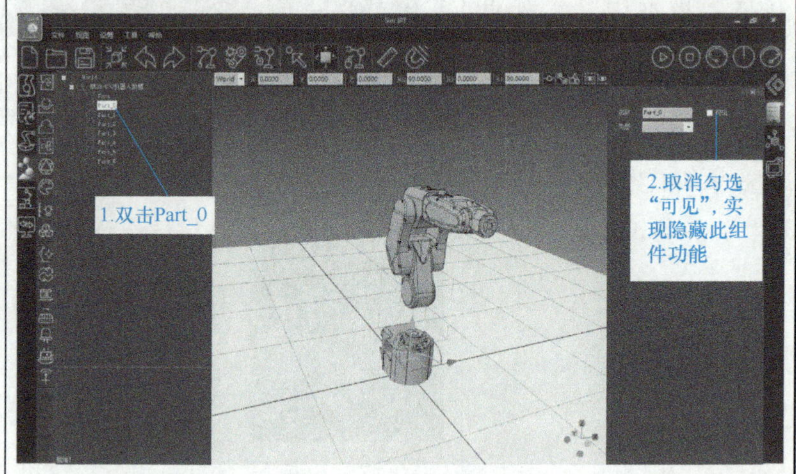
5）创建第一个旋转关节。在左侧建模模式下，单击 Part 组件，依次单击左侧工具栏中的“创建”图标，右侧工具栏中的“旋转关节”图标，此时左侧下拉菜单中新增了一个节点 Joint_1	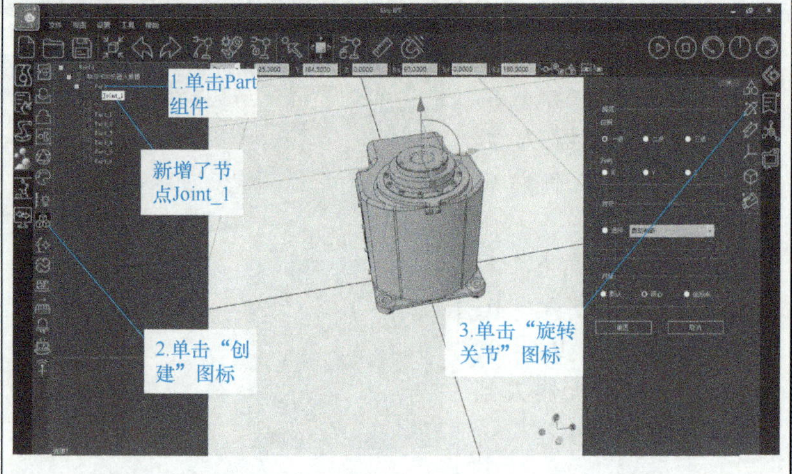

步骤	图示
6）定义一轴坐标系。在左侧“建模”模式下，单击节点 Joint_1，选择参考坐标系为 Own，单击右侧工具栏中的“默认”图标，选择弹出对话框中的“一点”“圆心”，选中底座上的圆心建立坐标系，调整坐标系为图中姿态，Z 轴向上	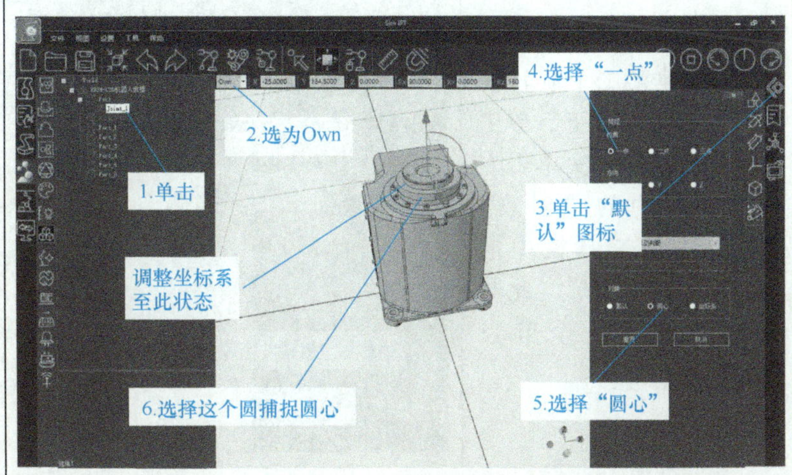
7）定义一轴运动姿态。将 Part_0 拖至 Joint_1 节点下，双击 Part_0，在右侧弹出对话框中，勾选“可见”，实现显示此组件功能（参考步骤 4））	
8）隐藏组件 Part_1。双击 Part_1，在右侧弹出的对话框中，取消勾选“可见”，实现隐藏此组件功能	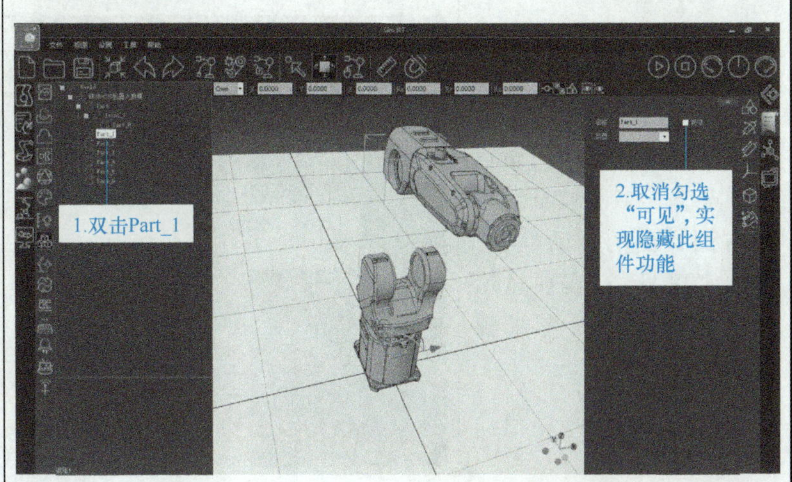

步骤	图示
9）创建第二个旋转关节。在建模模式下，单击Part_0组件，依次单击左侧工具栏中的“创建”图标，右侧工具栏中的“旋转关节”图标，此时左侧新增了一个节点Joint_2	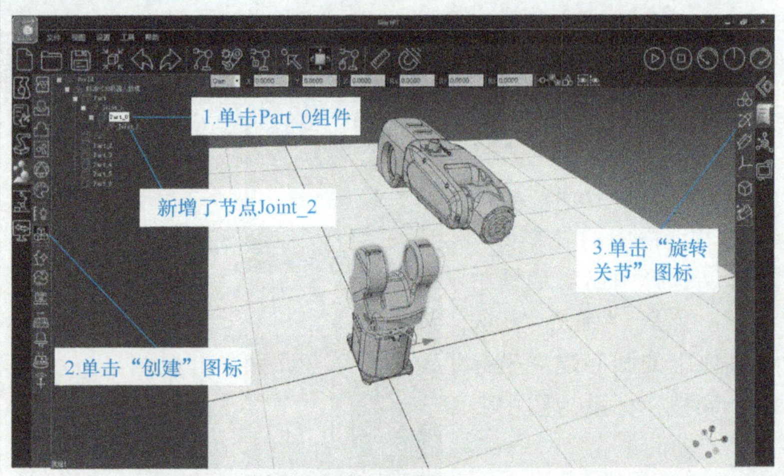
10）定义二轴坐标系。在建模模式下，单击节点Joint_2，选择参考坐标系为Own，单击右侧工具栏中的“默认”图标，选择“二点”“圆心”，选中Part_0上的两个圆心建立坐标系，此时调整坐标系为图中姿态	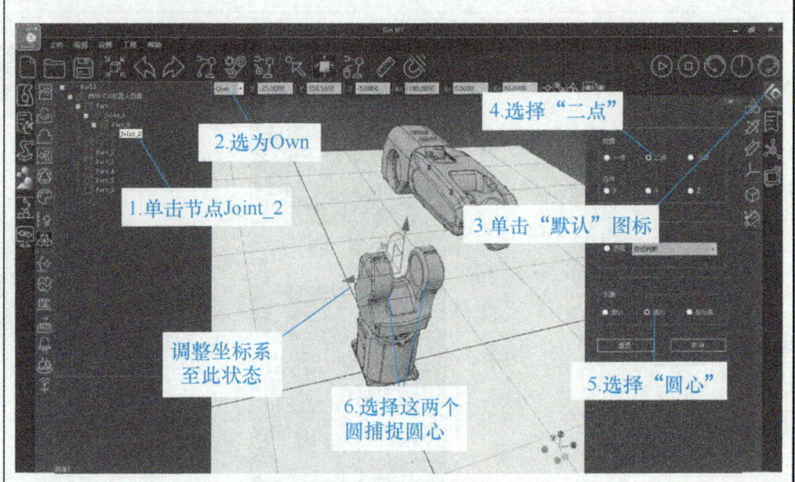
11）定义二轴运动姿态。将Part_1拖至Joint_2节点下，双击Part_1，在右侧弹出的对话框中，勾选“可见”，实现显示此组件功能（参考步骤4））	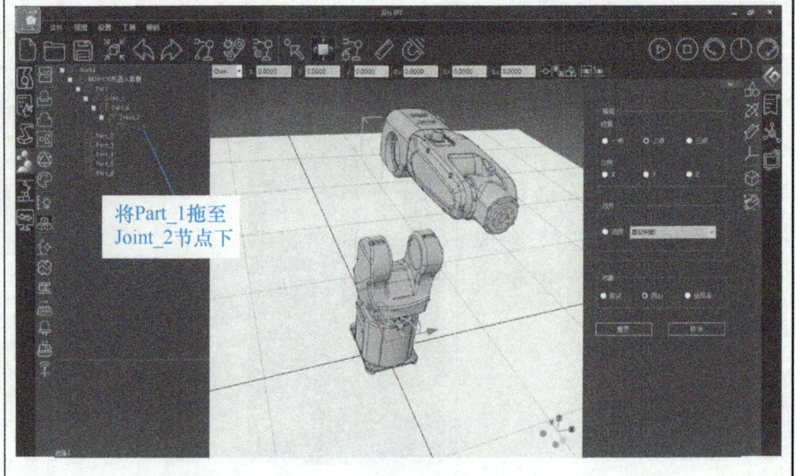

步骤	图示
12）隐藏组件 Part_4 和 Part_6。双击 Part_4 和 Part_6，在右侧弹出对话框中，取消勾选“可见”，实现隐藏此组件功能	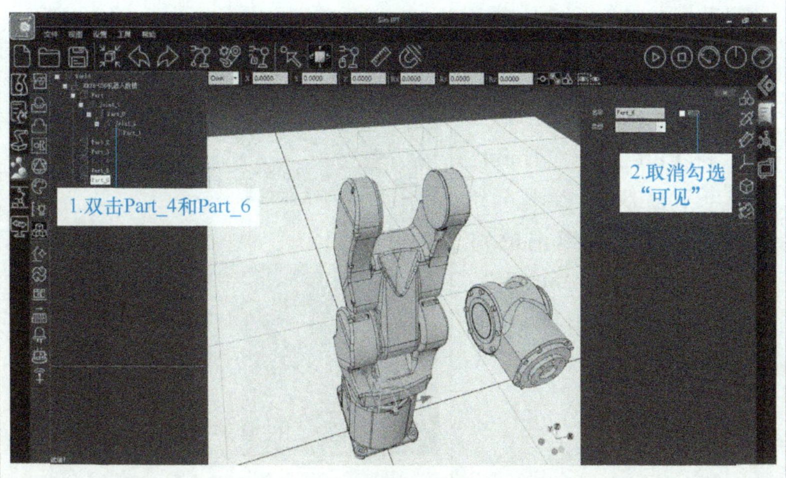
13）创建第 3 个旋转关节。在建模模式下，单击 Part_1，依次单击左侧工具栏中的“创建”图标，右侧工具栏中的“旋转关节”图标，此时左侧新增了一个节点 Joint_3	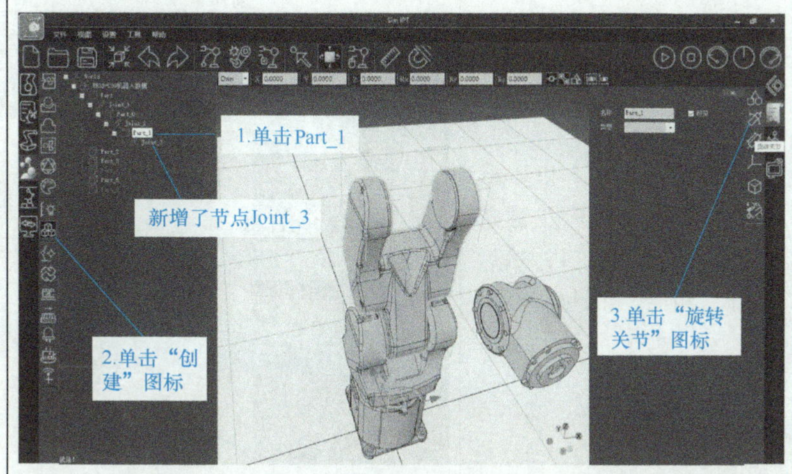
14）定义三轴坐标系。在建模模式下，单击节点 Joint_3，选择参考坐标系为 Own，单击右侧工具栏中的“默认”图标，选择弹出对话框中的“二点”“圆心”，选中 Part_1 上的两个圆心建立坐标系，此时调整坐标系为图中姿态	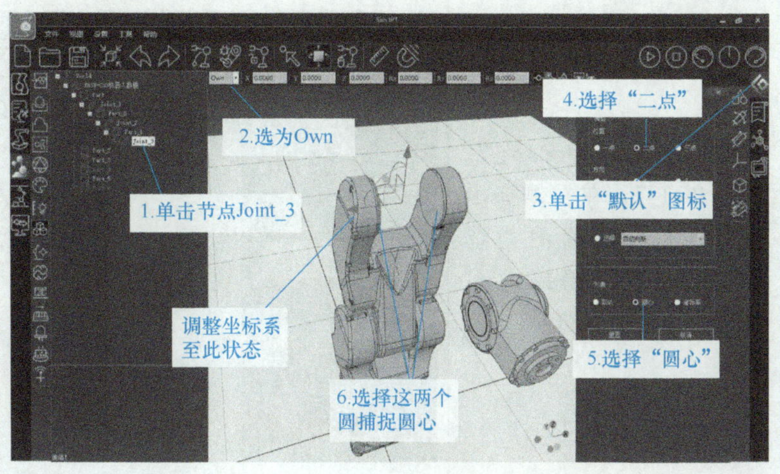

步骤	图示
15）定义三轴运动姿态。将 Part_6 拖至 Joint_3 节点下，双击 Part_4 和 Part_6，在右侧弹出的对话框中，勾选“可见”，实现显示此组件功能（参考 4））	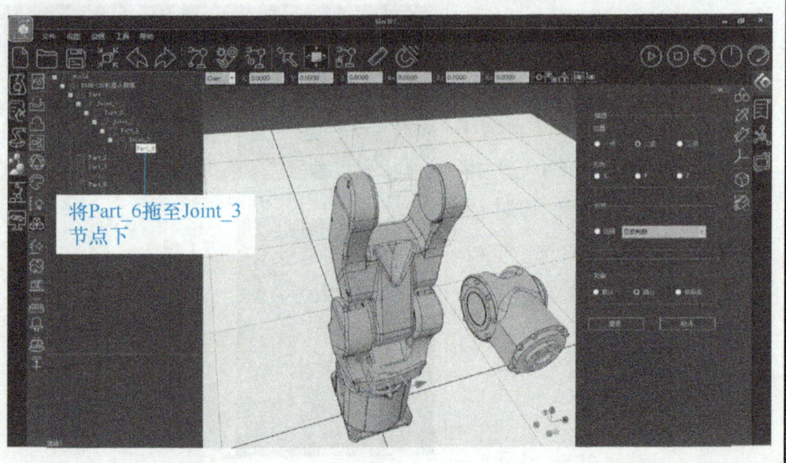
16）组合 Part_3 和 Part_4。<Ctrl>键+鼠标左键选中 Part_3 和 Part_4，然后单击“组合”图标	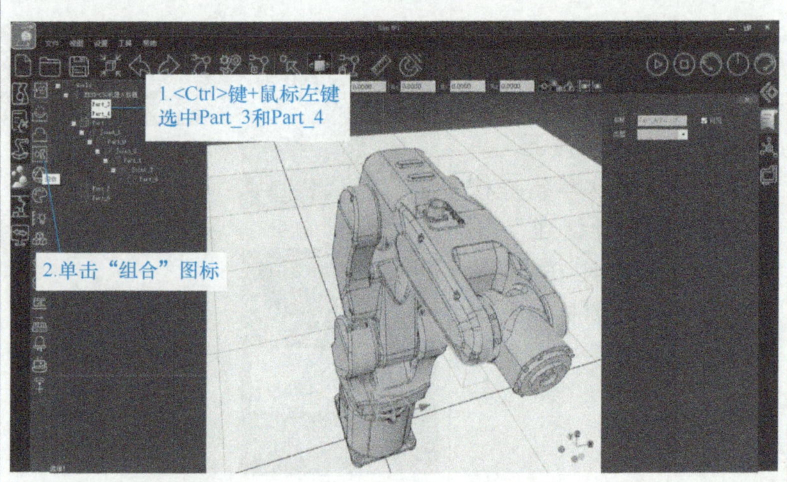
17）隐藏组件 Part_7。双击 Part_7，在右侧弹出的对话框中，取消勾选“可见”，实现隐藏此组件功能	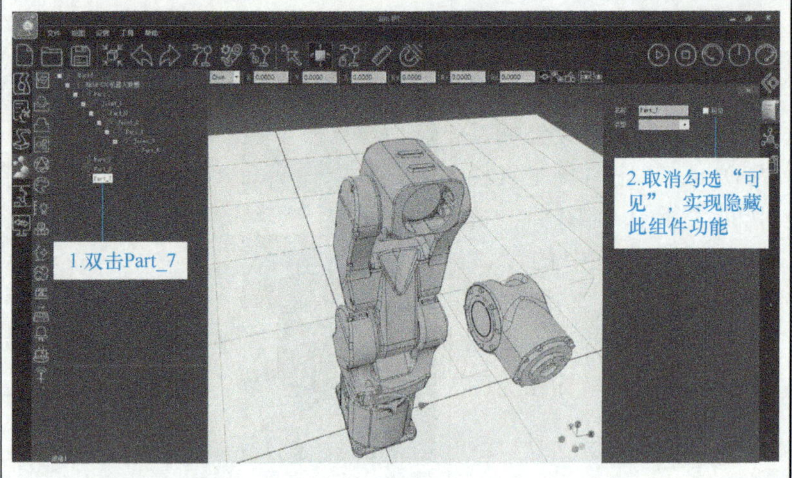

步骤	图示
18）创建第 4 个旋转关节。在建模模式下，单击 Part_6，依次单击左侧工具栏中的“创建”图标，右侧工具栏中的“旋转关节”图标，此时左侧新增了一个节点 Joint_4	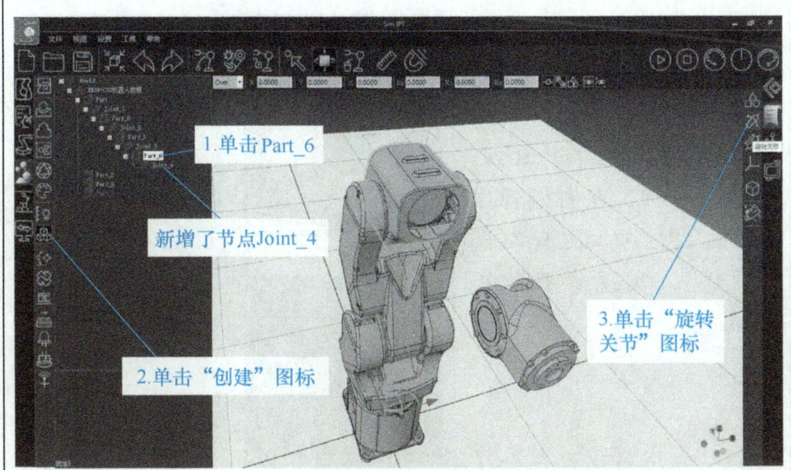
19）定义四轴坐标系。在建模模式下，单击节点 Joint_4，选择参考坐标系为 Own，依次单击右侧工具栏中的“默认”图标，选择弹出对话框中的“一点”“圆心”，选中 Part_6 上的圆心建立坐标系，调整坐标系为图中姿态	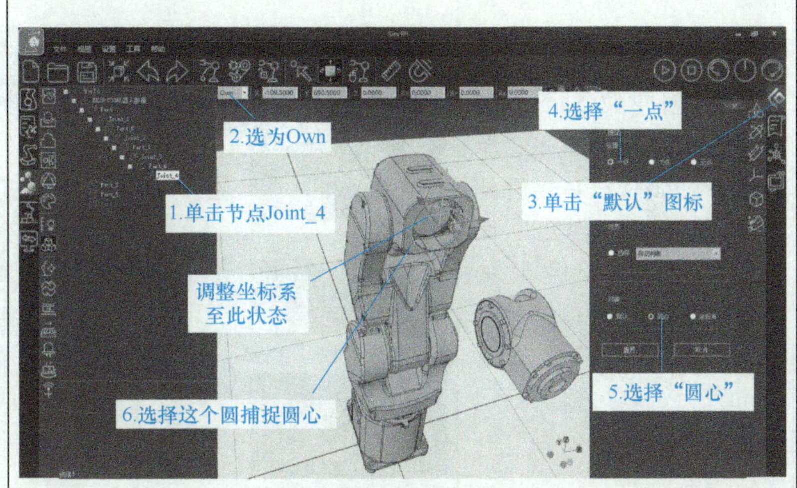
20）定义四轴运动姿态。将 Part_7 拖至 Joint_4 节点下，双击 Part_7，在右侧弹出的对话框中，勾选“可见”，实现显示此组件功能（参考步骤 4））	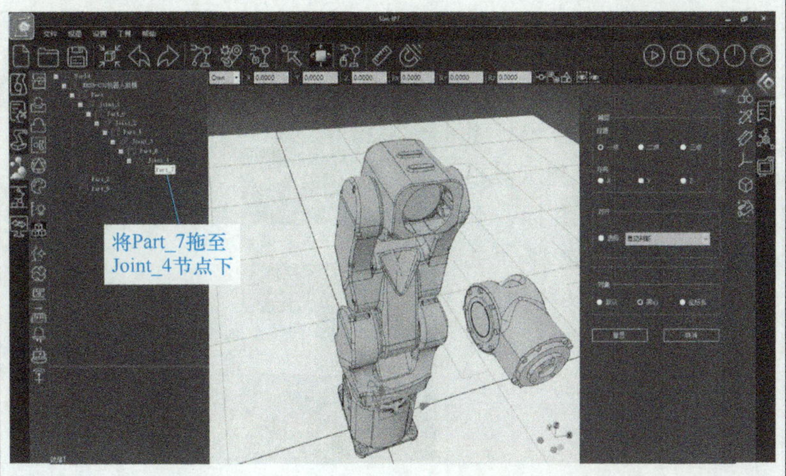

步骤	图示
21）隐藏组件 Part_2。双击 Part_2，在右侧弹出的对话框中，取消勾选“可见”，实现隐藏此组件功能	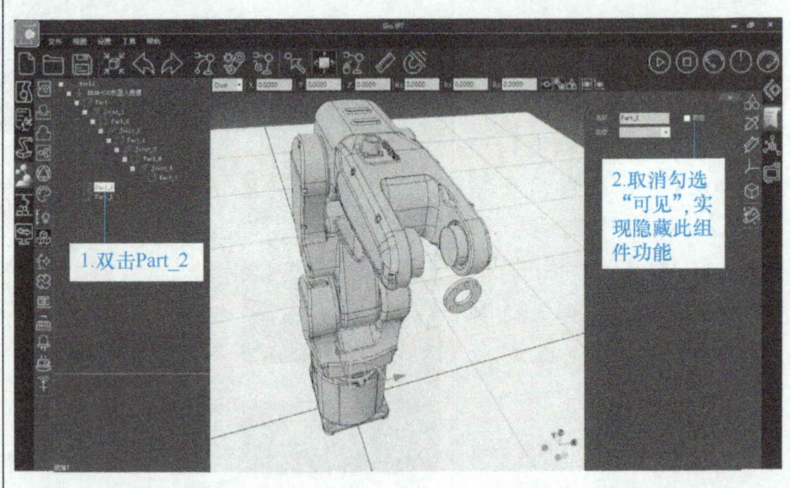
22）创建第 5 个旋转关节。在建模模式下，单击 Part_7，依次单击左侧工具栏中的“创建”图标，右侧工具栏中的“旋转关节”图标，此时左侧新增了一个节点 Joint_5	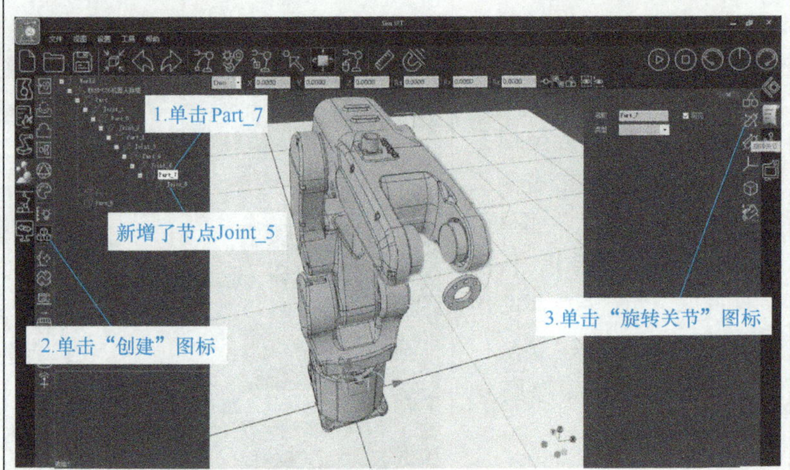
23）定义五轴坐标系。在建模模式下，单击节点 Joint_5，选择参考坐标系为 Own，单击右侧工具栏中的“默认”图标，弹出的对话框中选择“二点”“圆心”，选中 Part_7 上的两个圆心建立坐标系，此时调整坐标系为图中姿态	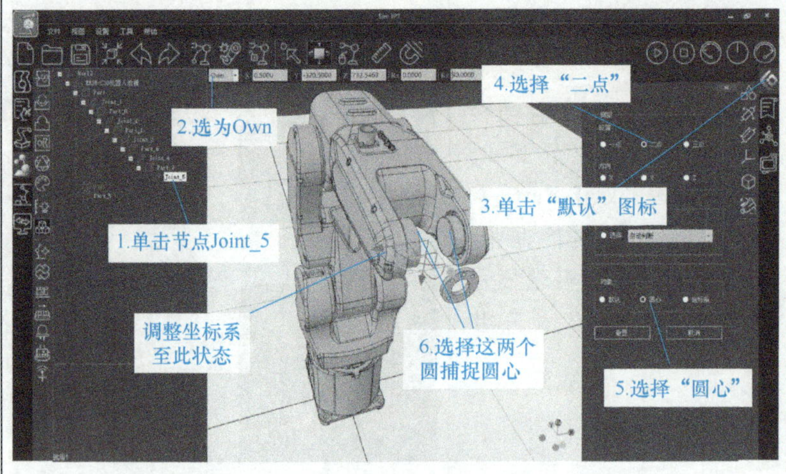

步骤	图示
24）定义五轴运动姿态。将 Part_2 拖至 Joint_5 节点下，双击 Part_2，在右侧弹出的对话框中，勾选“可见”，实现显示此组件功能（参考步骤 4））	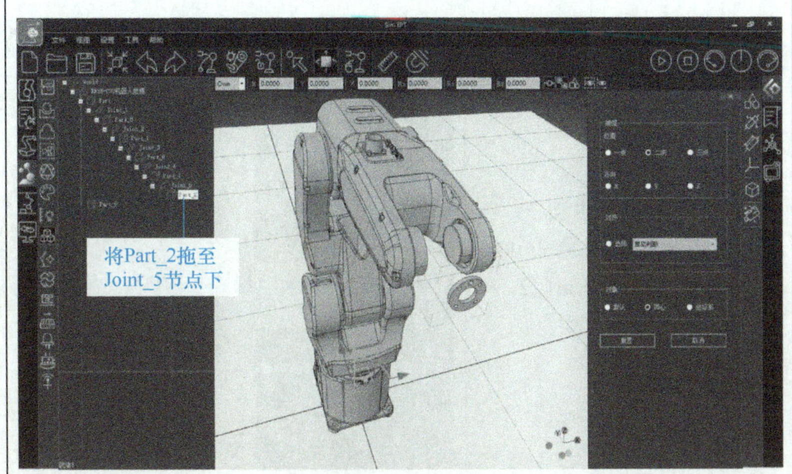
25）创建第 6 个旋转关节。在建模模式下，单击 Part_2，依次单击左侧工具栏中的“创建”图标，右侧工具栏中的“旋转关节”图标，此时新增了一个节点 Joint_6	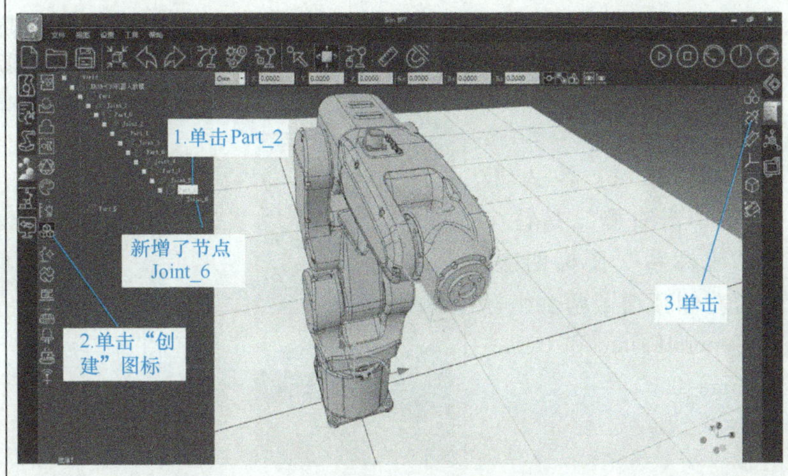
26）定义六轴坐标系。在建模模式下，单击节点 Joint_6，选择参考坐标系为 Own，单击右侧工具栏中的“默认”图标，在弹出的对话框中选择“一点”“圆心”，选中 Part_2 上的两个圆心建立坐标系，此时调整坐标系为图中姿态	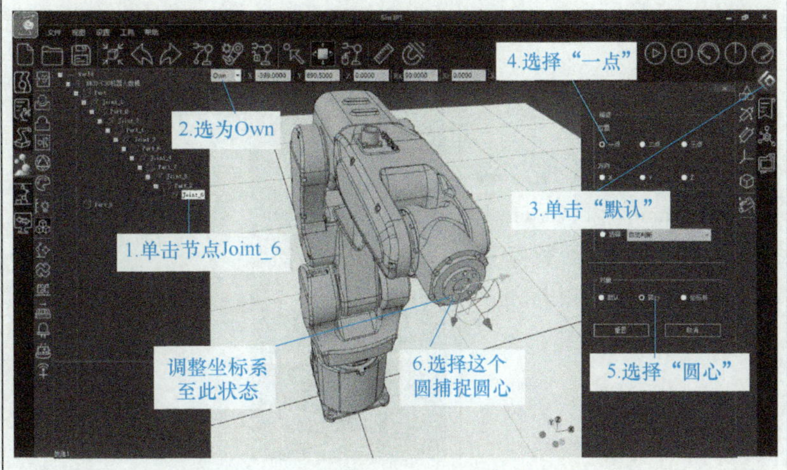

步骤	图示
27）定义六轴运动姿态。将 Part_6 拖至 Joint_6 节点下，双击 Part_2	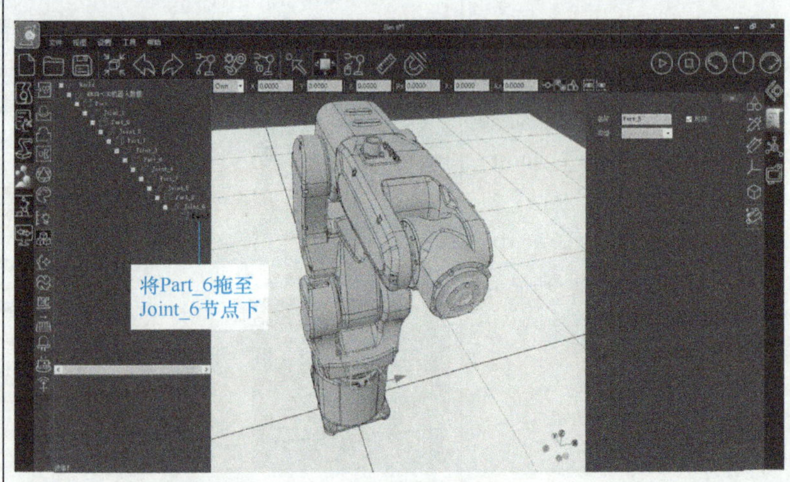
28）创建坐标系。在建模模式下，单击“ER3B-C30 机器人数模”，单击右侧工具栏中的“坐标系”图标两次，此时左侧新增了两个坐标系 GeneralFrame 和 GeneralFrame_0	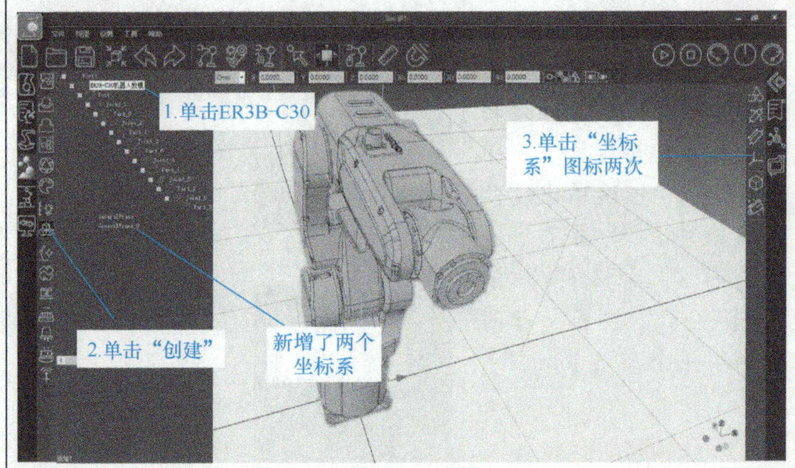
29）命名部件。将 GeneralFrame 和 GeneralFrame_0，这两个坐标系分别改名为 root 和 falnge	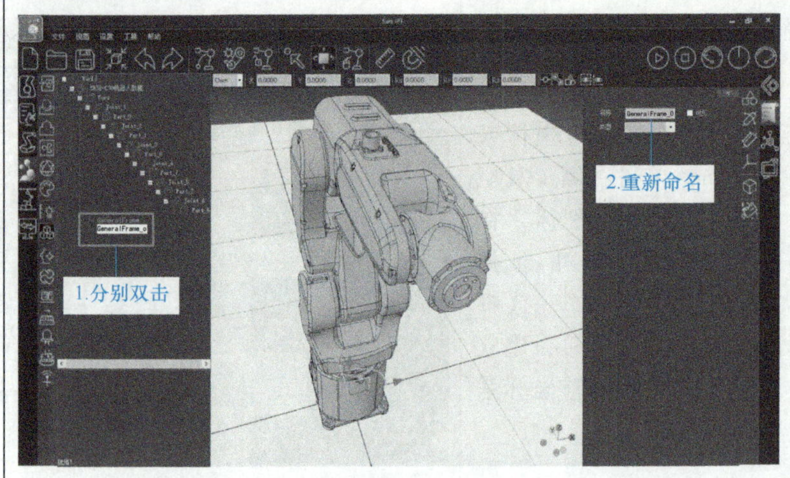

步骤	图示
30）设置机器人控制器。单击“建模”工具中的“运动控制器”图标，在右侧出现的工具栏中单击“机器人控制器”图标 此时左侧出现一个“ER3B-C30 机器人数模_JointManager_0”选项，双击它，此时右侧出现一个“匹配机器人”对话框	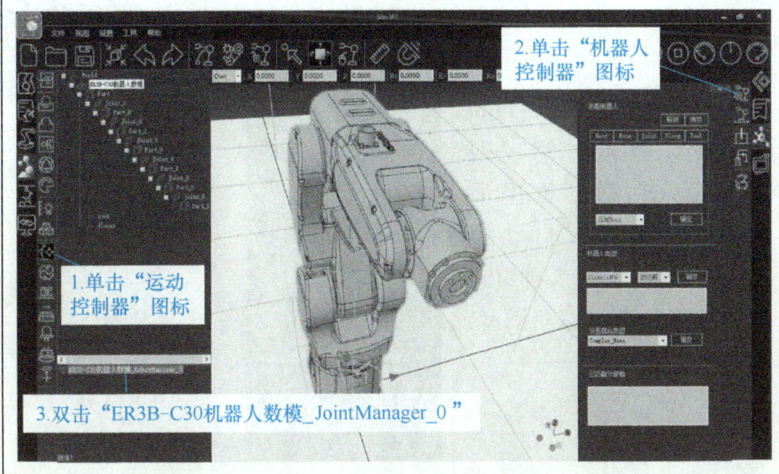
31）匹配机器人 root 坐标系。单击 root 节点，然后选择右侧“匹配机器人”对话框里面的“添加 root”，单击“确定”按钮，添加 root 至对话框内	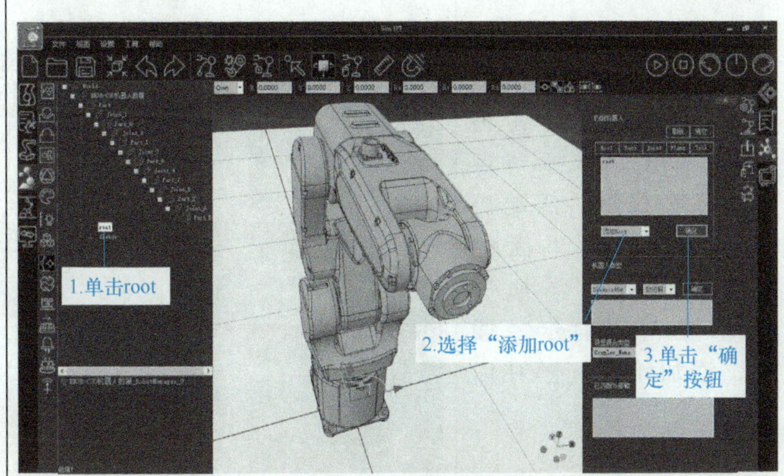
32）匹配机器人 Base 坐标系。单击右侧“匹配机器人”对话框里面的 Base，然后将“创建 Base”数量改为 2，单击“确定”按钮，添加 Base_1 和 Base_2 至对话框内	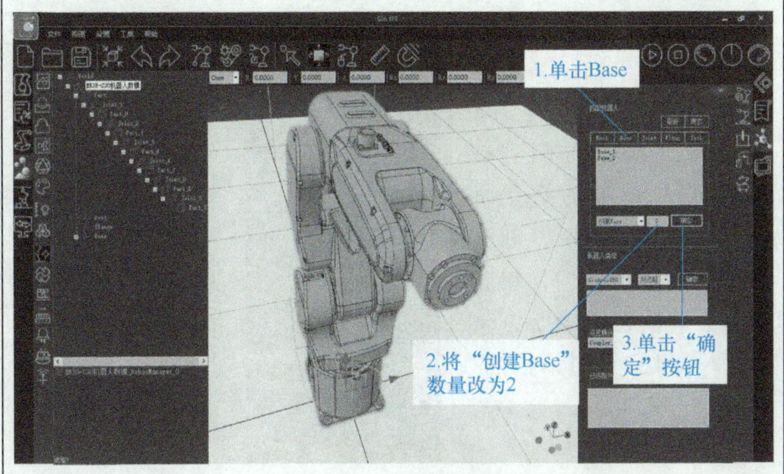

步骤	图示
33）匹配机器人 Joint 坐标系。单击右侧“匹配机器人”对话框里面的 Joint，选择“自动添加关节”，单击“确定”按钮，添加 Joint_1～Joint_6 至对话框内	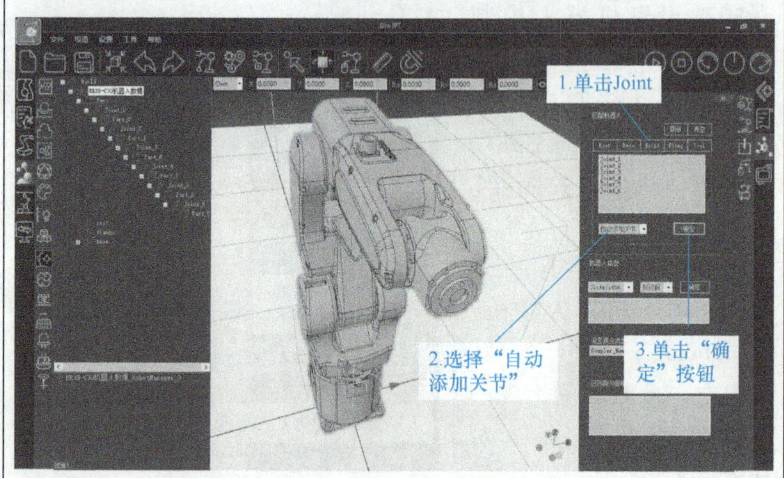
34）匹配机器人法兰坐标系。鼠标左键将 flange 拖至 Joint_6 节点下，单击右侧“匹配机器人”对话框里面的 Flange，选择“添加法兰”，单击“确定”按钮，添加 flange 至对话框内	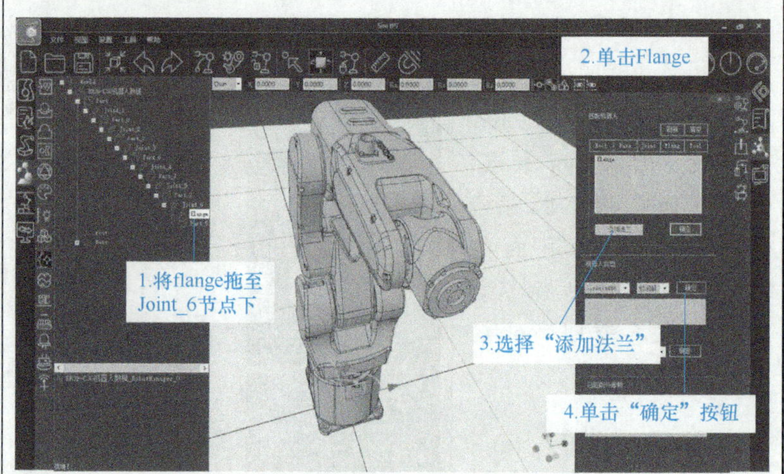
35）匹配机器人 Tool 坐标系。单击右侧“匹配机器人”对话框里面的 Tool，然后将“创建 Tool”数量改为 2，单击“确定”按钮，添加 Tool_1 和 Tool_2 至对话框内	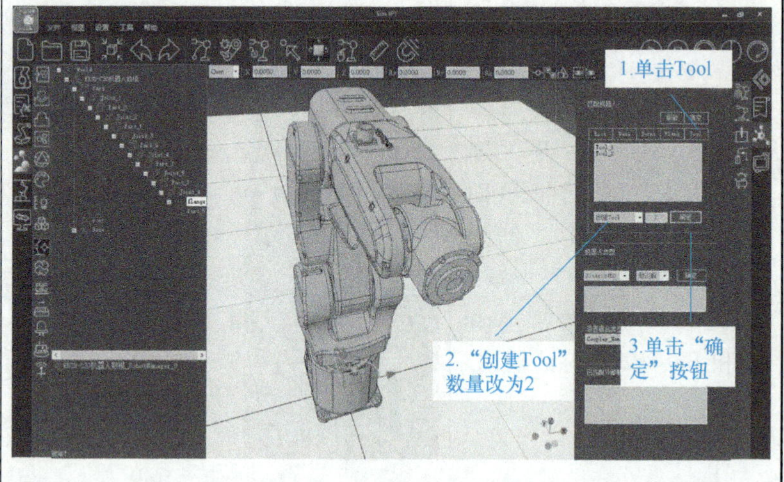

<table>
<tr><th>步骤</th><th>图示</th></tr>
<tr><td>36）匹配机器人类型。单击选择右侧“匹配机器人”对话框里面的 SixAxis456 和“封闭解”，单击“确定”按钮，添加 SixAxis456 和“封闭解”至对话框内</td><td>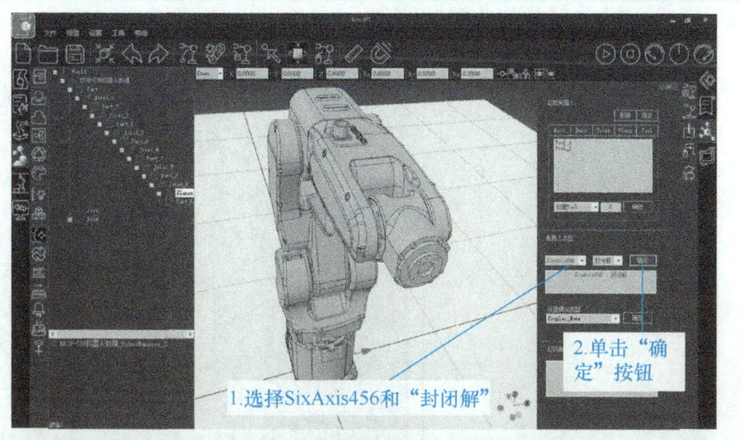
</td></tr>
<tr><td>37）示教检验。单击右侧工具栏中的“示教”图标，弹出对话框，单击任意关节数字，滚动鼠标中心滚轮，此时可见机器人运动</td><td>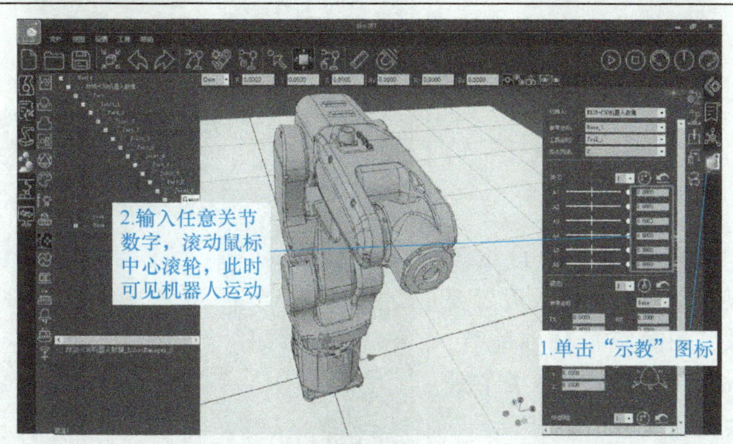
</td></tr>
<tr><td>38）设置关节自由度限制。根据机器人设置要求，如图所示分别配置，Joint_1 ~ Joint_6 各关节最大值和关节最小值</td><td>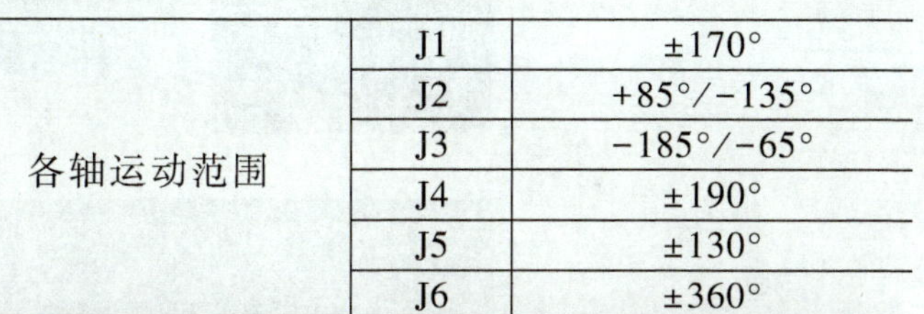
<table>
<tr><td rowspan="6">各轴运动范围</td><td>J1</td><td>±170°</td></tr>
<tr><td>J2</td><td>+85°/−135°</td></tr>
<tr><td>J3</td><td>−185°/−65°</td></tr>
<tr><td>J4</td><td>±190°</td></tr>
<tr><td>J5</td><td>±130°</td></tr>
<tr><td>J6</td><td>±360°</td></tr>
</table>
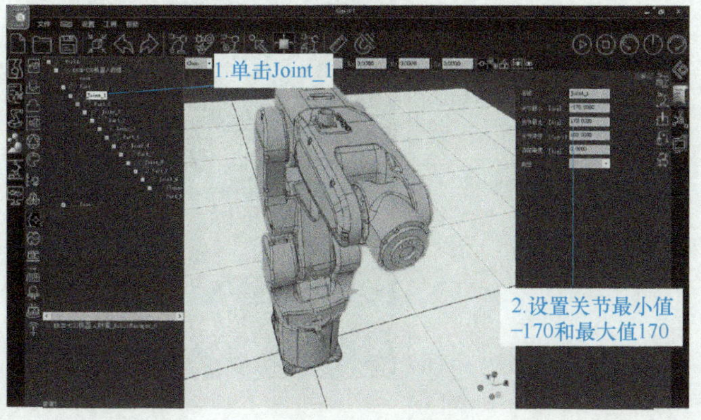
</td></tr>
</table>

<table>
<tr><th>步骤</th><th>图示</th></tr>
<tr><td>38）设置关节自由度限制。根据机器人设置要求，如图所示分别配置，Joint_1～Joint_6 各关节最大值和关节最小值</td><td> 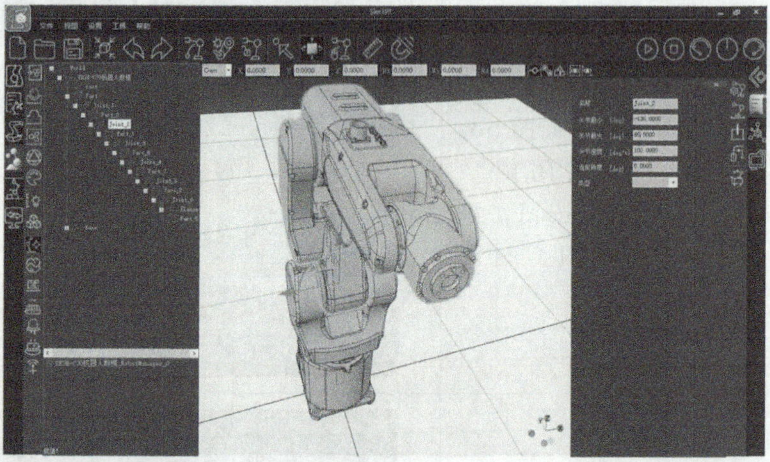 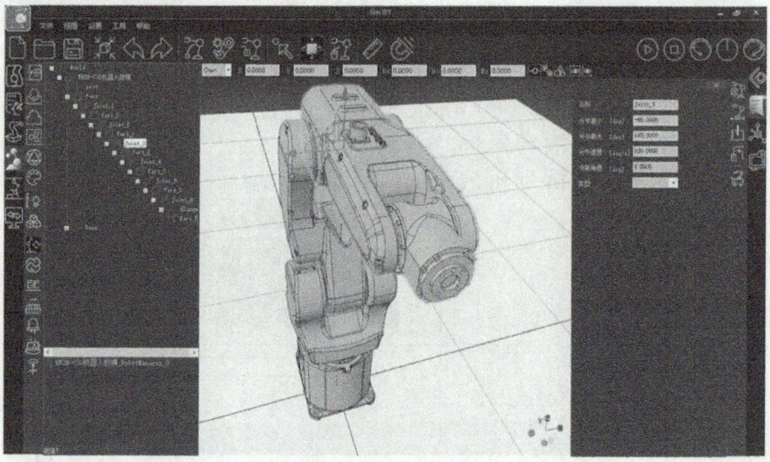 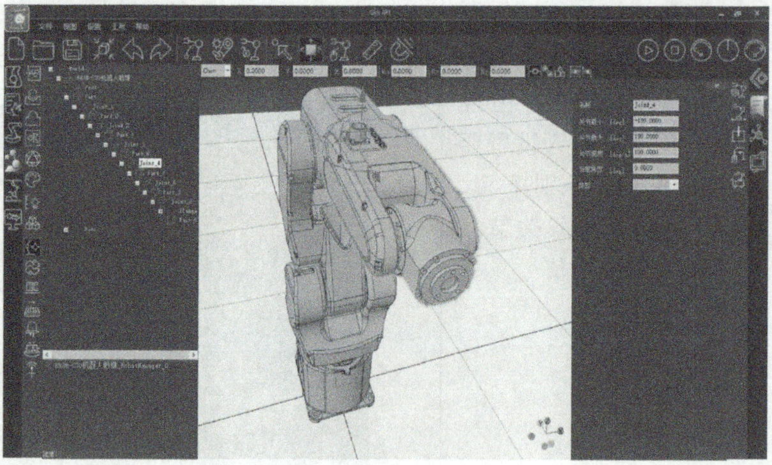</td></tr>
</table>

步骤	图示
38）设置关节自由度限制。根据机器人设置要求，如图所示分别配置，Joint_1 ~ Joint_6 各关节最大值和关节最小值	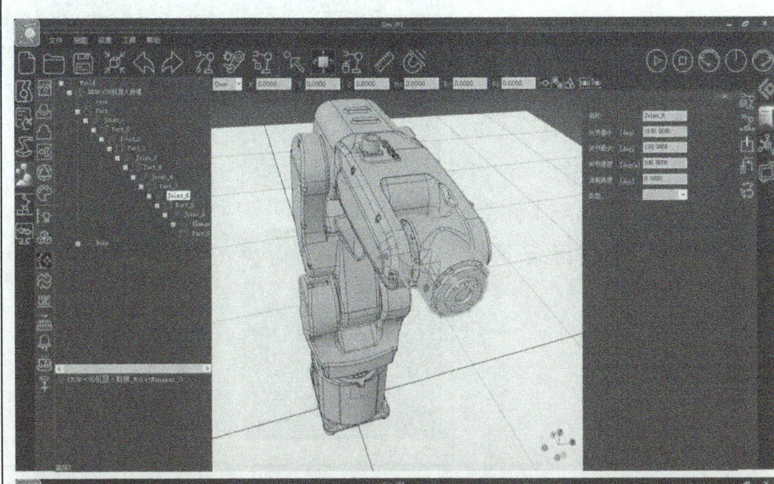 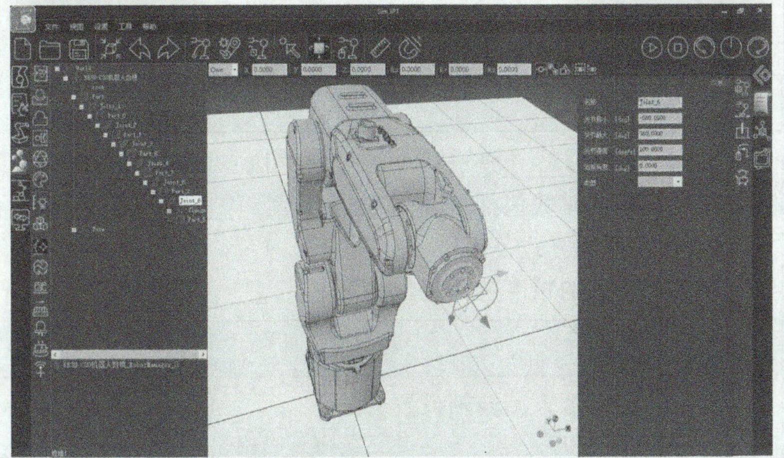
39）设置机器人颜色。在建模模式下，单击“材质”图标，单击右侧面板中的白色 0，分别单击机器人各个组件完成颜色设置	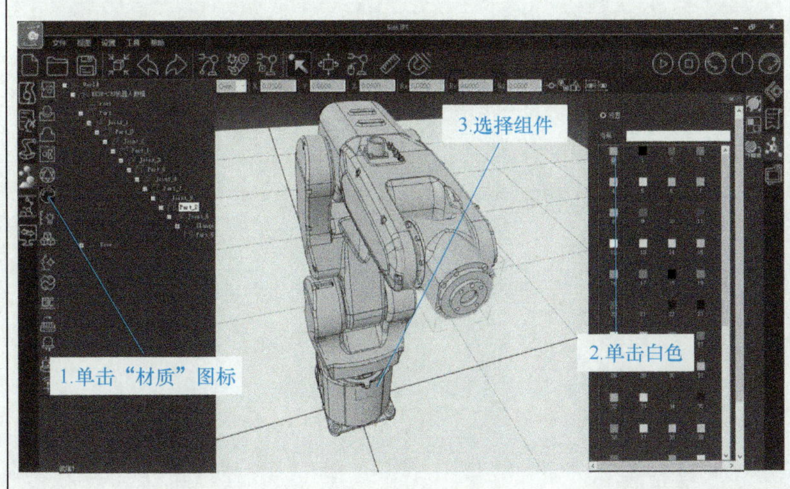

步骤	图示
40）保存组件。单击“文件”→“保存组件”，保存组件至相应目录下	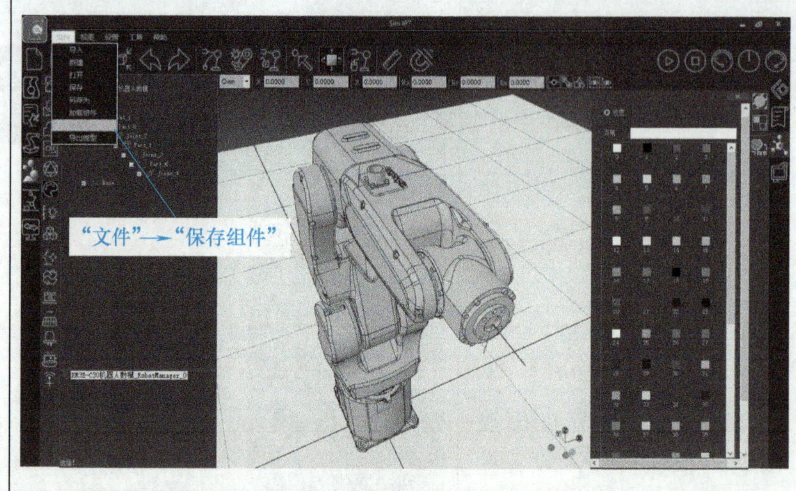

3. 习题页

1. 填空题

1）______________是机器人工作站的核心。

2）机器人参数包括机器人的自由度、______________、工作速度、承载能力、精度、驱动方式、控制方式等。

3）机器人的精度包括定位精度和______________。

2. 简答题

1）简述机器人旋转轴设置方法。

2）简述工业机器人各轴运动范围。

任务五　创建传送带输送模块模型

1. 知识页

工作任务	了解传送带传送模块的相关知识	教学模式	理实一体
建议学时	1 学时	所需设备、器材	Sim IPT 软件
任务描述	1）传送带的认识 2）传送带的分类	更多资料	创建传送带输送模块模型
任务实施			

1. 传送带概念

传送带（Conveyor Belt）是传送系统中的传动介质。传送系统属于传动系统中的一种，系统包括两个或多个滑轮，上面有传送带，部分滑轮有动力驱动，可以无限制地旋转传送带行进，从而带着传送带上的材料行进。有动力驱动的滑轮称为驱动滑轮，其余滑轮则称为惰轮。工业应用传送带的场合有两个：在工厂中，将材料或物体放在盒子或是托盘中进行材料处理；输送大量物资（例如粮食、食盐、煤、矿石、沙或覆盖层等）进行散料处理。图 2-31 所示为传送带。

图 2-31　传送带

2. 传送带的基本分类

（1）按使用行业　传送带可分为汽车行业专用传送带、蓄电池专用传送带、轮胎行业专用传送带、物流行业专用传送带、化工行业专用传送带、食品传送带、微波传送带、爬坡传送带、大理石传送带、瓦楞纸传送带、包装行业专用传送带、娱乐设施专用传送带、水泥厂专用传送带、服装厂专用传送带、玻璃厂专用传送带、注塑行业专用传送带等。

（2）按使用用途分　传送带可分为防油传送带、防滑传送带、爬坡传送带、防酸碱传送带、防热传送带、防寒传送带、防燃传送带、防腐蚀传送带、防潮传送带、防低温传送带、防高温传送带、耐油传送带、耐热传送带、耐寒传送带、耐低温传送带、耐高温传送带、耐酸碱传送带、阻燃传送带。

（3）按材质分　传送带可分为聚氯乙烯传送带、聚氨酯传送带、聚乙烯传送带、塑料链板传送带、模块网传送带、聚丙烯传送带、聚酰胺纤维传送带、铁氟龙传送带、不锈钢传送带。

（4）按耐热程度分

1）耐热传送带：T1 型耐热不高于 100℃、T2 型耐热不高于 125℃、T3 型耐热不高于 150℃。

2）耐高温传送带：耐热能力不高于 200℃。

3）耐烧灼传送带（金属网芯传送带）：耐热 200~500℃。

传动带模块可分为三角带、同步带（齿形带、时规带）、平皮带（片基带、龙带）、农用机皮带、高速防油带、圆形带（圆带）、扁形带、水塔带（广角带）、变速带、摩托车变速带、V 型带（V 带）、并联皮带、多沟带、六角带、活络带、牵引带、汽车皮带。

3. 传送带的工业认识

传送带的原理是利用电动机控制传送带运转，以完成物品的输送，如图 3-32 所示。而传送带的构造则包括输送带、滚筒和一些附属部件。在工业生产中，传送带是一个十分重要的设备，它可以大幅度提高物品运输的效率，减少人力投入，对于现代制造业的高效生产有着重要的意义。

图 2-32　传送带的工业认识

2. 任务页

在工业生产中，包括在机器人生产线上，传送带的地位相当重要，传送带的出现带动了生产效率的提高，也增加了工业生产的产量。传送带具有传动平稳、缓冲吸振、结构简单、成本低、使用维护方便、有良好的弹性等优点。

<table>
<tr><td>工作任务</td><td>创建传送带输送模块</td><td>教学模式</td><td>理实一体</td></tr>
<tr><td>建议学时</td><td>2 学时，其中相关知识学习 1 学时，实践操作 1 学时</td><td>所需设备、器材</td><td>Sim IPT 软件</td></tr>
<tr><td>任务描述</td><td colspan="3">1）掌握 Sim IPT 软件的使用
2）创建传送带输送模块</td></tr>
<tr><td colspan="4">任务实施</td></tr>
<tr><td colspan="2">步骤</td><td colspan="2">图示</td></tr>
<tr><td colspan="4">创建传送带输送模块</td></tr>
<tr><td colspan="2">1）导入传送带输送模型文件。在打开 Sim IPT 软件后，单击左侧工具栏中的“建模”→“导入模型”图标，在出现的对话框中选择“打开文件”，选择模型库文件夹内的“传送带输送.STEP”文件，单击“打开”按钮。导入后效果如右图所示</td><td colspan="2">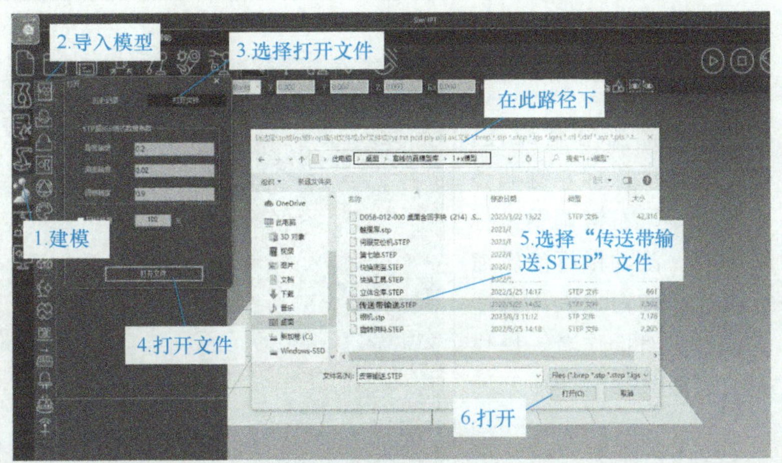

</td></tr>
</table>

步骤	图示
2）调整工件至初始姿态。待模型导入后，单击导入的工具模块，再单击“平移旋转”图标。更改场景左上角 6 个自由度，调整模型到初始位置和初始姿态	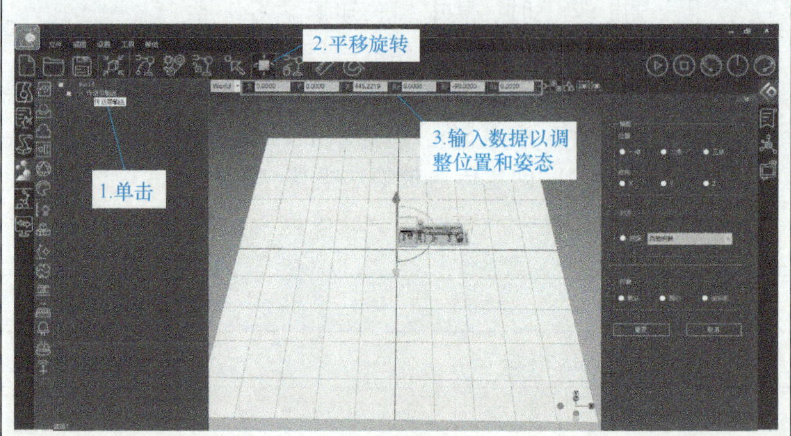
3）调整视角至最佳。按住并拖动鼠标左键调整视角位置，右键调整坐标轴位置，滚动鼠标滚轮缩放画面，使窗口大小合适且模型正对操作者。操作完成后效果如右图所示	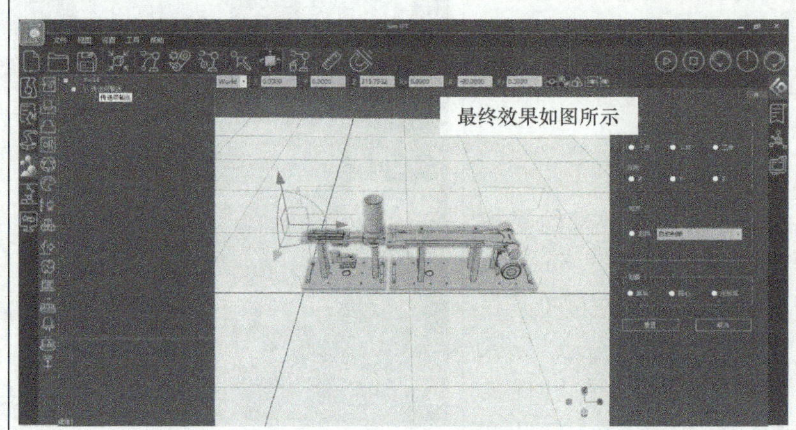
4）工件整体拆分。在“建模”模式下，单击导入的工具模块，再单击左侧“建模”工具中的“拆分”图标，在屏幕右侧的对话框中单击“拆分”按钮	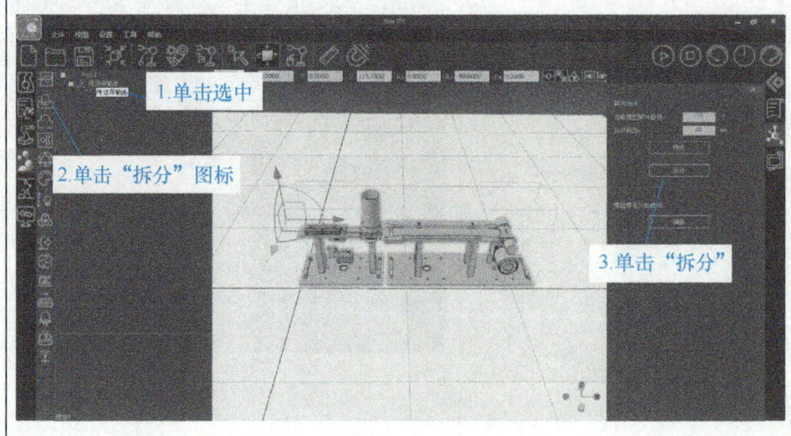

<table>
<tr><th>步骤</th><th>图示</th></tr>
<tr><td>5）工件合并操作。可以通过<Ctrl>键+鼠标左键单击所要合并组件来选择所有要合并的组件。也可以通过<Shift>键+鼠标左键拖拽所要合并组件来选择所有要合并的组件。完成对组件的选择后，单击左侧“建模”工具中的“合并”图标，得到合并后的组件 Part_123。操作完成后效果如右图所示</td><td>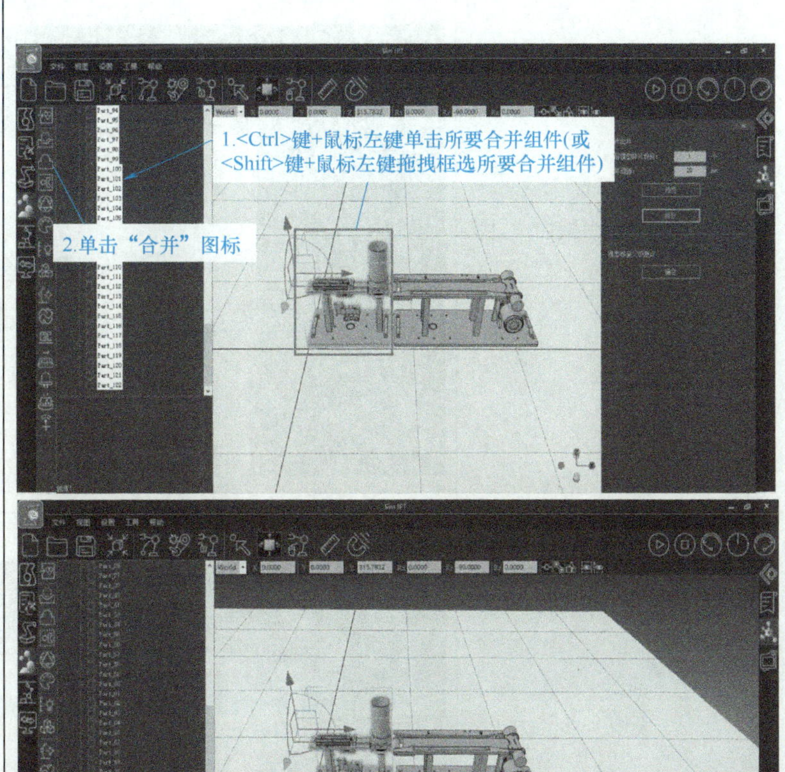</td></tr>
<tr><td>6）隐藏非工作组件。单击 Part_123，在右侧弹出的对话框中，取消勾选“可见”，实现隐藏此组件功能</td><td>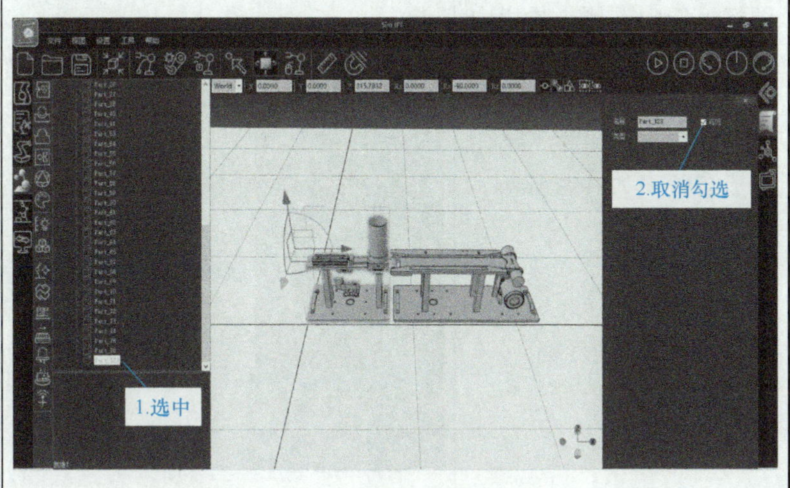</td></tr>
</table>

步骤	图示
操作完成后效果如右图所示	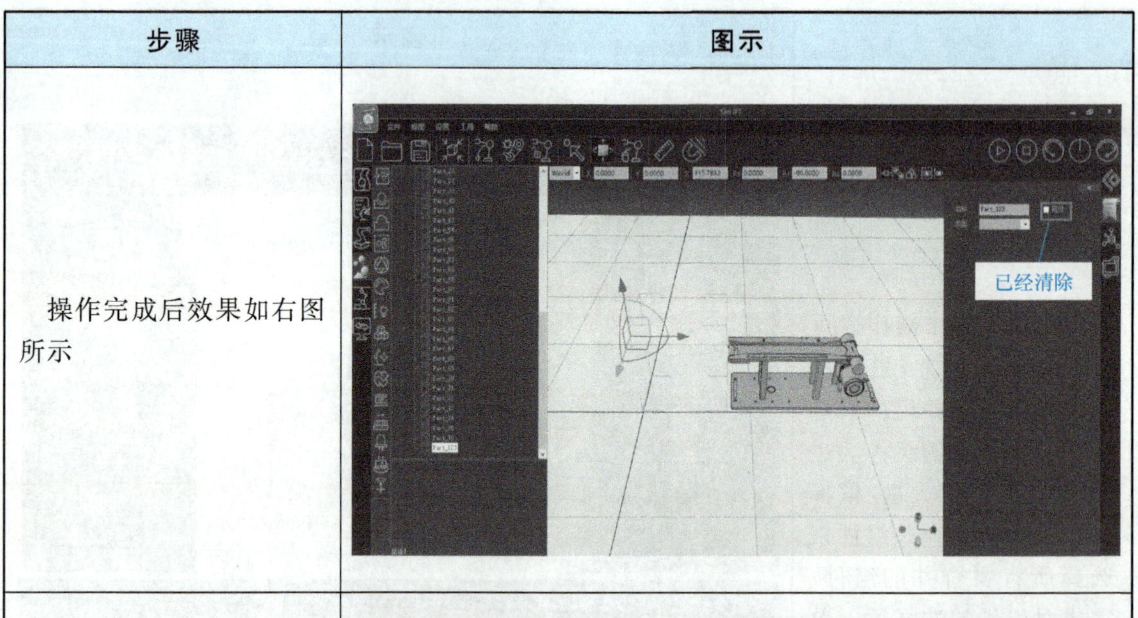
7）对传送带输送模型的组件进行上色。模型此时必须是在“选择“或者“平移旋转”状态，再单击左侧的“材质”图标，选中右侧工具栏中的“色板”，选择一个颜色，单击所要上色的组件即可完成上色操作。操作完成后效果如右图所示	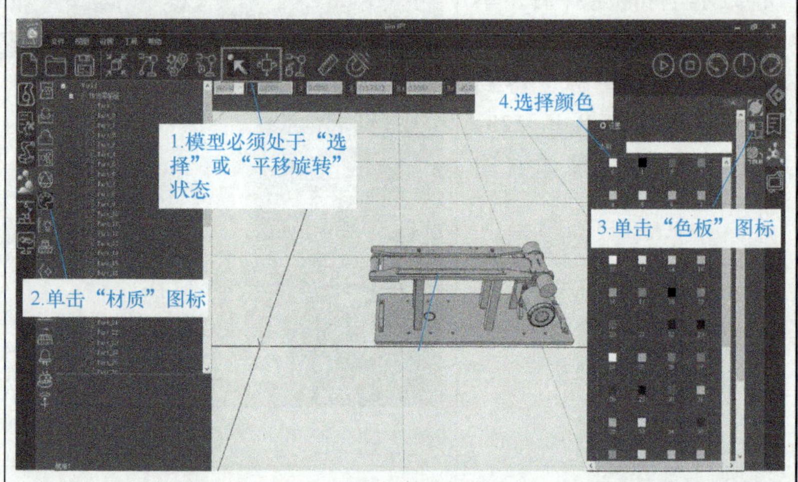 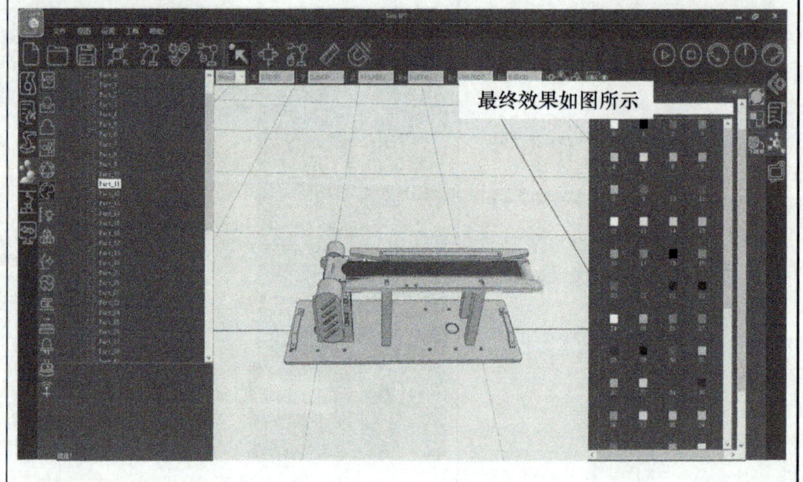

<table>
<tr><th>步骤</th><th>图示</th></tr>
<tr><td>8）创建 Conveyor 传送组件。单击左侧“创建传送区域”图标，选中右侧工具栏中的“单向传送”图标。可设置单项传送中的长、宽、高、速度、容量等参数，单击“创建传送”按钮。生成 Conveyor 传送组件</td><td>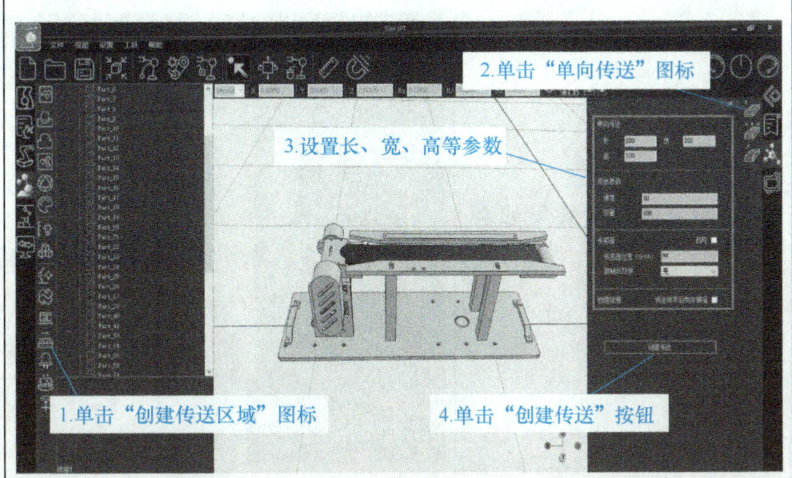

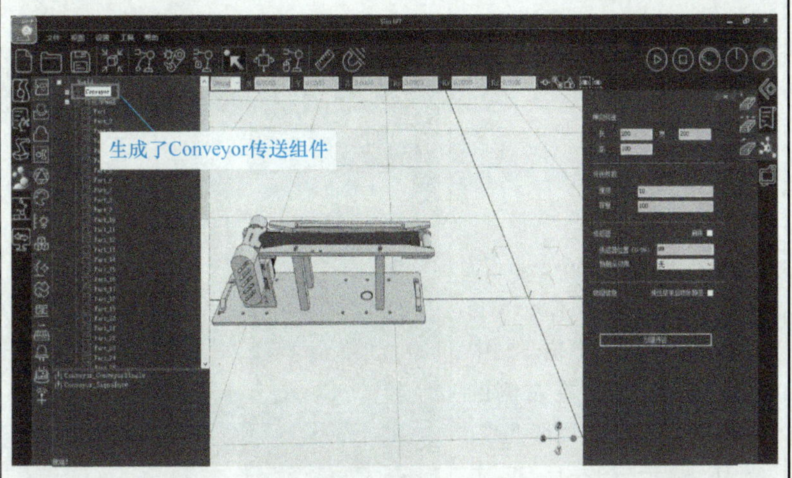
</td></tr>
<tr><td>9）将 Conveyor 放置到传送带输送模型。选中 Conveyor，单击“平移旋转”图标，在右侧对话框选择“一点”，对该模块进行捕捉。将其放置到模型传送区域上</td><td>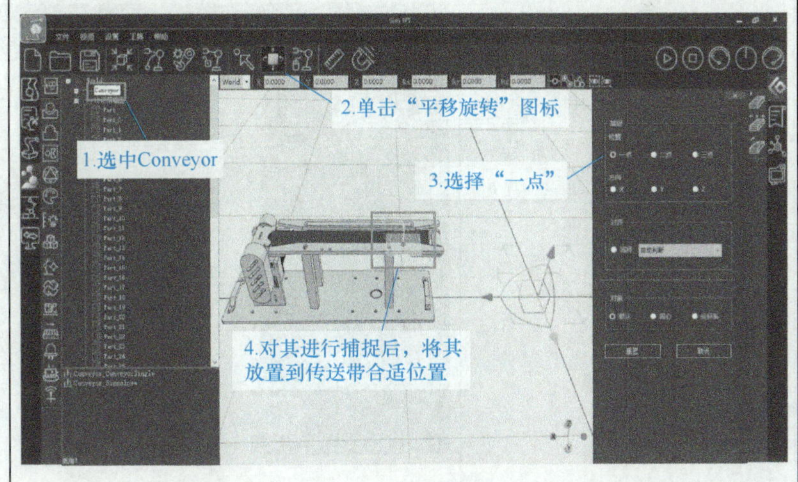
</td></tr>
</table>

步骤	图示
操作完成后的效果如右图所示	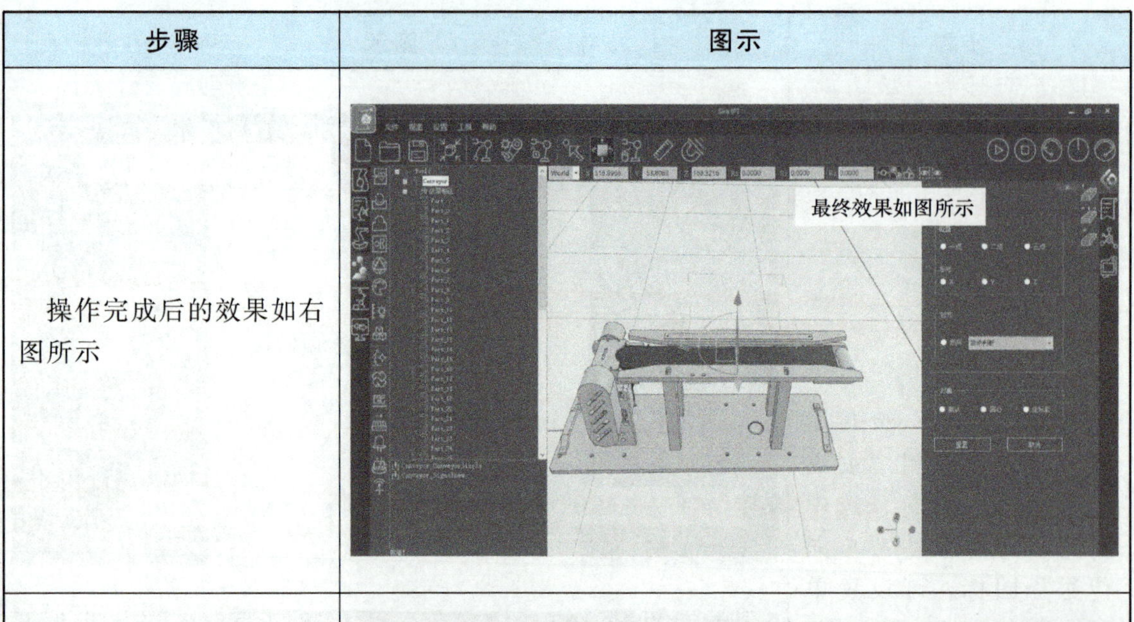
10）调整 Conveyor 位置及大小。单击 Conveyor 旁的加号，双击选中 ConveyorShape，在右侧的对话框中勾选“可见”，令其显示。之后双击“工具模块”下方的 Conveyor_ConveyorSingle，在右侧弹出的工具栏中对 Conveyor 的长、宽、高进行设置，单击“确定”按钮，再将其拖拽至模型传送区域合适位置	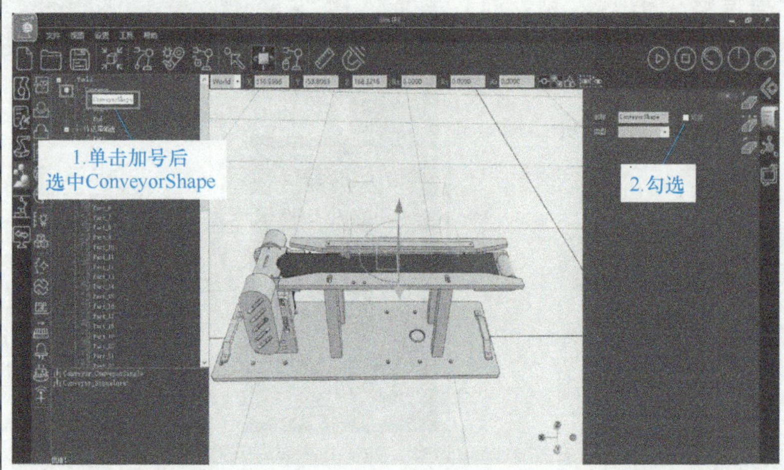 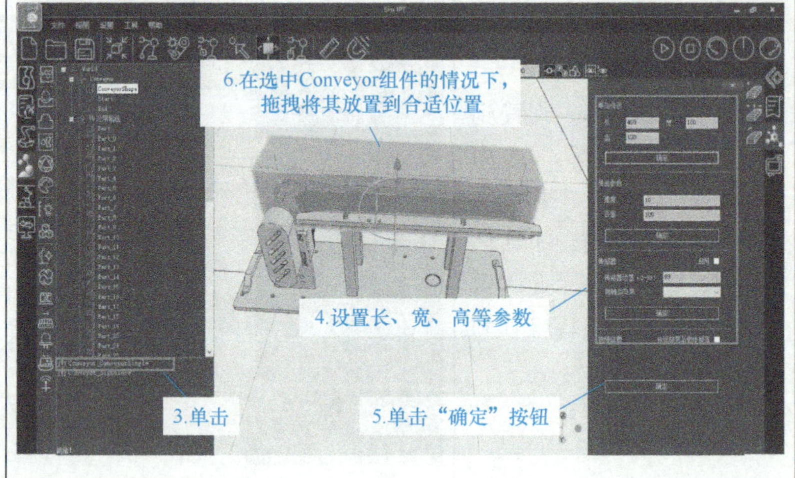

<table>
<tr><th>步骤</th><th>图示</th></tr>
<tr><td>完成后再双击 ConveyorShape，取消勾选“可见”</td><td>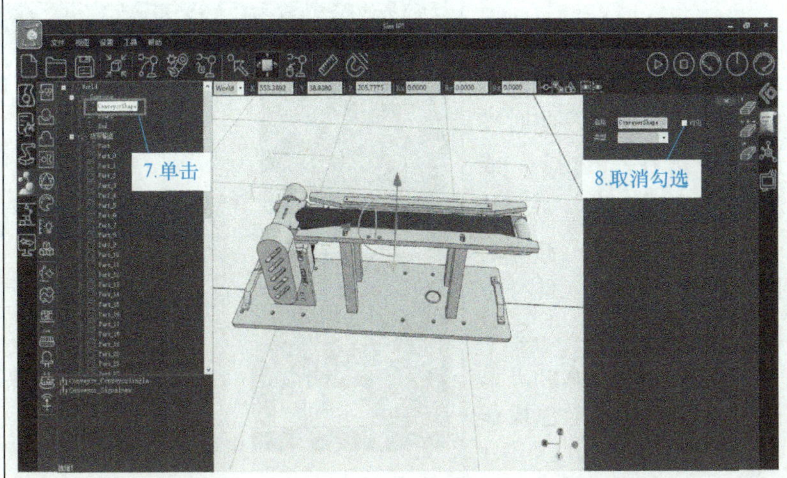
</td></tr>
<tr><td>11）导入中间法兰模型文件。单击左侧工具栏中的“建模”→“导入模型”图标，在出现的对话框中选择“打开文件”，选择“模型库”文件夹内的“中间法兰.STEP”文件，单击“打开”按钮。完成后效果如右图所示</td><td>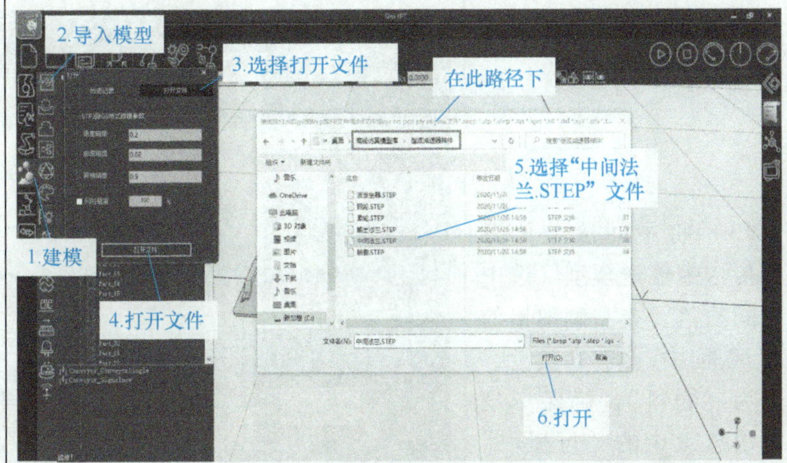

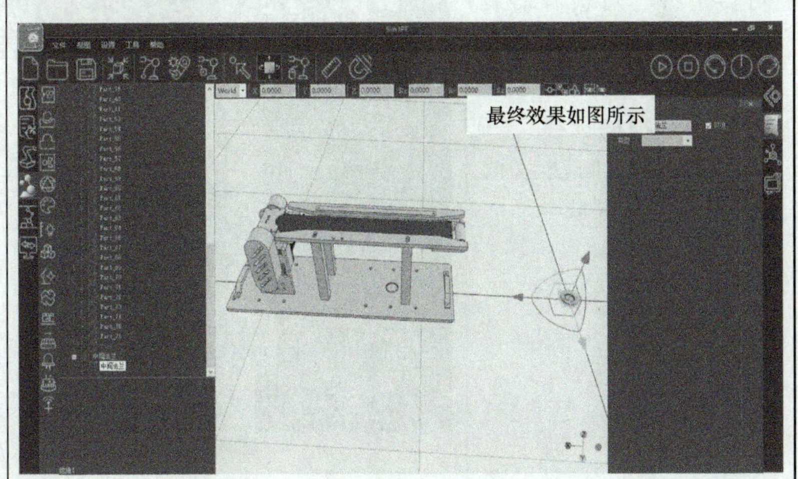
</td></tr>
</table>

<table>
<tr><th>步骤</th><th>图示</th></tr>
<tr><td>12）对中间法兰模型进行上色。单击选中导入的中间法兰模型，此时模型必须是在“选择”或者“平移旋转”状态，再单击左侧的“材质”图标，选中右侧工具栏中的“色板”图标，选择一个颜色，单击所要上色的组件即可完成上色操作</td><td>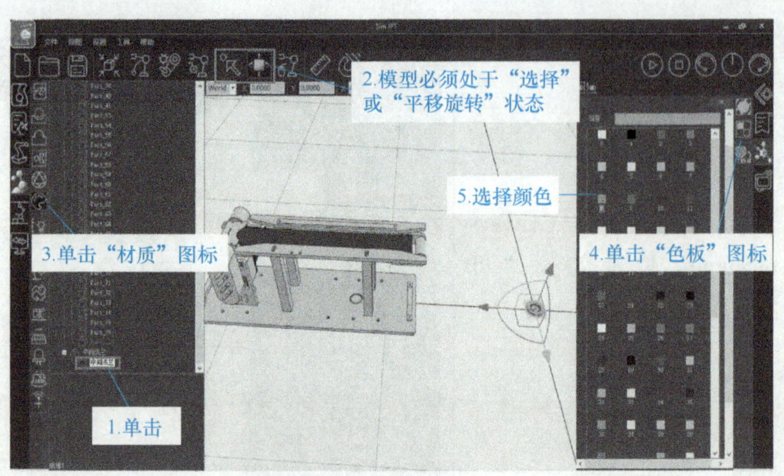
</td></tr>
<tr><td>13）将中间法兰放置到传送带输送模型。选中中间法兰，在右侧弹出的对话框中，将“类型”选为“物料”，确保“规划信息”中的“可抓取”“可传送”“可被容器装载”都被勾选。单击右侧的“默认”图标，在“位置”选项中选择“一点”后，将中间法兰放置在模型传送区域</td><td>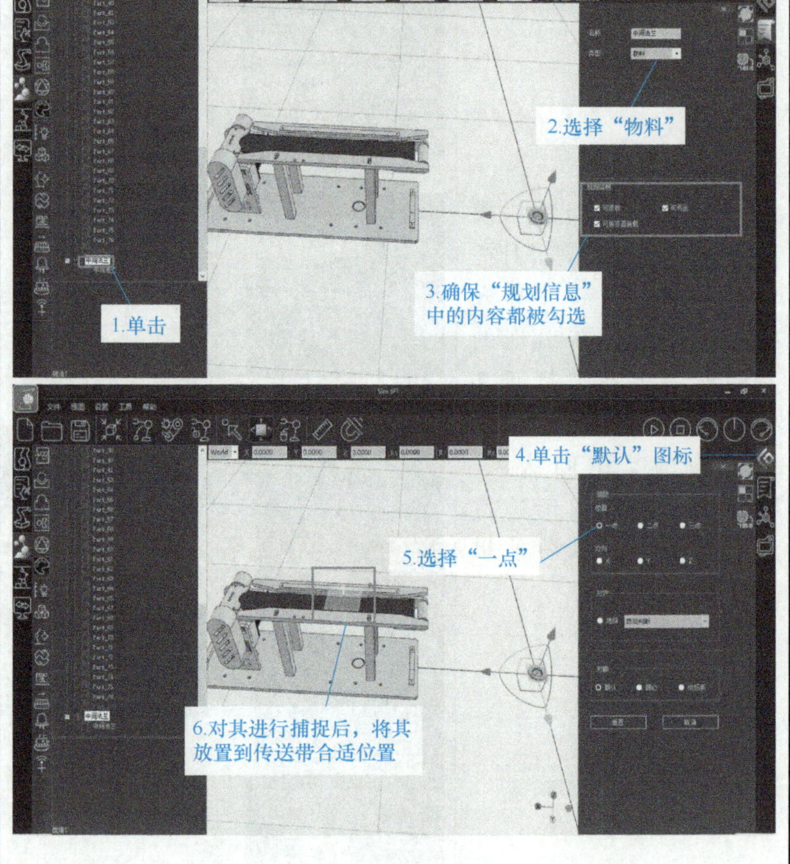
</td></tr>
</table>

<table>
<tr><th>步骤</th><th>图示</th></tr>
<tr><td>14）进行仿真并调整Conveyor方向。单击“仿真开始”按钮进行仿真测试，如果传送带传送方向不正确，需调整Conveyor方向。选中Conveyor，单击右上角“规划显示”图标，令其可见，通过鼠标拖拽Conveyor坐标轴将其模型颠倒方向。之后单击“仿真开始”按钮进行仿真测试，此时传送带运输方向正确</td><td>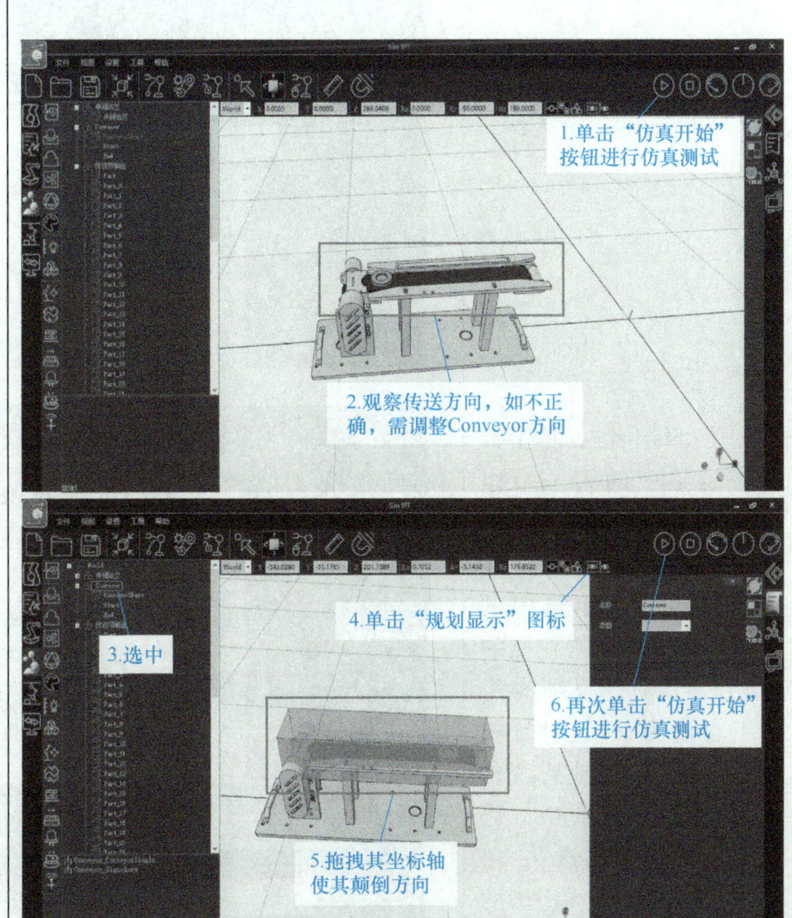
</td></tr>
<tr><td>15）对组件进行组合，并保存传送带输送组件</td><td>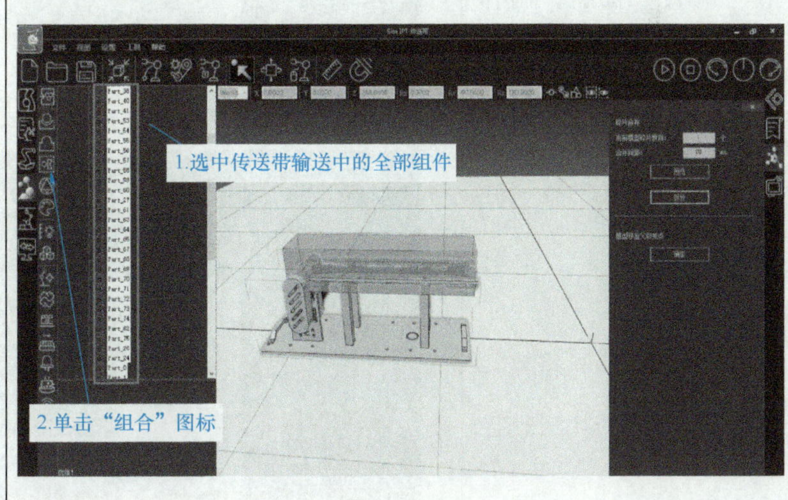
</td></tr>
</table>

步骤	图示
按住<Shift>键，单击传送带运输中的第一个组件，然后单击最后一个组件，即可选中“工具模块”中传送带输送中的全部组件，再单击左侧的“组合”图标，其所有组件组合成为Part_28。将Conveyor全部拖拽到“传送带输送”模型中，再选中“传送带输送”，单击“文件”菜单中的“保存组件”，修改合适路径并修改文件名后可单击“确认”按钮，制作的传送带输送组件就被保存到所选文件夹中	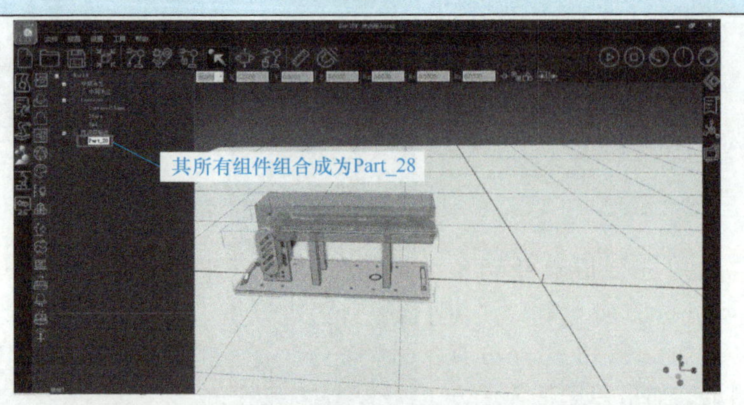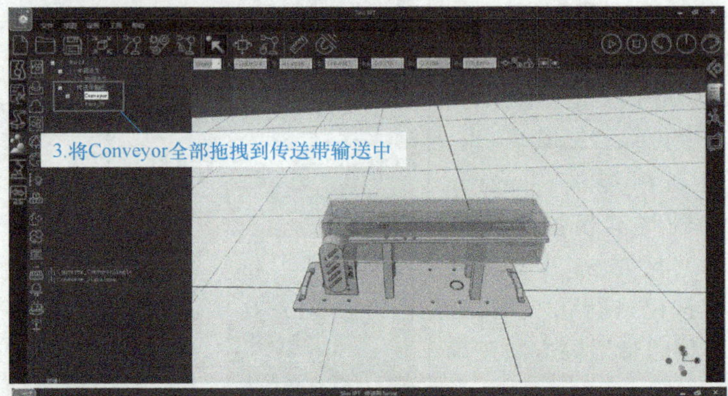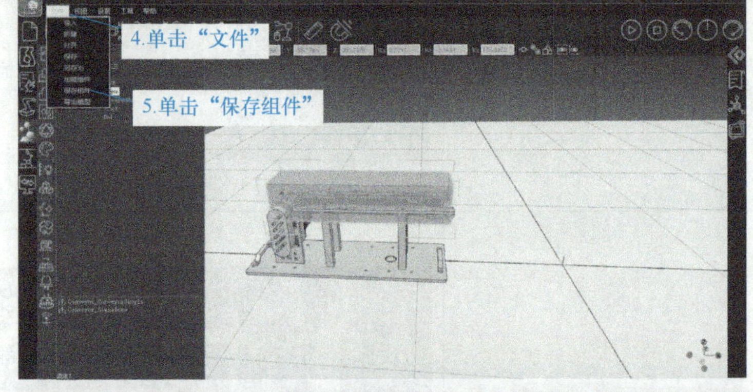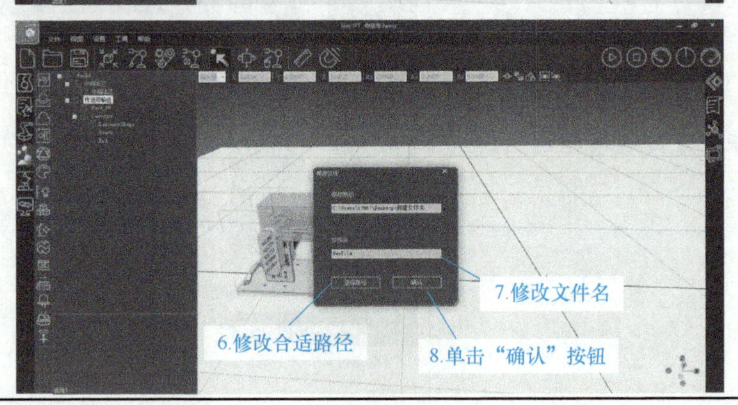

3. 习题页

1. 填空题
1）传送带（Conveyor Belt）也称为____________，是传送系统中的传动介质。 2）耐热传送带：T1 型耐热不高于____________℃、T2 型耐热不高于 125℃、T3 型耐热不高于 150℃。 3）按材质，传送带可分为聚氯乙烯传送带、____________、聚乙烯传送带、塑料链板传送带、模块网传送带、聚丙烯传送带、聚酰胺纤维传送带、铁氟龙传送带、不锈钢传送带。
2. 简答题
1）谈谈传送带的工业认识。   2）列举传送带应用的行业，至少写 3 个。

任务六　创建快换底座模块模型

1. 知识页

工作任务	了解机器人快换底座的相关知识	教学模式	理实一体
建议学时	1 学时	所需设备、器材	Sim IPT 软件
任务描述	1）了解工业机器人快换底座的特点及优点 2）掌握工业机器人快换底座的基本操作	更多资料	创建快换底座模块模型

任务实施

工业机器人快换底座的主要特点

机器人模块快换底座通过更换不同的外围设备，使机器人的应用更具柔性。这些外围设备包含码垛模块、涂胶模块、绘图模块、焊接模块、雕刻模块。一个快换底座模块包含有 4 个定位孔的快换底座（用来安装应用模块），还包括应用模块底部的 4 个定位销。

机器人模块快换底座的优点在于：

1）生产线更换可以在数秒内完成。

2）维护和修理工具可以快速更换，大大降低工作时间。

3）通过在应用中使用 1 个以上的应用模块，使柔性增加。

通用性好：机器人快换底座模块采用国际标准接口，具有非常好的通用性和匹配性。

结构紧凑：机器人底座模块采用单活塞杆式快换液压缸，并采用悬挂放置方式，保证了其在快换架上安装的同轴性；另外，单活塞杆式可获得更多的运动行程，保证了连接销的伸出长度。

可靠性高：机器人底座模块一方面可以对液压缸和连接销进行支承，另一方面可以对快换底座的伸缩过程起导向作用，从而进一步提高快换底座的可靠性。

快换底座的特点：如图 2-33 所示，其具有灵活的多样性、可变化性，可以完成多种不同的工作，如涂胶、焊接、点焊、码垛之间的模块切换，十分方便快捷。

定位销定义：如图 2-34 所示，以工件孔作为定位基准，参与限制物体自由度的零件，控制物品在 *X*、*Y*、*Z*3 个轴向的直线运动和绕着 *X*、*Y*、*Z* 轴的旋转运动的 6 个自由运动度。在由两部分或更多部分构成的模具中，定位销是使模具相邻两部分准确定位而设计的销。

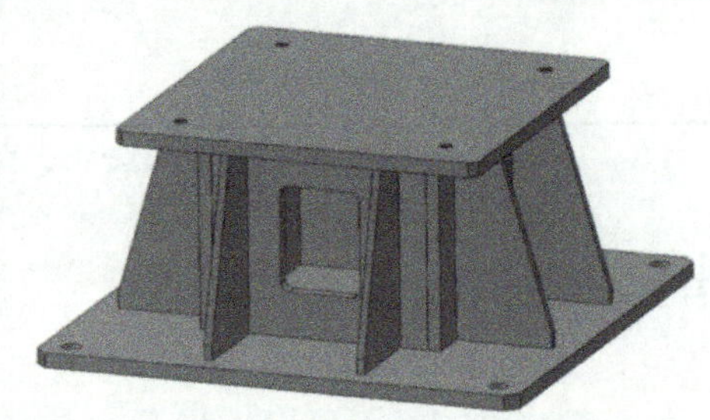

图 2-33　快换底座

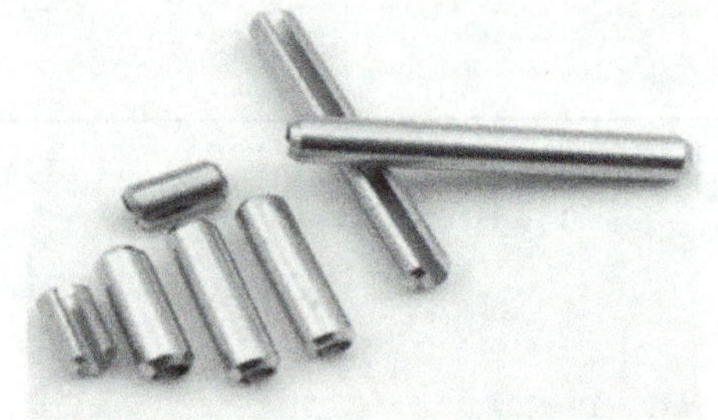

图 2-34　定位销

定位销的作用：限制物品的自由度，即物体在 *X*、*Y*、*Z*3 个轴向的直线运动以及绕着 *X*、*Y*、*Z* 轴的旋转运动。

（1）定位孔为圆孔和长圆孔，定位销为圆销　若零件的定位孔是圆孔和长圆孔，采用的定位销则为两个圆销，此种方式是运用较为普遍的定位方式，采用圆销定位保证了定位精度，又可以避免过定位的情况。

如图 2-35 所示，若零件是薄件（料厚小于 5mm），B 基准的定位孔位置度公差建议为 ±0.1mm，C 基准的控制方向位置度公差为±0.1mm，孔径公差建议值为 0~0.1mm，位置度采用最大实体原则。

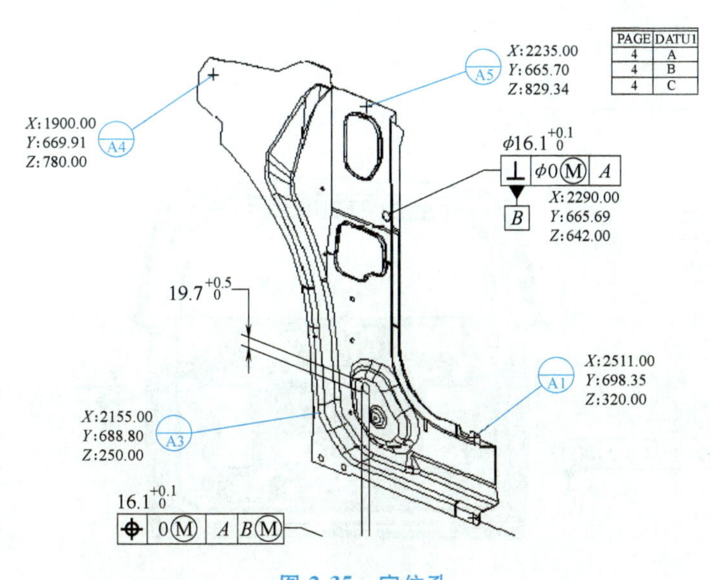

图 2-35　定位孔

长圆孔的非控制方向，可以单独定义或者通过未注公差表的形式定义，一般根据产品功能需求来定义位置度的大小。

若零件板材较厚，可根据实际情况，对位置度公差建议定义为 0.05～0.2mm（满足对 A 基准的垂直度），同时孔径公差建议值为 0～0.1mm，位置度采用最大实体原则，通过孔径公差对位置度进行补偿。

（2）定位孔为两个圆孔，定位销为圆销　若零件的定位孔是两个圆孔，采用的定位销则为两个圆销，此种方式存在过定位的约束。如图 2-36 所示，shotgun 的定位采用了两个圆孔、两个圆销的定位方式，零件中存在过定位的约束。

此种情况下，若是零件为薄件（小于 5mm），零件位置度公差定义为±0.1mm，孔径公差建议值为 0～0.1mm，此种情况根据各个公司具体的孔径要求标准来定义，位置度采用最大实体原则，通过孔径公差对位置度进行补偿。

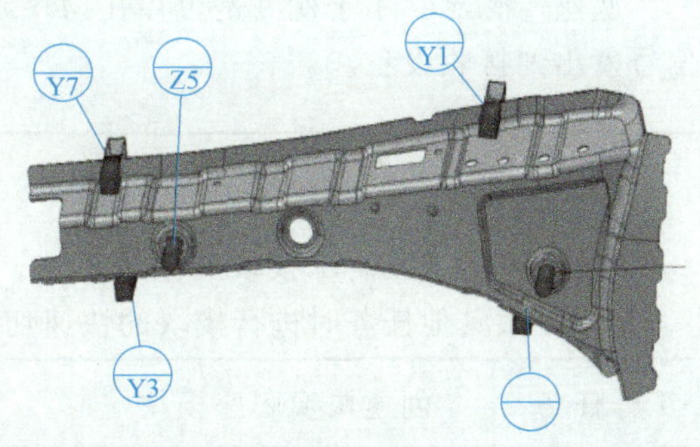

图 2-36　定位圆孔

若零件板材较厚，可根据实际情况，对位置度公差建议定义为 0.05～0.2mm（满足对 A 基准的垂直度），同时孔径公差建议值为 0～0.1mm，位置度采用最大实体原则，通过孔径公差对位置度进行补偿。

（3）定位孔为两个圆孔，定位销为一个圆销、一个菱形销　若是零件的定位孔是两个圆孔，采用的定位销为一个圆销、一个菱形销的形式。如图 2-37 所示，后盖的两个定位孔为圆孔，B 基准位置度公差为 0mm，C 基准定义了控制方向的位置度公差为±0.1mm，非控制方向未定义，参照未注公差表进行约束，此种情况定位销的形式为 B 基准为圆销，C 基准为菱形销，避免过约束定位。

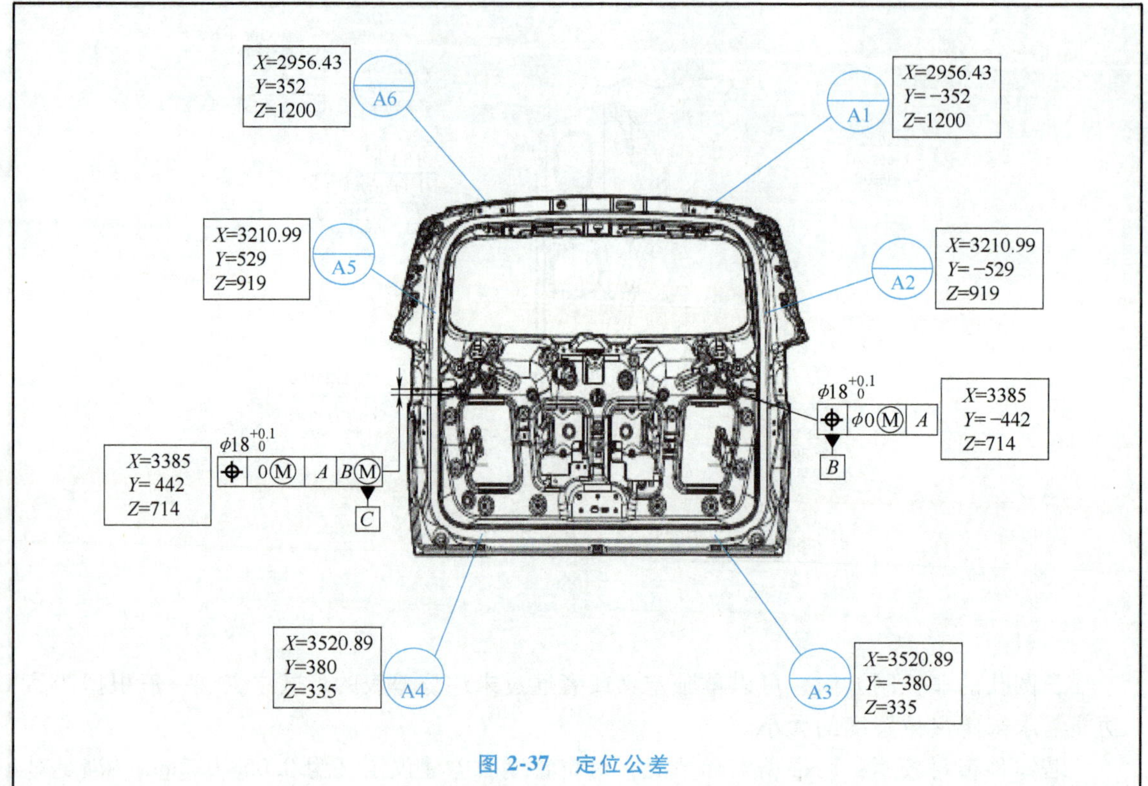

图 2-37 定位公差

孔径公差建议为 0~0.1mm，这个建议是针对个别公司无标准要求的情况，若公司内部有对孔径的标注要求，则以公司标准为准，同样，若是板材较厚，B/C 基准建议定义一定的位置度公差，来实现对 A 基准的垂直度要求，避免放件困难的问题。

底座传感器：用于检测是否存在物料或碰撞检测和位置检测，用于将传感器接收到的信号发出到接收设备。

2. 任务页

快换底座是承载码垛模块、涂胶模块，激光雕刻模块、绘图模块等无源应用模块的底座，方便在做其他任务时进行模块的快速切换。

工作任务	创建快换底座模块	教学模式	理实一体
建议学时	2 学时，其中相关知识学习 1 学时，实践操作 1 学时	所需设备、器材	Sim IPT 软件
任务描述	创建快换底座模块		
职业技能	1）掌握 Sim IPT 软件的使用 2）创建快换底座		

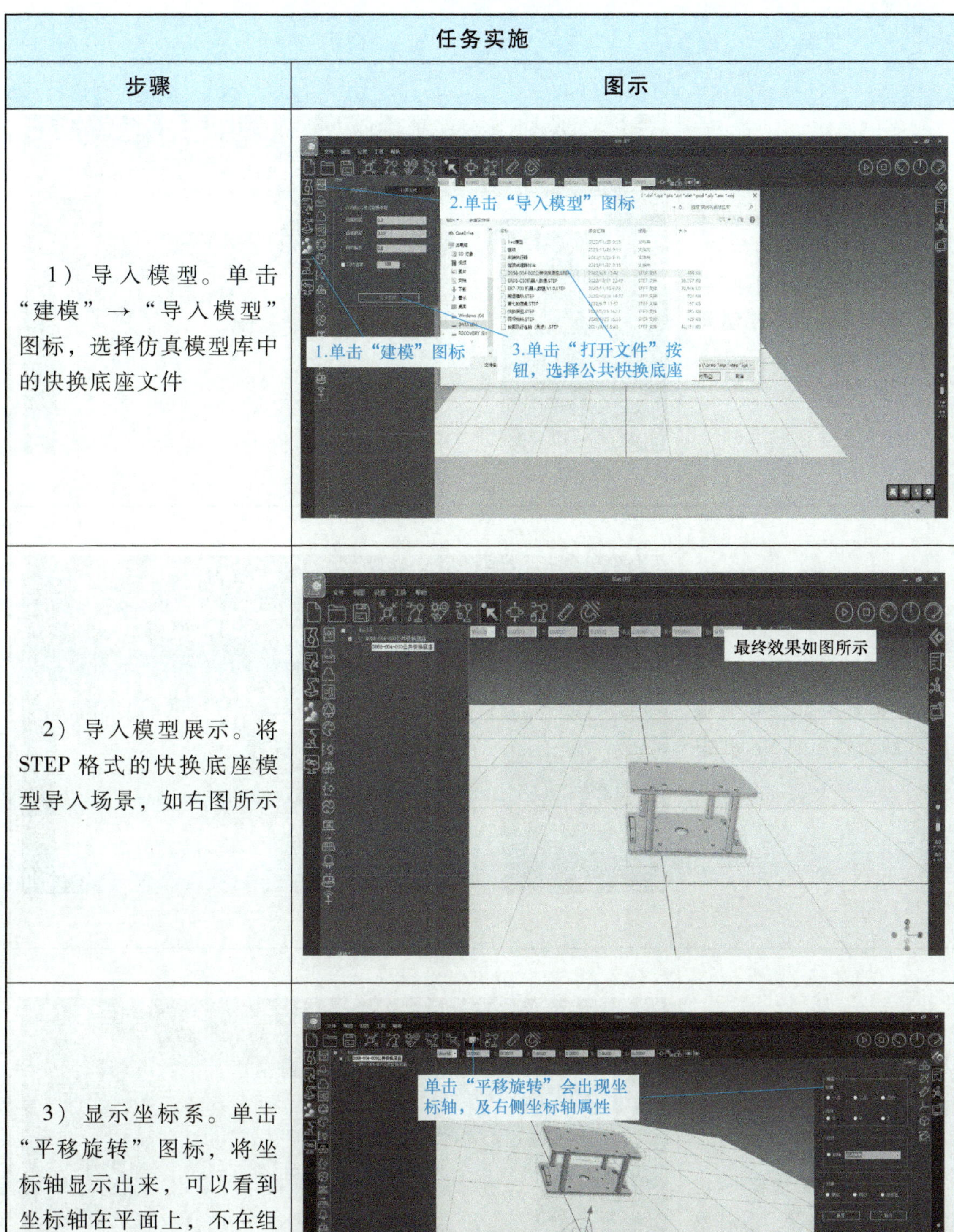

任务实施	
步骤	图示
1）导入模型。单击“建模”→“导入模型”图标，选择仿真模型库中的快换底座文件	
2）导入模型展示。将STEP格式的快换底座模型导入场景，如右图所示	
3）显示坐标系。单击“平移旋转”图标，将坐标轴显示出来，可以看到坐标轴在平面上，不在组件圆心	

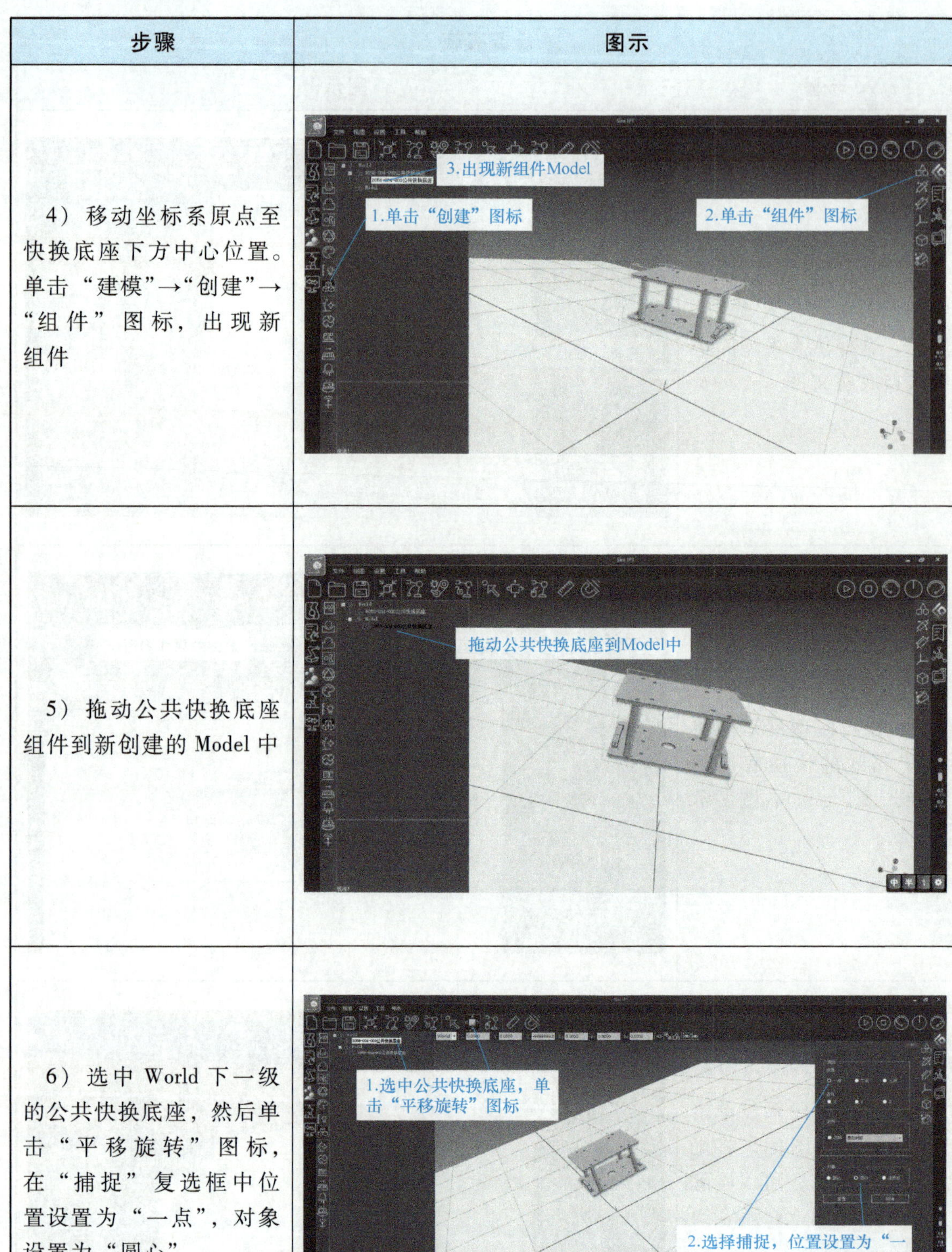
3.出现新组件Model
1.单击“创建”图标
2.单击“组件”图标
拖动公共快换底座到Model中
1.选中公共快换底座，单击“平移旋转”图标
2.选择捕捉，位置设置为“一点”，对象设置为“圆心”

步骤	图示
4）移动坐标系原点至快换底座下方中心位置。单击“建模”→“创建”→“组件”图标，出现新组件	
5）拖动公共快换底座组件到新创建的 Model 中	
6）选中 World 下一级的公共快换底座，然后单击“平移旋转”图标，在“捕捉”复选框中位置设置为“一点”，对象设置为“圆心”	

步骤	图示
7）完成 6）步后，单击快换底座中心原点，使坐标轴处于快换底座下方圆心位置，如右图所示	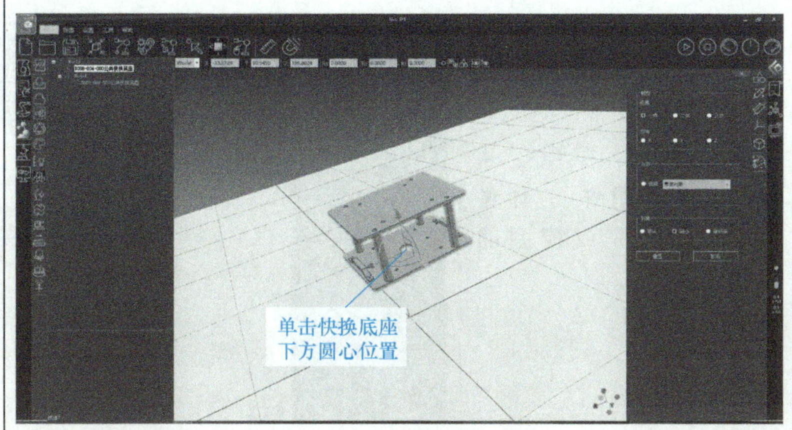
8）将快换底座的组件移动到 World 下的公共快换底座模块中，删除组件 Model	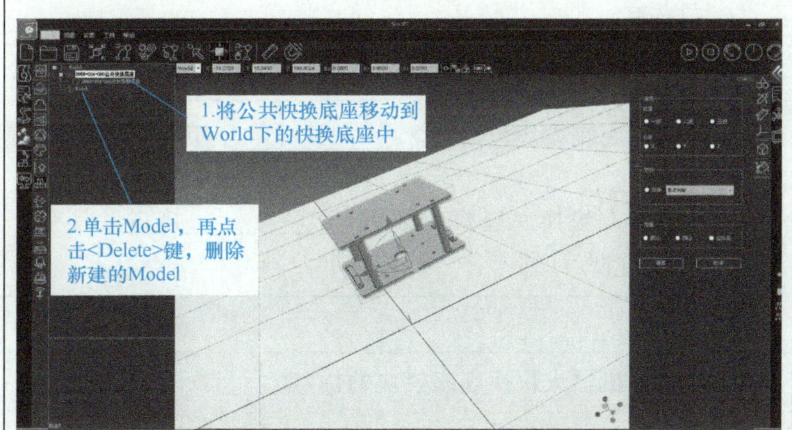
9）给建好的快换底座进行上色处理。单击“材质”→“色板”图标，选择白色 0，再单击快换底座，完成上色	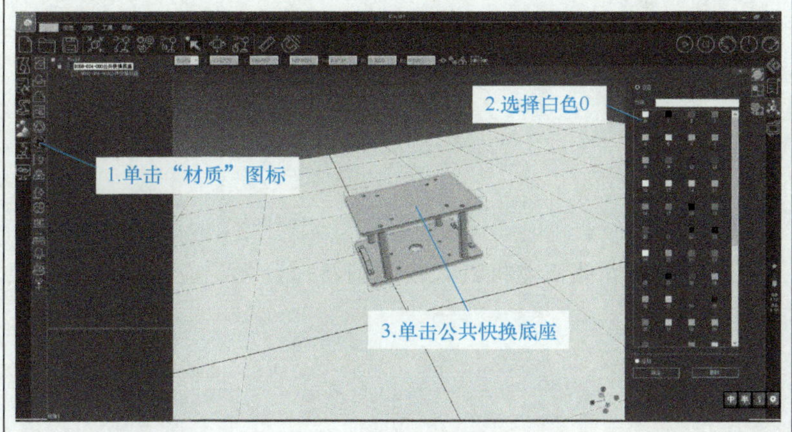

步骤	图示
10）保存。单击“文件”→“保存组件”，命名模型名称，完成模型的保存	单击“文件”选择“保存组件”

3. 习题页

1. 填空题
1）快换底座模块包括包含____________，用来安装应用模块，还包括应用模块底部的 4 个____________。 2）机器人快换底座模块采用____________接口，具有非常好的____________性和____________性。
2. 简答题
1）简述机器人快换底座模块的优点。   2）简述机器人快换底座模块的主要特点。   3）简要介绍工业机器人教学创新平台无源应用模块的种类。

任务七　创建涂胶模块模型

1. 知识页

工作任务	了解机器人涂胶相关知识	教学模式	理实一体
建议学时	1 学时	所需设备、器材	Sim IPT 软件
任务描述	1）了解如何选择合适的涂胶机器人 2）了解如何选用胶体温度控制系统 3）如何构建胶体流量控制系统	更多资料	创建涂胶模块模型
任务实施			

1. 如何选择合适的涂胶机器人

选用涂胶机器人，首先应了解涂胶的胶体性能，是否需要加热、流量控制和黏性调节等，再确定点涂的工件特征、所需运动机构及其运动过程，根据这些因素确定工作的幅面和有效运动范围；如果是多种工件的涂胶，需考虑最大工件所需的空间，还应保证夹具和运动机构的配合，是否需要电子到位等信号；最后需考虑有什么特殊的工作属性，比如是否需要两把或者多把胶枪，工作后是否需要换枪，胶枪及附属结构的重量，这样完全地将机械的结构勾勒出来，并准确地选取。

在电控上，需确定运动的速度属性，在合适的电气配置上根据胶体的浓度和流量来控制速度。控制系统的使用是难点，因为一个机构需要较多的电气信号，如安全信号、工件到位信号、涂胶开始信号、紧急停止信号、涂胶任务完成信号，这都需要通过 I/O 来完成，需外接 PLC，可以节省成本，减少发生故障时的检测复杂性。一般的涂胶机都是伺服控制，所以系统有多种选择，控制信号有数字量或模拟量，根据自己习惯选择即可。

2. 如何选用胶体温度控制系统

随着技术的不断发展，工业用胶的需求量不断增加，目前主要应用在汽车、家具、造船、航空航天、建筑、包装、电气/电子等主要行业。工业用胶主要分为丙烯酸型黏合剂、厌氧胶、瞬干胶环氧胶、热熔胶、聚氨酯型黏合剂、硅胶、UV 固化黏合剂等。对于不同的胶体，胶体最适温度不同，所以在不同行业选择不同的胶体时应该注意选择合适的涂胶加热系统。在汽车行业，主要用丙烯酸型黏合剂对车窗等进行密封涂胶，分析此胶体材料的特性，得出以下结论：当胶体温度低于 25℃时，胶体的温度与黏度成反比，胶体的流速在恒压条件下明显下降；当胶体温度在 25~30℃之间时，胶体的温度与黏度的相关性较小，黏度基本保持不变，胶体的流速在恒压条件下比较稳定、无明显波动；当胶体温度在 30~35℃之间时，胶体的温度与黏度成反比，胶体的流速在恒压条件下明显上升；当胶体温度高于 35℃时，胶体开始由液态逐步转化成固态颗粒状（塑化）。据此将涂胶系统的胶体温度值设定为 27℃。为了能使整个涂胶系统达到最佳的工艺温度，整个供胶系统分别采用供胶管路温控系统、WEINREICH 加热系统、GUN 加热系统和 DOSER 加热系统对胶体温度进行控制，图 2-38 所示为 GUN 加热系统和 DOSER 加热系统。

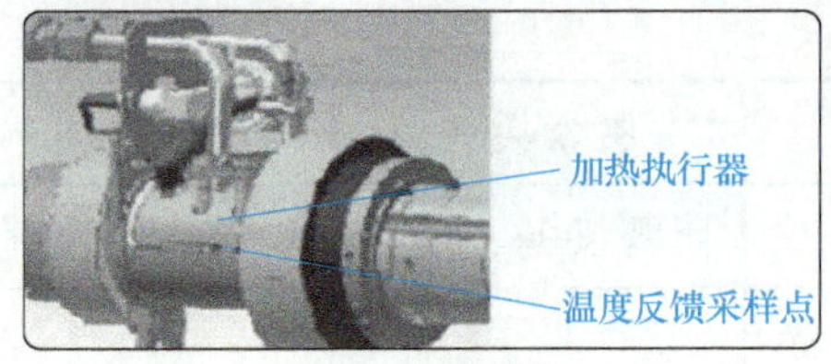

a) GUN加热系统

b) DOSER加热系统

图 2-38　GUN 加热系统和 DOSER 加热系统

3. 如何构建胶体流量控制系统

胶体流量控制系统是涂胶工艺的核心，直接影响涂胶的质量和胶体使用的成本。胶体流量控制系统必须满足两个条件：

1）速度变化响应快。

2）流量计量准确。

因此，胶体流量控制以 BECKHOFF（TwinCATPLC/NC 技术）作为主控制器——执行 1000 条 PLC 命令所需时间只有 0.9μs，执行 100 个伺服轴指令所需时间为 20μs。胶体流量的计量通过 Indramat 伺服控制器、伺服电动机和压杆活塞组成的计量给料器进行，其最小控制精度可以达到 0.1mL。图 2-39 所示为胶体流量控制系统。

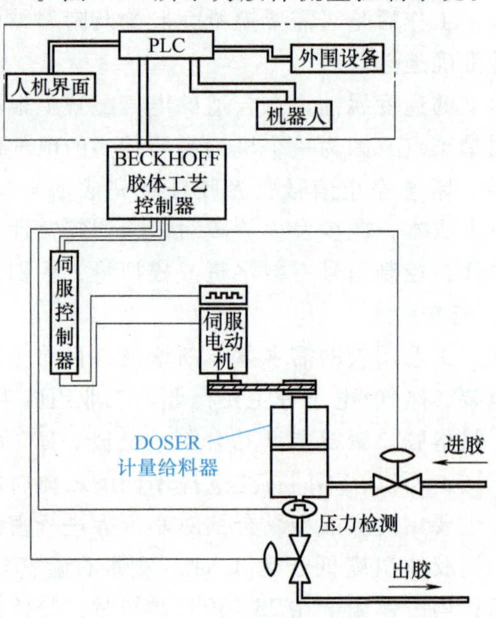

图 2-39　胶体流量控制系统

2. 任务页

涂胶任务是工业机器人作业的一大领域，机器人自动涂胶系统主要包括机械手、供胶系统，配机器人涂胶专用软件包可沿工件复杂空间曲线快速走出精确轨迹，一次定位完成工件各个表面的涂胶，且准确控制胶量，胶条一致性更好，生产节拍更快，产品良率得到显著提升，同时让工人从有毒有害的环境中解放出来。在实际生产过程中，工业机器人机械手主要完成抓取、涂胶以及贴板。机器人自动涂胶系统可广泛地应用于汽车风窗玻璃、汽车摩托车车灯、建材门窗、太阳能光伏电池涂胶等场景。

<table>
<tr><td>工作任务</td><td>创建涂胶模块</td><td>教学模式</td><td>理实一体</td></tr>
<tr><td>建议学时</td><td>2 学时，其中相关知识学习 1 学时，实践操作 1 学时</td><td>所需设备、器材</td><td>Sim IPT 软件</td></tr>
<tr><td>任务描述</td><td colspan="3">创建快换底座模块</td></tr>
<tr><td>职业技能</td><td colspan="3">1）掌握 Sim IPT 软件的使用
2）创建涂胶</td></tr>
<tr><td colspan="4">任务实施</td></tr>
<tr><td>步骤</td><td colspan="3">图示</td></tr>
<tr><td>1）导入模型。单击“建模”→“导入模型”图标，将 STEP 格式的涂胶模型导入场景，如右图所示</td><td colspan="3">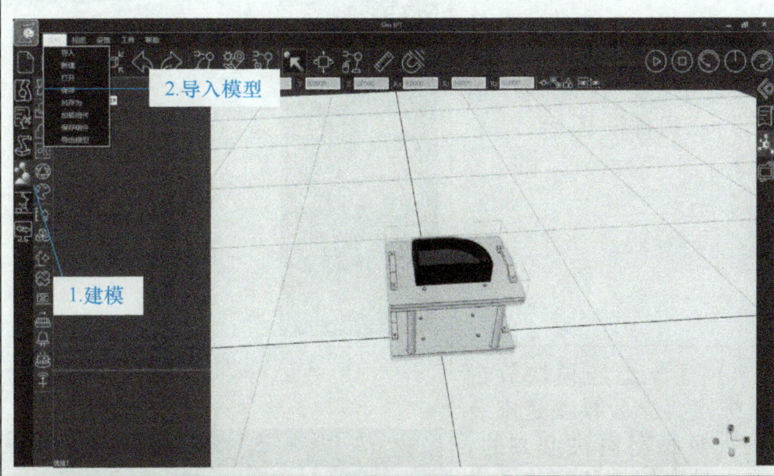

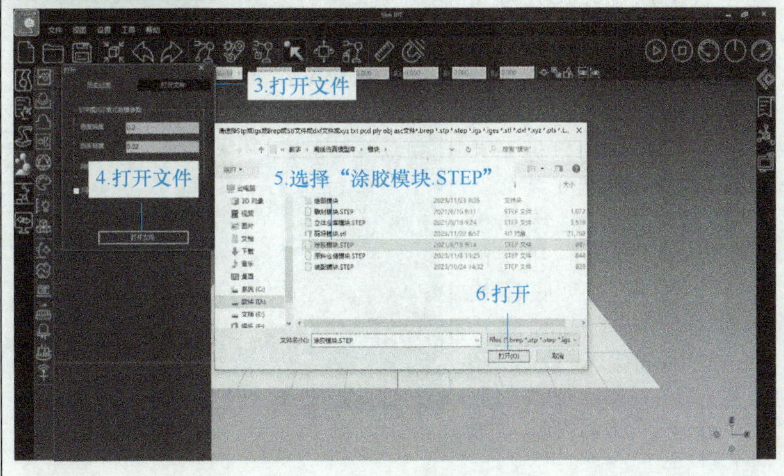
</td></tr>
</table>

步骤	图示
2）单击模型，然后单击上方对话框。切换成Own，然后在Ry输入180	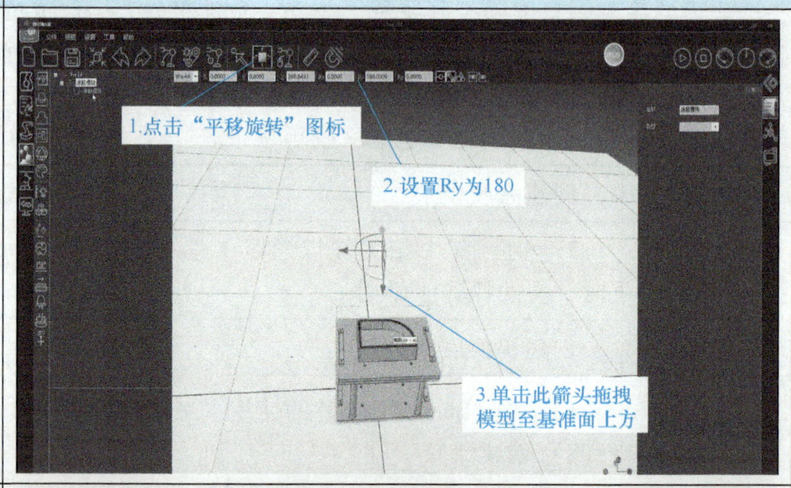
3）单击“建模”→“创建”→“组件”图标	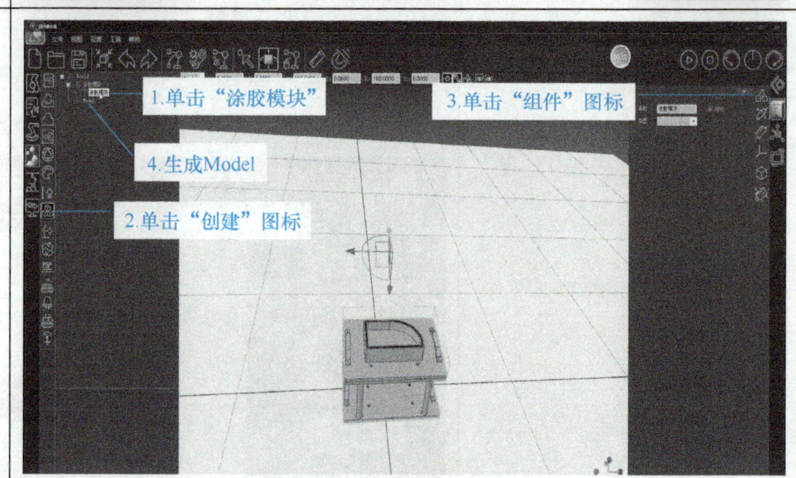
4）建立涂胶模块放置坐标点。涂胶模块是安装在快换底座模块上方的，须通过定位销和定位孔来确定安装位置，所以需要在涂胶模块的定位销处建立一个坐标系，与快换模块的定位孔处的坐标系重合，以达到精准安装。 按住鼠标右键转动模型，找到4个定位销中的一个（需与快换底座模型中的定位销相对应）。然后使用捕捉/一点法/圆心定位到4个定位销的其中一个上，如右图建立放置点	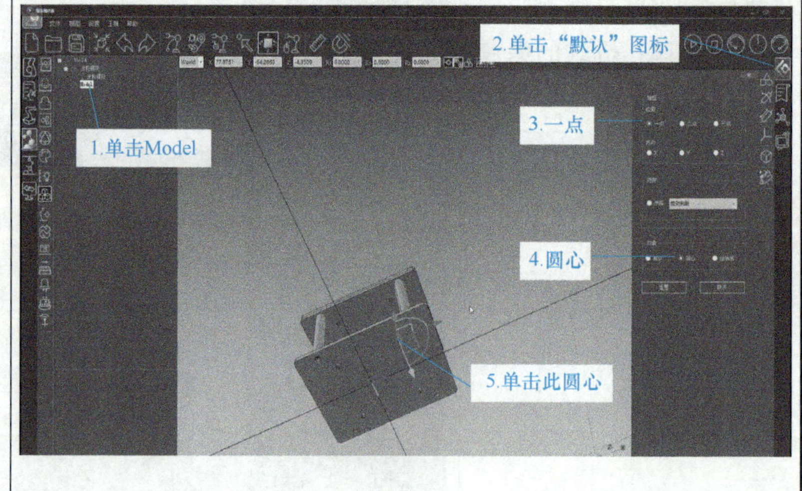

步骤	图示
5）将图中步骤 1 的涂胶模块移动至生成的 Model 中，再将步骤 2 的涂胶模块删除。单击 Model，将其命名为涂胶模块	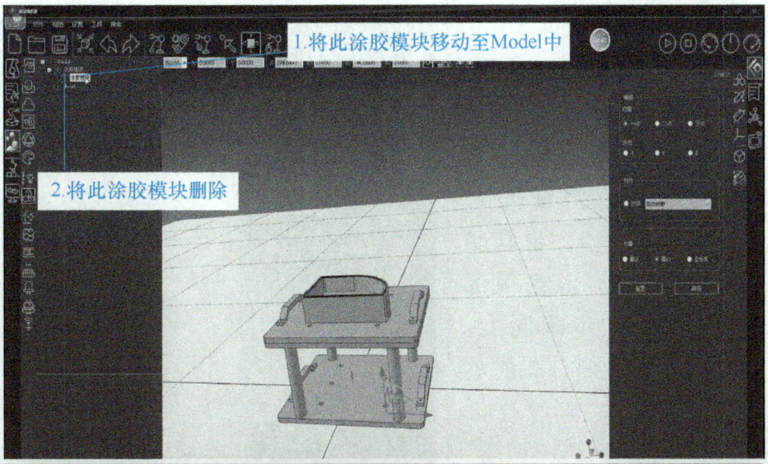 1.将此涂胶模块移动至Model中 2.将此涂胶模块删除  3.单击Model 4.命名为“涂胶模块”
6）对模块的零部件进行拆分	1.单击“涂胶模块” 2.单击“拆分”图标 3.拆分

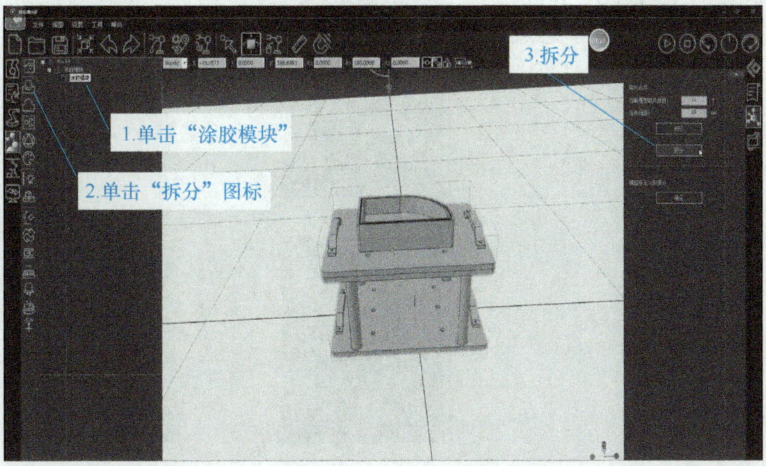

步骤	图示
拆分之后，再依次单击“建模”→“材质”→“色板”图标。单击黑色 1，然后单击 Part_0，将其颜色改为黑色 1。其余零部件为白色 0，步骤同上。更改完的图片如右图所示	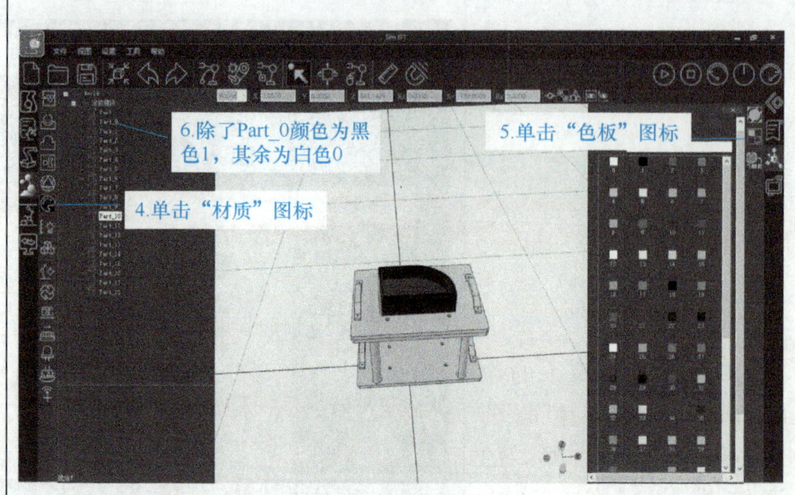
7）将涂胶模块的各个组件进行组合。先将所有组件选中，单击组合，如右图所示。组合完成后，单击“文件”→“保存组件”	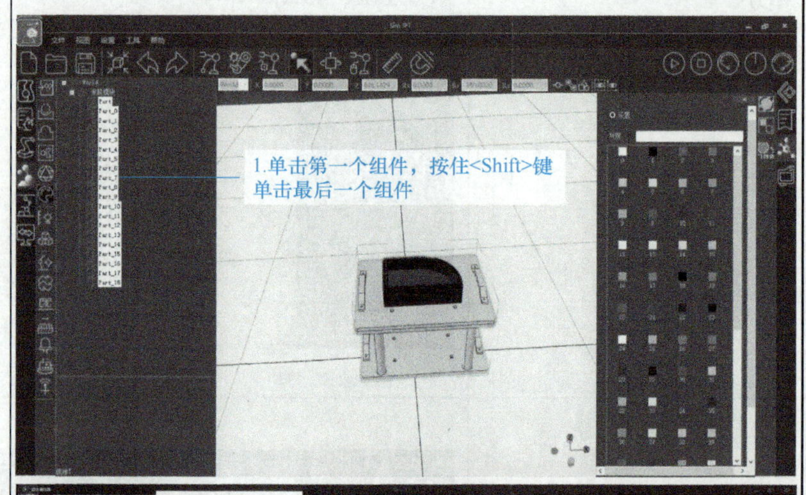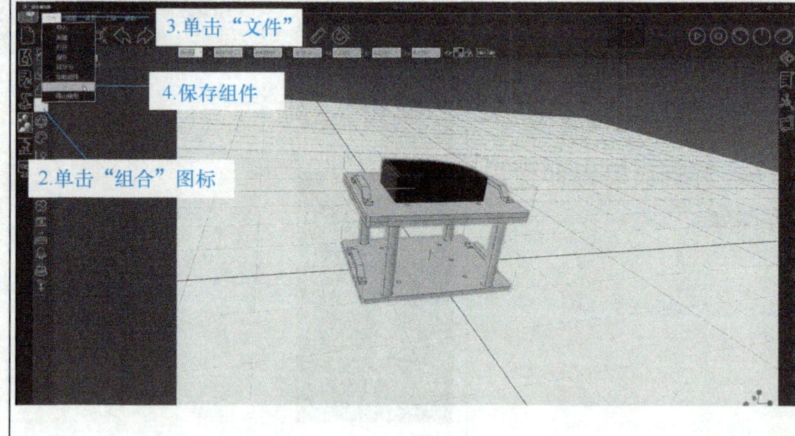

步骤	图示
将文件名命名为“涂胶模块”后，单击保存	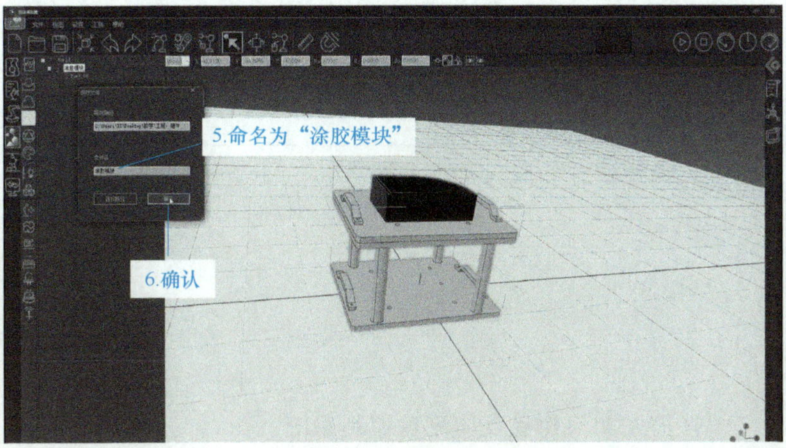 5.命名为“涂胶模块” 6.确认
8）保存。单击“文件”→“保存”，命名文件为“涂胶模块工程”，单击“确认”按钮，完成保存	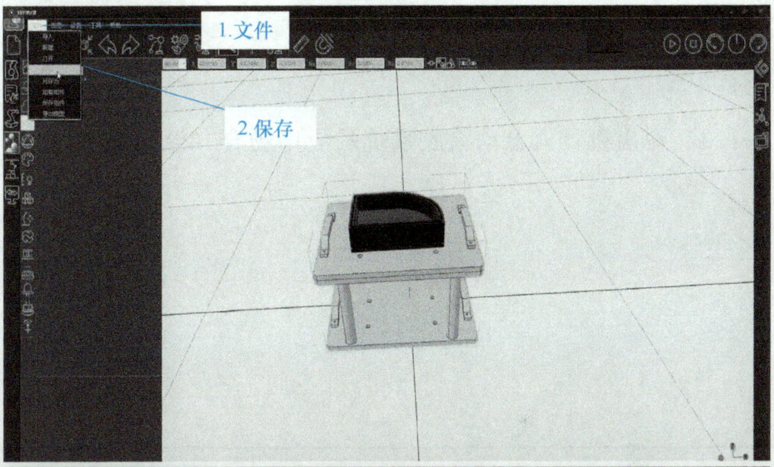 1.文件 2.保存 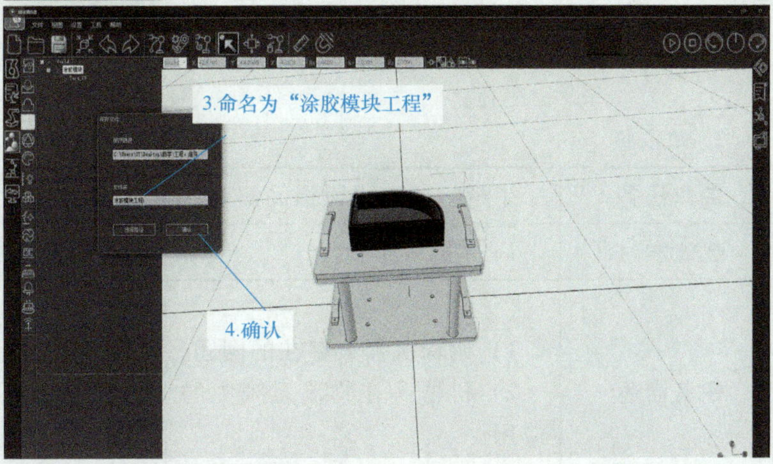 3.命名为“涂胶模块工程” 4.确认

3. 习题页

1. 填空题
1）____________是涂胶工艺的核心。 2）胶体流量控制系统必须满足两个条件：____________、____________。
2. 简答题
1）简述选择涂胶机器人的要求。   2）简述如何构建胶体流量控制系统。   3）说出机器人自动涂胶系统的应用场合（至少 3 个）。

任务八　创建码垛模块模型

1. 知识页

工作任务	了解机器人码垛相关知识	教学模式	理实一体
建议学时	1 学时	所需设备、器材	Sim IPT 软件
任务描述	1）码垛机器人存在的问题 2）机器人在物流系统中的应用。	更多资料	创建码垛模块模型

任务实施

1. 码垛机器人存在的问题

（1）码垛能力　码垛机器人的工作能力与其机械结构、工作空间、灵活性有关。笨重复杂的机械结构必然导致机器人活动空间和灵活性能大大下降。目前，国内外码垛机器人多采用2个并联平行四边形机构控制腕部摆动的关节型机器人，这样取消了腕部电动机，减少了一个关节的控制，同时四边形机构起到平衡作用，但机器人前大臂、后大臂以及小臂构成的四边形限制了末端执行器工作空间的提高；而且四连杆机构也增加了机器人本体结构的复杂性和重量，降低了机器人运动的灵活性，必然会影响工作效率。

解决方案：采用优化设计的模块化、可重构化机械结构。取消并联平行四边形的机构形式，采用集成式模块化关节驱动系统，将伺服电动机、减速器、检测系统三位一体化，简化机器人本体结构。探索新的高强度轻质材料或复合材料，进一步提高机器人的结构强度、负载和自重比。重视产品零部件和辅助材料（如轴承和润滑油）质量，努力提高零部件及配套件的设计、制造精度，从而提高机器人整体运动动作的精准性、可靠性。开发多功能末端执行器，无须更换零部件便可实现对箱类、盒类、袋类、桶类包装件以及托盘的操作。将机器人本体安装在滑轨上，可进一步提高机器人的工作空间。

（2）码垛可靠性和稳定性　相比焊接、装配等作业的复杂性，码垛机器人只需完成抓取、码放等相对简单的工作，因此码垛机器人的可靠性、稳定性相比其他类型的机器人要低。由于工业生产速度高，而且抓取、搬运、码放动作不断重复，要求码垛机器人具有较高的运动平稳性和重复精度，以确保不会产生过大的累积误差。

解决方案：研究开放式、模块化控制系统，重点是基于PC的开放型控制器，实现机器人控制的标准化、网络化。开发模块化、层次化、网络化的开放型控制器软件体系，提高在线编程的可操作性，重点研究离线编程的实用化，实现机器人的监控、故障诊断、安全维护以及网络通信等功能，从而提高机器人工作的可靠性和稳定性。

2. 机器人在物流系统中的应用

随着科技的发展，机器人技术在物流作业过程中发挥着越来越重要的作用，将成为引领现代物流业发展趋势的重要因素。目前，机器人技术在物流中的应用主要集中在包装分拣、装卸搬运和无人机送货3个作业环节。

（1）机器人技术在包装分拣作业中的应用　传统企业中，带有高度重复性和智能性的抓放工作一般依靠大量的人工完成，不仅给工厂增加了巨大的人工成本和管理成本，还难以保证包装的合格率，且人工的介入很容易给食品、医药带来污染，影响产品质量。机器人技术在包装领域得到了很大的施展。尤其是在食品、烟草和医药等行业的大多数生产线已实现了高度自动化，其包装作业基本实现了机器人化作业。机器人作业精度高、柔性好、效率高，克服了传统的机械式包装占地面积大、程序更改复杂、耗电量大等缺点，同时避免采用人工包装造成的劳动量大、工时多、无法保证包装质量等问题。如图2-40所示，拣选作业由并联机器人同时完成定位、节选、抓取、移动等动作。如果品种多、形状各异，机器人需要带有图像识别系统和多功能机械手。机器人每到一件物品托盘前就可根据识别系统来判断物品形状，采用与之相应的机械手抓取，然后放到搭配托盘上。

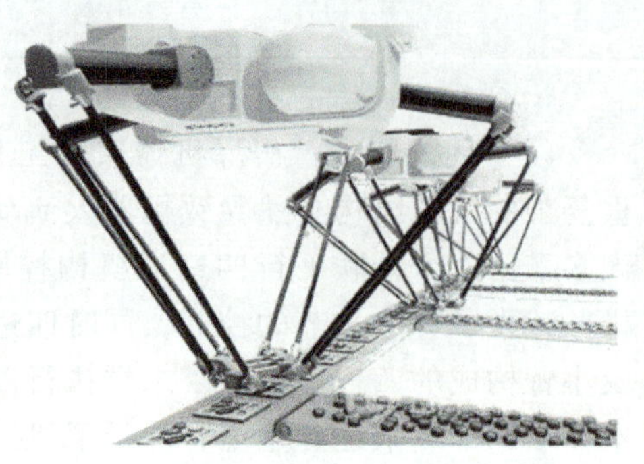
图 2-40　拣选生产线

（2）机器人技术在装卸搬运中的应用　装卸搬运是物流系统中最基本的功能要素之一，存在于货物运输、储存、包装、流通加工和配送等过程中，贯穿于物流作业的始末。目前，机器人技术正在越来越多地被应用于物流的装卸搬运作业，大大提高了物流系统的效率和效益。搬运机器人的出现不仅可以充分利用工作环境的空间，提高物料的搬运能力，大大节约装卸搬运过程中的作业时间，提高装卸效率，还能减轻人类繁重的体力劳动，目前已被广泛应用到工厂内部工序间的搬运、制造系统和物流系统连续地的运转以及国际化大型港口的集装箱自动搬运。尤其随着传感技术和信息技术的发展，自动导引车（Automated Guided Vehicle，AGV）也在向智能化方向发展。如图 2-41 所示，AGV 作为一种无人驾驶工业搬运车辆，最初是在 20 世纪 60 年代才得到了普及应用。随着现代信息技术的发展，近年来 AGV 获得了巨大的发展与应用，开始进入智能时代，因此也称 AGV 为智能搬运车。随着物联网技术的进步，在全自动化智能物流中心，AGV 作为具有智慧的物流机器人，与物流系统的物联网协同作业，实现了智慧物流。

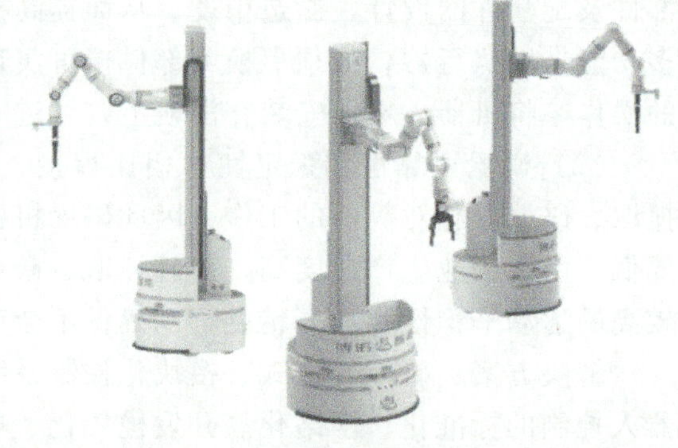
图 2-41　AGV

（3）机器人技术在无人机送货中的应用　无人机派送在国外已经形成了较为完善的操作模式，以美国亚马逊为例，如图 2-42 所示，该公司无人机投递试运行模式采用“配送车+无人机”，为国内的投入使用提供了参考案例。该模式主要是无人机负责物流配送的“最后一公里”。配送车离开仓库后，只需在主干道上行走，在每个小路口停车，并派出无人机进行配送，完成配送之后无人机会自动返回配送车再执行下一个任务。国内顺丰快递在借鉴美国模式的同时也根据我国自身的国情现状进行了调整，具体过程如下：

图 2-42　无人机送货

1）快递员将快件放置在无人机的机舱中，然后将无人机放在起飞位置上。

2）快递员用顺丰配备的“巴枪”扫描无人机上的二维码，确认航班信息。

3）无人机校对无误后自动起飞，与此同时，无人机调度中心通知接收站的快递员做好无人机降落的准备。

4）无人机在接收点降落后，快递员将快件从机舱内取出，用“巴枪”扫描，确认航班到达。

5）无人机完成一次物流配送后，将自动返航。

顺丰快递的这一举措不仅让我们跟上了国际物流的步伐，同时不盲目跟随他人，学会了因地制宜，抓住机会，开创了国内物流新局面。“无人机”的投入使用对于物流行业将是一次巨大的变革。

（4）机器人技术在食品制造厂码放白香肠罐头中的应用　卸码垛机器人加速了包装流程，并使员工得以摆脱繁重的体力劳动，如图 2-43 所示，配备多功能抓爪的 KRQUANTEC 实现码垛自动化。第一步，KRQUANTEC 自行将欧标托盘和纸箱运输到其工作区域。接着通过传送带运送白香肠罐头，卸码垛机器人抓起罐头并将其码放在托盘上。如果托盘已满载，则被移出。

图 2-43　配备多功能抓爪的 KRQUANTEC 实现码垛自动化

（5）用货盘堆垛单元进行全自动码垛　如图 2-44 所示，流水线工作 4.0 由 KUKA 卸码垛机器人实现，堆垛机通过安全栅栏与工厂员工隔开，从输送系统上一个接一个拾取纸箱，并按照一定样式将其码垛在准备好的托盘上。托盘堆满后，堆垛系统背面的保护装置会自行升起，使操作人员能够取出完成的堆垛。在此过程中，机器人在旁边的另一个单元中继续进行码垛。智能双拼单元系统避免了生产线发生中断，安全系统则使仓库员工能够进入当前未在使用的单元。

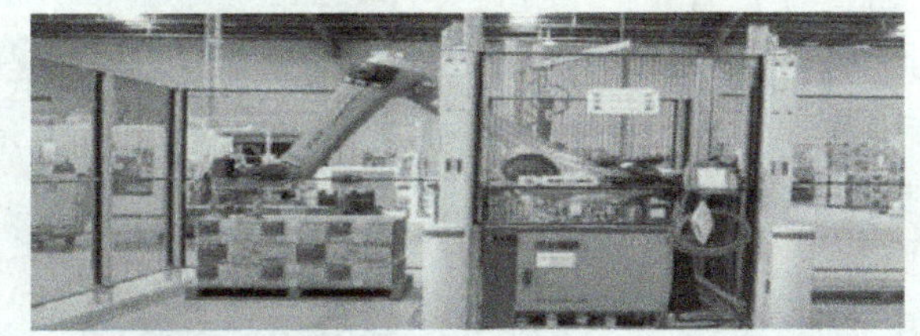

图 2-44　流水线工作 4.0 由 KUKA 卸码垛机器人实现

2. 任务页

在各类工厂中，人工码垛工作强度大，耗费人力多，员工不仅需要承受巨大的压力，而且工作效率低。搬运机器人能够根据搬运物件的特点以及搬运物件所归类的地方，在保持其形状和物件的性质不变的基础上，进行高效的分类搬运，在生产线上下料、集装箱的搬运等方面发挥极其重要的作用。所以任务八为创建码垛模块，方便后续进行码垛任务训练。

工作任务	创建码垛模块	教学模式	理实一体
建议学时	2 学时，其中相关知识学习 1 学时，实践操作 1 学时	所需设备、器材	Sim IPT 软件
任务描述	创建码垛模块		
职业技能	1）掌握 Sim IPT 软件的使用 2）创建码垛模块		

任务实施	
步骤	图示
创建码垛模块	
1）导入模型。在打开Sim IPT（博智）软件后，单击左侧工具栏中的“建模”→“导入模型”图标，在出现的对话框中选择“打开文件”，选择“模型库”文件夹内的“搬运模块.STEP”文件，单击“打开”按钮	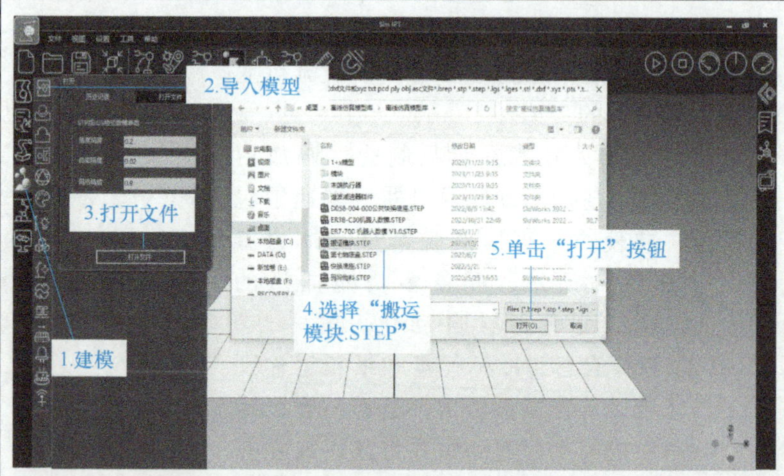
2）创建组件。单击左侧工具栏中的“创建”图标，随后在右侧工具栏中选择“组件”图标。单击上方的“平移旋转”图标，在新出现的对话框中选择“一点”“圆心”，选择模型中的一点，创建坐标系	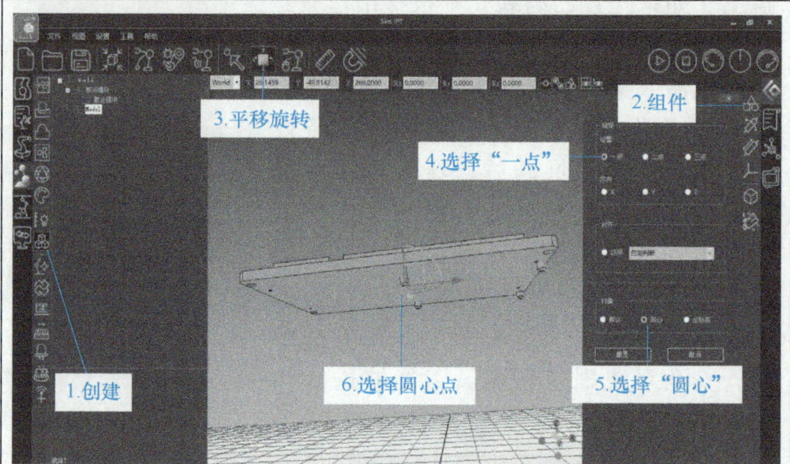
3）更改名称。把“搬运模块”移动到Model中，选中第一个“搬运模块”，按 < Delete > 键删除	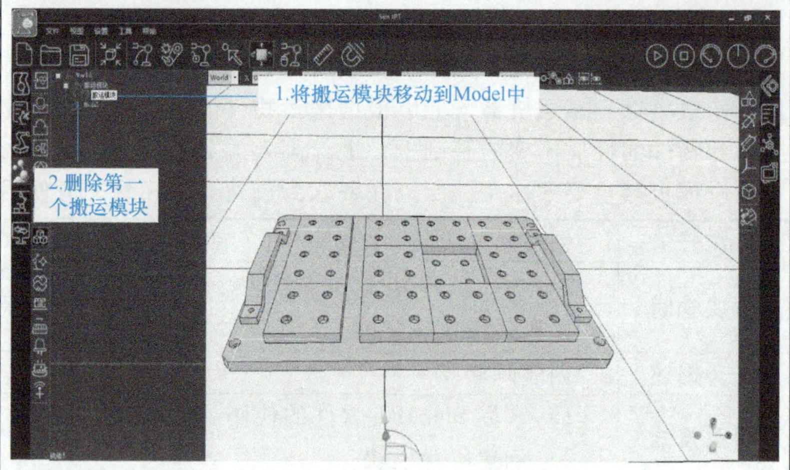

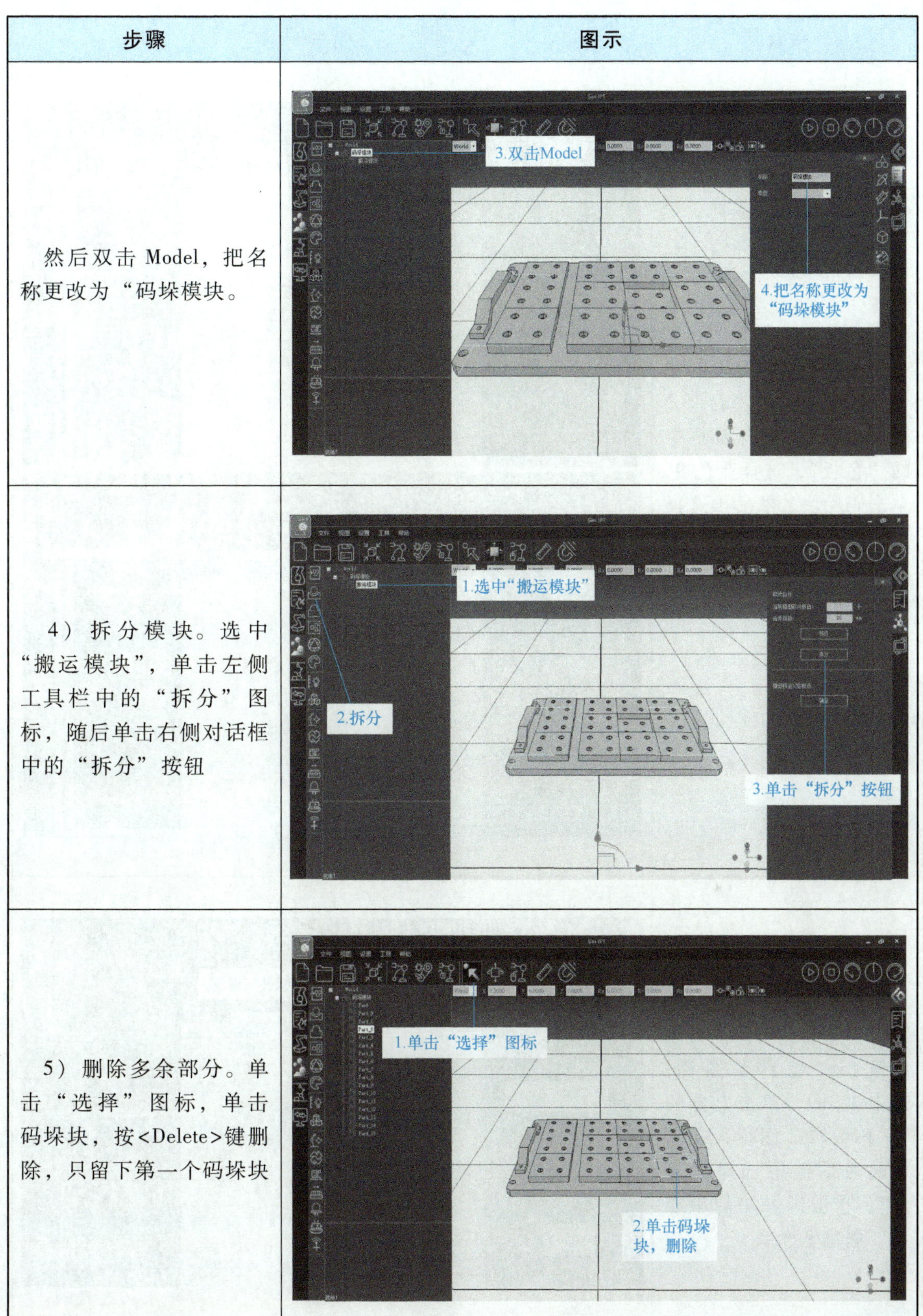
3.双击Model
4.把名称更改为
“码垛模块”
1.选中“搬运模块”
2.拆分
3.单击“拆分”按钮
1.单击“选择”图标
2.单击码垛
块，删除

步骤	图示
然后双击 Model，把名称更改为“码垛模块。	
4）拆分模块。选中“搬运模块”，单击左侧工具栏中的“拆分”图标，随后单击右侧对话框中的“拆分”按钮	
5）删除多余部分。单击“选择”图标，单击码垛块，按<Delete>键删除，只留下第一个码垛块	

步骤	图示
6）更改颜色。单击左侧工具栏中的“材质”图标，单击右侧工具栏中的“色板”，选择蓝色 9，单击码垛块，然后再选择白色 0，最后单击除了码垛块的其余部分	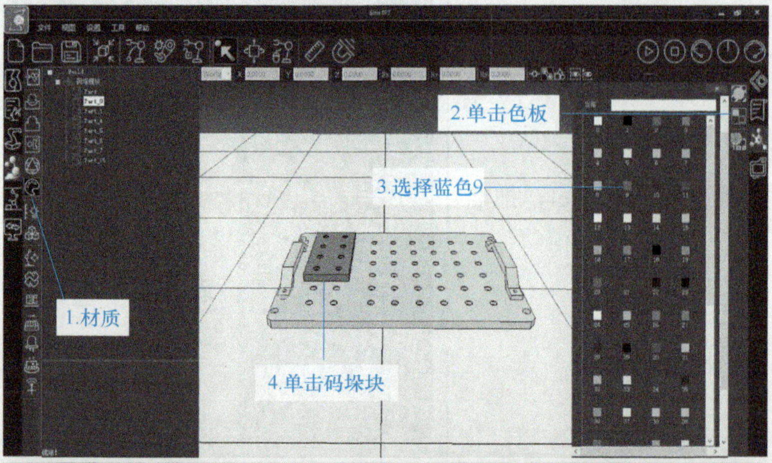 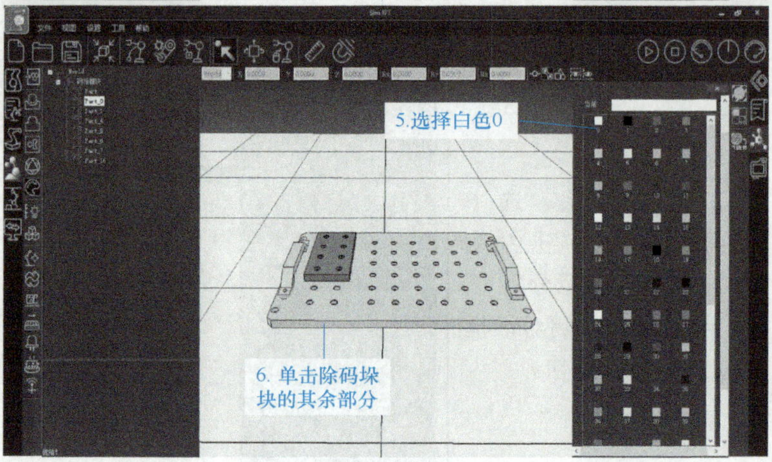
7）创建码垛块。单击左侧工具栏中的“创建”图标，随后在右侧工具栏中选择“组件”图标。选中 Model，单击上方的“平移旋转”图标，在右侧的对话框中选择“一点”，单击码垛块的中心点，创建坐标系	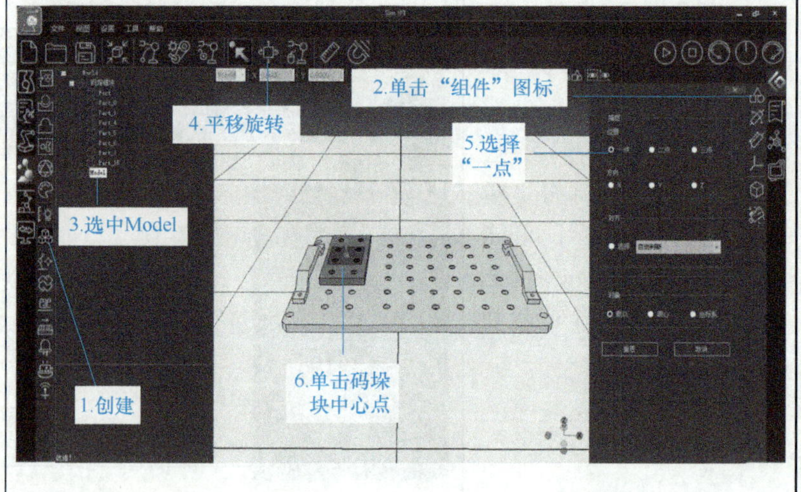

步骤	图示
将 Part_15 移动到 Model 中，双击 Model，在右侧对话框中把名称更改为“码垛块”	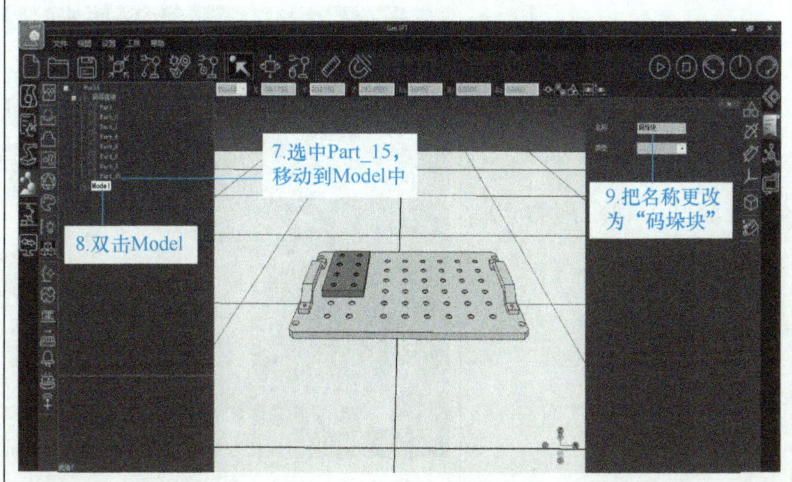
8）创建码垛供料机。再次单击左侧工具栏中的“创建”图标，随后单击工具栏中的“组件”图标。然后双击新出现的Model，把名称更改为“码垛供料机”。最后创建坐标系	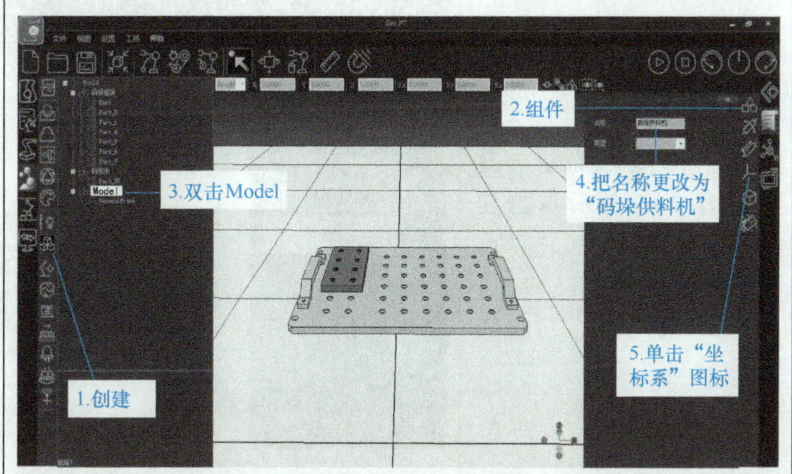
9）测量码垛块大小。单击上方工具栏“测量”图标，然后选择码垛块的边框	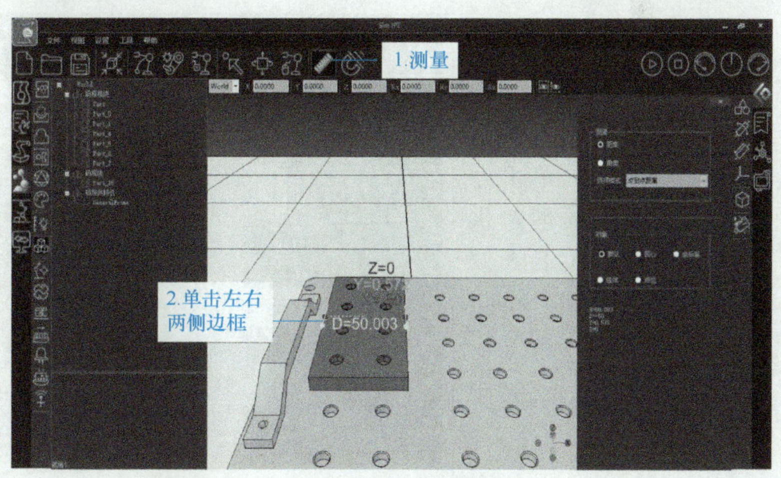

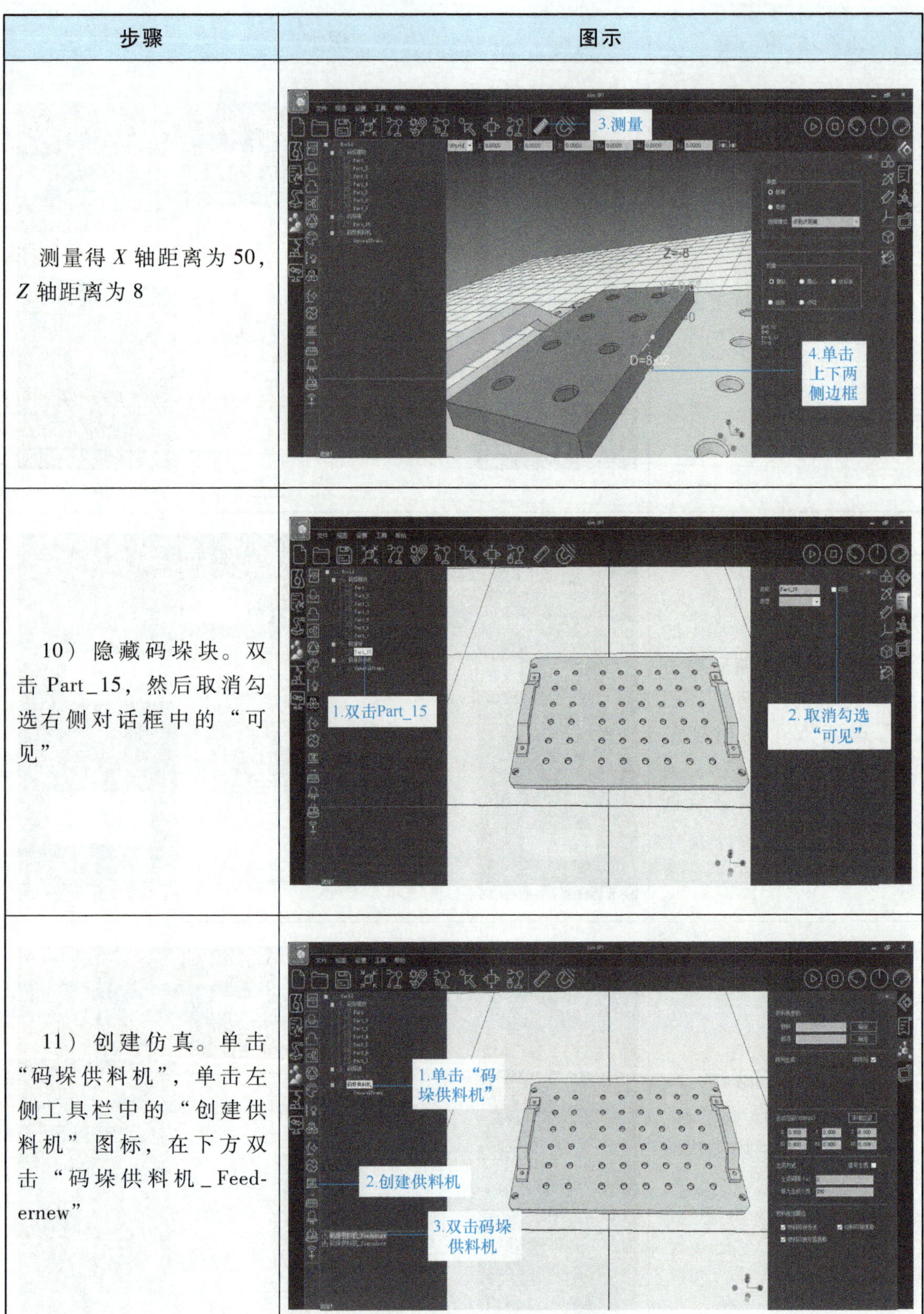

步骤	图示
测量得 X 轴距离为 50，Z 轴距离为 8	
10）隐藏码垛块。双击 Part_15，然后取消勾选右侧对话框中的“可见”	
11）创建仿真。单击“码垛供料机”，单击左侧工具栏中的“创建供料机”图标，在下方双击“码垛供料机_Feedernew”	

步骤	图示
单击上方“码垛块”，然后单击右侧对话框中“物料”所对应的“确定”按钮，最后单击GeneralFrame，再单击右侧对话框中“起点”所对应的“确定”按钮	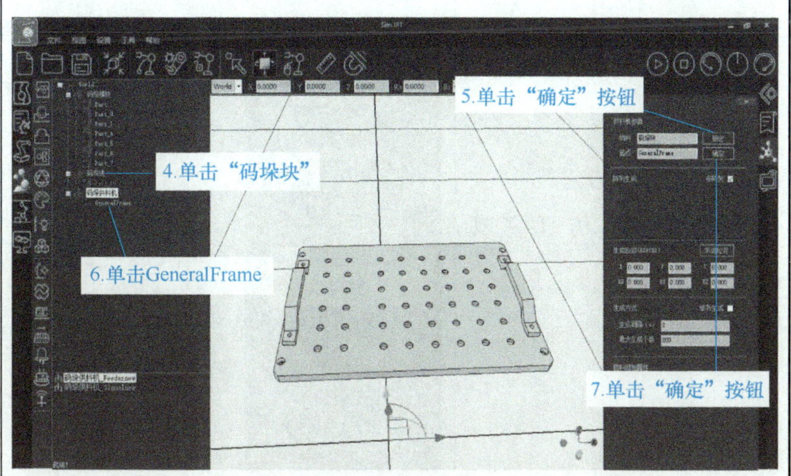
12）设定起始位置。单击GeneralFrame，单击“平移旋转”图标，选择右侧对话框中的“一点”，选择图中位置（可将X设置为-60，Y设置为20），把Rz更改为-90°，设定为起始位置	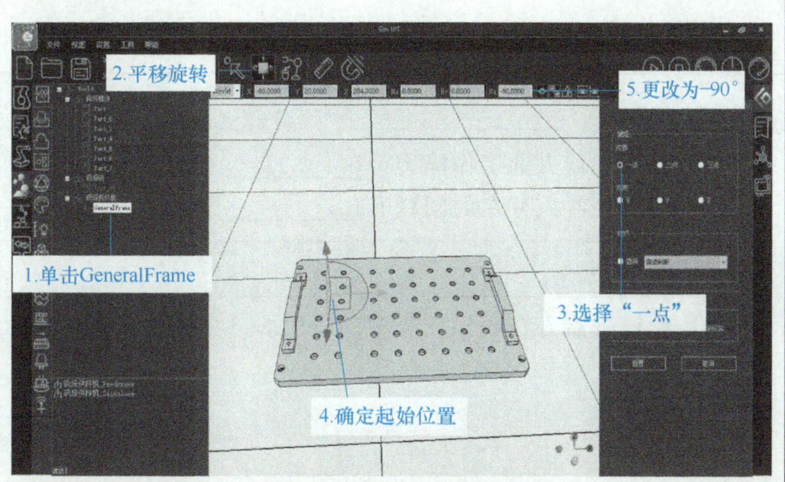
13）设置参数。双击“码垛供料机_Feedernew”，在右侧弹出的供料机对话框中勾选“非阵列”，然后做如下设置：X向数量为1，Y向数量为2，Z向数量为3，X向偏移为0，Y向偏移为54，Z向偏移为9	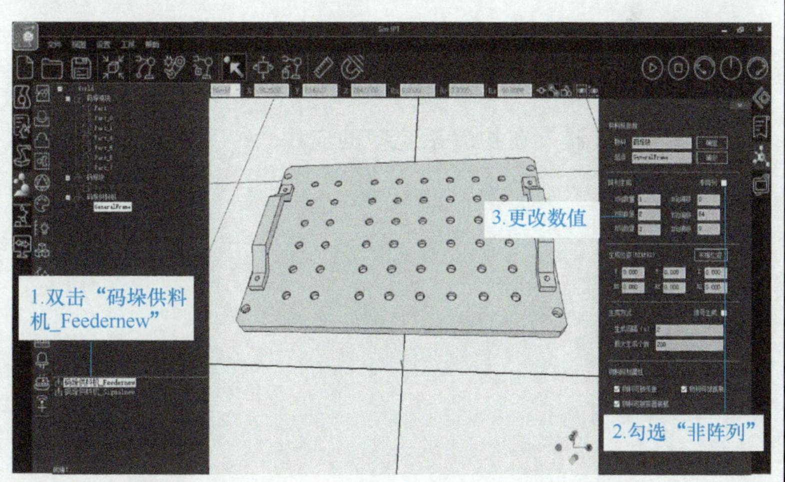

步骤	图示
14）仿真。仿真完成后保存文件	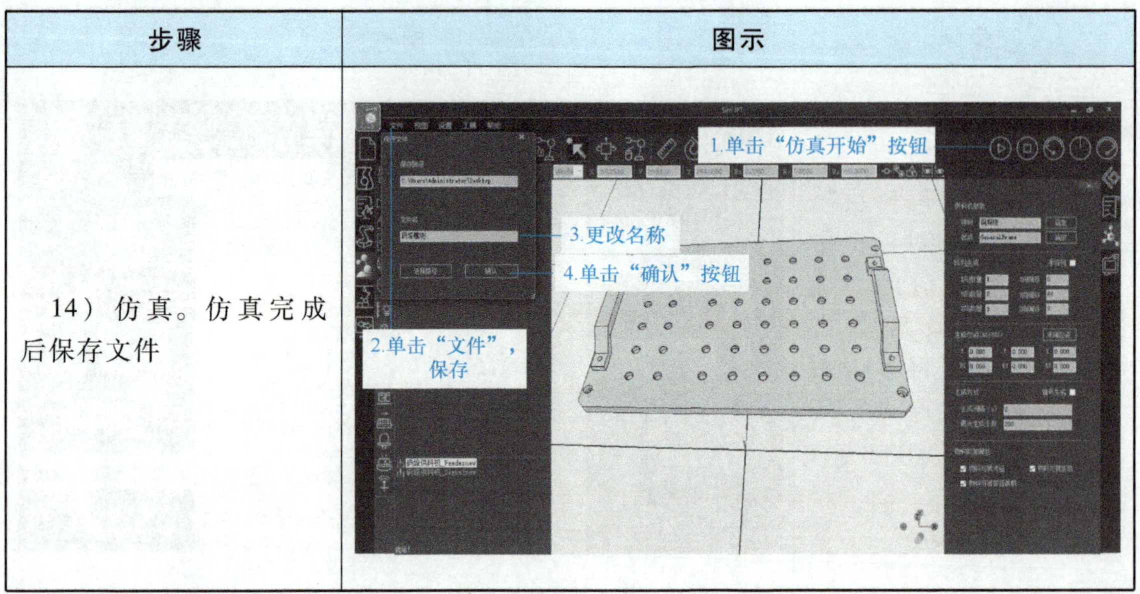

3. 习题页

1. 填空题

1）码垛机器人的工作能力与__________、__________、__________有关。

2）码垛机器人存在的问题有__________、__________。

2. 简答题

1）简述机器人在码垛任务中的应用。

2）简述机器人在物流系统中的应用。

任务九　创建伺服变位模块模型

1. 知识页

工作任务	了解伺服变位模块相关知识	教学模式	理实一体
建议学时	1 学时	所需设备、器材	Sim IPT 软件
任务描述	1）掌握伺服电动机系统相关知识 2）了解变位机在机器人系统中的作用	更多资料	创建伺服变位模块模型
任务实施			

1. 伺服电动机系统

“伺服”一词是来源于希腊语“奴隶”的意思，那么伺服电动机也可以理解为绝对服从控制信号指挥的电动机，所以伺服电动机是指在伺服系统中被控制的电动机。如果单指一个电动机，那只能算一个被控的机械元件，但是加上闭环控制系统就可以称为伺服系统中的电动机。

伺服电动机广泛应用于各种控制系统中，能将输入的电压信号转换为电动机轴上的机械输出量，拖动被控制元件，从而达到控制目的。伺服电动机可使控制速度、位置精度非常准确，可以将电压信号转化为转矩和转速以驱动控制对象。伺服电动机转子转速受输入信号控制，并能快速反应，在自动控制系统中用作执行元件，且具有机电时间常数小、线性度高、始动电压等特性，可把所收到的电信号转换成电动机轴上的角位移或角速度输出。伺服电动机系统如图 2-45 所示。伺服电动机要求电动机的转速要受所加电压信号控制；转速能够随着所加电压信号的变化而连续变化；转矩能通过控制器输出的电流进行控制；电动机的反应要快、体积要小、控制功率要小。伺服电动机主要应用在各种运动控制系统中，尤其是随动系统。

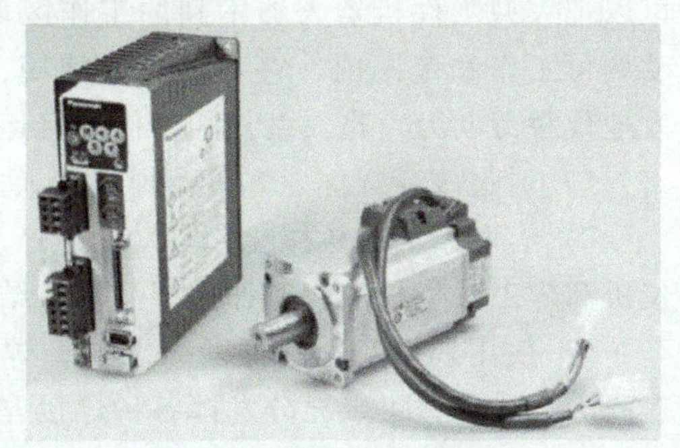

图 2-45　伺服电动机系统

伺服电动机有直流和交流之分，最早的伺服电动机是一般的直流电动机，在控制精度不高的情况下，一般采用直流电动机做伺服电动机。当前随着永磁同步电动机技术的飞速发展，绝大部分伺服电动机是指交流永磁同步伺服电动机或者直流无刷电动机。

伺服电动机的主要特点是，当信号电压为零时无自转现象，转速随着转矩的增加而匀速下降。

（1）直流伺服电动机特性

1）机械特性：在输入的电枢电压保持不变时，电动机的转速随电磁转矩变化而变化。

2）调节特性：直流电动机在一定的电磁转矩（或负载转矩）下，其稳态转速随电枢的控制电压变化而变化。

3）动态特性：从旧的稳定状态到新的稳定状态，存在一个过渡过程，这就是直流电动机的动态特性。

（2）交流伺服电动机特性

1）无电刷和换向器，因此工作可靠，对维护和保养要求低。

2）定子绕组散热比较方便。

3）惯量小，易于提高系统的快速性。

（3）伺服电动机的用途　伺服电动机的应用领域很多，只要是需要动力源的，而且对精度有要求的，都可能涉及伺服电动机。

（4）应用场合　伺服电动机应用在机床、印刷设备、包装设备、纺织设备、激光加工设备、机器人、自动化生产线等对工艺精度、加工效率和工作可靠性等要求相对较高的设备中，如图 2-46 所示。

2. 变位机的作用及概念

图 2-46　应用场合

变位机是工业自动化中常见的设备，用于实现机器人系统中工件位置变换的功能。它可以将工件旋转或移动到理想的位置，或将工件或零件的工作区域移动到机器人可操作的范围内，从而实现机械化和自动化生产。变位机常用于机器人焊接作业中，变位机可以将焊接机器人旋转到理想的位置，也可以把大型工件机器人够不到的工作区域移动到可工作的范围内。它可以灵活使用，有效地代替劳动力，是大型复杂工件焊接运行过程中必不可少的部分。变位机的优点有：

1）通过改变焊件、焊机及焊接工人的操作位置，达到和保持焊接位置的最佳状态。

2）有利于实现机械化和自动化生产。焊接变位机的主要类型有焊件变位机、焊机变位机和焊工变位机等，每种类型又按其结构特点或作用分成若干种类。

3）使用焊接变位机可以缩短辅助焊接时间，提高劳动生产率，减轻工人劳动强度，提高焊接质量，可以充分发挥各种焊接方法的功效。

4）变位机可与作业机、焊机组合，组成一组工位，组成半主动焊接中心，也可用于手工作业时移动工件。工作台旋转时，采用变频器无级调速，精度高。遥感盒可以顺利完成工作台的远距离作业，也可以与作业机、焊机控制系统连接，顺利完成联动作业。

5）焊接位移机构是一个主动的焊接管理中心，也可用于产品的手工加工。台面的转动采用软启动器，无级变速，调速精度高。它不仅可以完成控制台的远程控制，还可以与操作机和有源焊机的主动控制系统连接，完成实际的连接操作。

6）焊接变位机一般由焊接转台和转台两部分组成。焊接转台根据不同的焊接升降方向，选择自转和公转，使固定工件达到所需的电焊、安装角度和焊接位置。转盘采用无级直流变频调速，焊接速度很快。

7）焊接变位机的出现，让焊接更方便，不仅可以自动焊接，也可以手工焊接。焊接时有很多大工件错角，焊接难度很大。变位机具有工件的支承和换位功能，焊接变位机可改变焊接工件的角度。

在工业自动化中，变位机是一个广义的概念，指代一种能够实现位置变换或工件移动的设备。变位机可以采用多种驱动方式，其中包括伺服电动机（见图 2-47）和步进电动机（见图 2-48）等。

图 2-47　伺服电动机

图 2-48　步进电动机

3. 步进电动机与伺服电动机的优缺点

步进电动机和伺服电动机都是工业自动化设备中常用的执行元件，它们各自具有一定的优缺点。以下是对它们的比较：

（1）步进电动机优点

1）结构简单。步进电动机通常由一个固定部分（定子）和一个旋转部分（转子）组成，结构相对简单，易于制造和维护。

2）成本较低。步进电动机的制造工艺成熟，因此制造成本相对较低，适合于对成本敏感的应用。

3）可靠性高。步进电动机不需要传统的电刷和换向器，因此具有较高的可靠性。

4）定位精度高。由于步进电动机可以按照固定的步长旋转，因此其定位精度相对较高。

5）适用于多种工件：步进电动机可以适应不同形状和尺寸的工件，广泛应用于打印机、数控机床、机器人等领域。

（2）步进电动机缺点

1）高速运转受限。步进电动机在高速运转时容易失步，限制了其在高速应用中的使用。

2）低效率：相比于一些其他类型的电动机，步进电动机的效率相对较低，会产生一定的能量损耗。

（3）伺服电动机优点

1）速度较快。伺服电动机的运行速度较快，可以实现较高的生产效率。

2）精度高。伺服电动机可以实现较高精度的位置和速度控制，提高工件的加工质量。

3）可实现精确控制。伺服电动机具有较好的反馈控制能力，可以实现精确的位置、速度和力控制。

4）易于维护。伺服电动机采用电子驱动方式，维护和调试相对简单。

5）适用于高速运动。伺服电动机适用于高速运动和快速响应的应用场合。

（4）伺服电动机缺点

1）成本较高。伺服电动机的制造成本和运行成本相对较高。

2）需要配套控制器。伺服电动机需要与相应的控制器配合使用，增加了系统的复杂性。

3）可能会产生干扰。伺服电动机在运行过程中可能会受到外部因素的影响，导致运行不稳定。

4）需要定期维护。伺服电动机需要定期进行维护和保养，以保证其正常运行。

2. 任务页

机器人变位机是机器人工作站的一部分，是机器人与产品的桥梁，是非常重要的，机器人工作效率的提升也要靠与机器人变位机结合才能发挥出来。机器人变位机翻转工件，给机器人实施作业。机器人变位机需要配合机器人一起使用，通过电控系统与机器人通信完成作业。机器人变位机能提升工作效率，变位机旋转配合机器人，减少了操作人员的移动时间，变位机翻转减少人员在生产过程中翻转工件的工序，节省时间，提升效率，减少人员搬运环节，减员增效。

工作任务	创建伺服变位机模块	教学模式	理实一体
建议学时	4 学时，其中相关知识学习 2 学时，学员实操 2 学时	所需设备、器材	Sim IPT 软件
任务描述	通过建模实现伺服变位模块旋转功能及气缸工进功能	职业技能	1）熟练运用 Sim IPT 软件的平移、位置重合、合并、分解等基本功能 2）掌握建立旋转、平移关节的方法 3）熟练掌握场景对象的形状编辑方法 4）学习并完成工业机器人应用领域一体化教学创新平台伺服变位模块模型创建

任务实施	
步骤	图示
创建伺服变位机模块	
1）导入模型。建模→导入模型→导入伺服变位模块	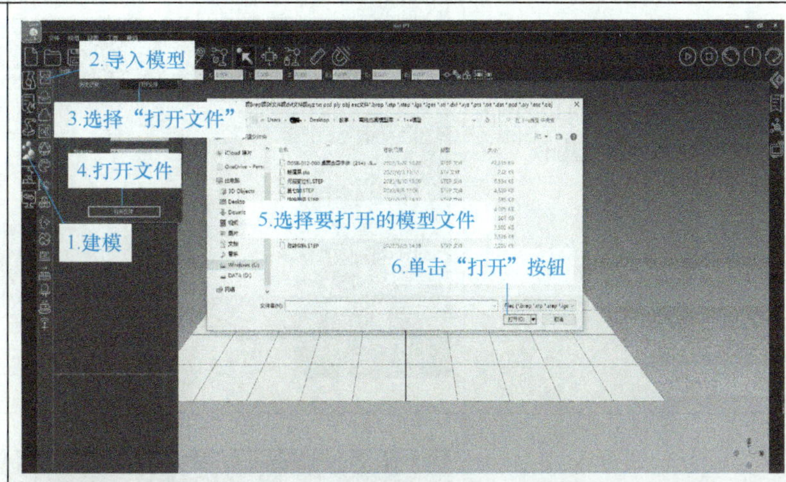
2）调整颜色，选中伺服变位模块，单击“建模”→“材质”→“材质”→“高级”	
3）设置为红色 255，绿色 255，蓝色 255	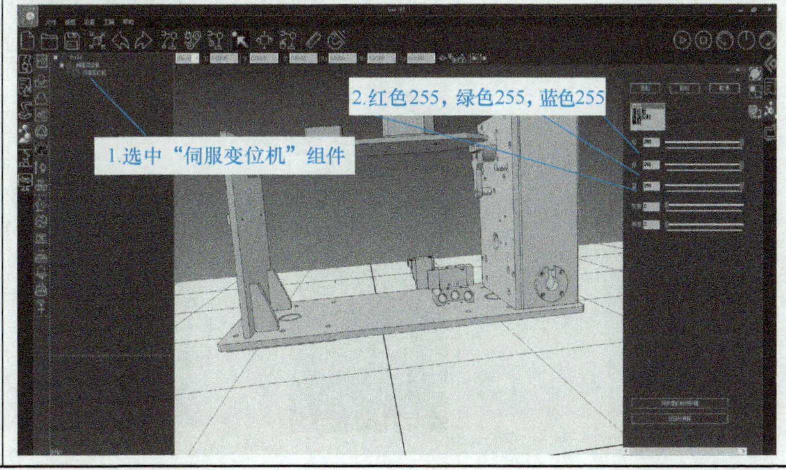

步骤	图示
4）单击选中伺服变位机部件，单击“建模”→“拆分”→“拆分”	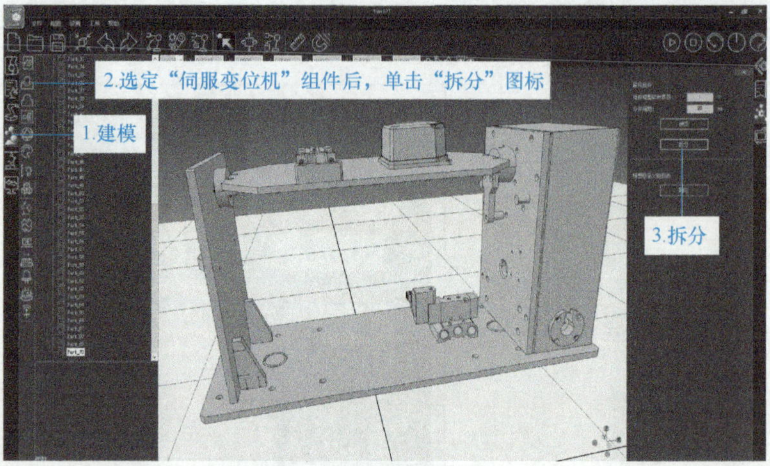 2.选定“伺服变位机”组件后，单击“拆分”图标 1.建模 3.拆分
5）上色，单击“材质”→“色板”单击白色0、黄色5、黑色1对部件进行上色	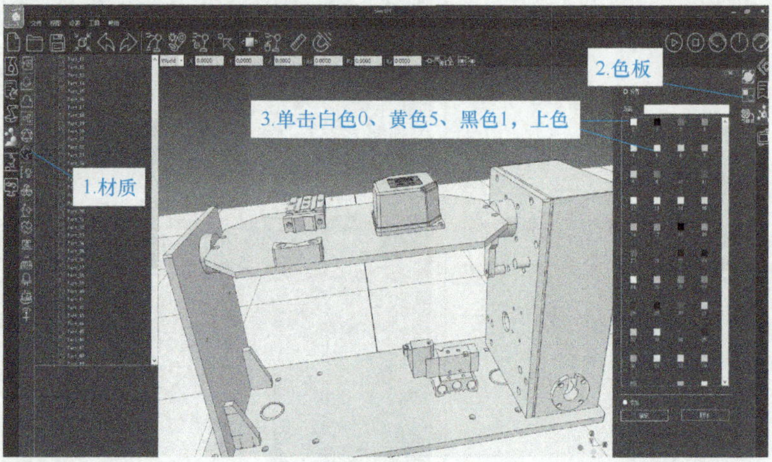 2.色板 3.单击白色0、黄色5、黑色1，上色 1.材质
6）合并伸出气缸部分，按住<Ctrl>键单击要组合的两个部件，单击“建模”→“组合”，并改名为推料气缸	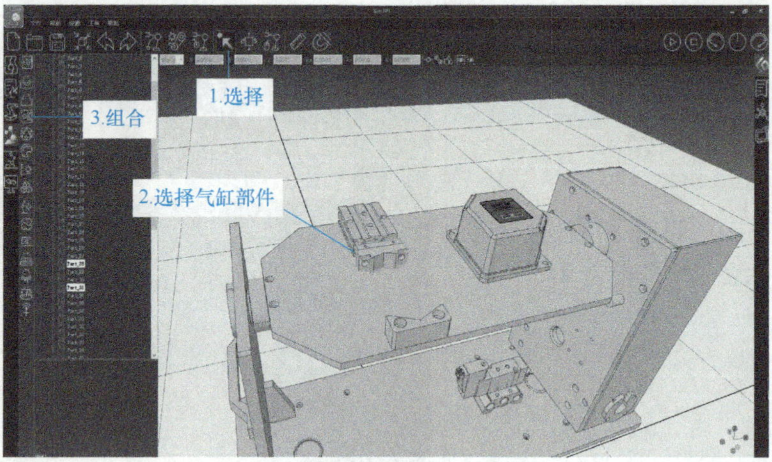 1.选择 3.组合 2.选择气缸部件

步骤	图示
7）单击“平移旋转”图标，然后按住<Shift>键，框选要合并的部件，合并摆动的架子除伸出气缸部分，单击“建模”→“组合”，改名为“摆动”。白色为选中组合的部件	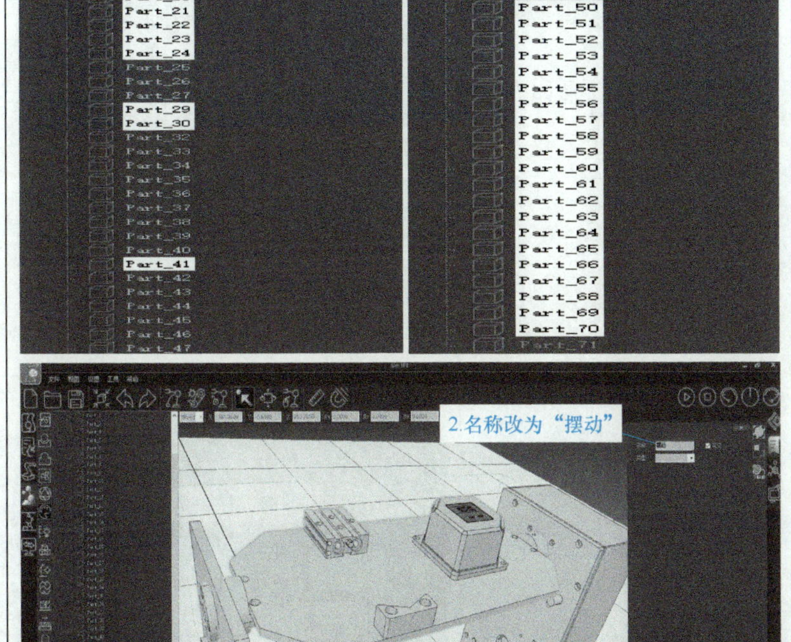
8）将未组合的其他部件：Part～Part_49进行组合	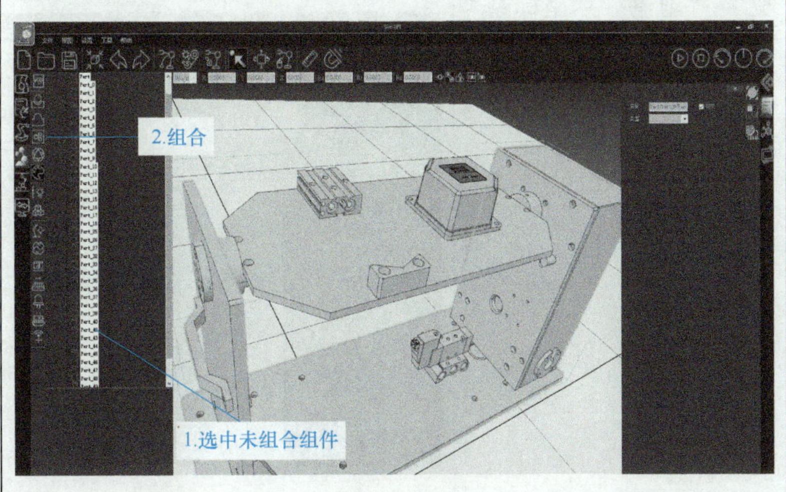

步骤	图示
操作完成后效果如右图所示	
9）在伺服变位机中创建两个坐标系，单击“建模”→“伺服变位机”→“创建”→“坐标系”（单击两次）；并将第二个坐标系 GeneralFrame_0 改名为 ROOT	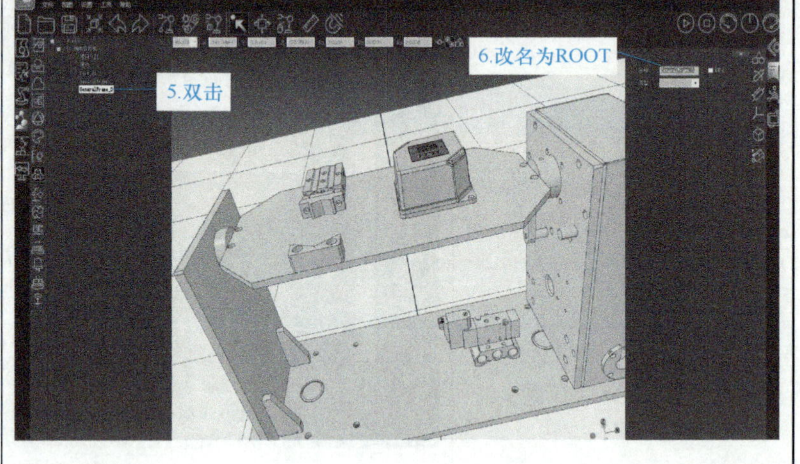

步骤	图示
10）创建第一个坐标系的位置和方向。单击坐标系 GeneralFrame→“平移旋转”，选择“一点”→“默认”，单击图中标记位置，Rx 改为 90	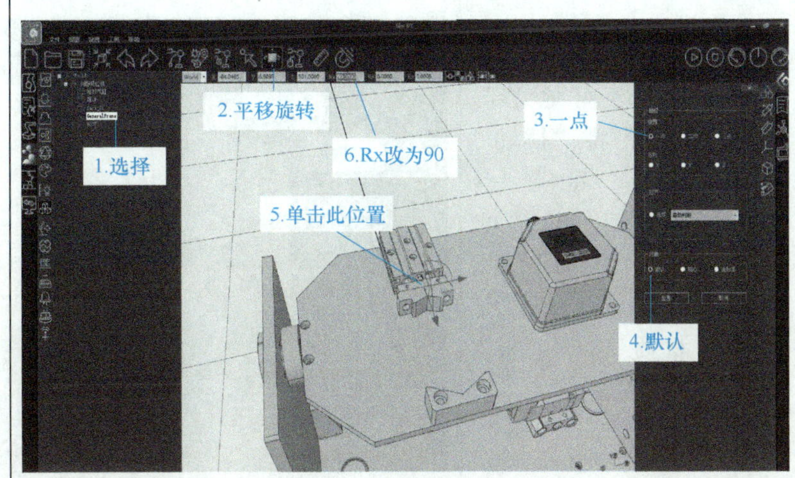
11）创建平移关节和旋转关节。单击“伺服变位机”→“平移关节”→“旋转关节”	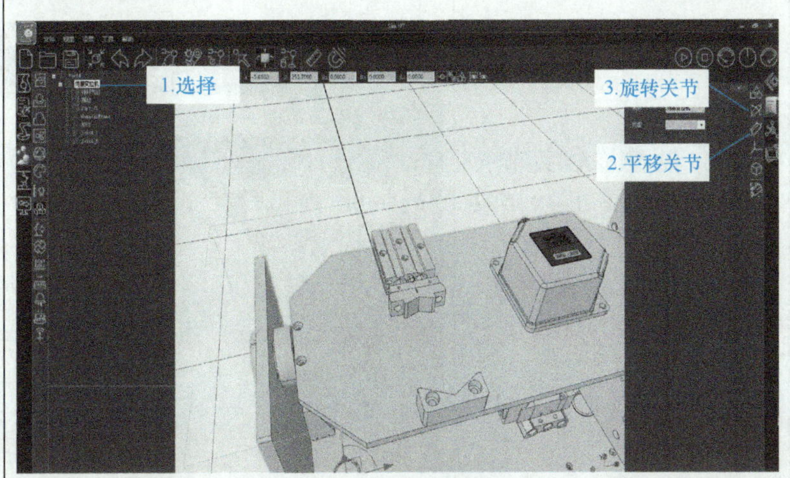
12）设置平移关节位置，单击 Joint_1→“平移旋转”，选择“一点”→“默认”，单击图中位置，Rx 改为 90	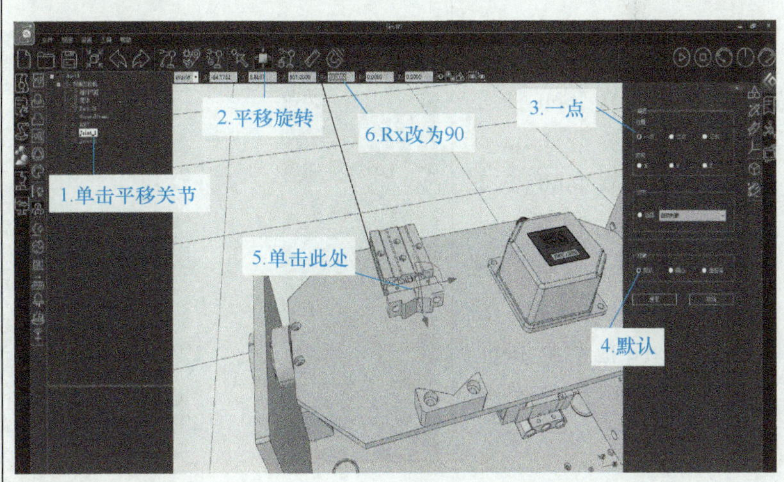

步骤	图示
13）为了更好地建立旋转关节，先将“摆动”隐藏，单击“建模”→“摆动”，取消勾选“可见”。隐藏“摆动”后，若有部件未上色，则再次单击“材质”→“色板”进行上色	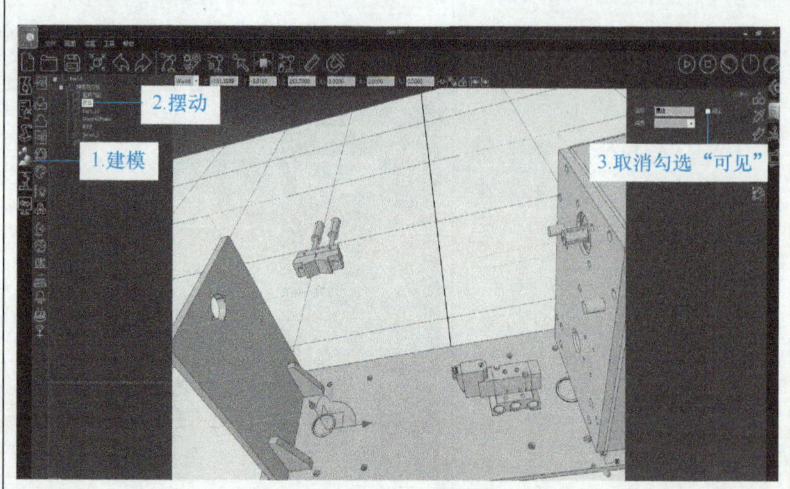
14）设置旋转关节位置，单击 Joint_2→“平移旋转”，选择“一点”→“圆心”，单击图中圆，将 Ry 改为-90	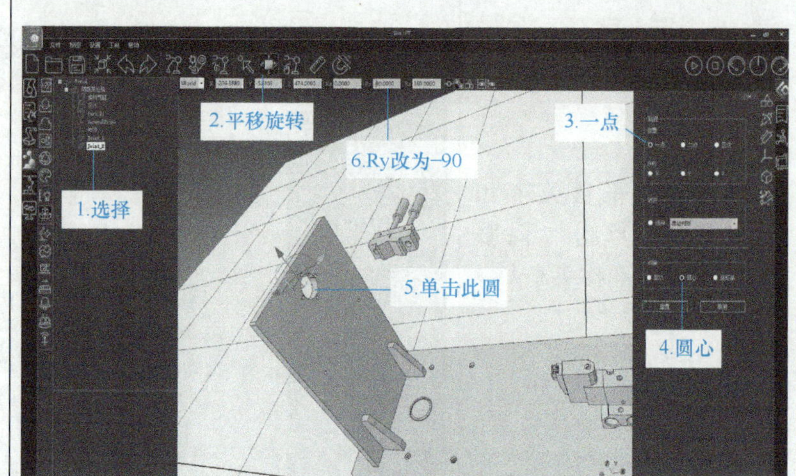
15）将“推料气缸”拖到平移关节 Joint_1 下面，将平移关节 Joint_1 拖到旋转关节 Joint_2 下面，将“摆动”拖动到 Joint_2 下面，这样实现摆动旋转和气缸推出。将 GeneralFrame 拖动至 Joint_2 下面，即实现工件被抓取	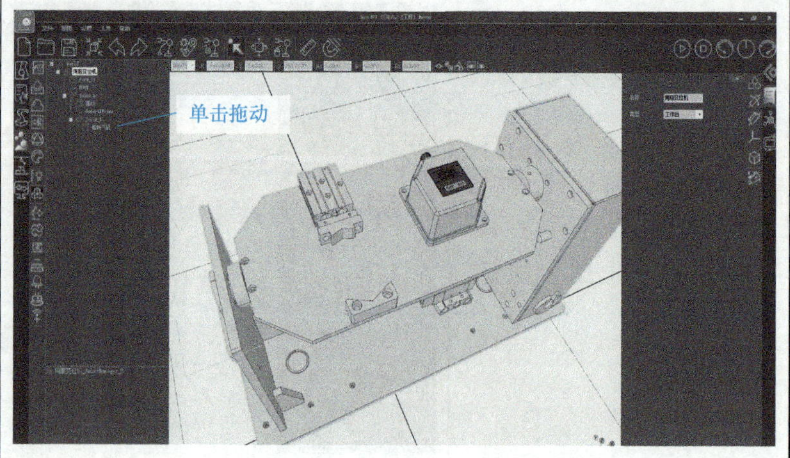

步骤	图示
16）添加控制器，单击“运动控制器”→“机器人控制器”图标	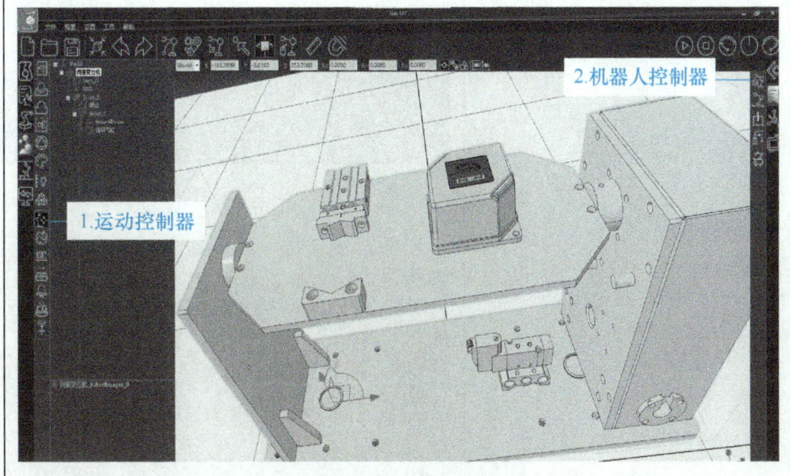
17）设置控制器，单击新建的机器人控制器，添加 Root，单击 Root，单击“确定”按钮	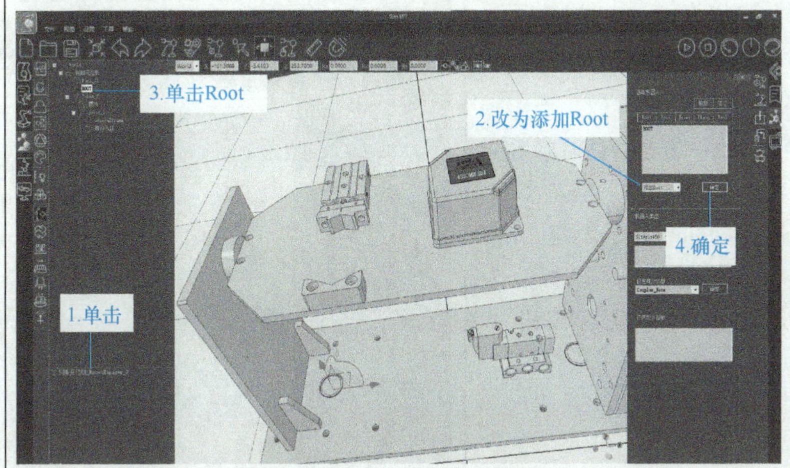
18）设置控制器，修改 Base，自动添加关节，选择法兰，工具坐标改为 2。单击 Base，坐标改为 2，单击“确定”按钮	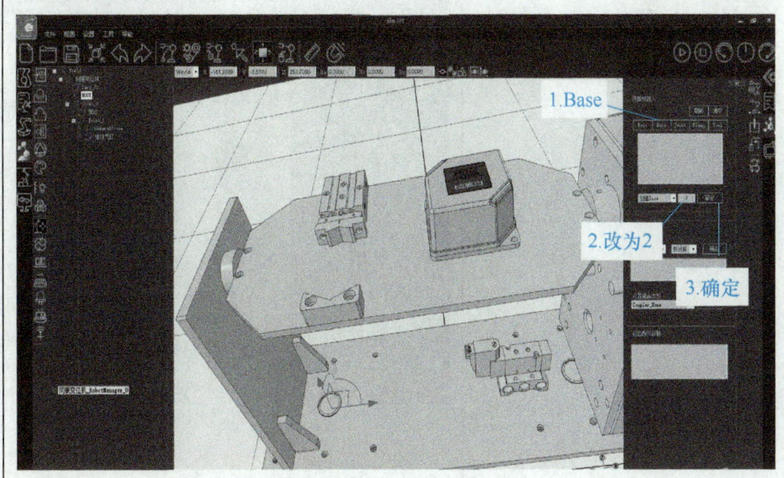

步骤	图示
单击 Joint→“确定”按钮，单击 Flang→GeneralFrame→“确定”按钮，单击 Tool，坐标改为 2，单击“确定”按钮	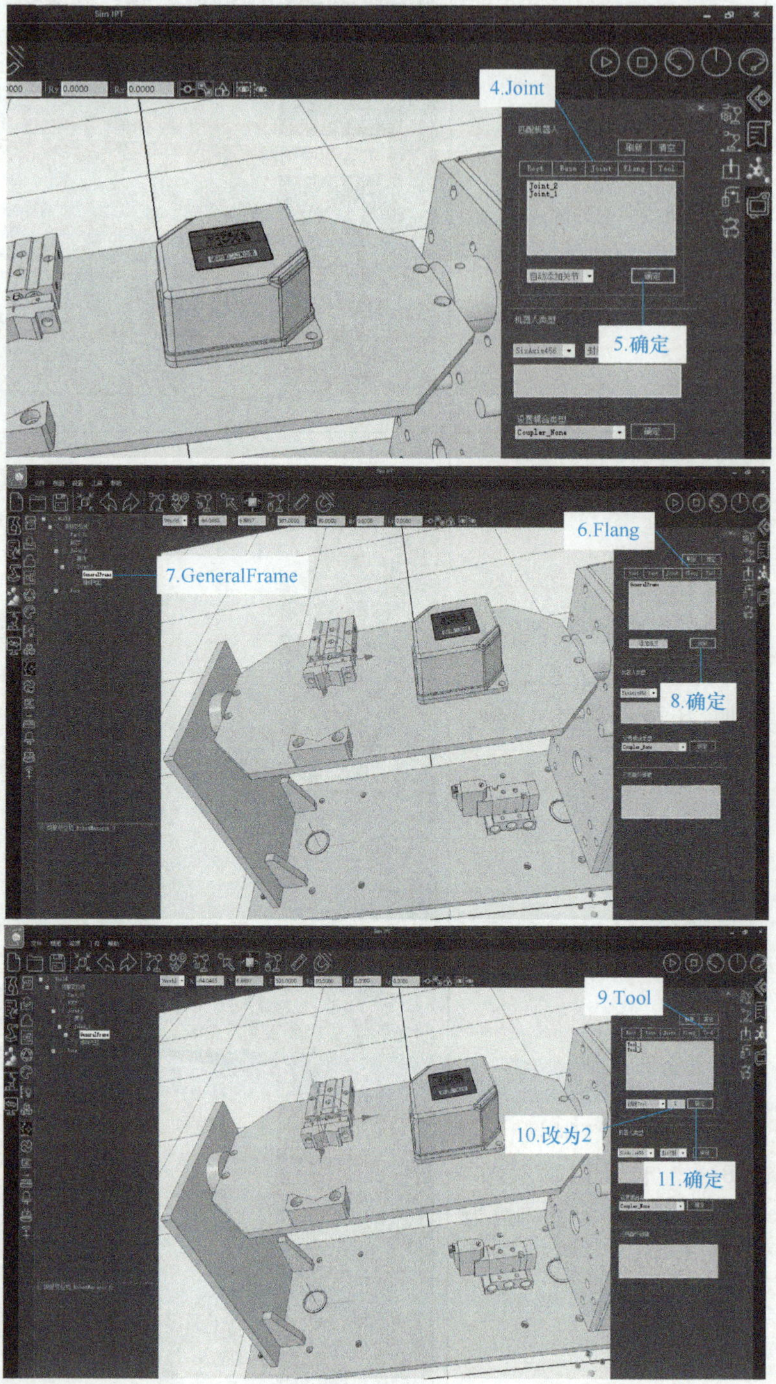 4.Joint 5.确定 6.Flang 7.GeneralFrame 8.确定 9.Tool 10.改为2 11.确定

步骤	图示
19）设置机器人类型XY和数值解，选择XY→数值解，单击“确定”→“确定”按钮	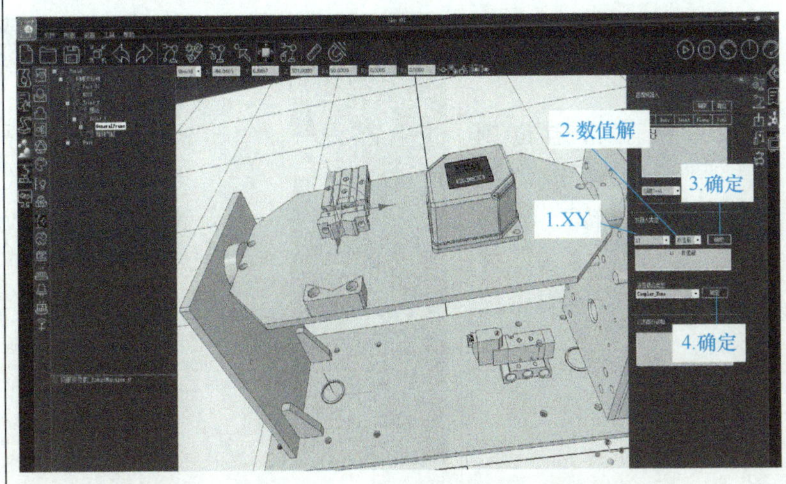
20）单击“示教”图标，即可查看调试结果	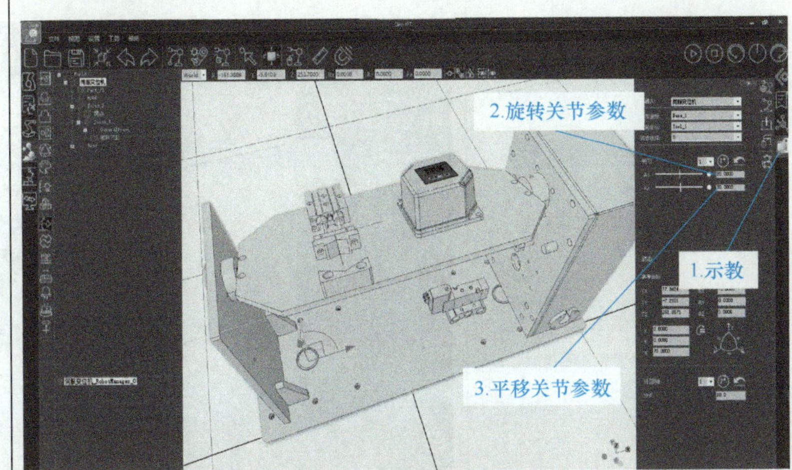
21）导入刚轮工件测试结果。单击“建模”→“导入模型”→“打开文件”→“打开文件”→选择刚轮文件→“打开”	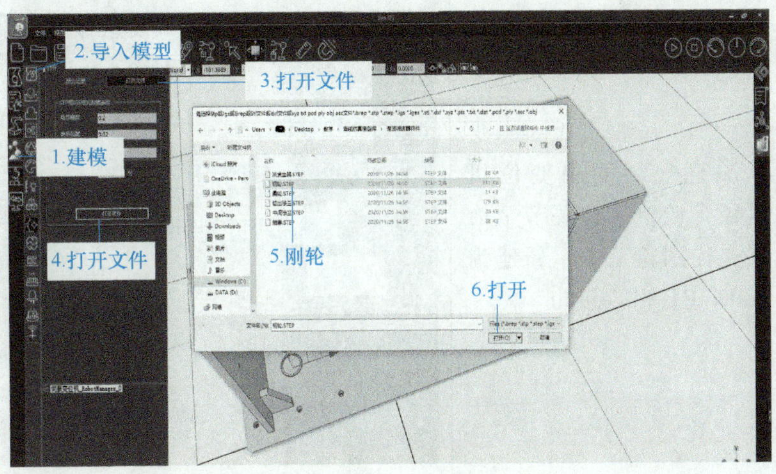

步骤	图示
22）将刚轮定位到“摆动”上。单击“刚轮”→“平移旋转”，选择“一点”，然后定位，并通过调整 Y 轴将刚轮贴近卡座	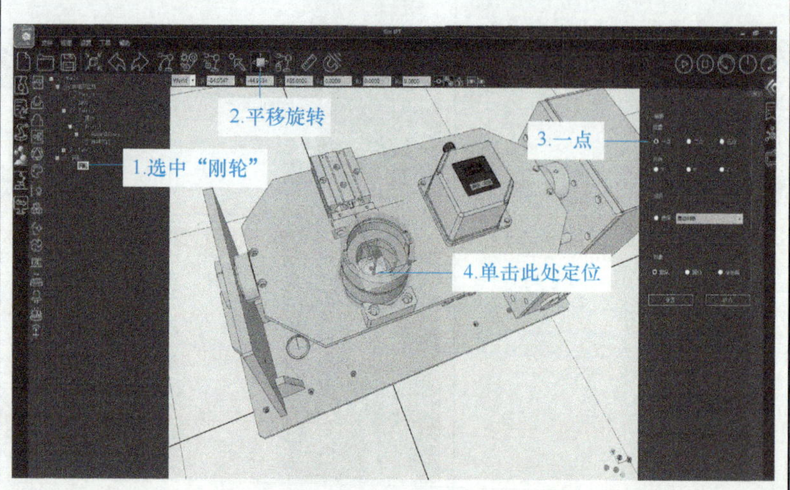
23）设置刚轮类型为物料	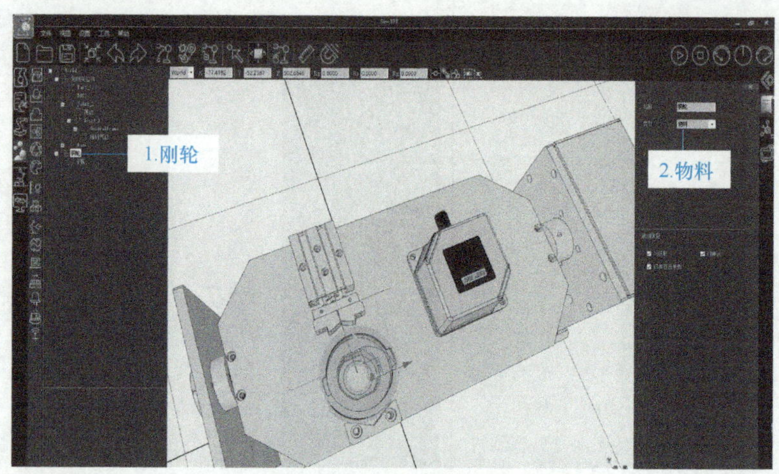
24）规划伺服变位机路径，调整平移关节至恰好夹住刚轮工件，新建为 Path1-P1 MoveJoint	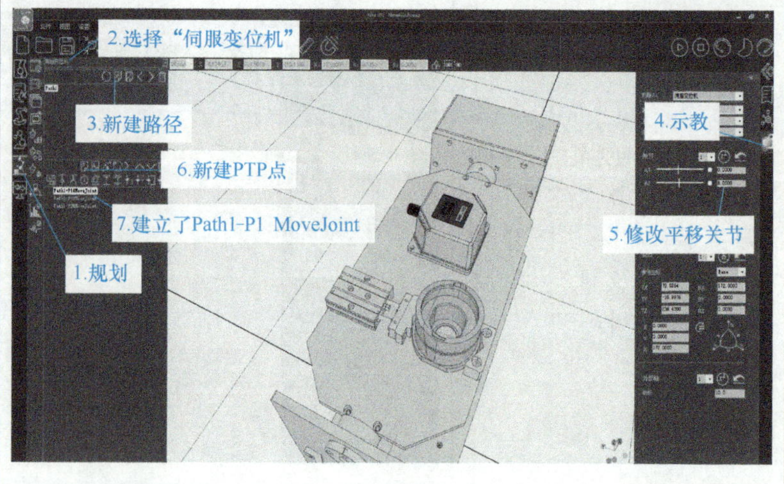

<table>
<tr><th>步骤</th><th>图示</th></tr>
<tr><td>调整旋转关节，新建为Path1-P2 MoveJoint；复位关节，新建为Path1-P3 MoveJoint；设置抓取，使伺服变位机抓住刚轮</td><td>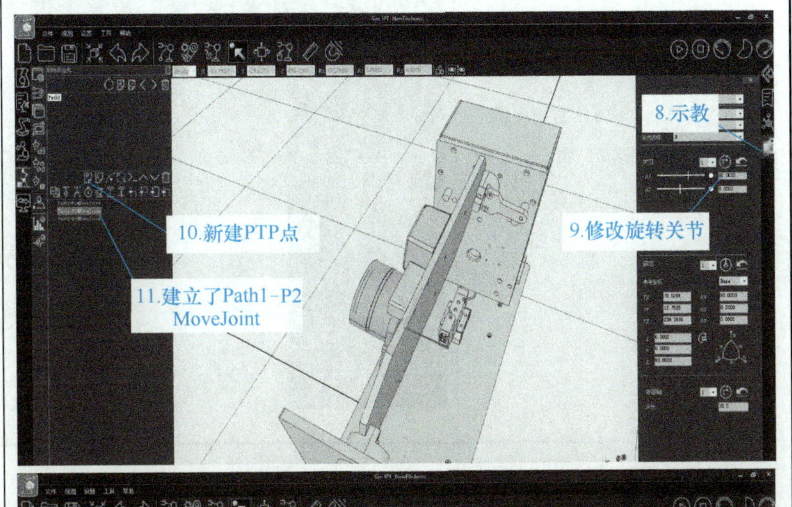

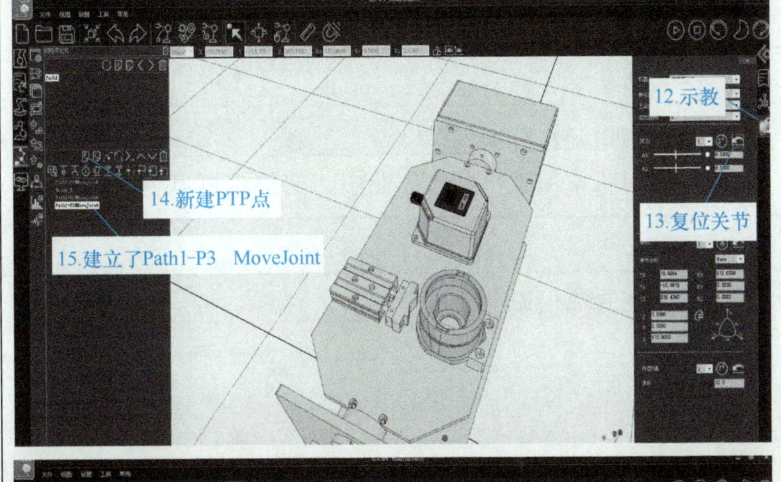

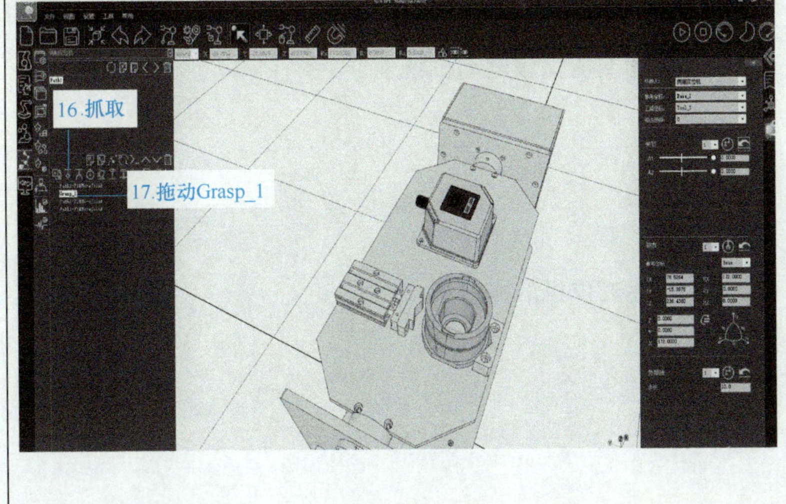
</td></tr>
</table>

步骤	图示
25）单击“仿真开始”按钮，进行路径演示，演示完毕单击“仿真停止”按钮	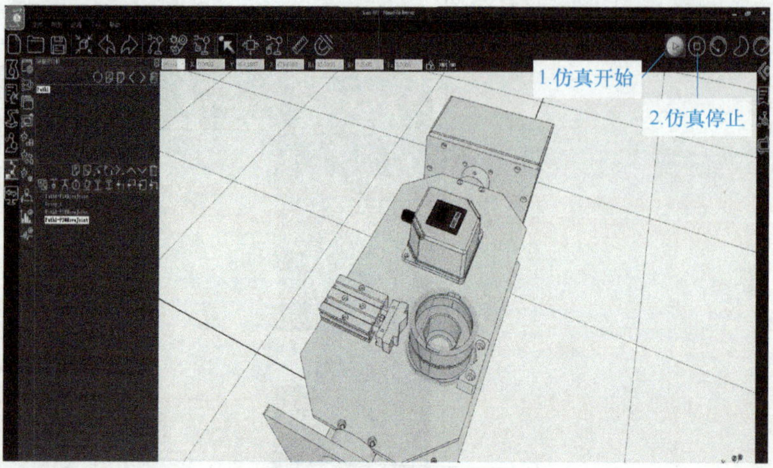 1.仿真开始 2.仿真停止

3. 习题页

1. 填空题
1）伺服电动机分为__________和__________两大类。 2）变位机常用于机器人作业中，变位机可以将__________旋转到理想的位置。
2. 实操题
1）简述直流伺服电动机特性。 2）简述交流伺服电动机特性。 3）简述变位机的作用。

任务十　创建井式供料模块模型

1. 知识页

工作任务	了解仿真软件相关知识	教学模式	理实一体
建议学时	1学时	所需设备、器材	Sim IPT软件
任务描述	1）常用仿真软件了解及仿真软件分类 2）仿真软件涉及技术	更多资料	创建井式供料模块模型

任务实施

1. 常用仿真软件（表2-2）

表2-2　支持机械产品开发的数字化仿真软件

软件名称	公司名称	主要应用领域
金银花V-CNC	广州红地技术有限公司	数控编程及加工仿真系统
PAM-CAST、PROCAST	法国ESIGroup	铸造成形仿真系统
PAM-CRASH	法国ESIGroup	碰撞、冲压仿真软件
MATLAB	美国MathWorks. Inc	控制系统仿真语言及系统
SIMPACK	德国INTECGmbh	机械系统运动学、动力学仿真系统
ANSYS	美国ANSYS, Inc.	结构、热、电磁、流体、声学等仿真软件
Moldflow	美国MoldflowPtyLtd.	注射模具成形仿真软件
Z-MOLD	郑州大学	塑料模具仿真分析软件
COPRA	德国DataMSoftwareGm	辊压成形仿真软件

2. 仿真软件涉及技术

评价仿真软件性能的重要标准：能否与数字化设计与制造软件之间实现信息资源共享、减少重复建模工作。目前多数的仿真软件都具备这样的标准。另外，CATIA、UG、Creo等高端数字化设计与制造软件纷纷向支持产品生命周期管理（Product Lifecycle Management，PLM）的方向发展，除设计与制造功能模块外，也集成了很多仿真模块，使用户在相同的软件环境下完成产品的设计、分析、制造及装配等环节的开发，有利于加快开发速度，提高开发质量。

现代仿真软件开发广泛采用以下技术：

（1）开放式结构　数据结构标准化，使软件能适用于多种网络接口、通信标准和操作系统，提高系统的适应性和可维护性。

（2）“事件驱动”的编程方法　早期的“顺序驱动”程序结构缺少灵活性，而“事件驱动”将复杂多变的、与仿真对象有关的数据和结构信息作为驱动事件分离出去，主程序采用通用性强、相对固定的程序结构，使系统灵活性增加。

（3）模块化建模　模块化建模是实现事件驱动编程的基础，可以提高代码利用率，有利于减少软件规模，适应面向对象编程。

（4）数据处理技术　数据是仿真的基础，仿真系统的运行实际是数据的交互活动。仿真数据有关系数据（模型参数、监控信息等）和实时数据（仿真运行中产生的数据）。

3. 仿真软件分类

从应用角度，仿真软件可分为：

1）基于仿真语言的仿真软件：应用较为广泛，缺乏针对性，用户需要有一定的专业知识、建模能力及编程技巧，仿真模型开发的工作量也大。GPSS、Scripture、SLAM 都是有代表性的仿真语言。

2）基于专用仿真环境的仿真软件：可以使用户的精力集中于系统分析及建模，有利于提高仿真效率和仿真质量。

3）另外，机械产品种类繁多，工作原理及系统结构不尽相同，成形方法各异。与此相对应，也存在着不同类型适合不同领域的仿真软件。例如：运动学仿真软件、动力学仿真软件、结构热设计仿真软件、数控编程机加工仿真软件、生产线及装配线仿真软件、注塑模具成型仿真软件、铸造成形仿真软件、冲压成形仿真软件、流体传动仿真软件、物流系统仿真软件、生物力学仿真软件等。

4. 工业供料装置的应用

工业供料装置是一种在生产流程中，可把块状、颗粒状物料从贮料仓中均匀、定时、连续地给到受料装置中的机器。它广泛应用于冶金、电力、煤炭、化工、建材、运输等工业部门。图 2-49 所示为工业供料装置的应用。

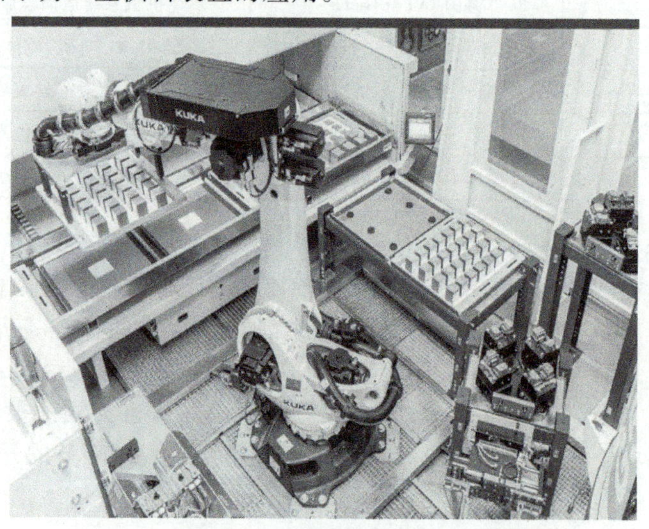

图 2-49　工业供料装置的应用

图 2-50 所示为振动盘供料装置，振动盘是一种自动组装或自动加工机械的辅助送料

设备。它能把各种产品有序地排列出来，配合自动组装设备将产品各个部位组装起来成为完整的一个产品，或者配合自动加工机械完成对工件的加工。振动盘料斗下面有个脉冲电磁铁，可以使料斗做垂直方向振动，由倾斜的弹簧片带动料斗绕其垂直轴做扭摆振动。料斗内零件由于受到这种振动而沿螺旋轨道上升。在上升的过程中经过一系列轨道的筛选或者姿态变化，零件能够按照组装或者加工的要求呈统一状态自动进入组装或者加工位置。其工作目的是通过振动将无序工件自动有序定向排列整齐、准确地输送到下道工序。

图 2-50　振动盘供料装置

（1）传统振动盘　工业生产中，图 2-51 所示传统振动盘是一种常见的上料设备，用于将物料进行分离、排列和输送。传统振动盘的工作原理是基于振动力的运用。一般情况下，振动盘由电动机、振动器和物料储存仓组成。电动机通过振动器将振动力传递到振动盘上，使得盘上的物料产生振动运动。通过调整振动器的频率和振幅，可以控制物料的振动情况和输送速度。在振动的过程中，物料会根据其重量、形状和尺寸的差异，自动分离和排列，以实现有效的上料作业。

图 2-51　传统振动盘

传统振动盘振动大，容易出现卡料、叠料和划伤的现象，一台传统振动盘只能处理单一类型的物料，不能兼容其他物料，还会存在薄片类配件叠片、分不开的情况，但是传统振动盘成本低、体量大，所以传统振动盘更适合机械“硬”自动化，量大单一的产品。

（2）柔性振动盘　柔性振动盘是一种灵活度高、可定制的柔性上料装置，通过有规律、有频率的振动物料，使物料达到生产所需的姿态，通过视觉系统帮助机械手更好地抓取、上料，多适用于解决部分物料因为尺寸和形状差异而造成的工件难上料问题，是柔性供料单元中不可或缺的一部分。

柔性振动盘是利用共振和相干波的干涉原理，来达到物料向某一方向移动形成排列的过程。柔性振动盘的动力源是音圈电动机，通过柔振盘的控制器来控制音圈电动机的振动频率和振动方向，使物料处于活跃（易运动）状态。图 2-52 所示为柔性振动盘。

图 2-52　柔性振动盘

柔性振动盘的优缺点：

兼容性强：适用多种零件，复杂的几何形状、表面镀层怕刮伤、薄片类、异形零件等99%的零件可兼容。

柔性生产：供料系统无须更换硬件，程序一键切换生产品种，迎合小批量、多品种的柔性生产需要。

不卡料低磨损：基于三轴振动技术，振动幅度和振动频率可调，温和地进给零件，无长时间振动，降低表面损伤，无卡料隐患。

柔性振动盘的缺点是造价相对更高，需要更高的预算。柔性振动盘与传统振动盘的对比见表 2-3。

表 2-3　柔性振动盘与传统振动盘的对比

柔性振动盘	传统振动盘
解决了薄片类配件的上料问题 兼容多种不同形状物料 换料快，不卡料不返料 温和振动，无损上料 支持定制，质量有保证	薄片类配件容易叠片，分不开 物料品种单一，不兼容异形物料 频繁卡料，耽误生产 物料之间和料道容易被刮伤

2. 任务页

工作任务	创建井式供料模块模型	教学模式	理实一体
建议学时	4 学时，其中相关知识学习 2 学时，学员实操 2 学时	所需设备、器材	Sim IPT 软件
任务描述	此模块的功能是将放入的物料推出，气缸要实现推出动作		
职业技能	1）熟练运用 Sim IPT 软件的平移、位置重合、合并、分解等基本功能 2）掌握建立平移关节的方法 3）熟练掌握场景对象的形状编辑方法 4）学习并完成工业机器人应用领域一体化教学创新平台井式供料模块模型创建		

任务实施	
步骤	图示
1）导入模型文件。首先，打开 Sim IPT 软件。单击软件界面左侧工具栏中的“建模”图标。在弹出的工具栏中单击“导入模型”图标，在弹出的对话框中选择“打开文件” 接着，在新弹出的窗口中，选择要打开的场景文件。在文件浏览器中浏览到所需的场景文件，并将其选中 最后，单击窗口底部的“打开”按钮，以打开选中的场景文件	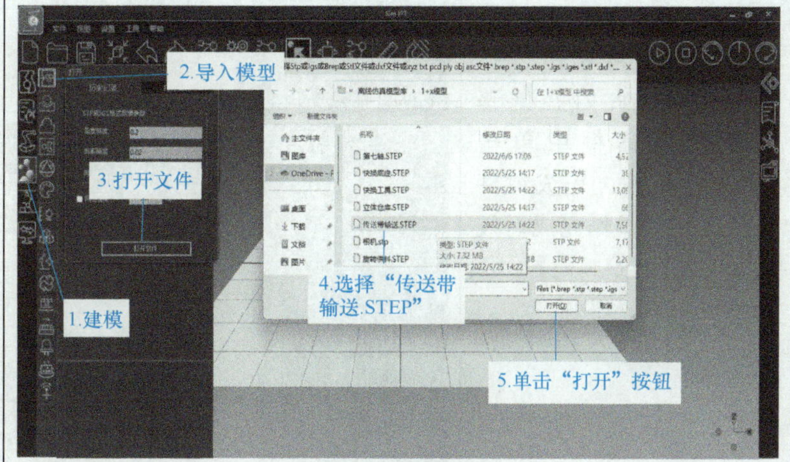

<table>
<tr><th>步骤</th><th>图示</th></tr>
<tr><td>2）调整视角至最佳。将 Ry 的参数调整为 -90 后，滚动鼠标滚轮缩放画面，按住并拖动鼠标右键调整到视角最佳状态</td><td>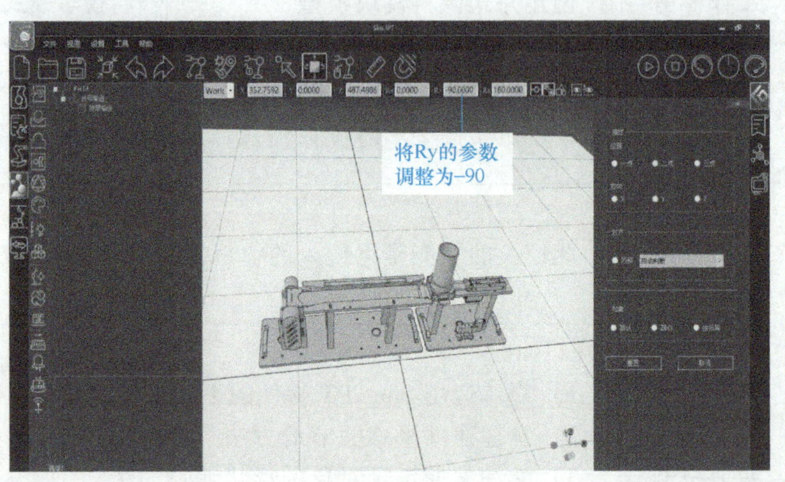
</td></tr>
<tr><td>3）工件整体拆分。在“建模”模式下，先选中快换模块，再单击“拆分”图标，此时在屏幕右侧的对话框中单击“拆分”按钮，完成组件拆分操作，操作完成后效果如右图所示</td><td>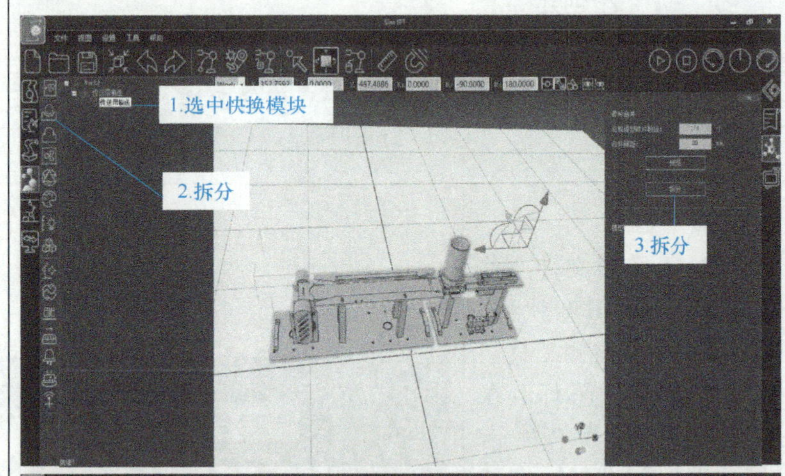

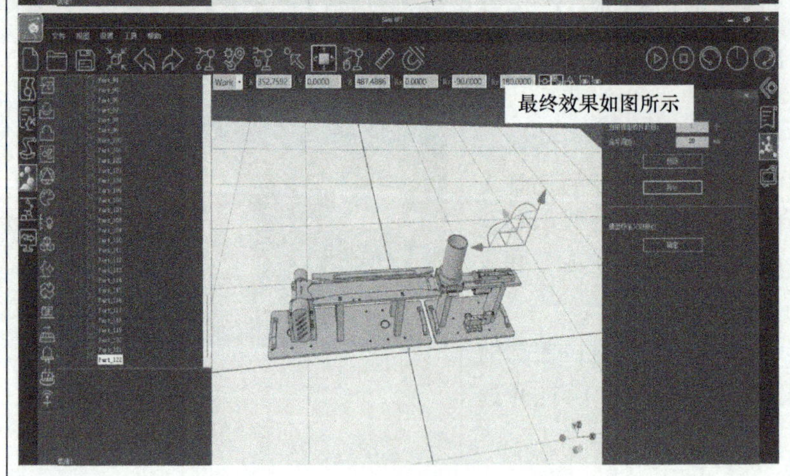
</td></tr>
</table>

步骤	图示
4）删除非工作组件。先单击“平移旋转”图标，<Shift>键+鼠标左键选中非工作组件，按<Delete>键将其删除，剩余部分如右图所示	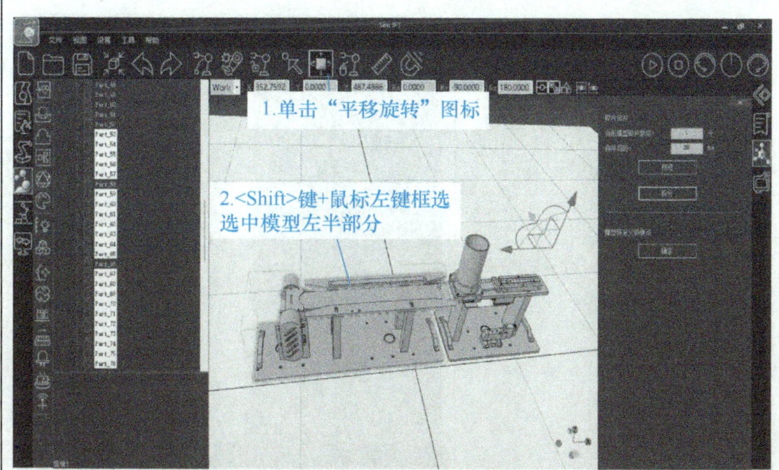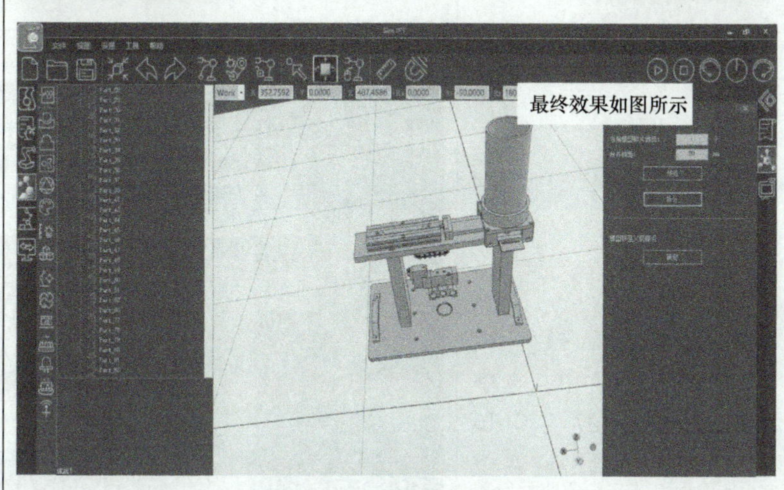
5）给物料上色。单击“材质”图标，在右侧单击“色板”图标，选中白色0给所有组件上色	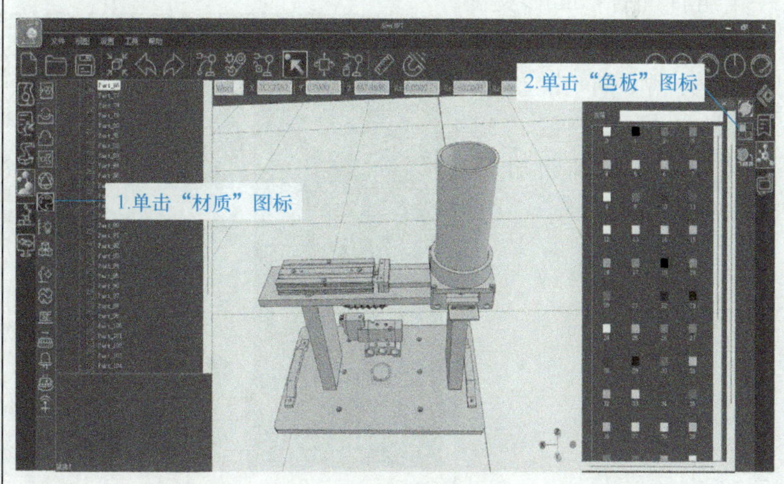

步骤	图示
6）仿真。单击右侧菜单栏中的“预览”图标，在弹出的选项卡中选择“玻璃”材质，将其拖动至如图所示位置，结果如图所示	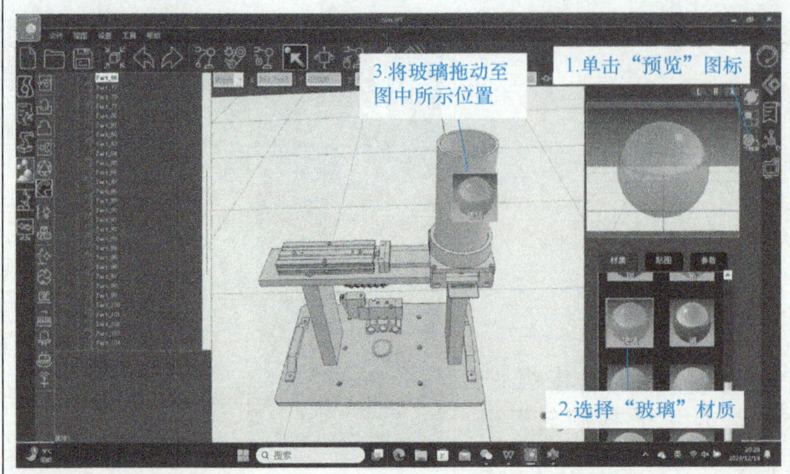
7）工件组合操作 1。在左侧所有组件中，选中 Part_36 和 Part_37（<Ctrl>键+鼠标左键单击这两个组件或者鼠标左键单击第一个组件配合<Shift>键+鼠标左键单击第二个组件均可实现，单击左侧“建模”模式下的“组合”图标，得到组合后的组件 Part	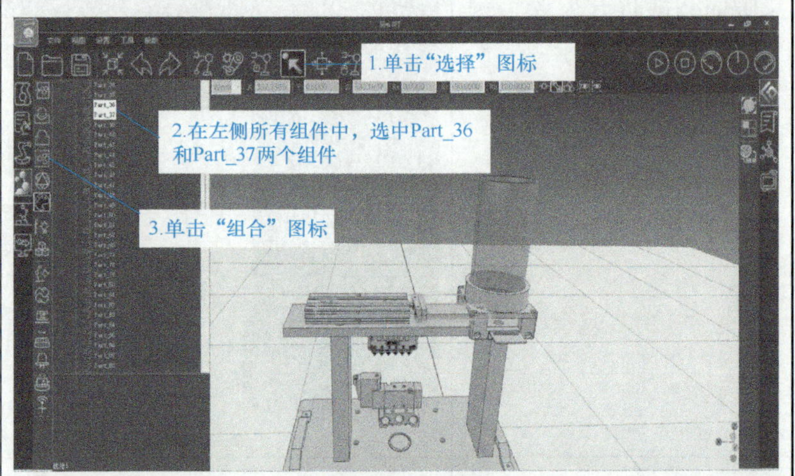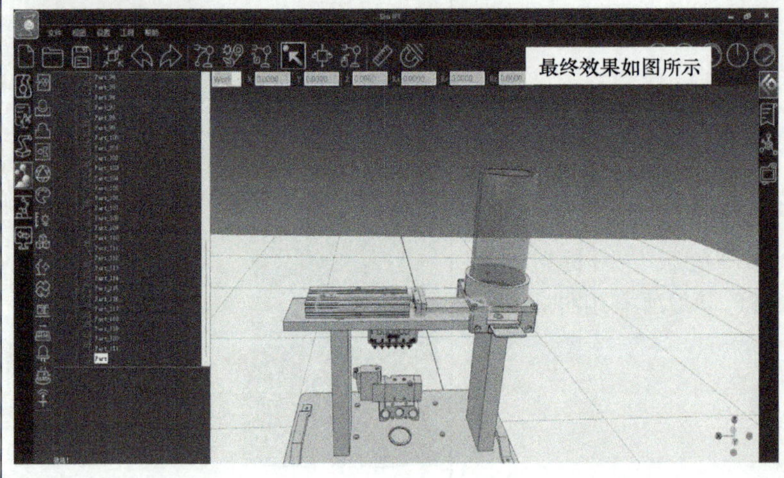

步骤	图示
8）工件组合操作 2。在左侧所有部件中，选中除 Part 外的所有组件（<Ctrl>键+鼠标左键单击所有组件或者鼠标左键单击第一个组件配合<Shift>键+鼠标左键单击末尾组件均可实现），单击左侧“建模”模式下的“组合”图标，得到组合后的组件 Part_0	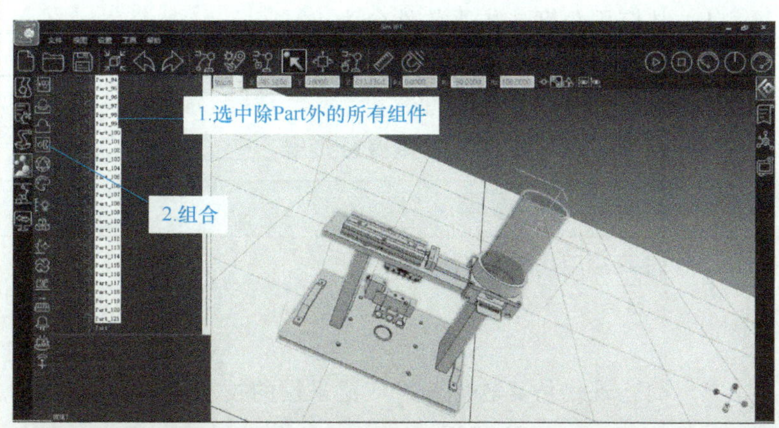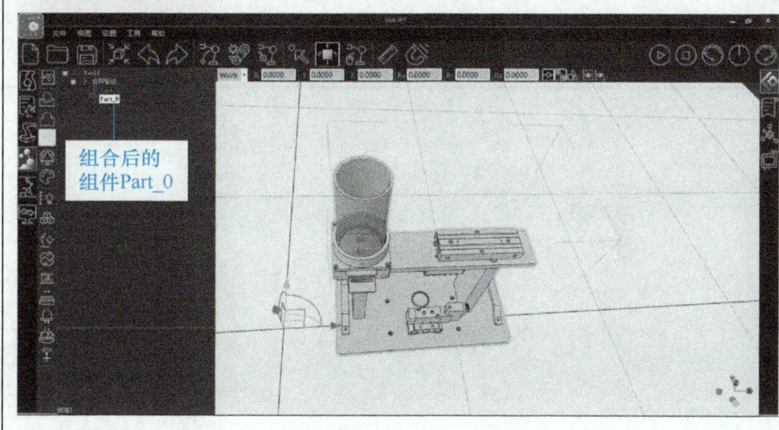
9）保存组件。依次单击“文件”→“保存组件”，保存组件到相应目录下	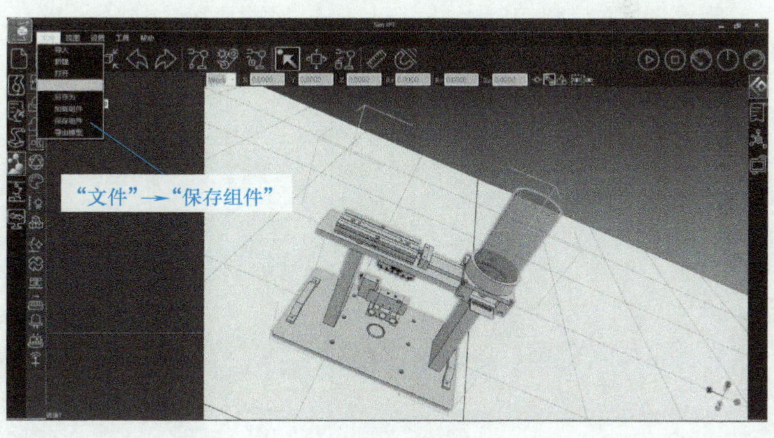

3. 习题页

1. 填空题

1）从应用角度，仿真软件分为__________、__________两类。

2）数据结构标准化，使软件能适用于__________、__________和__________，提高系统的适应性和可维护性。

3）评价仿真软件性能的重要标准是__________、__________。

2. 简答题

1）列举常用仿真软件。

2）简述现代仿真软件开发广泛采用的技术。

项目三

工业机器人仿真应用案例

项目导入

虚拟仿真技术在工业机器人中得到了良好应用，并将成为工业机器人发展的重要支撑。工业机器人技术包含一系列将基础理论和工作方法相结合的技能，例如基础知识、机器人的操作和编程、各个行业的工作操作以及自动生产线，遵循着工业机器人的指南，在工业机械的应用领域中，虚拟模拟器技术起着非常重要的作用。当前，常用的虚拟仿真软件包括 RobotArt、RobotMaster、Sim IPT、RobotWorks、ROBCAD、DELMIA、RobotStudio、RobotMove、RobotSim 等。其中 Sim IPT（智能产线规划与数字孪生仿真软件）是博诺机器人联合多家科研单位历时 6 年研发的一款自主知识产权的产线分析与规划软件，在虚拟环境中对机器人、制造过程进行仿真，真实地模拟生产线的运动和节拍，实现智能制造生产线的分析与规划，及时发现系统运行中存在的问题和有待改进之处，减少后续生产执行环节对实体系统的更改和返工次数，具有丰富的 3D 设备库，支持用户模型导入和定制、物理传感器仿真、机器人离线编程、便捷的拖曳操作、大场景的优秀仿真效果、强大的 API 和数字孪生开发功能等，适用于企业智能制造生产线规划设计、院校的产线学习，降低安全风险，节约经费，提升效率。

在许多工业机器人仿真技术中，可能会产生以下的问题：由于工业机器人数量有限，没有足够的资源来购买大量的机器人以满足其生产的需求，而机器人的虚拟模拟器技术可以有效地解决这些问题，因为模拟虚拟器技术可以弥补工业机器人生产资源的不足。

本项目主要针对工业中的典型应用进行仿真设计，包括：

1）工业机器人涂胶仿真应用编程。

2）工业机器人码垛仿真应用编程。

3）工业机器人搬运仿真应用编程。

4）外部轴+第七轴移动应用编程。

本项目的重点是如何在仿真软件中导入模型，搭建场景并完成路径规划，建立关键点实现仿真作业。

任务一　工业机器人涂胶应用仿真

1. 知识页

工作任务	工业机器人涂胶应用仿真	教学模式	理实一体
建议学时	4 学时，其中相关知识学习 2 学时，学员实操 2 学时	所需设备、器材	Sim IPT 软件
任务描述	在软件中搭建机器人涂胶应用场景，并通过编程在虚拟环境中实现机器人涂胶作业	更多资料	工业机器人涂胶应用仿真
任务实施			

1. 涂胶工作站的认识

机器人涂胶工作站如图 3-1 所示，主要包括机器人、供胶系统、涂胶工作台、工作站控制系统及其他周边配套设备。该工作站自动化程度高，适用于多品种、大批量生产，可广泛地应用于汽车风窗玻璃、汽车摩托车车灯、建材门窗、太阳能光伏电池涂胶等场景。

图 3-1　机器人涂胶工作站

2. 涂胶工作站的工具要求

机器人涂胶工艺应用中，一般使用的都是固定涂胶枪，如图 3-2 所示，也就是工业机器人搬运工件到固定胶枪位置完成涂胶工作，涂胶完成后，机器人再将已涂胶的工件安装到待黏合的工件上。使用固定涂胶枪，机器人不仅能够完成涂胶任务，还能完成搬运、装配任务，从而避免了机器人只做单一应用，能够提高机器人利用率。

图 3-2　涂胶工作站的工具要求

3. 机器人涂胶

(1) 抓线　抓线就是抓取工件上的加工路径线体。单击“切割”→“抓线”图标，右侧弹出抓线对话框，如图 3-3 所示。

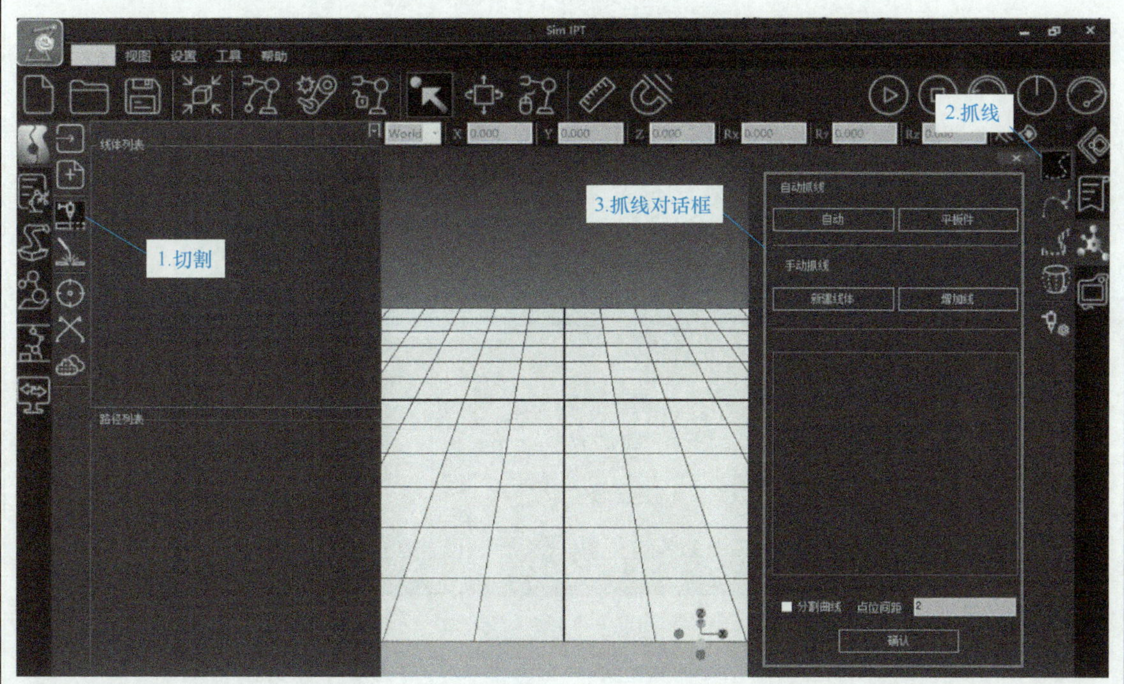

图 3-3　抓线

1) 自动抓线。单击“自动抓线”下的“自动”按钮，软件将自动识别布局中的工件，进行自动抓线。

2）手动抓线。单击“手动抓线”下的“新建线体”按钮，在工件上选择路径的第一点，按<Space>键，在第一点上会出现两个箭头，如图 3-4 所示，该箭头显示的是路径加工方向，选择加工方向，再按<Space>键，路径线体抓取完成。该抓线会自动抓取闭合路径线体，如抓取过多，按<Backspace>键删除路径线体上的多余点。抓取完成一个路径后，再单击“新建线体”按钮或按<Enter>键，即可再次抓线。

所有路径抓取完成后，抓取的线体会临时存放在合并组件下的列表中，选择所有路径线体，单击“确认”按钮，将抓取的路径线体传输到“线体列表”中，如图 3-5 所示。

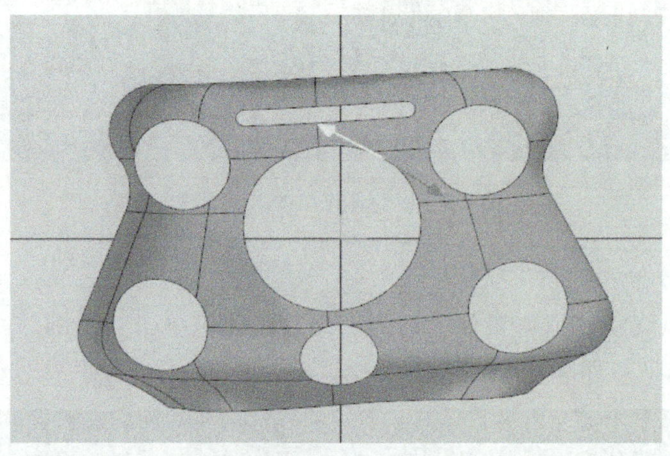

图 3-4　手动抓线

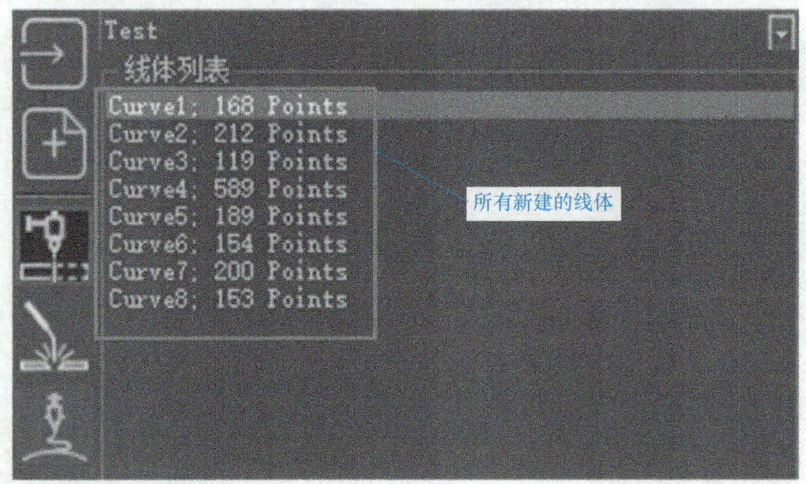

图 3-5　线体列表

（2）寻位的作用　寻位是指在焊接过程中，使用一次或多次寻找来定位焊缝的过程，通过在焊接之前移动焊接机器人或编辑机器程序路径来准确定位将要焊接的接头。在焊接寻位场景中，选择两个相交的平面，单击“确定”按钮，然后在一个平面上选择靠近交线一点，单击“确定”按钮，单击“创建线体”按钮，会生成机器人寻位的线体，如图 3-6 所示。选择线体生成法向，法向策略选择为角平分线，法向生成后导入设备。

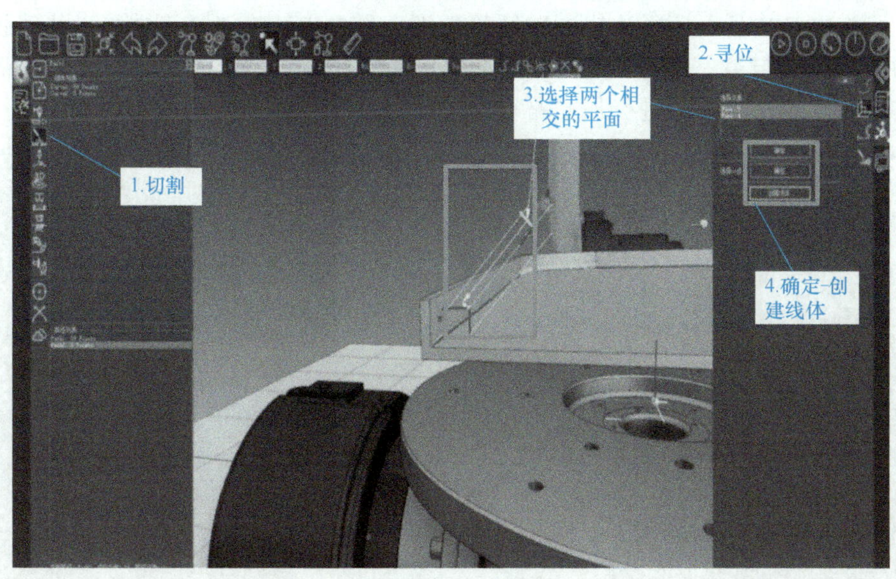

图 3-6　寻位列表

（3）调整路径的作用　生成法向是为了将抓取成的路径线转换成加工路径。选择抓取完的线体，单击"焊接"→"调整路径"图标，右侧弹出转换路径对话框，如图 3-7 所示。

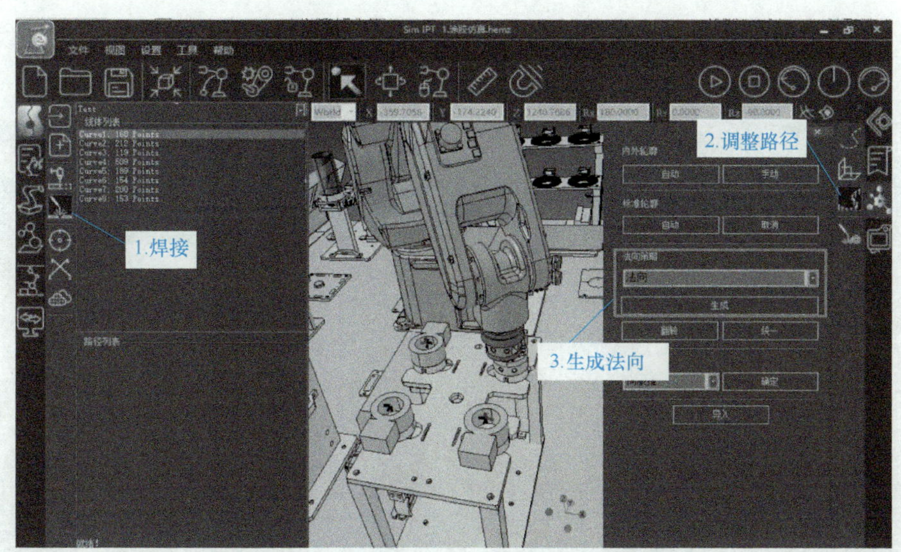

图 3-7　生成法向

根据工件的加工路径特征，先判断该路径是内轮廓还是外轮廓，可自动判断，也可手动判断，再选择法向、平面曲线、水平曲线、角平分线和坡口的生成策略，选择完后单击生成法向，路径列表下就会出现刚生成的路径，如图 3-8 所示。再根据加工路径，选择"线体列表"下的路径，单击"翻转"法向按钮，选择加工法线方向。若多条路径法线方向一致，可先将其中任一路径法线方向调整正确，再单击转换路径下的统一法线按钮，多条路径的法线就会与第一个正确路径法向匹配。法线确定完成后，单击“调整路径”图标，将路径导入到仿真端口进行加工路径的调试。

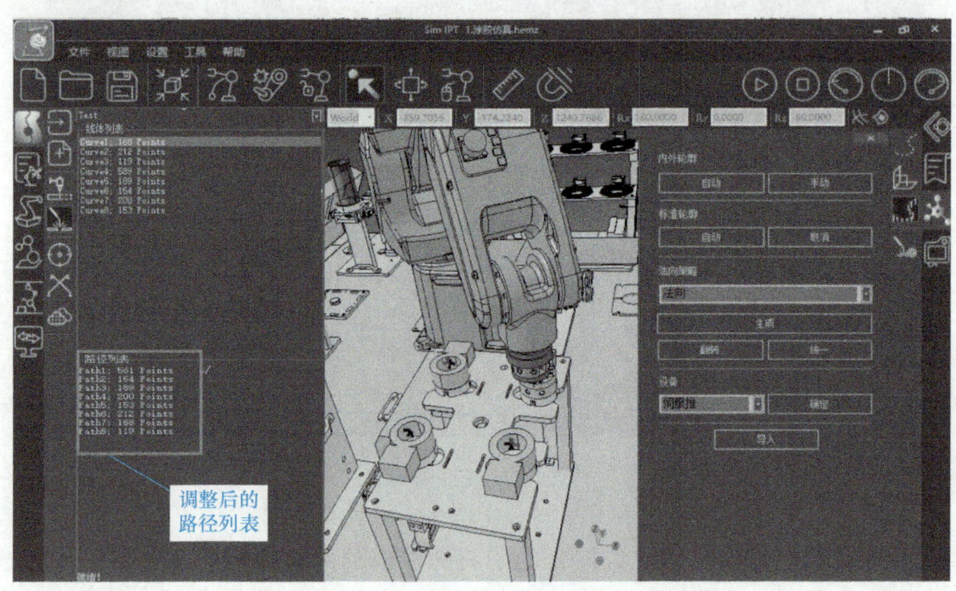

图 3-8　路径列表

（4）路径引导　路径引导是生成路径时的引线参数设置，如引入线、引出线长度类型设置，如图 3-9 所示。

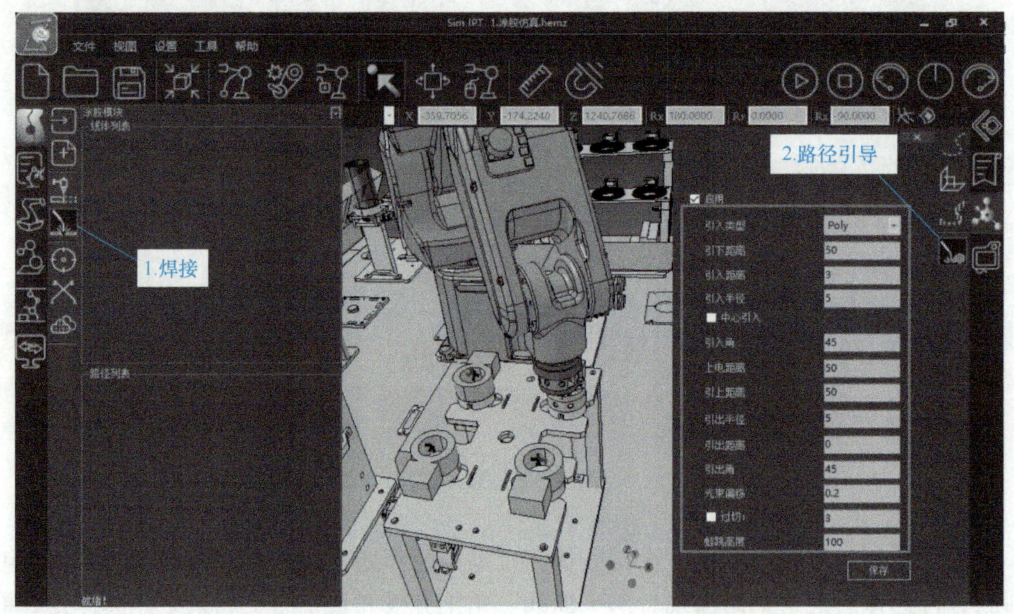

图 3-9　路径引导

2. 任务页

工作任务	工业机器人涂胶应用仿真	教学模式	理实一体
建议学时	4 学时，其中相关知识学习 2 学时，学员实操 2 学时	所需设备、器材	Sim IPT 软件
任务描述	在软件中搭建机器人涂胶应用场景，并通过编程在虚拟环境中实现机器人涂胶作业		
职业技能	1）掌握工业机器人应用领域一体化教学创新平台模型搭建的方法 2）学习虚拟工业机器人的路径规划方法 3）掌握虚拟工业机器人的编程方法并完成工业机器人涂胶任务		

任务实施

步骤	图示
1）导入模型。首先，单击菜单栏中的“文件”选项，然后选择“打开文件”，单击“打开文件”按钮。在个人存储文件目录中找到并选中“涂胶仿真”文件，并单击“打开”按钮 右图显示了导入的标准平台模型的初始状态	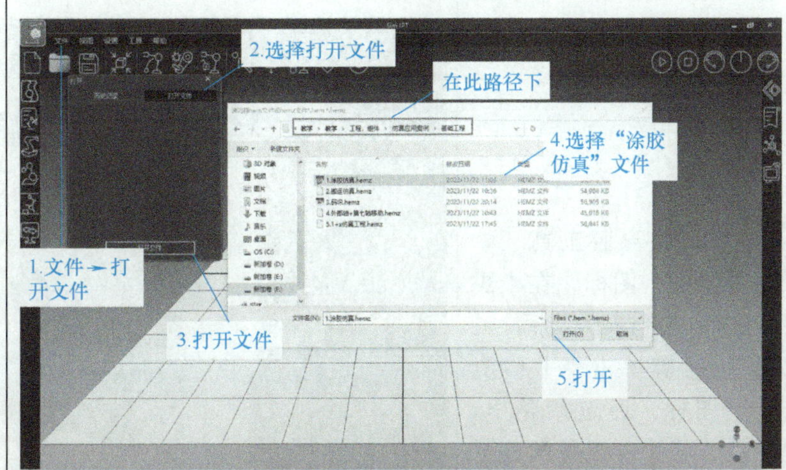 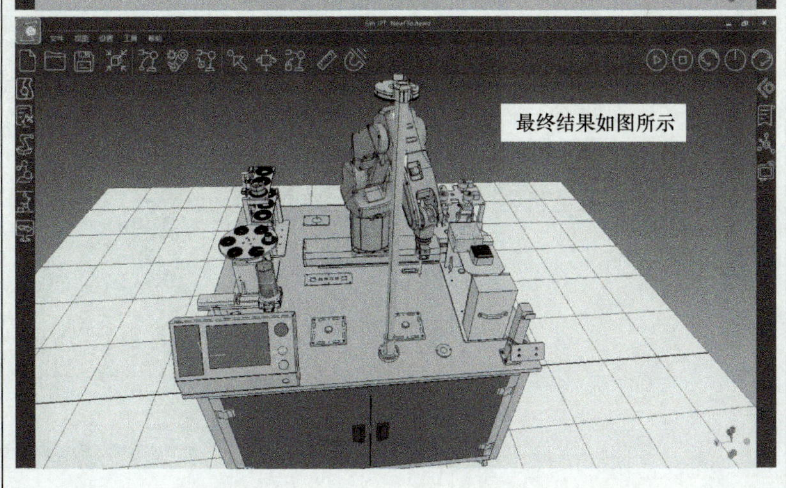

步骤	图示
2）导入涂胶模块。单击“加工”→“导入工件”图标，然后选择“打开文件”，单击“打开文件”按钮。在个人存储文件目录中，选择“涂胶模块”文件，再次单击“打开”按钮	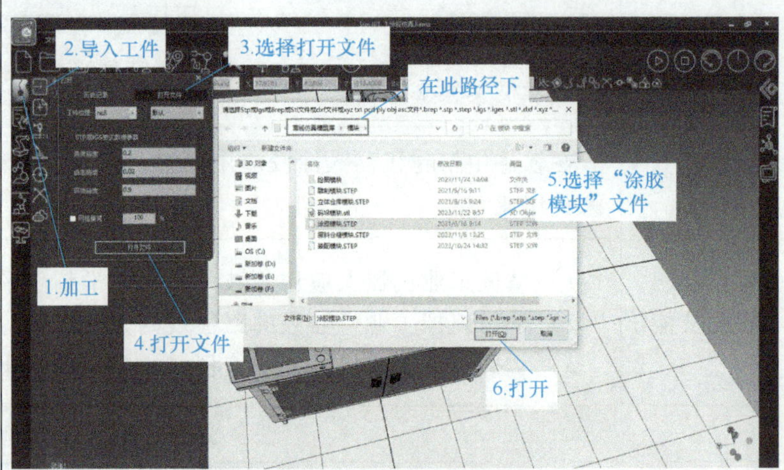
3）调整涂胶工具。单击“建模”图标，在“快换工具”下选中“涂胶工具”。接着单击“平移旋转”图标，通过调整 Rx 角度，将涂胶工具调整至右图所示 使用一点法，调整坐标系位置，并在步骤 5）之后再次使用“平移旋转”将涂胶模块移动至机器人末端	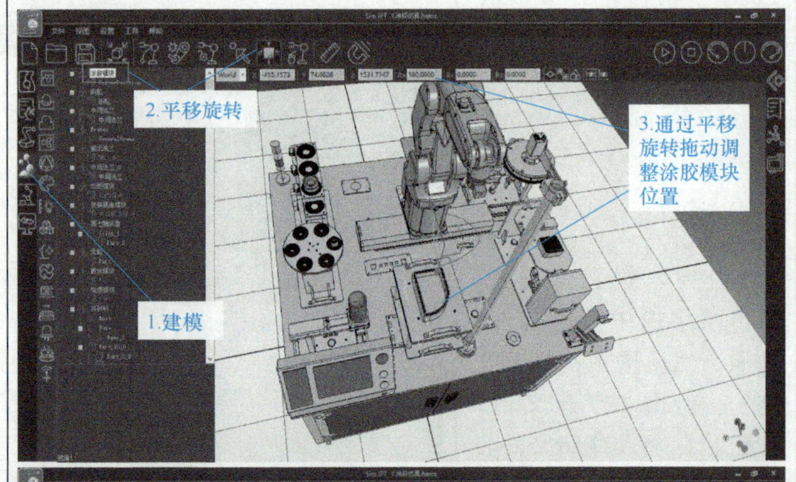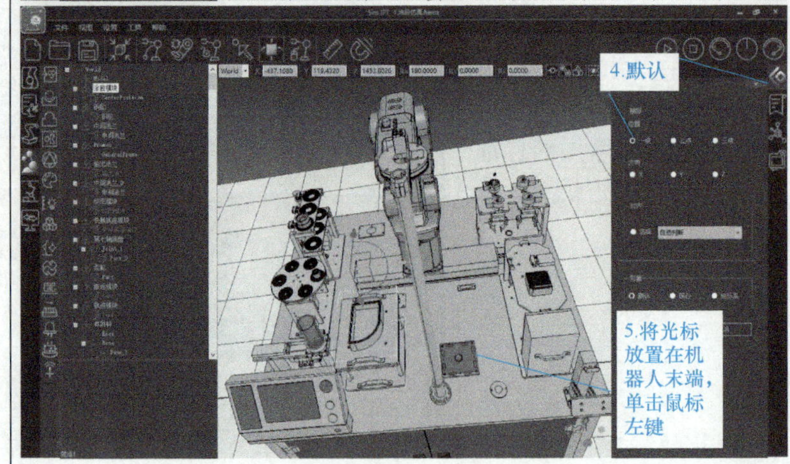

步骤	图示
最终效果如右图所示	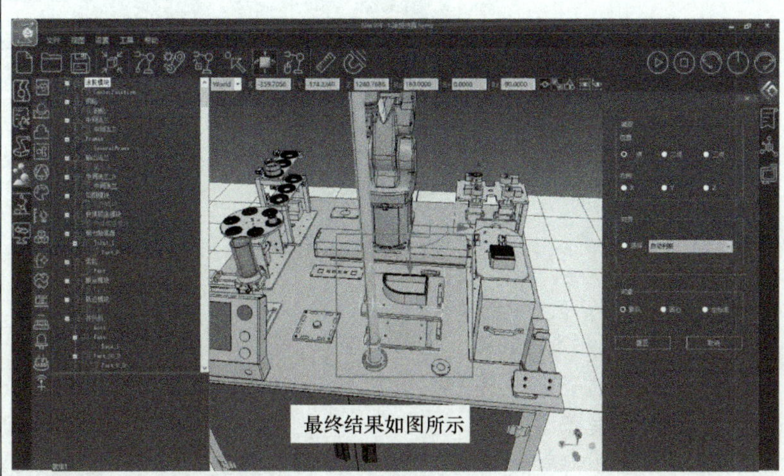
4）调整涂胶模块 1。单击“规划”图标，在下拉列表框中选择“ER3-600 机器人”。接着新建一个 PTP 点，记录机器人的初始状态。选中该节点后再单击右侧的“示教”图标，将 A1 轴调整为 90°	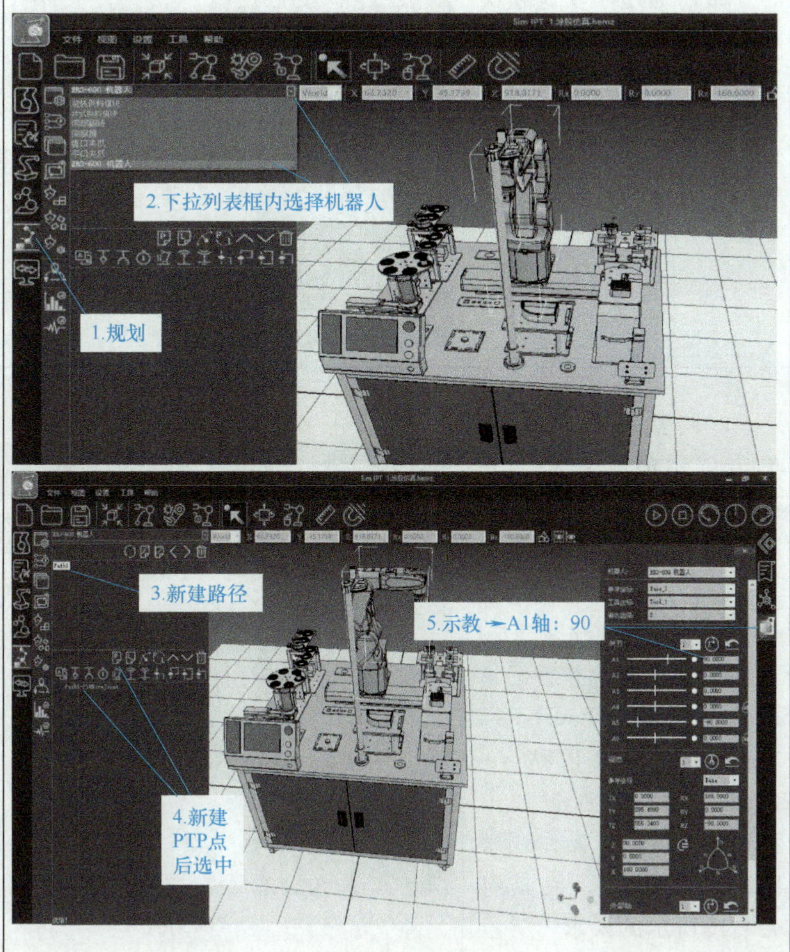

<table>
<tr><th>步骤</th><th>图示</th></tr>
<tr><td>接下来，单击“新建PTP点”图标，记录机器人此时的运动姿态，并在单击“选中末端”图标后，使用一点法调整机械臂末端坐标系位置与圆心。最后通过手动调整实现如右图所示的最终效果</td><td>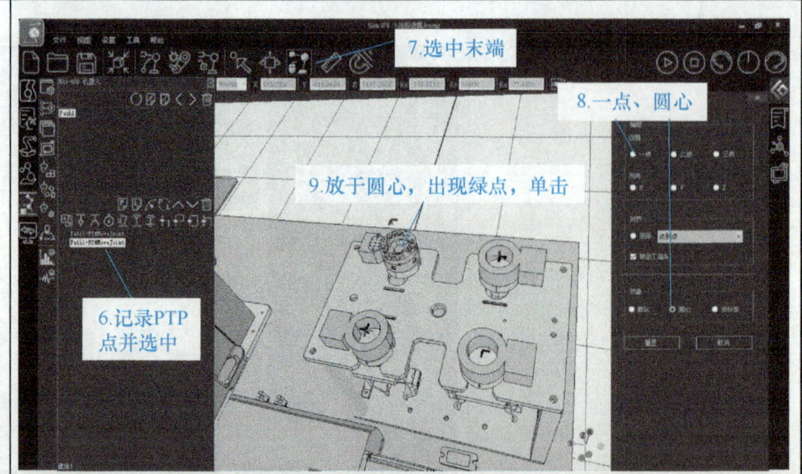

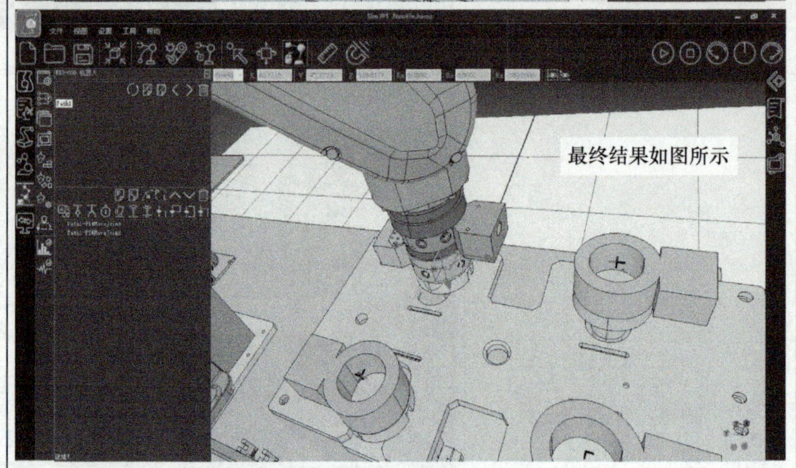
</td></tr>
<tr><td>5）调整涂胶模块 2。单击“示教”图标，并修改 A6 轴的角度，使机器人的快换工具和涂胶工具重合，记录一个 PTP 点
接着控制机械臂末端上移一段距离，并新记录两个 PTP 点（Path1-P4#MoveJoint、Path1-P5#MoveJoint）。然后，通过“上移”和“下移”操作调整 PTP 点的顺序，使其符合右图所示的要求</td><td>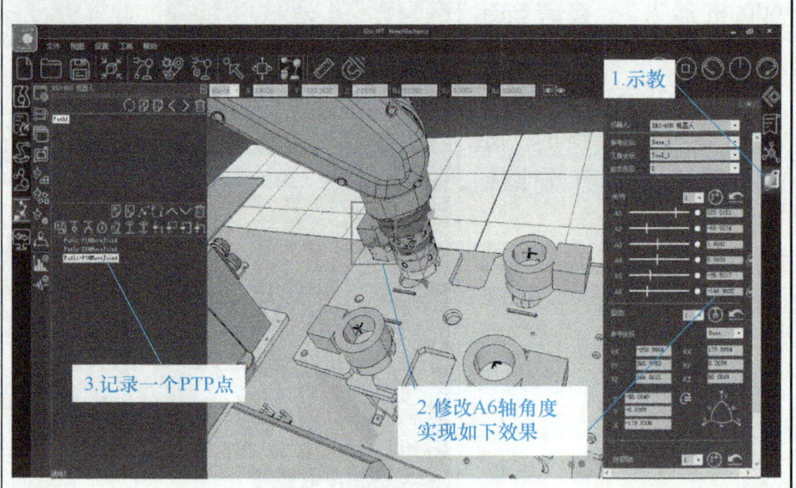
</td></tr>
</table>

<table>
<tr><th>步骤</th><th>图示</th></tr>
<tr><td>在选中 Path1-P3 MoveJoint 后，单击“装卸”图标，然后双击新生成的装卸指令。在右侧的功能界面中，选择“安装”并应用</td><td>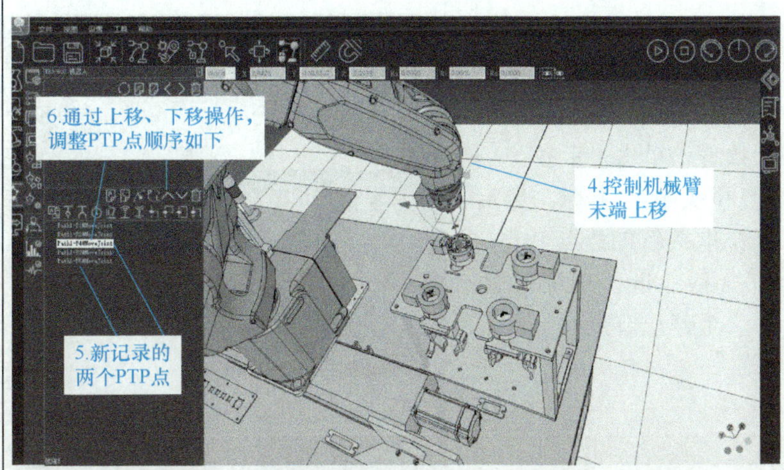

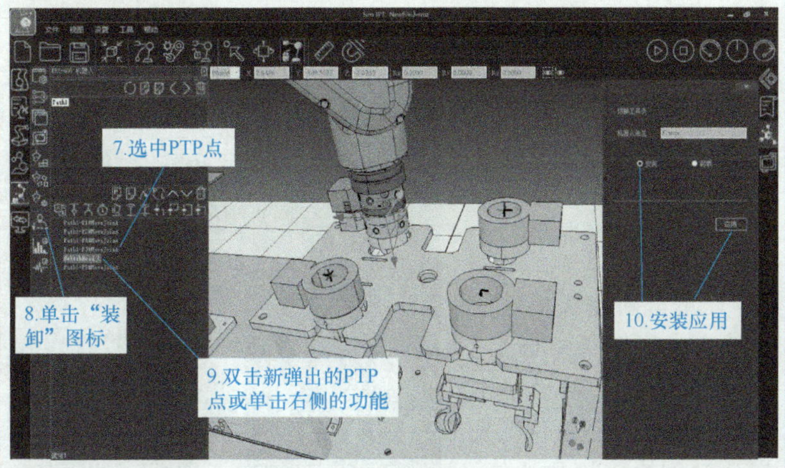
</td></tr>
<tr><td>6）调整涂胶模块 3。首先，将机械臂末端抬起，并新建一个 PTP 点</td><td>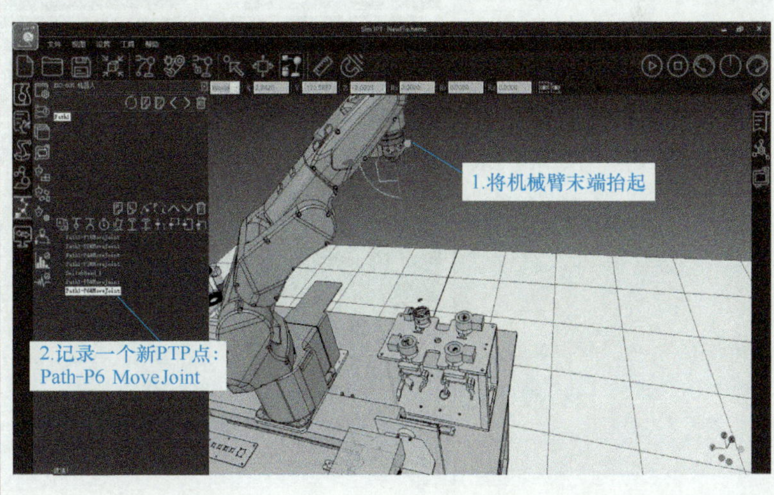
</td></tr>
</table>

<table>
<tr><th>步骤</th><th>图示</th></tr>
<tr><td>接着，单击“示教”→“复位关节”图标，然后再新建一个 PTP 点 Path1-P7 MoveJoint。最后，添加一个停止节点</td><td>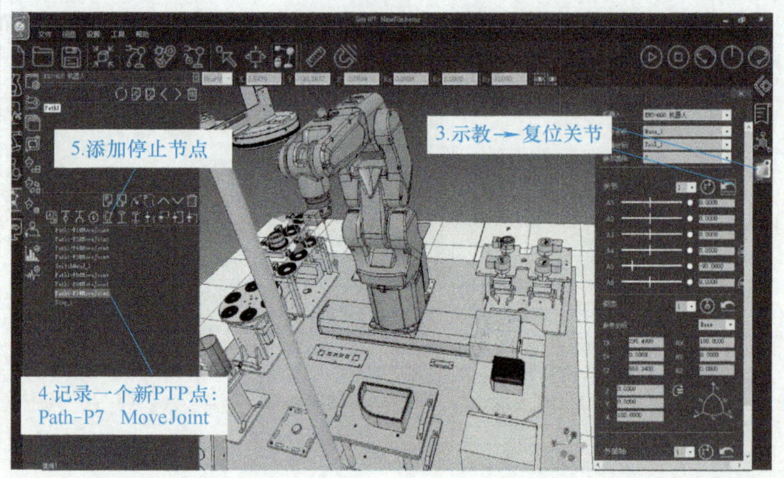
</td></tr>
<tr><td>7）单击新建线体。依次单击“选择”“加工”“焊接”图标，然后单击“新建线体”按钮并将光标移动到涂胶模块边缘，选中要生成的第一条线并单击“确定”
接着，对于新生成的线体单击“增加线”按钮并单击“确认”按钮。最后，单击“调整路径”图标</td><td>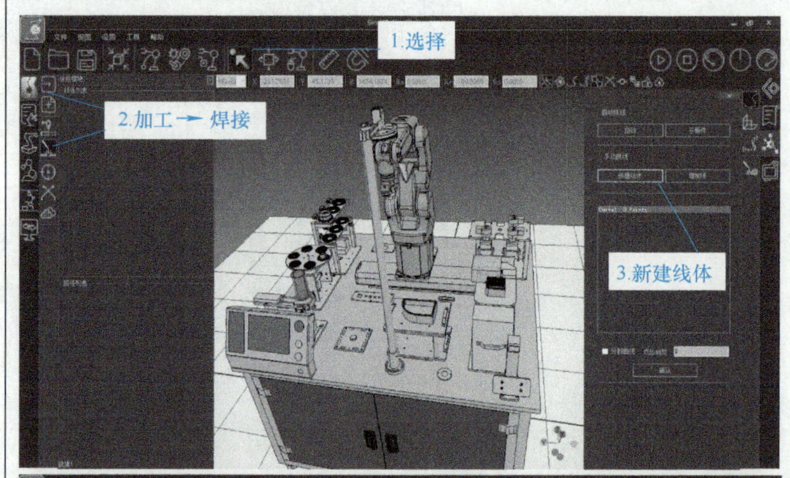

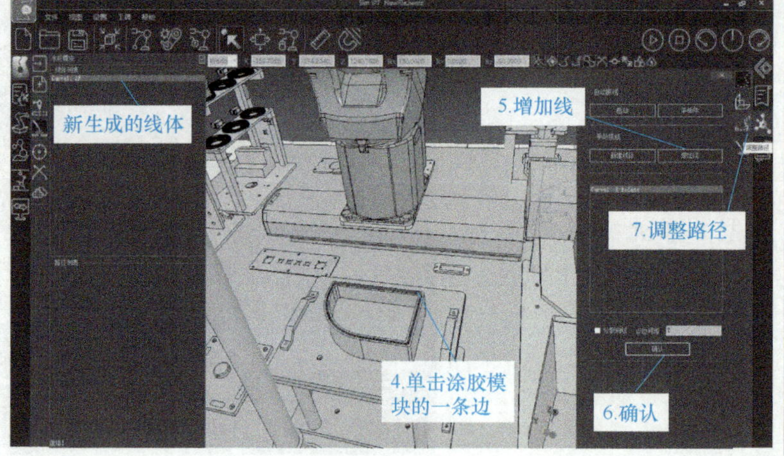
</td></tr>
</table>

步骤	图示
在新窗口中单击“生成”按钮并在设备选项中选择“ER3-600机器人”，然后单击“确定”按钮并导入配置	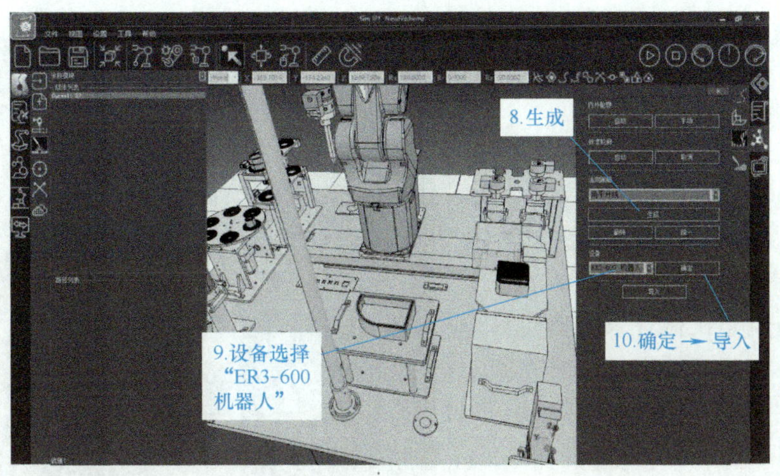
8）调整机械臂末端坐标。单击“建模”图标，然后单击“平移旋转”图标。在层次栏中选中机械臂末端下的Tool_1模型，并调整机械臂末端的坐标系，使其位于中间位置	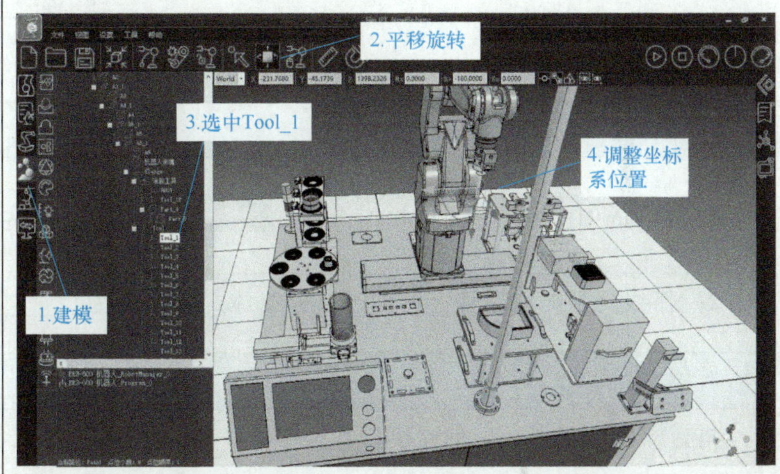
9）添加加工路径。单击“规划”图标，并调用程序（Call_1），将Call_1点移动到Step_1之前。然后双击Call_1，在右侧对话框中依次选择“加工路径”“涂胶模块”和“Path1”	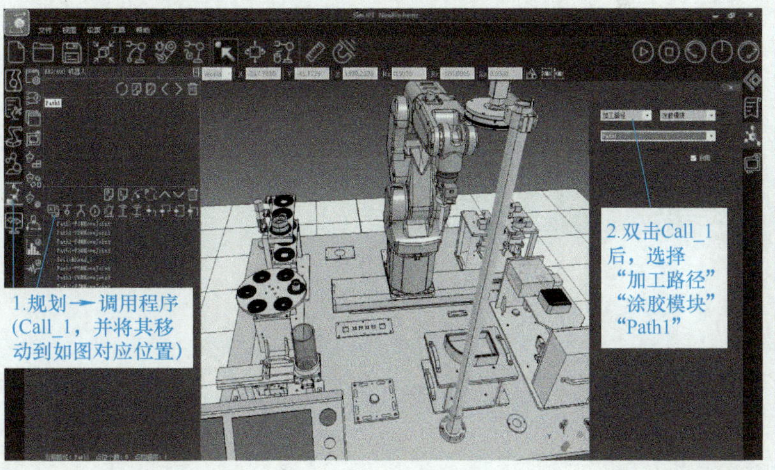

步骤	图示
10）运行。单击“仿真开始”按钮，运行涂胶程序。如果运行结果不理想，可以按照8）继续调整机械臂末端坐标系 运行结果如右图所示	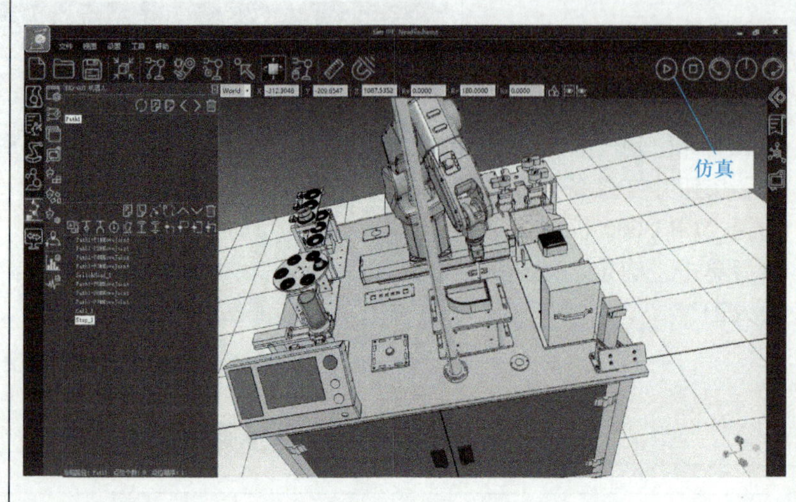

3. 习题页

1. 填空题
1）在 Sim IPT 中，仿真的按钮设置有[按钮图]，这些按钮依次表示________、________、________、________、________。 2）抓线就是抓取工件上的加工路径线体，抓线分为________和________。

2. 实操题
搭建涂胶应用平台，创建模型并按照图 3-10 所示路径完成涂胶仿真应用编程。 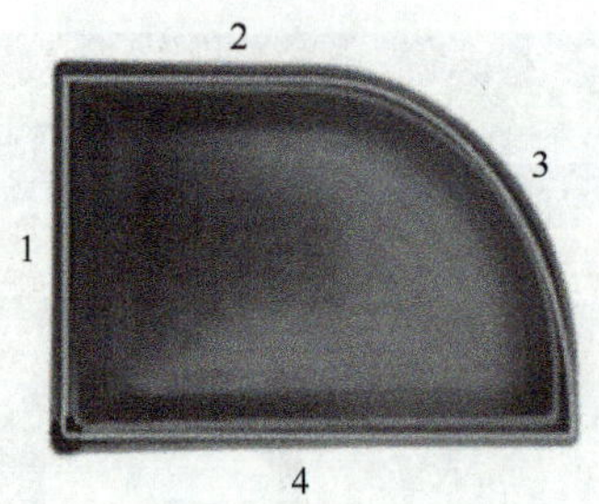 图 3-10　路径

任务二　工业机器人码垛应用仿真

1. 知识页

工作任务	工业机器人码垛应用仿真	教学模式	理实一体
建议学时	4 学时，其中相关知识学习 2 学时，学员实操 2 学时	所需设备、器材	Sim IPT 软件
任务描述	在软件中搭建机器人码垛应用场景，并通过编程在虚拟环境中实现机器人码垛作业		
任务实施			

生产线规划及仿真功能

（1）顶部标题栏　可选择不同的模块进行编程，如图 3-11 所示。

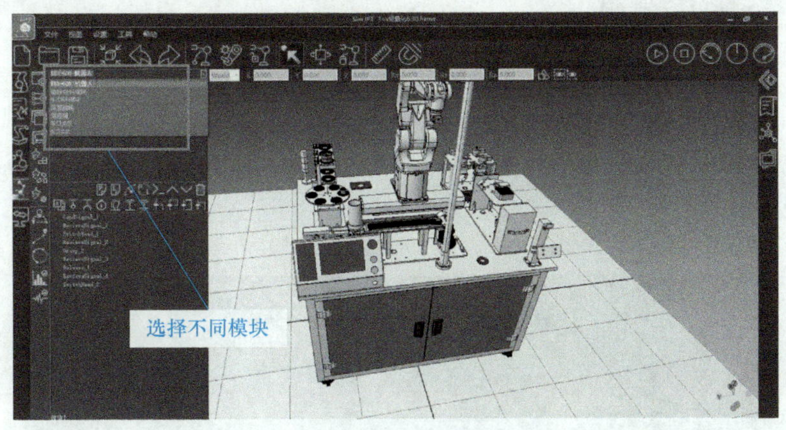

图 3-11　模块选择

（2）刷新　单击“刷新”图标，刷新规划里面未显示的功能提示，如图 3-12 所示。

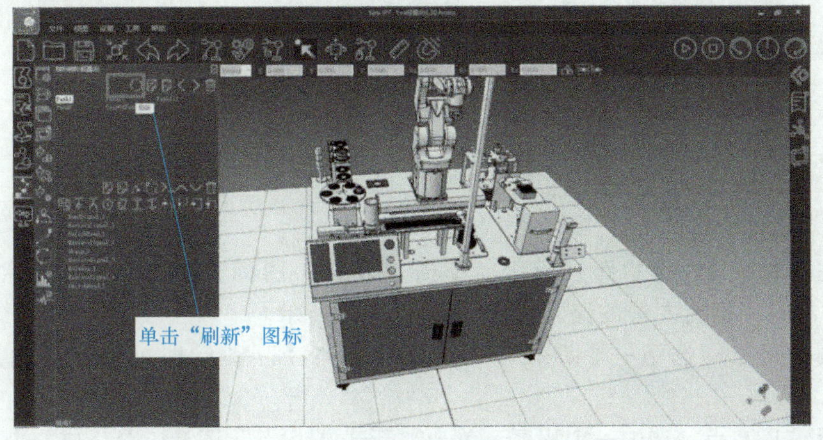

图 3-12　刷新

(3) 新建路径　单击“新建路径”图标后出现一个新生成的路径，如图 3-13 所示。

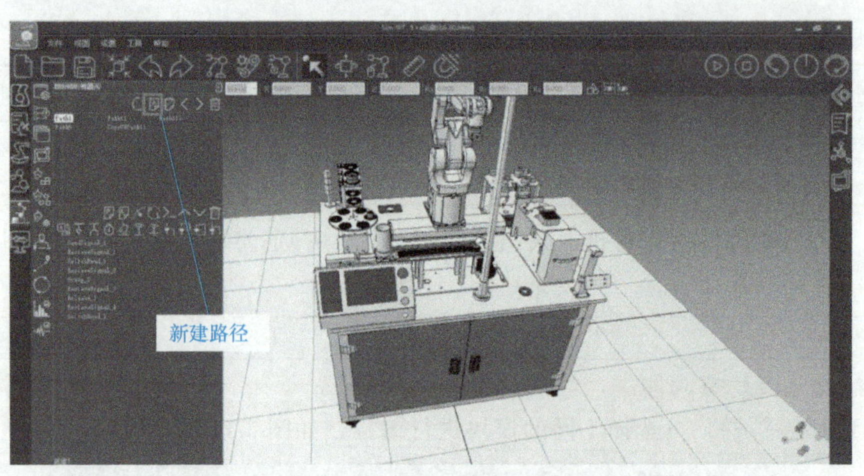

图 3-13　新建路径

(4) 复制路径　首先选中一个路径，然后单击“复制路径”图标会生成一个相同的路径，如图 3-14 所示。

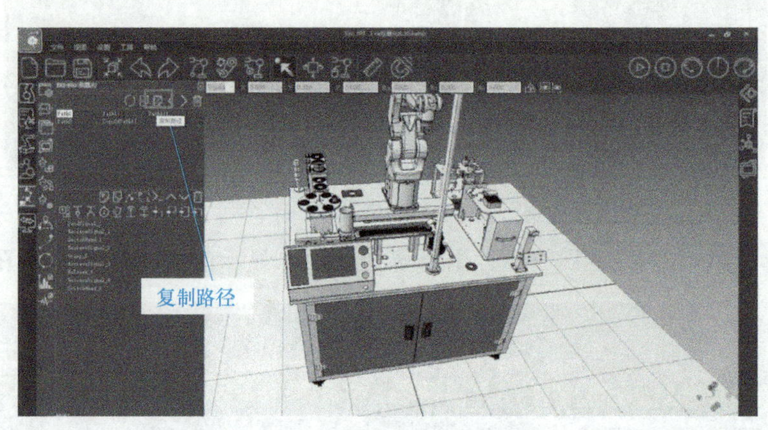

图 3-14　复制路径

(5) 左移和右移　选中路径程序，单击“左移”图标，路径程序就会往左边移动，程序运行时将首先运行左边的路径程序，如图 3-15 所示。

(6) 删除路径　选中一个路径，单击“删除路径”图标即可将其删除，如图 3-16 所示。

(7) 新建 PTP 点　选中一个程序，单击“新建 PTP 点”图标，会生成一个 PTP 属性的点位，如图 3-17 所示。

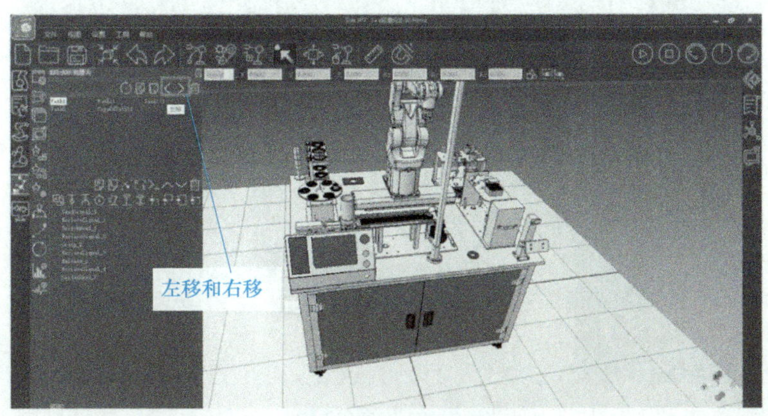

图 3-15　左移和右移

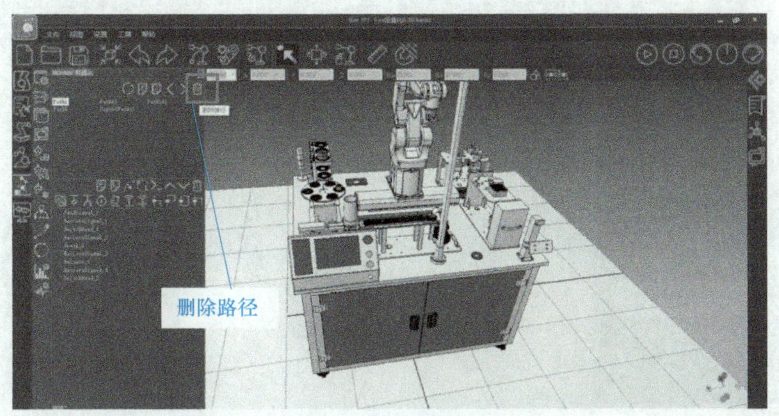

图 3-16　删除路径

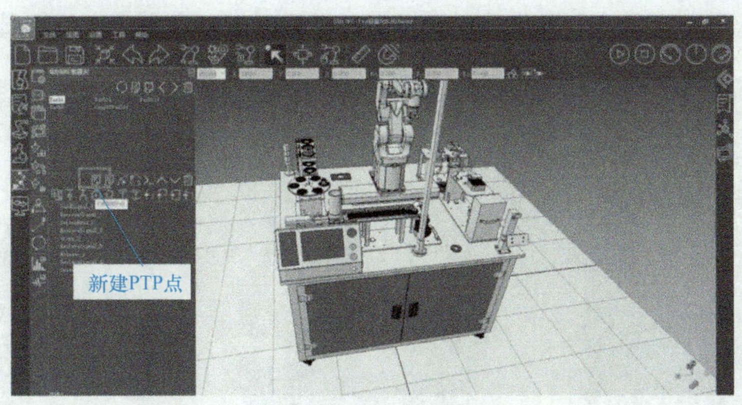

图 3-17　新建 PTP 点

双击此点位后，在最右侧弹出的对话框中可设置 P 点速度百分比，如图 3-18 所示。

（8）新建 Line 点　选中一个程序，单击“新建 Line 点”图标，会生成一个 Line 属性的点位，如图 3-19 所示。

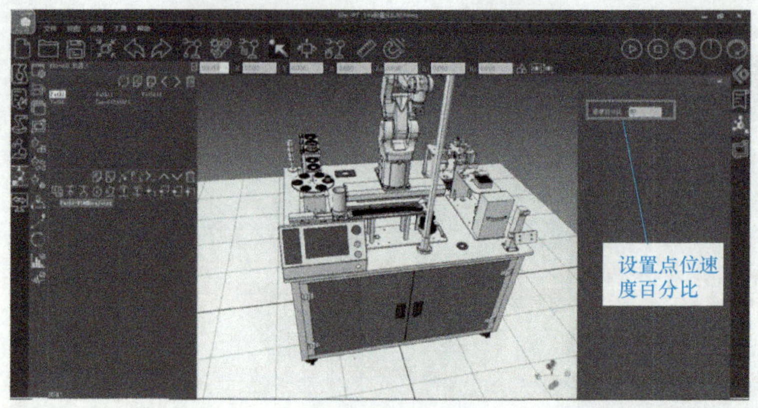

图 3-18 速度设置

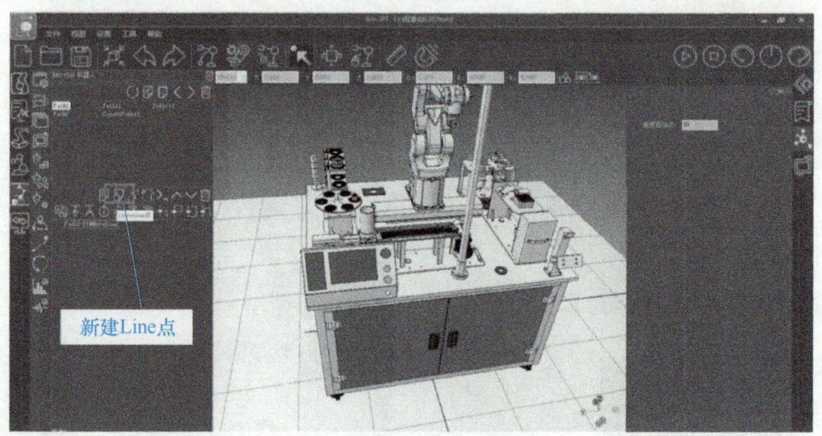

图 3-19 新建 Line 点

双击此点位后，在最右侧弹出的对话框中可设置点位信息和速度，如图 3-20 所示。

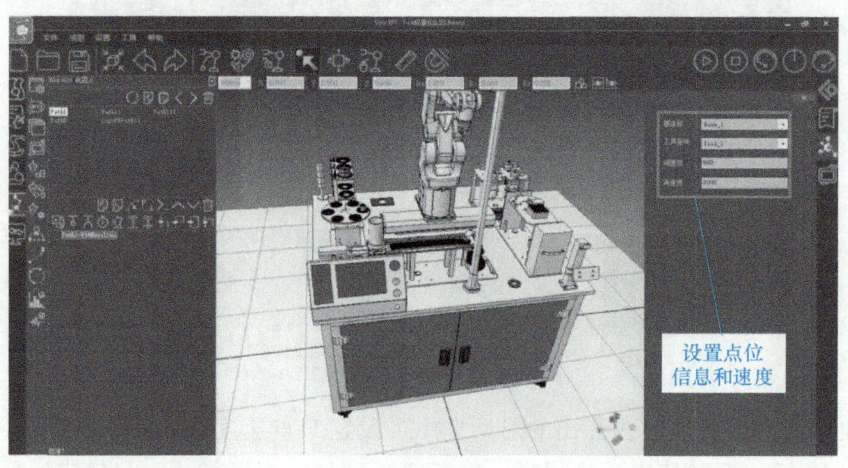

图 3-20 点位信息和速度设置

（9）修改点位 先选中一个点位，然后移动机器人当前姿态，单击“修改点位”图标，然后选中的点位会记录当前的机器人姿态，如图 3-21 所示。

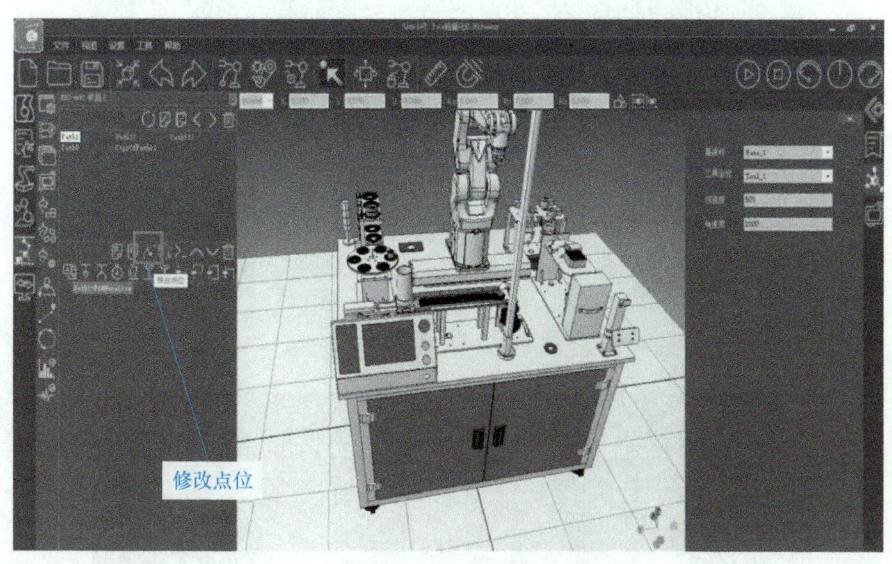

图 3-21 修改点位

（10）点类型切换 选中一个点位，若当前选中点位是 PTP 点位，单击“点类型切换”图标，点位会切换为 Line 点位。若当前选中点位是 Line 点位，单击“点类型切换”图标，点位会切换为 PTP 点位，如图 3-22 所示。

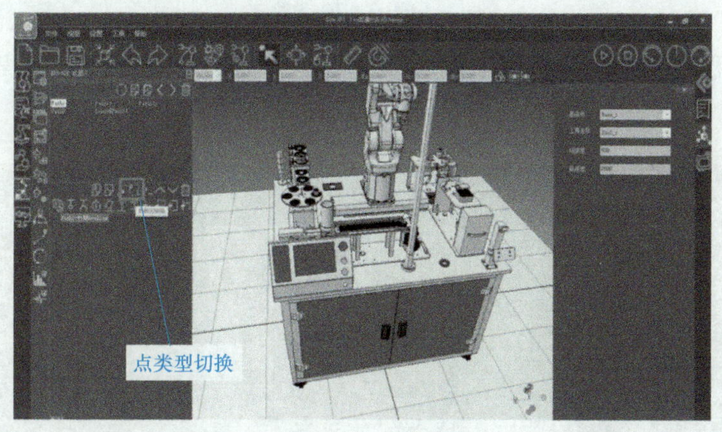

图 3-22 点类型切换

（11）上移和下移 选中一个点位，单击“上移”和“下移”图标，可调整点位的顺序，如图 3-23 所示。

（12）删除点位 选中一个点位，单击“删除点”图标，即可将其删除，如图 3-24 所示。

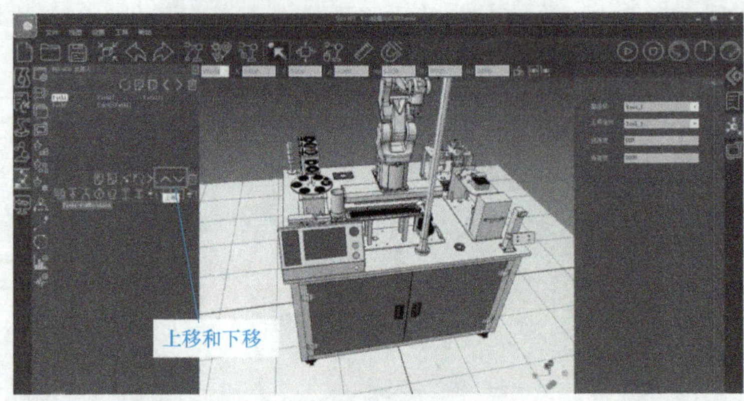

图 3-23 上移和下移

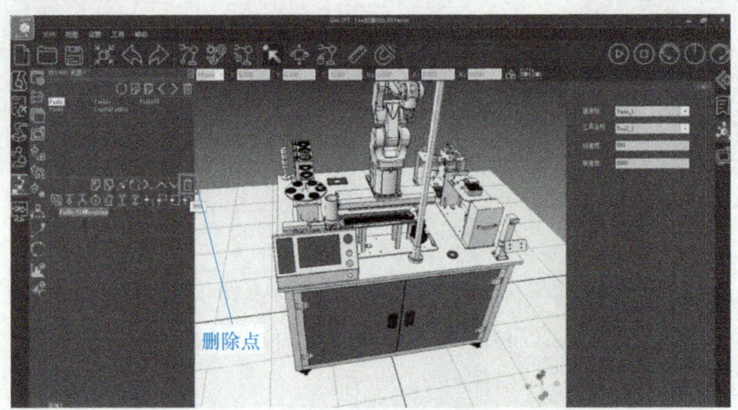

图 3-24 删除点位

（13）调用程序　先单击“调用程序”图标，然后选择需要调用的程序，如图 3-25 所示。

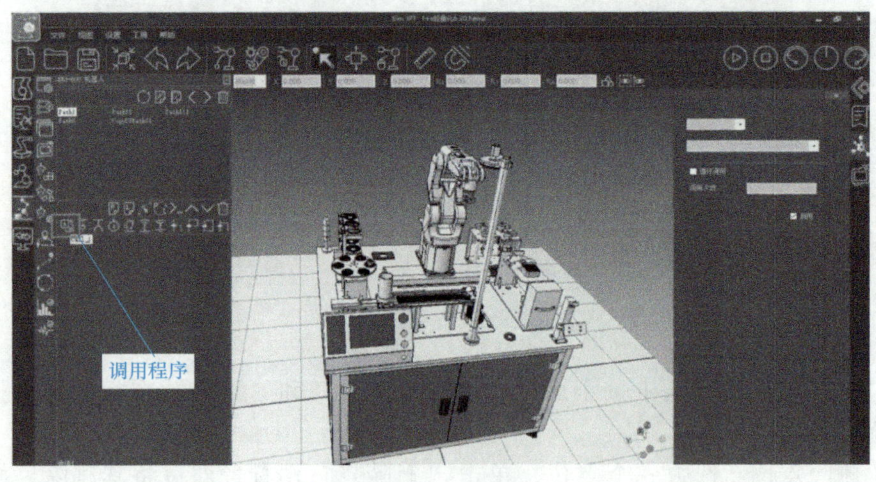

图 3-25 调用程序

选择需要调用的程序时，选择加工路径则调用该设备在加工界面编制好的程序，选择规划路径则调用该设备在规划界面编制好的程序，选择容器程序则调用已经设置好的容器的功能。

若勾选循环调用，则此调用程序循环运行，如图 3-26 所示。若不勾选，可设置此程序的调用次数。

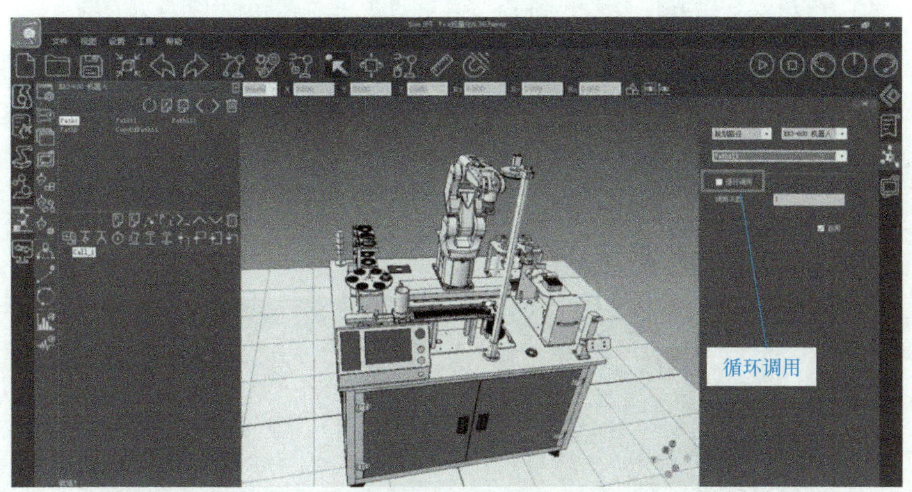

图 3-26 循环调用

（14）抓取 把机器人姿态移到要抓取的物体上，设置抓取指令，运行程序时抓取该物体，如图 3-27 所示。

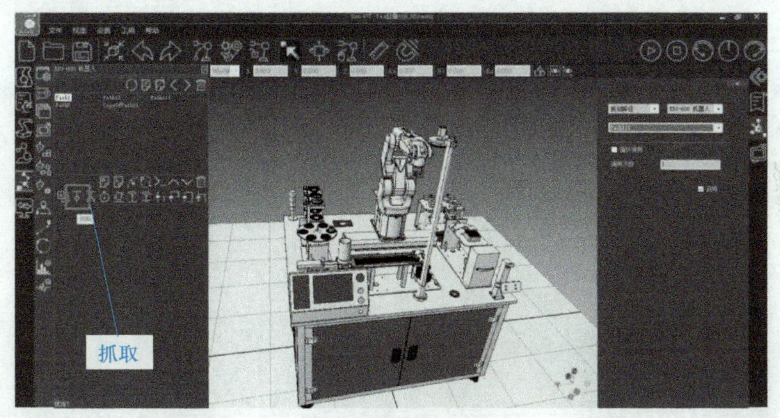

图 3-27 抓取

（15）释放 把机器人姿态移到要释放的地点，设置释放指令，运行程序时释放该物体，如图 3-28 所示。双击“释放”图标，在右侧弹出的对话框中设置物体释放在选择的坐标系下，设置后此物体随着释放位置的坐标系运动，如图 3-29 所示。

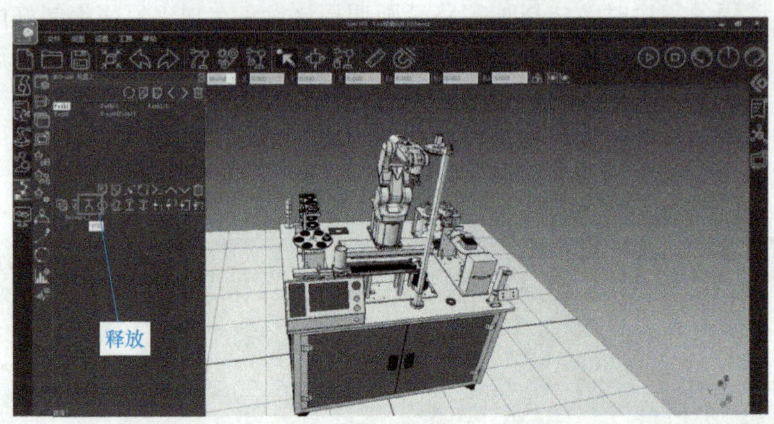

图 3-28　释放

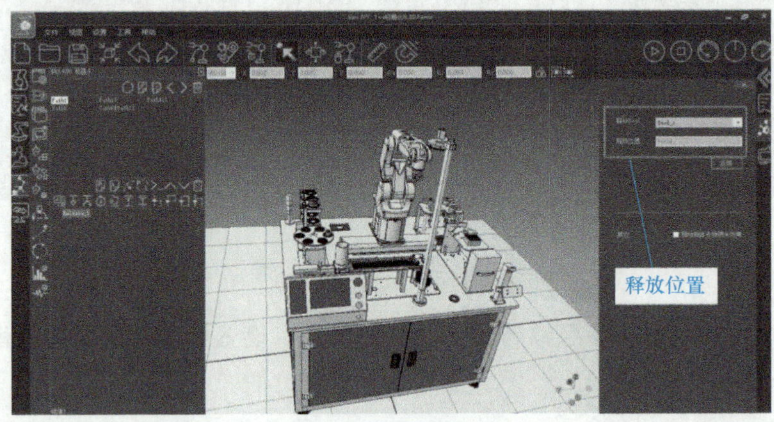

图 3-29　释放位置

(16) 等待　双击"等待"图标，如图 3-30 所示，在右侧弹出的对话框中可以设置延时时间，如图 3-31 所示。

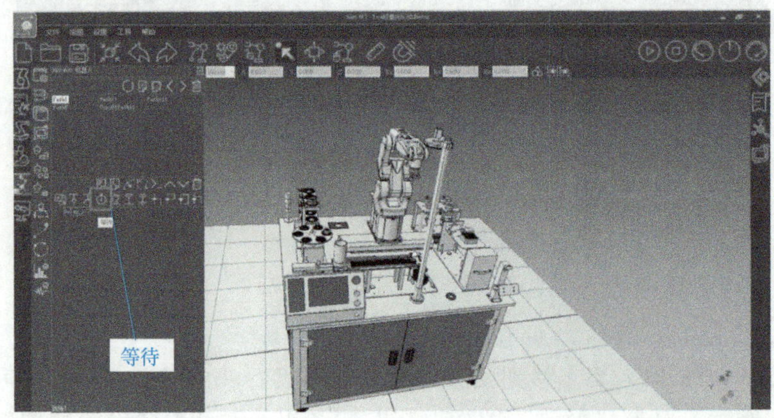

图 3-30　等待

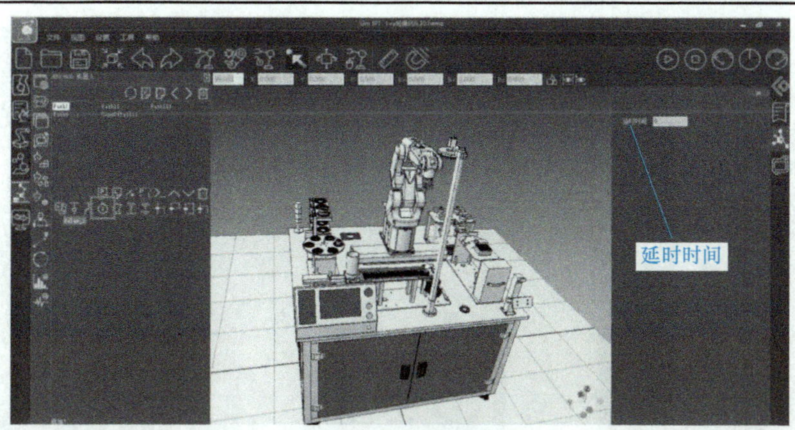

图 3-31　延时时间

(17) 停止　设置后程序运行到此行后停止。停止后可以移动机器人姿态，示教点位，此功能可在仿真过程中新增点位，如图 3-32 所示。

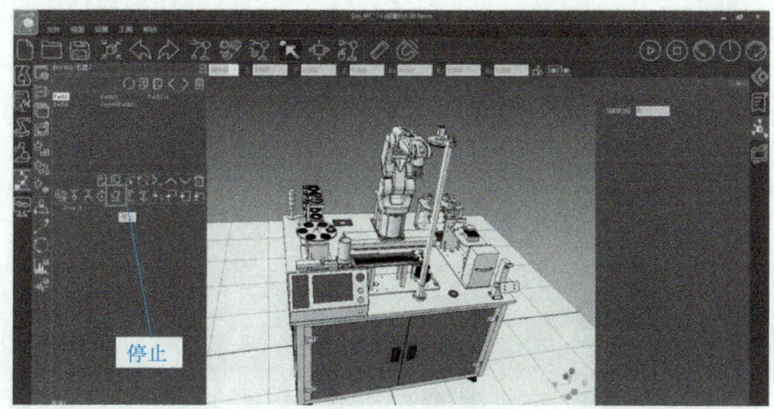

图 3-32　停止

(18) 发送信号　若该装置发送信号，可设置接收端和信号名称，如图 3-33、图 3-34 所示。

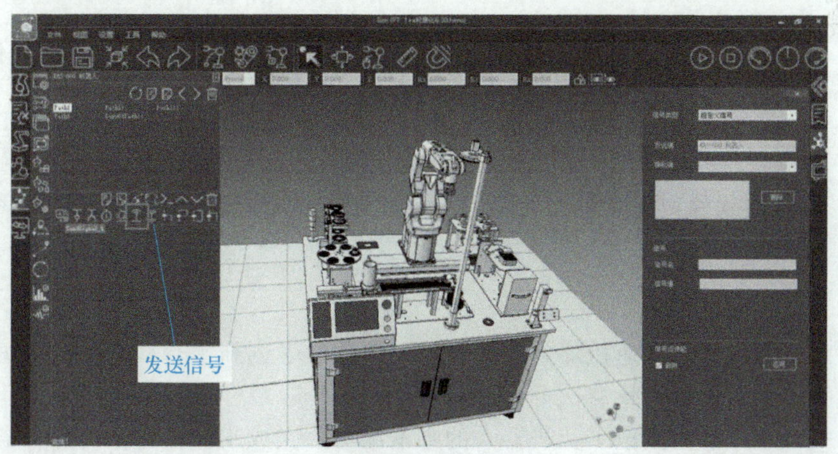

图 3-33　发送信号

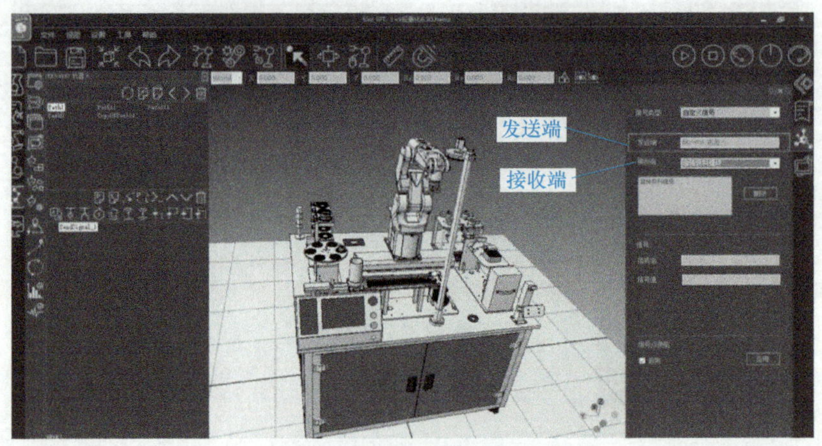

图 3-34　发送端和接收端

（19）接收信号　若该装置接收信号，如图 3-35 所示，可设置发送端和发送的信号。

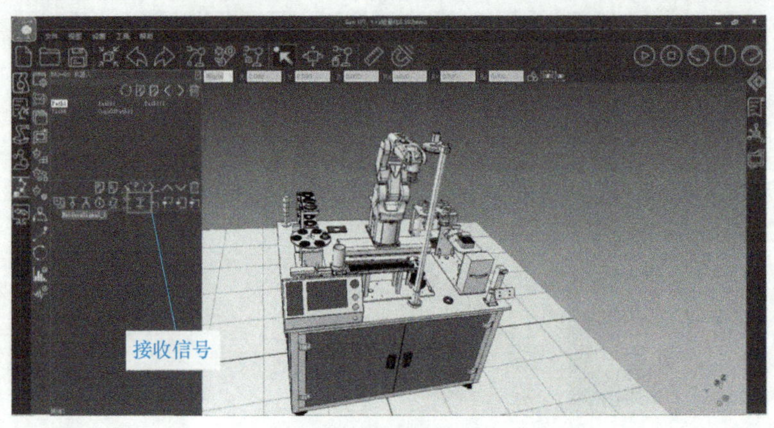

图 3-35　接收信号

2. 任务页

工作任务	工业机器人码垛应用仿真	教学模式	理实一体
建议学时	4 学时，其中相关知识学习 2 学时，学员实操 2 学时	所需设备、器材	Sim IPT 软件
任务描述	在软件中搭建机器人码垛应用场景，并通过编程在虚拟环境中实现机器人码垛作业		
职业技能	1）掌握工业机器人应用领域一体化教学创新平台模型搭建的方法 2）了解场景层次分布的特点 3）掌握虚拟工业机器人的脚本编写并完成工业机器人码垛任务		

<table>
<tr><th colspan="2">任务实施</th></tr>
<tr><th>步骤</th><th>图示</th></tr>
<tr><td>1）导入码垛模型。在打开 Sim IPT 软件后，依次单击“文件”→“打开”，在出现的对话框中选择“打开文件”，选择“基础工程”文件夹内的“码垛基础工程 .hemz”文件，单击“打开”按钮。导入后效果如右图所示</td><td>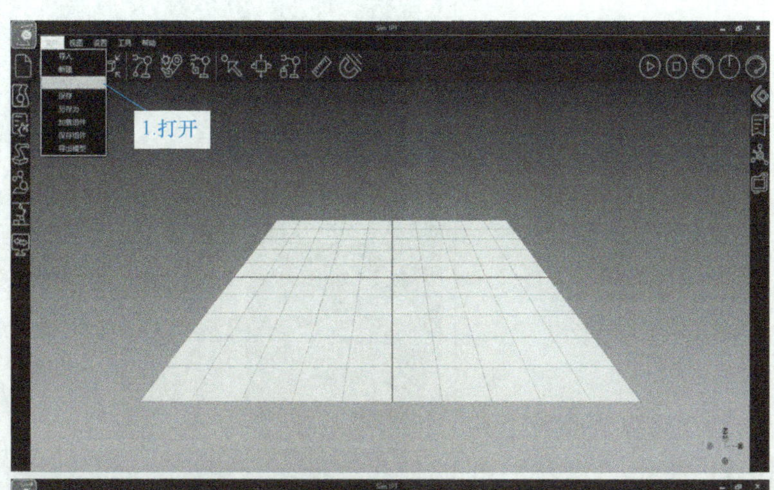

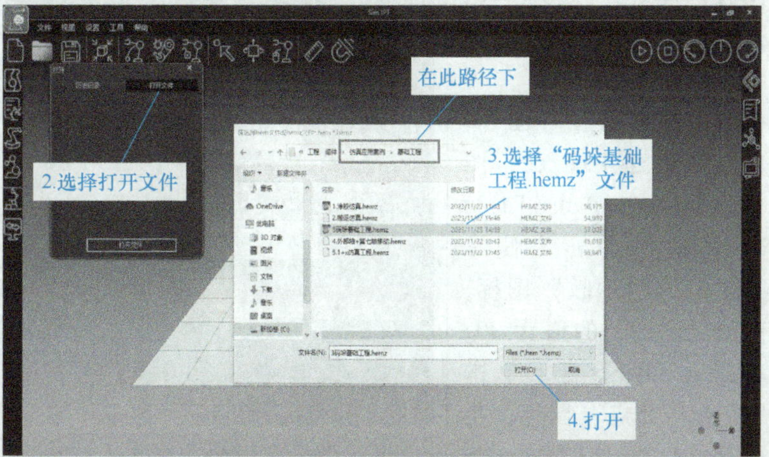

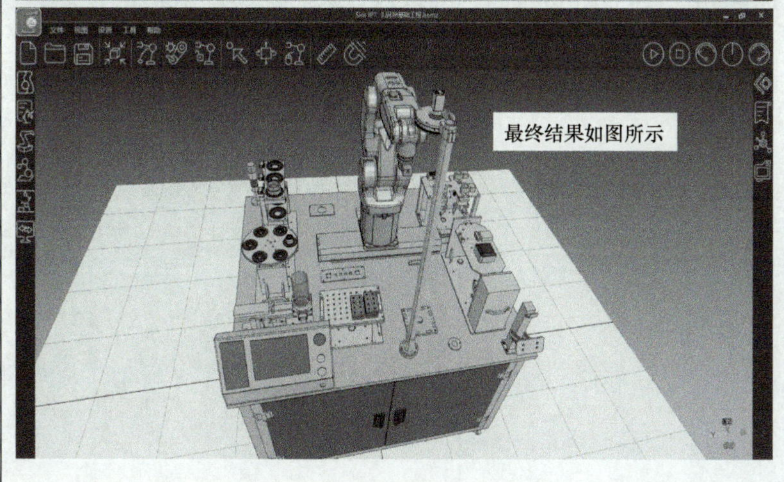
</td></tr>
</table>

<table>
<tr><th>步骤</th><th>图示</th></tr>
<tr><td>2）创建安装吸盘工具路径。单击“规划”图标，在下拉列表中选择“ER3-600 机器人”，再单击“新建路径”图标；单击“新建 PTP 点”图标，生成 Path1-P1 #MoverJoint；单击右侧工具栏中的“示教”图标，修改关节 A1 的值为 90，单击 < Enter > 键，单击“新建 PTP 点”图标，生成 Path1-P2#MoverJoint</td><td>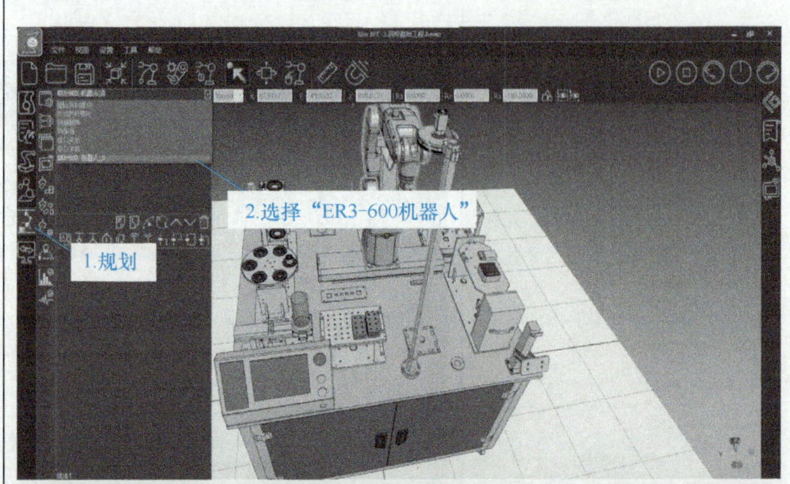

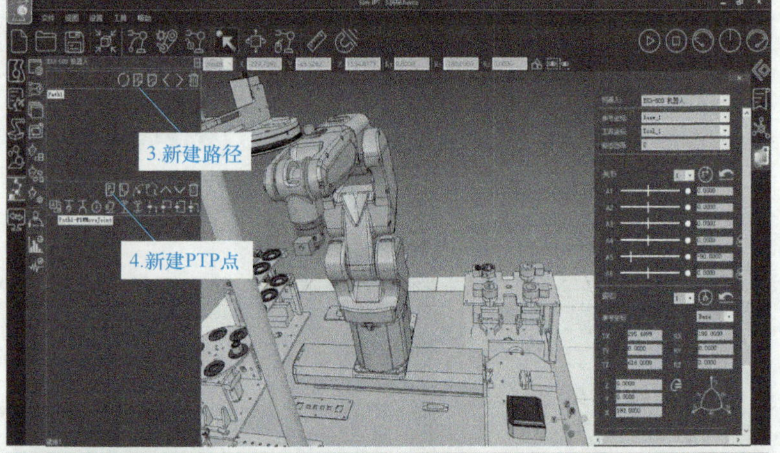

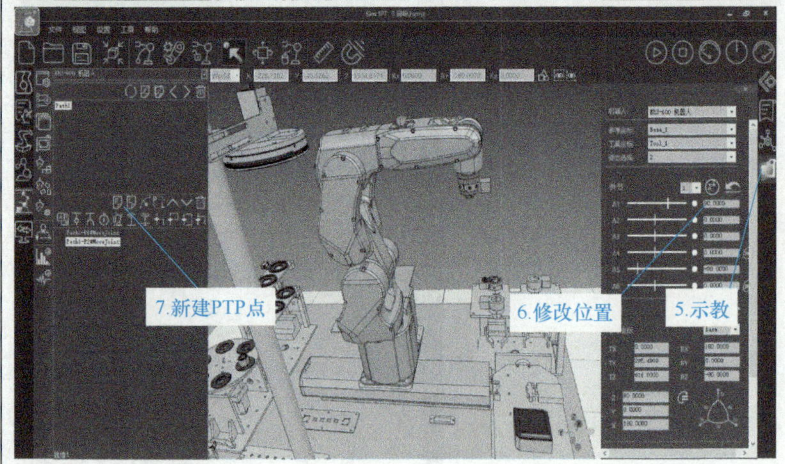
</td></tr>
</table>

<table>
<tr><th>步骤</th><th>图示</th></tr>
<tr><td>选中 Path1-P2 # MoverJoint，单击上方“选中末端”图标，在右侧对话框中选择“一点”“圆心”，单击其中一个吸盘，选中机械臂末端，将其向上拖拽，在机械臂末端刚接触吸盘时单击“新建 PTP 点”图标，生成 Path1-P3 # MoverJoint；选中 Path1-P3 # MoverJoint，单击左侧“装卸”图标，生成 SwitchHead_1，双击选中后在右侧功能框中选择“安装”，单击“应用”按钮</td><td>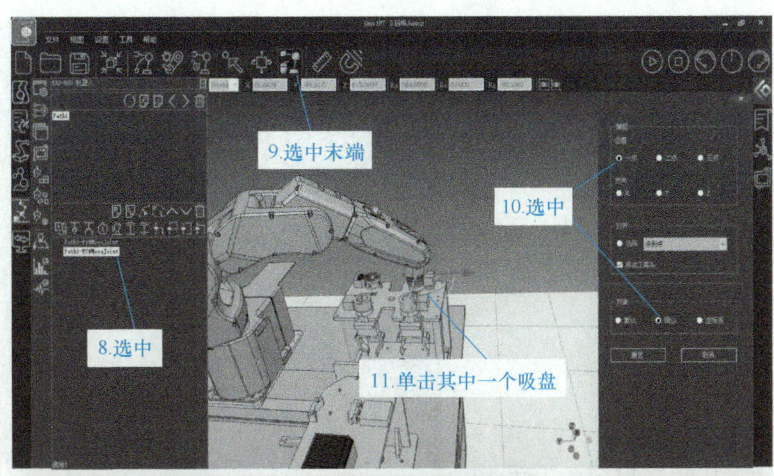
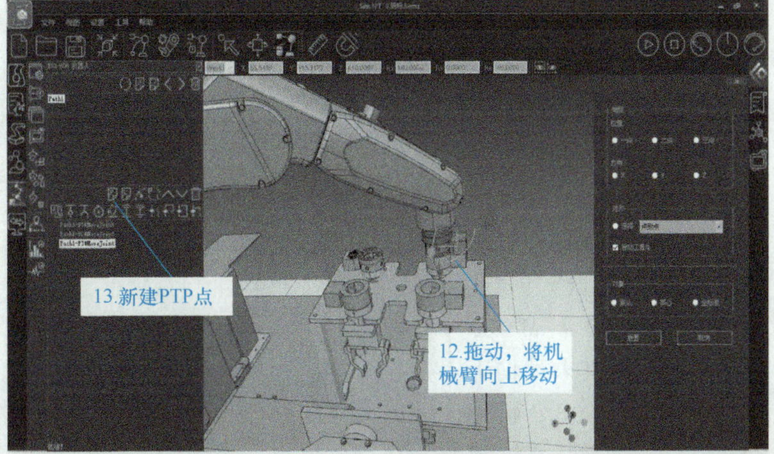
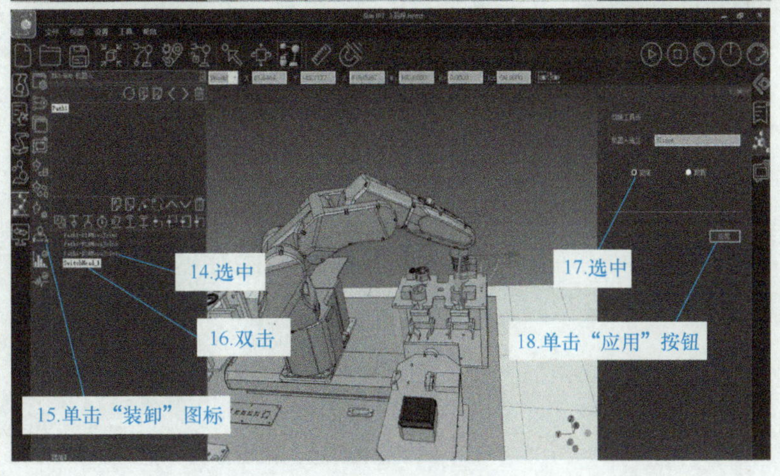</td></tr>
</table>

<table>
<tr><th>步骤</th><th>图示</th></tr>
<tr><td>向上拖拽机械臂末端一定距离，单击“新建PTP点”图标，生成Path1-P4#MoverJoint；拖拽其抬起，再次单击“新建PTP点”图标，生成Path1-P5#MoverJoint；拖拽其末端向内回收，单击“新建PTP点”图标，生成Path1-P6#MoverJoint；再拖拽其末端向上一段距离，单击“新建PTP点”图标，生成Path1-P7#MoverJoint</td><td>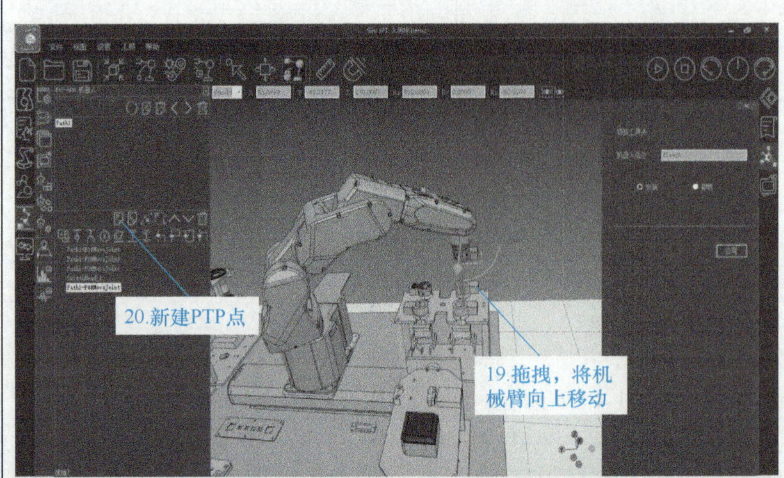

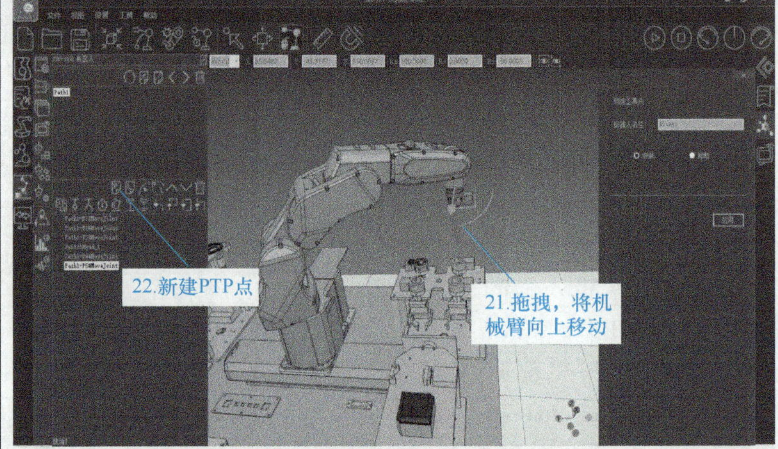

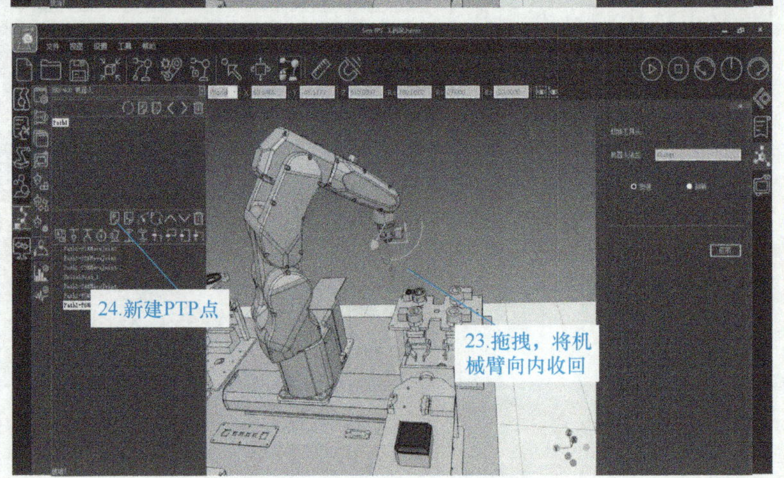
</td></tr>
</table>

<table>
<tr><th>步骤</th><th>图示</th></tr>
<tr><td>单击右侧“示教”→“关节”中的“复位关节”图标，使机械臂回到原位置，单击“新建PTP点”图标，生成Path1-P8#MoverJoint；最后单击“停止”图标，生成Stop_1；完成路径设置后单击“仿真开始”按钮进行仿真测试。操作完成后效果如右图所示</td><td>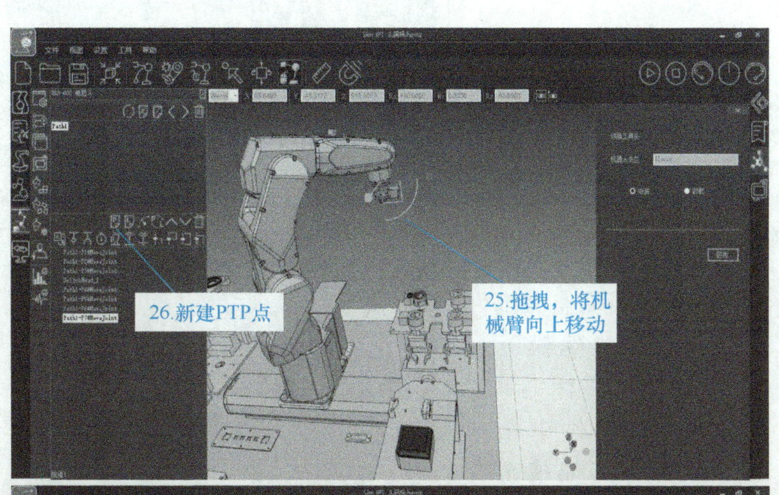

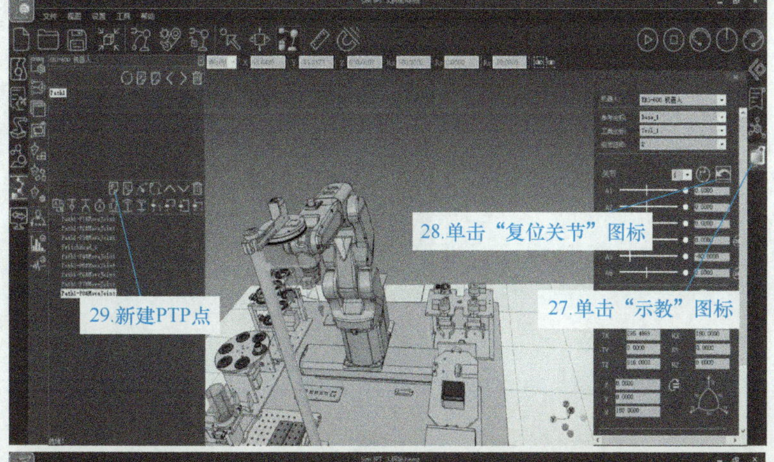

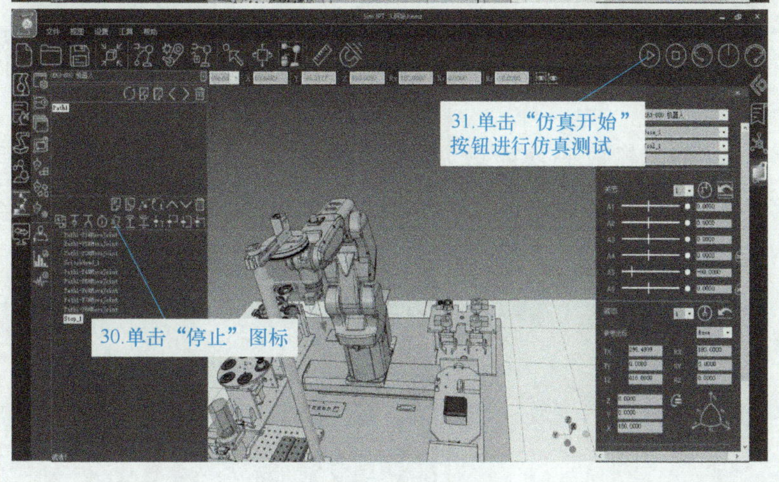
</td></tr>
</table>

<table>
<tr><th>步骤</th><th>图示</th></tr>
<tr><td>3）调整机械臂上法兰位置。如果在仿真测试后发现机械臂上法兰等部件位置有误，需调整其部件位置。单击“建模”→“平移旋转”图标，单击机械臂，在组件中选中flange，可将其拖拽至合适位置。之后单击“仿真开始”按钮进行仿真测试。操作完成后效果如右图所示</td><td>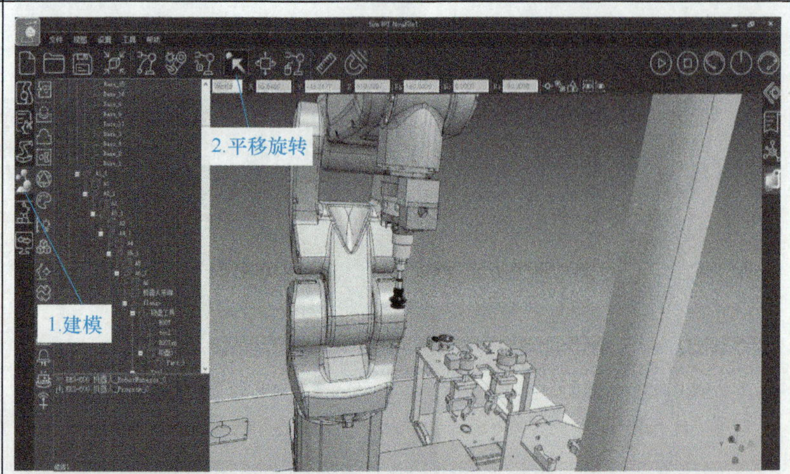

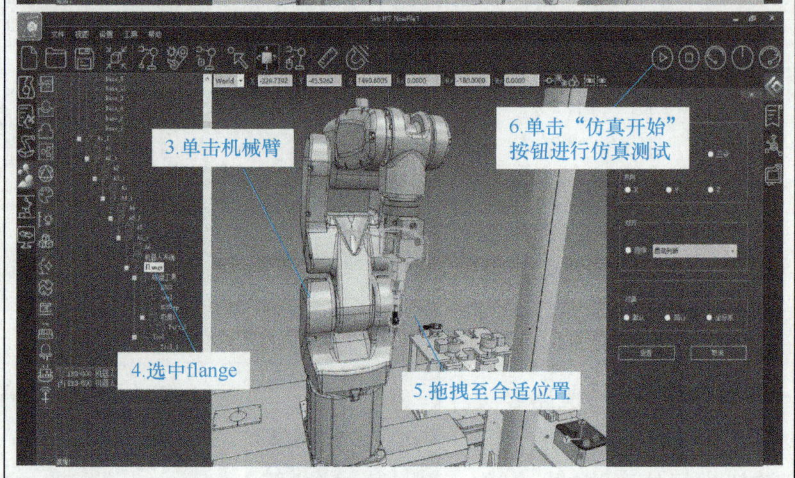
</td></tr>
<tr><td>4）创建抓取码垛处物品路径。单击“规划”→“选中末端”图标，在右侧对话框中选择“一点”“默认”，单击其中一处码垛</td><td>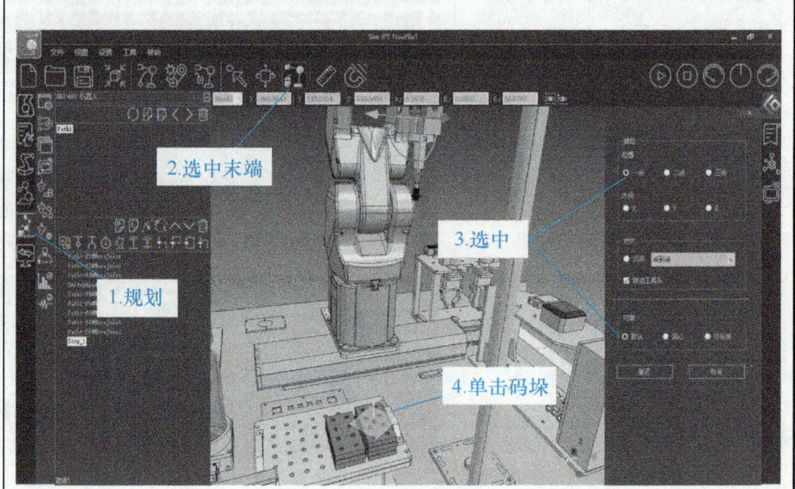
</td></tr>
</table>

<table>
<tr><th>步骤</th><th>图示</th></tr>
<tr><td>向上拖拽机械臂末端一定距离，单击“新建PTP点”图标，生成Path1-P9＃MoverJoint；单击“选中末端”图标，拖拽机械臂使其接触到码垛后单击“新建PTP点”图标，生成Path1-P10＃MoverJoint；单击“抓取”图标，生成Grasp_1
单击“仿真开始”按钮进行仿真测试。操作完成后效果如右图所示</td><td>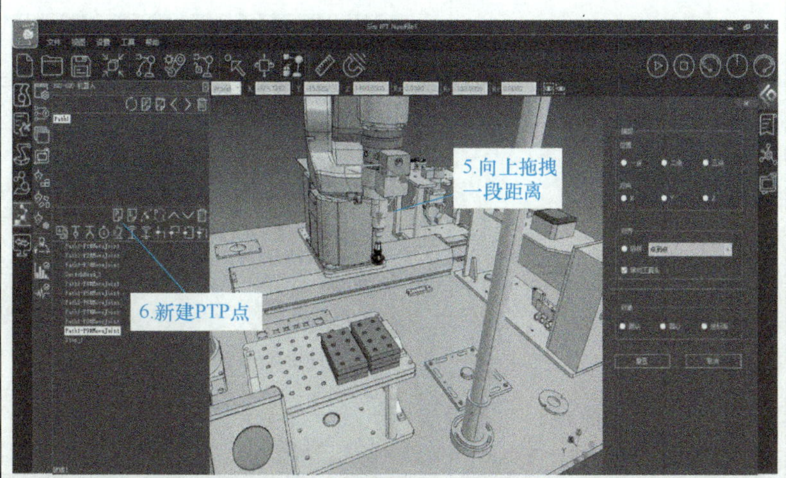

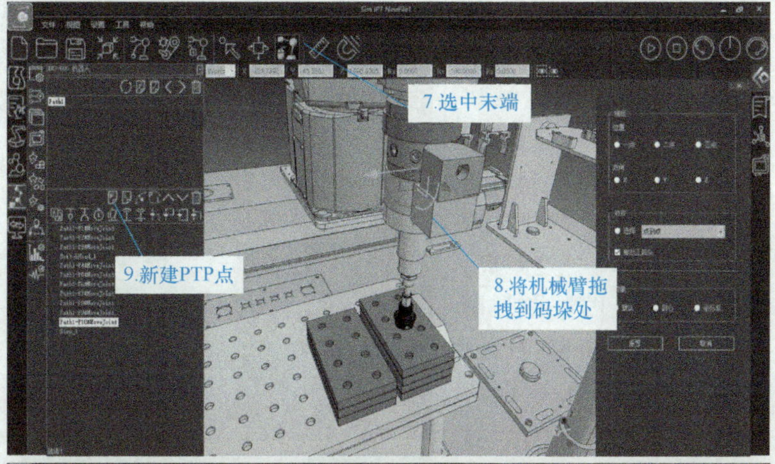

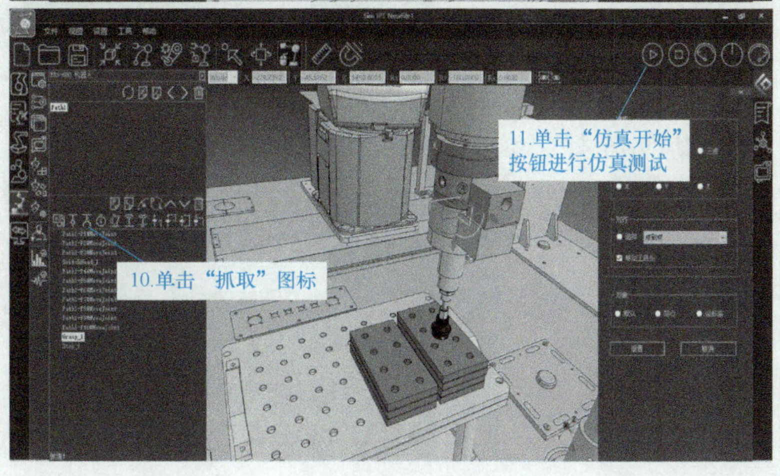
</td></tr>
</table>

<table>
<tr><th>步骤</th><th>图示</th></tr>
<tr><td>5）创建释放码垛处物品路径。选中 Grasp_1，单击“选中末端”图标，将机械臂向上拖拽一定距离，单击“新建 PTP 点”图标，生成 Path1-P11#MoverJoint；单击“选中末端”图标，将机械臂拖拽至左侧码垛位置处，将吸取的码垛移动到左侧码垛最上方后，将机械臂末端向上移动一定距离，单击“新建 PTP 点”图标，生成 Path1-P12#MoverJoint；单击“选中末端”图标，将机械臂拖拽至码垛位置处，将吸取的码垛移动到左侧码垛最上方后，单击“新建 PTP 点”图标，生成 Path1-P13#MoverJoint</td><td>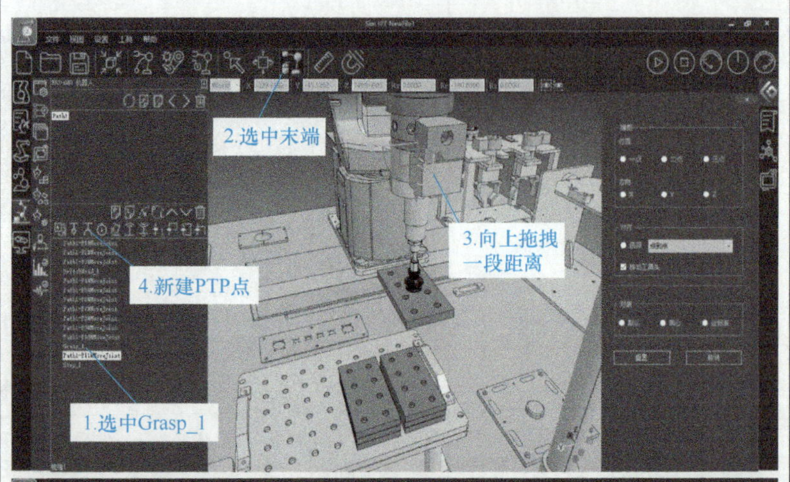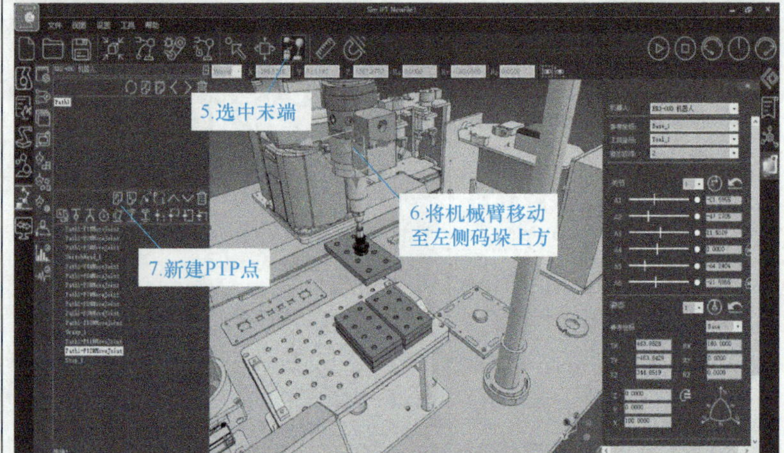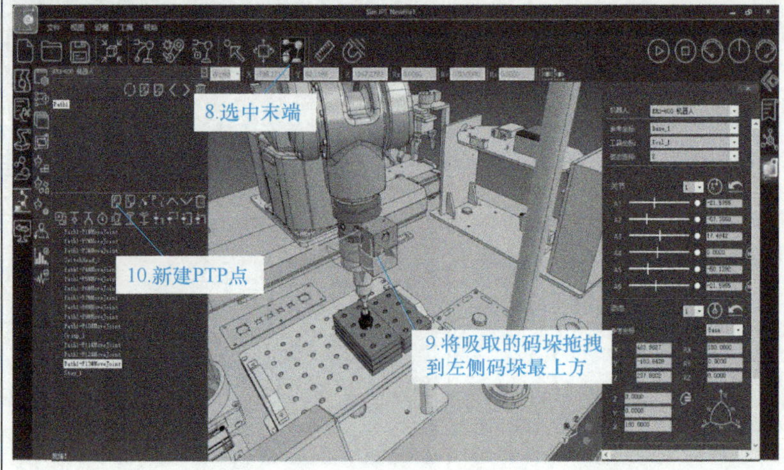</td></tr>
</table>

步骤	图示
单击“释放”图标，生成 Release _ 1。单击“仿真开始”按钮进行仿真测试。操作完成后效果如右图所示	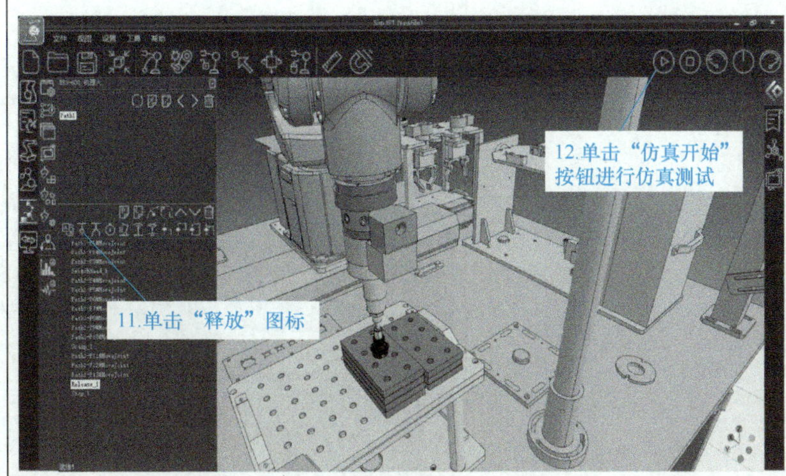
6）创建移动剩余码垛处物品路径。单击 Path1-P12 # MoverJoint，单击“新建 PTP 点”图标，生成 Path1-P14#MoverJoint，单击向下箭头，将其移动到 Release_1 下面；单击 Path1-P11#MoverJoint，单击“新建 PTP 点”图标，生成 Path1-P14 # MoverJoint，单击向下箭头，将其移动到 Release_1 下面；单击“规划”→“选中末端”图标，在右侧对话框中选择“一点”“默认”，单击码垛中心点位置	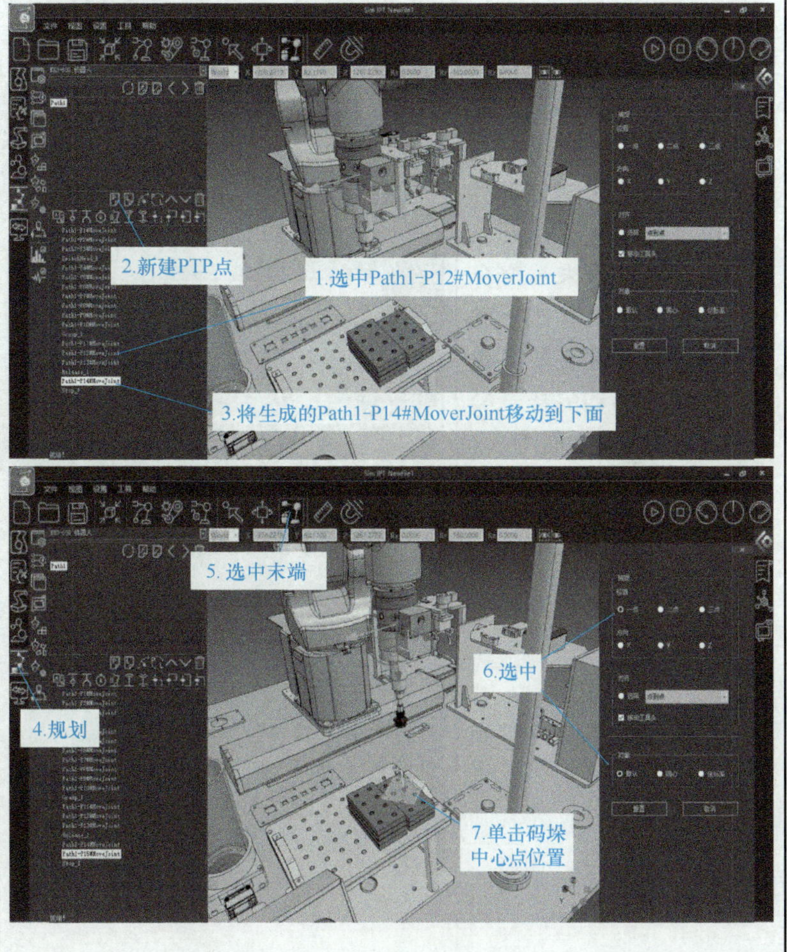

<table>
<tr><th>步骤</th><th>图示</th></tr>
<tr><td>向上拖拽机械臂末端，将其触碰到码垛，单击“新建 PTP 点”图标，生成 Path1-P16#MoverJoint；单击“抓取”图标，生成 Grasp_2。可选择合适位置的 PTP 点新建路径后将其移动到末尾，也可以通过拖拽机械臂末端至合适位置后单击新建 PTP 点来更新路径，重复该操作直至码垛块移动完毕。操作完成后效果如右图所示</td><td>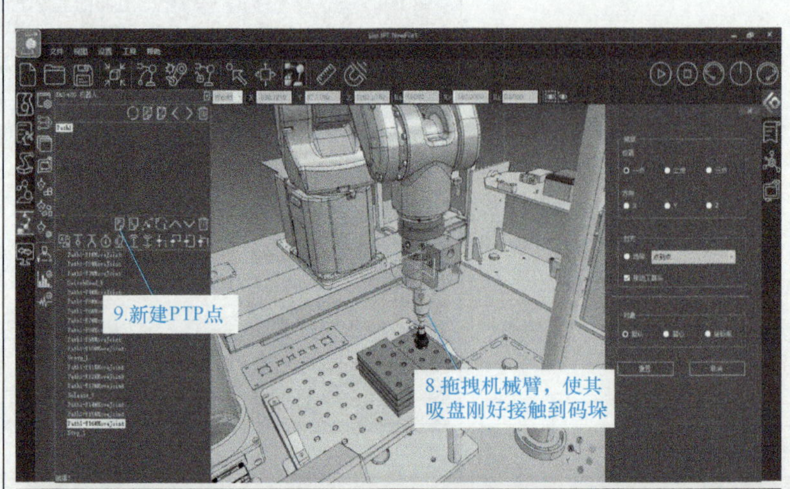

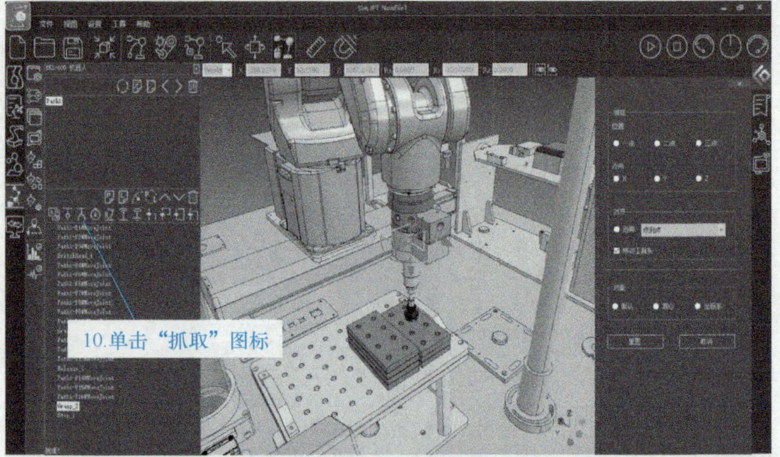

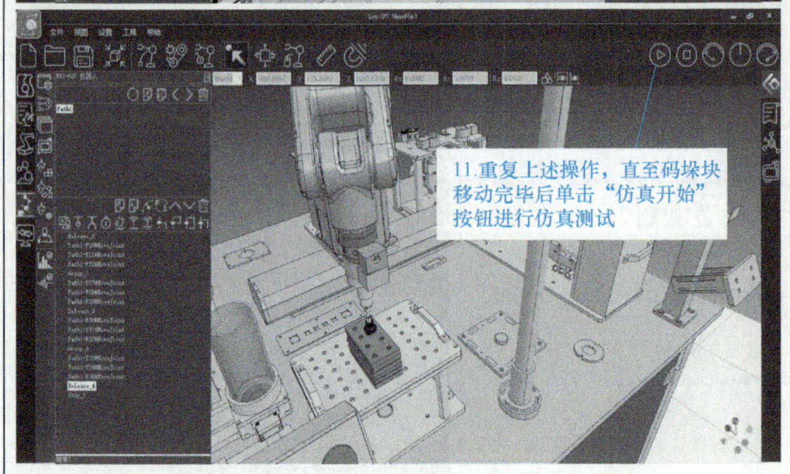
</td></tr>
</table>

<table>
<tr><th>步骤</th><th>图示</th></tr>
<tr><td>7）调整码垛块位置。单击“建模”→“平移旋转”图标，单击码垛块，选中后将其拖拽至合适位置。操作完成后效果如右图所示</td><td>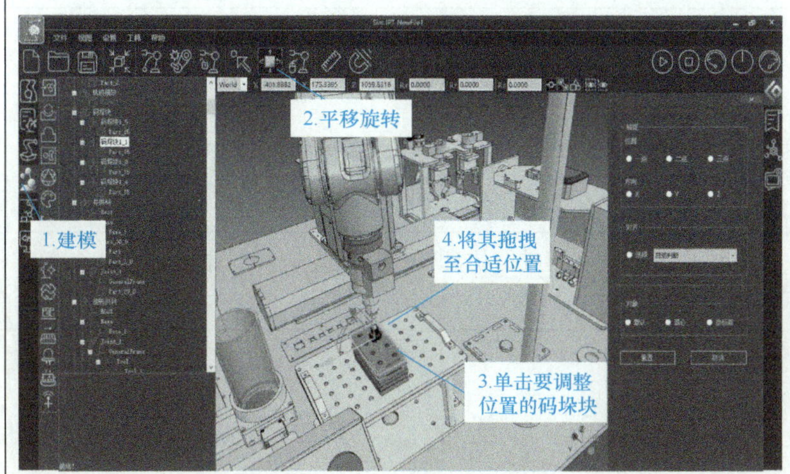</td></tr>
<tr><td>8）保存完成的工件。单击“保存”图标，即可保存文件。操作完成后效果如右图所示</td><td>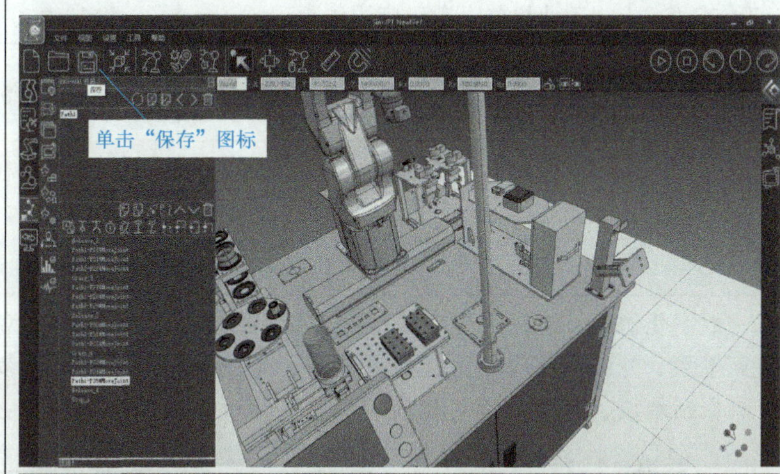</td></tr>
</table>

3. 习题页

1. 填空题

1）要完成码垛任务，应将________、________、________、________、________等模型导入场景中。

2）的含义是________。

2. 实操题

根据任务页中完成的仿真任务，将左边物料搬运回右边。要求操作步骤规范，并导出仿真视频。

任务三　工业机器人搬运应用仿真

1. 知识页

工作任务	工业机器人搬运应用仿真	教学模式	理实一体
建议学时	4 学时，其中相关知识学习 2 学时，学员实操 2 学时	所需设备、器材	Sim IPT 软件
任务描述	在软件中搭建机器人搬运应用场景，并通过编程在虚拟环境中实现机器人搬运作业		

任务实施

数字化仿真：在计算机上将描述实际系统的几何、数学模型转化为能被计算机求解的仿真模型，并编制相应的仿真程序进行求解，以获得系统性能参数的方法及过程。数字化仿真概括地说，就是一个“建模→实验→分析→修正”的过程。仿真过程如图 3-36 所示。

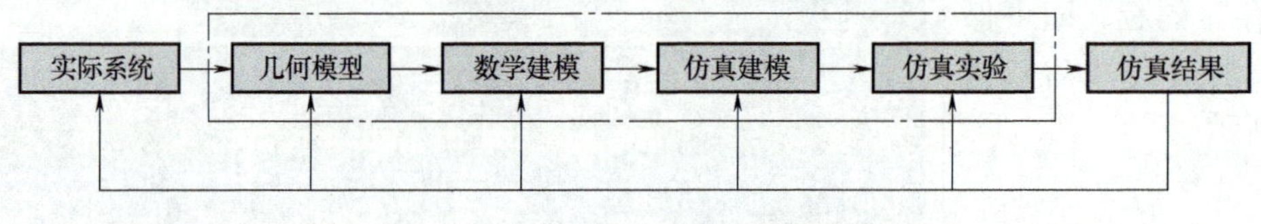

图 3-36　仿真过程

1. 系统建模

（1）建立数学模型阶段　根据仿真目标，分析仿真对象，经过抽象和简化，建立系统的数学模型。这一阶段的关键技术是数学建模方法。

建模注意：准确把握系统的结构和机理，提取关键的参数和特征，并采取正确的建模方法。提取出真实系统的本质特征。

数学建模方法分类：

1）演绎法：从一般到特殊，即根据普遍原理推导出被仿真对象的特殊描述。

2）归纳法：从特殊到一般，利用对真实系统的实验数据建立系统模型。

（2）建立仿真模型阶段　采用仿真软件中的仿真算法或通过程序语言，将系统的数学模型转换成计算机能够接受的处理方式，即设计合适的算法，编写相应的计算程序。此阶段的关键技术是仿真算法。

模型的“可信度”：模型的相似性和精度。模型的质量和准确度决定了仿真结果的可信度和有效性。

影响因素：建模所用的实验知识及实验数据是否正确完备；建模方法是否合理、严密；模型转换精度问题。

2. 模型测试阶段

模型测试阶段设计好仿真实验方案，运行仿真模型，进行仿真实验，并分析仿真结果，然后根据分析，进一步修正系统数学模型和仿真模型。此阶段的关键技术是仿真软件技术。

连续系统的仿真模型：常微分方程（各种数值积分求解）、传递函数、偏微分方程（有限差分法求解、蒙特卡罗法、有限元法等）。

离散时间系统的仿真模型：概率模型。离散系统的仿真一般是数值实验的过程，即测试参数符合一定概率分布规律时系统的性能指标。图 3-37 所示为研究对象、数学模型、仿真模型之间的关系。

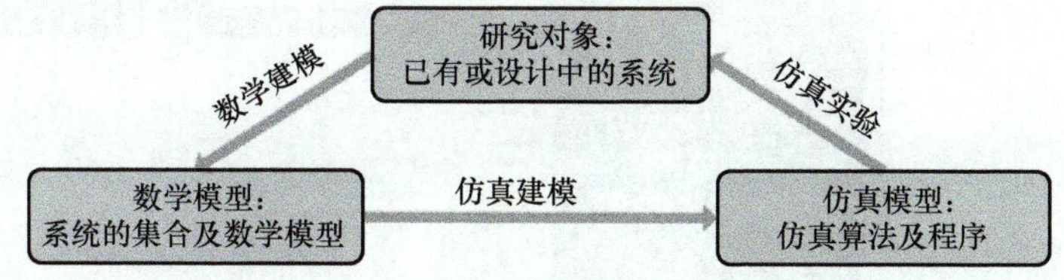

图 3-37　研究对象、数学模型、仿真模型之间的关系

3. 仿真结果分析

目标：从仿真实验中提取有价值的信息，以指导实际系统的开发。

过去，仿真软件的仿真结构多以大量数据的形式输出，需要研究人员花费大量的时间整理、分析仿真数据，以得到科学的结论。现在，仿真软件广泛采用了图形化技术，通过图形、图表、动画等形式显示被仿真对象的各种状态，其优点是使仿真数据更加直观、丰富、详实，有利于对结果的分析。图 3-38 所示为仿真过程分析。

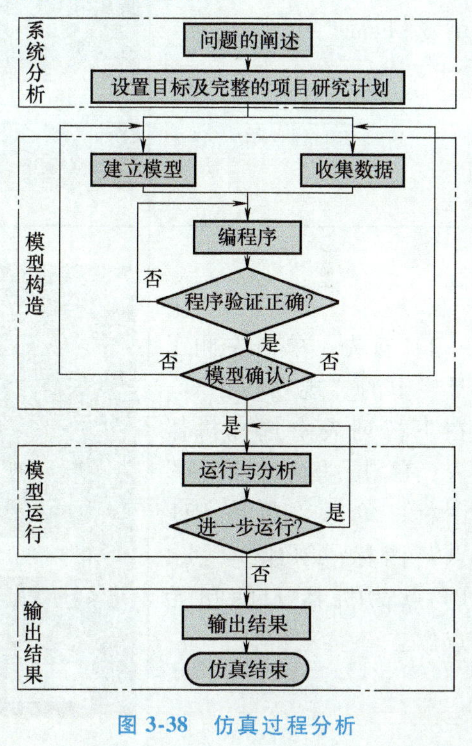

图 3-38　仿真过程分析

2. 任务页

<table>
<tr><td>工作任务</td><td>工业机器人搬运应用仿真</td><td>教学模式</td><td>理实一体</td></tr>
<tr><td>建议学时</td><td>4 学时，其中相关知识学习 2 学时，学员实操 2 学时</td><td>所需设备、器材</td><td>Sim IPT 软件</td></tr>
<tr><td>任务描述</td><td colspan="3">在软件中搭建机器人搬运应用场景，并通过编程在虚拟环境中实现机器人搬运作业</td></tr>
<tr><td>职业技能</td><td colspan="3">1）掌握工业机器人的搬运路径规划
2）掌握通过各轴角度调节机器人姿态的方法
3）掌握虚拟工业机器人的编程方法并完成工业机器人搬运任务</td></tr>
<tr><td colspan="4">任务实施</td></tr>
<tr><td colspan="2">步骤</td><td colspan="2">图示</td></tr>
<tr><td colspan="2">1）单击“文件”→“打开”，选择“打开文件”，选择所需的“搬运仿真.hemz”文件</td><td colspan="2">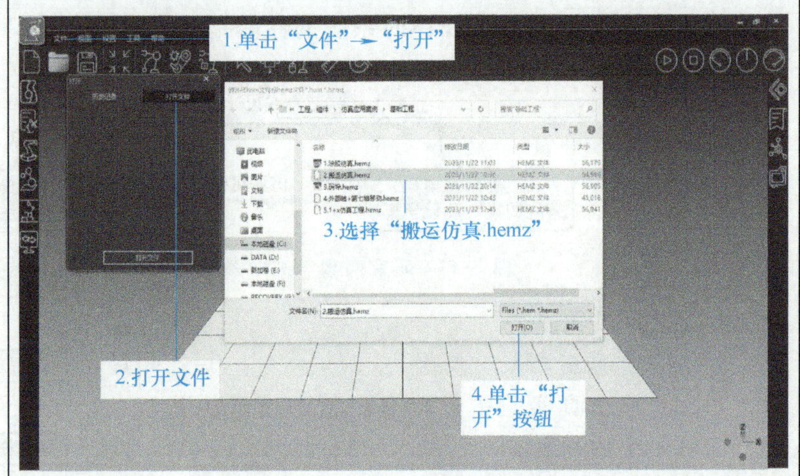</td></tr>
<tr><td colspan="2">2）首先，单击左侧工具栏中的“规划”图标，在下拉列表中选择机器人，单击“新建路径”图标，单击“新建 PTP 点”图标，创建 P1 点，P1 点为机器人的初始点位</td><td colspan="2">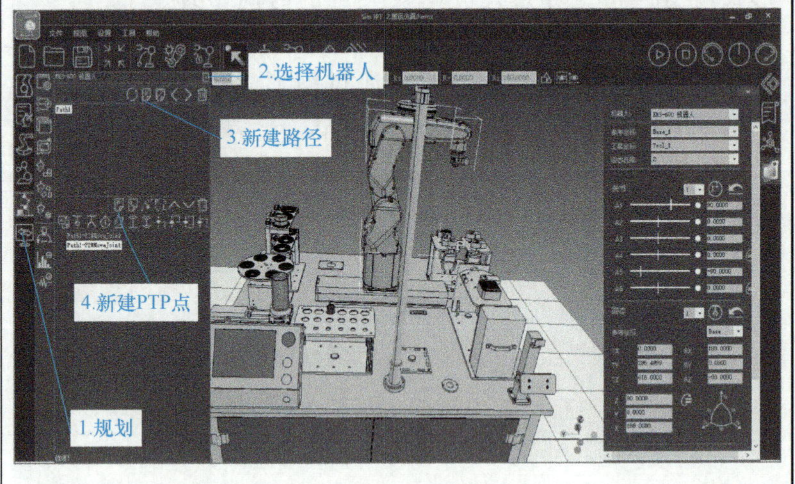</td></tr>
</table>

步骤	图示
然后单击右侧工具栏中的“示教”图标，在新弹出的对话框中，把关节A1对应的角度改成90°，再次单击“新建PTP点”图标，记录机器人移动后的点位P2	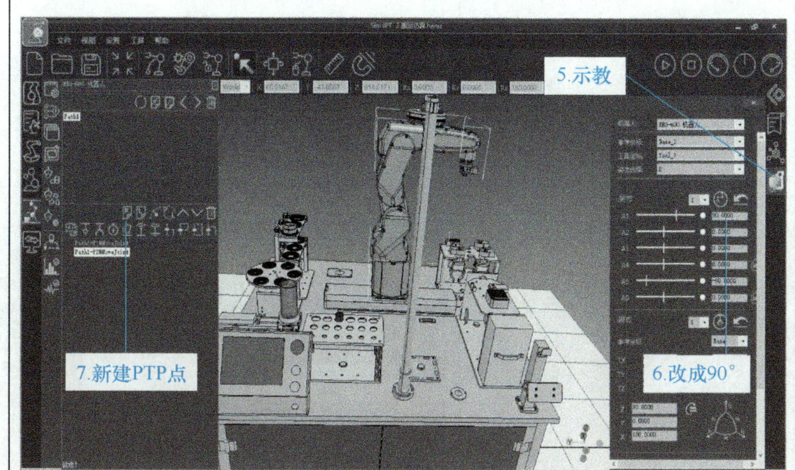
3）单击上方工具栏中的“选中末端”图标，在右侧对话框中选择“一点”“圆心”，然后选中夹具末端圆心，将机器人末端移动至夹爪处，位置如右图所示	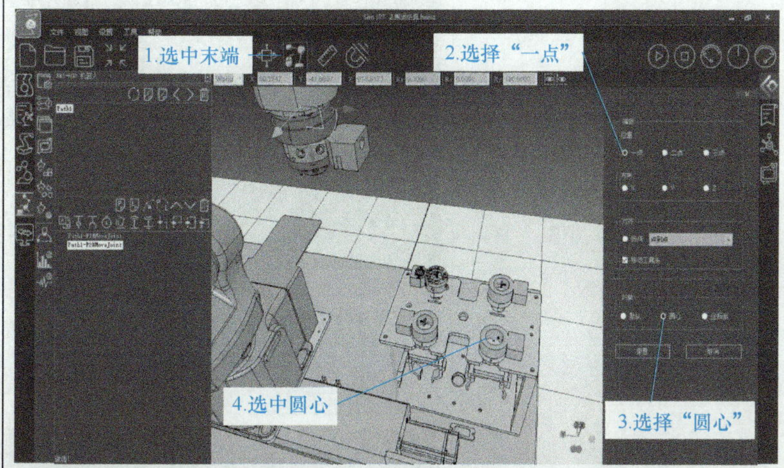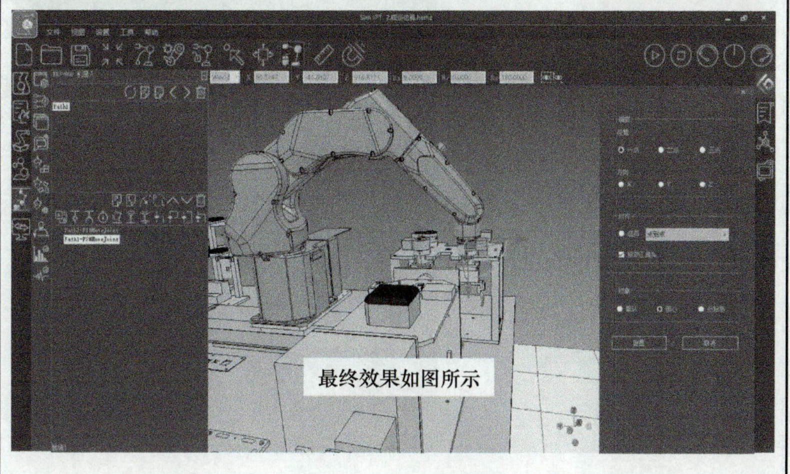

步骤	图示
4）单击拖动蓝色箭头，改变机器人的位置，然后单击“新建 PTP 点”图标，创建 P3、P4、P5 点	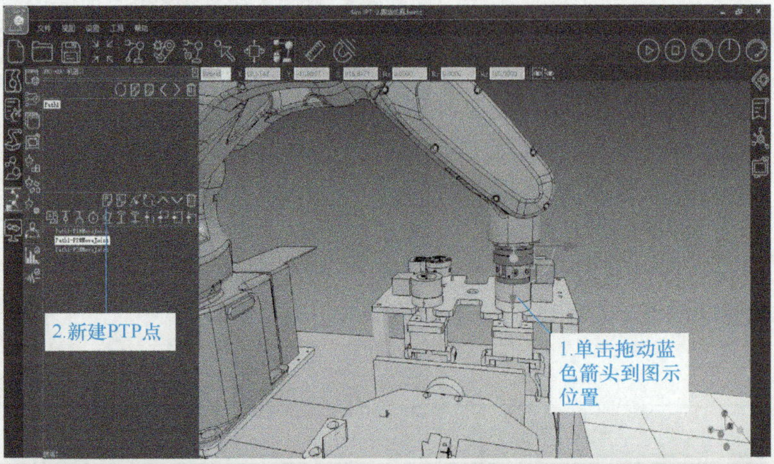 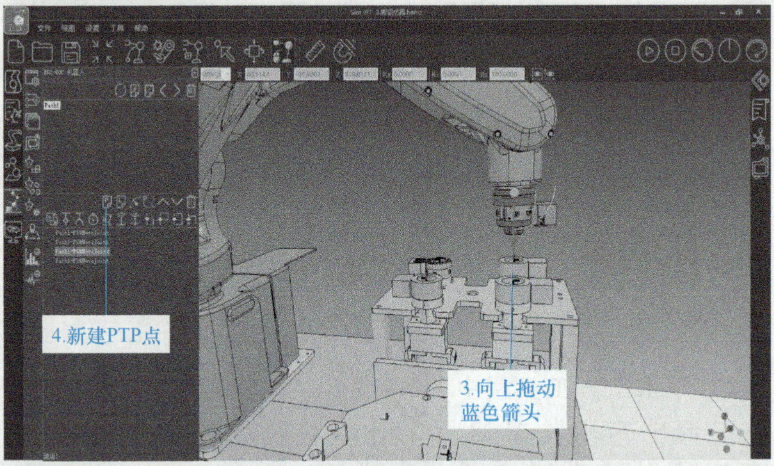 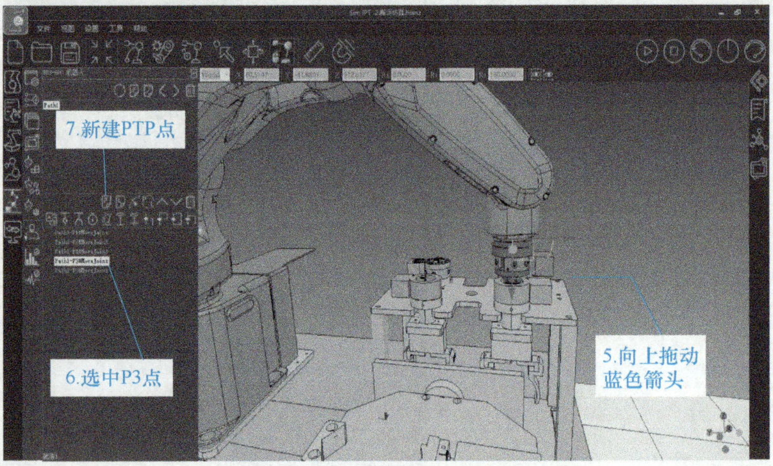 2.新建PTP点 1.单击拖动蓝色箭头到图示位置 4.新建PTP点 3.向上拖动蓝色箭头 7.新建PTP点 6.选中P3点 5.向上拖动蓝色箭头

步骤	图示
5）如果需要改变点位的顺序，可以单击选中需要改变顺序的 P 点，然后单击“上移”或“下移”图标	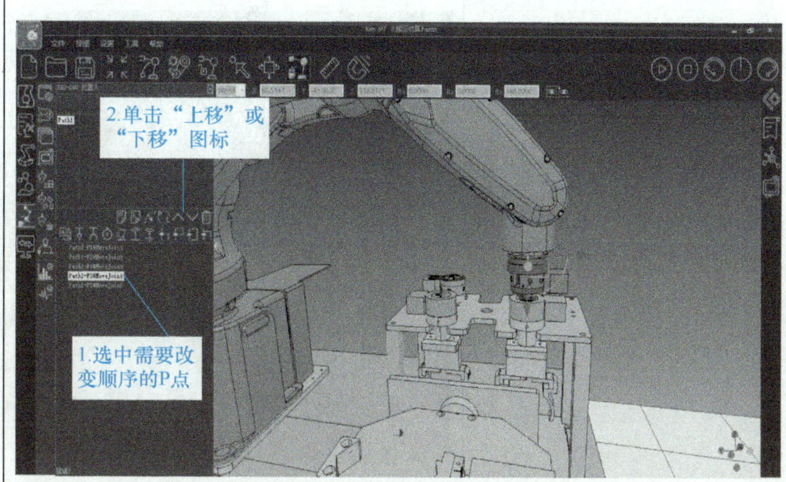
6）向左拖动绿色箭头，将机器人末端拖到两个架子的中间，单击“新建 PTP 点”图标，创建 P6 点。再向上拖动蓝色箭头，新建 PTP 点，创建 P7 点	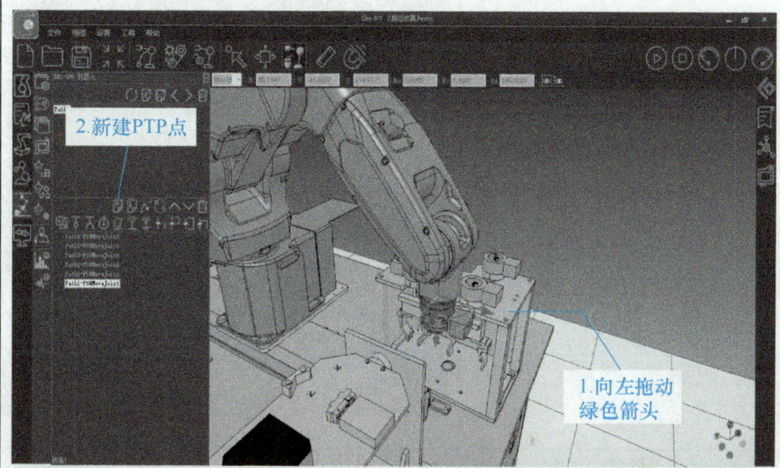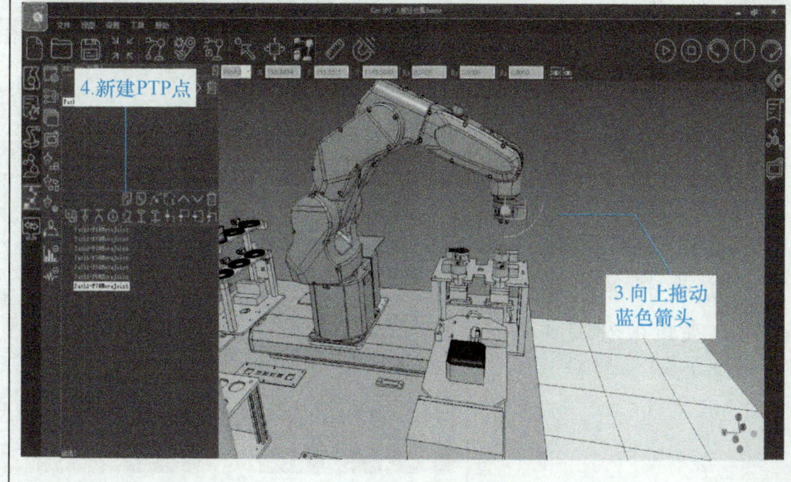

步骤	图示
然后单击右侧工具栏中的“示教”图标，单击“复位关节”图标，创建P8点	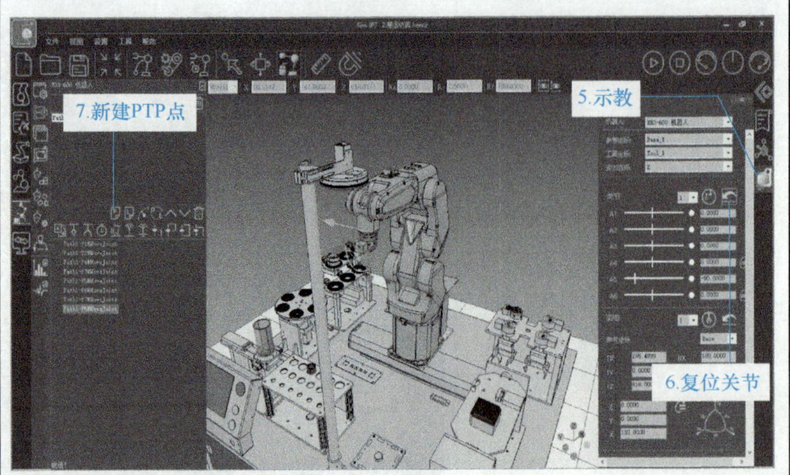
7）单击P3点，单击左侧工具栏中的“装卸”图标，在右侧弹出的对话框中，选择“安装”，单击“应用”按钮	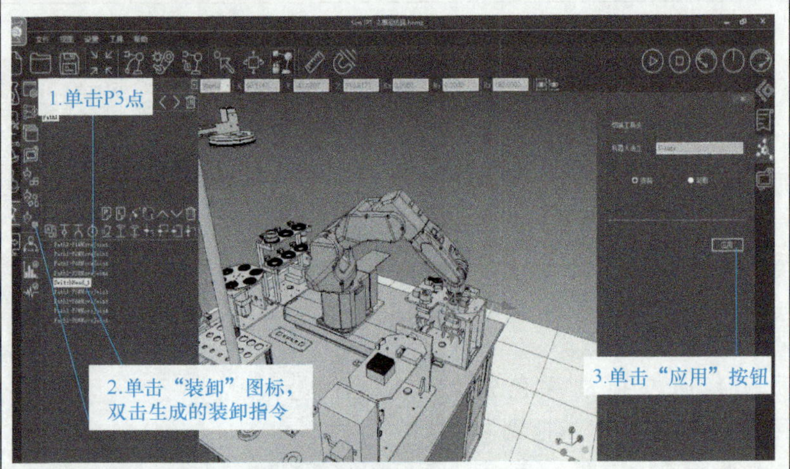
8）单击“停止”图标，在P8点后面插入停止指令，然后单击“降低仿真速度”按钮，单击“仿真开始”按钮。此时，夹爪被安装到机器人末端上	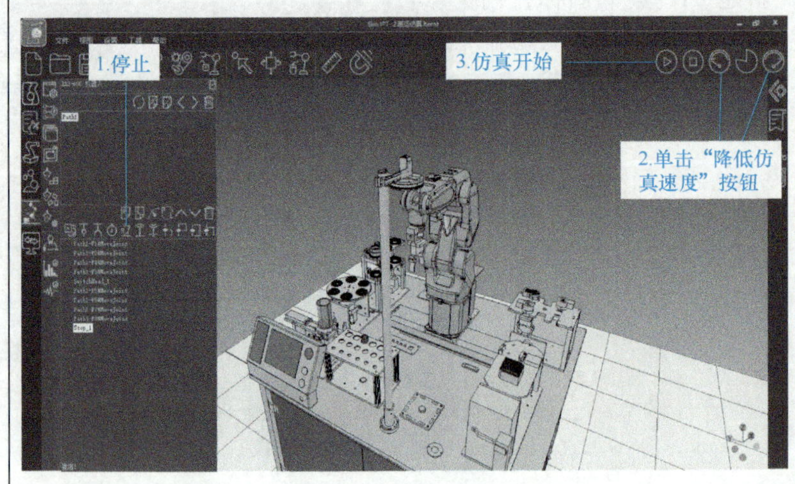

<table>
<tr><th>步骤</th><th>图示</th></tr>
<tr><td>9）设置夹爪夹紧信号，单击 P8 点，单击“发送信号”图标，在右侧弹出的对话框中，把“接收端”改成“弧口夹爪”，“信号名”输入 12，单击“应用”按钮</td><td>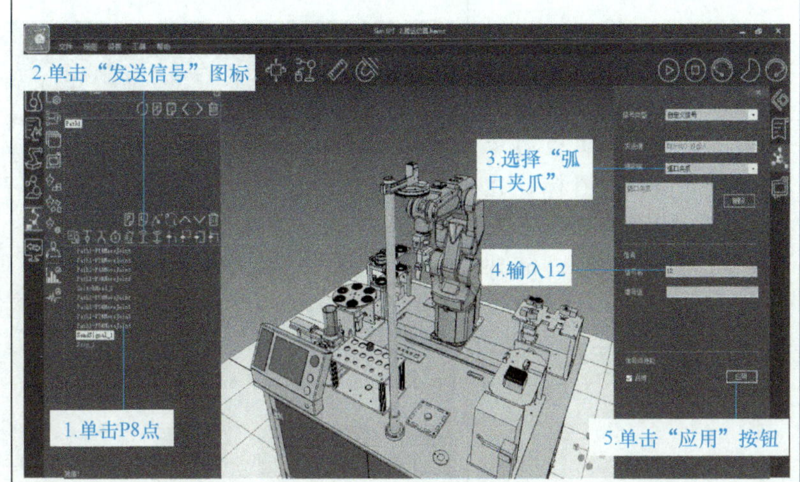</td></tr>
<tr><td>10）对夹爪进行设置。在下拉列表中选择“弧口夹爪”，单击“新建路径”图标，单击“收信号”图标，在右侧弹出的对话框中，把“发送端”改成“ER3-600 机器人”，单击下方信号栏中的 12，单击“确定”后单击“应用”。然后单击“示教”图标，把 A1、A2 的值改成 1，单击“新建 PTP 点”图标，创建弧口夹爪的 P1 点</td><td>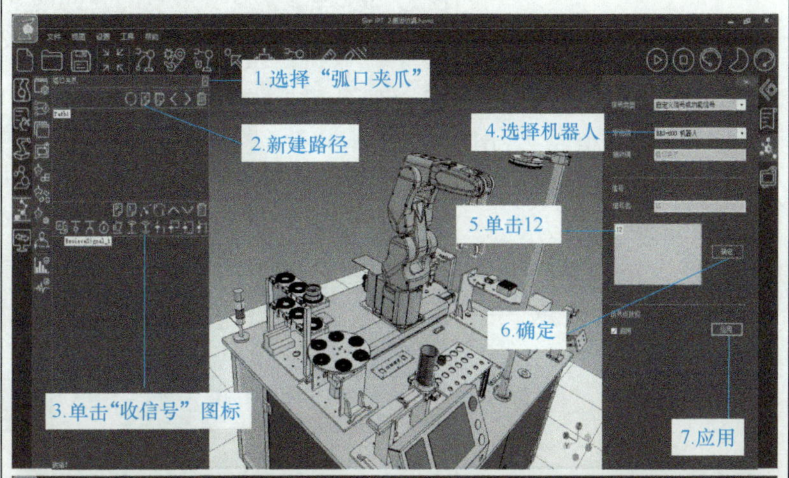</td></tr>
</table>

步骤	图示
最后，单击 P1 点后单击“发信号”图标，在右侧弹出的对话框中，“接收端”选择为机器人，“信号名”输入 13，单击“应用”按钮	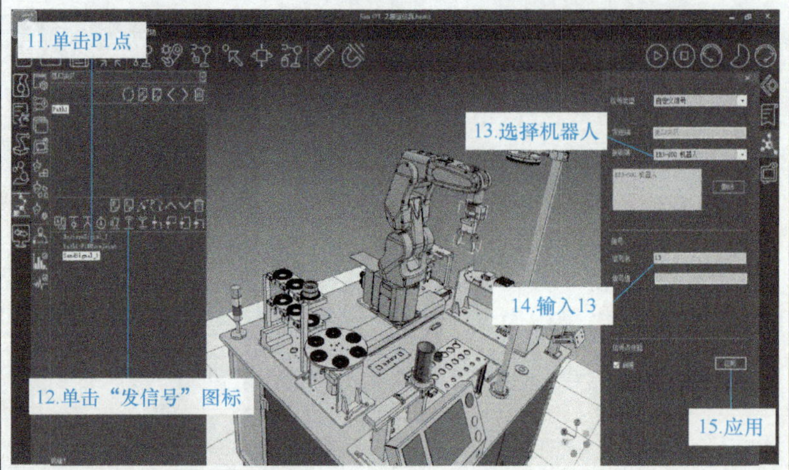
11）返回机器人路径规划端，选中 SendSignal _1，单击“收信号”图标，在右侧弹出的框中，把“发送端”改为“弧口夹爪”，在信号栏中单击 13，单击“确定”→“应用”按钮	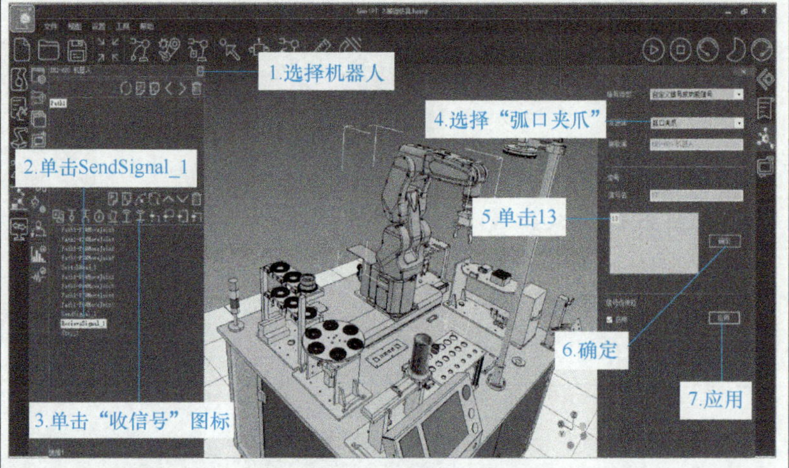
12）开始规划机器人夹取刚轮的路径。单击 P8 点，单击“选中末端”图标，然后单击右侧工具栏中的“示教”图标，在右侧弹出的对话框中把关节 A1 的角度改为 - 90°，单击“新建 PTP 点”图标，创建 P9 点	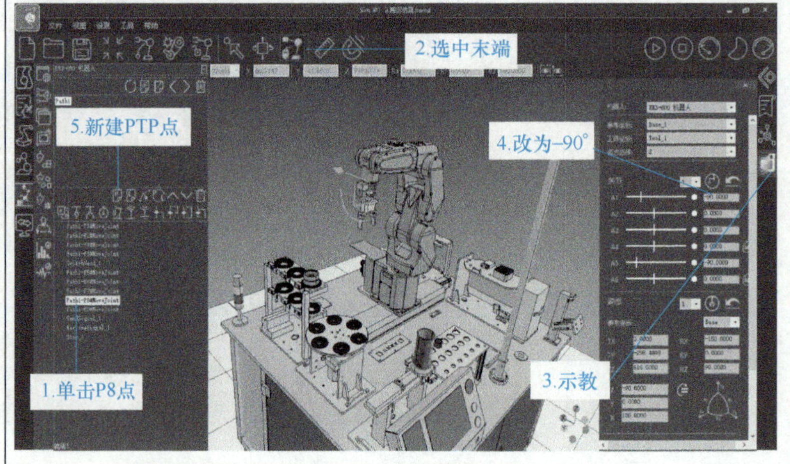

步骤	图示
13）单击选中 P9 点，拖动绿色圆弧，把夹爪拖至水平，右侧对话框中关节 A6 改为 90°，单击“新建 PTP 点”图标，创建 P10 点。然后在右侧对话框中的“机器人”选项中选中“弧口夹爪”，单击“复位关节”图标	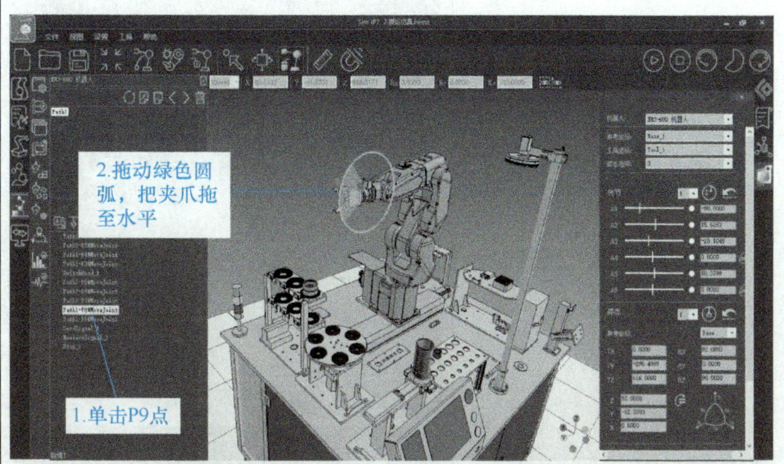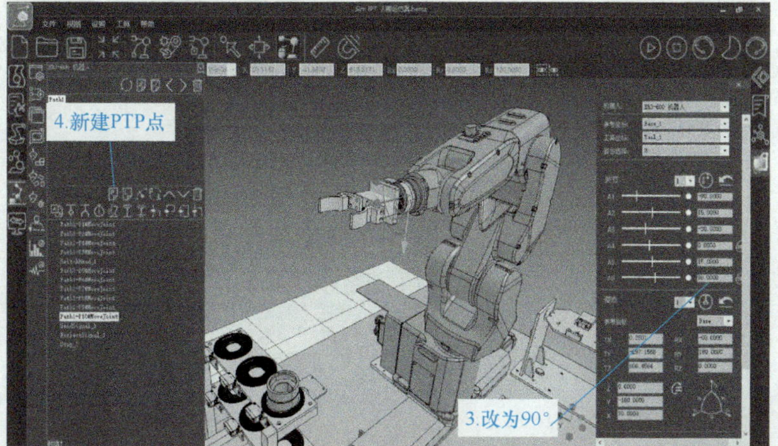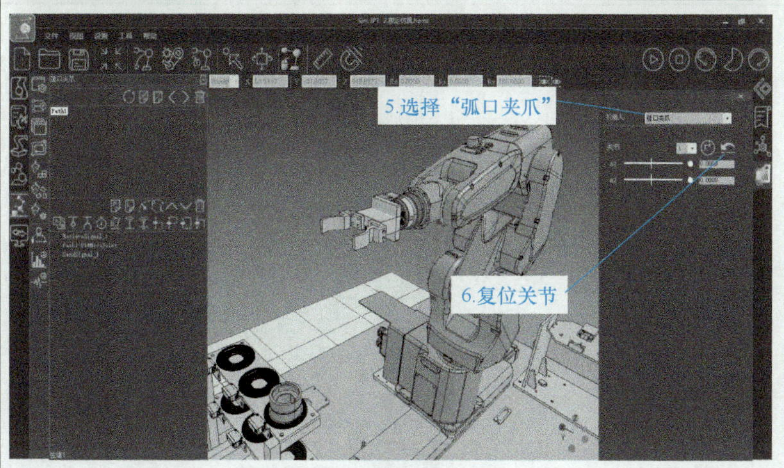

步骤	图示
松开夹爪，然后返回机器人端，拖动机器人末端3个方向的箭头改变末端位置，使夹爪对准刚轮，单击“新建 PTP 点”图标，创建 P11 点。改变 P11 点的顺序，把 P11 点移动至 P10 点后。最后，向上拖动绿色箭头，创建 P12 点、P13 点，改变 P12 点、P13 点的顺序，P12 点移动至 P11 点前，P13 点移动至 P11 点后	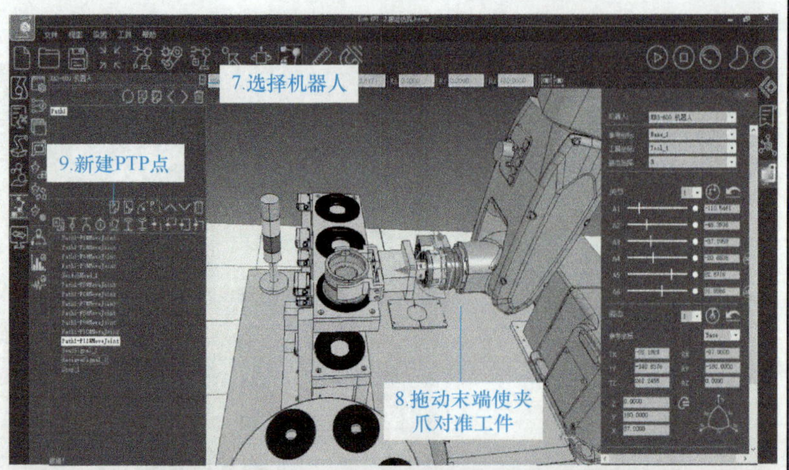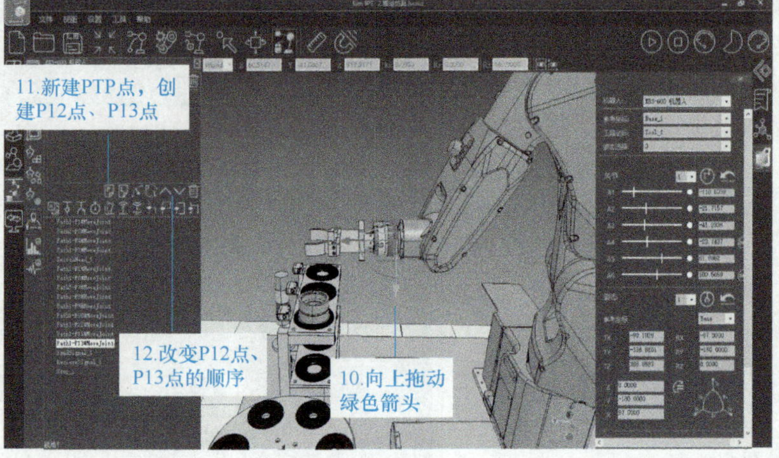
14）向右拖动蓝色箭头，单击“新建 PTP 点”图标，创建 P14 点，然后把 P14 点移动至 P10 点后	

步骤	图示
然后，单击 P11 点，单击“抓取”图标，单击 P13 点，把 P13 点移动至 ReceiveSignal_1 后	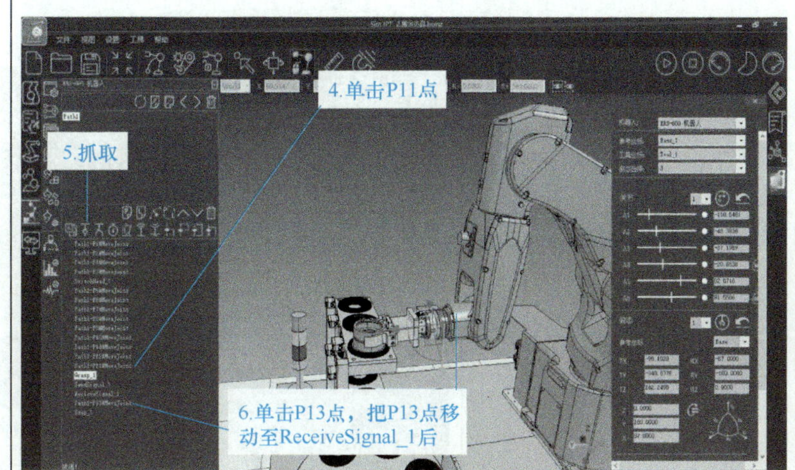
15）单击 P14 点后，单击“新建 PTP 点”图标，创建 P15 点，把 P15 点移动至 P13 点后，然后单击右侧工具栏中的“示教”图标，单击“复位关节”图标，单击“新建 PTP 点”图标，创建 P16 点	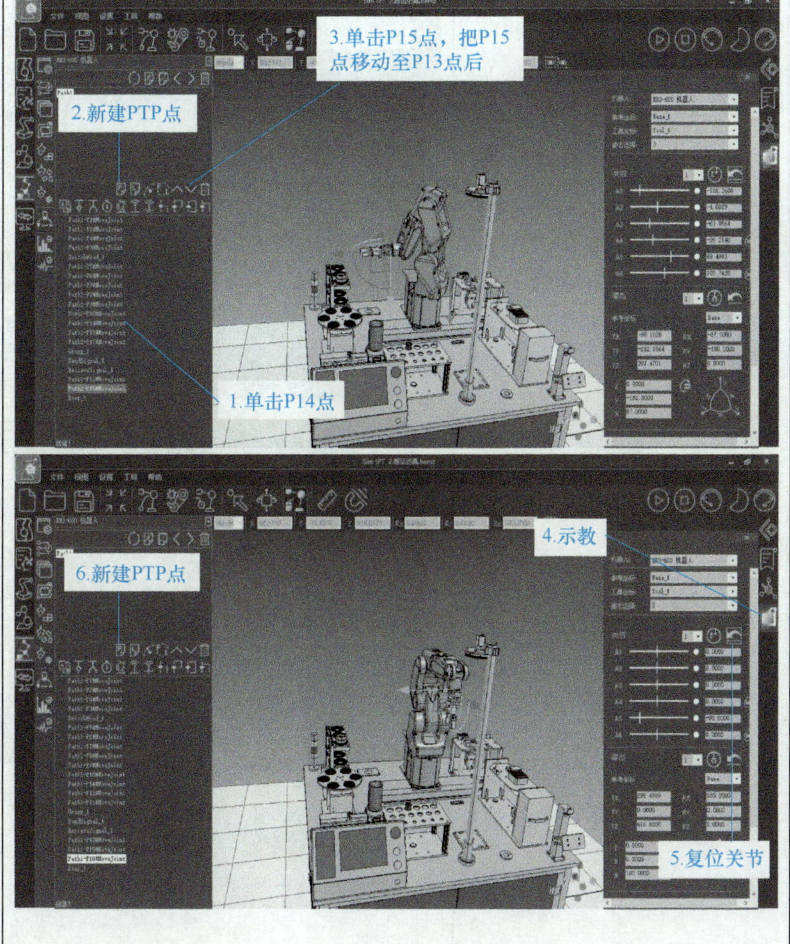

<table>
<tr><th>步骤</th><th>图示</th></tr>
<tr><td>16）将右侧工具栏中关节 A1 的值改为 90°，创建 P17 点。把夹爪转至水平，创建 P18 点。把夹爪向下拖动，创建 P19 点。然后，把夹爪拖动至工作台上方，创建 P20 点。最后，更改创建点位的顺序为 P17、P18、P19、P20</td><td>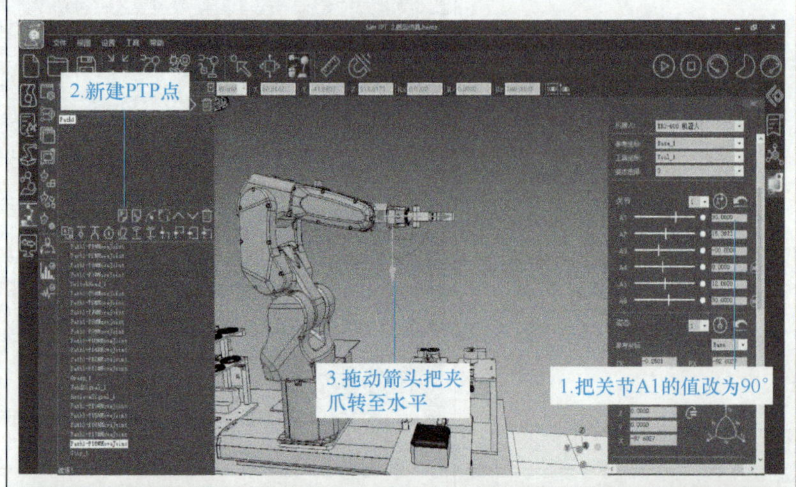

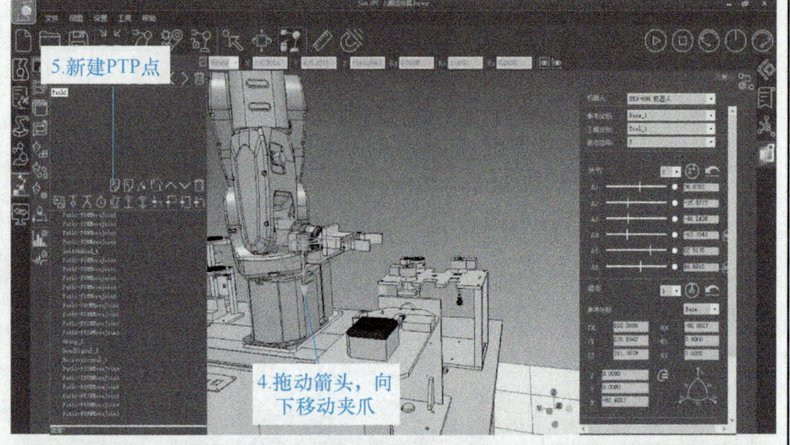

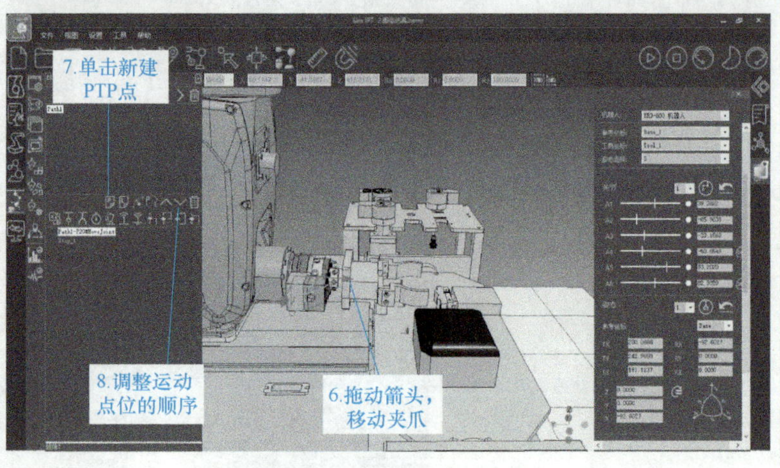
</td></tr>
</table>

步骤	图示
17）单击“仿真开始”按钮，此时刚轮已被夹爪夹紧，单击 P20 点，单击上方工具栏中的“选中末端”图标，然后再次调整刚轮摆放的位置，调整完成后，单击“修改点位”图标	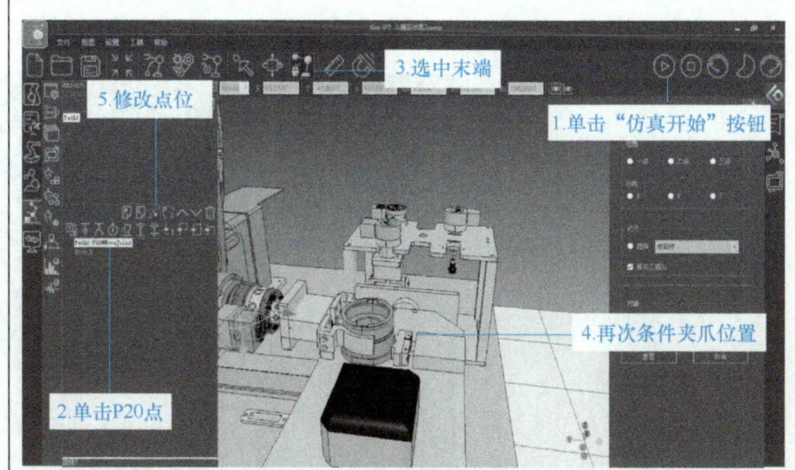
18）刚轮被摆放至台面后，需要给予夹爪一个松开信号。首先，单击“发信号”图标，在右侧弹出的对话框中将“接收端”改为“弧口夹爪”，“信号名”输入 14，单击“应用”按钮 然后，在左侧下拉列表中选择“弧口夹爪”，单击“新建路径”图标，新建 Path2，单击“收信号”图标，在右侧弹出的对话框中，“发送端”选择机器人，单击信号栏中的 14，单击“确定”→“应用”按钮	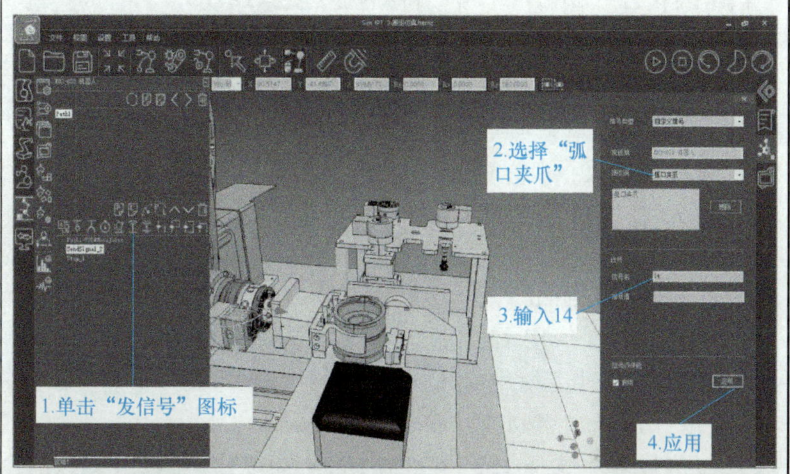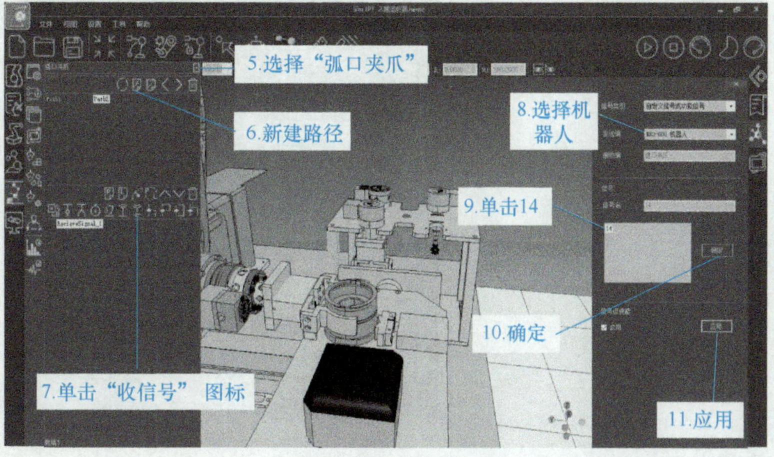

<table>
<tr><th>步骤</th><th>图示</th></tr>
<tr><td>单击右侧工具栏中的“示教”图标，单击“复位关节”图标，再单击“新建 PTP 点”图标
最后，单击 P2 点。单击“发信号”，在右侧弹出的对话框中，“接收端”选择机器人，“信号名”输入 15，单击“应用”按钮。返回机器人端，单击 SendSignal_2，单击“收信号”图标，在右侧弹出的对话框中，“发送端”选择“弧口夹爪”，“信号名”选择 15，单击“确定”→“应用”按钮</td><td>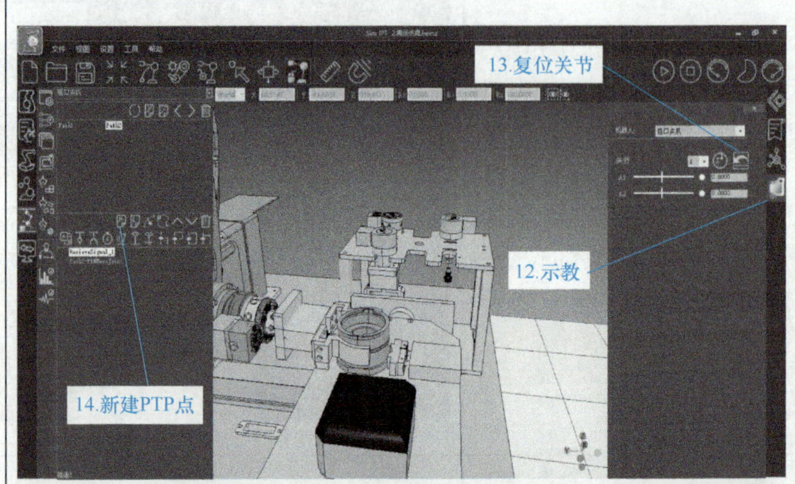

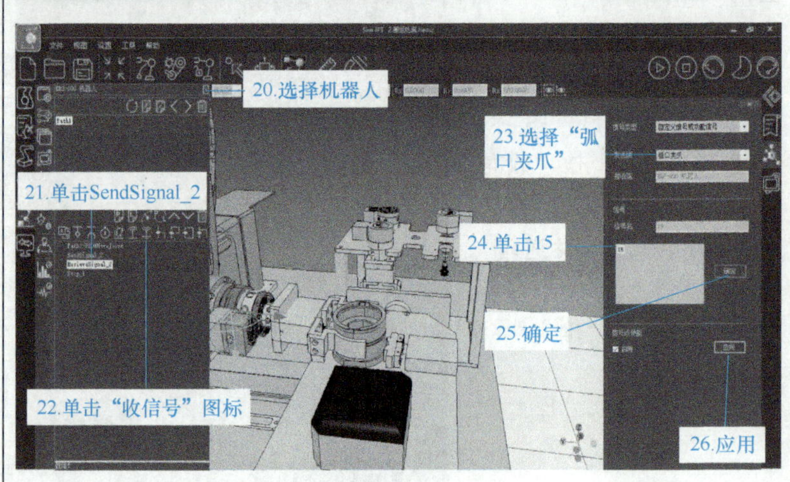
</td></tr>
</table>

<table>
<tr><th>步骤</th><th>图示</th></tr>
<tr><td>19）再次向上拖动夹爪，单击“新建 PTP 点”图标，创建 P21 点，单击 P20 点，单击“释放”图标，然后单击“仿真开始”按钮。此时，夹爪放开刚轮</td><td>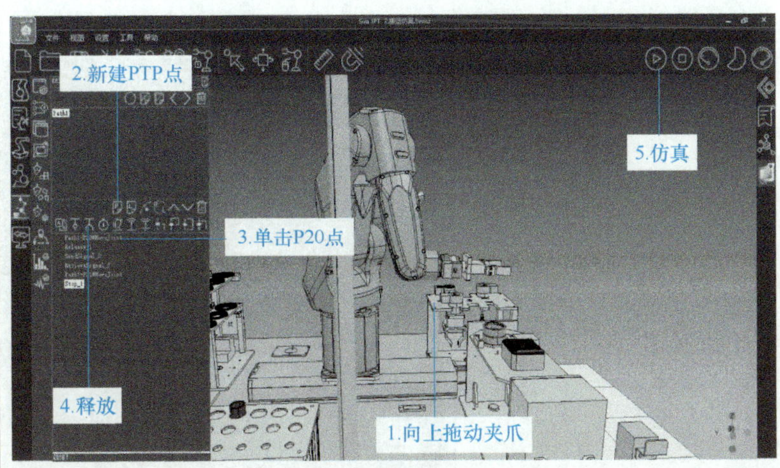
</td></tr>
<tr><td>20）单击上方工具栏中的“选中末端”图标，单击 P21 点，向上拖动夹爪，单击“新建 PTP 点”图标，创建 P22 点。然后单击 P22 点，单击右侧对话框中的“复位关节”图标，再次单击“新建 PTP 点”图标，创建 P23 点。至此，机器人夹取刚轮路径规划完成</td><td>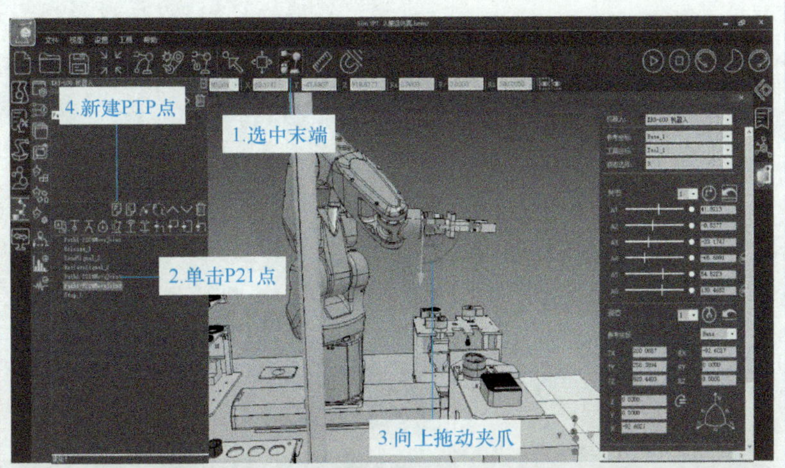

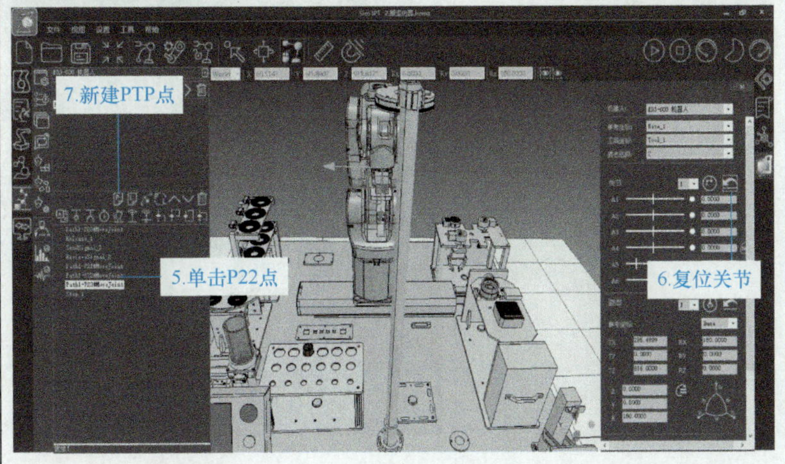
</td></tr>
</table>

<table>
<tr><th>步骤</th><th>图示</th></tr>
<tr><td>21）夹爪复位的路径规划。单击 P7 点，单击“新建 PTP 点”图标，创建 P24 点，重复上述步骤，单击 P6 点，创建 P25 点；单击 P5 点，创建 P26 点</td><td>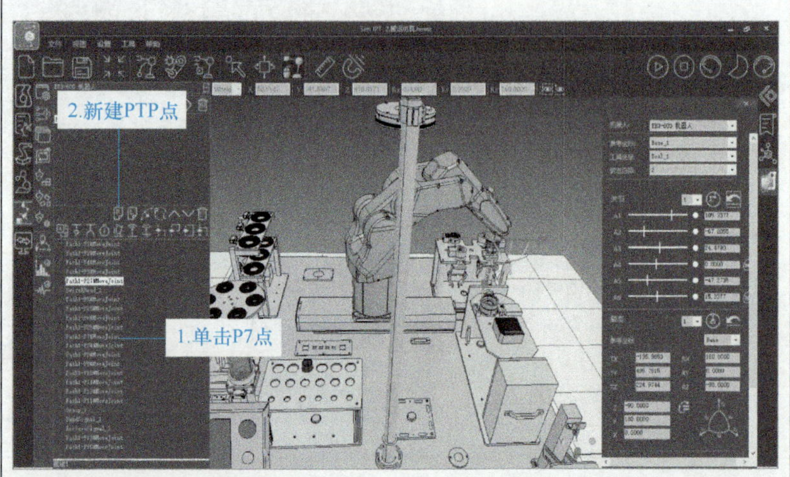

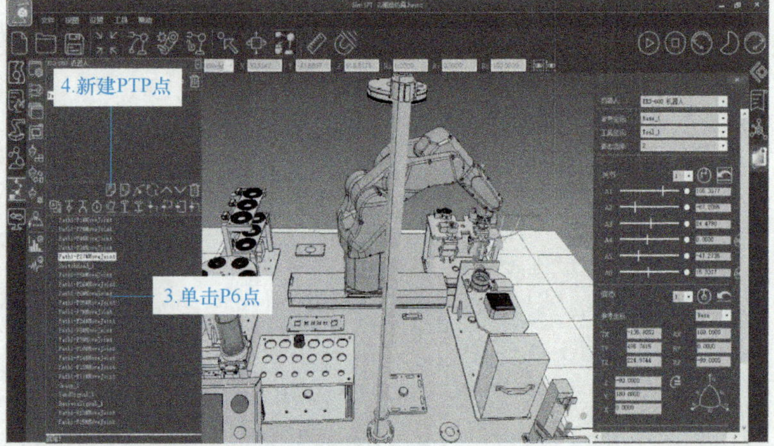

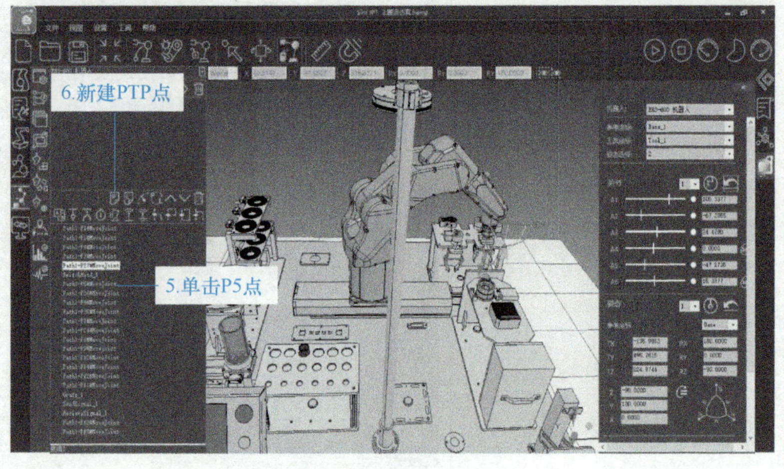
</td></tr>
</table>

步骤	图示
单击 P3 点，创建 P27 点。然后，把 P24 点、P25 点、P26 点、P27 点按顺序移动至 P23 点后	
22）单击 P27 点，单击左侧工具栏的“装卸”图标，在右侧弹出的工具栏中选择“卸载”，然后单击“应用”按钮	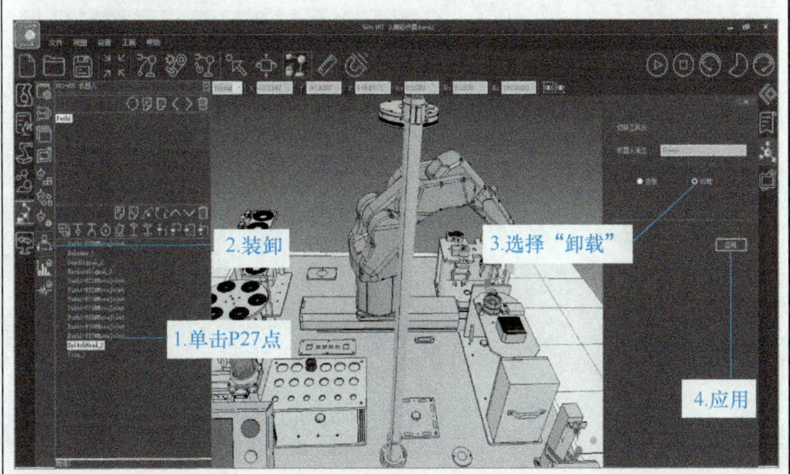
23）再次单击 P27 点，向上拖动夹爪，单击“新建 PTP 点”图标，创建 P28 点	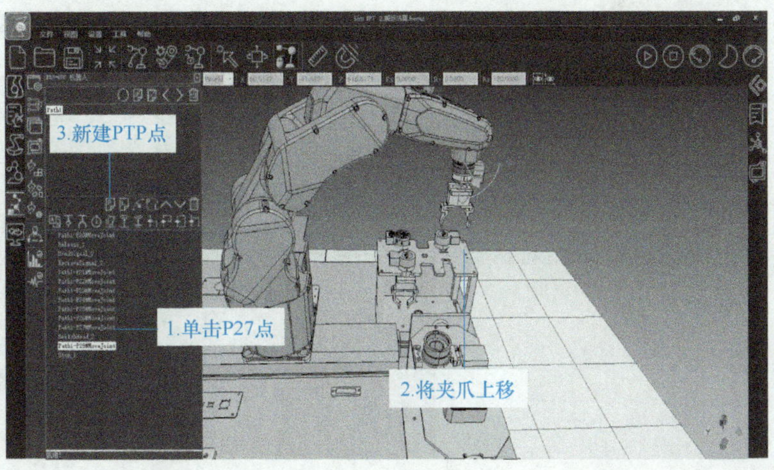

步骤	图示
然后，把 P28 点移动至 SwitchHead _ 2 后，将夹爪向左移动，创建 P29 点。最后，单击 P29 点，单击右侧工具栏中的“示教”图标，单击对话框中的“复位关节”图标，单击“新建 PTP 点”图标，创建 P30 点	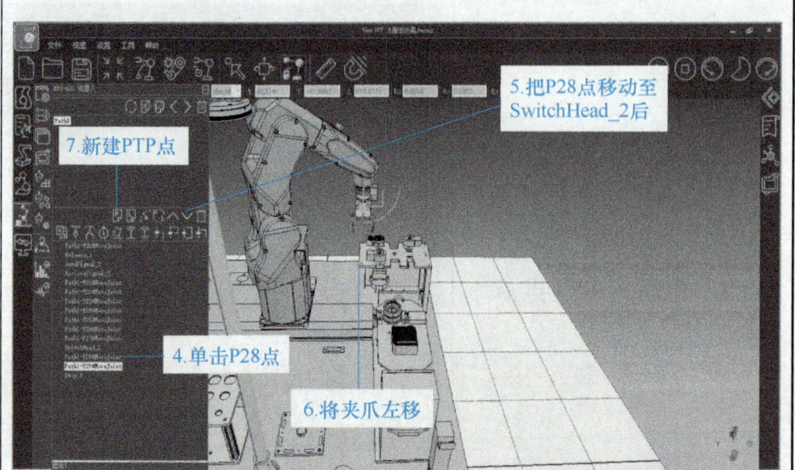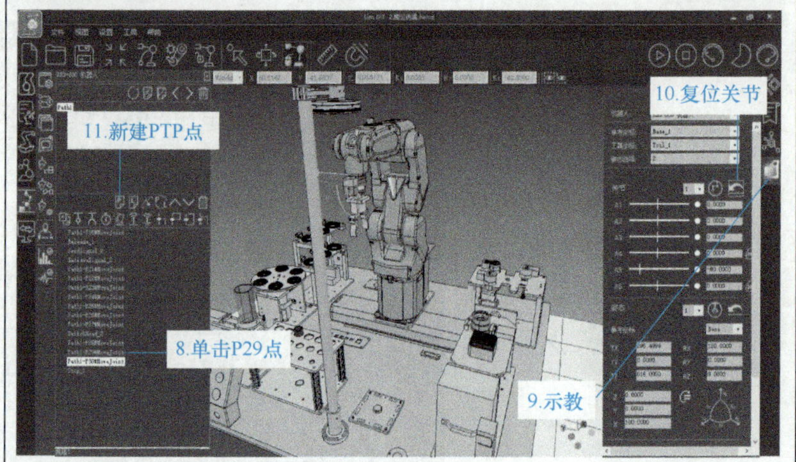
24）单击上方工具栏中的“平移旋转”图标，单击刚轮，在右侧对话框中选择“一点”“圆心”	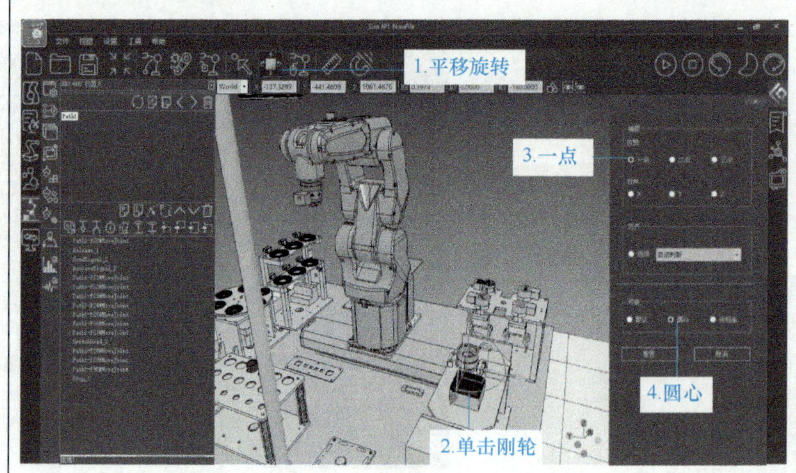

步骤	图示
然后单击刚轮原位置的中心，将刚轮放回原处，最后单击“仿真开始”按钮。至此，机器人路径规划完成	
25）单击“保存”图标，保存工程文件	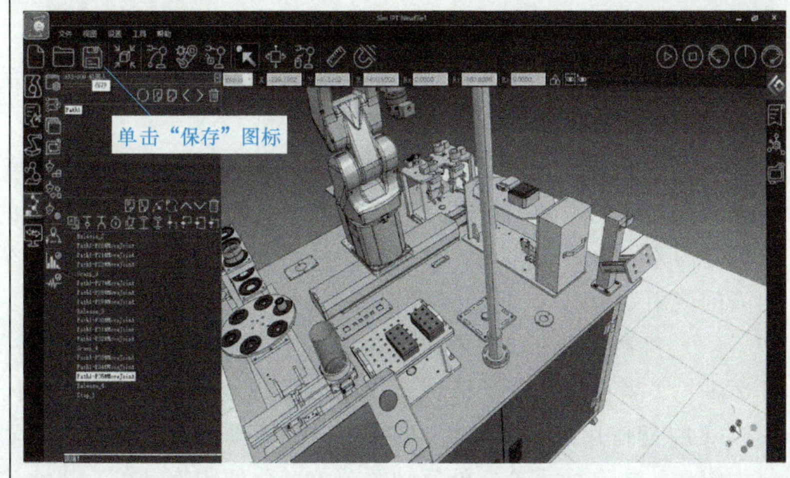

3. 习题页

1. 填空题
1）数字化仿真：在计算机上将描述实际系统的几何、数学模型转化为能被计算机求解的仿真模型，并编制相应的仿真程序进行求解，以获得系统性能参数的方法及过程。数字化仿真概括地说，就是一个“________________”的过程。 2）数学建模方法分类有________________、________________。
2. 简答题
1）简述仿真研究的步骤。 2）完成搬运场景搭建，并将刚轮从伺服变位模块搬运至立体库模块的2-1库位。

任务四　外部轴+第七轴移动

1. 知识页

工作任务	外部轴+第七轴移动	教学模式	理实一体
建议学时	2 学时，其中相关知识学习 1 学时，学员实操 1 学时	所需设备、器材	Sim IPT 软件
任务描述	1）外部轴简介 2）机器人外部轴的作用 3）机器人外部轴的应用		

任务实施

1. 外部轴

外部轴：机器人外部的轴，通俗地讲就是除了机器人本体的轴以外，由于工作需要添加的轴，如底座导轨、末端伺服工具等。

（1）机器人外部轴的作用　机器人外部轴也称为机器人第七轴、行走轴，即机器人本体轴数之外的一轴，它既是机器人基座，机器人安装在定制的安装板上，又能让机器人在指定的路线上进行移动，从而扩大机器人的作业半径，扩展机器人应用范围，提高了机器人的使用效率。

（2）机器人外部轴　在外部轴设置上，如果场景中存在外部轴，那么有几个外部轴，外部轴栏下就会有几个外部轴起作用（假设场景中存在 3 个外部轴，则外部轴栏下 EJ1、EJ2、EJ4 起作用）。在设置步长值后，具体操作方法与设置机器人关节方法一致，该步长值为滚动一次鼠标滚轮，外部轴关节值变化的频率。在外部轴关节值方框中输入数值，按<Enter>键，单击“设置姿态”按钮，当前输入的外部轴关节值角度就被设置为外部轴的零位，以后直接单击复位按钮，外部轴就会运行到所设置的默认位姿位置。图 3-39 所示为 Sim IPT 软件中对机器人外部轴示教。

2. 机器人外部轴应用

（1）焊接机器人的外部轴　焊接机器人的外部轴主要是辅助焊接机器人完成焊接动作，同时提高效率和精度，如图 3-40 所示。焊接机器人的外部轴一般有两种：变位机和行走轴。其中变位机能够提高精确度和实现多角度焊接；而行走轴能够改变机器人的位置、提高精确度和扩展机器人的工作范围。

（2）变位机的外部轴　变位机是一种能够支持控制器对焊接机器人的位置变换进行管理的机器人配件。它能够改变焊接机器人的位置，使其能够达到不同的位置来完成更加复杂的焊接任务。变位机通常由多个轴组成，可以控制多个方向的运动，从而扩大机器人的工作范围。

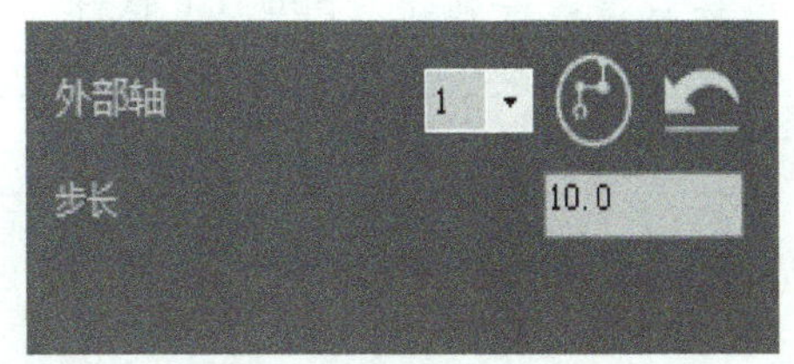

图 3-39　Sim IPT 软件中对机器人外部轴示教

图 3-40　机器人外部轴

（3）行走轴　行走轴是指能够支持焊接机器人进行移动的配件，通常被安装在焊接机器人的基座上，能够让机器人进行自由移动，如图 3-41 所示。行走轴通常由几个表面上看似相同但实际上不同的轴组成，这些轴能够协同工作，使焊接机器人可以到达更多的位置，完成更加复杂的焊接任务。

图 3-41　行走轴

具体来说，行走轴可以实现以下功能：

1）改变位置。行走轴的存在使得焊接机器人可以更加灵活地移动，从而到达更多的位置，完成更加复杂的焊接任务。

2）提高精确度。行走轴能够提高焊接机器人的定位精度，使其更加准确地完成焊接任务。

3）扩展工作范围。行走轴可以让焊接机器人到达更远的位置，从而扩展机器人的工作范围，使其完成更多的任务。合理使用变位机和行走轴，可以使焊接机器人更加灵活而高效地完成复杂的焊接任务，提高工作效率和精确度。因此，在设计焊接机器人工作站时，合理选择和配置外部轴配件是非常重要的，可以使机器人具有更加灵活和高效的工作能力。

2. 任务页

<table>
<tr><td>工作任务</td><td>外部轴+第七轴移动</td><td>教学模式</td><td>理实一体</td></tr>
<tr><td>建议学时</td><td>2 学时，其中相关知识学习 1 学时，学员实操 1 学时</td><td>所需设备、器材</td><td>Sim IPT 软件</td></tr>
<tr><td>任务描述</td><td colspan="3">在软件中搭建外部轴控制，实现机器人同第七轴一起移动</td></tr>
<tr><td>职业技能</td><td colspan="3">1） 创建机器人外部轴
2） 创建外部轴控制器
3） 实现机器人与外部轴同步</td></tr>
<tr><td colspan="4">任务实施</td></tr>
</table>

<table>
<tr><th>步骤</th><th>图示</th></tr>
<tr><td>1） 以 1+x 平台为例，打开一个 1+x 的场景。单击“文件”→“打开文件”→“打开文件”，选择“外部轴+第七轴移动”，单击“打开”按钮</td><td>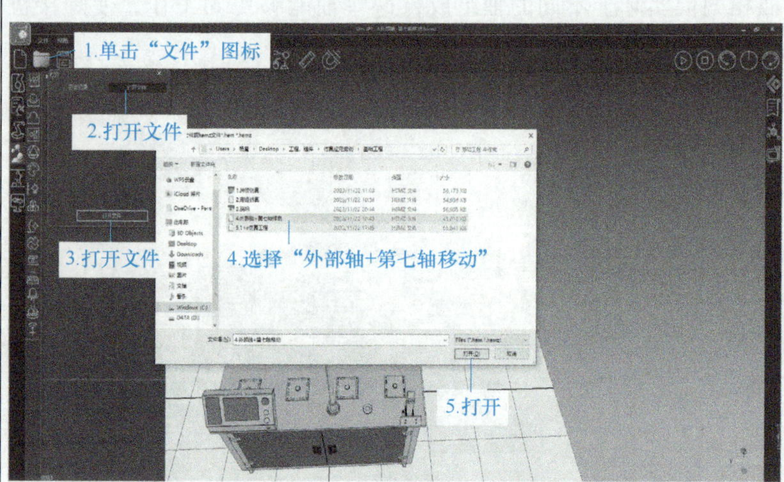
</td></tr>
<tr><td>2） 单击“建模”图标，找到“第七轴底盘”，将 Part_0 移至“第七轴底盘”下面</td><td>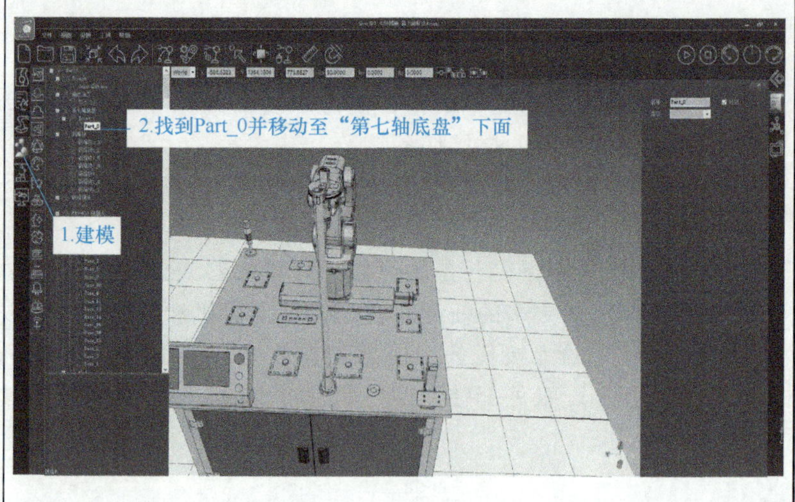
</td></tr>
</table>

步骤	图示
将 Joint_1 删除	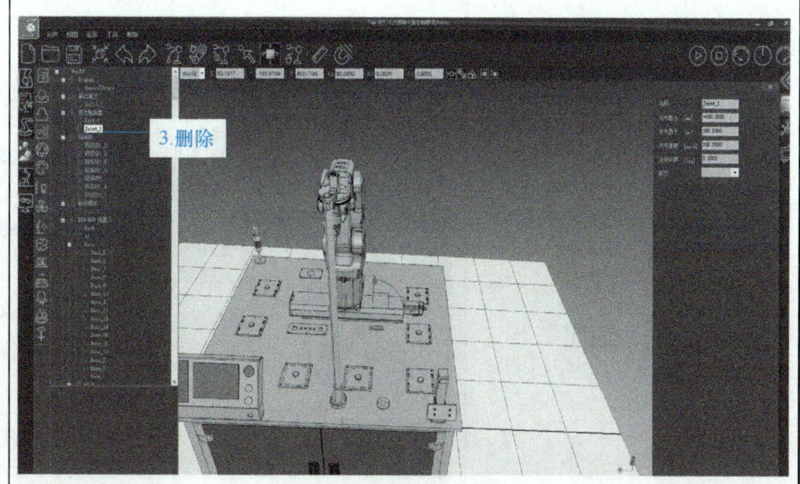
3）建立一个新的平移关节，单击“第七轴底盘”→“建模”→“创建”→“平移关节”	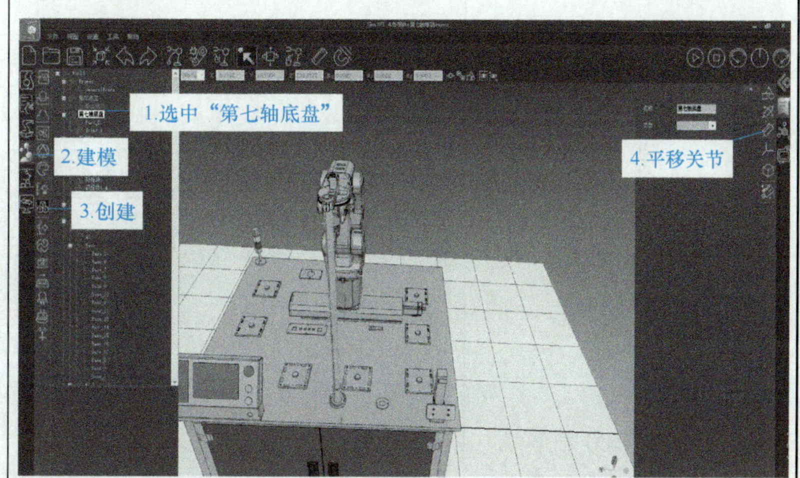
4）选中平移关节，单击“平移旋转”图标，用一点法将平移关节坐标定位到第七轴上，且平移关节 Z 轴方向为正方向，修改 Rx 为 90，并将 Part_0 移动至 Joint_1 下方	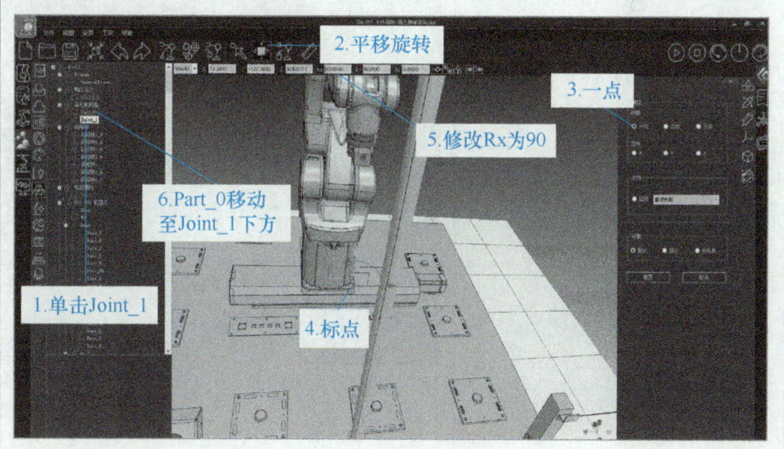

步骤	图示
5）对第七轴底盘建立关节控制器，单击 Joint_1→“运动控制器”→“关节控制器”→“确定”	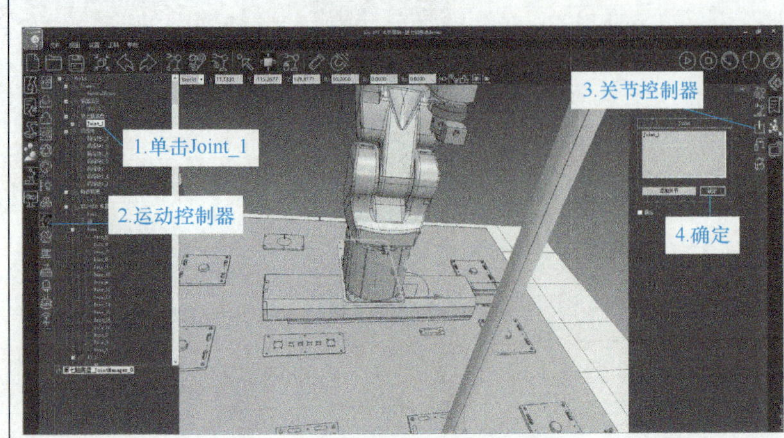
6）将 ER3-600 机器人_0 移动至 Joint_1 下方，单击“示教”图标，机器人选择“第七轴底盘”即可进行示教	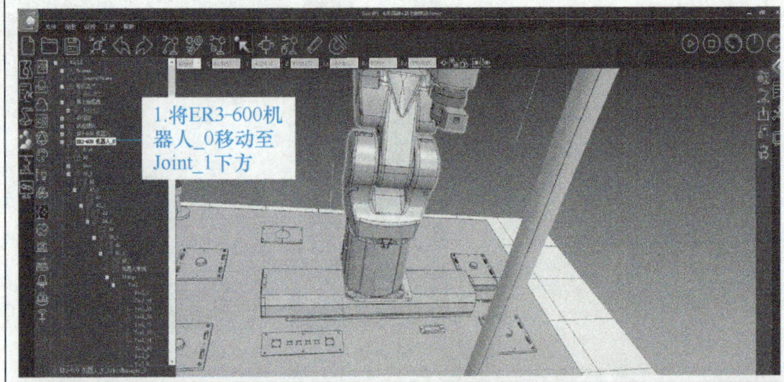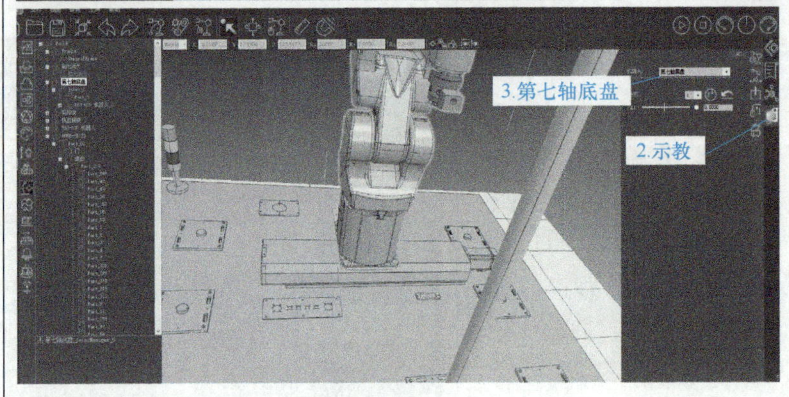

步骤	图示
7）建立路径示教。单击“规划”图标，选择“第七轴底盘”，单击“新建路径”图标，关节赋值 100，新建 PTP P1 点，关节赋值 -100，新建 PTP P2 点，关节赋值 0，新建 PTP P3 点	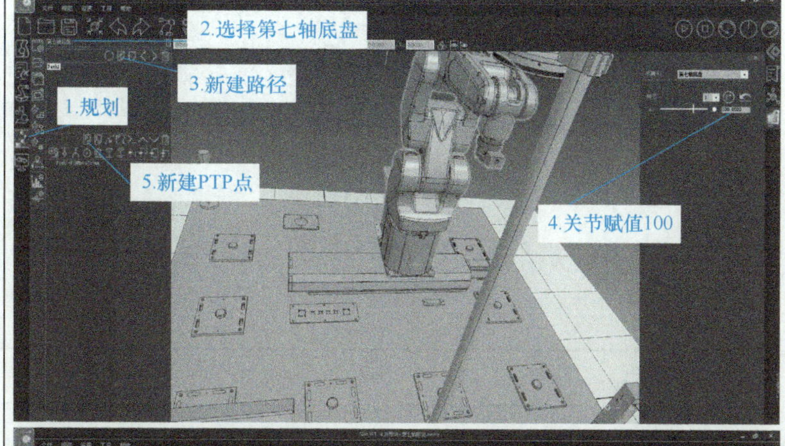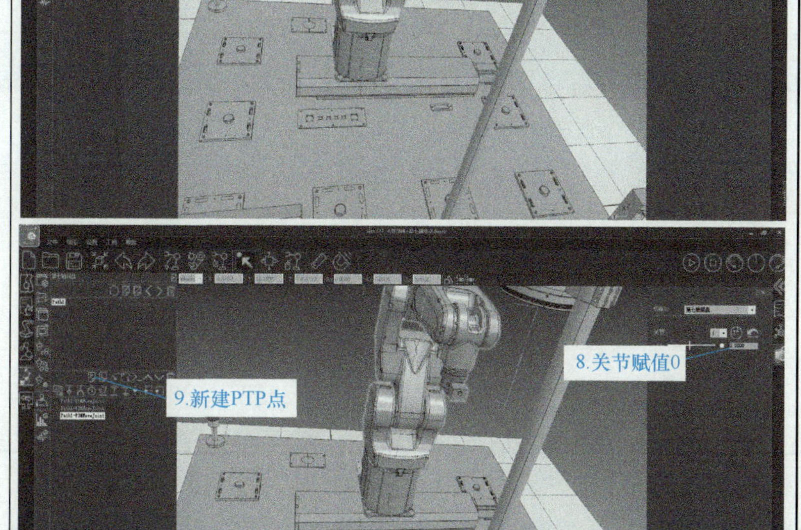

步骤	图示
8）单击“仿真开始”按钮进行示教，示教完成后单击“停止仿真”按钮	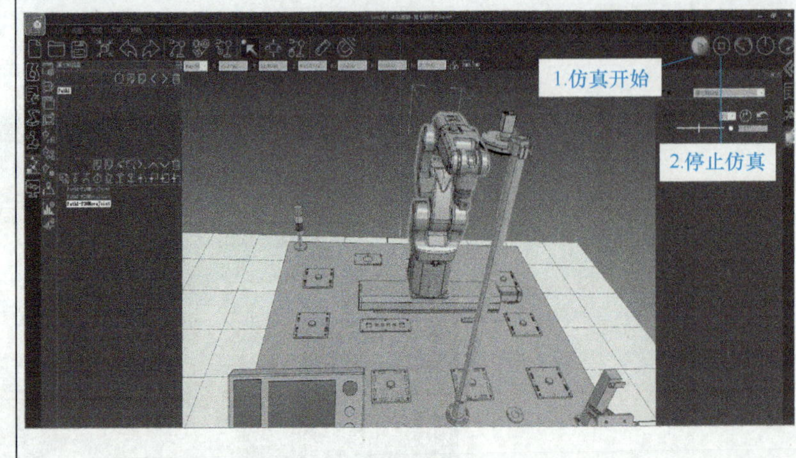

3. 习题页

1. 填空题

机器人外部轴的作用：机器人外部轴也称为机器人______、行走轴，即机器人本体轴数之外的一轴，是机器人基座，机器人安装在定制的______上。

2. 简答题

1）简述行走轴的作用。

2）简述行走轴的应用场景。

项目四

谐波减速器装配虚拟调试

项目导入

工业机器人主要用于汽车领域，通常用于搬运、焊接、喷涂、装配、码垛、上胶、磨削、雕刻、检测等复杂的操作。装配是一个复杂的操作过程。在装配过程中，不仅要检测出错误，而且要设法纠正错误。装配机器人主要用于各种电器和流水线产品的制造，具有效率高、精度高、工作持续的特点。装配机器人是柔性自动化装配系统的核心设备，由机器人操作机、控制器、末端执行器和传感系统组成。其中操作机的结构类型有水平关节型、直角坐标型、多关节型和圆柱坐标型等；控制器一般采用多 CPU 或多级计算机系统，实现运动控制和运动编程；末端执行器为适应不同的装配对象而设计成各种手爪和手腕等；传感系统的作用是获取装配机器人与环境和装配对象之间相互作用的信息。总之，装配机器人具有精度高、稳定性高、柔性好、工作效率高等优点。

根据适应的环境不同，装配机器人可以分为普及型装配机器人和精密型装配机器人两大类。装配机器人大多数是 4~6 轴机器人，根据其臂部的运动形式不同，又可以分为直角坐标型装配机器人、垂直多关节型装配机器人、平面关节型装配机器人和并联关节型装配机器人等。

1. 知识页

工作任务	谐波减速器装配虚拟调试	教学模式	理实一体
建议学时	4 学时，其中相关知识学习 2 学时，学员实操 2 学时	所需设备、器材	Sim IPT 软件
任务描述	通过搭建谐波减速器装配生产平台并编写脚本来实现虚拟调试任务，谐波减速器装配需要用到的模块包括工作台、机器人、第七轴模块、立体仓储模块、旋转供料模块、井式供料模块、传送带输送模块、伺服变位机模块、快换工具模块，其中快换工具模块包含弧口夹爪、平口夹爪和吸盘工具，需要用到的待加工件包括刚轮、柔轮组件、中间法兰和输出法兰。在工作台相应位置建立坐标点，使各个模块能够通过坐标对齐的方式安装到正确位置，为后续加工做准备。在工件及模块上添加关节及建立关键点，使其在软件中实现装配过程	更多资料	谐波减速器装配虚拟调试

任务实施

1. 协作离线编程

单个场景中支持多机器人协作离线编程，如图 4-1 所示，支持双-多机器人同步工作的相关应用。

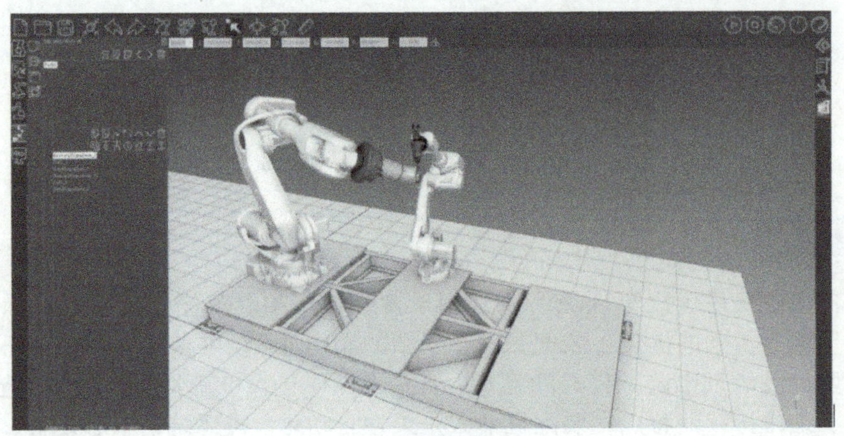

图 4-1　协作离线编程

2. 示教编程

图 4-2 所示的点位示教编程可生成 PTP 点与 Line 点，并可相互转换，可拖动机器人末端进行已有点位修改，示教生成的路径可相互调用，任意程序可作为其他程序的子程序使用。

图 4-2　点位示教编程

3. 加工路径调用

产线规划时可调用离线编程生成的加工路径进行仿真，如图 4-3 所示，加工路径让加工工位仿真时不仅能够做简单动作，而且能够仿真出更加准确的实际加工路径。

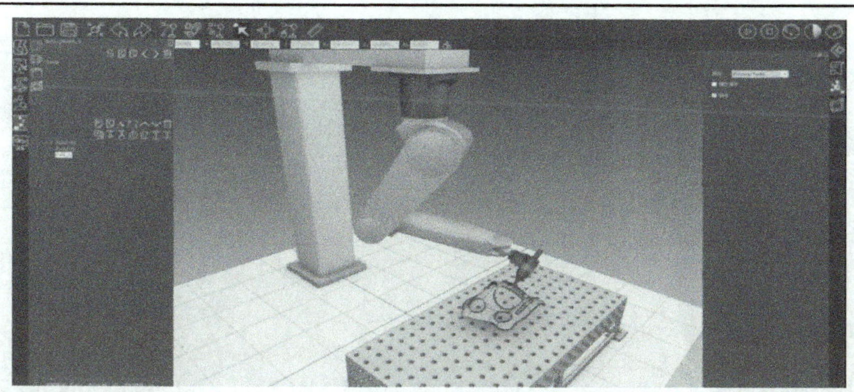

图 4-3　加工路径

4. 自定义物料

如图 4-4 所示，自定义物料生成能够参数化控制物料生成个数、时间间隔、供料速度等，可修改物料生成位置。

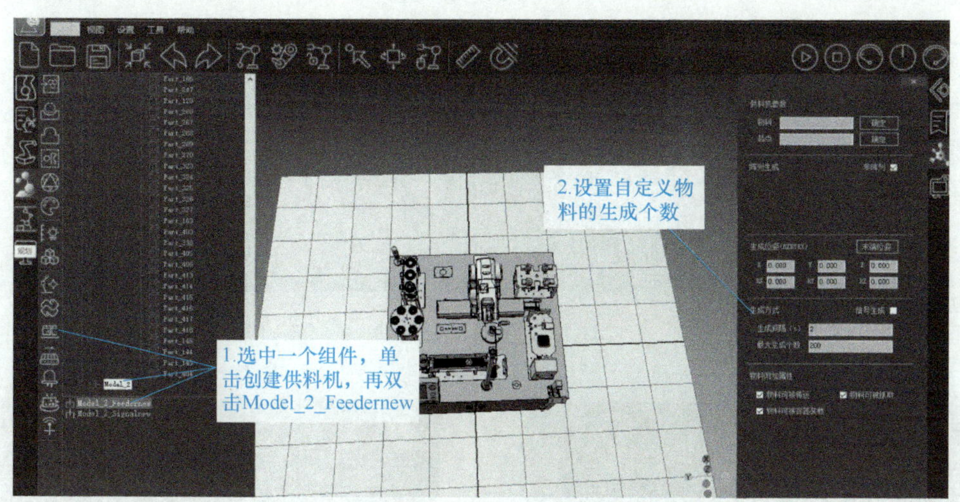

图 4-4　自定义物料生成

5. 自定义传送带

自定义传送带如图 4-5 所示，它能够参数化控制传送速度和传送容量，可实现直线传送和曲线传送，可在传送带上增加传感器。

6. 信号控制功能

图 4-6 所示为信号控制功能，展示了虚拟设备间如机器人与机器人、机器人与机床间，通过交互控制与传感器信号建立的逻辑关系，每个信号的仿真情况均可通过信号列表实时观察。

7. 虚拟联调功能

虚拟联调功能支持 OPC UA 等标准的通信协议，可与西门子博途、CODESYS 等 PLC 编程软件互联互通，实现单站到生产线的 PLC 虚拟联调，如图 4-7 所示

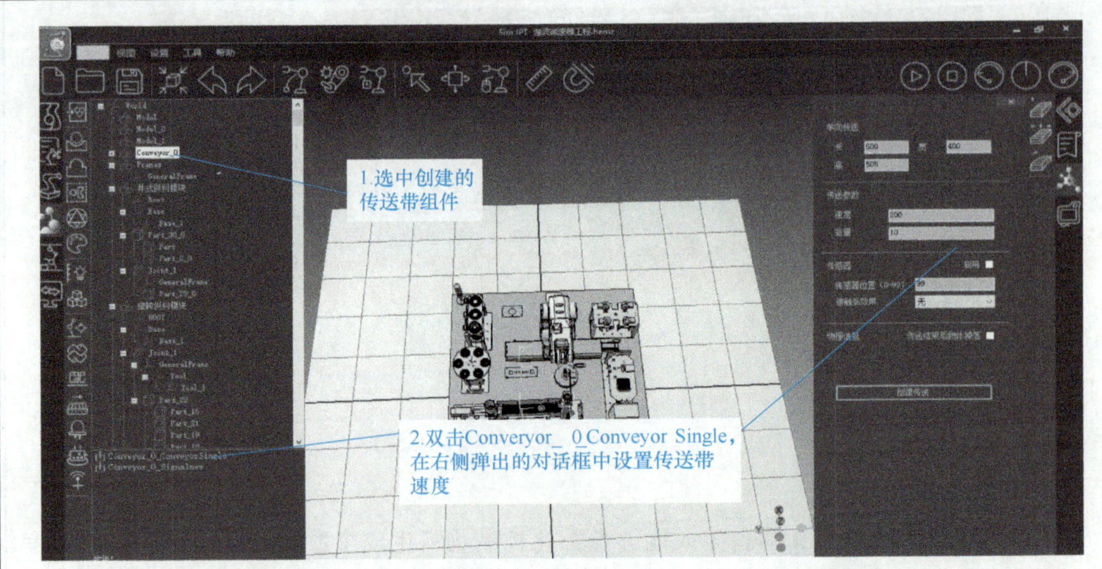

图 4-5　自定义传送带

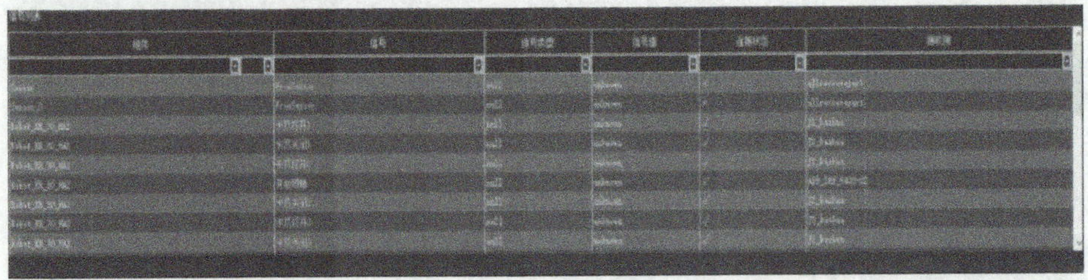

图 4-6　信号控制功能

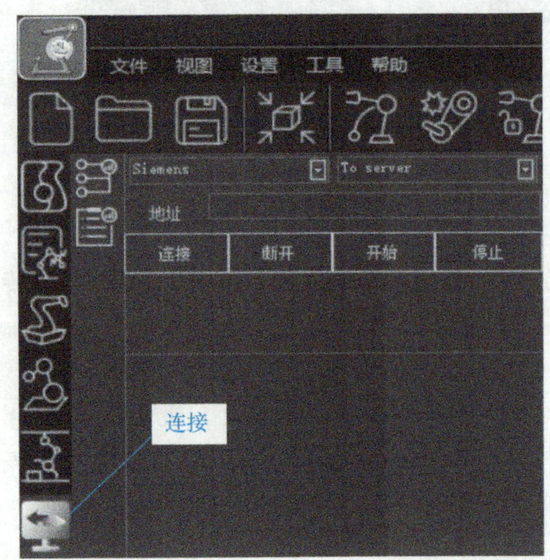

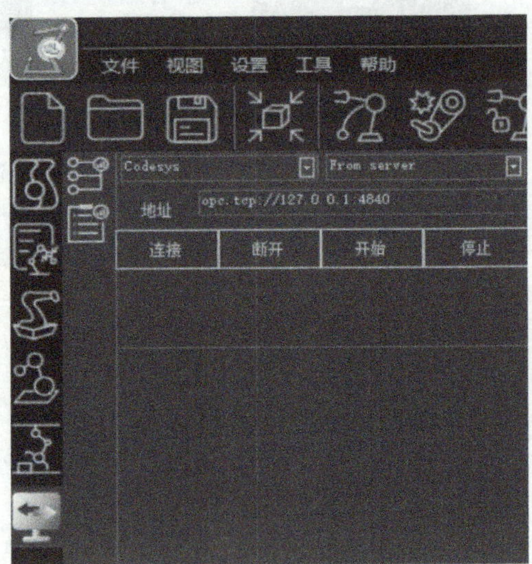

图 4-7　虚拟联调功能

8. 分析计算功能

如图 4-8 所示，分析计算功能可统计各工位物料的加工时间、加工数量等，并实时输出饼状图和柱状图等分析结果到 Excel 中。

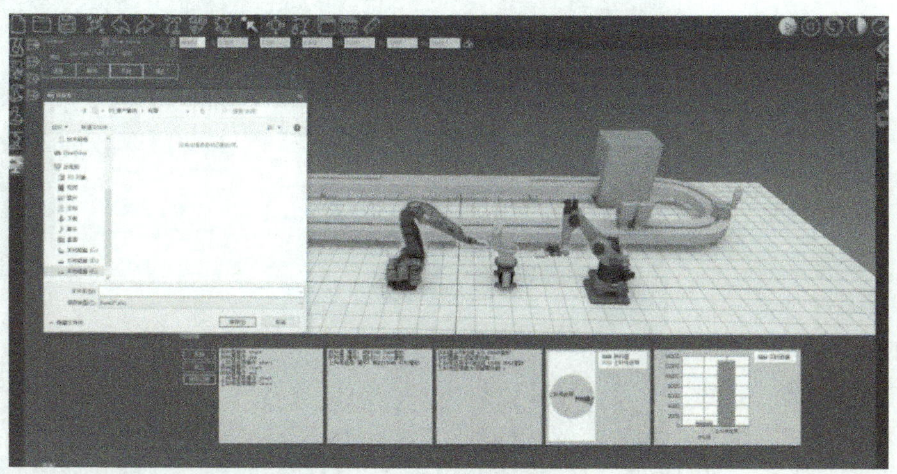

图 4-8 分析计算功能

2. 任务页

<table>
<tr><td>工作任务</td><td>谐波减速器装配虚拟调试</td><td>教学模式</td><td>理实一体</td></tr>
<tr><td>建议学时</td><td>4 学时，其中相关知识学习 2 学时，学员实操 2 学时</td><td>所需设备、器材</td><td>Sim IPT 软件</td></tr>
<tr><td>任务描述</td><td colspan="3">搭建谐波减速器。谐波减速器装配需要用到的模块包括工作台、机器人、第七轴模块、立体仓储模块、旋转供料模块、井式供料模块、传送带输送模块、伺服变位机模块、快换工具模块，其中快换工具模块包含弧口夹爪、平口夹爪和吸盘工具，需要用到的待加工件包括刚轮、柔轮组件、中间法兰和输出法兰。导入模型，然后通过单击“平移旋转”图标选中部件，用捕捉将模型放到规定的位置，为后续加工做准备。在工件及模块上添加关节及建立关键点，使其在软件中实现装配过程</td></tr>
<tr><td>职业技能</td><td colspan="3">1）模型导入方法
2）掌握为法兰、刚轮、柔轮建立供料机的方法
3）完成装配</td></tr>
</table>

<table>
<tr><th colspan="2">任务实施</th></tr>
<tr><th>步骤</th><th>图示</th></tr>
<tr><td>1）导入模型文件。在打开 Sim IPT 软件后，依次单击工具栏中的“文件”→“打开文件”，在出现的对话框中选择“打开文件”，选择“模型库”文件夹内的“1+x仿真工程 .hemz”文件，单击“打开”按钮，导入后效果如右图所示</td><td>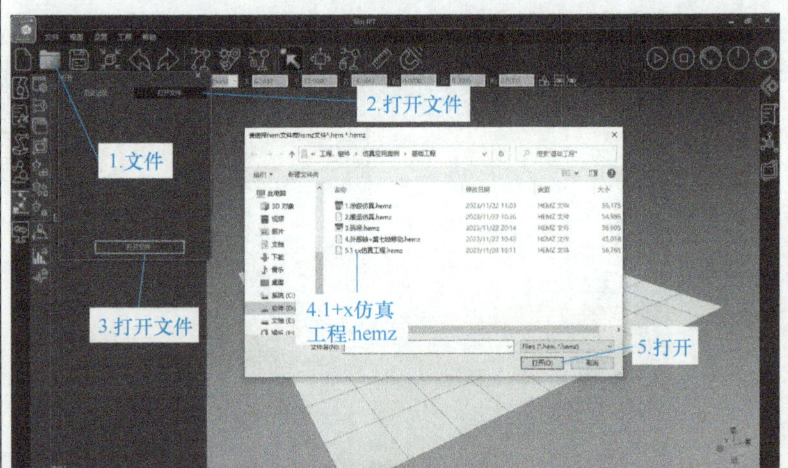

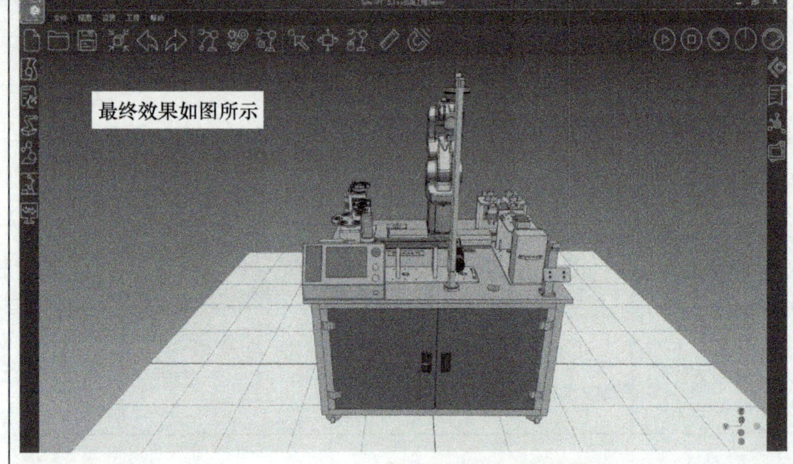
</td></tr>
<tr><td>2）建立刚轮工程。在“规划”模式下，先选中“ER3-600 机器人”，在下面的对话框中再单击“新建路径”图标，此时在下面的对话框中建立了 Path_1</td><td>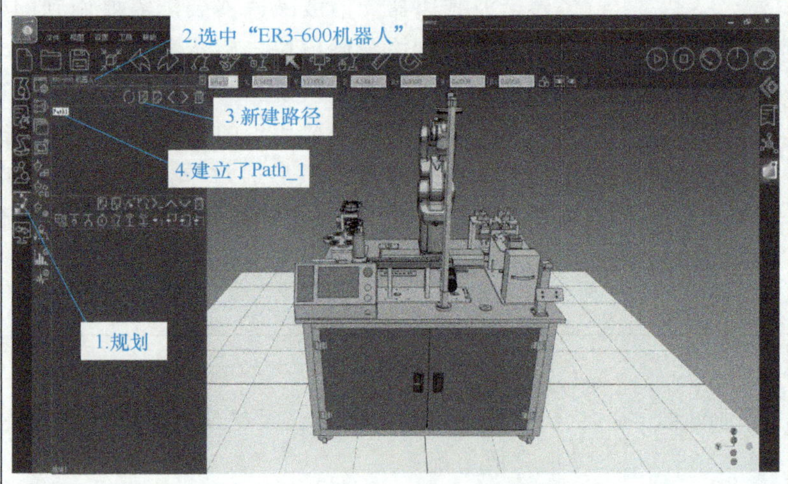
</td></tr>
</table>

步骤	图示
双击 Path_1，将 Path_1 改名为“刚轮工程”，操作完成后效果如右图所示	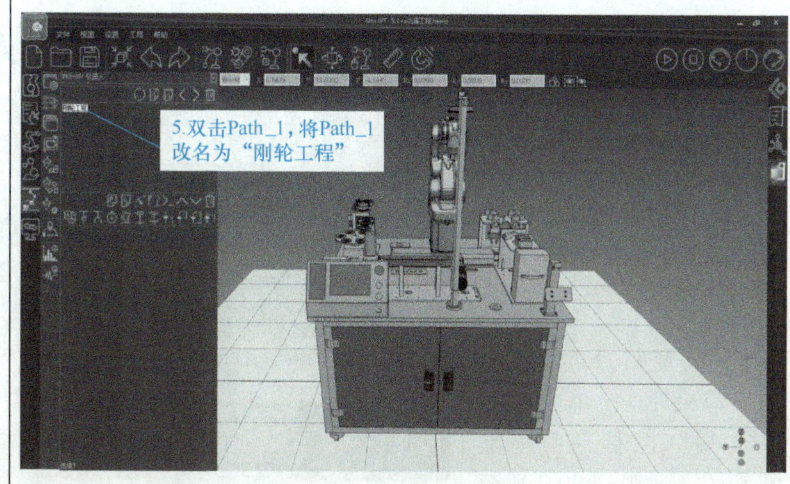
3）选定机器人。单击右侧工具栏中的“示教”图标，弹出对话框，在下拉列表中选择“ER3-600 机器人”	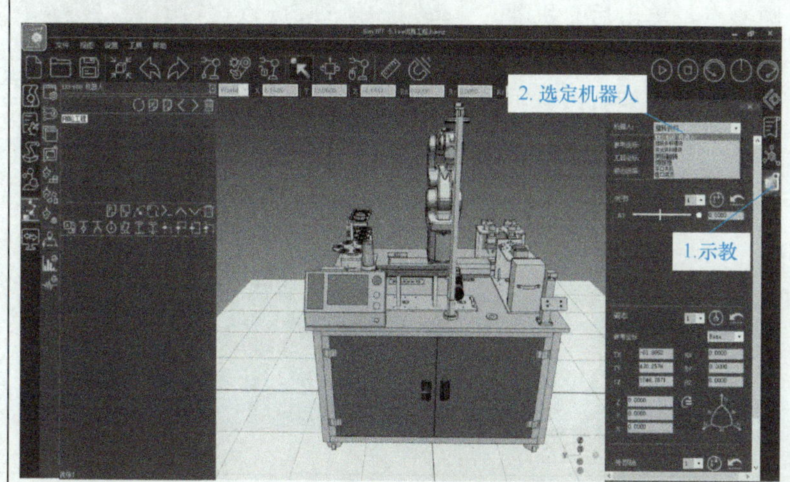
4）设置路径点 1（安装弧口夹爪）。单击右侧对话框 A1 轴后面的数字栏，把数字改为 90，单击左侧下方“新建 PTP 点”图标，新建一个 PTP 点，此时，该点记录了此时机器人位置和姿态	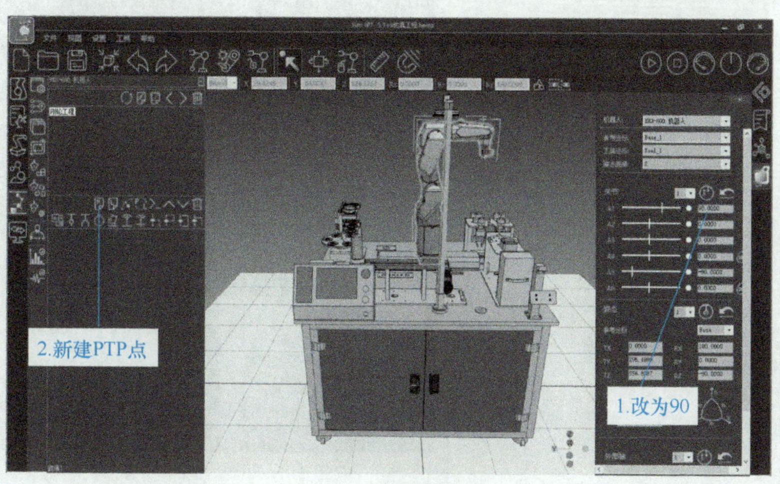

步骤	图示
5）设置路径点 2（安装弧口夹爪）。单击“选中末端”图标，用一点圆心法选取弧口夹上端面圆心点，单击后，机器人末端坐标系会移动到选取的点，效果如右图所示	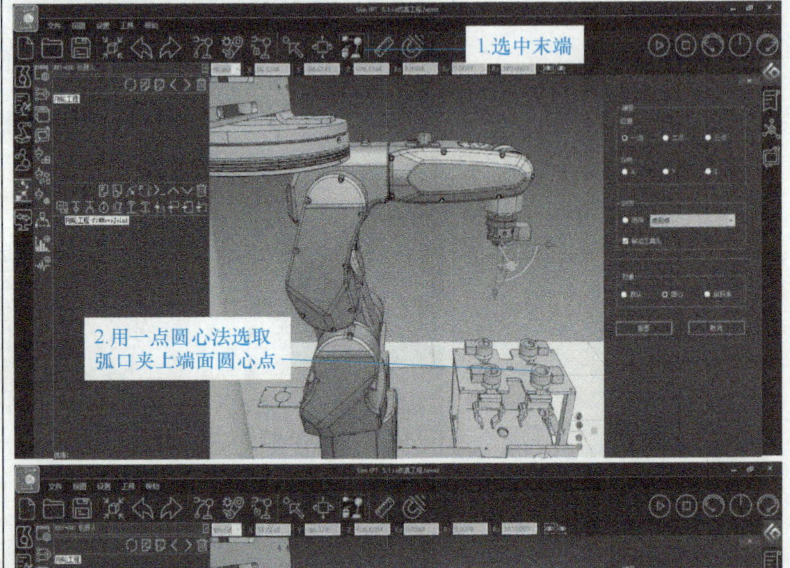
6）机器人末端安装弧口夹爪。依次单击左侧工具栏中的“装卸”图标，双击装卸指令，在右侧对话框中的选择“安装”，单击“应用”按钮，完成弧口夹的安装	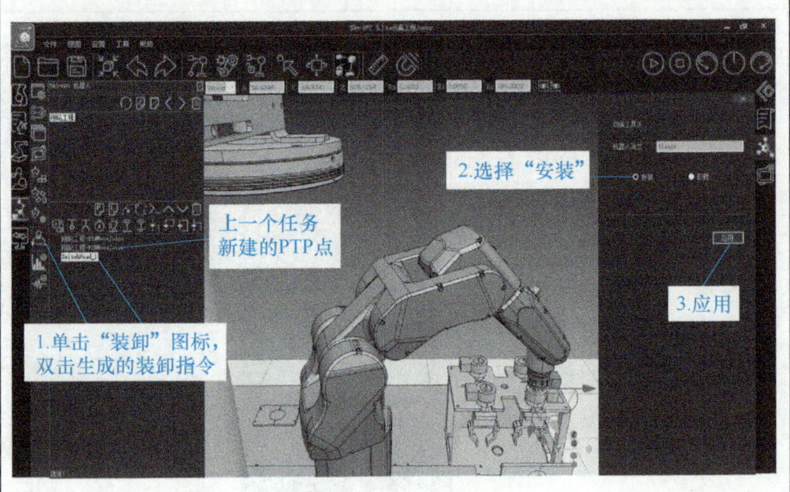

步骤	图示
7）设置路径点 1（抓取刚轮）。拖动机器人末端坐标系至图示位置，单击左侧下方“新建 PTP 点”图标，新建一个 PTP 点，单击该点。此时，该点记录了此时机器人位置和姿态。单击左侧下方“停止”图标，新建一个停止点 此时单击右上角的“仿真开始”图标可观察此前设置的机器人位置、姿态和动作，程序会运行到停止命令处停止，然后就可以在此基础上进行设置，运行后效果如右图所示	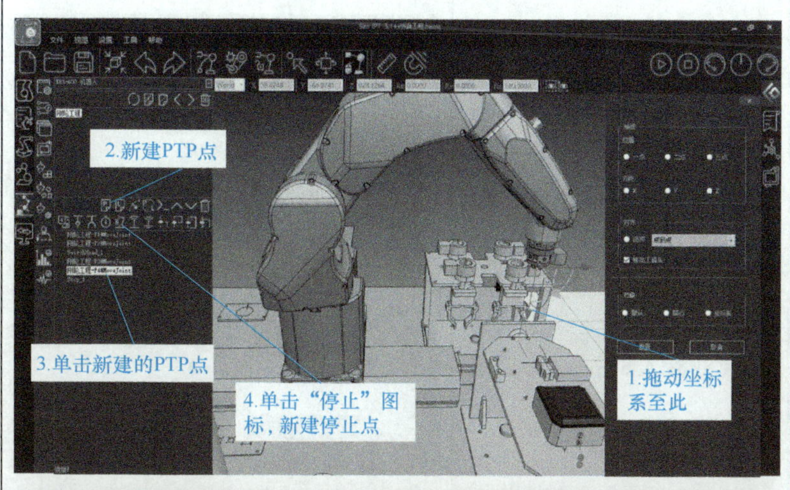 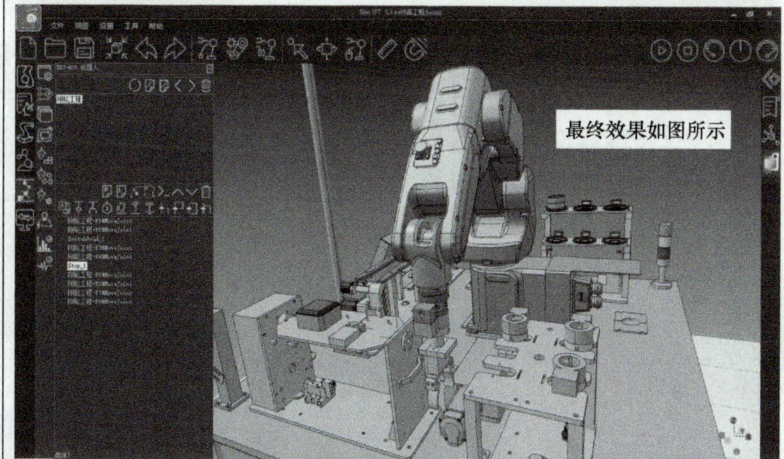
8）设置路径点 2（抓取刚轮）。用“下移”将 Stop 移动到末尾行，选中上一个任务建立的 PTP 点，然后依次单击“示教”图标、“复位关节”图标、“新建 PTP 点”图标，新建一个 PTP 点，单击该点。此时，该点记录了此时机器人的位置和姿态	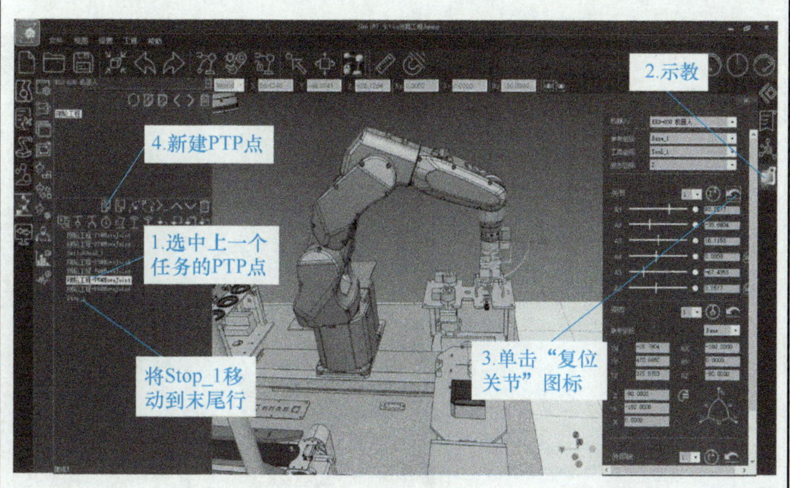

步骤	图示
9）设置路径点3（抓取刚轮）。拖动机器人末端坐标系至图示位置，单击“新建PTP点”图标，新建一个PTP点，单击该点。此时，该点记录了此时机器人的位置和姿态	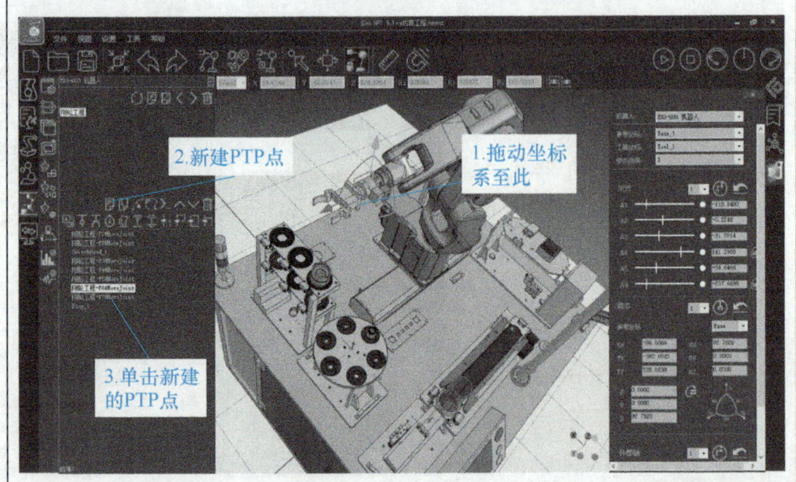
10）设置路径点4（抓取刚轮）。拖动机器人末端坐标系至图示位置，单击“新建PTP点”图标，新建一个PTP点，单击该点。此时，该点记录了此时机器人的位置和姿态	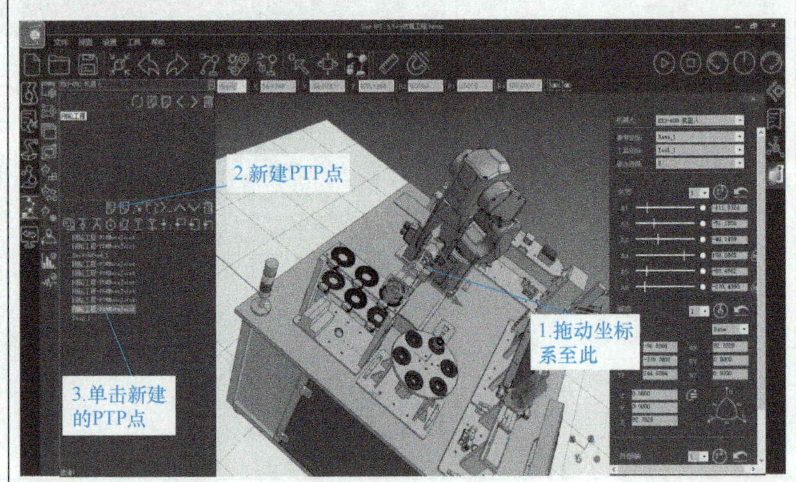
11）建立弧口夹工程。单击“新建路径”图标2次，新建2个Path，双击该2点，分别重新命名为“弧口夹合”“弧口夹开”	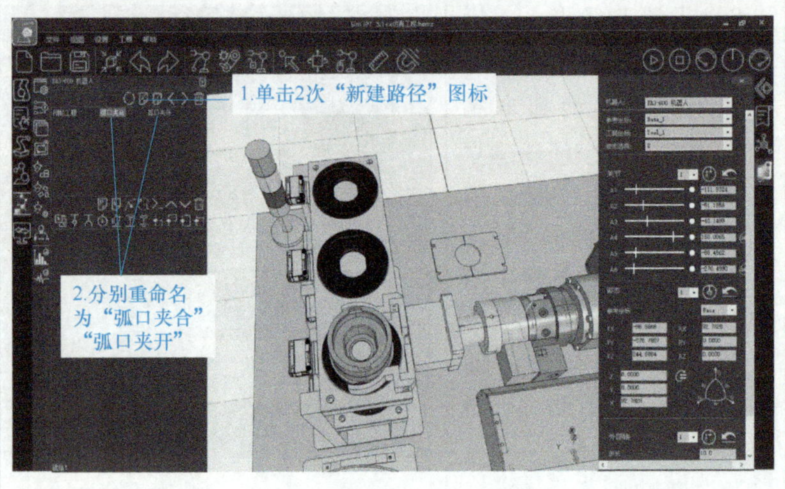

步骤	图示
12）设置控制弧口夹合指令1。单击“弧口夹合”，单击“发信号”图标和“收信号”图标，此时左侧下方对话框内出现两行指令：SendSignal_1和RecieveSignal_1	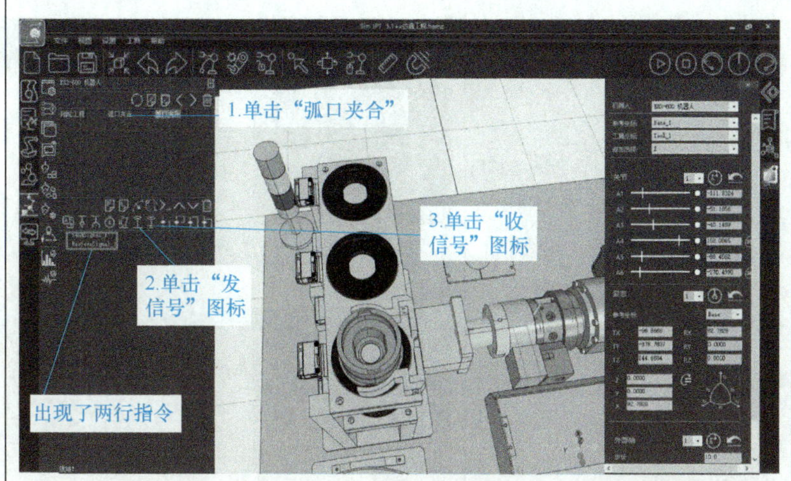
13）设置控制弧口夹合指令2。单击SendSignal_1，设置信号类型为“自定义信号”，接收端为“弧口夹爪”，信号名为11，单击“应用”按钮	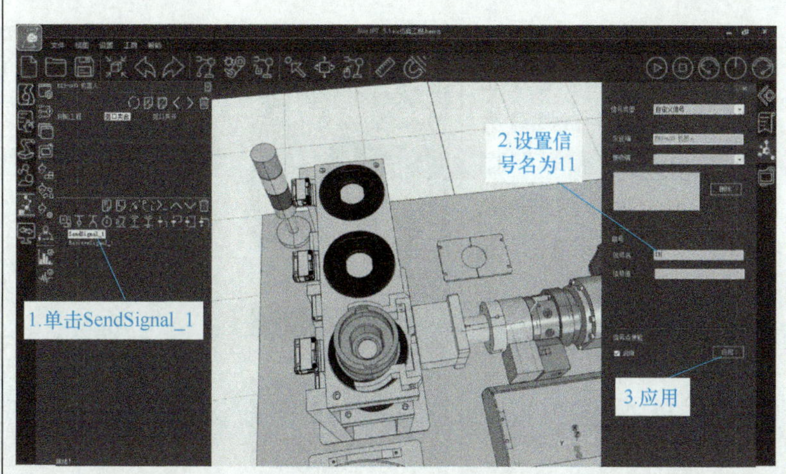
14）设置弧口夹合指令1。在左上方下拉列表中选择“弧口夹爪”	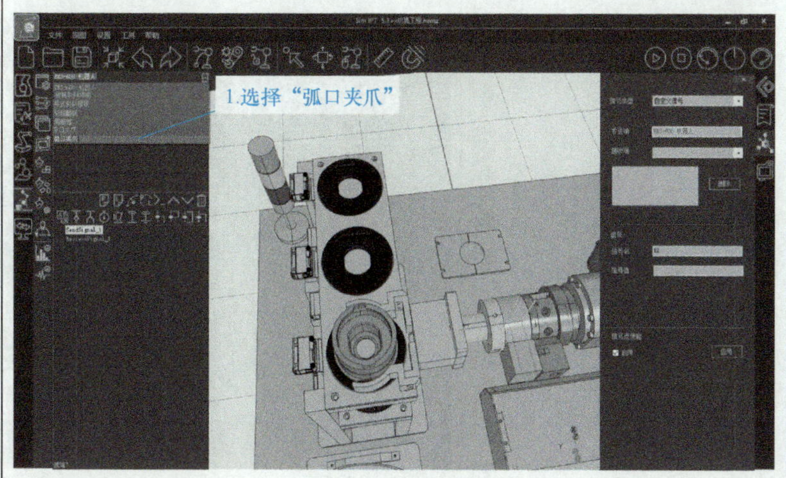

步骤	图示
单击"新建路径"图标3次，新建3个Path，双击后2个Path，分别重新命名为"弧口夹合""弧口夹开"	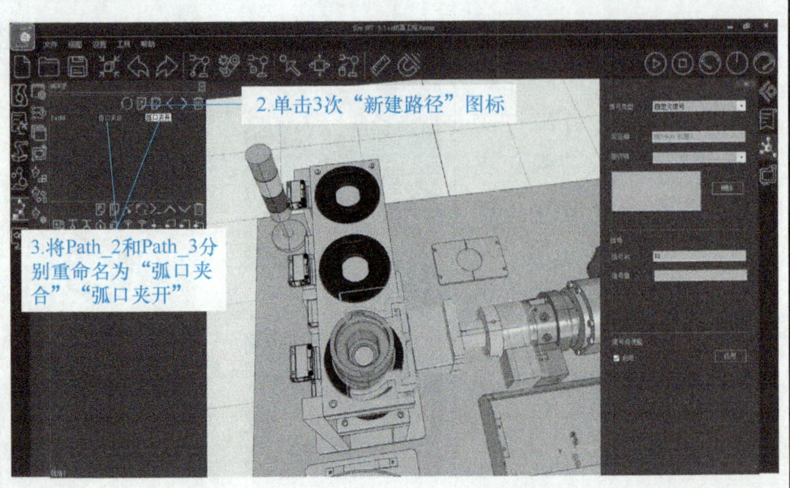
15）设置弧口夹合指令2。依次单击"弧口夹合"工程、"收信号"图标、RecieveSignal_1指令，右侧上方"发送端"选择"ER-300机器人"，在"信号"对话框内选中信号11，再依次单击"确定"和"应用"按钮	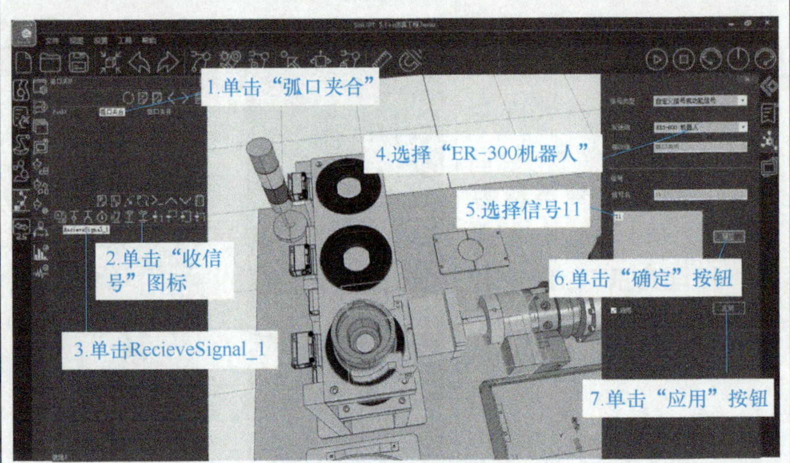
16）设置弧口夹合指令3。单击右侧工具栏中的"示教"图标，弹出对话框	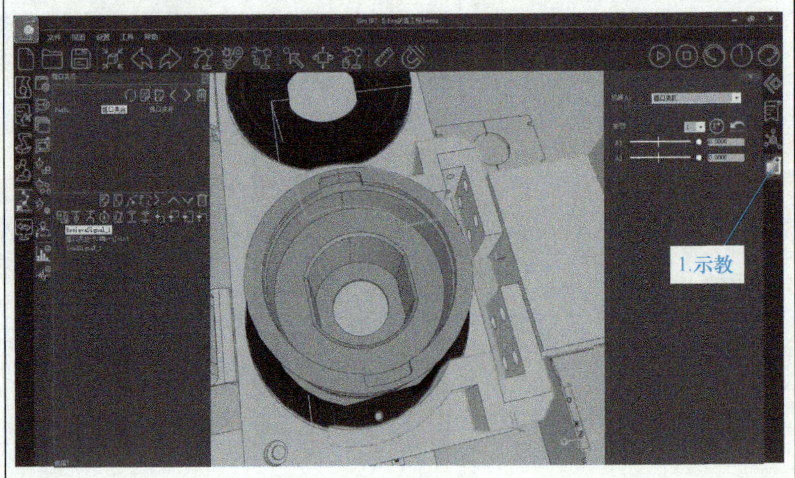

步骤	图示
单击任意关节数字，滚动鼠标中心滚轮，使两个夹爪夹紧刚轮，然后依次单击“新建 PTP 点”图标和新建立的 PTP 点“弧口夹合-P1 # Move-Joint”	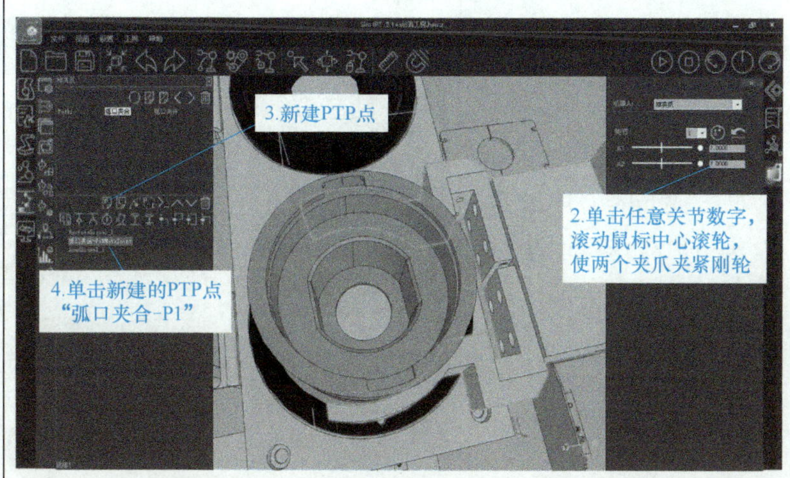
17）设置弧口夹合指令 4。依次单击“发信号”图标 SendSignal_1 指令，右侧“发送端”选择“ER_300 机器人”，在“信号”对话框内设置信号名为 12，单击“应用”按钮	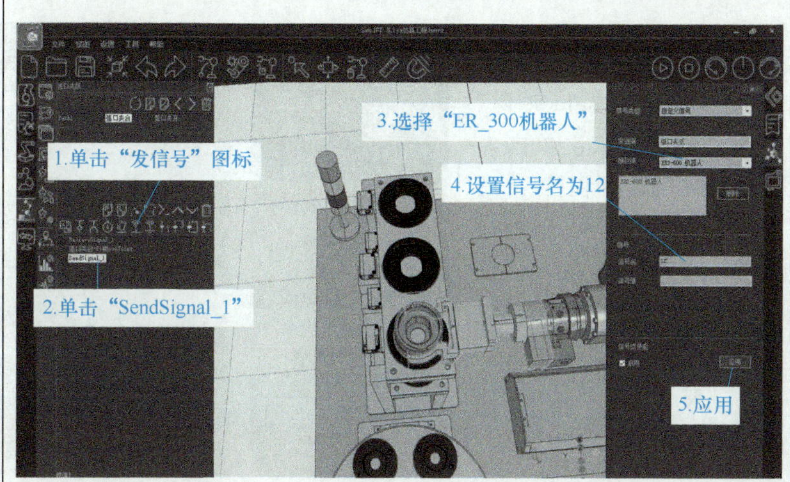
18）设置“弧口夹合”调用逻辑 1。依次单击左侧上方 Path1 和左侧下方“While 逻辑”图标	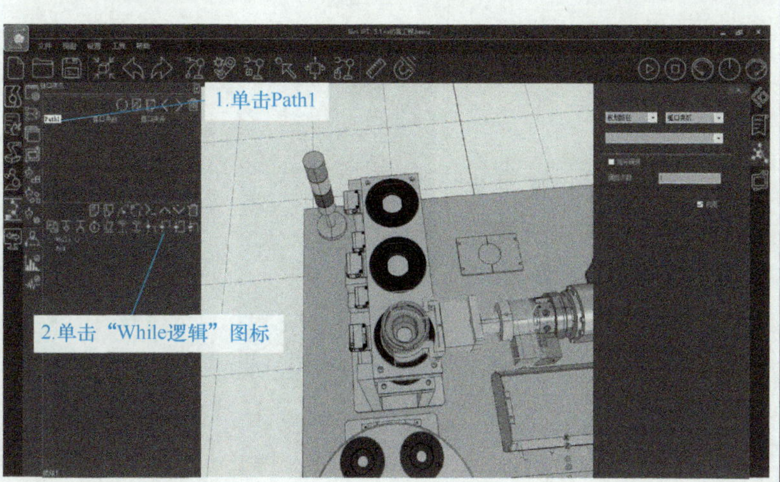

步骤	图示
单击 While（ ）指令，在右侧对话框中选择 True	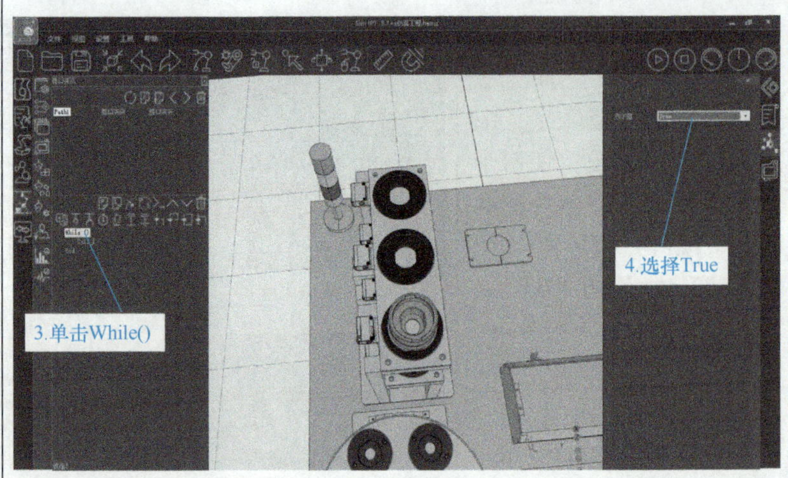
19）设置“弧口夹合”调用逻辑 2。依次单击左侧下方“调用程序”图标，双击生成的 Call _ 1 指令，选择右上侧对话框中“规划路径”“弧口夹爪”，在下拉列表中选择“弧口夹合”	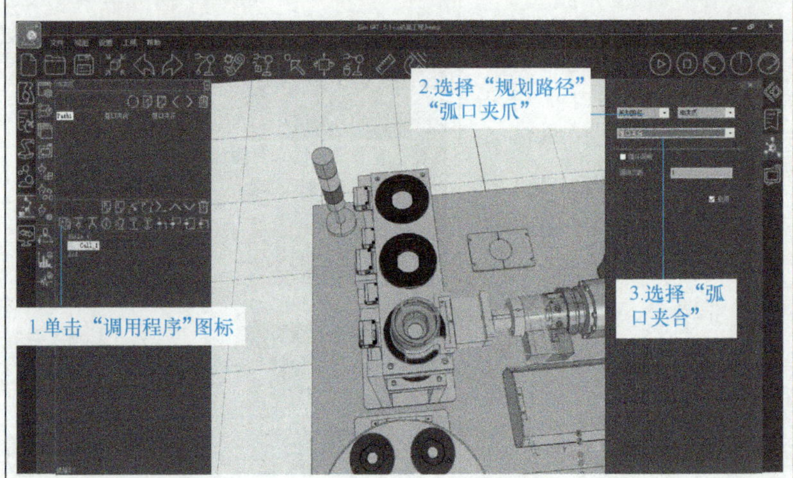
20）设置控制弧口夹合指令 3。在左侧下拉列表中切换操作对象为“ER3-600 机器人”	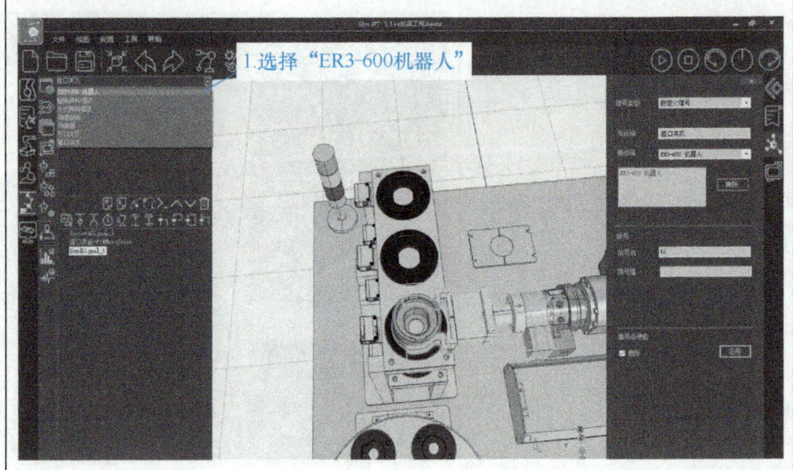

步骤	图示
单击 Recieveignal _ 1，选择信号 13，依次单击“确定”和“应用”按钮	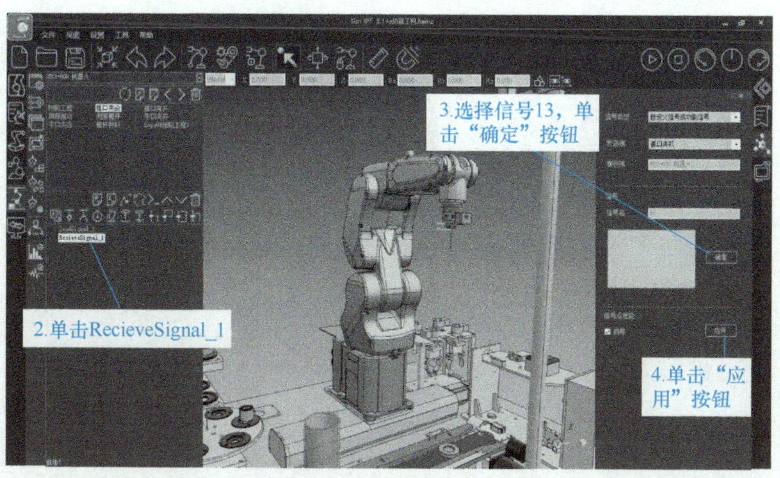
21）新建“抓取”指令。单击左下侧最后一个 PTP 点，单击“抓取”图标，最后单击新建的 Grasp_1 指令	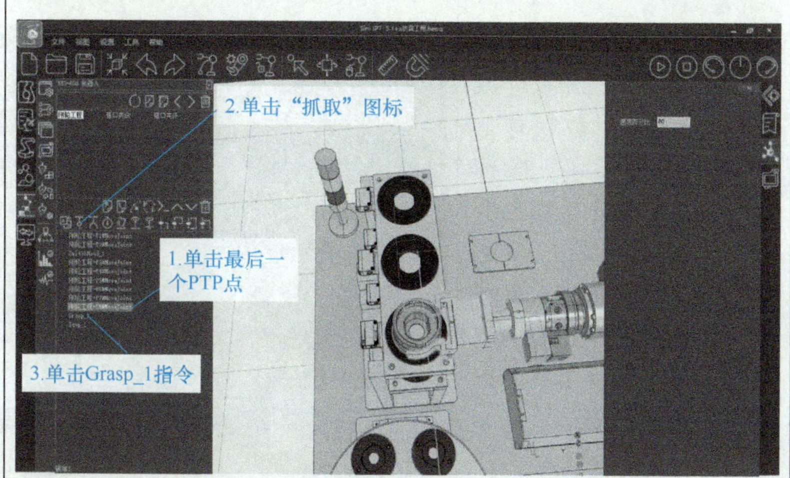
22）调用“弧口夹合”程序。单击“调用程序”图标，双击 Call_1 指令，在右侧对话框“规划路径”“弧口夹爪”下选择“弧口夹合”	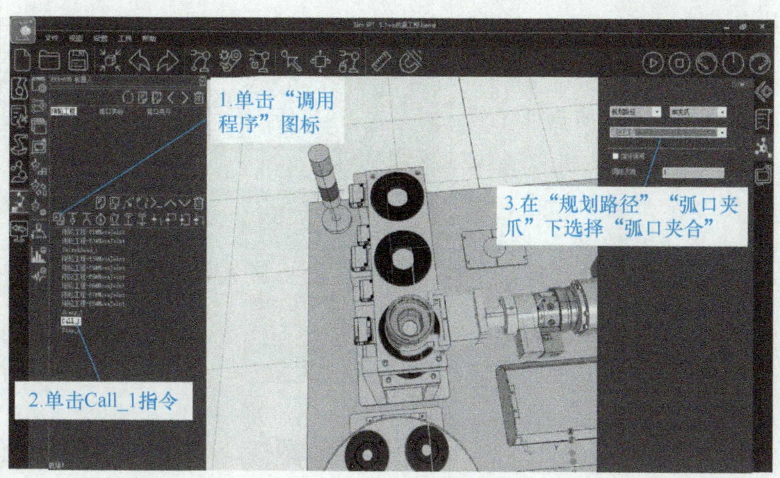

步骤	图示
23）设置路径点1（放置刚轮）。拖动机器人末端坐标系至图示位置，单击“新建PTP点”图标，新建一个PTP点，单击该点。此时，该点记录了此时机器人的位置和姿态	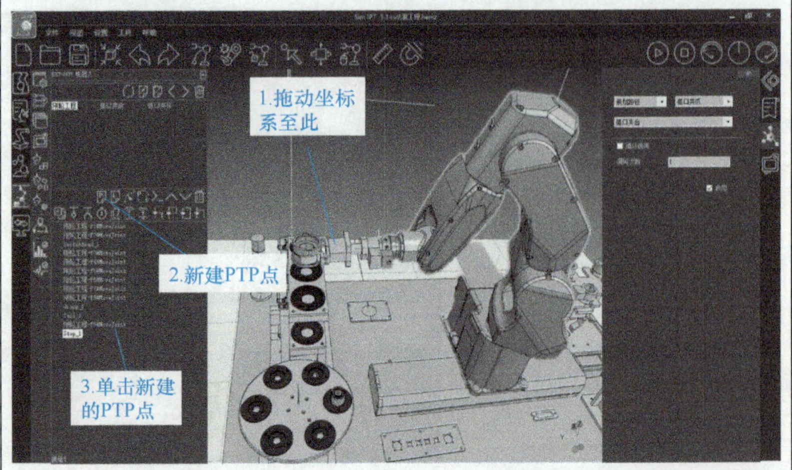
24）设置路径点2（放置刚轮）。在示教模式下单击“复位关节”图标使机器人末端坐标系至图示位置，单击“新建PTP点”图标，新建一个PTP点，单击该点。此时，该点记录了此时机器人的位置和姿态	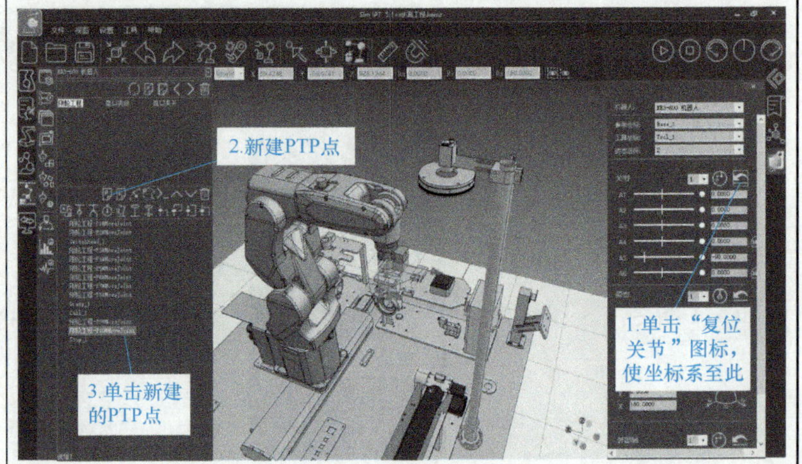
25）设置路径点3（放置刚轮）。拖动机器人末端坐标系至图示位置，单击“新建PTP点”图标，新建一个PTP点，单击该点。此时，该点记录了此时机器人的位置和姿态	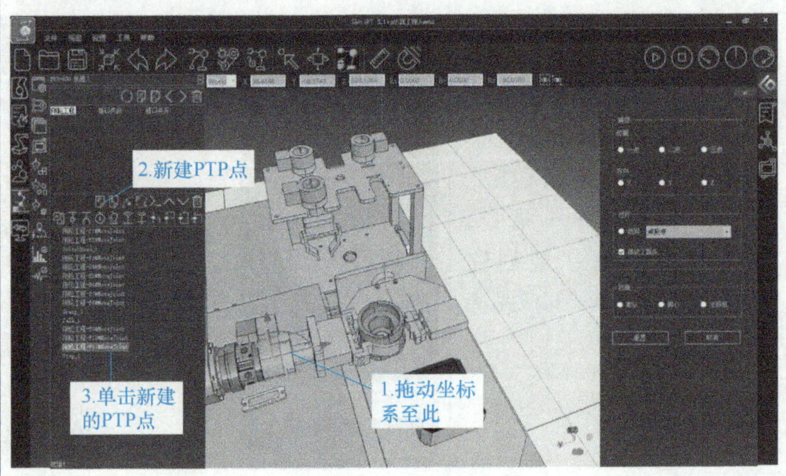

步骤	图示
26）建立伺服推杆工程。单击“新建路径”图标 2 次，新建 2 个 Path，双击这 2 个 Path，分别重新命名为“伺服推合”“伺服推开”	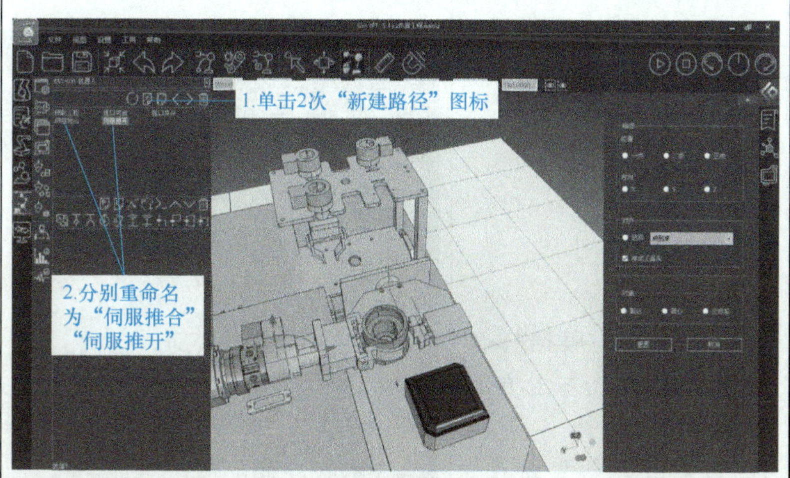
27）设置控制伺服推合指令 1。单击“弧口夹合”工程，单击“发信号”图标和“接收信号”图标，此时左侧下方对话框内出现两行指令：SendSignal_1 和 RecieveSignal_1	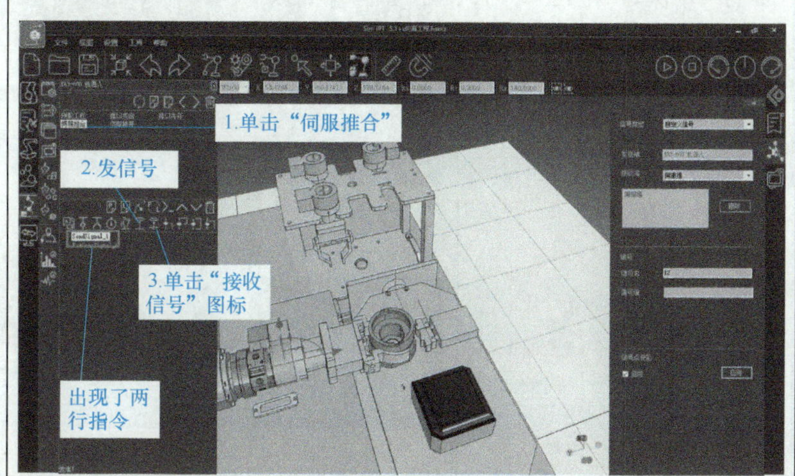
28）设置控制伺服推合指令 2。单击 SendSignal_1，设置信号名为 12，依次单击“确认”“应用”按钮	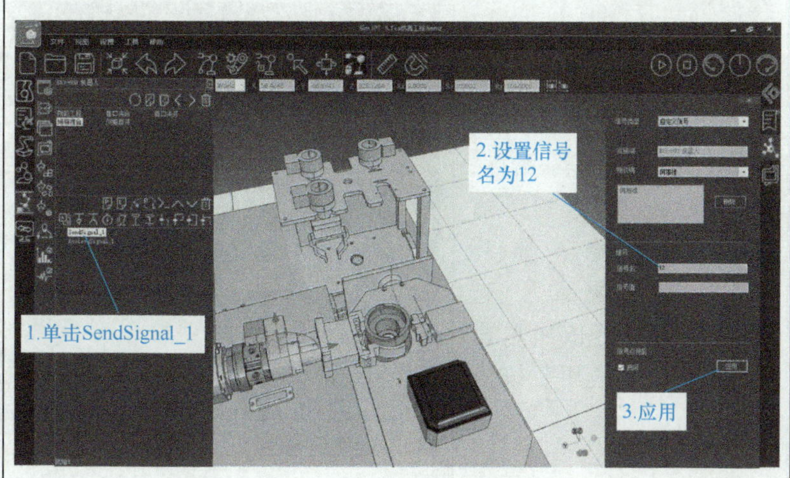

步骤	图示
29）设置伺服推杆合拢指令 1。单击左上方下拉列表中选择“伺服推”，单击“新建路径”图标 3 次，新建 3 个 Path，双击后面 2 个 Path，分别重新命名为“伺服推合”“伺服推开”	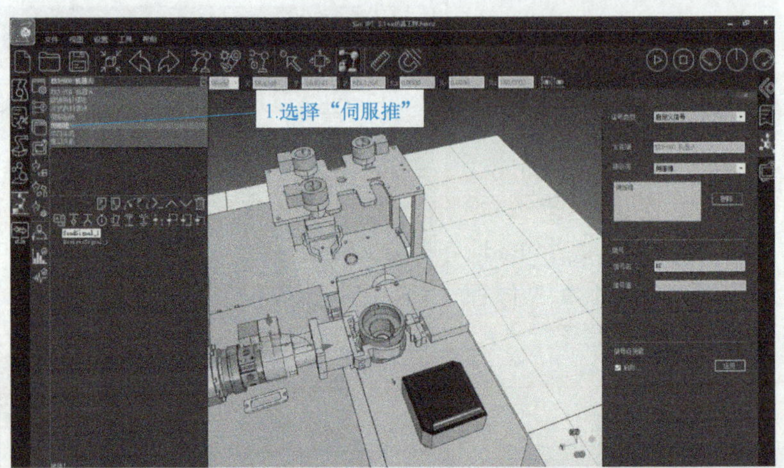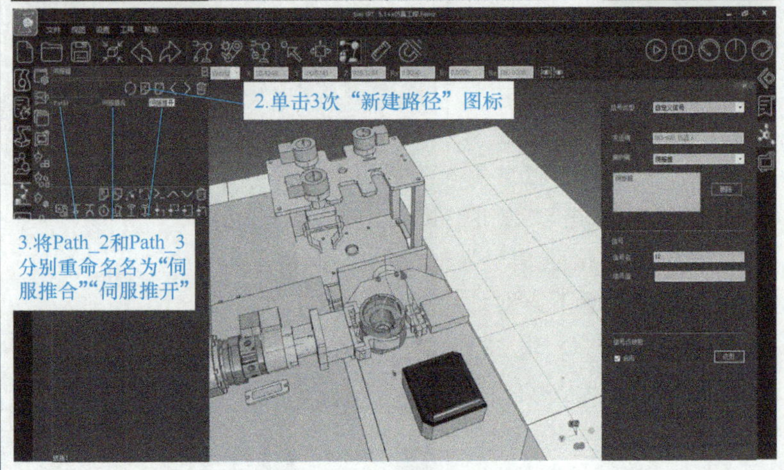
30）设置伺服推杆合拢指令 2。依次单击“伺服推合”“收信号”图标、RecieveSignal_1 指令，右侧“发送端”选择“ER3-600 机器人”，选择信号 12，再依次单击“确定”和“应用”按钮	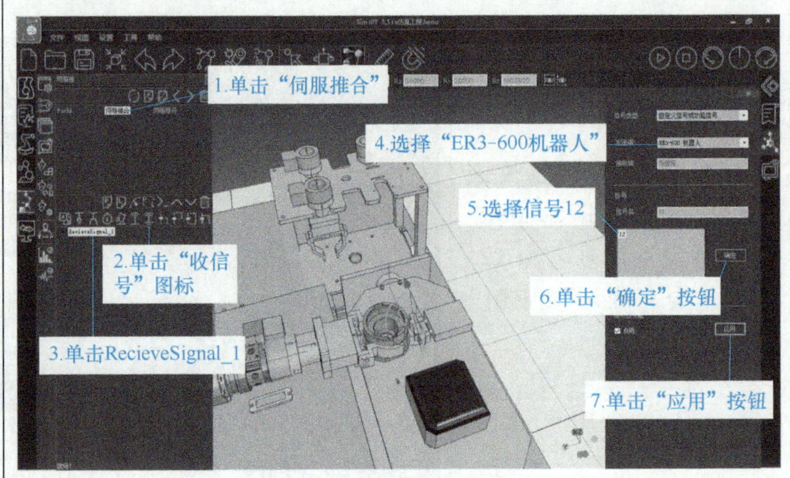

步骤	图示
31）设置伺服推杆合拢指令3。单击右侧工具栏中的“示教”图标，弹出对话框，单击任意关节数字，滚动鼠标中心滚轮，使伺服推杆夹紧刚轮，然后依次单击“新建PTP点”和新建立的PTP点“伺服推合-P1#MoveJoint”	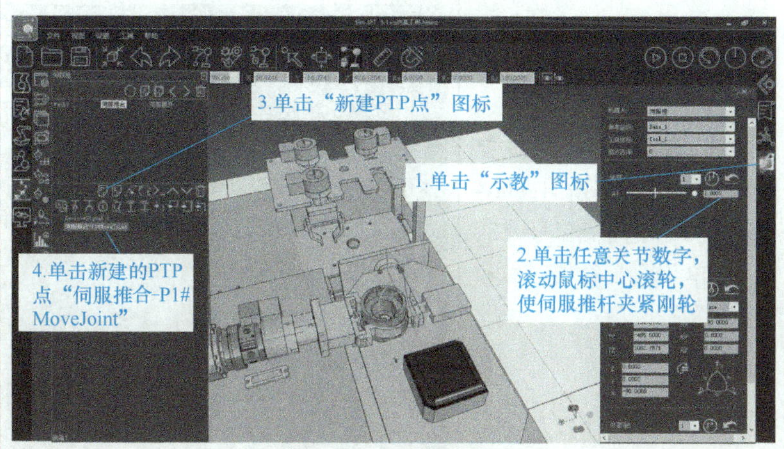
32）设置伺服推杆合拢指令4。依次单击左侧下方“发信号”图标、左侧下方对话框内SendSignal_1指令，右侧上方“发送端”选择“ER3-600机器人”，设置信号名为13，单击“应用”按钮	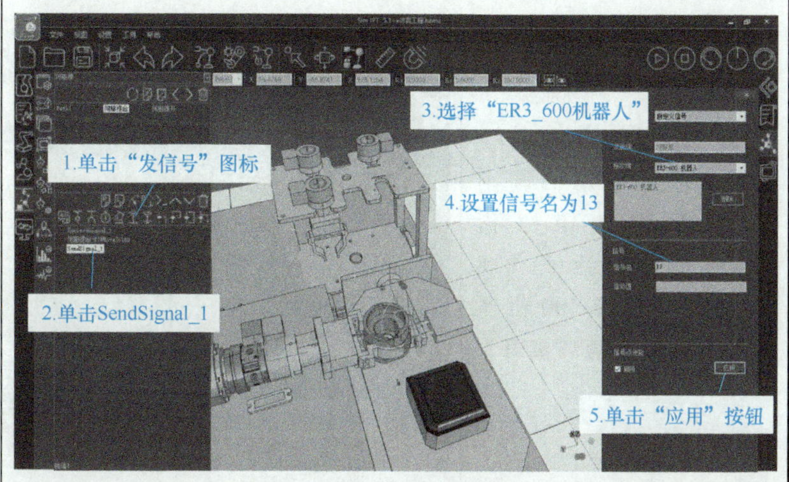
33）设置“弧口夹开”调用逻辑。单击左侧下方“调用程序”图标，选择右上侧对话框中的“规划路径”“弧口夹爪”“弧口夹开”	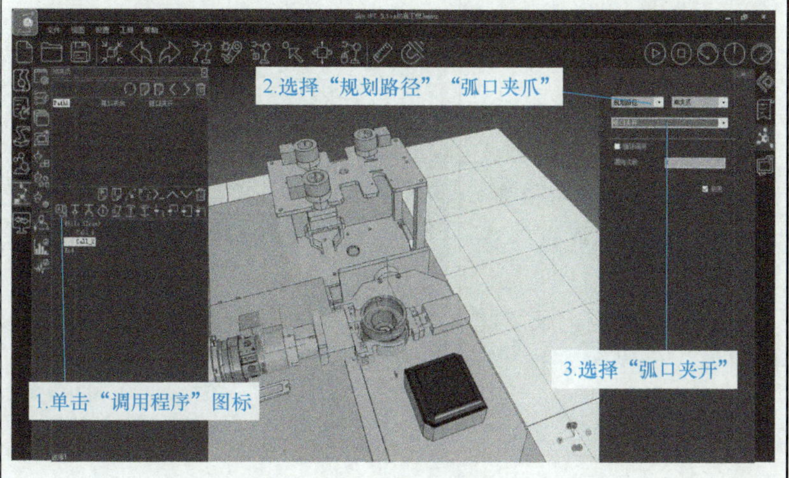

步骤	图示
34）设置控制弧口夹合拢指令4。单击Recieveignal_1，选择信号15，依次单击“确定”和“应用”	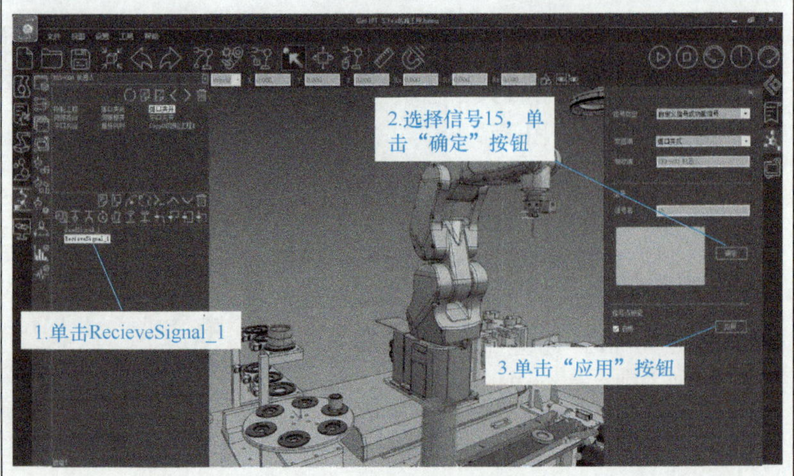
35）调用“弧口夹开”程序。依次单击“调用程序”图标、Call_3指令，在右侧对话框“规划路径”“ER3-600机器人”下选择“弧口夹开”	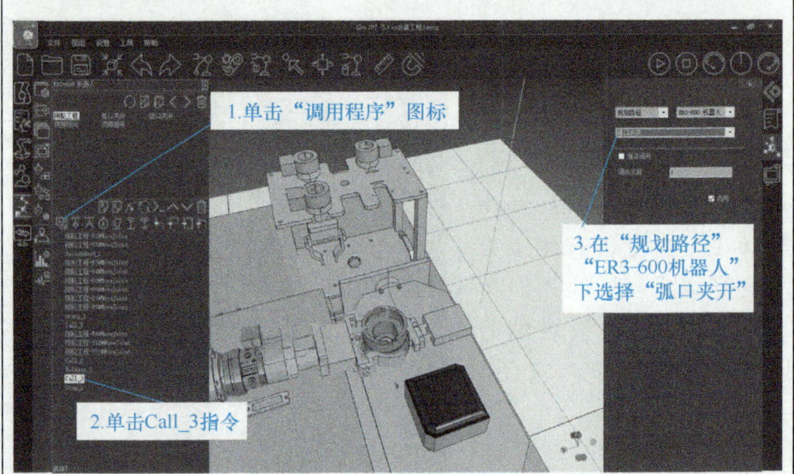
36）设置路径点1（放回弧口夹）。拖动机器人末端坐标系至图示位置，单击“新建PTP点”图标，新建一个PTP点，单击该点。该点记录了此时机器人位置和姿态	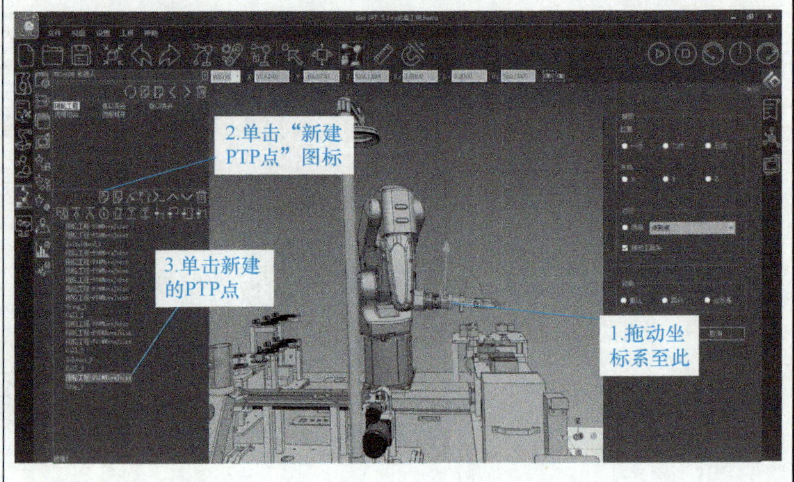

步骤	图示
37）设置路径点 2（放回弧口夹）。拖动机器人末端坐标系至图示位置，单击“新建 PTP 点”图标，新建一个 PTP 点，单击该点。该点记录了此时机器人位置和姿态	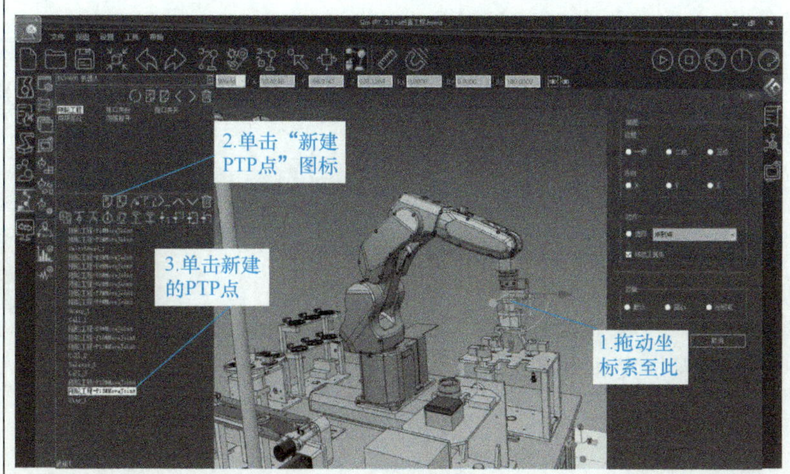
38）设置路径点 3（放回弧口夹爪）。拖动机器人末端坐标系至图示位置，单击“新建 PTP 点”图标，新建一个 PTP 点，单击该点。该点记录了此时机器人位置和姿态	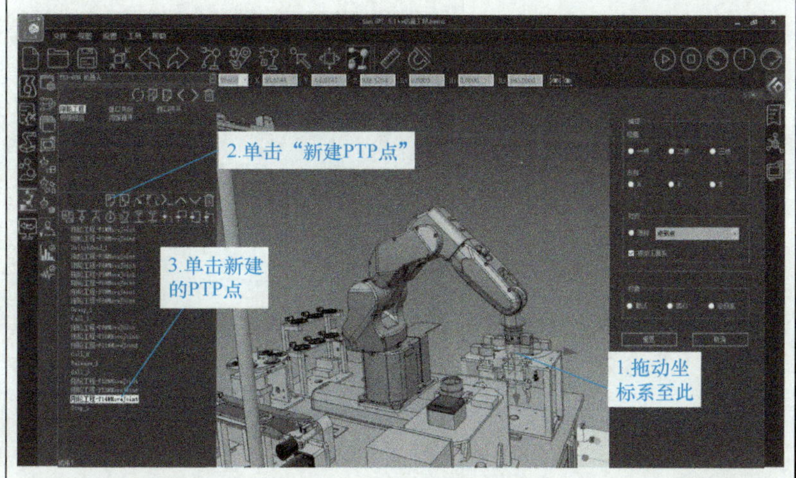
39）机器人末端卸载弧口夹爪。单击“装卸”图标，双击装卸指令，在右侧对话框中选择“卸载”，单击“应用”按钮，完成弧口夹爪的卸载	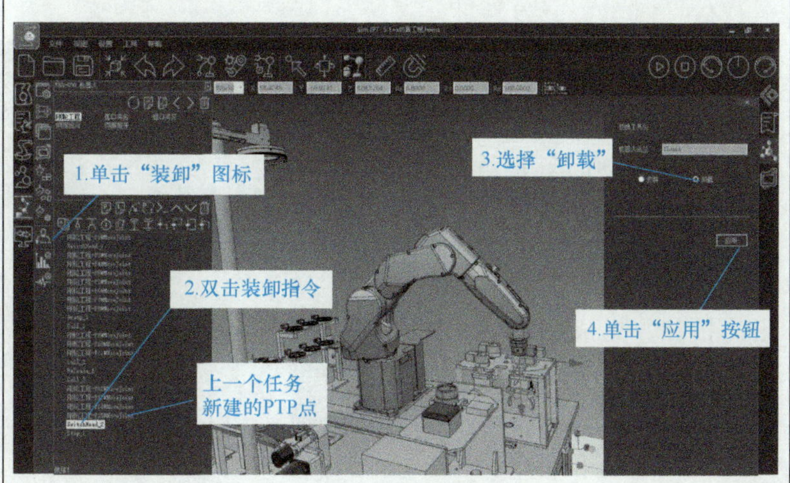

步骤	图示
40）设置路径点 1（安装平口夹）。拖动机器人末端坐标系至图示位置，单击“新建 PTP 点”图标，新建一个 PTP 点，单击该点。该点记录了此时机器人位置和姿态	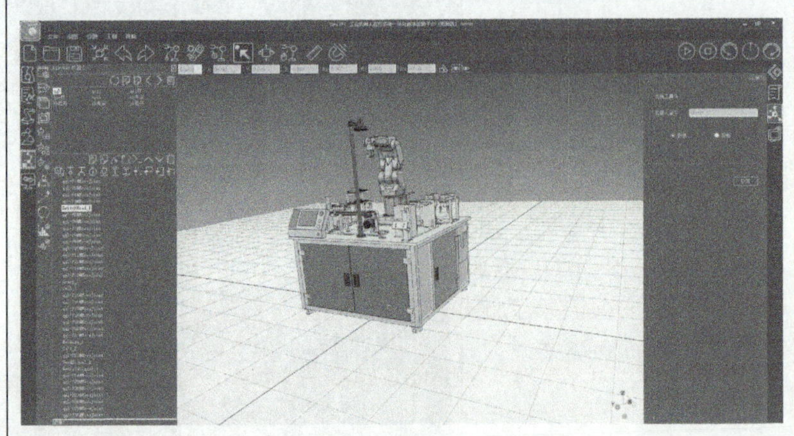
41）设置路径点 2（安装平口夹爪）。拖动机器人末端坐标系至图示位置，单击“新建 PTP 点”图标，新建一个 PTP 点，单击该点。该点记录了此时机器人位置和姿态	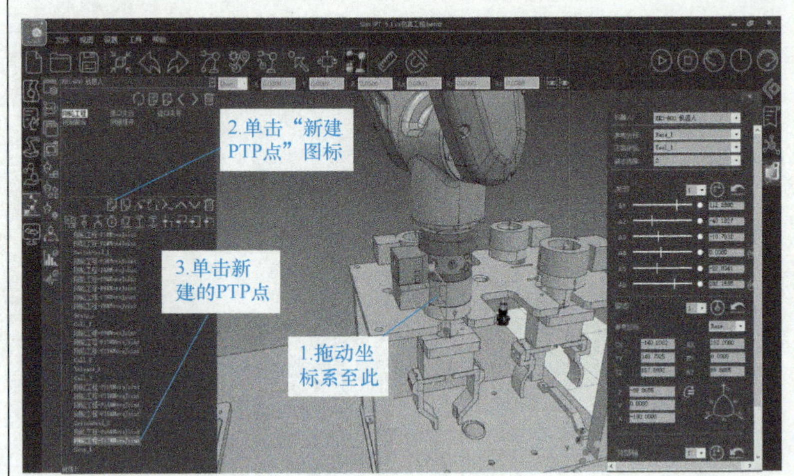
42）机器人末端安装平口夹爪。依次单击“装卸”图标，双击装卸指令，在右侧对话框中选择“安装”，单击“应用”按钮，完成平口夹的安装	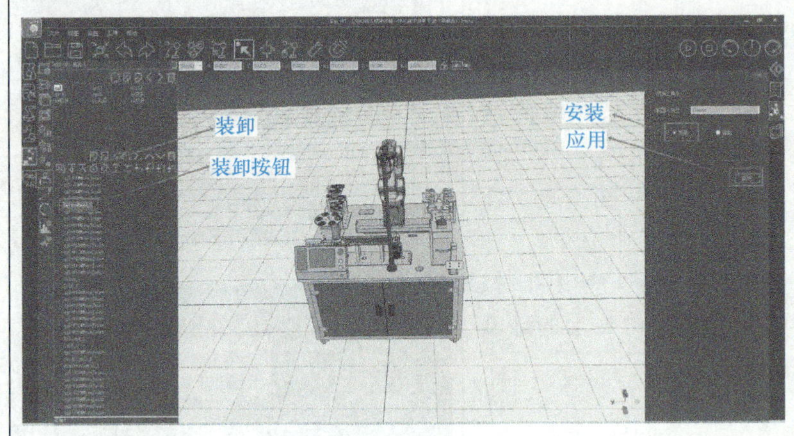

步骤	图示
43）设置路径点1（取柔轮）。拖动机器人末端坐标系至图示位置，单击“新建PTP点”图标，新建一个PTP点，单击该点。该点记录了此时机器人位置和姿态	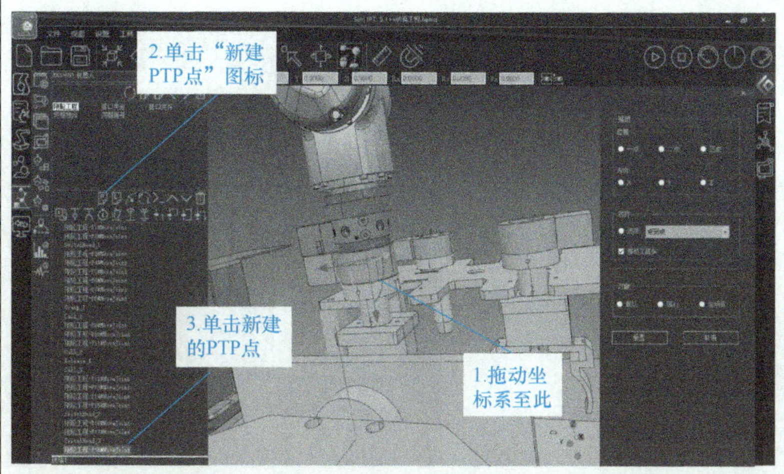
44）设置路径点2（取柔轮）。拖动机器人末端坐标系至图示位置，单击“新建PTP点”图标，新建一个PTP点，单击该点。该点记录了此时机器人位置和姿态	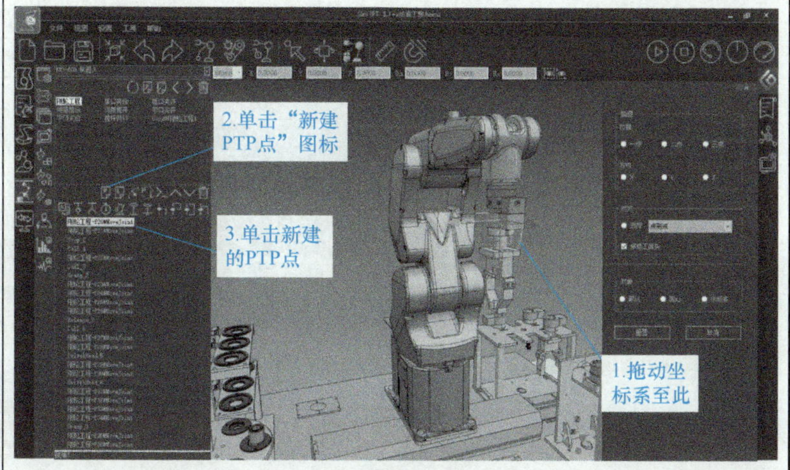
45）设置路径点3（取柔轮）。拖动机器人末端坐标系至图示位置，单击“新建PTP点”图标，新建一个PTP点，单击该点。该点记录了此时机器人位置和姿态	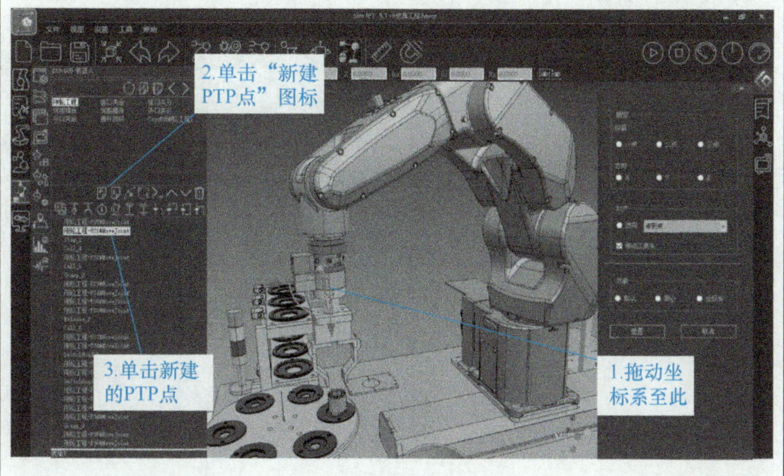

步骤	图示
46）建立平口夹爪工程。单击“新建路径”图标2次，新建2个Path，双击这2个Path，分别重新命名为“平口夹开”“平口夹合”	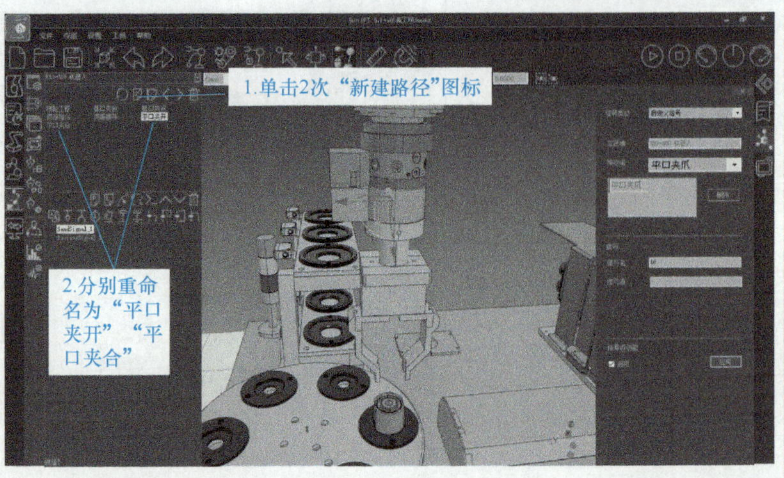
47）设置控制平口夹开指令1。单击“平口夹开”，单击“发信号”图标和“收信号”图标，此时左侧下方对话框内出现两行指令：SendSignal_1和RecieveSignal_1	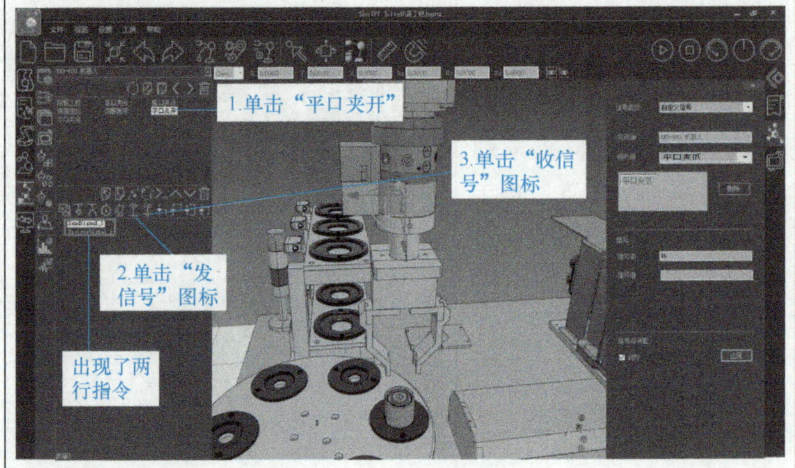
48）设置控制平口夹开指令2。单击SendSignal_1，设置信号名为16，单击“应用”按钮	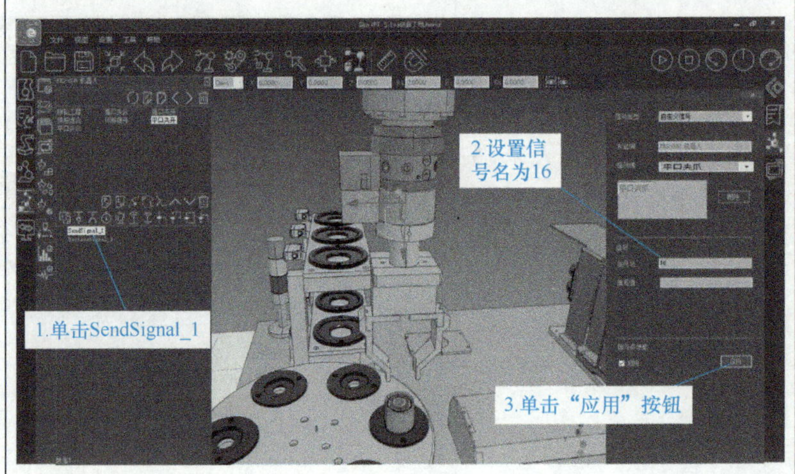

<table>
<tr><th>步骤</th><th>图示</th></tr>
<tr><td>49）设置平口夹开指令1。选择“平口夹爪”，单击3次“新建路径”图标，新建3个Path，双击后面2个Path，分别重新命名为“平口夹开”“平口夹合”</td><td>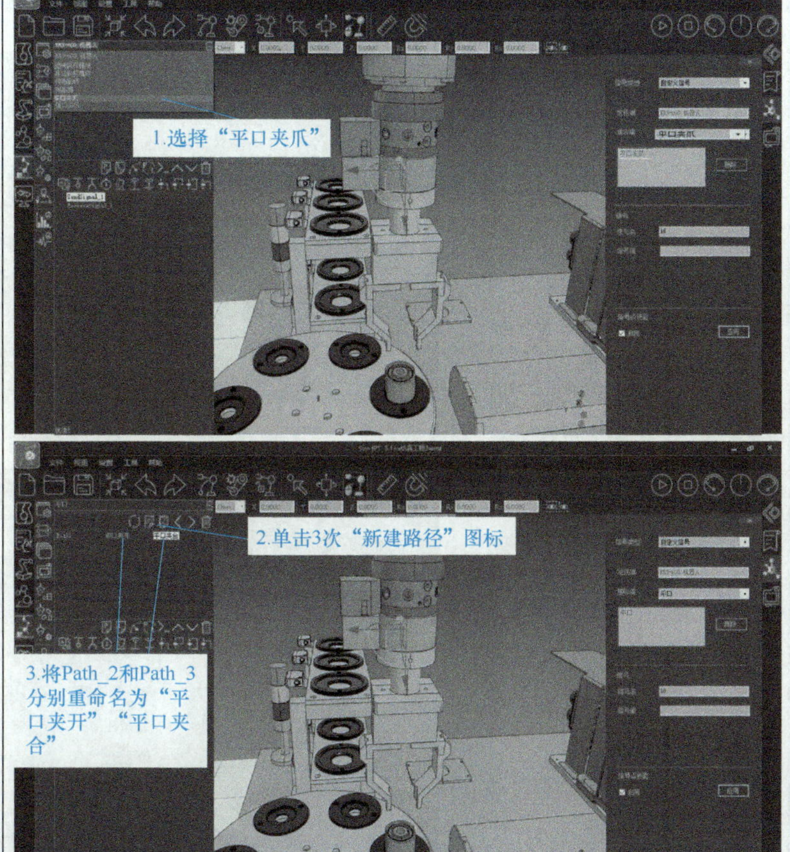
</td></tr>
<tr><td>50）设置平口夹开指令2。依次单击“平口夹爪”、“收信号”图标RecieveSignal_1指令，右侧上方“发送端”选择“ER3-600机器人”，选择信号16，再依次单击“确定”和“应用”按钮</td><td>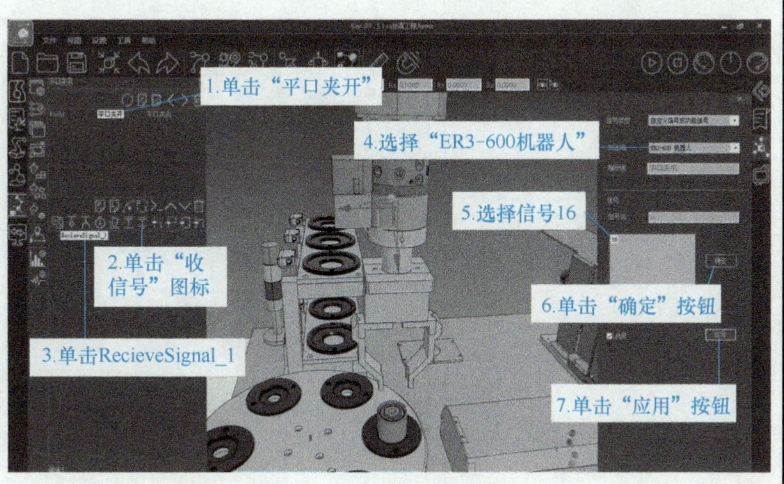
</td></tr>
</table>

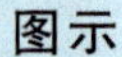

步骤	图示
51）设置平口夹开指令3。单击右侧工具栏中的“示教”图标，弹出对话框，鼠标左键单击任意关节数字，滚动鼠标中心滚轮，使平口夹打开。然后依次单击“新建PTP点”和新建立的PTP点“平口夹开-P1#MoveJoint”	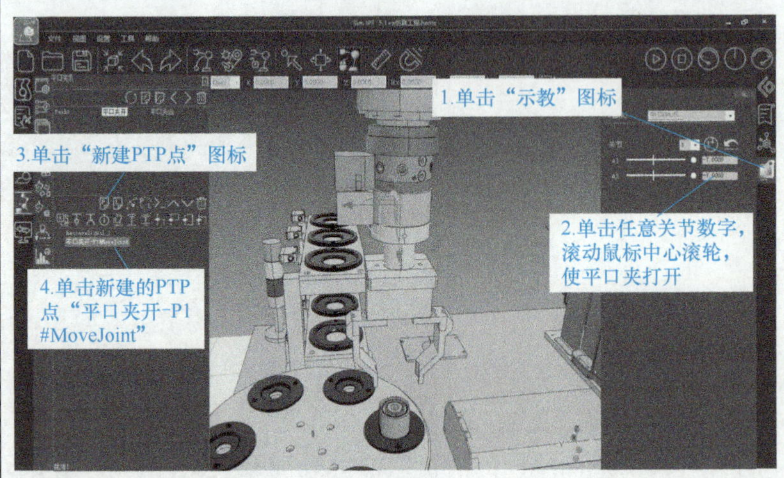
52）设置平口夹开指令4。依次单击“发信号”图标SendSignal_1指令，右侧“发送端”选择“ER3-300机器人”，设置信号名为17，单击“应用”按钮	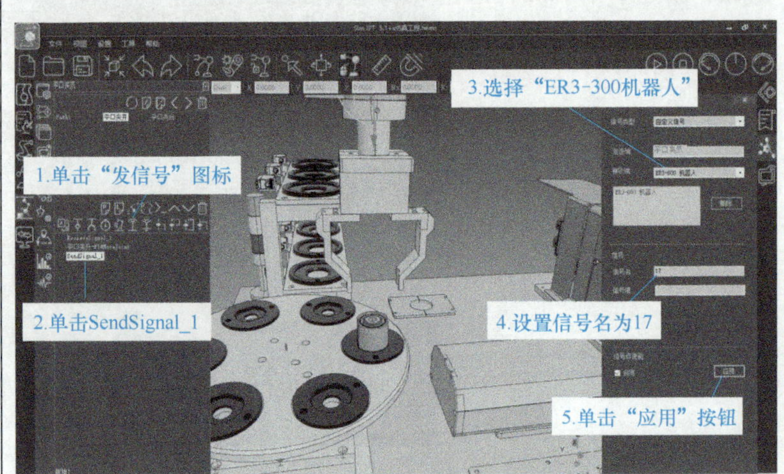
53）设置平口夹开调用逻辑1。依次单击Path1和While逻辑，在右侧对话框中选择True	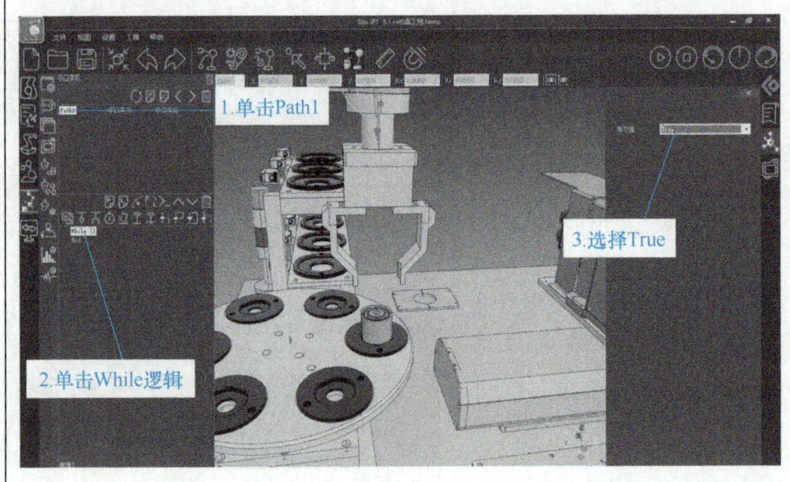

步骤	图示
54）设置平口夹开调用逻辑 2。单击“调用程序”图标，选择右侧对话框中“规划路径”“平口夹爪”“平口夹开”	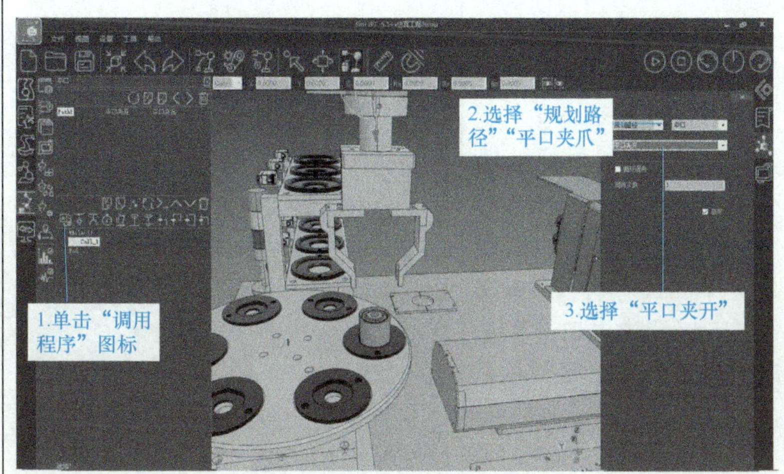
55）设置控制平口夹开指令 3。选择“ER3-600 机器人”单击 Recieveignal_1，选择信号 17，依次单击“确定”和“应用”按钮	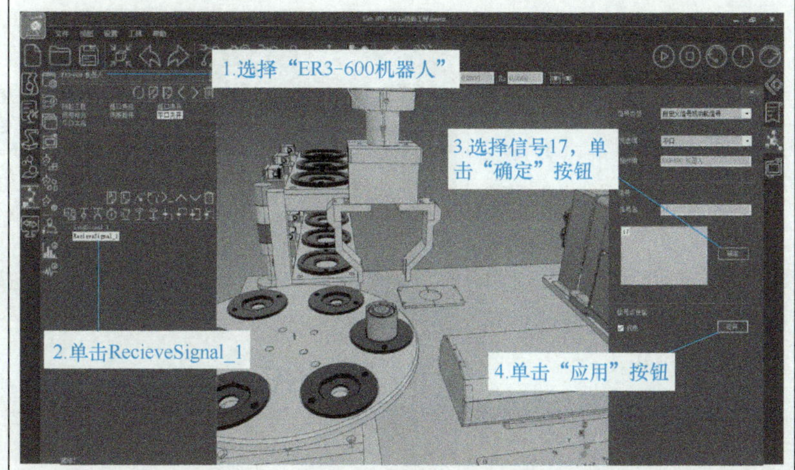
56）调用“平口夹开”程序。依次单击“调用程序”图标、Call_4 指令，在“规划路径”“ER3-600 机器人”下选择“平口夹开”	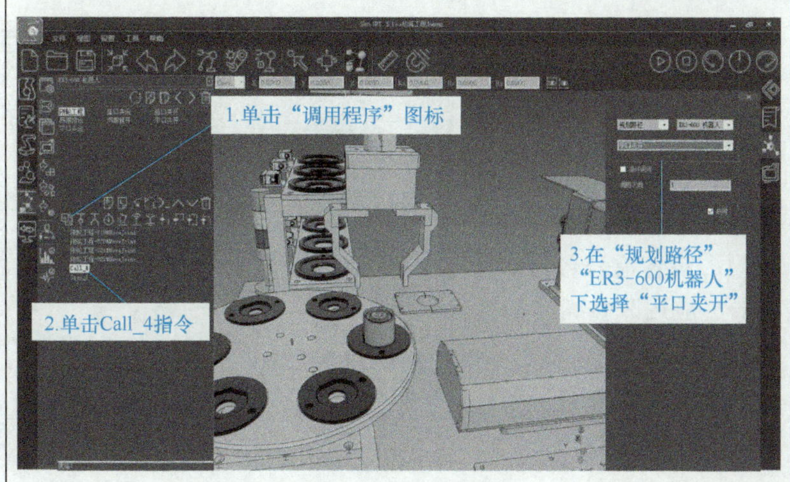

<table>
<tr><th>步骤</th><th>图示</th></tr>
<tr><td>57）设置路径点 3（取柔轮）。拖动机器人末端坐标系至图示位置，单击“新建 PTP 点”图标，新建一个 PTP 点，单击该点。此时，该点记录了此时机器人位置和姿态</td><td>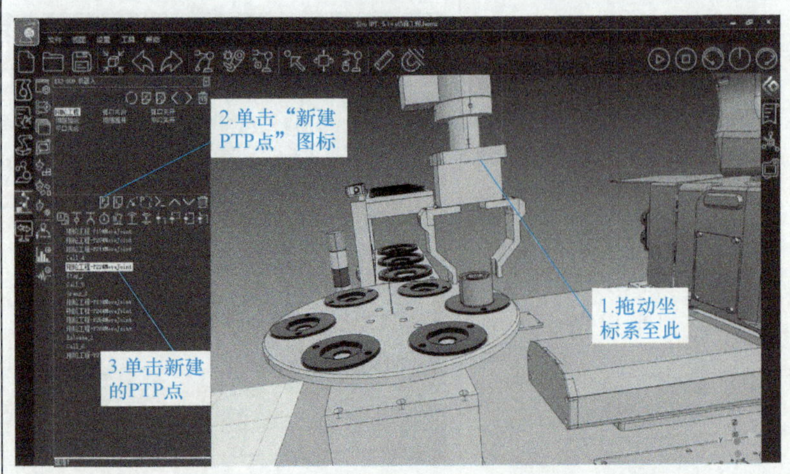
</td></tr>
<tr><td>58）设置控制平口夹合指令 1。单击“平口夹合”，单击“发送信号”图标和“接收信号”图标，此时左侧下方对话框内出现两行指令：SendSignal_1 和 RecieveSignal_1</td><td>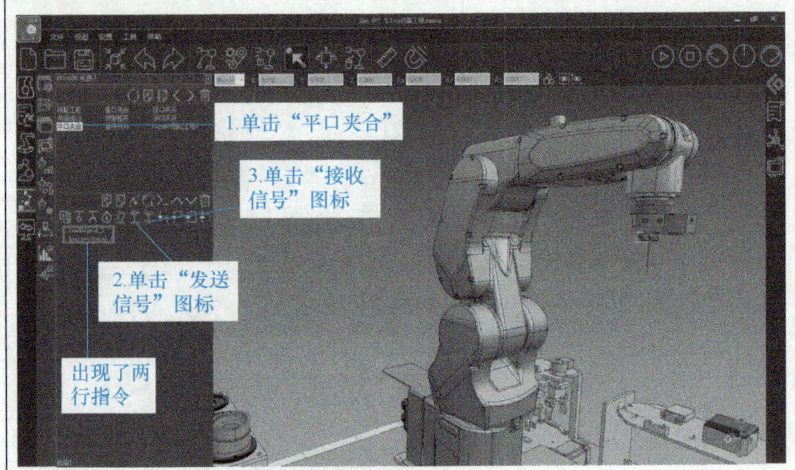
</td></tr>
<tr><td>59）设置控制平口夹合指令 2。单击 SendSignal_1，设置信号名为 17，单击“应用”按钮</td><td>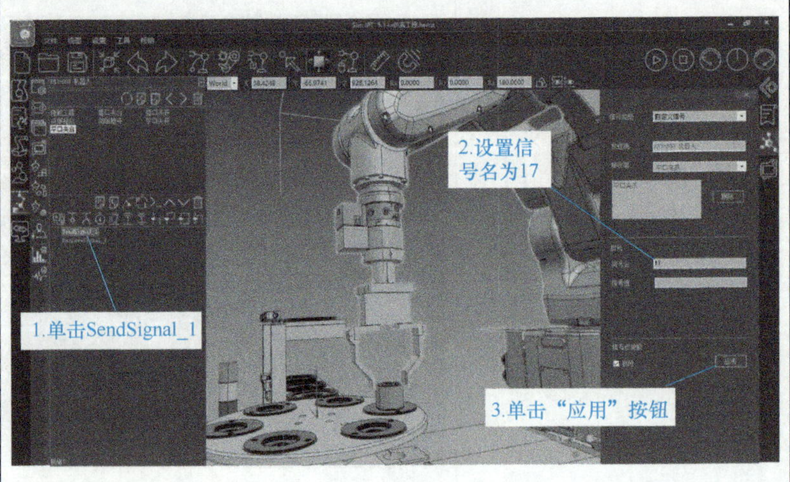
</td></tr>
</table>

步骤	图示
60）设置平口夹合指令1。依次单击“平口夹合”“接收信号”图标、RecieveSignal _ 1 指令、“发送端”选择“ER _ 300机器人”，选择信号17，再依次单击“确定”和“应用”按钮	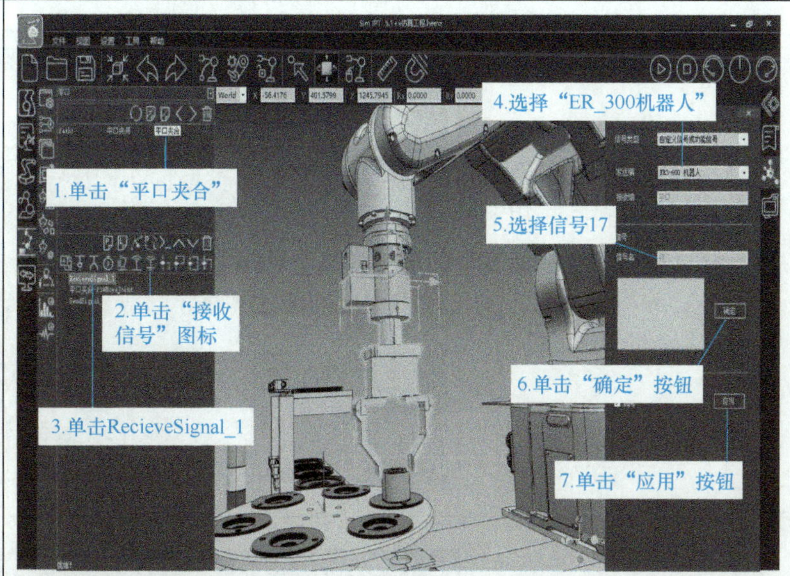
61）设置平口夹合指令2。单击右侧工具栏中的“示教”图标，弹出对话框，单击任意关节数字，滚动鼠标中心滚轮，使平口夹夹紧柔轮。然后依次单击“新建PTP点”图标和新建立的PTP点“平口夹合-P1 # Move-Joint”	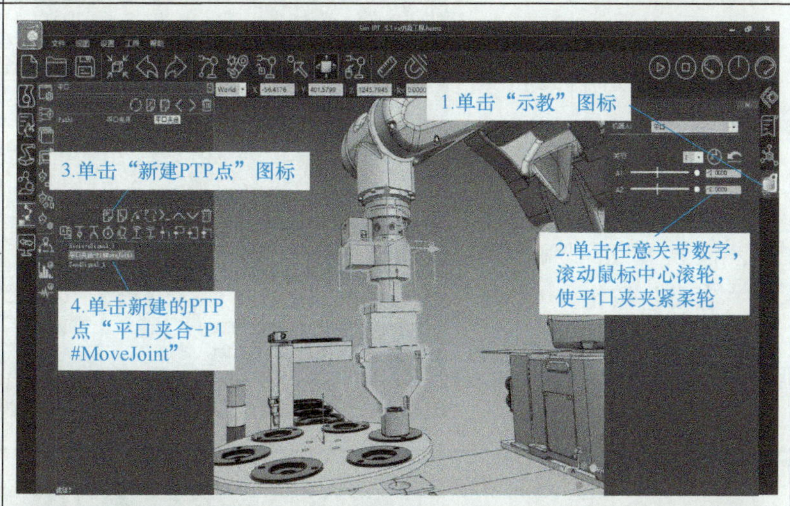
62）设置平口夹合指令3。依次单击“发送信号”图标SendSignal_1指令，右侧“发送端”选择“ER3-600机器人”，置信号名为18，单击“应用”按钮	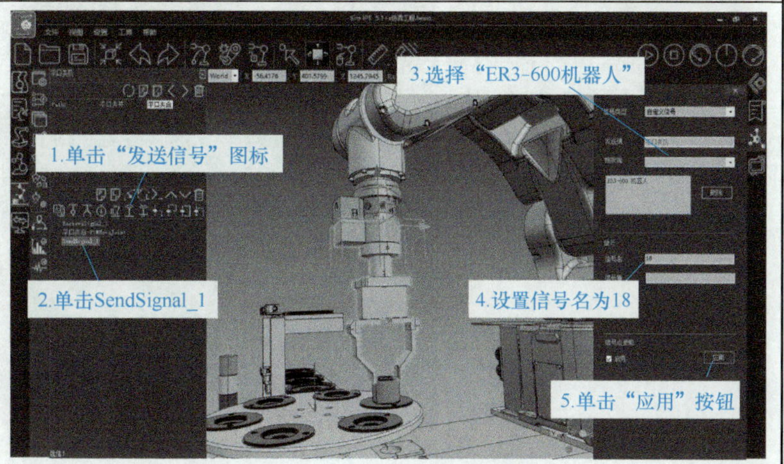

步骤	图示
63）设置平口夹合调用逻辑。单击“调用程序”图标，右侧对话框中选择“规划路径”“平口夹爪”“平口夹合”	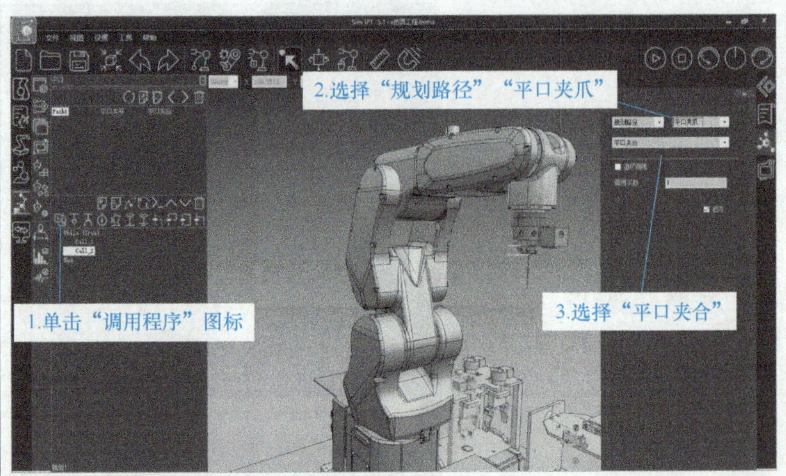
64）设置控制平口夹合指令3。选择“ER3-600机器人”，单击Recieveignal_1，选择信号18，依次单击“确定”和“应用”按钮	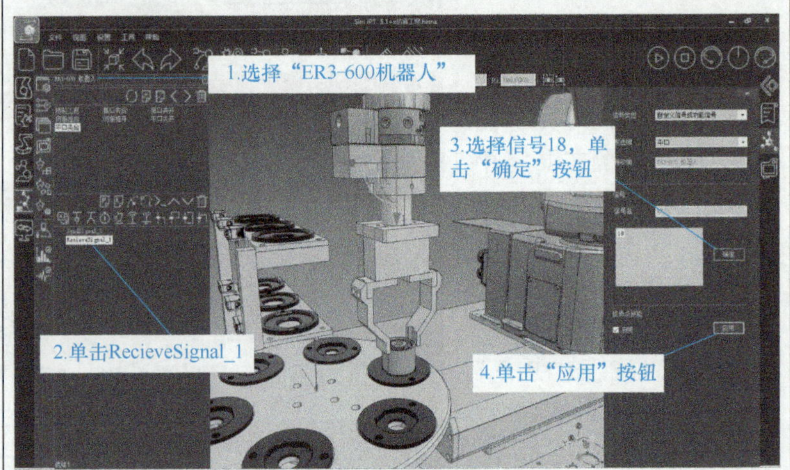
65）调用平口夹合程序。依次单击“调用程序”图标、Call_5指令，在“规划路径”“ER3-600机器人”下选择“平口夹合”	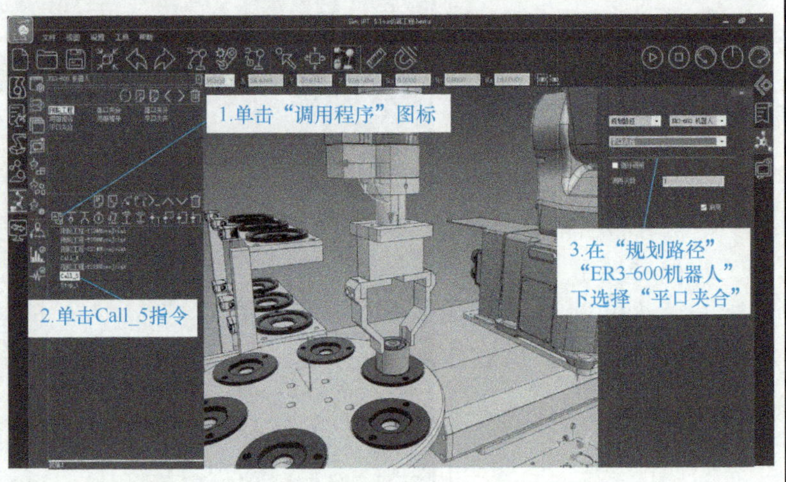

<table>
<tr><th>步骤</th><th>图示</th></tr>
<tr><td>66）新建“抓取”指令。依次单击最后一个PTP点、“抓取”图标，最后单击新建的Grasp_2指令</td><td>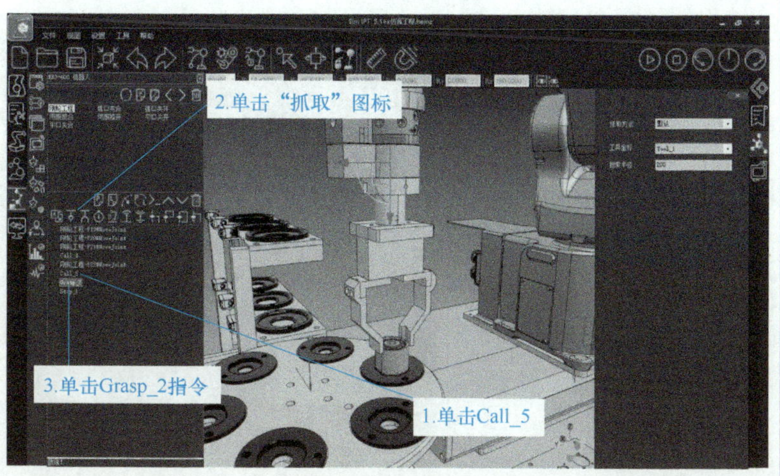
</td></tr>
<tr><td>67）设置路径点1（放柔轮）。拖动机器人末端坐标系至图示位置，单击“新建PTP点”图标，新建一个PTP点，单击该点。该点记录了此时机器人位置和姿态</td><td>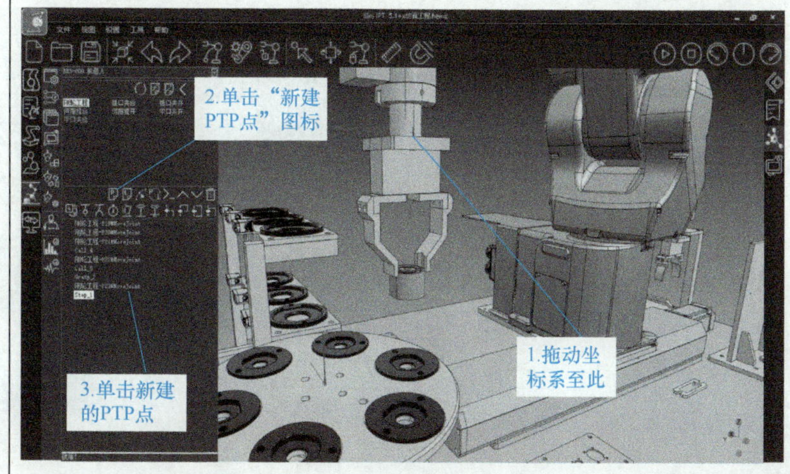
</td></tr>
<tr><td>68）设置路径点2（放柔轮）。拖动机器人末端坐标系至图示位置，单击“新建PTP点”图标，新建一个PTP点，单击该点。该点记录了此时机器人位置和姿态</td><td>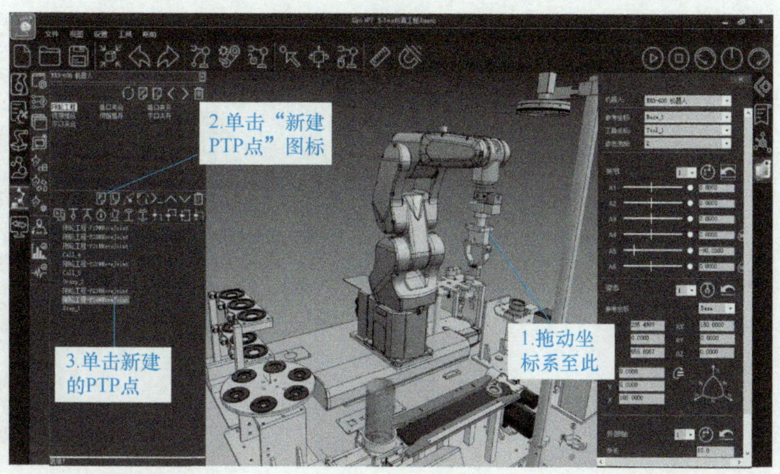
</td></tr>
</table>

步骤	图示
69）设置路径点 3（放柔轮）。拖动机器人末端坐标系至图示位置，单击“新建 PTP 点”图标，新建一个 PTP 点，单击该点。该点记录了此时机器人位置和姿态	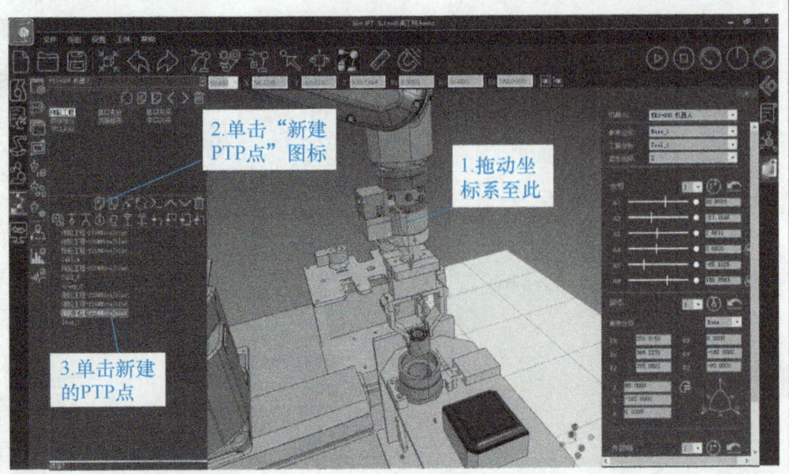
70）设置路径点 4（放柔轮）。拖动机器人末端坐标系至图示位置，单击“新建 PTP 点”图标，新建一个 PTP 点，单击该点。该点记录了此时机器人位置和姿态	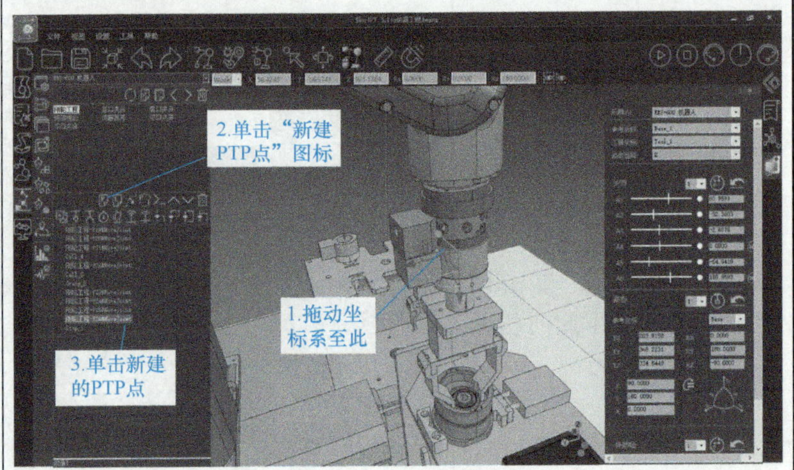
71）新建“释放”指令。依次单击最后一个 PTP 点、“释放”图标，最后单击新建的 Release_2 指令	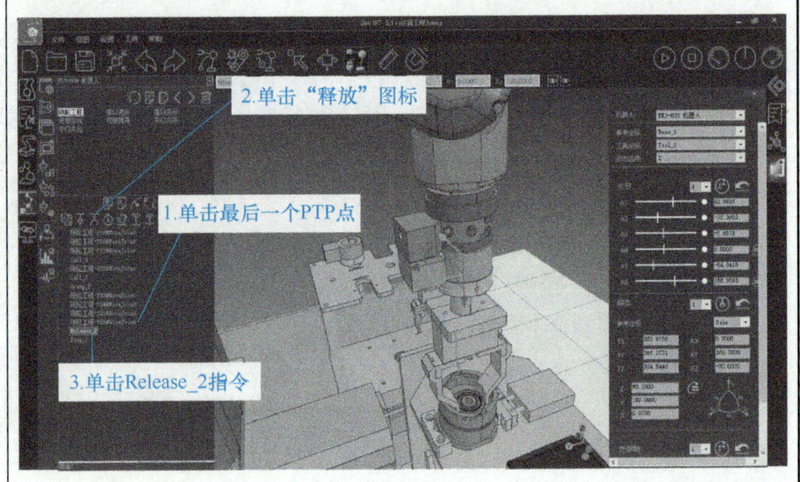

步骤	图示
72）调用“平口夹开”程序。依次单击“调用程序”图标、Call _6 指令，在右侧对话框“规划路径”“ER3-600 机器人”下选择“平口夹开”	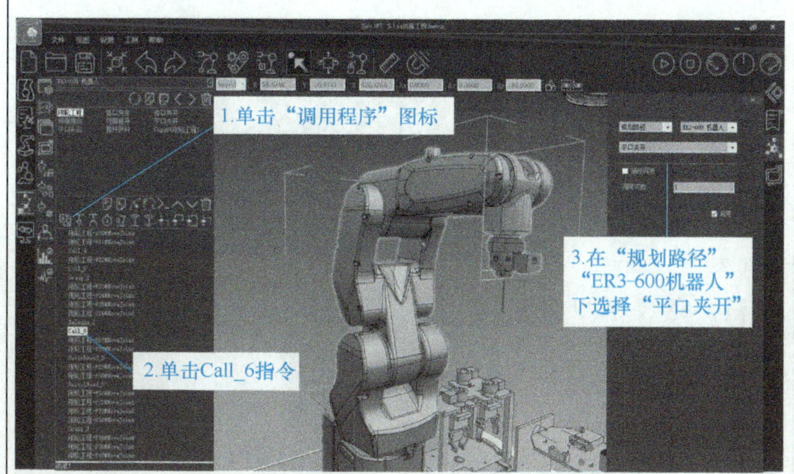
73）设置路径点 1（放平口夹）。拖动机器人末端坐标系至图示位置，单击“新建 PTP 点”图标，新建一个 PTP 点，单击该点。该点记录了此时机器人位置和姿态	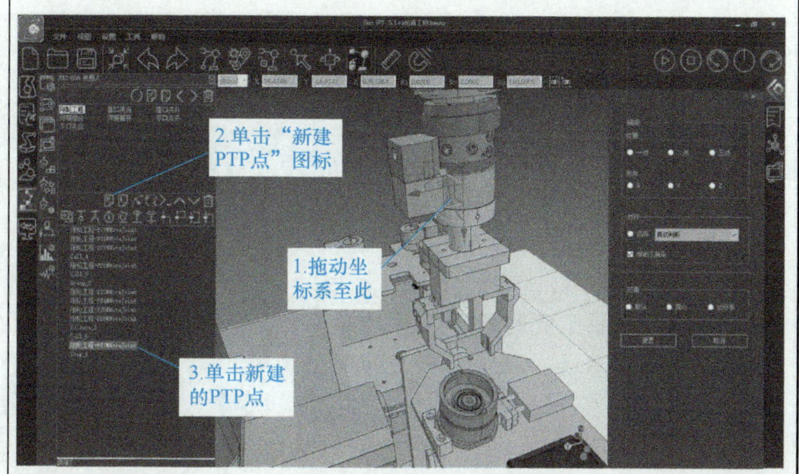
74）设置路径点 2（放平口夹爪）。拖动机器人末端坐标系至图示位置，单击“新建 PTP 点”图标，新建一个 PTP 点，单击该点。该点记录了此时机器人位置和姿态	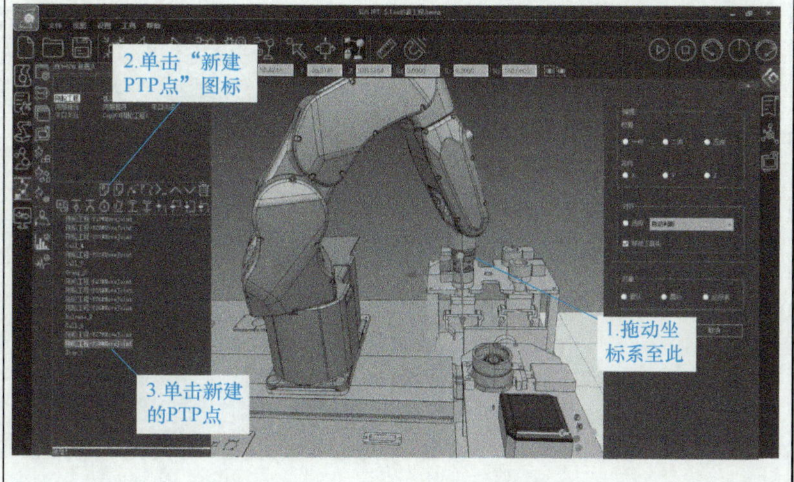

步骤	图示
75）机器人末端卸载平口夹爪。单击“装卸”图标，右侧对话框中选择“卸载”，单击“应用”按钮，完成平口夹爪的卸载	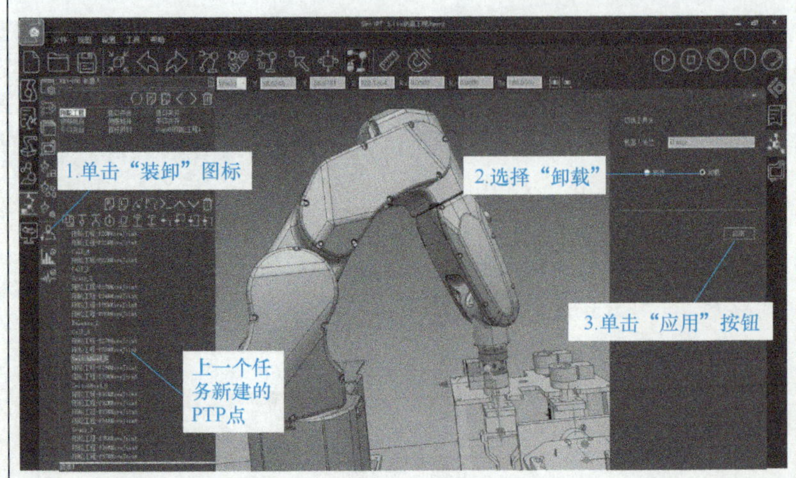
76）设置路径点（安装吸盘）。拖动机器人末端坐标系至图示位置，单击“新建PTP点”图标，新建一个PTP点，单击该点。该点记录了此时机器人位置和姿态	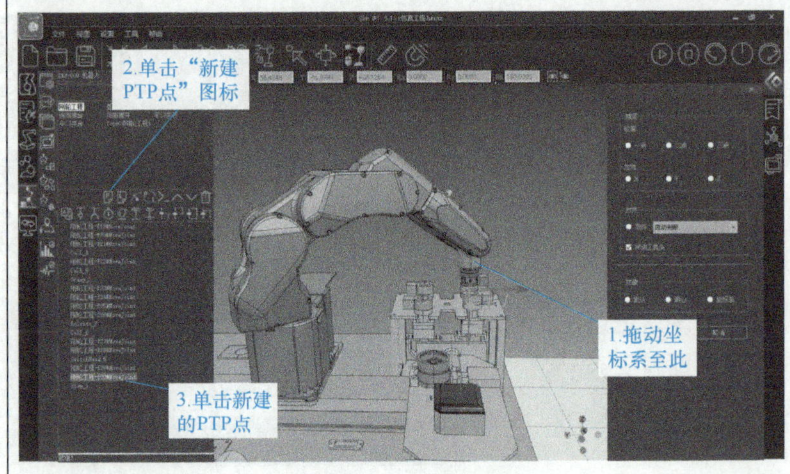
77）机器人末端安装吸盘。单击的“装卸”图标，选择右侧对话框中的“安装”，单击“应用”按钮，完成吸盘的安装	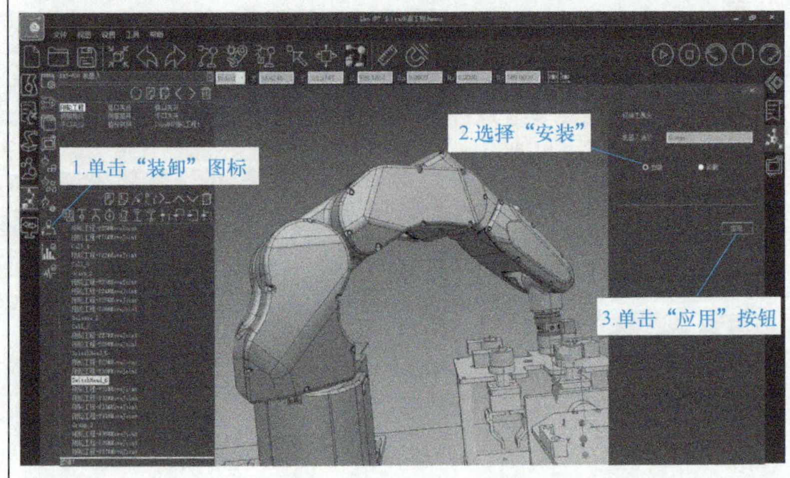

步骤	图示
78）设置路径点1（取中间法兰）。拖动机器人末端坐标系至图示位置，单击“新建PTP点”图标，新建一个PTP点，单击该点。该点记录了此时机器人位置和姿态	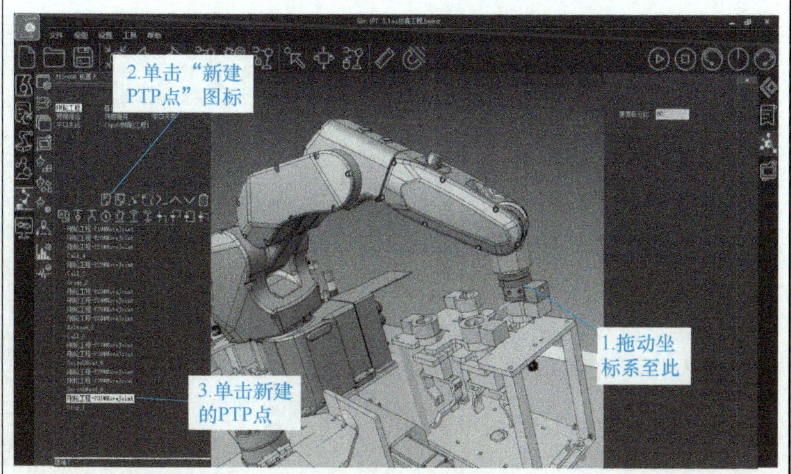
79）设置路径点2（取中间法兰）。拖动机器人末端坐标系至图示位置，单击“新建PTP点”图标，新建一个PTP点，单击该点。该点记录了此时机器人位置和姿态	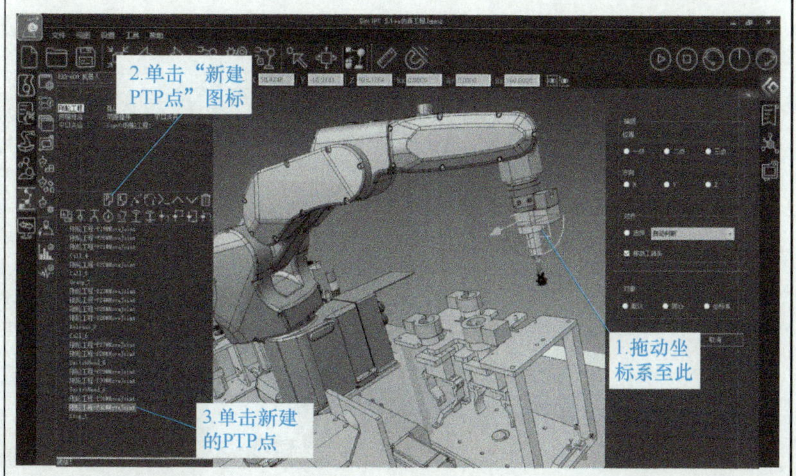
80）设置路径点3（取中间法兰）。拖动机器人末端坐标系至图示位置，单击“新建PTP点”图标，新建一个PTP点，单击该点。该点记录了此时机器人位置和姿态	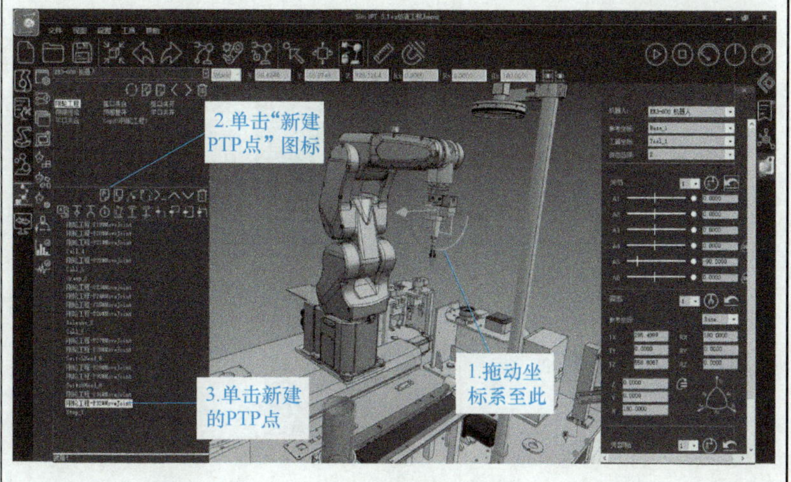

步骤	图示
81）设置路径点4（取中间法兰）。拖动机器人末端坐标系至图示位置，单击“新建PTP点”图标，新建一个PTP点，单击该点。该点记录了此时机器人位置和姿态	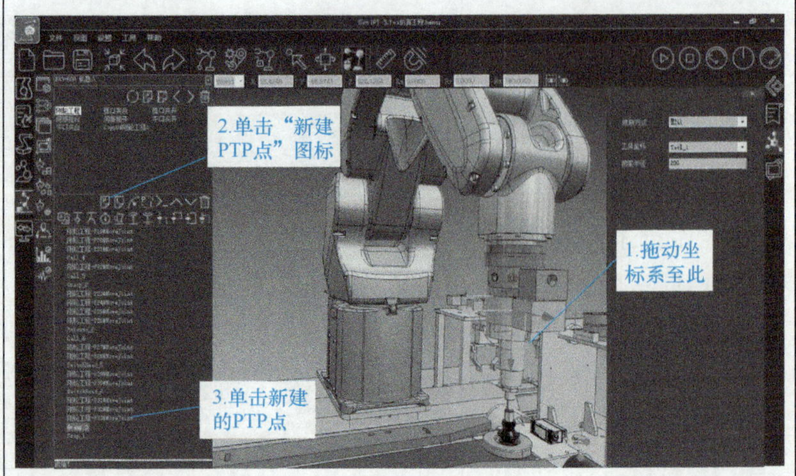
82）新建“抓取”指令。依次单击最后一个PTP点、“抓取”图标，最后单击新建的Grasp_3指令	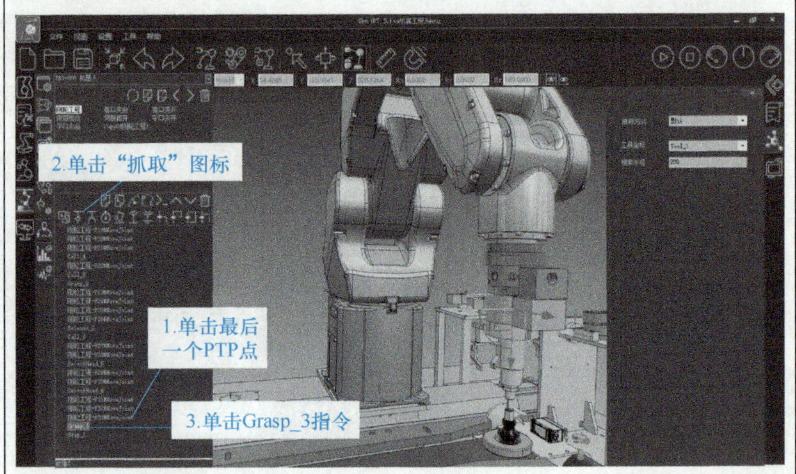
83）设置路径点1（安装中间法兰）。拖动机器人末端坐标系至图示位置，单击“新建PTP点”图标，新建一个PTP点，单击该点。该点记录了此时机器人位置和姿态	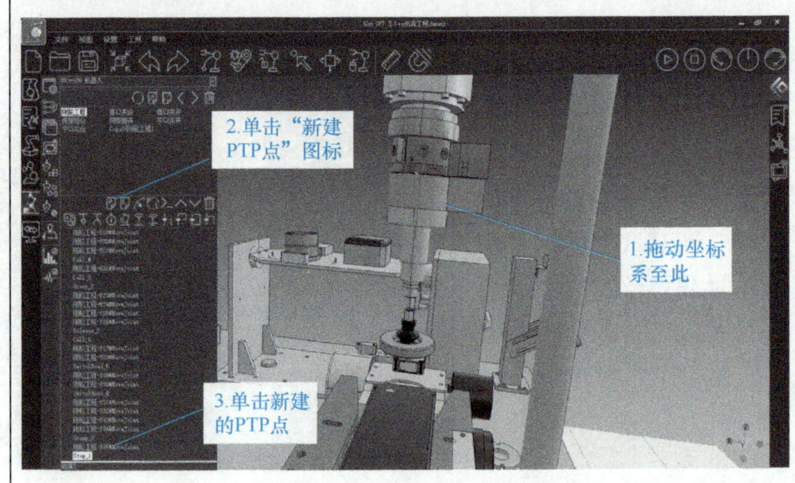

步骤	图示
84）设置路径点 2（安装中间法兰）。拖动机器人末端坐标系至图示位置，单击“新建 PTP 点”图标，新建一个 PTP 点，单击该点。该点记录了此时机器人位置和姿态	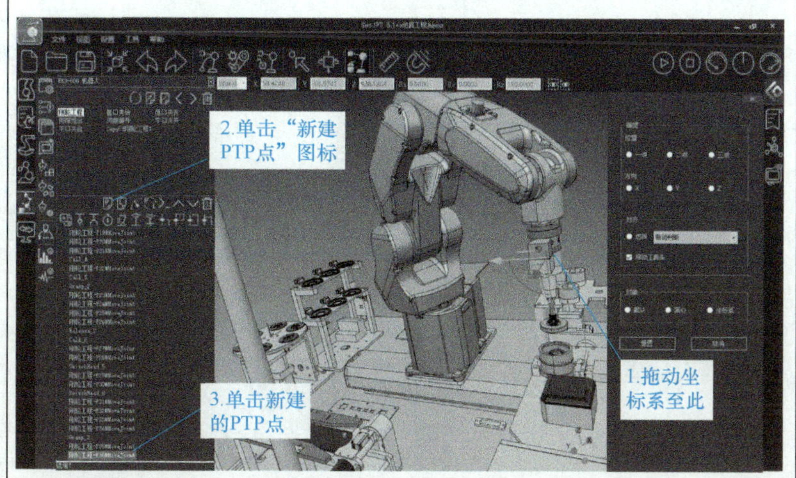
85）设置路径点 3（安装中间法兰）。拖动机器人末端坐标系至图示位置，单击“新建 PTP 点”图标，新建一个 PTP 点，单击该点。该点记录了此时机器人位置和姿态	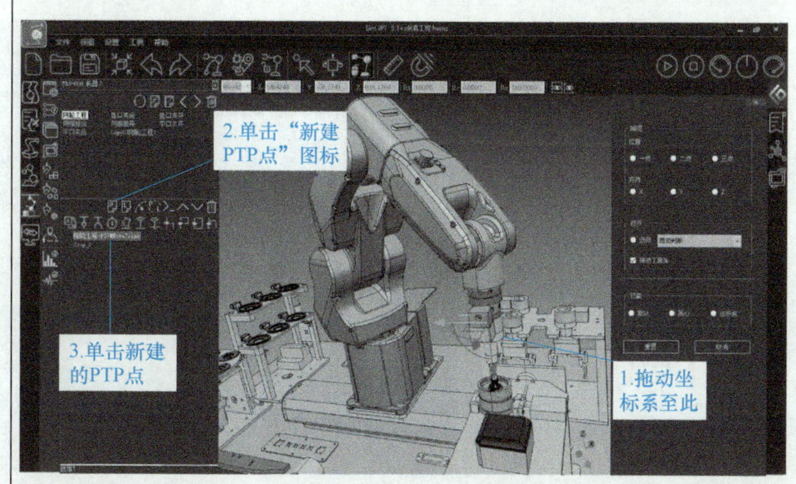
86）新建“释放”指令。依次单击最后一个 PTP 点、“释放”图标，最后单击新建的 Release_3 指令	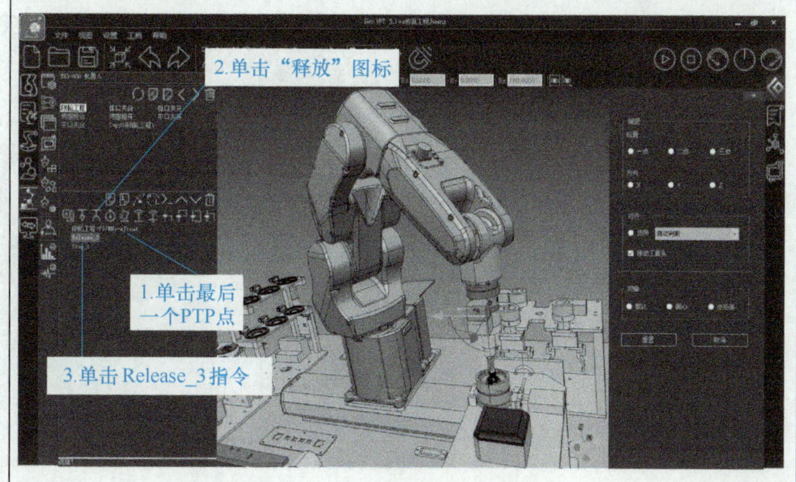

步骤	图示
87）设置路径点 1（取输出法兰）。拖动机器人末端坐标系至图示位置，单击“新建 PTP 点”图标，新建一个 PTP 点，单击该点。该点记录了此时机器人位置和姿态	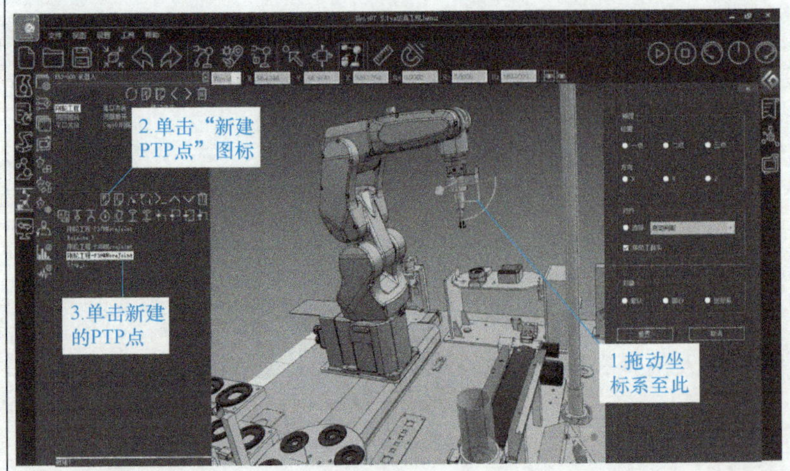
88）设置路径点 2（取输出法兰）。拖动机器人末端坐标系至图示位置，单击“新建 PTP 点”图标，新建一个 PTP 点，单击该点。该点记录了此时机器人位置和姿态	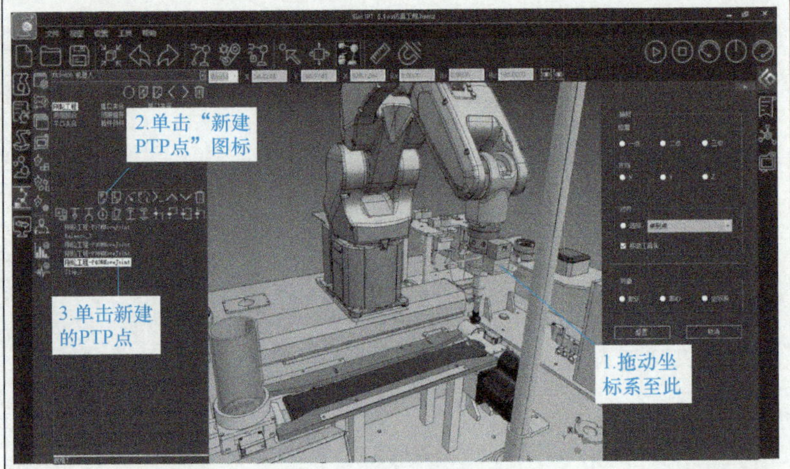
89）建立井式供料工程。单击左侧上方“新建路径”图标，新建 1 个 Path，双击该 Path，重新命名为“推杆供料”	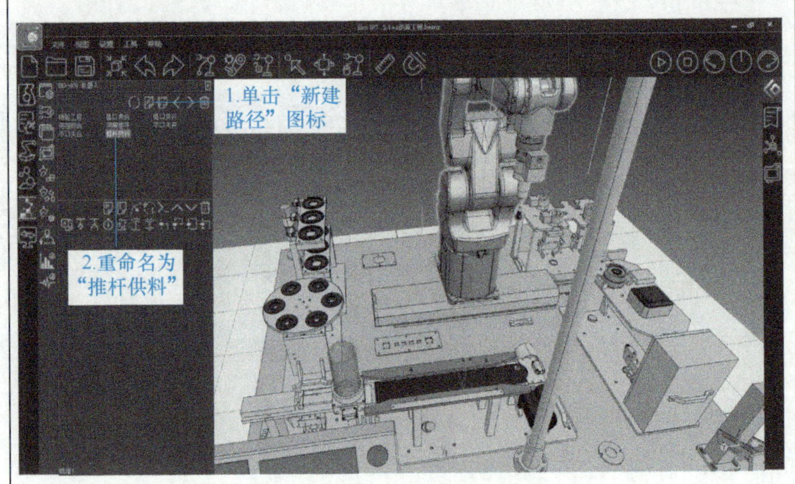

步骤	图示
90）设置控制井式供料指令 1。单击左侧上方“推杆供料”，单击“发信号”图标和“收信号”图标，此时左侧下方对话框内出现两行指令 SendSignal_1 和 RecieveSignal_1	
91）设置控制井式供料指令 2。单击 SendSignal_1，设置信号名为 19，单击“应用”按钮	
92）设置井式供料模块指令 1。选择“井式供料模块”，单击 2 次“新建路径”图标，新建 2 个 Path，双击 Path2，重命名为“推杆供料”	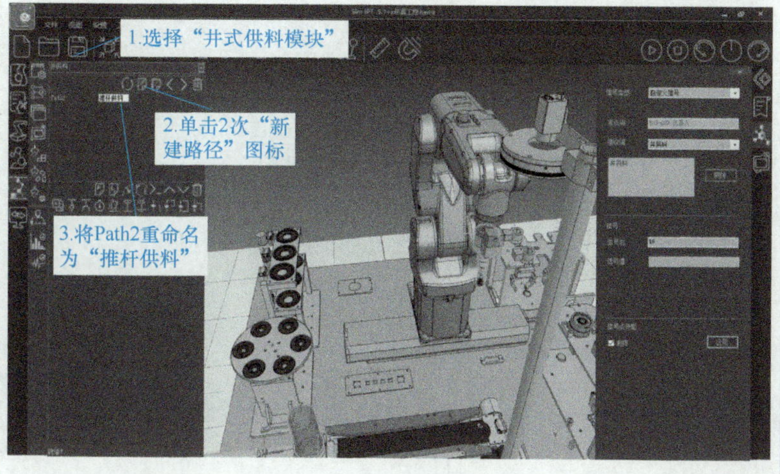

步骤	图示
93）设置井式供料模块指令2。依次单击“推杆供料”、“收信号”图标、RecieveSignal _ 1 指令，右侧上方“发送端”选择“ER3_ 600 机器人”，选择信号19，再依次单击“确定”和“应用”按钮	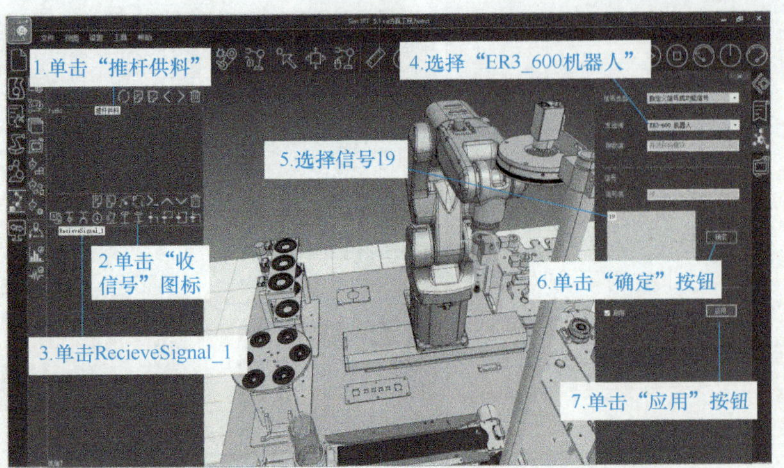
94）设置井式供料模块指令3。单击右侧工具栏中的“示教”图标，弹出对话框，单击任意关节数字，滚动鼠标中心滚轮，使推杆前端接触物料，然后依次单击“新建PTP点”图标和新建立的PTP点“推杆供料-P1#MoveJoint”	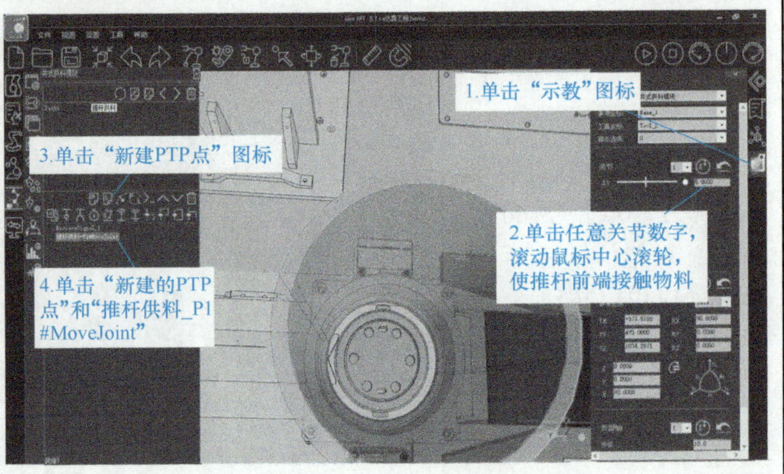
95）新建“抓取”指令。依次单击左下侧对话框里最后一行指令，单击“抓取”图标，最后单击新建的Grasp_1指令	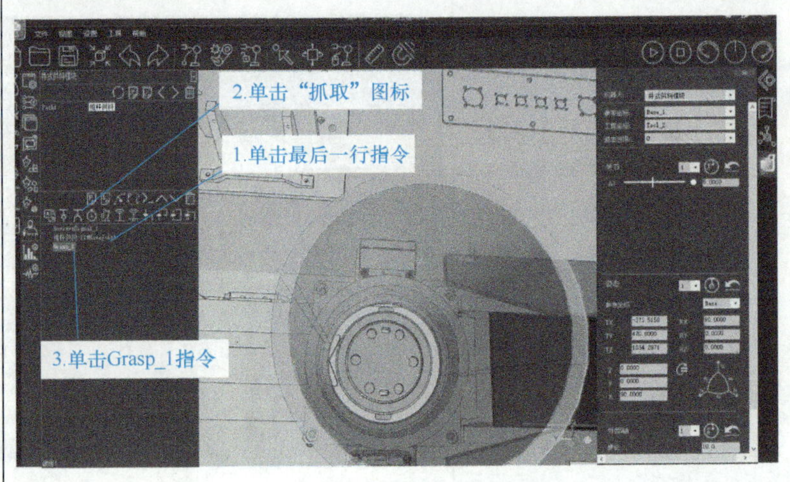

步骤	图示
96）设置井式供料模块指令 4。单击右侧工具栏中的“示教”图标，弹出对话框，单击任意关节数字，滚动鼠标中心滚轮，使推杆前端伸出供料井，然后依次单击“新建 PTP 点”图标和新建立的 PTP 点“推杆供料-P2#MoveJoint”	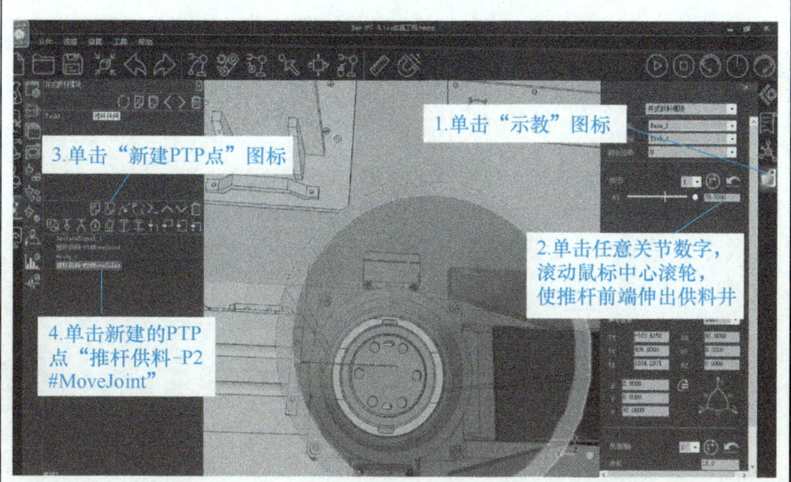
97）新建“释放”指令。单击左下侧对话框里最后一行指令，单击“释放”图标，最后单击新建的 Release_1 指令	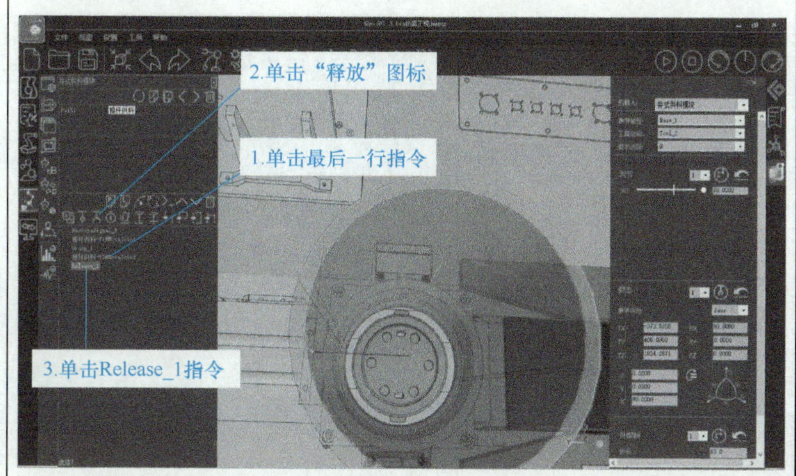
98）设置井式供料模块指令 5。单击右侧工具栏中的“示教”图标，弹出对话框，单击“复位关节”图标，然后依次单击“新建 PTP 点”图标和新建的 PTP 点“推杆供料-P3 # MoveJoint”	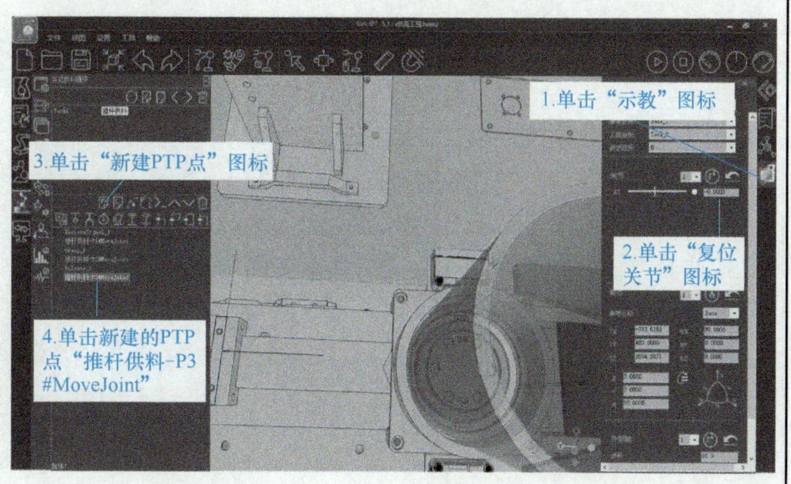

步骤	图示
99）设置井式供料模块指令6。依次单击“发信号”图标，SendSignal_1指令，右侧“发送端”选择“ER3_600机器人”，设置信号名为20，单击“应用”按钮	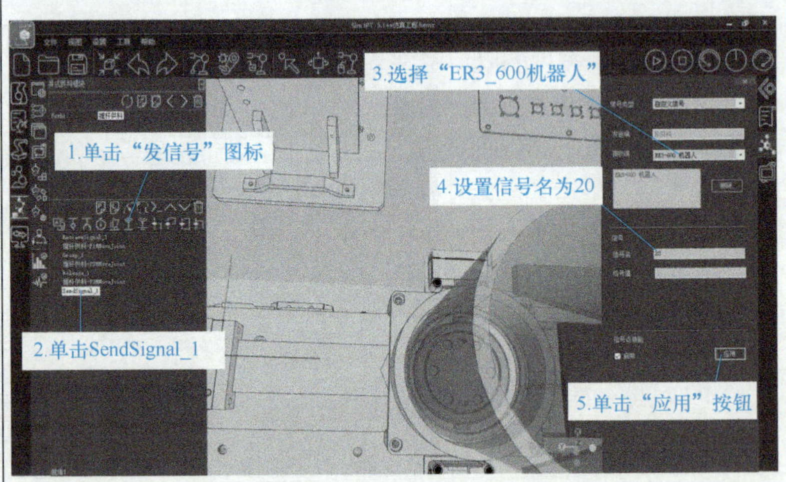
100）设置“井式供料模块”调用逻辑1。依次单击Path1和While逻辑，在右侧对话框中选择True	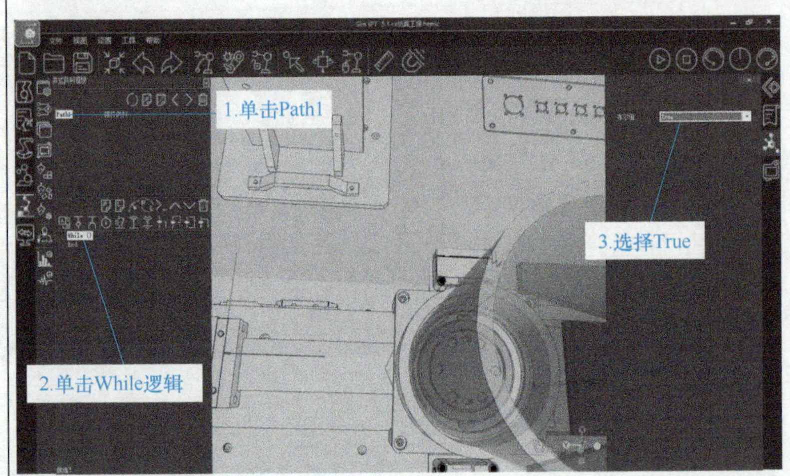
101）设置“井式供料模块”调用逻辑2。单击“调用程序”图标，在右侧对话框中选择“规划路径”“井式供料模块”“推杆供料”	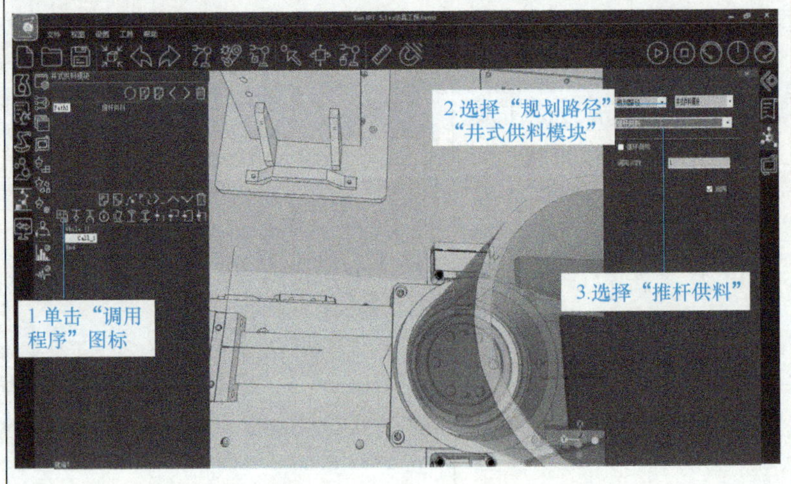

步骤	图示
102）设置控制井式供料指令 3。选择“ER3-600 机器人”，单击 RecieveSignal_1，选择信号 20，依次单击“确定”和“应用”按钮	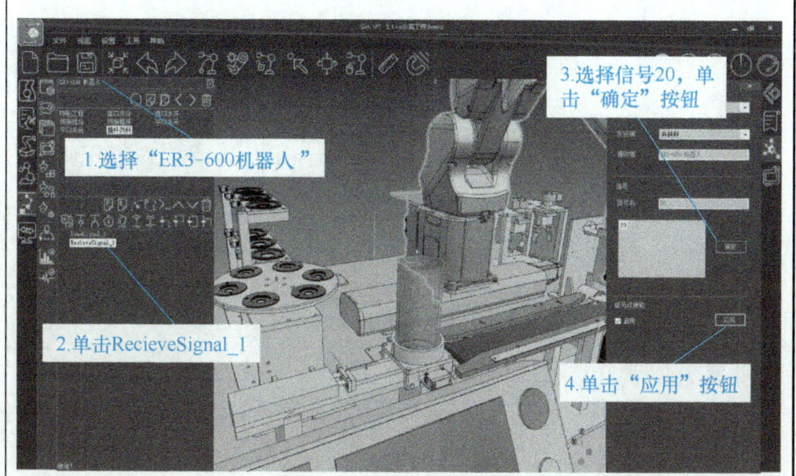
103）调用“井式供料模块”程序。依次单击“调用程序”图标、Call_7 指令，在右侧对话框“规划路径”“ER3-600 机器人”下选择“推杆供料”	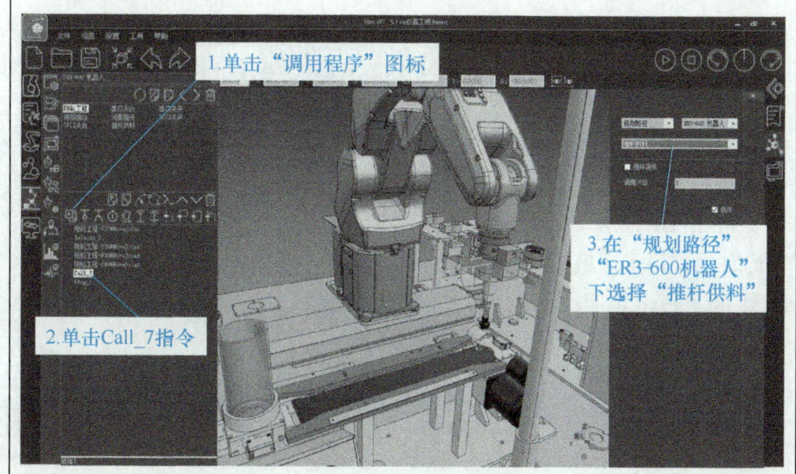
104）设置延时。单击“等待”图标，在右侧“延时时间”中填 60	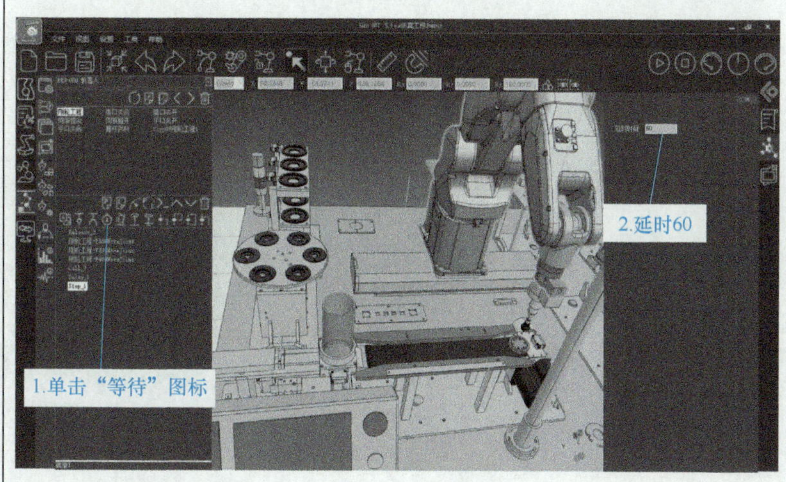

步骤	图示
105）设置路径点 3（取输出法兰）。拖动机器人末端坐标系至图示位置，单击“新建 PTP 点”图标，新建一个 PTP 点，单击该点。该点记录了此时机器人位置和姿态	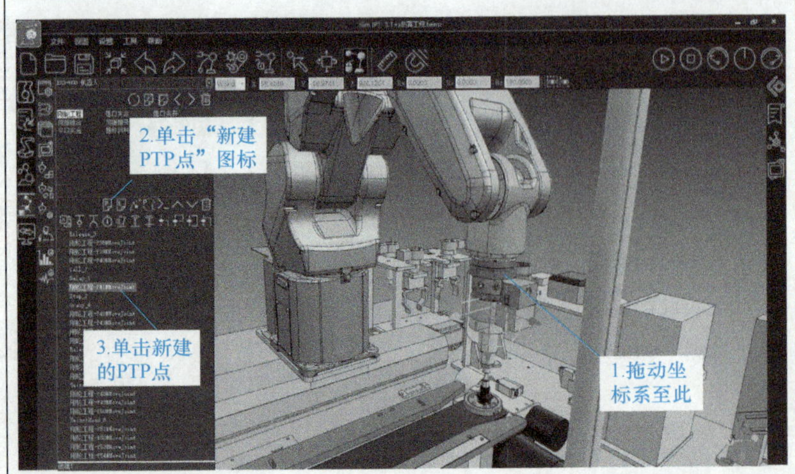
106）新建“抓取”指令。单击图示指令，单击“抓取”图标，最后单击新建的 Grasp_4 指令	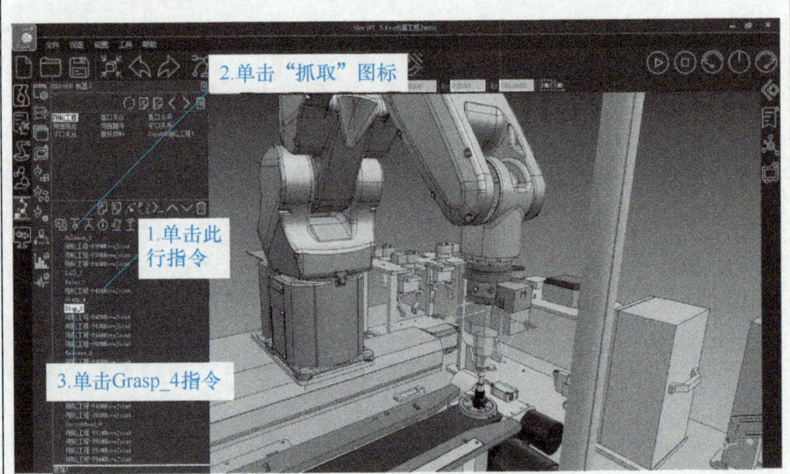
107）设置路径点 1（安装输出法兰）。拖动机器人末端坐标系至图示位置，单击“新建 PTP 点”图标，新建一个 PTP 点，单击该点。该点记录了此时机器人位置和姿态	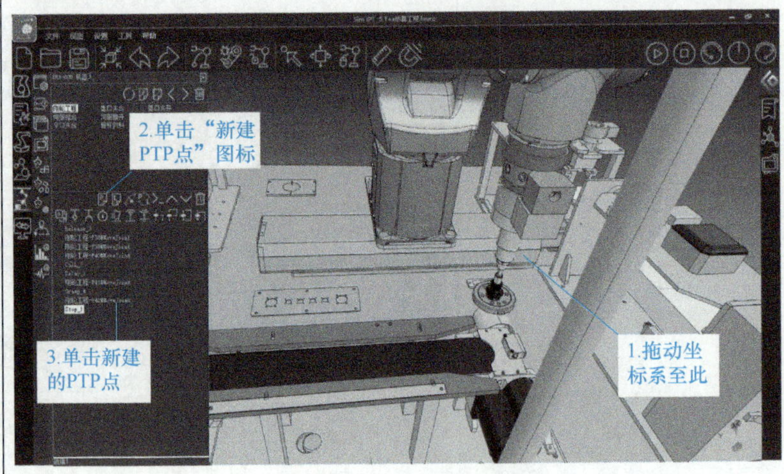

步骤	图示
108）设置路径点 2（安装输出法兰）。拖动机器人末端坐标系至图示位置，单击“新建 PTP 点”图标，新建一个 PTP 点，单击该点。该点记录了此时机器人位置和姿态	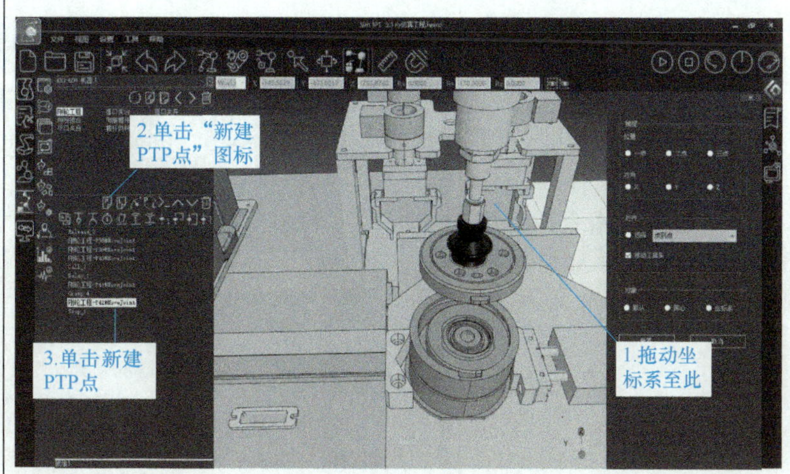
109）设置路径点 3（安装输出法兰）。拖动机器人末端坐标系至图示位置，单击“新建 PTP 点”图标，新建一个 PTP 点，单击该点。该点记录了此时机器人位置和姿态	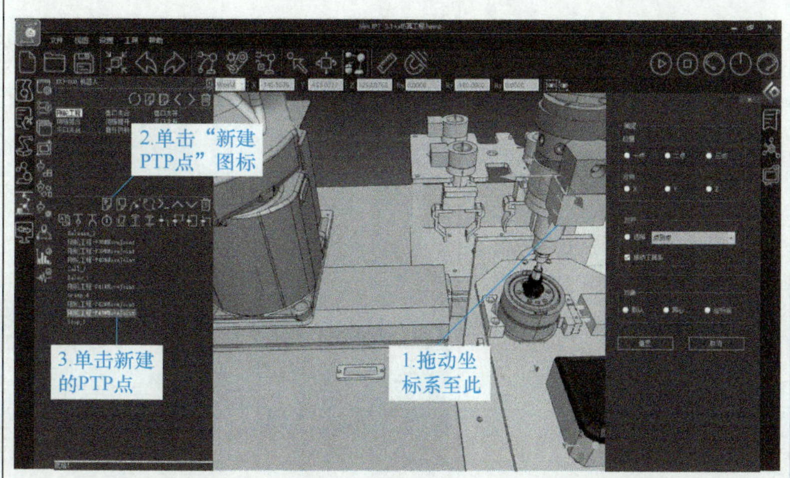
110）设置路径点 4（安装输出法兰）。拖动机器人末端坐标系至图示位置，单击“新建 PTP 点”图标，新建一个 PTP 点，单击该点。该点记录了此时机器人位置和姿态	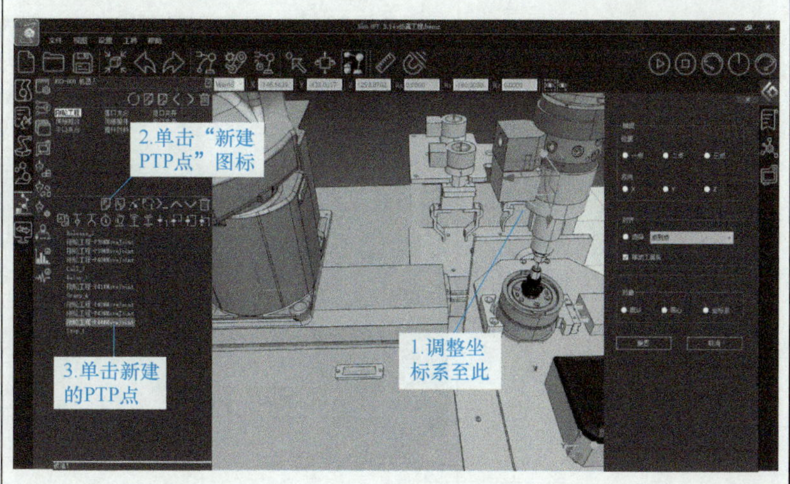

步骤	图示
111）新建“释放”命令。单击图示指令，单击“释放”图标，最后单击新建的 Release_4 指令	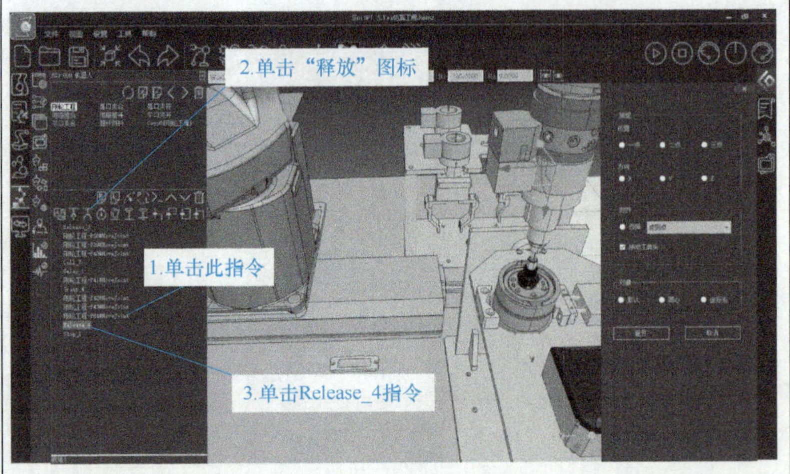
112）设置路径点 1（卸载吸盘）。拖动机器人末端坐标系至图示位置，单击“新建 PTP 点”图标，新建一个 PTP 点，单击该点。该点记录了此时机器人位置和姿态	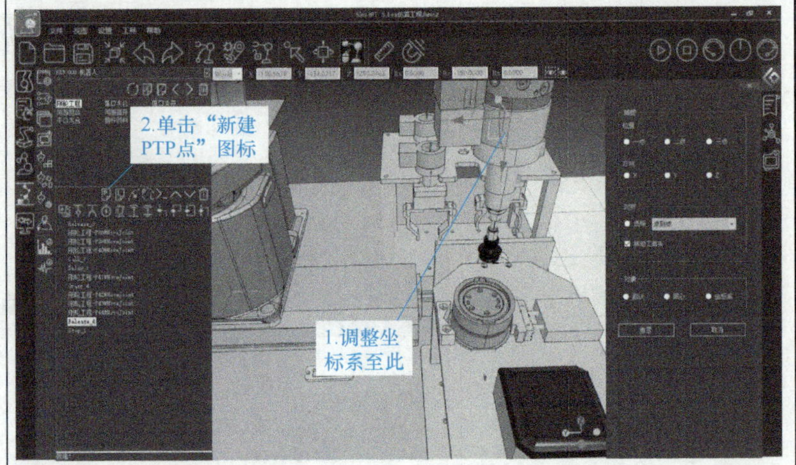
113）设置路径点 2（卸载吸盘）。拖动机器人末端坐标系至图示位置，单击“新建 PTP 点”图标，新建一个 PTP 点，单击该点。该点记录了此时机器人位置和姿态	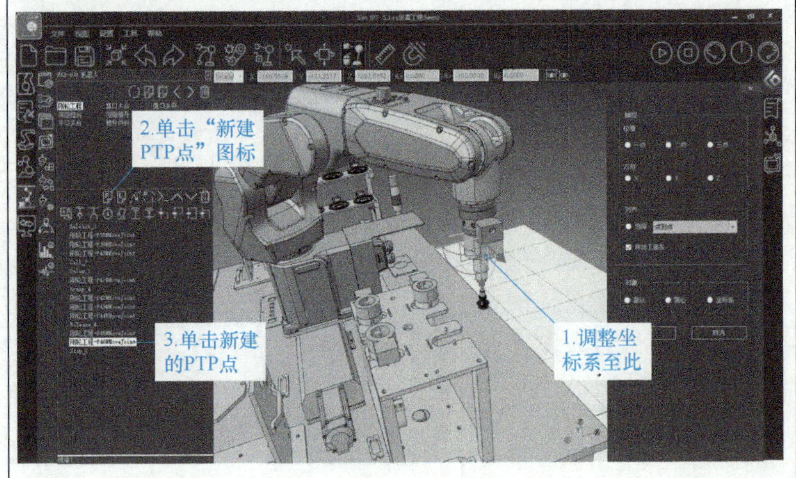

步骤	图示
114）设置路径点 3（卸载吸盘）。拖动机器人末端坐标系至图示位置，单击“新建 PTP 点”图标，新建一个 PTP 点，单击该点。该点记录了此时机器人位置和姿态	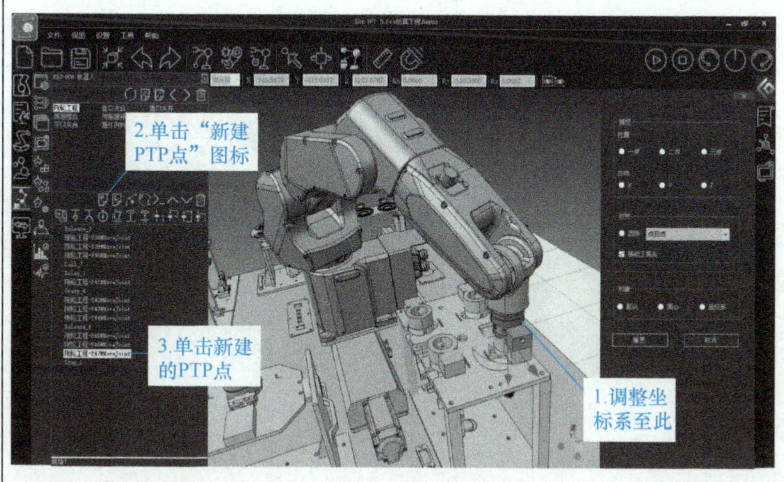
115）机器人末端卸载吸盘。单击“装卸”图标，右侧对话框中选择“卸载”，单击“应用”按钮，完成吸盘的卸载	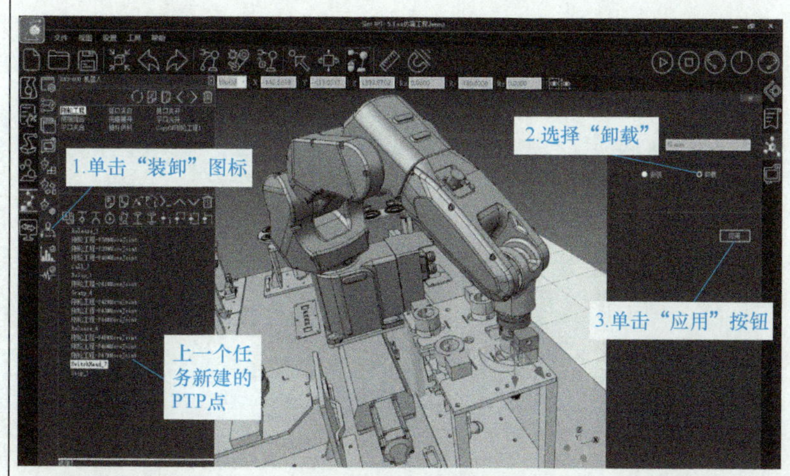
116）设置路径点（安装弧口夹爪）。拖动机器人末端坐标系至图示位置，单击“新建 PTP 点”图标，新建一个 PTP 点，单击该点。该点记录了此时机器人位置和姿态	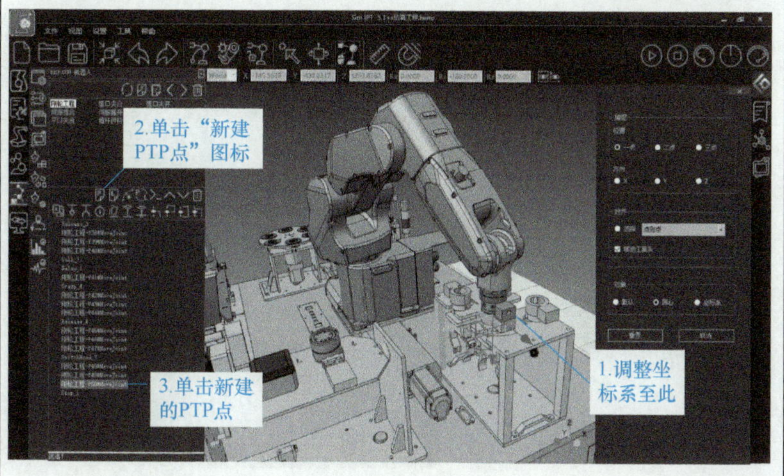

步骤	图示
117）机器人末端安装弧口夹爪。单击“装卸”图标，右侧对话框中选择“安装”，单击“应用”按钮，完成弧口夹的安装	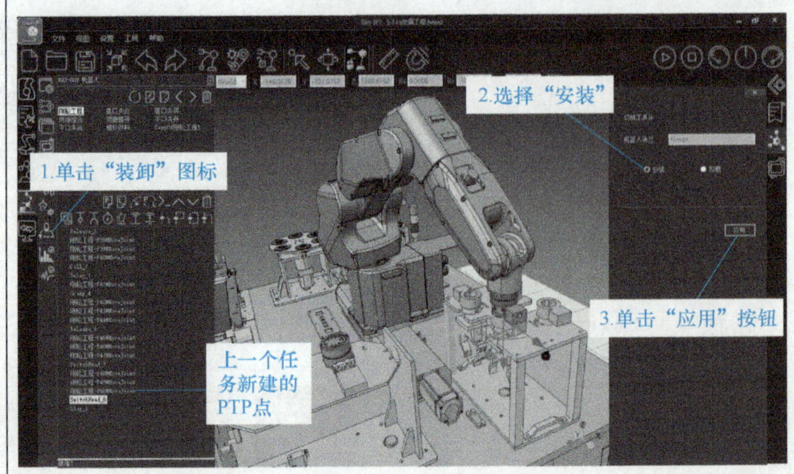
118）设置路径点 1（取谐波减速器）。拖动机器人末端坐标系至图示位置，单击“新建 PTP 点”图标，新建一个 PTP 点，单击该点。该点记录了此时机器人位置和姿态	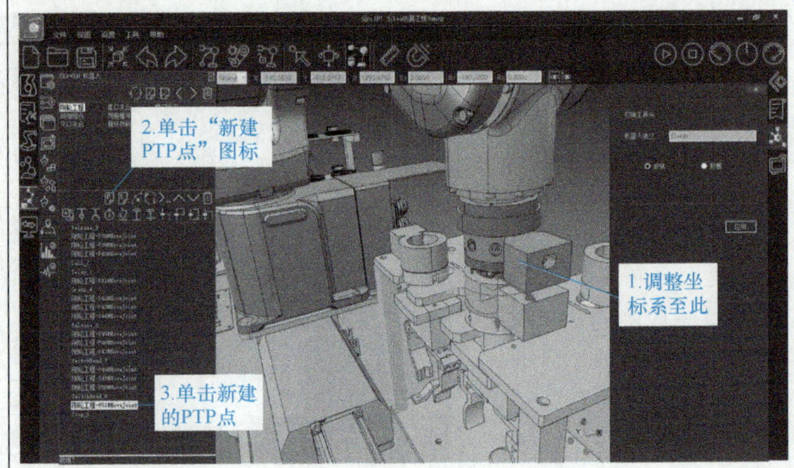
119）设置路径点 2（取谐波减速器）。拖动机器人末端坐标系至图示位置，单击“新建 PTP 点”图标，新建一个 PTP 点，单击该点。该点记录了此时机器人位置和姿态	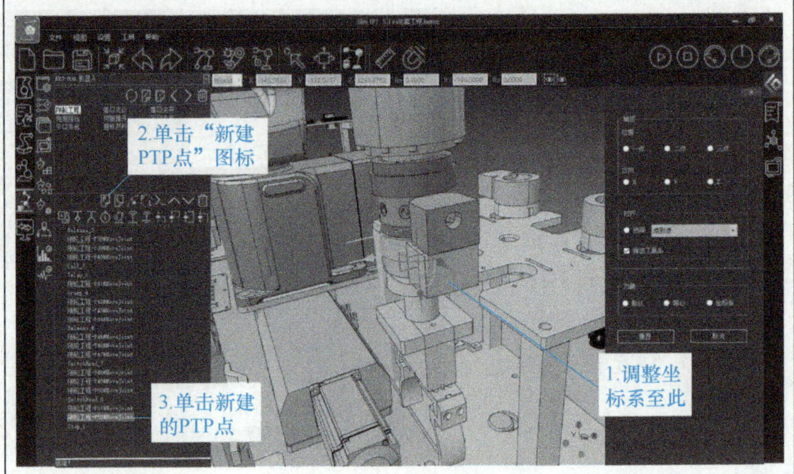

步骤	图示
120）设置路径点3（取谐波减速器）。拖动机器人末端坐标系至图示位置，单击“新建PTP点”图标，新建一个PTP点，单击该点。该点记录了此时机器人位置和姿态	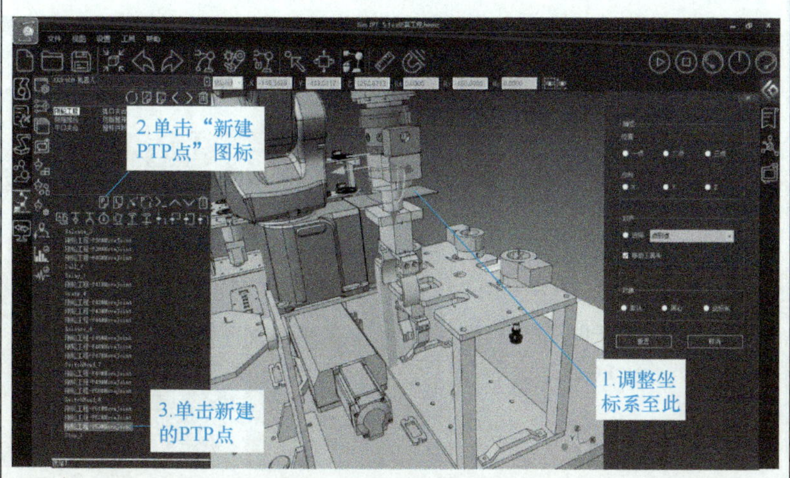
121）设置路径点4（取谐波减速器）。拖动机器人末端坐标系至图示位置，单击“新建PTP点”图标，新建一个PTP点，单击该点。该点记录了此时机器人位置和姿态	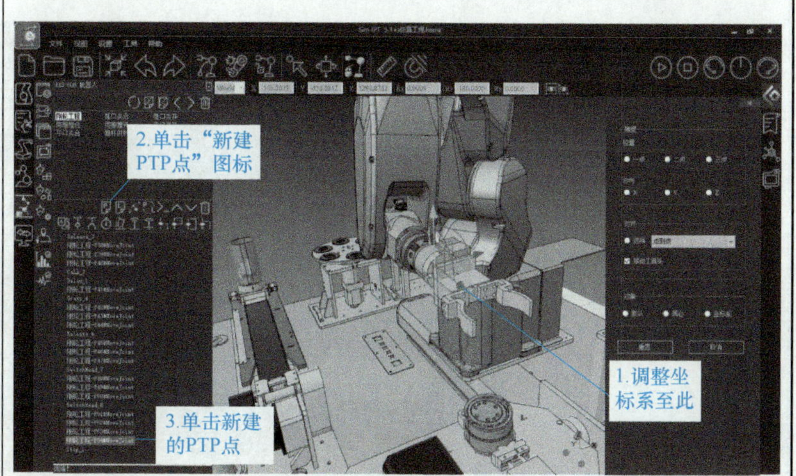
122）设置路径点5（取谐波减速器）。拖动机器人末端坐标系至图示位置，单击“新建PTP点”图标，新建一个PTP点，单击该点。该点记录了此时机器人位置和姿态	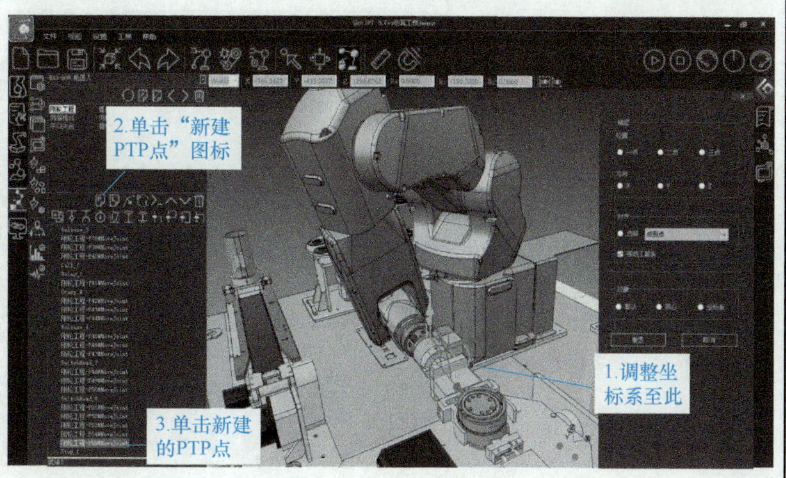

步骤	图示
123）设置控制伺服推杆打开指令1。单击“伺服推开”，单击“发信号”图标和“收信号”图标，此时左侧下方对话框内出现两行指令 SendSignal_1 和 RecieveSignal_1	
124）设置控制伺服推杆打开指令2。单击 SendSignal_1，设置信号名为21，依次单击“应用”按钮	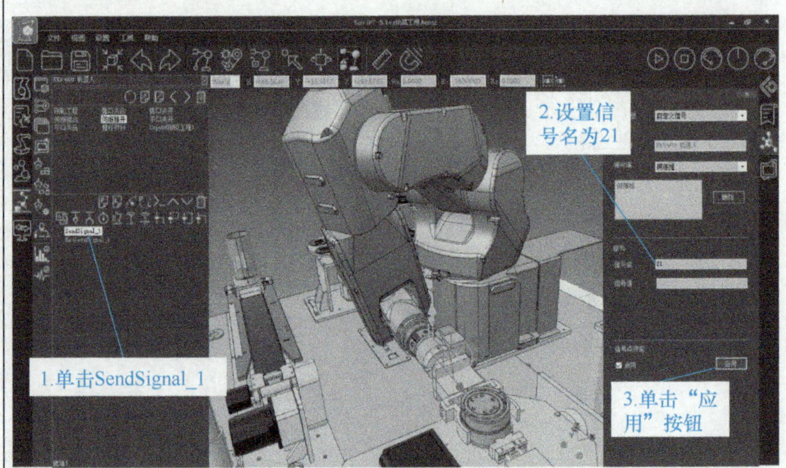
125）设置伺服推杆打开指令1。依次单击“伺服推开”、“收信号”图标、RecieveSignal_1 指令，右侧“发送端”选择“ER3_600 机器人”，选择信号21，再依次单击“确定”和“应用”按钮	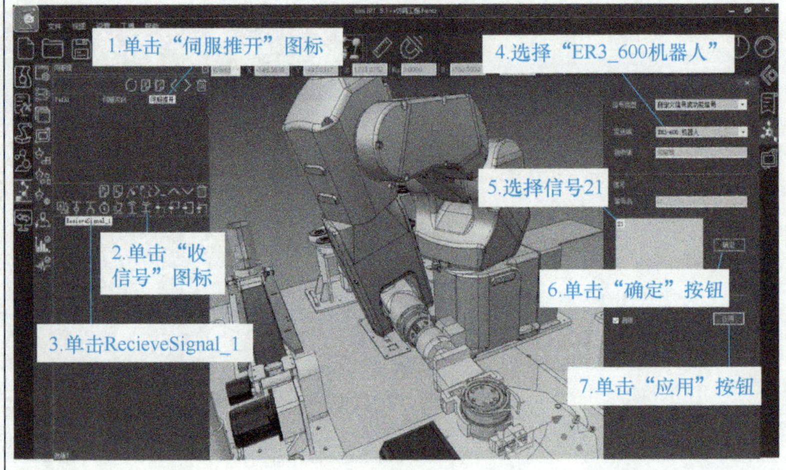

步骤	图示
126）设置伺服推杆打开指令 2。单击右侧工具栏中的“示教”图标，弹出对话框，单击“复位关节”图标，然后依次单击“新建 PTP 点”图标和新建的 PTP 点“伺服推开-P1 # MoveJoint”	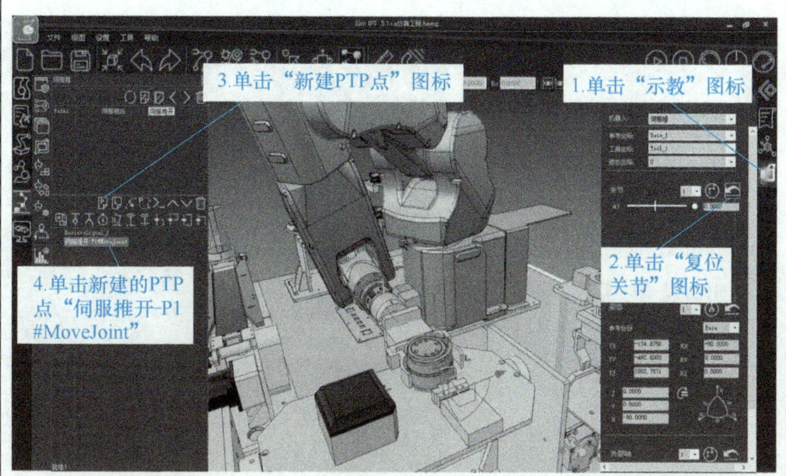
127）设置伺服推杆打开指令 3。依次单击“发信号”图标、SendSignal_1 指令，右侧“发送端”选择“ER3_600 机器人”，设置信号名为 22，单击“应用”按钮	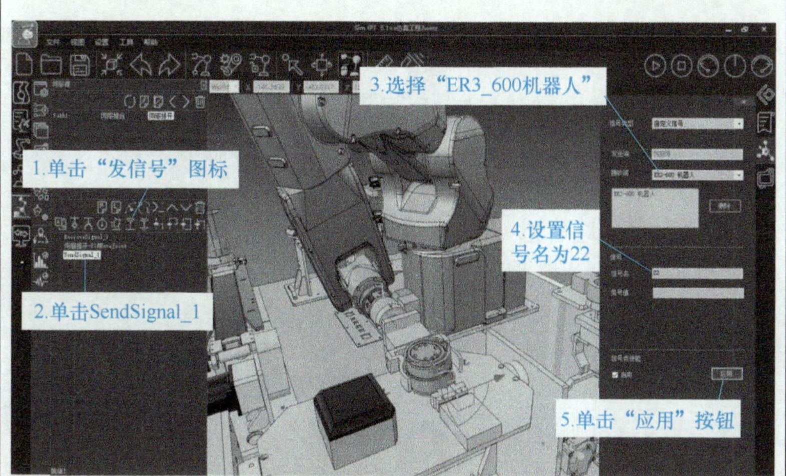
128）设置“伺服推开”调用逻辑。依次单击“调用程序”图标，选择“规划路径”“伺服推”“伺服推开”	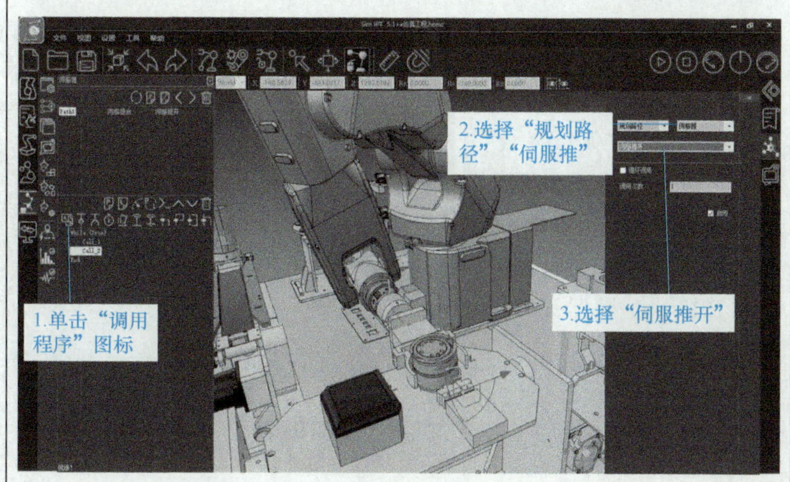

步骤	图示
129）设置控制伺服推杆打开指令 3。单击 RecieveSignal_1，选择信号 22，依次单击“确定”和“应用”按钮	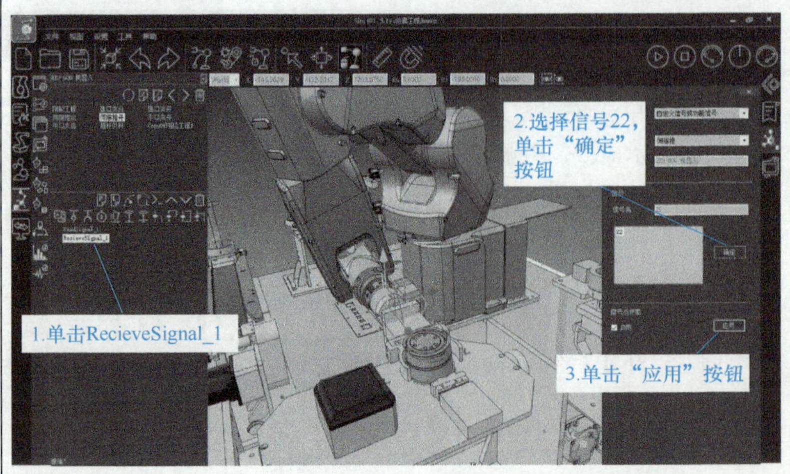
130）调用“伺服推开”程序。依次单击“调用程序”图标、Call_8 指令，在右侧对话框“规划路径”“ER3-600 机器人”下选择“伺服推开”	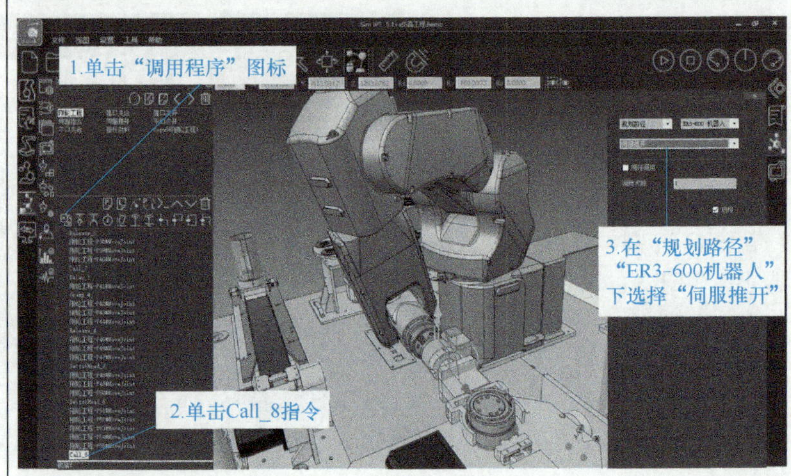
131）调用“弧口夹合”程序。依次单击“调用程序”图标、Call_9 指令，在右侧对话框“规划路径”“ER3-600 机器人”下选择“弧口夹合”	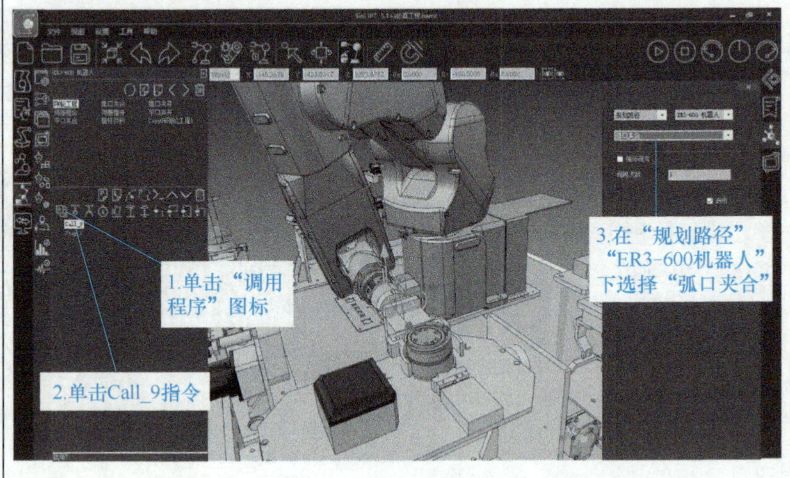

步骤	图示
132）调用“组装”程序。依次单击“调用程序”图标、Call_10 指令，在右侧对话框选择“容器程序”“Container”“ContainerAction-组装物体”，选择“组装全部”	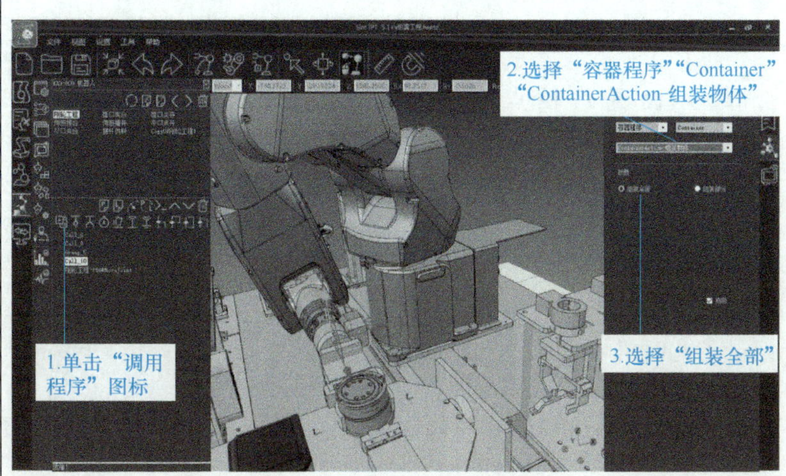
133）新建“抓取”指令。依次单击 Call_10、“抓取”图标，最后单击新建的 Grasp_5 指令	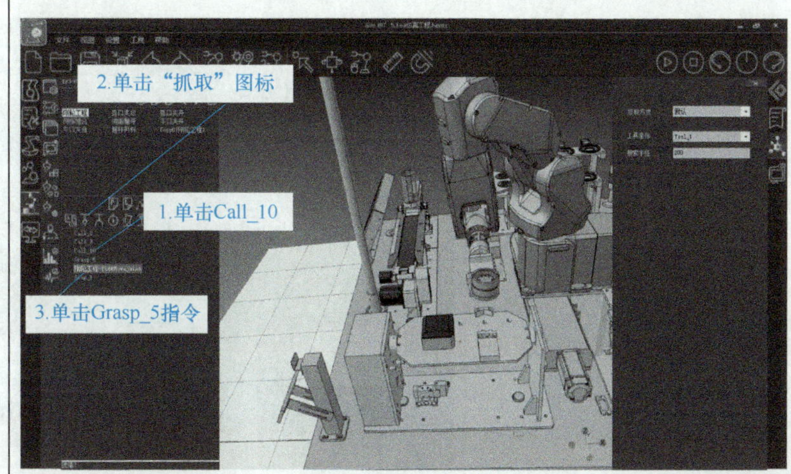
134）设置路径点 1（放谐波减速器）。拖动机器人末端坐标系至图示位置，单击“新建 PTP 点”图标，新建一个 PTP 点，单击该点。该点记录了此时机器人位置和姿态	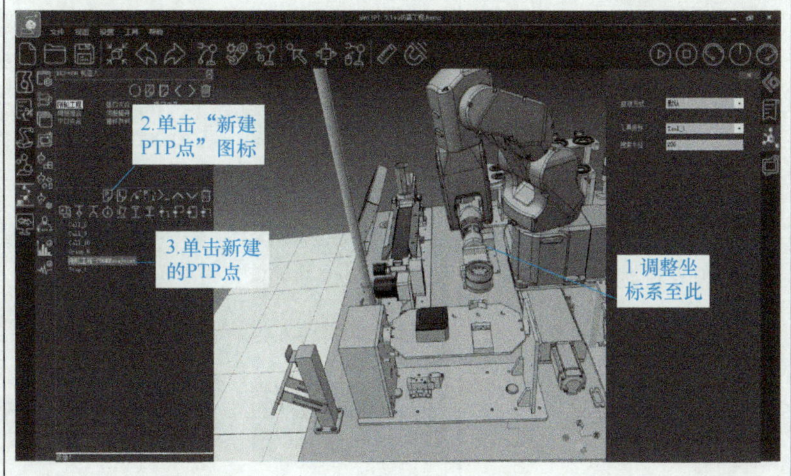

步骤	图示
135）设置路径点 2（放谐波减速器）。拖动机器人末端坐标系至图示位置，单击“新建 PTP 点”图标，新建一个 PTP 点，单击该点。该点记录了此时机器人位置和姿态	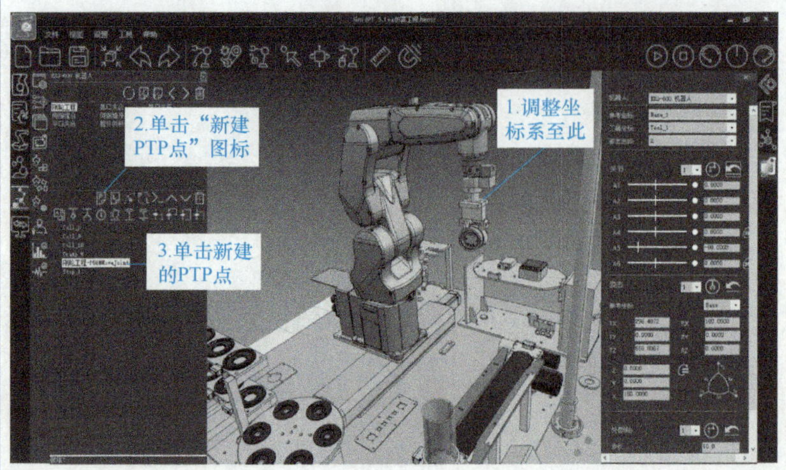
136）设置路径点 3（放谐波减速器）。拖动机器人末端坐标系至图示位置，单击“新建 PTP 点”图标，新建一个 PTP 点，单击该点。该点记录了此时机器人位置和姿态	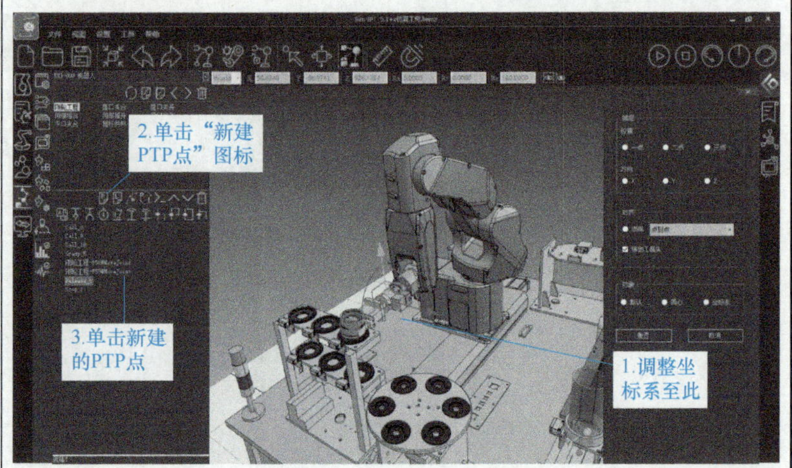
137）新建“释放”指令。依次单击最后一个 PTP 点、“释放”图标，最后单击新建的 Release_5 指令	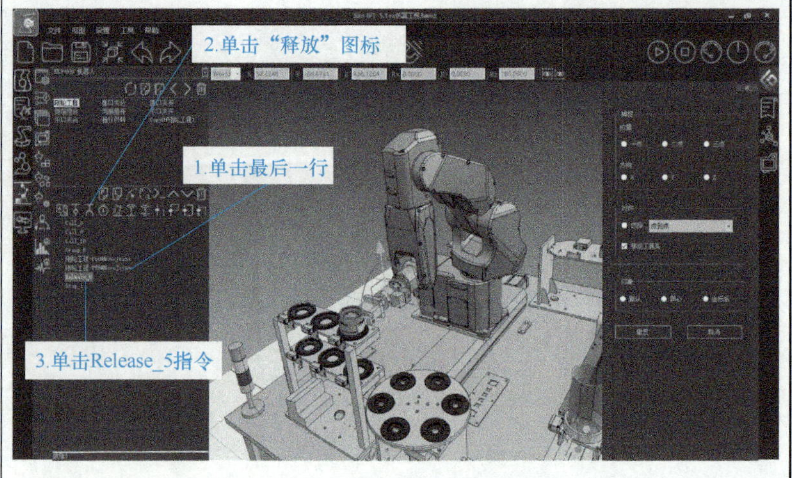

步骤	图示
138）设置路径点 1（卸载弧口夹）。拖动机器人末端坐标系至图示位置，单击“新建 PTP 点”图标，新建一个 PTP 点，单击该点。该点记录了此时机器人位置和姿态	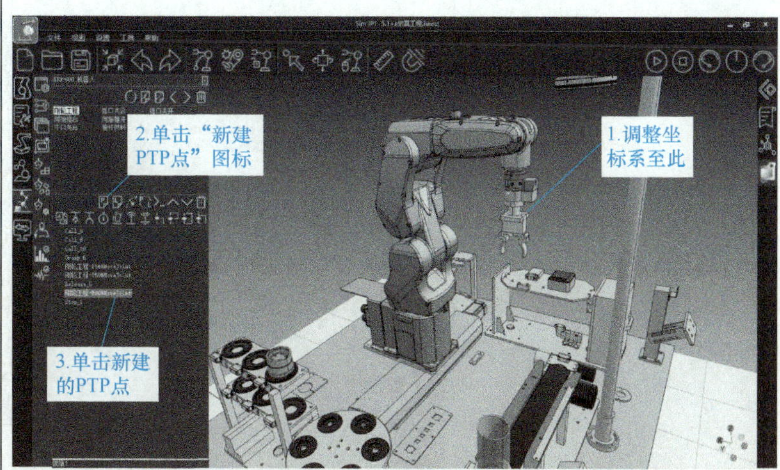
139）设置路径点 2（卸载弧口夹）。拖动机器人末端坐标系至图示位置，单击“新建 PTP 点”图标，新建一个 PTP 点，单击该点。该点记录了此时机器人位置和姿态	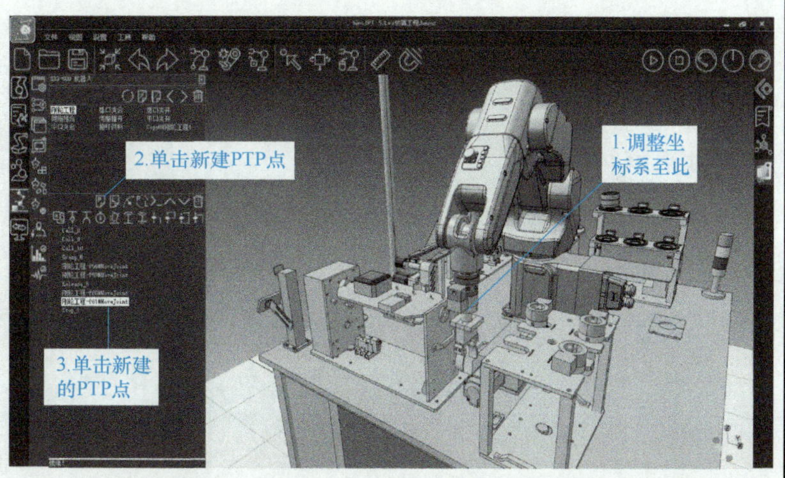
140）设置路径点 3（卸载弧口夹）。拖动机器人末端坐标系至图示位置，单击“新建 PTP 点”图标，新建一个 PTP 点，单击该点。该点记录了此时机器人位置和姿态	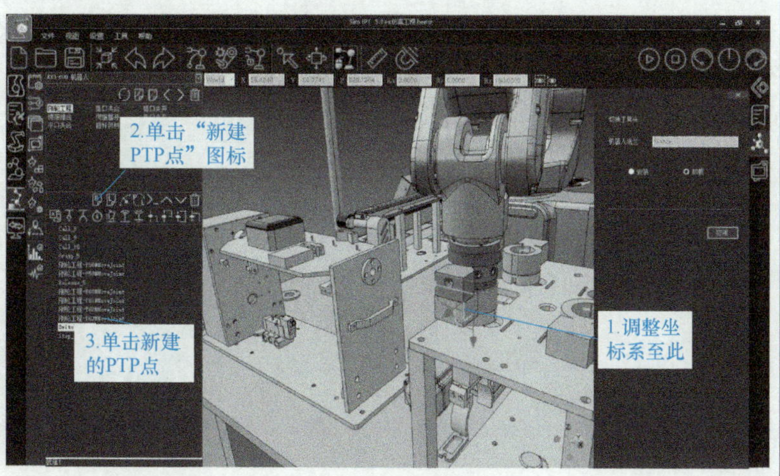

步骤	图示
141）机器人末端卸载弧口夹。单击“装卸”图标，选择右侧对话框中的“卸载”，单击“应用”按钮，完成弧口夹的卸载	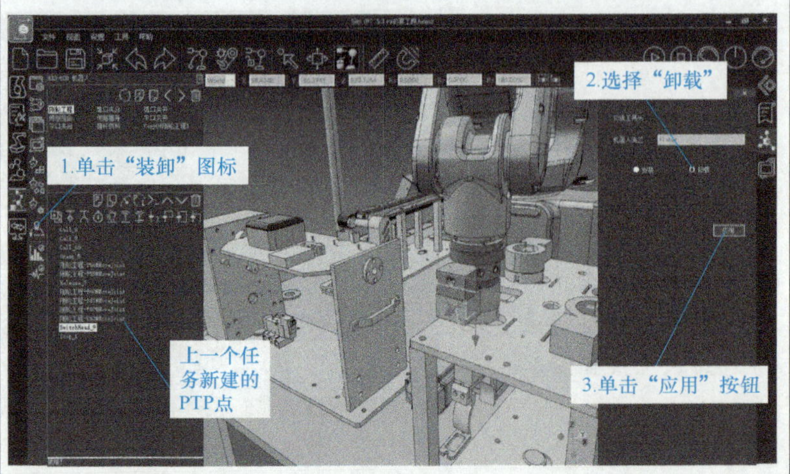
142）系统复位。单击右侧对话框内“复位关节”图标，单击“新建PTP点”图标，新建一个PTP点，单击该点。此时，该点记录了此时机器人位置和姿态	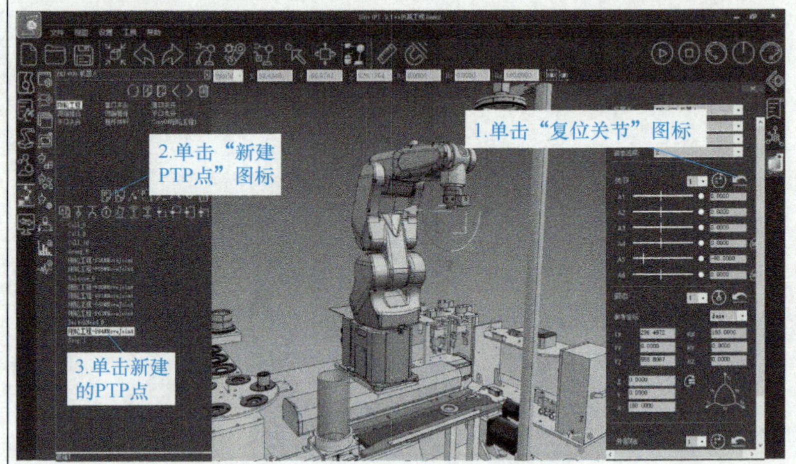
143）保存文件。依次单击“文件”→“保存”，保存文件至相应目录下	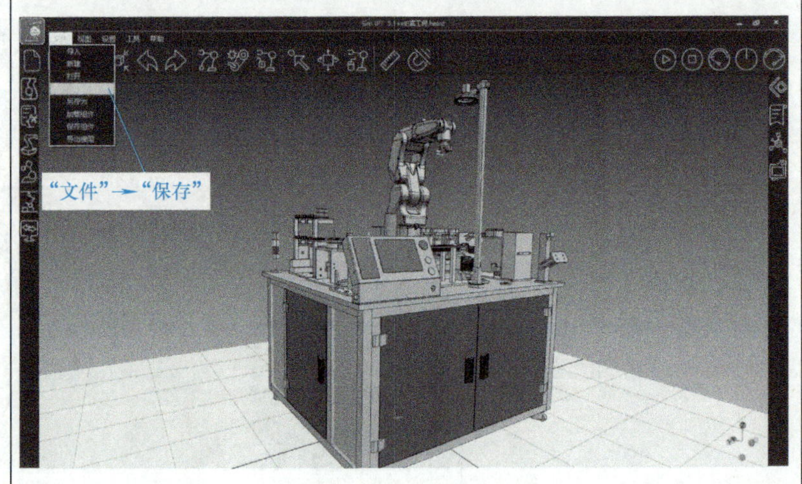

3. 习题页

1. 填空题

1）图标的作用是____________。

2）谐波减速器装配需要用到的模块包括工作台、机器人、第七轴模块、____________、____________、____________、____________、____________，其中快换工具模块包含弧口夹爪、平口夹爪和吸盘工具，需要用到的待加工件包括____________、____________、____________和输出法兰。

2. 实操题

简述谐波减速器装配过程。

项目五

数字孪生综合应用

项目导入

数字孪生是大数据、人工智能、物联网和深度学习等蓬勃发展背景下，在传统仿真技术基础上孕育而生的新技术，作为一项“虚实结合”的数字化转型技术，正在各个领域加速落地。比如，随着城市数字模型的扩充与发展，数字孪生技术将覆盖城市的电力系统、污水系统、供水和排水系统、城市应急系统、交通控制系统等地方。

如今，业界对数字孪生的关注度与日俱增，在智慧工厂领域，宝马集团通过英伟达的Omniverse平台在计算机中创建数字孪生工厂，并在数字孪生工厂中进行改变生产线配置、工人动线、仓储管理等实验。在智慧城市领域，爱立信公司在计算机中创建一个大型规模的数字孪生城市，来准确模拟5G基站与环境之间的相互作用，以便令5G信号达到最佳传输性能和覆盖率。在建筑模拟领域，应用数字孪生可真实模拟建筑的内部环境，通过数字孪生在最大程度考量自然光特性的前提下模拟建筑内部的光照设计，通过解决平衡照进建筑的光来达到形成恒温系统并节约能源。

本项目主要内容包括PLC程序编写、虚拟场景搭建、脚本编写及通信连接。通过在真实平台完成谐波减速器装配任务，并通过PLC实时采集机器人轴关节数据，经过数据转换后利用通信软件将数据传输至虚拟环境中的机器人，从而实现机器人运动的虚实同步。平台中的外围设备包括旋转供料模块、井式供料模块，传送带输送模块及伺服变位模块的运动则是通过PLC编程与机器人编程相互配合进行数据交换，通过PLC端将控制信号传入Sim IPT软件中的文本文档中，通过脚本读取文档中数据达到虚实同步的目的。

任务一　数字孪生综合调试——Sim IPT逻辑编程和CODESYS工程建立

1. 知识页

工作任务	数字孪生综合调试——Sim IPT逻辑编程和CODESYS工程建立	教学模式	理实一体
建议学时	4学时，其中相关知识学习1学时，学员实操3学时	所需设备、器材	Sim IPT软件和CODESYS软件

<table>
<tr><td rowspan="1">任务描述</td><td>1）数字孪生简介
2）理解数字孪生
3）常用通信协议介绍
4）CODESYS 工程建立</td><td>更多资料</td><td>数字孪生综合调试——Sim IPT 逻辑编程和 CODESYS 工程建立</td></tr>
</table>

任务实施

1. 数字孪生简介

数字孪生，是充分利用物理模型、传感器更新、运行历史等数据，集成多学科、多物理量、多尺度、多概率的仿真过程，在虚拟空间中完成映射，从而反映相对应的实体装备的全生命周期过程。

2. 理解数字孪生

理解数字孪生还需要记住 3 个关键词，分别是“全生命周期”“实时/准实时”“双向”。

1）全生命周期是指数字孪生可以贯穿产品包括设计、开发、制造、服务、维护甚至报废回收的整个周期。它并不仅限于帮助企业把产品更好地造出来，还包括帮助用户更好地使用产品。

2）实时/准实时是指本体和孪生体之间，可以建立全面的实时或准实时联系。两者并不是完全独立的，映射关系也具备一定的实时性。

3）双向是指本体和孪生体之间的数据流动可以是双向的，并不是只能由本体向孪生体输出数据，孪生体也可以向本体反馈信息。企业可以根据孪生体反馈的信息，对本体采取进一步的行动和干预。

3. 常用通信协议介绍

PROFINET 通信协议是一个开放式的工业以太网通信协定，主要由西门子公司和 PROFIBUS & PROFINET 国际协会所提出。PROFINET 应用 TCP/IP 及资讯科技的相关标准，是实时的工业以太网。自 2003 年起，PROFINET 是 IEC 61158 及 IEC 61784 标准中的一部分。

PROFINET = PROFIBUS + Ethernet，把 PROFIBUS 的主从结构移植到以太网上，所以 PROFIBUS 会有 Controller 和 Device，它们的关系可以简单地对应于 PROFIBUS 的 Master 和 Slave。

另外由于 PROFINET 是基于以太网的，所以可以有以太网的星型、树型、总线型等拓扑结构，而 PROFIBUS 只有总线型。所以 PROFINET 就是 PROFIBUS 的主从结构和 Ethernet 的拓扑结构相结合的产物。

OPC（OLE for Process Control）通信协议是指为了给工业控制系统应用程序之间的通信建立一个接口标准，在工业控制设备与控制软件之间建立统一的数据存取规范。如图 5-1 所示，它给工业控制领域提供了一种标准数据访问机制，将硬件与应用软件有效地分离，是一套与厂商无关的软件数据交换标准接口和规程，主要解决过程控制系统与其数据源的数据交换问题，可以在各个应用之间提供透明的数据访问。

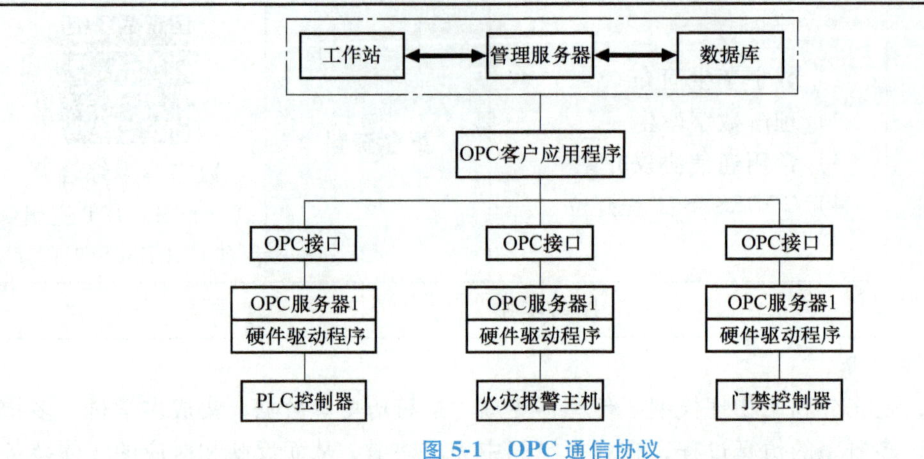

图 5-1 OPC 通信协议

Modbus 通信协议是 OSI 模型第 7 层上的应用层报文传输协议，它在连接至不同类型总线或网络的设备之间提供客户机/服务器通信。自从 1979 年出现工业串行链路的事实标准以来，Modbus 使成千上万的自动化设备能够通信。互联网组织能够使 TCP/IP 栈上的保留系统端口 502 访问 Modbus。Modbus 是一个请求/应答协议，并且提供功能码规定的服务。Modbus 功能码是 Modbus 请求/应答 PDU 的元素。

OPC 与 Modbus 通信在 Sim PT 中的 CODESYS 通信原理如图 5-2 所示。DeviceNet 通信协议是一个简单、廉价而且高效的协议，适用于底层的现场总线，例如过程传感器、执行器、阀组、电动机起动器、条形码读取器、变频驱动器、面板显示器、操作员接口和其他控制单元的网络。可通过 DeviceNet 连接的设备包括从简单的挡光板到复杂的真空泵各种半导体产品。DeviceNet 也是一种串行通信链接，可以减少昂贵的硬接线。DeviceNet 所提供的直接互连性不仅改善了设备间的通信，而且提供了相当重要的设备级诊断功能，这是通过硬接线 I/O 接口很难实现的。

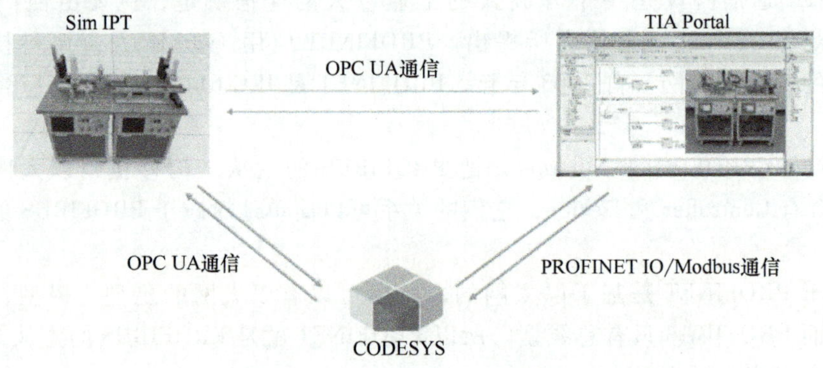

图 5-2 CODESYS 通信原理

4. CODESYS 工程建立

CODESYS 软件工具是一款基于先进的 NET 架构和 IEC 61131-3 国际编程标准的、面向工业 4.0 及物联网应用的软件开发平台。CODESYS 软件平台的独特优势是用户使用此单一软件工具套件就可以实现一个完整的工业自动化解决方案，即在 CODESYS 软件平台下可以实现逻辑控制（PLC）、运动控制（Motion Control）及 CNC、人机界面（HMI）、基于 Web Service 的网络可视化编程和远程监控、冗余（Redundancy）控制和安全（Safety）控制等。

从 CODESYS Store 中下载的 CODESYS 程序，其中主要包含了 IEC 61131-3 语言的编辑器、编译器、调试器、工程配置工具等。可以实现的功能有 Motion+CNC、可视化、总线、安全等。用户使用 IEC 语言编写程序，就可以实现运动控制、可视化等功能。程序经过编译下载到控制器的 Runtime 中，就可以对设备进行控制。

2. 任务页

工作任务	完成与 Sim IPT 逻辑编程和 CODESYS 工程建立	**教学模式**	理实一体
建议学时	8 学时，其中相关知识学习 2 学时，学员实操 6 学时	**所需设备、器材**	博途 V17、Sim IPT
任务描述	在 Sim IPT 软件中进行逻辑编程、建立通信接口。然后建立 CODESYS 基础工程	**职业技能**	掌握 Sim IPT 逻辑编程和 CODESYS 工程建立

任务实施	
步骤	**图示**
（1）Sim IPT 逻辑编程	
1）双击软件图标打开软件，等待软件加载成功	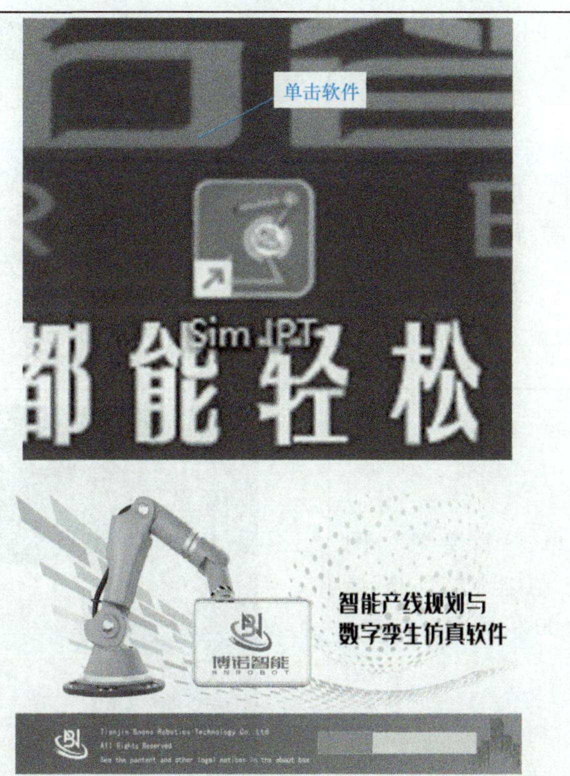

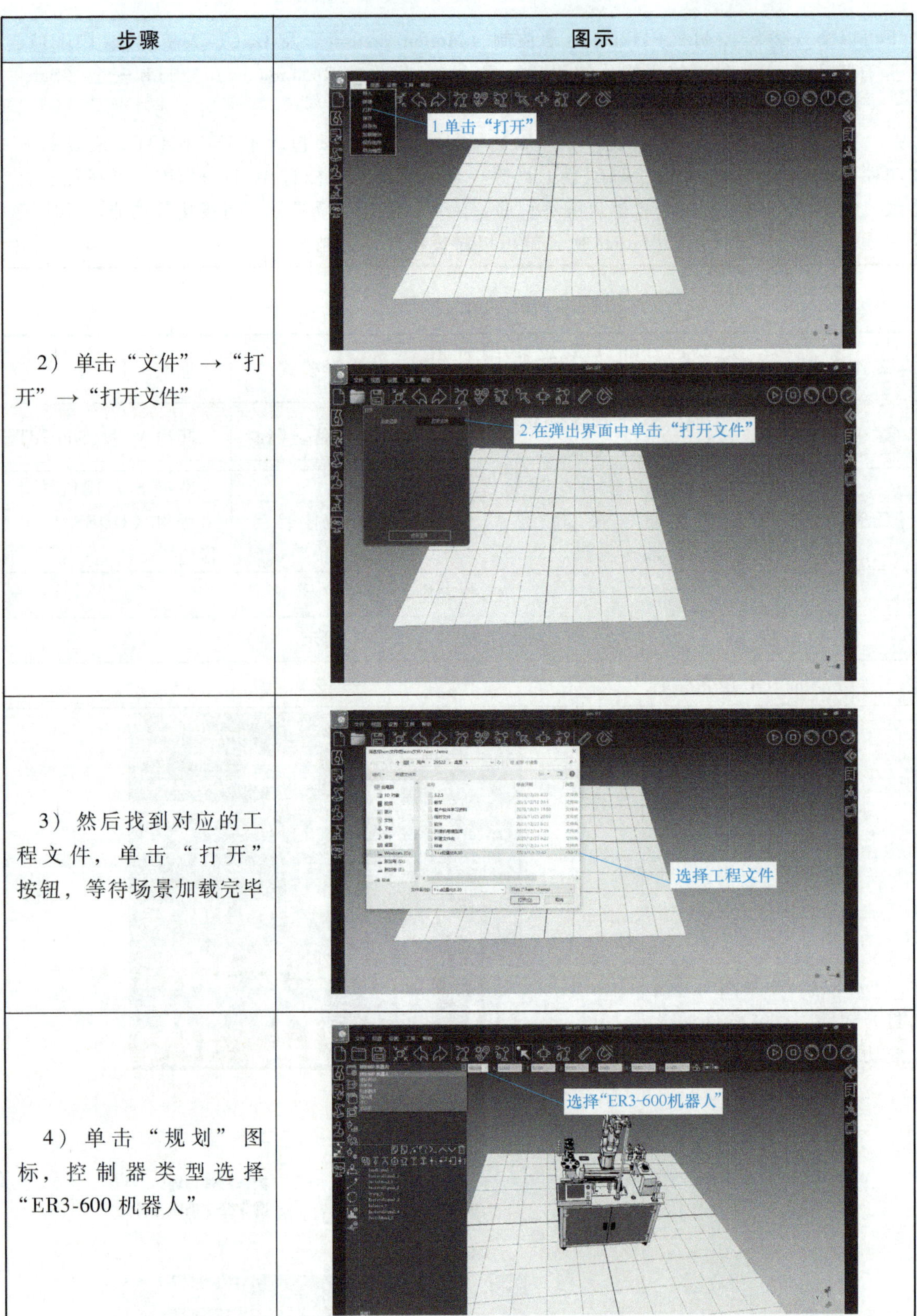

步骤	图示
2）单击“文件”→“打开”→“打开文件”	1.单击“打开” 2.在弹出界面中单击“打开文件”
3）然后找到对应的工程文件，单击“打开”按钮，等待场景加载完毕	选择工程文件
4）单击“规划”图标，控制器类型选择“ER3-600 机器人”	选择“ER3-600机器人”

步骤	图示
5）添加一个新的路径为 Path1，选中 Path1 然后添加一个发信号 SendSignal_1，双击 SendSignal_1，在右侧弹出的对话框选择信号类型为“功能信号”，接收端为 Conveyor，信号名为 ConveyorInvalid 最后单击“应用”按钮（目的是让传送带失效）	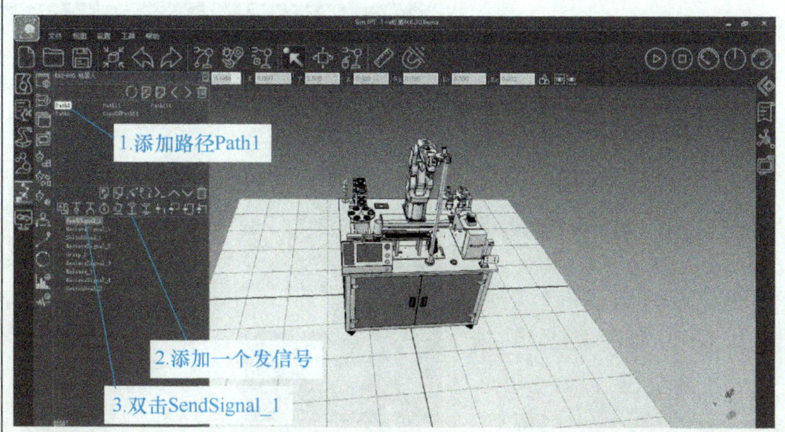 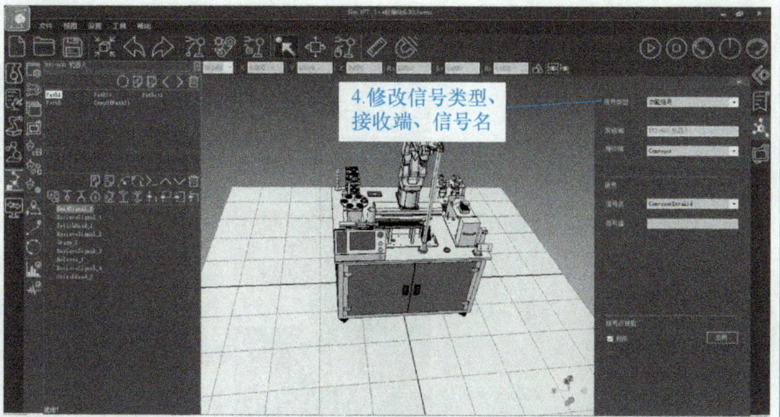 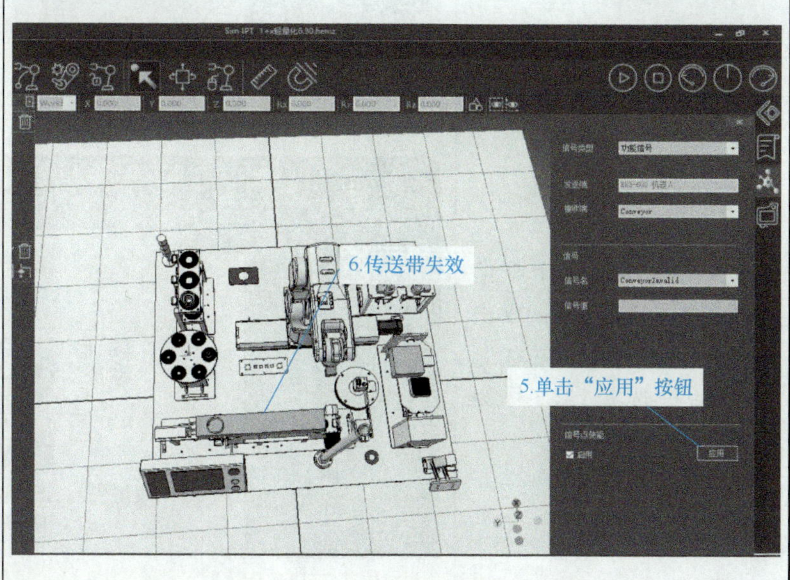

步骤	图示
6）添加一个收信号 RecieveSignal _ 1，双击 RecieveSignal_1，在右侧弹出的对话框中信号类型选择“端口信号（布尔）”，端口号为 0，端口值为 True，用于接收 PLC 的信号，最后单击“应用”按钮	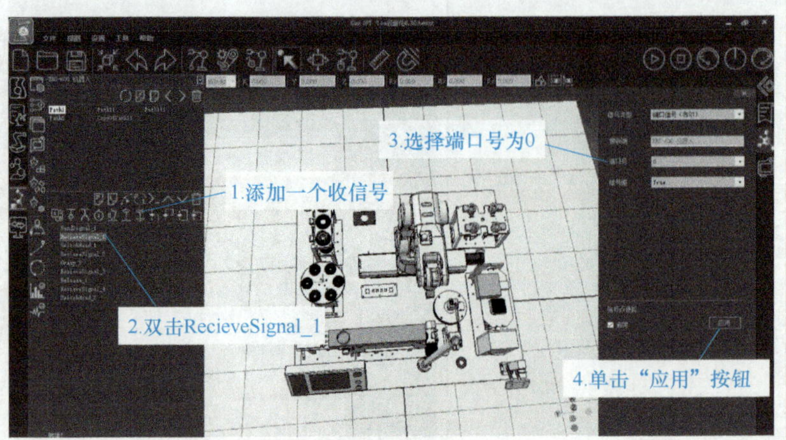
7）添加装卸指令 SwitchHead_1，双击 Switch-Head_1，在右侧弹出的对话框中选择“安装”，最后单击“应用”按钮	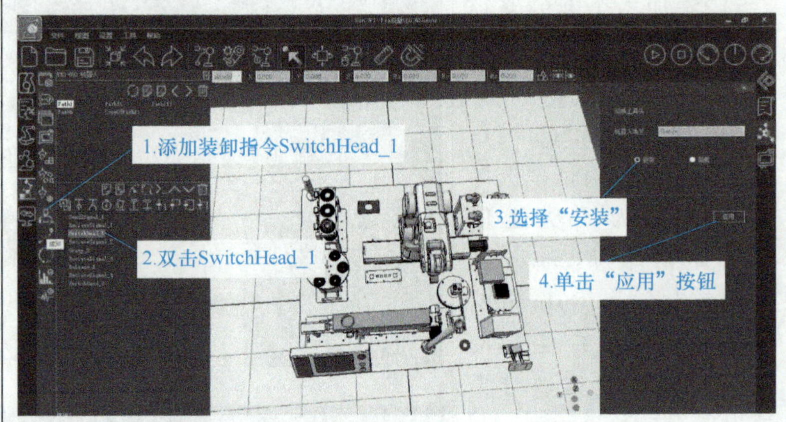
8）再次添加一个收信号 RecieveSignal_2，双击 RecieveSignal_2，在右侧的对话框选择端口号为 7，信号值为 True	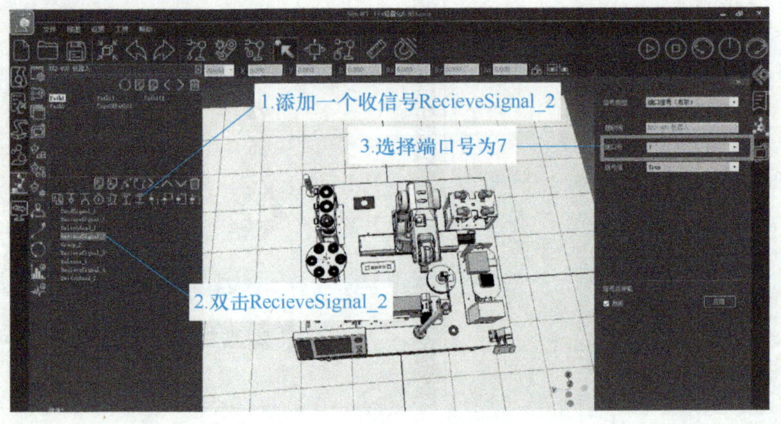

步骤	图示
添加一个抓取指令Grasp，用于抓取物料	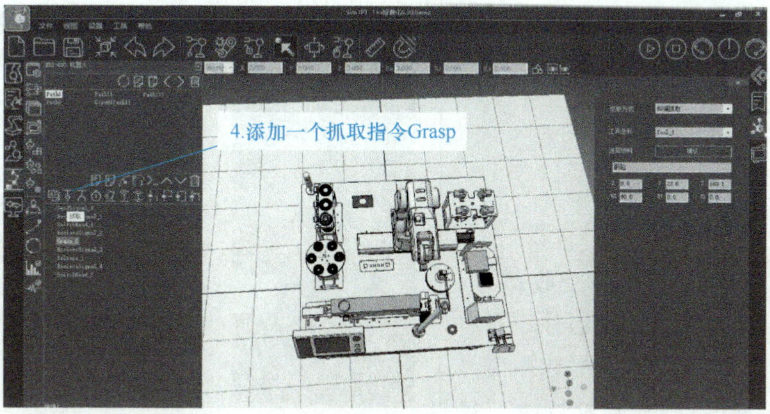 4.添加一个抓取指令Grasp
9）再添加一个收信号，双击添加的收信号，在右侧弹出的对话框选择端口信号为6，信号值为True	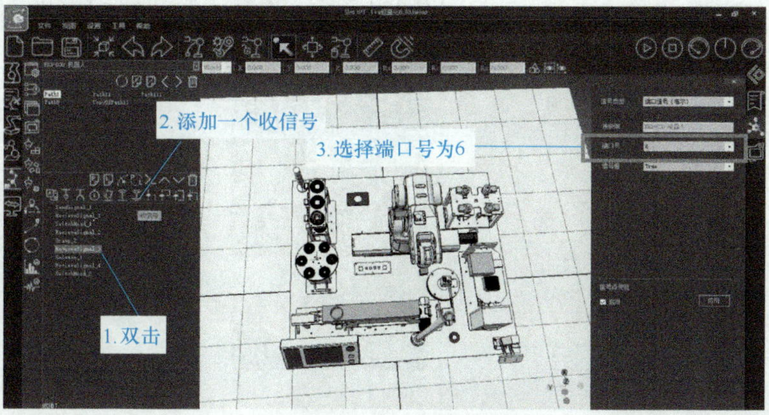 2.添加一个收信号 3.选择端口号为6 1.双击
10）添加一个松开指令Release	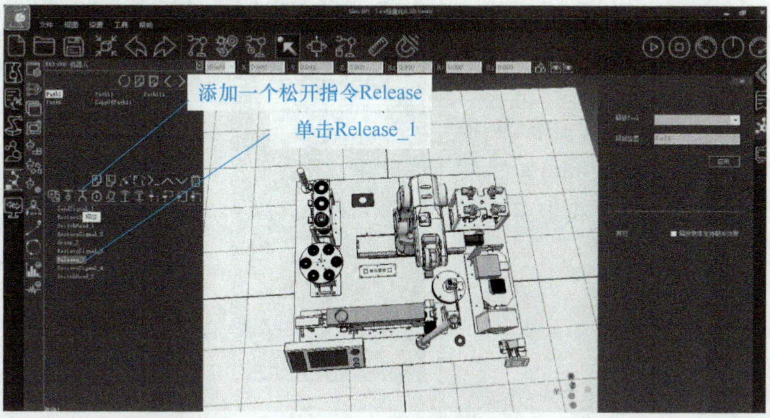 添加一个松开指令Release 单击Release_1

步骤	图示
11）添加一个收信号，双击添加的收信号，在右侧弹出的对话框选择信号为0，信号值为False，单击“应用”按钮。最后添加一个装卸指令，双击该装卸指令，在右侧弹出的对话框选择“卸载”，单击“应用”按钮	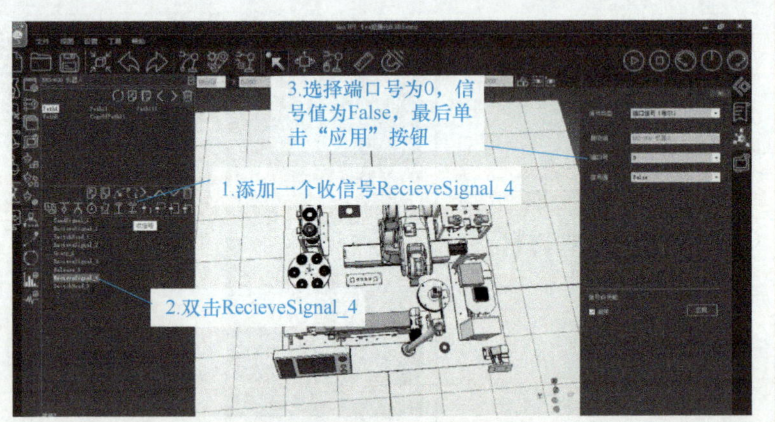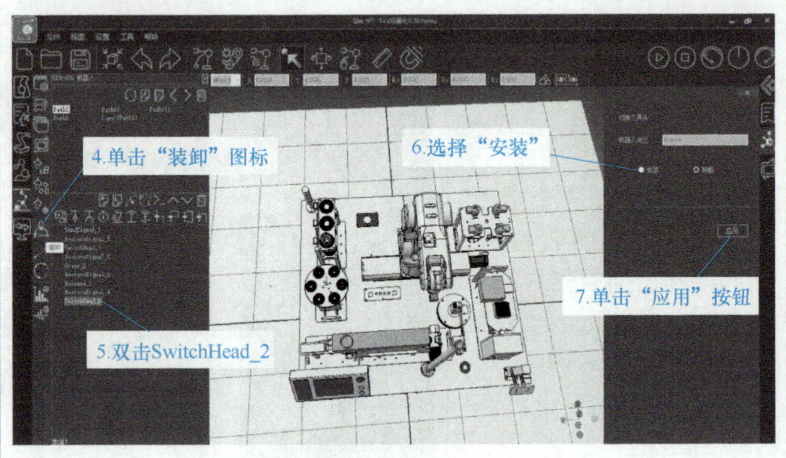
12）新建一条路径Path2，选中Path2，然后添加收信号，双击Recieve Signal_ 1	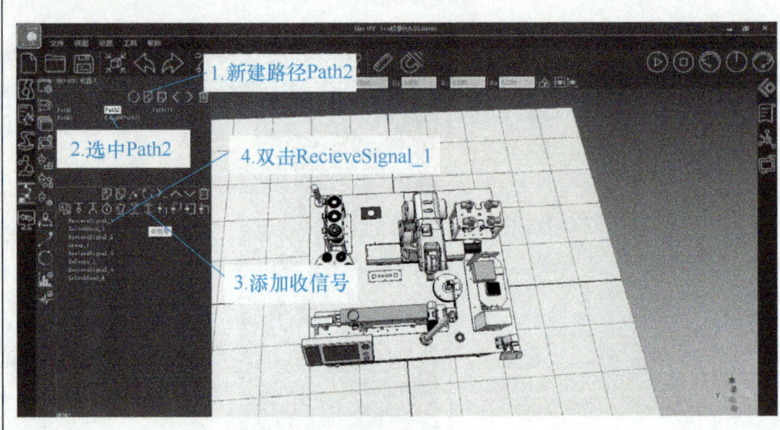

步骤	图示
在右侧弹出的对话框选择信号类型为“端口信号（布尔）”，端口号为1，信号值为True，单击“应用”按钮	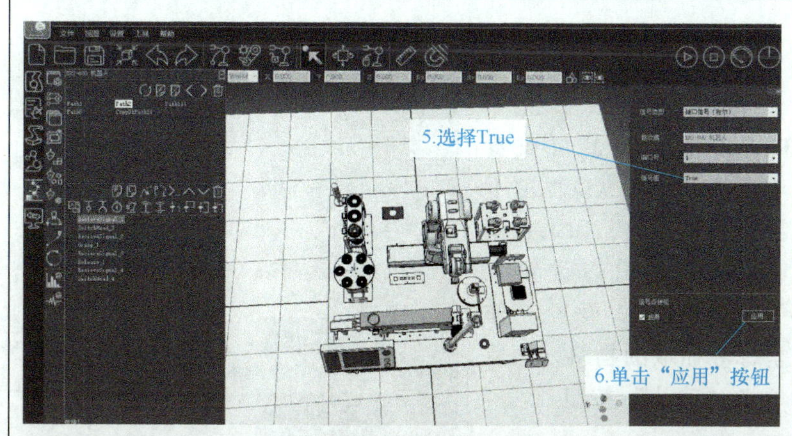
13）添加一个装卸指令，然后双击该装卸指令，在右侧弹出的对话框选择“安装”，最后单击“应用”按钮	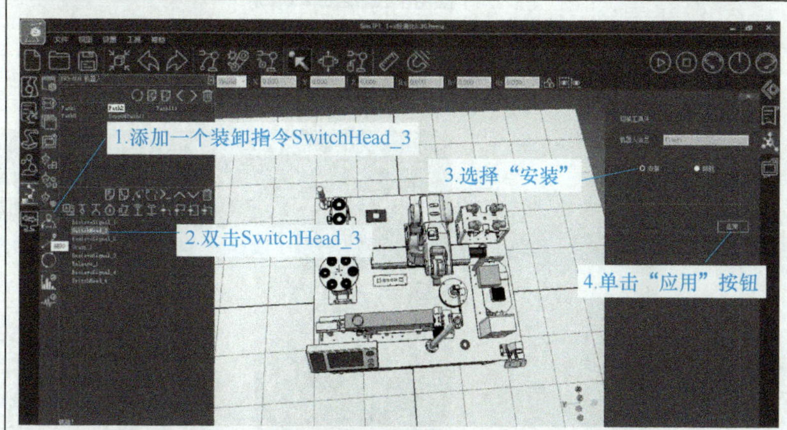
14）单击添加一个收信号，然后双击该收信号，在右侧弹出的对话框选择信号类型为“端口信号（布尔）”，端口号为7，信号值为True，单击“应用”按钮	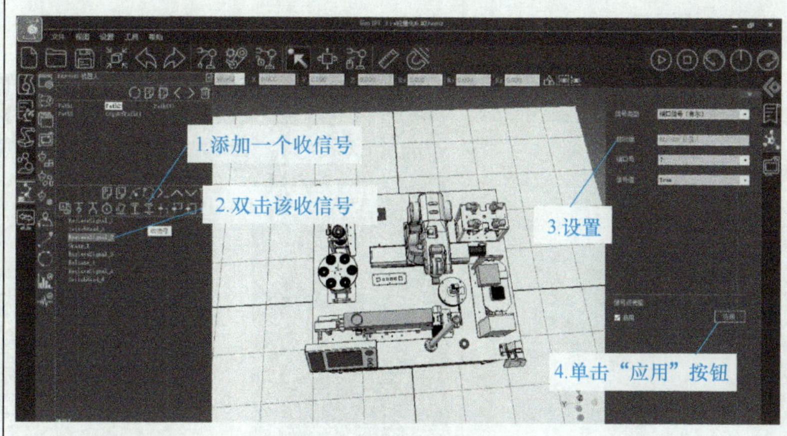

<table>
<tr><th>步骤</th><th>图示</th></tr>
<tr><td>然后添加抓取指令Grasp，抓取方式可设置成默认抓取，默认抓取不需要设置参数，如果想精确抓取，就可以设置成“纠偏抓取”，设置工作坐标和抓取的物料，最后单击“确认”按钮</td><td>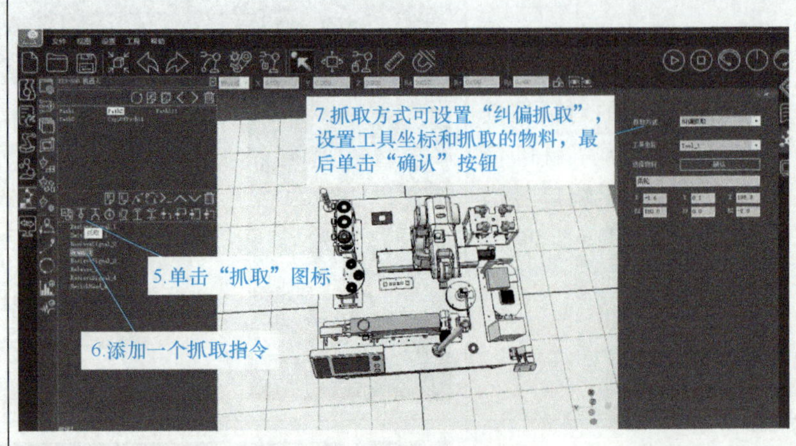
</td></tr>
<tr><td>15）添加一个收信号，双击添加的收信号，在右侧弹出的对话框选择信号类型为“端口信号（布尔）”，端口号为6，信号值为True。然后再添加一个松开指令</td><td>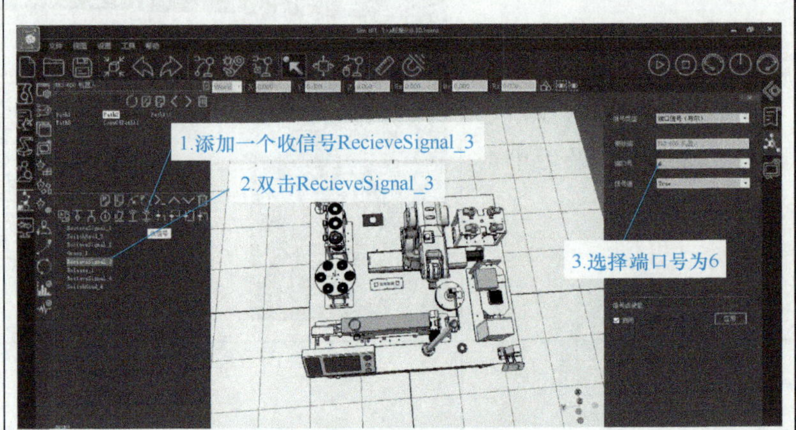

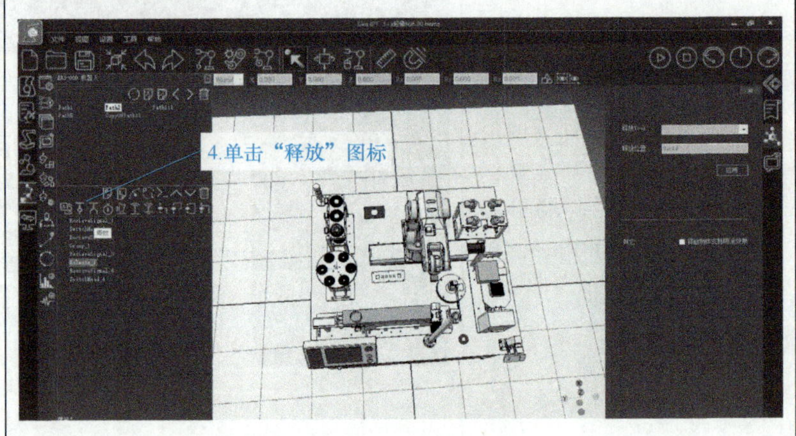
</td></tr>
</table>

步骤	图示
16）添加一个收信号，双击该收信号指令，然后在右侧弹出的对话框中设置信号类型为“端口信号（布尔）”，端口号为1，信号值为False，单击“应用”按钮	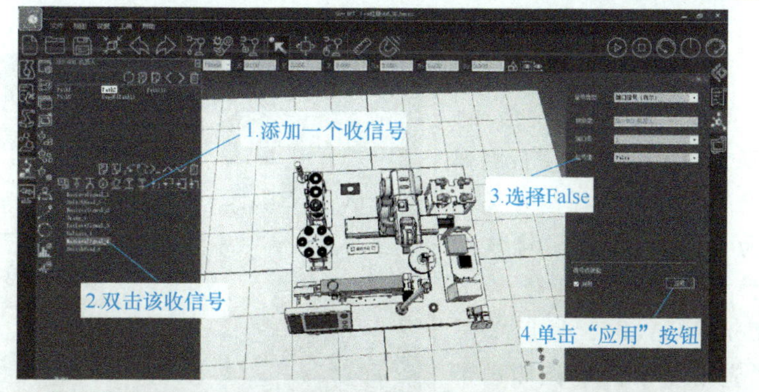
17）添加一个装卸指令，双击该装卸指令，在右侧弹出的对话框选择“卸载”，单击“应用”按钮	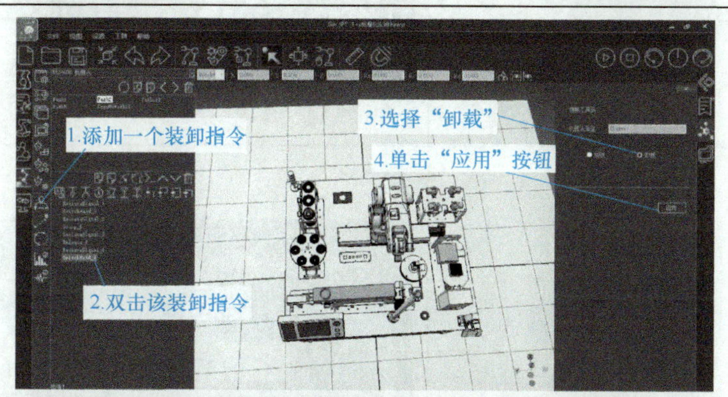
18）添加一个新的路径Path3，然后选择Path3，在Path3里面添加一个收信号，双击该收信号，在右侧弹出的对话框设置信号类型为“端口信号（布尔）”，端口号为3，信号值为True，单击“应用”按钮	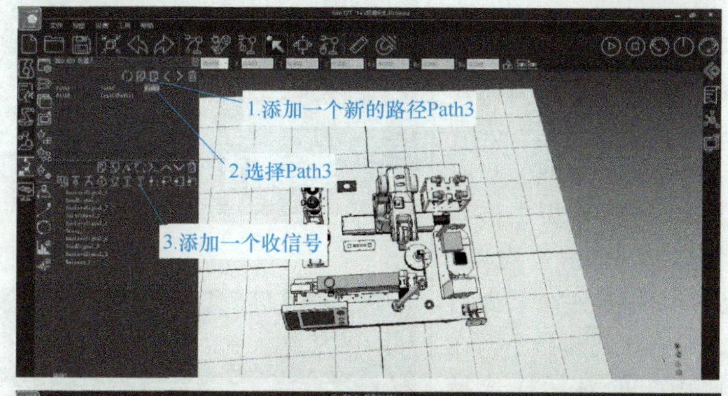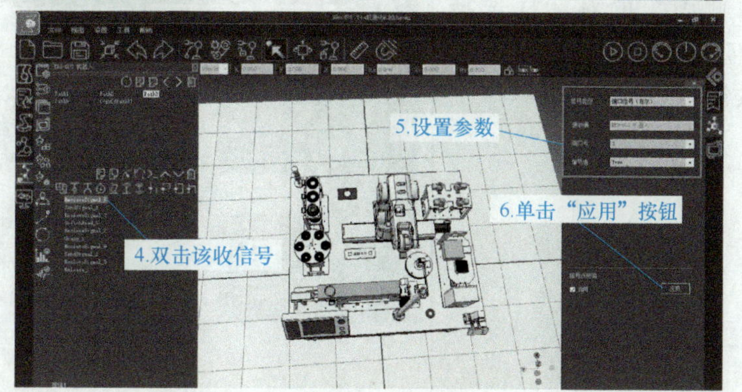

步骤	图示
19）添加一个发信号，双击该发信号，在右侧弹出的对话框选择信号类型为“功能信号”，接收端为 Conveyor，信号名为 ConveyorVaild，最后单击“应用”按钮（让传送带生效）	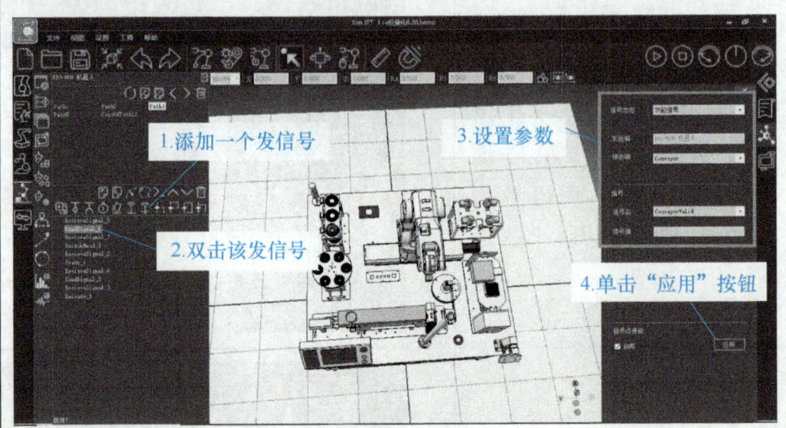
20）添加一个收信号，双击该收信号，在右侧弹出的对话框选择信号类型为“端口信号（布尔）”，端口号为2信号值为True，单击“应用”按钮。再添加一个装卸指令，双击该装卸指令，在右侧弹出的对话框选择“安装”，并单击“应用”按钮	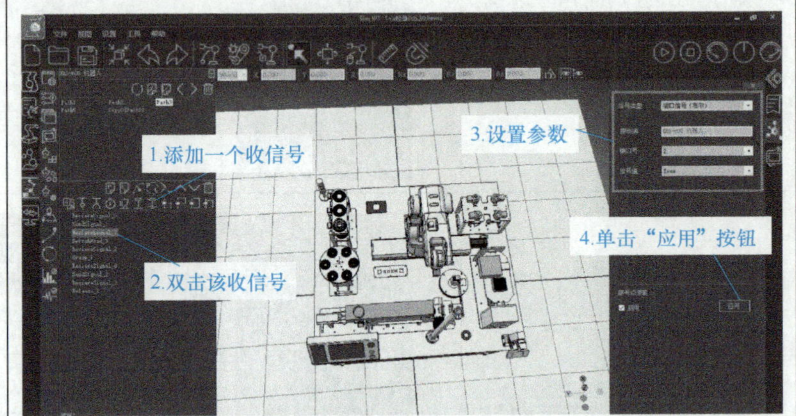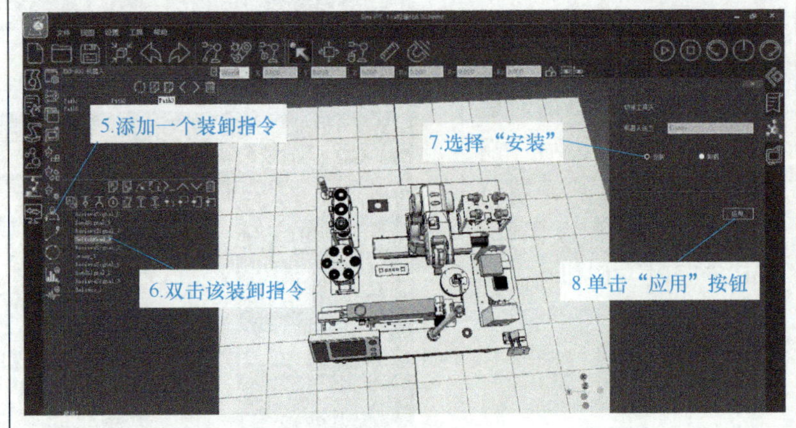

<table>
<tr><th>步骤</th><th>图示</th></tr>
<tr><td>21）添加一个收信号，双击该收信号，在右侧弹出的对话框选择信号类型为“端口信号”，端口号为 7 信号值为 True，单击“应用”按钮，然后添加一个抓取指令，双击该抓取指令，在右侧弹出的对话框选择条件</td><td>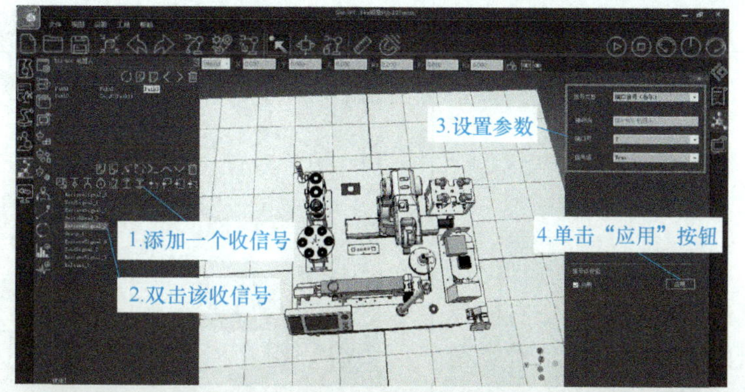

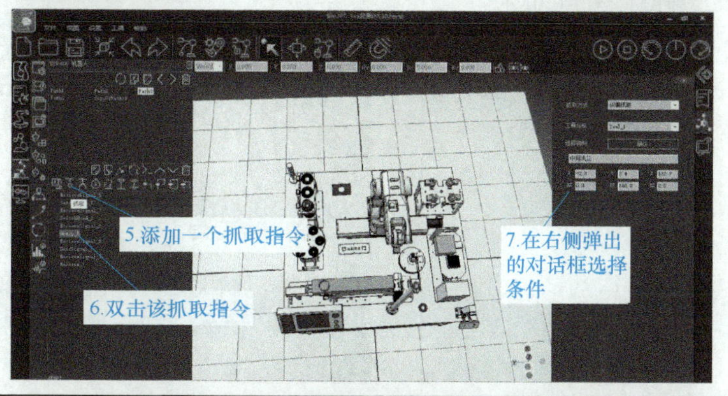
</td></tr>
<tr><td>22）添加一个收信号，双击该收信号，在右侧弹出的对话框选择信号类型为“端口信号（布尔）”端口号为 4，信号值为 True，单击“应用”按钮。然后添加一个发信号，双击该发信号，在右侧弹出的对话框选择功能信号、传送带传送、Feedrnew（生成一个法兰）</td><td>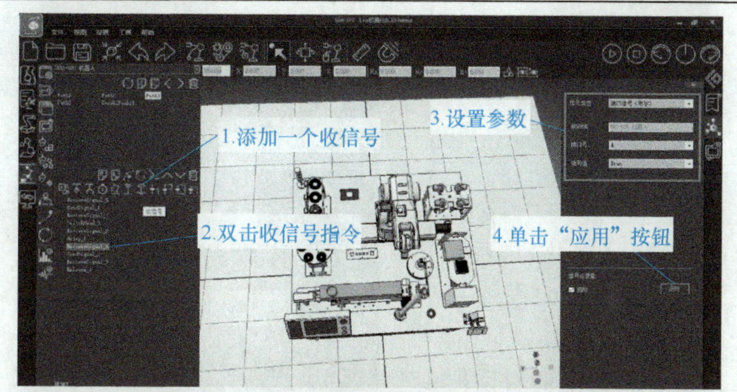

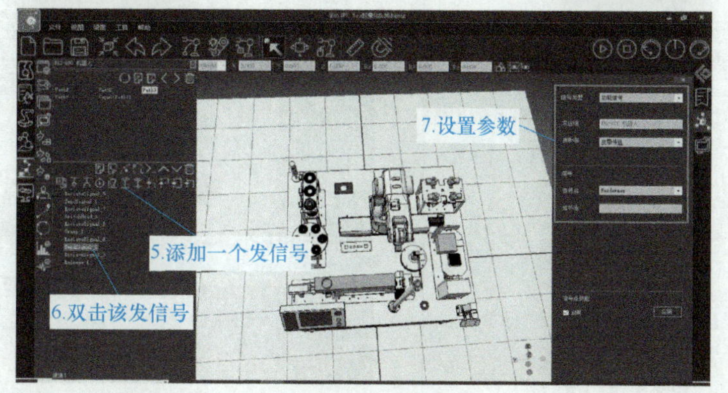
</td></tr>
</table>

<table>
<tr><th>步骤</th><th>图示</th></tr>
<tr><td>23）添加一个收信号，双击该收信号，在右侧弹出的对话框选择信号类型为“端口信号（布尔）”，端口号为 6，信号值为 True，单击“应用”按钮，再添加一个松开指令</td><td>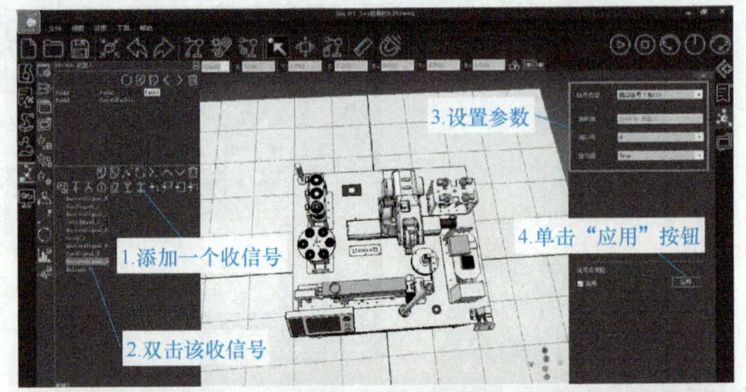

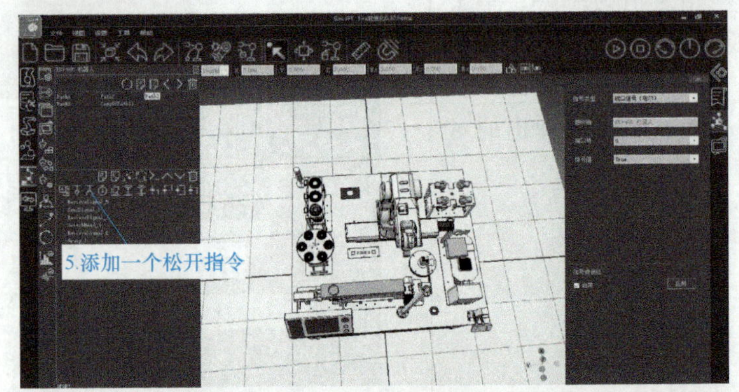
</td></tr>
<tr><td>24）新建一个路径 Path4，然后选中 Path4，在 Path4 路径里面添加一个收信号，双击该收信号，在右侧弹出的对话框选择信号类型为“端口信号（布尔）”端口号为 7，信号值为 True，单击“应用”按钮，再添加一个抓取指令</td><td>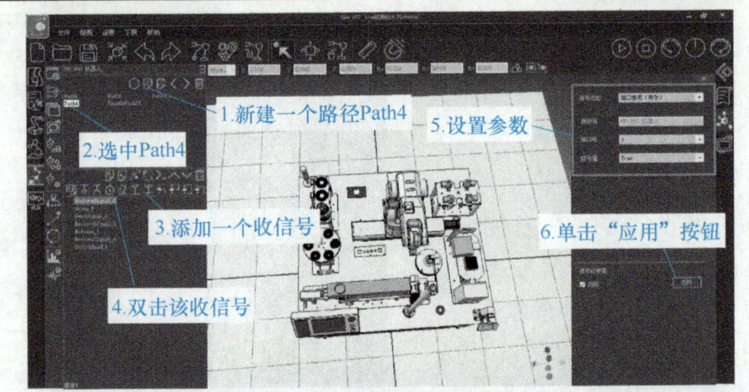

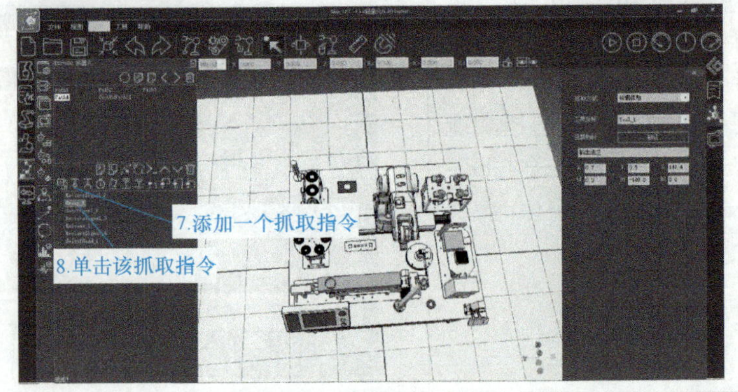
</td></tr>
</table>

步骤	图示
25）添加一个发信号，双击该发信号，在右侧弹出的对话框选择信号类型为“功能信号”，接收端为 Conveyor，信号名为 ConveyorInvalid，单击“应用”按钮	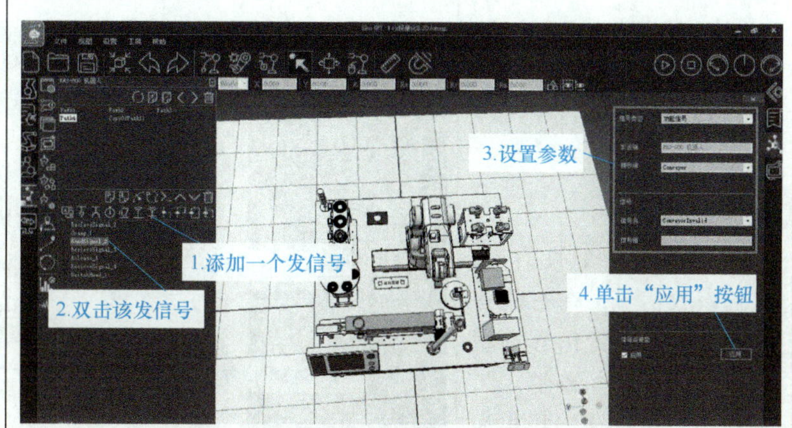
26）添加一个收信号，然后双击该收信号，在右侧弹出的对话框选择信号类型为“端口信号（布尔）”，端口号为 6，信号值为 True，最后单击“应用”按钮，然后添加一个松开指令 Relase_1	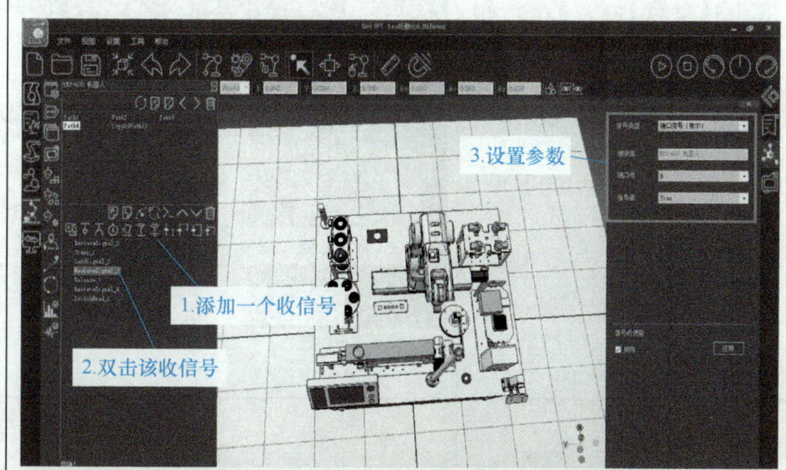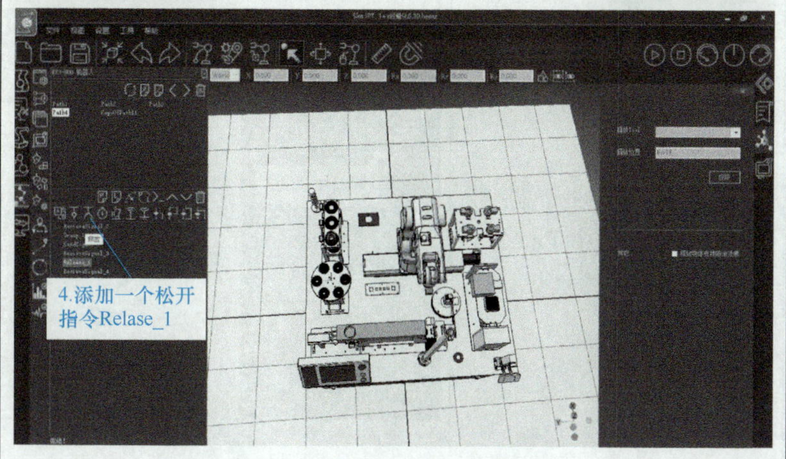

步骤	图示
27）添加一个收信号，双击该收信号，在右侧弹出的对话框设置信号类型为“端口信号（布尔）”，端口号为 2，信号值为 Flase，然后单击“应用”按钮。添加一个装卸指令，双击该装卸指令，在右侧弹出的对话框选择“卸载”，单击“应用”按钮	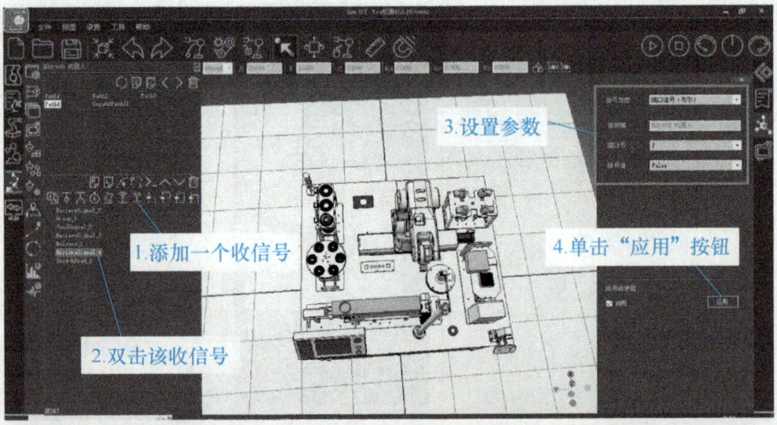 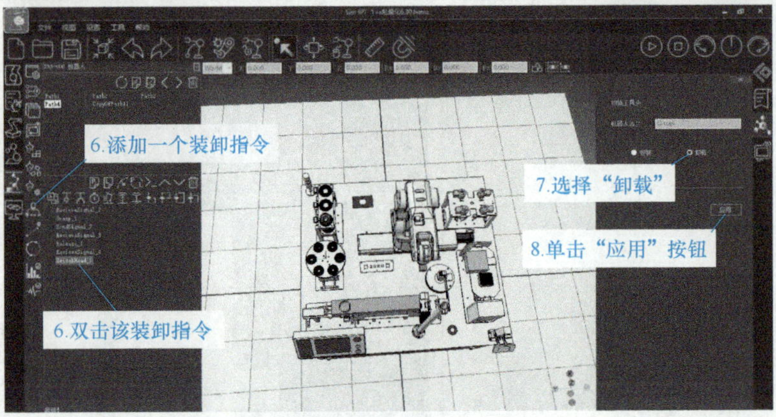
28）新建一个路径 Path5，然后选中 Path5	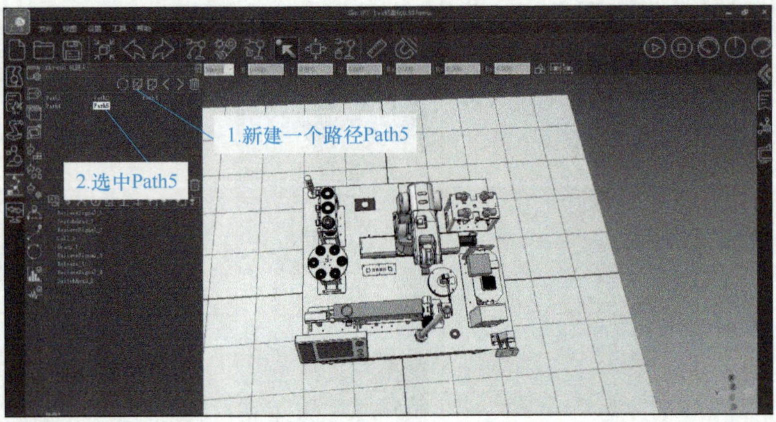

<table>
<tr><th>步骤</th><th>图示</th></tr>
<tr><td>添加一个收信号，双击该收信号，在右侧弹出的对话框设置信号类型为“端口信号（布尔）”，端口号为 0，信号值为 True，然后单击“应用”按钮。再添加一个装卸指令，双击该装卸指令，选择“安装”，单击“应用”按钮</td><td>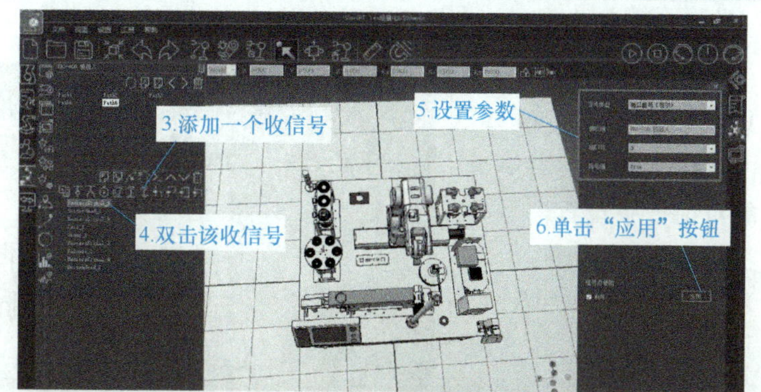

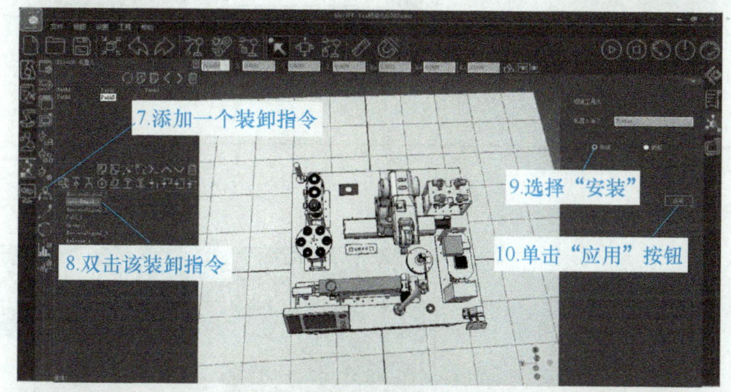
</td></tr>
<tr><td>29）添加一个收信号，双击该收信号，在右侧弹出的对话框设置信号类型为“端口信号（布尔）”，端口号为 7，信号值为 True、单击“应用”按钮，然后添加调用指令，双击该调用指令，在右侧弹出的对话框选择“容器程序”“Container”“ContainerAction-组装物体”（调用容器程序组装物料），再添加一个抓取指令</td><td>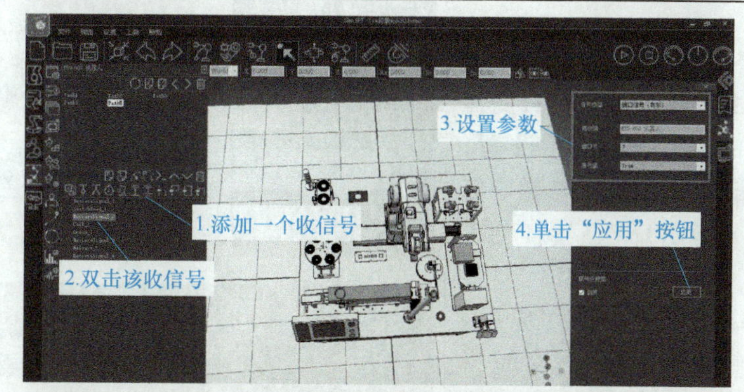

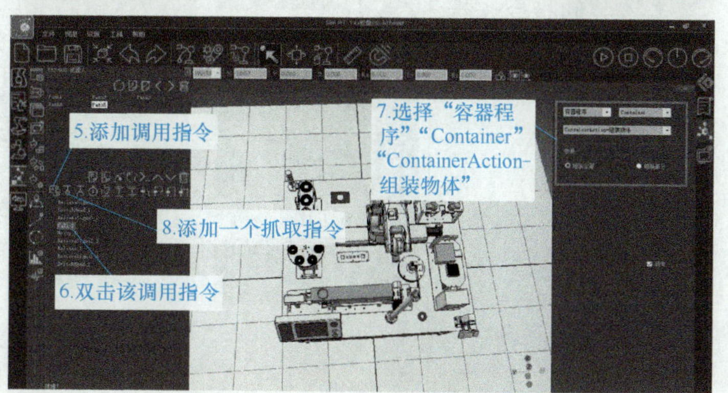
</td></tr>
</table>

步骤	图示
30）添加一个收信号，双击该收信号，在右侧弹出的对话框中设置信号类型为“端口信号（布尔）”、端口号为6、信号值为True，单击“应用”按钮，再添加一个松开指令	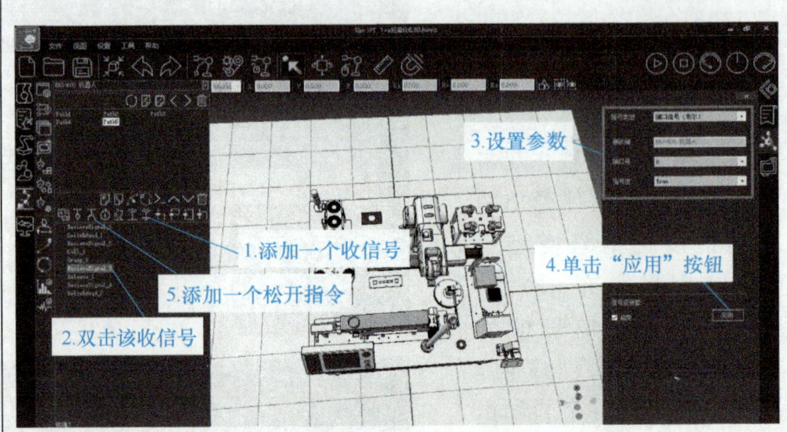
31）添加一个收信号，双击该收信号，在右侧弹出的对话框进行设置，“信号类型”为“端口信号（布尔）”、“端口号”为0、“信号值”为Flase，最后单击“应用”按钮，添加一个装卸指令，双击该装卸指令，选择“卸载”，单击“应用”按钮	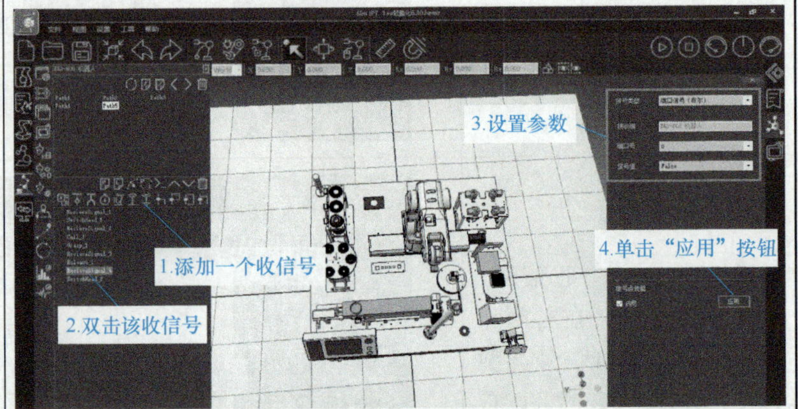 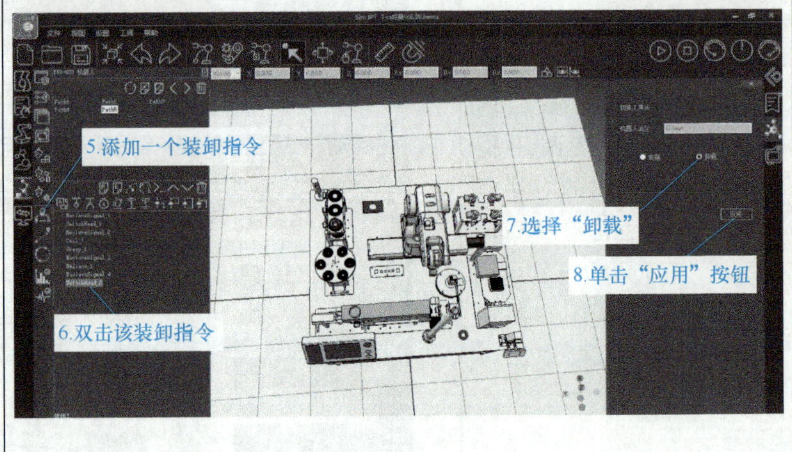

步骤	图示
（2）建立 Codesy 工程	
1）双击桌面上的 CODESYS 图标打开软件	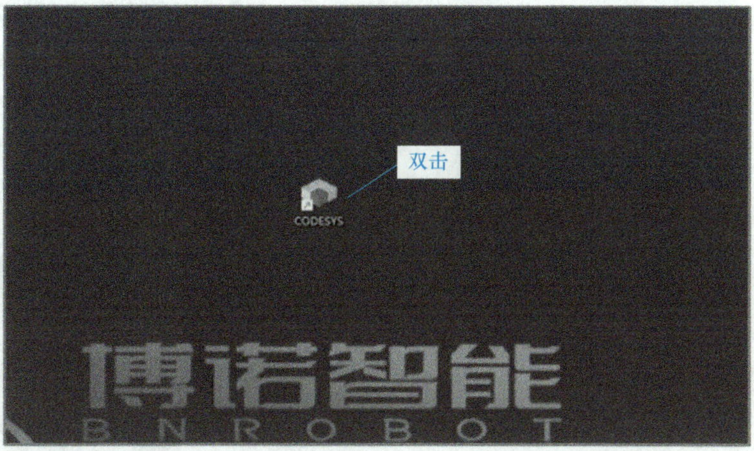 双击 CODESYS 博诺智能 BNROBOT
2）在弹出的窗口单击“继续”按钮	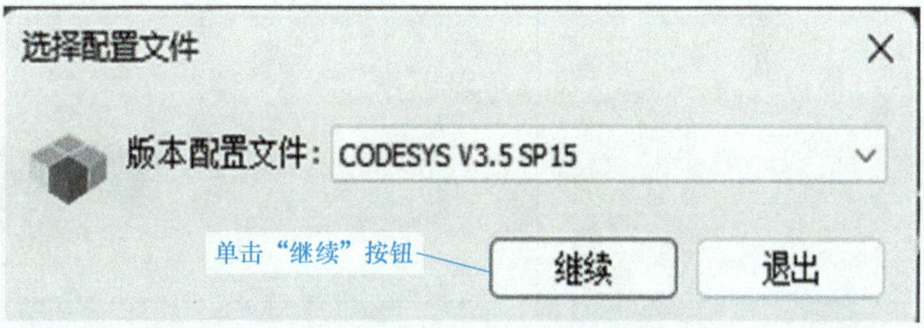 选择配置文件 版本配置文件：CODESYS V3.5 SP15 单击“继续”按钮 继续　退出
3）等待 CODESYS 打开，打开后单击“取消”按钮	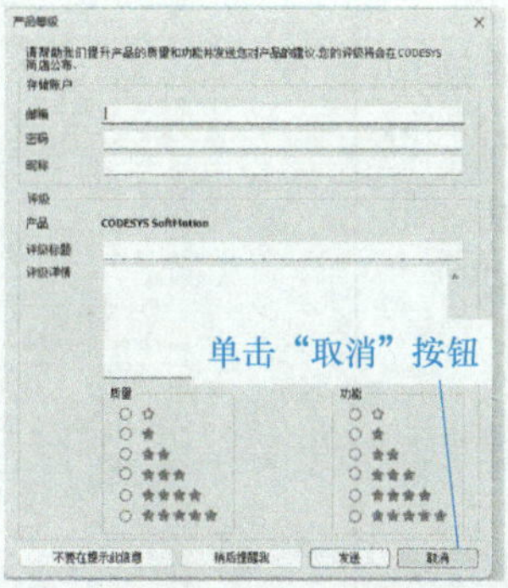 单击“取消”按钮

步骤	图示
4）单击“新建工程”，打开页面之后，单击“确定”按钮	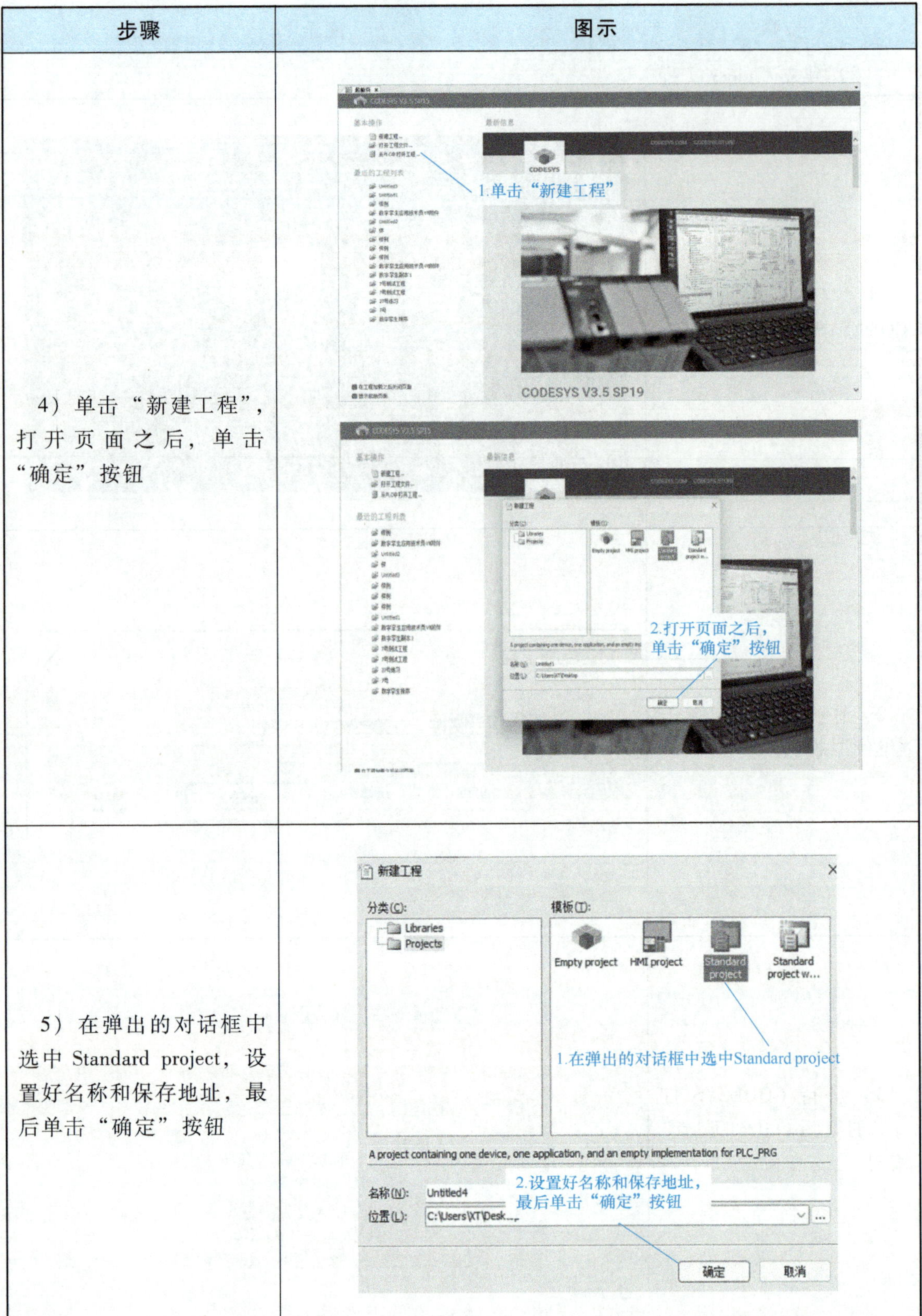
5）在弹出的对话框中选中 Standard project，设置好名称和保存地址，最后单击“确定”按钮	

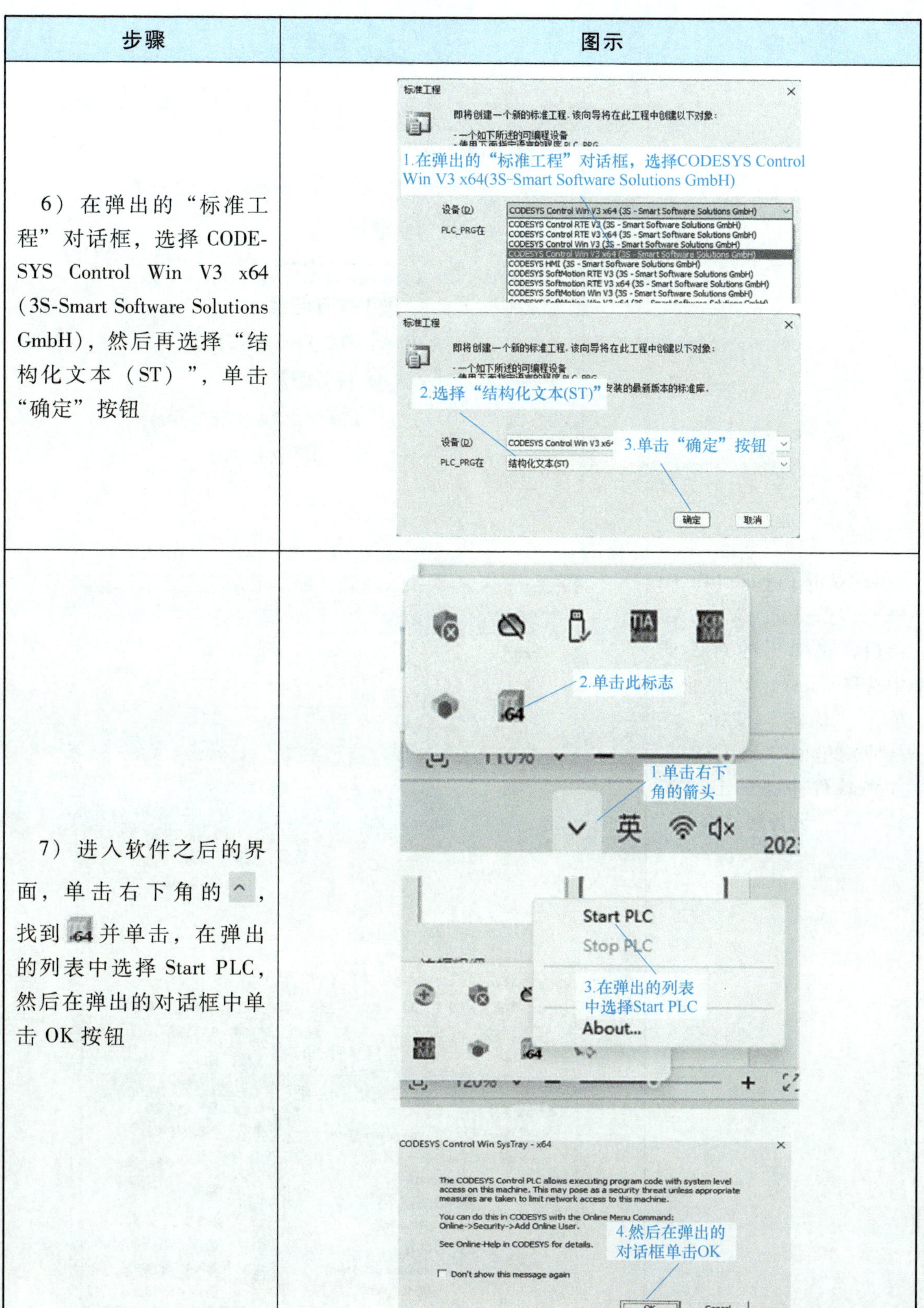

步骤	图示
6）在弹出的“标准工程”对话框，选择 CODESYS Control Win V3 x64（3S-Smart Software Solutions GmbH），然后再选择“结构化文本（ST）”，单击“确定”按钮	
7）进入软件之后的界面，单击右下角的 ^，找到 64 并单击，在弹出的列表中选择 Start PLC，然后在弹出的对话框中单击 OK 按钮	

步骤	图示
8）双击 Device（CODESYS Control Win V3 x64），在弹出的对话框中选择 Gateway-1 下的▯，单击“确定”按钮。将从博途里面导出 GSD 文件到软件中，单击“工具”→“设备存储库”	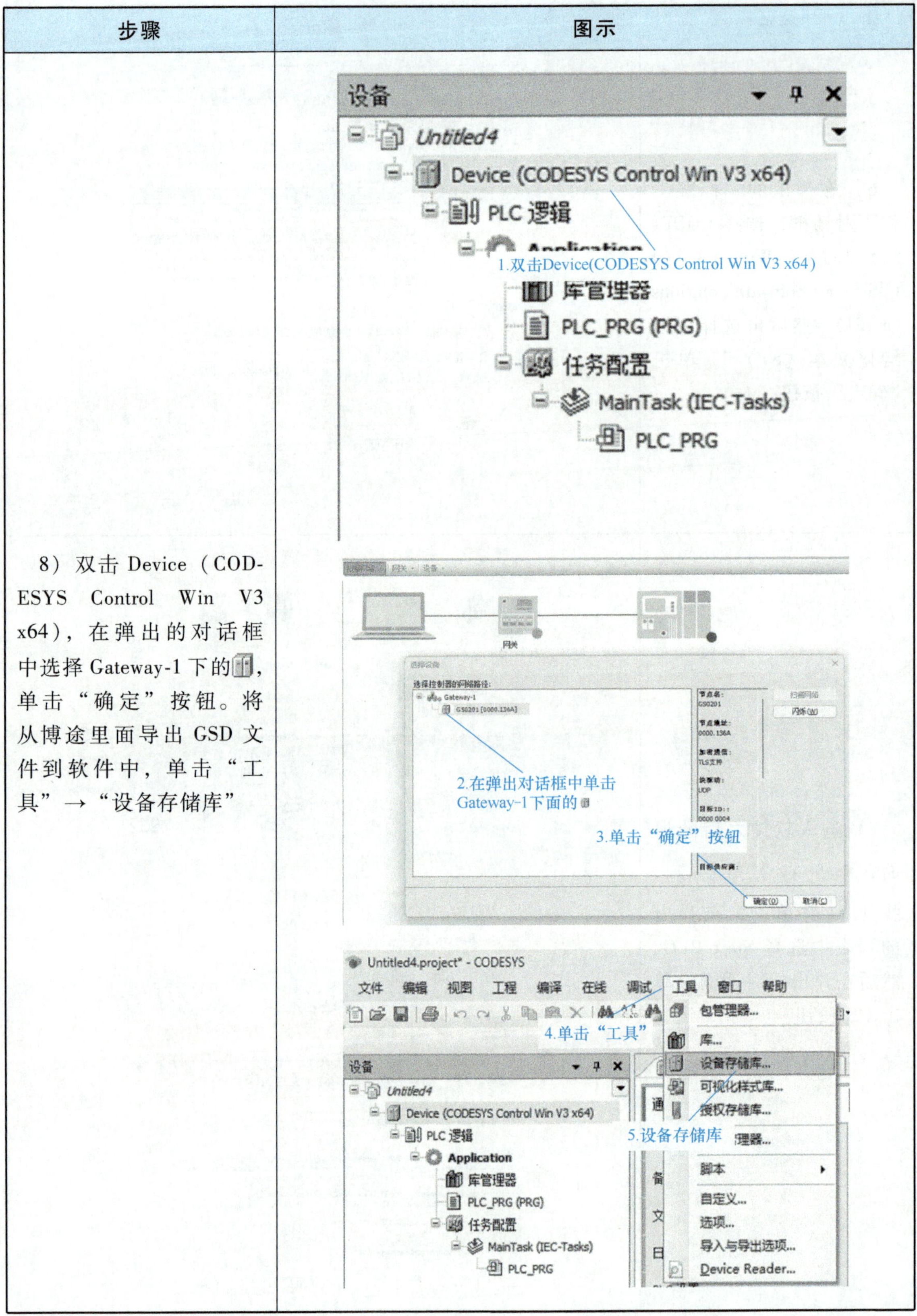

步骤	图示
弹出“设备存储存”对话框，单击“安装”，找到保存的GSD文件，筛选改为“所有支持的描述文件”，找到从博途导出的GSD文件，单击“打开”按钮，显示安装成功，单击“关闭”按钮	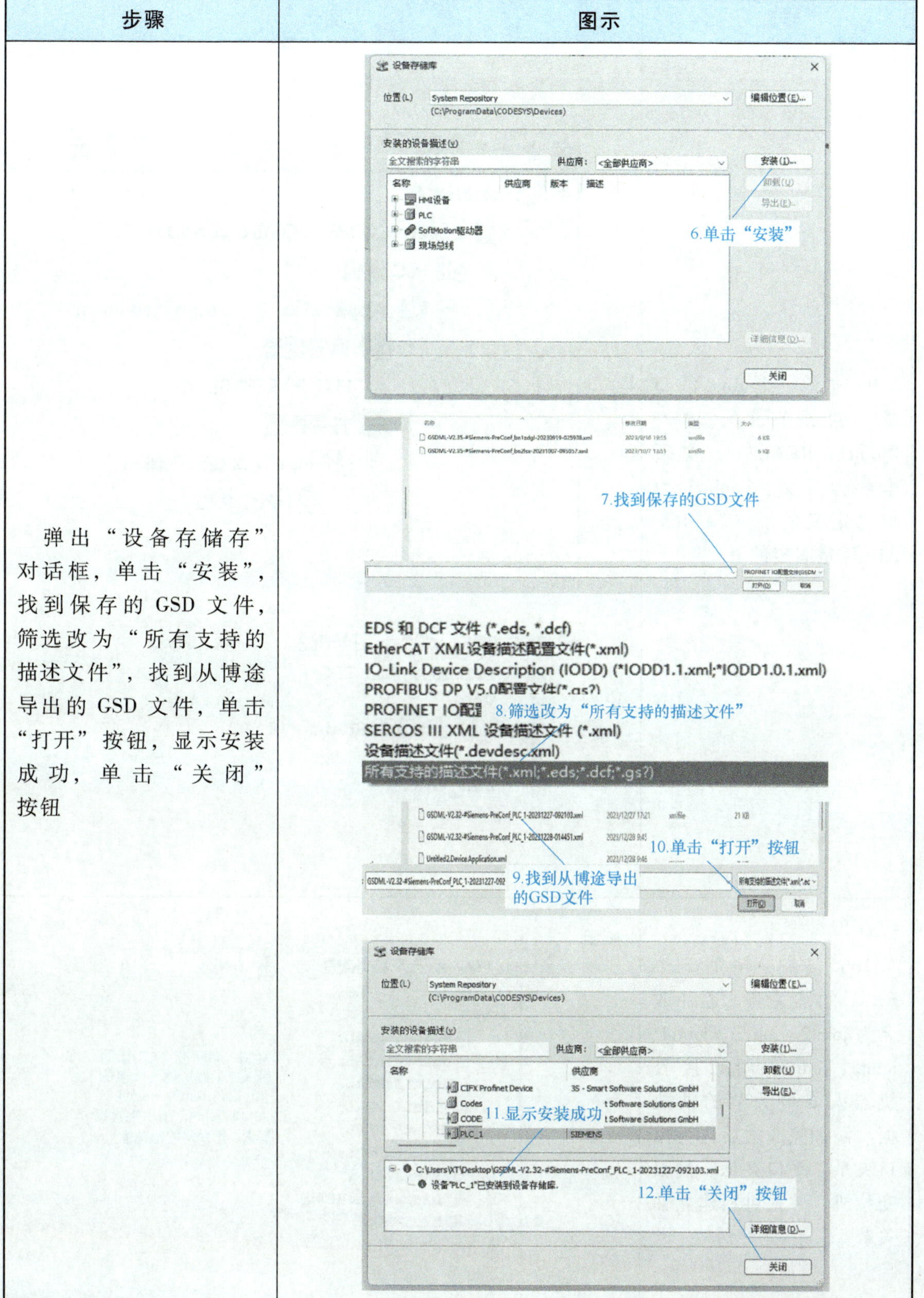

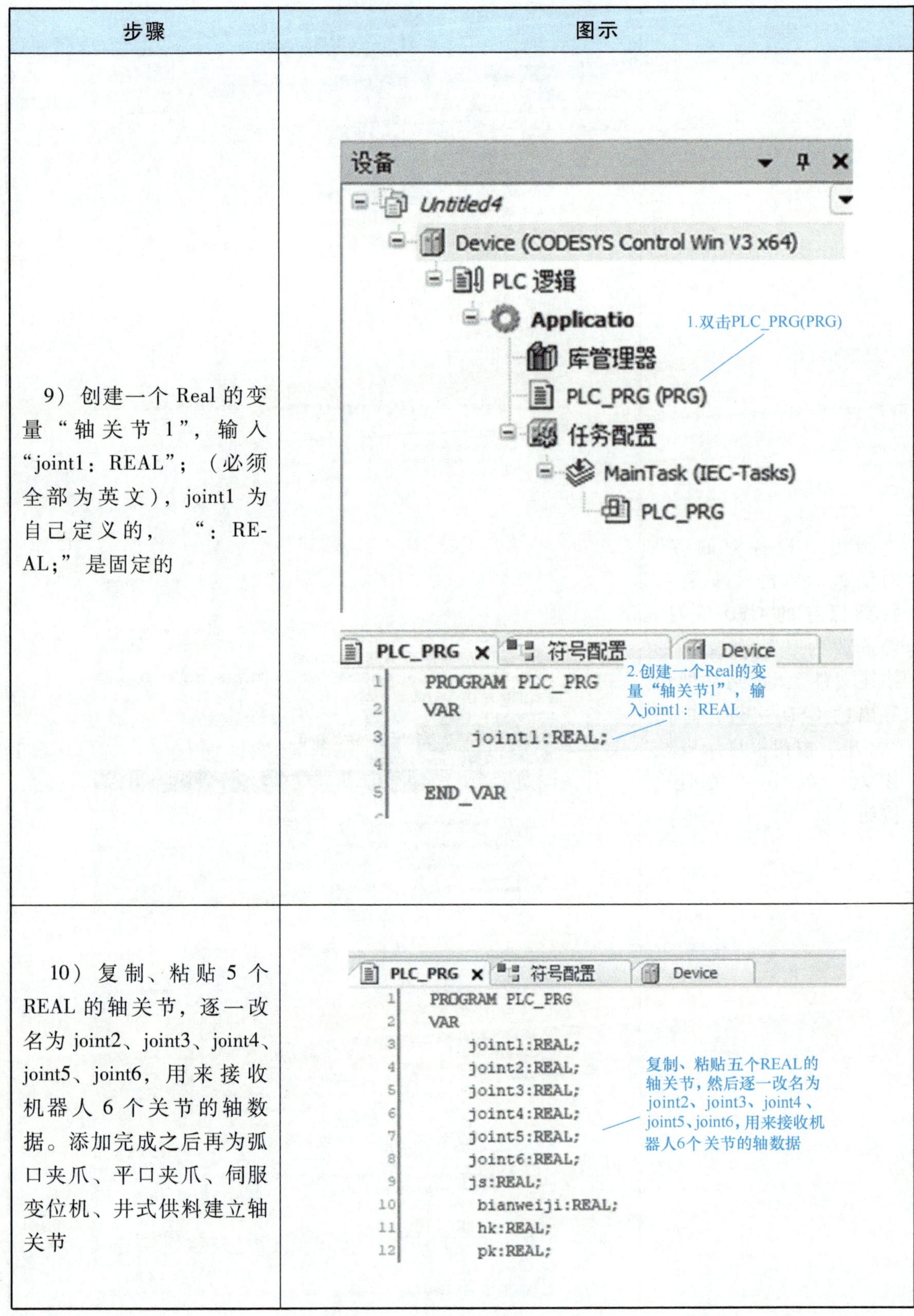

步骤	图示
9）创建一个 Real 的变量“轴关节 1”，输入“joint1：REAL”；（必须全部为英文），joint1 为自己定义的，“：REAL;”是固定的	
10）复制、粘贴 5 个 REAL 的轴关节，逐一改名为 joint2、joint3、joint4、joint5、joint6，用来接收机器人 6 个关节的轴数据。添加完成之后再为弧口夹爪、平口夹爪、伺服变位机、井式供料建立轴关节	

步骤	图示
11）创建一个 BOOL 量。输入“gj1：BOOL;”（必须全部为英文），gj1 为自己定义，“：BOOL;”是固定的。然后逐一建立： gj2：BOOL；//工具 2 安装 gj3：BOOL；//工具 3 安装 chuansong：BOOL；//传送开始，传送带生效 zhuaqu：BOOL；//抓取 shifang：BOOL；//释放 shuchufalan：BOOL；//输出法兰生成，检测是否有输出法兰	1.创建一个BOOL量gj1：BOOL 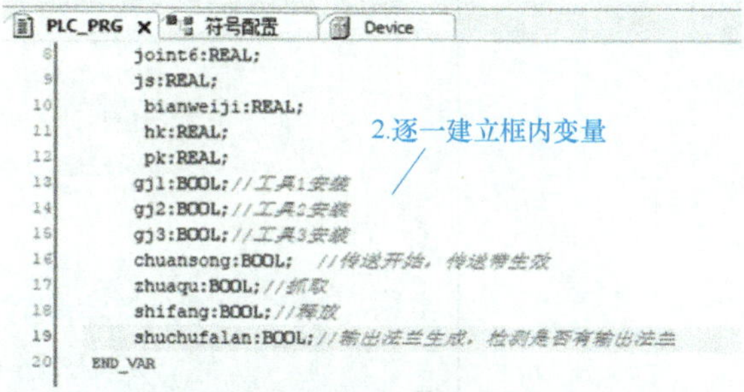 2.逐一建立框内变量
12）变量可根据需求建立，不限制数量，变量建立完成之后单击“编译”图标，选中 Application，然后右击	1.变量建立完成之后单击“编译”图标 2.选中Application，然后右击

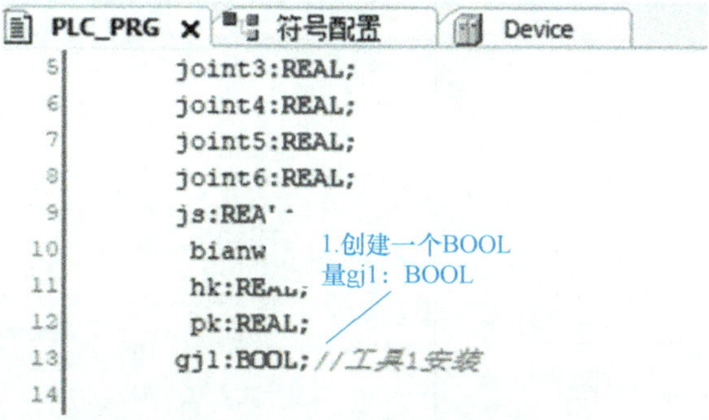

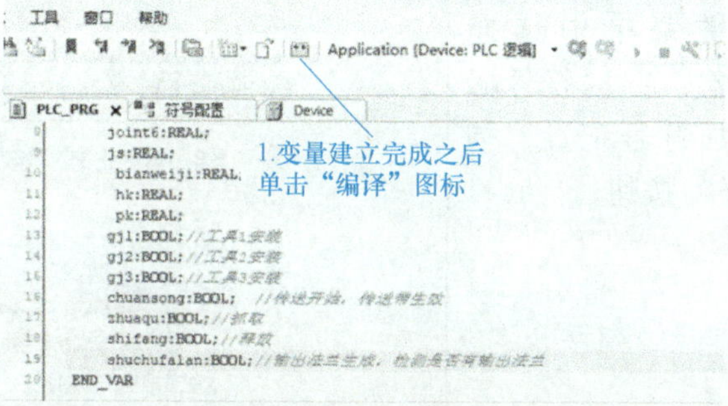

步骤	图示
在右键菜单中选择“添加对象”→“符号配置”，添加符号配置，单击“打开”按钮	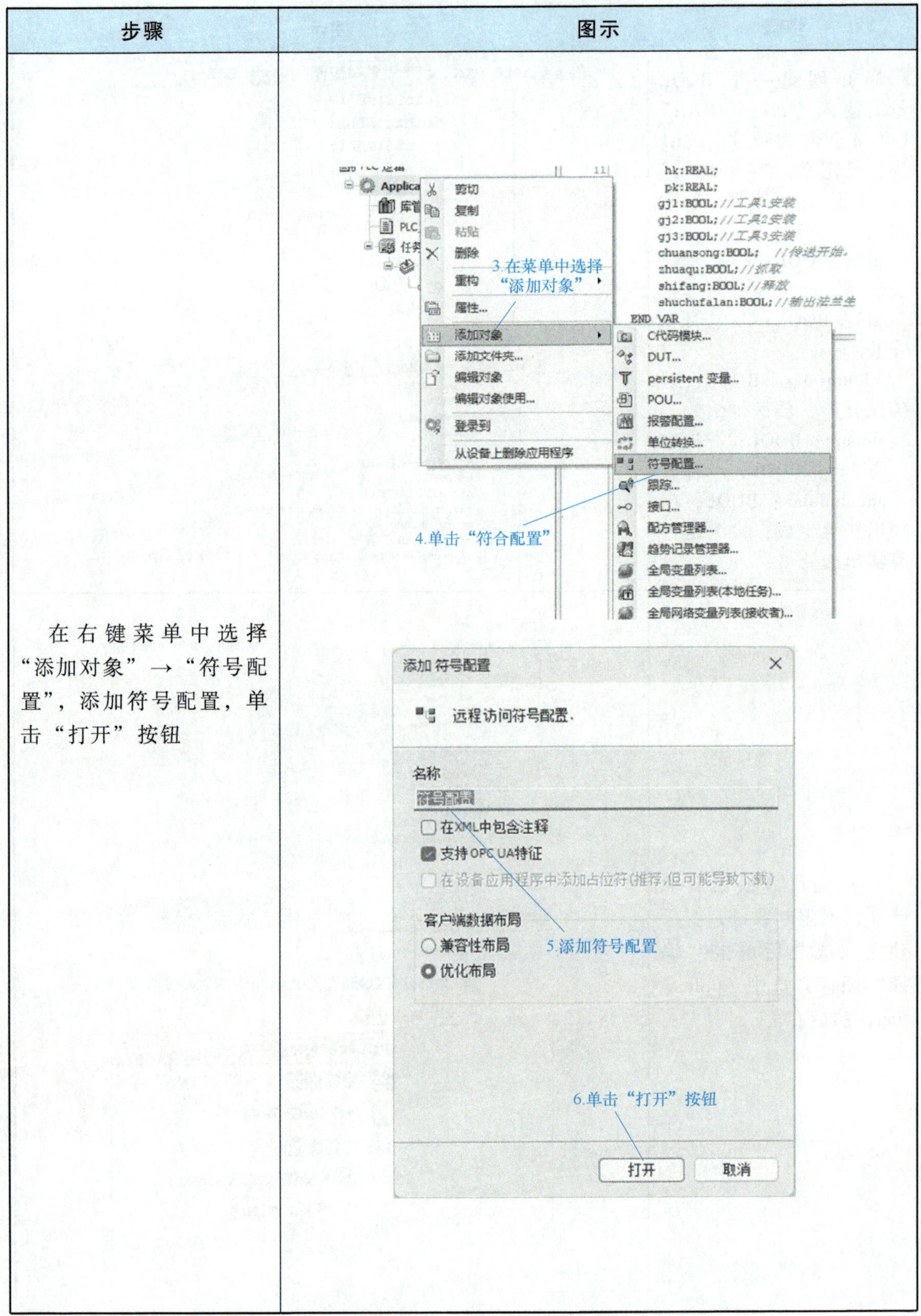

步骤	图示
13）添加完成之后再在设备管理器下面生成一个“符号配置”的选项，然后双击“符号配置”，在符号配置界面单击“编译”图标，编译完成之后勾选 PLC_PRG 里面所需要的变量，然后再单击“编译”	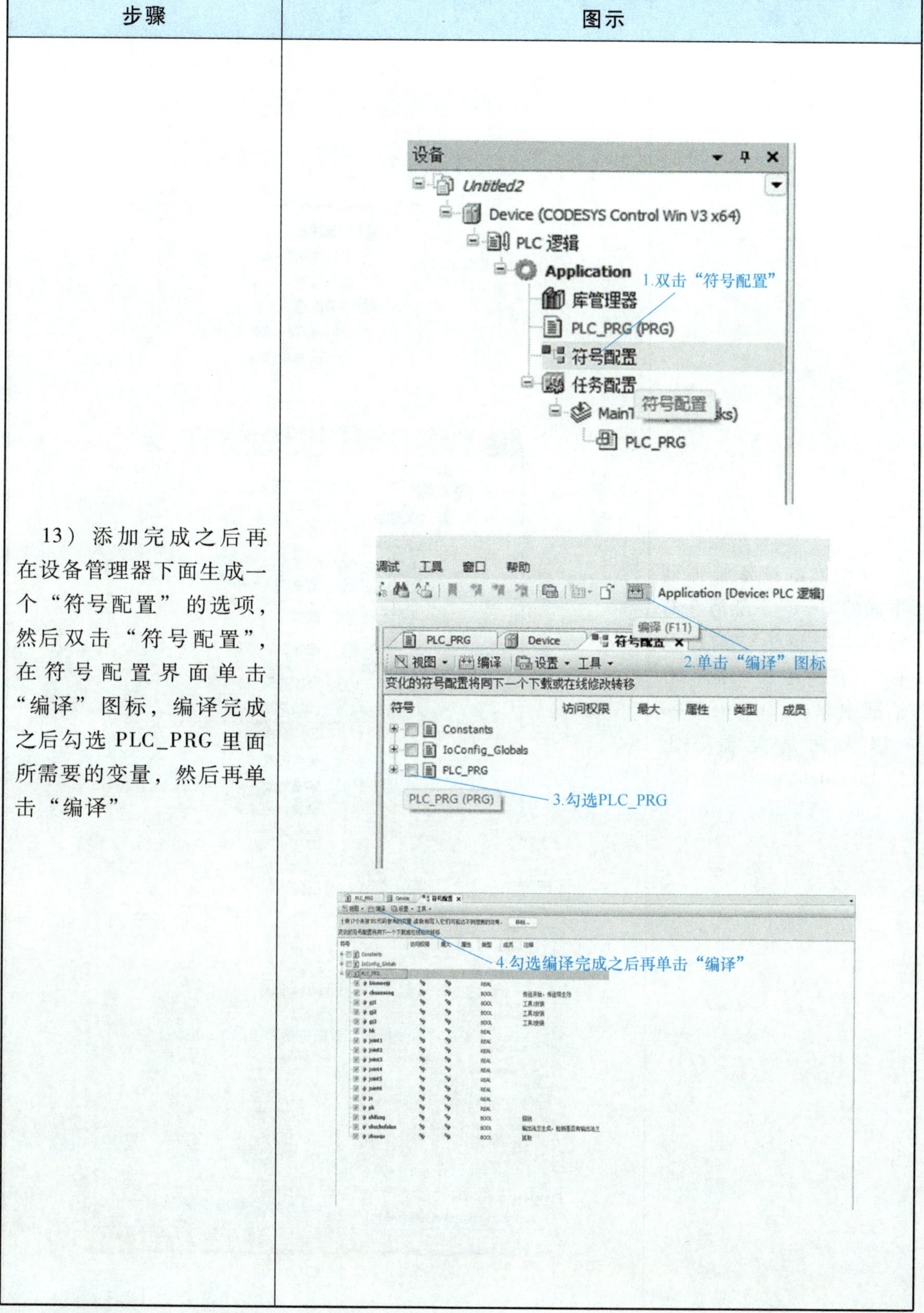

步骤	图示
14）单击设备管理器下面的 Device，然后在右键菜单中单击“添加设备”，在“添加设备”对话框中单击 EthernetIP→“以太网适配器”下的 Ethernet	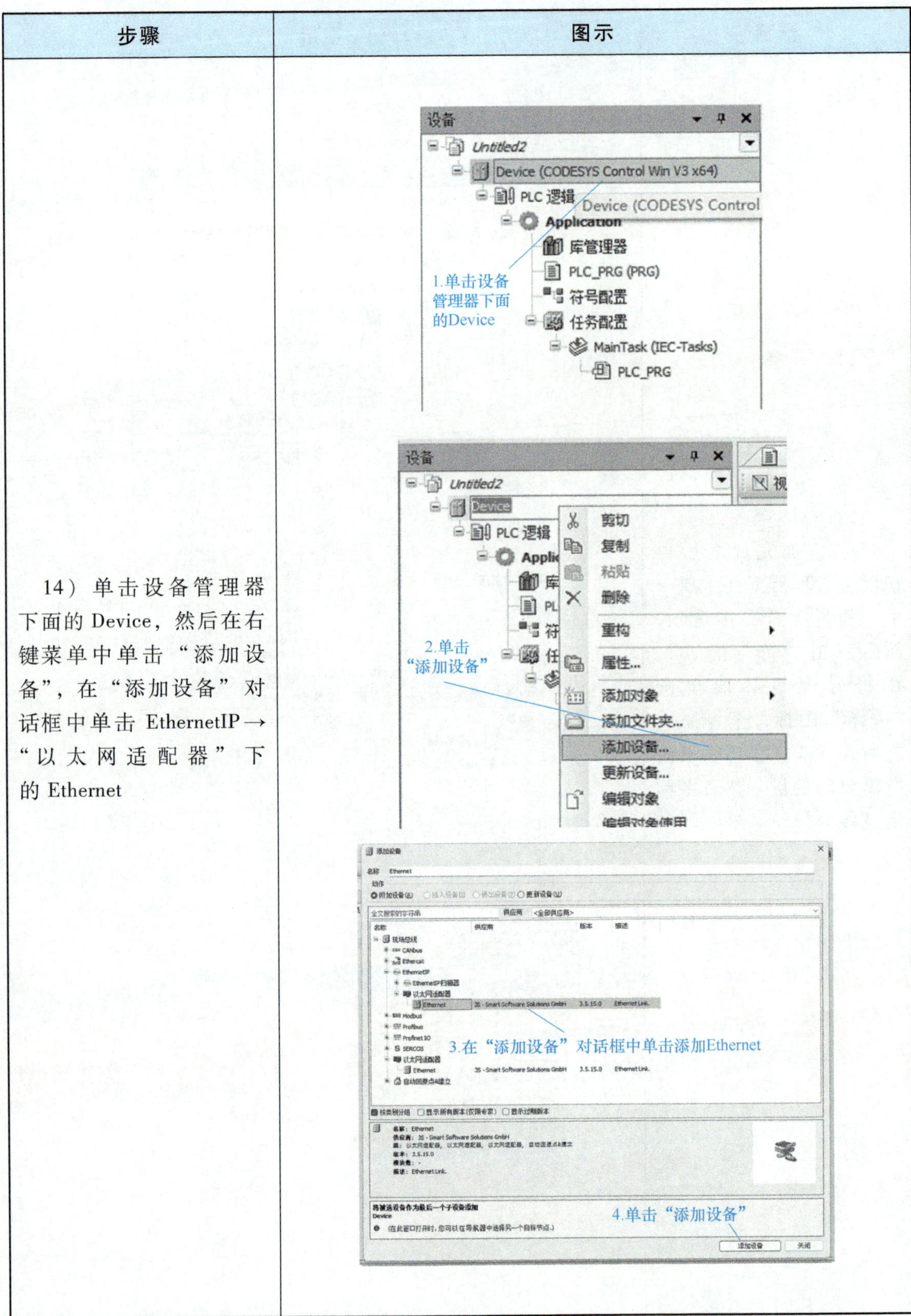

步骤	图示
15）在设备管理器下面生成一个 Ethernet（Ethernet），选中 Ethernet（Ethernet），然后在右键菜单中单击“添加设备”，单击“Profinet_IO 主站”→PN_Controller→“添加设备”	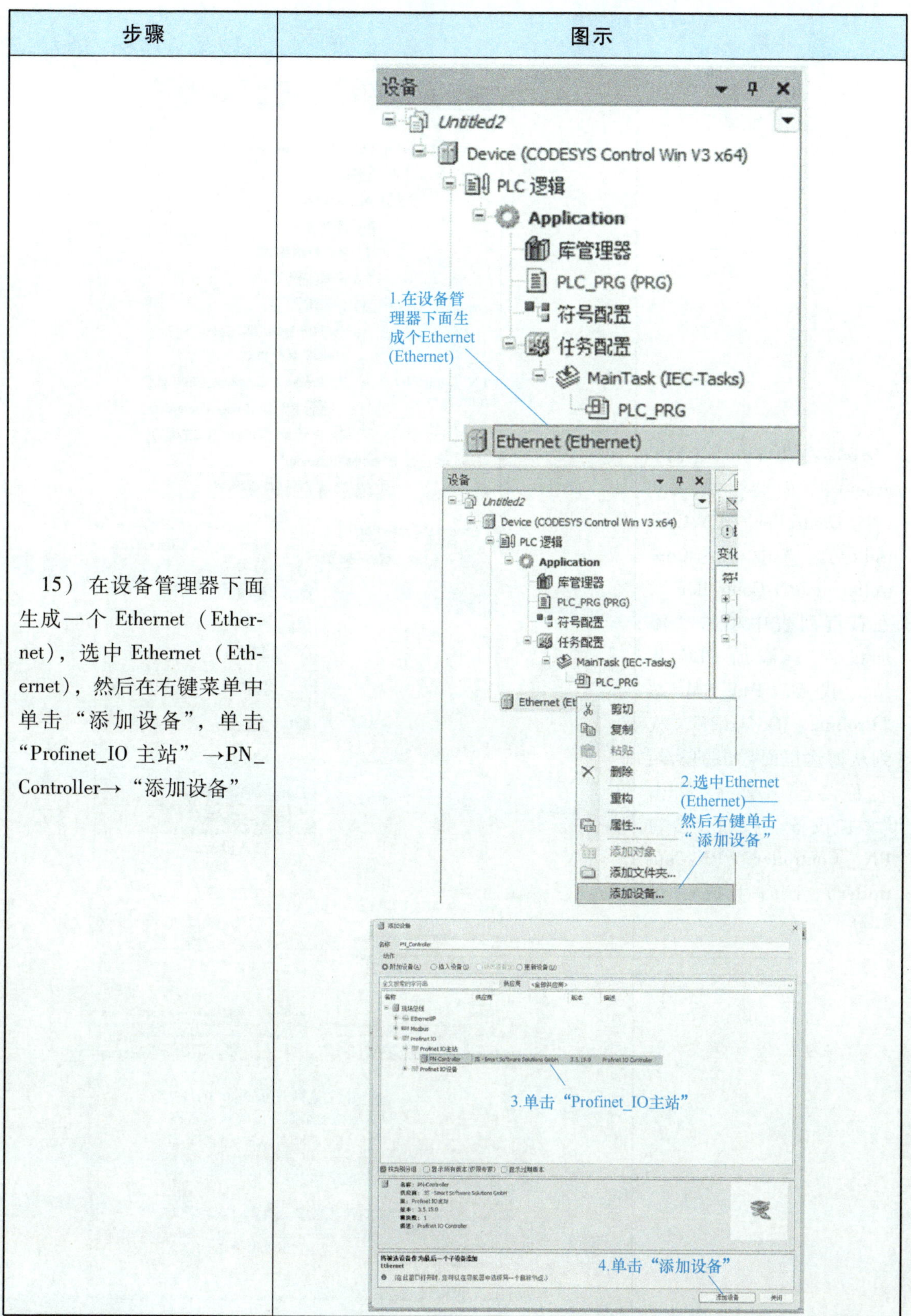

步骤	图示
16）在 Ethernet（Ethernet）下面会生成一个 PN _ Controller（PN-Controller），选中 PN _ Controller（PN-Controller），在右键列表中单击“添加设备”，添加 PLC 从站，找到 PLC 从站“Profinet _ IO 从站”，找到从博途里面导出的从站名称，选中然后单击“添加设备”按钮，会在 PN _ Controller（PN-Controller）下面生成一个从站	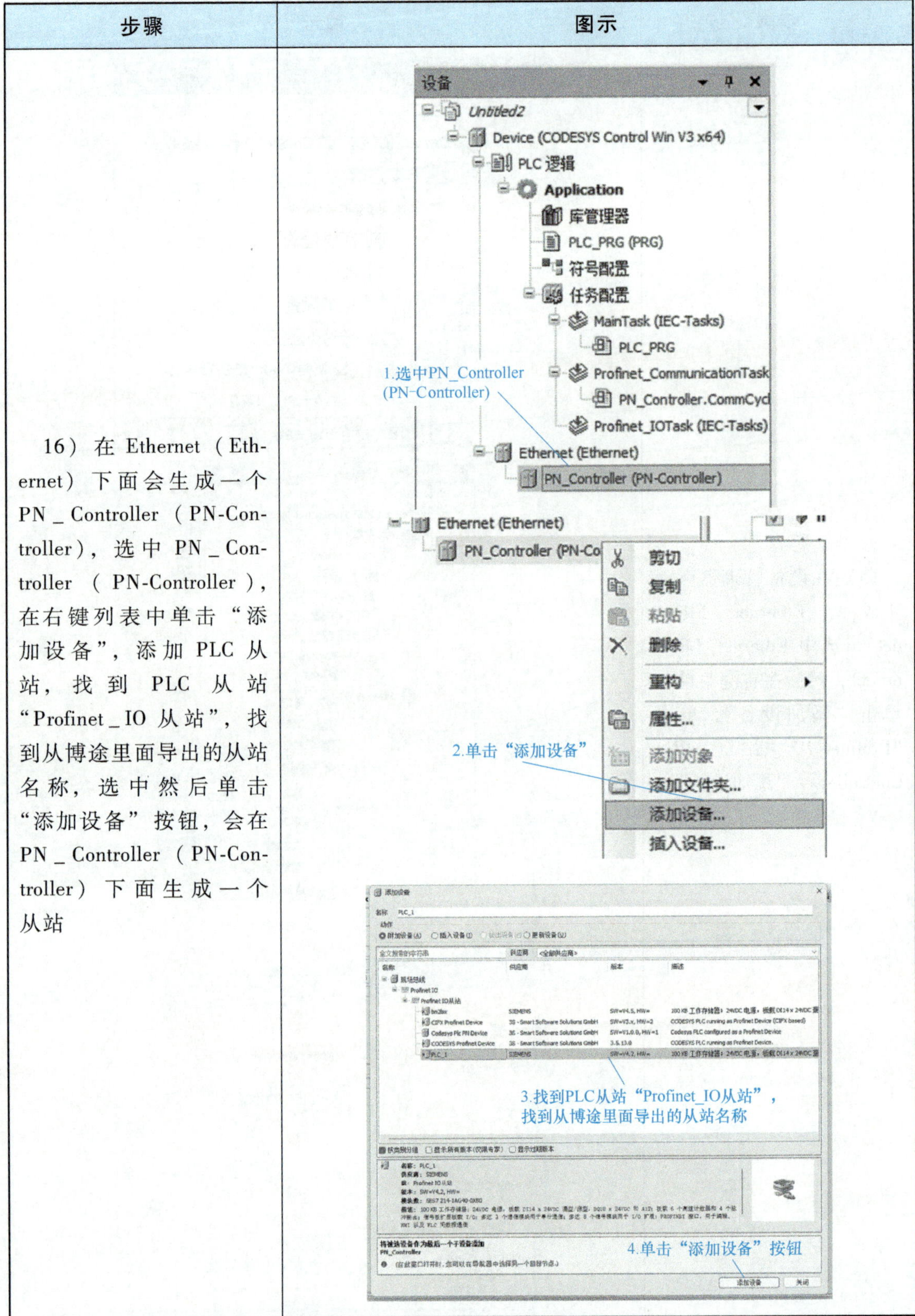

3. 习题页

1. 填空题

1）理解数字孪生需要记住3个关键词，分别是全生命周期、____________、双向。数字孪生是源自工业界的概念。在工业制造领域，有一个词叫作“产品生命周期管理（PLM）”。

2）实时/准实时，是指本体和孪生体之间，可以建立全面的实时或准实时联系。两者____________________________________。

3）DeviceNet协议是一个简单、廉价而且高效的协议，适用于底层的现场总线，例如过程传感器、执行器、阀组、____________、条形码读取器、变频驱动器、面板显示器、操作员接口和其他控制单元的网络。

2. 实操题

1）简述DeviceNet协议。

2）创建一个CODESYS工程，然后跟Sim IPT通信。

任务二　数字孪生综合调试——综合联调

1. 知识页

工作任务	数字孪生综合调试——综合联调	教学模式	理实一体
建议学时	8 学时，其中相关知识学习 2 学时，学员实操 6 学时	所需设备、器材	Sim IPT 软件和 CODESYS 软件
任务描述	通过 PLC 端的程序编写与机器人编程配合完成真实平台装配过程，再通过 PLC 获取各轴实时数据，将数据进行转化处理		

任务实施

1. 使用 SCL 实现循环左移功能

使用“循环左移”指令，可以将参数 IN 的内容按位循环左移，并将其作为函数值返回。参数 N 用于指定循环移位的位数。用移出的位填充因循环移位而空出的位。

如果参数 N 的值为“0”，则输入 IN 的值作为结果。如果参数 N 的值大于可用位数，则输入 IN 中的操作数值将循环移动指定位数个位。

图 5-3 显示了如何将 DWord 数据类型操作数的内容向左循环移动 3 位。

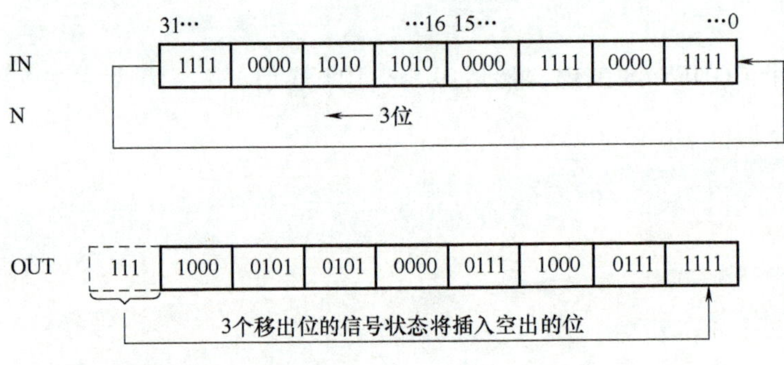

图 5-3　左循环原理

“循环左移”指令的语法如下：

ROL（IN ：= <操作数>，N ：= <操作数>）；

IN：（位字符串 ）要循环移位的值；

N：（整数）将对 IN 值进行循环移位的位数。

以下示例说明了该指令的工作原理。

" Tag_Result"：=ROL（IN：=" Tag_Value"，N：=" Tag_Number"）；

Tag_Value：11110000101010100000111100001111（原值）

Tag_Number：5（偏移量）

Tag_Result：00010101010000011110000111111110（偏移后）

在 VASS 标准中的使用示意如下：

ST_ROB. A41_56_Roboter_FRG=ROL（IN：=BYTE_TO_WORD（ST_ROB. A49_56_Roboter_FRG），N：=8）OR BYTE_TO_WORD（ST_ROB A41_48_Roboter_FRG）

在此处，ROL 用于将两个字节按顺序排列组合成一个完整的字。

2. 回原参数说明

MC_Home：使轴归位，设置参考点。

使用 MC_Home 运动控制指令可将轴坐标与实际物理驱动器位置匹配，如图 5-4 所示。轴的绝对定位需要回原点，可执行以下类型的回原点：

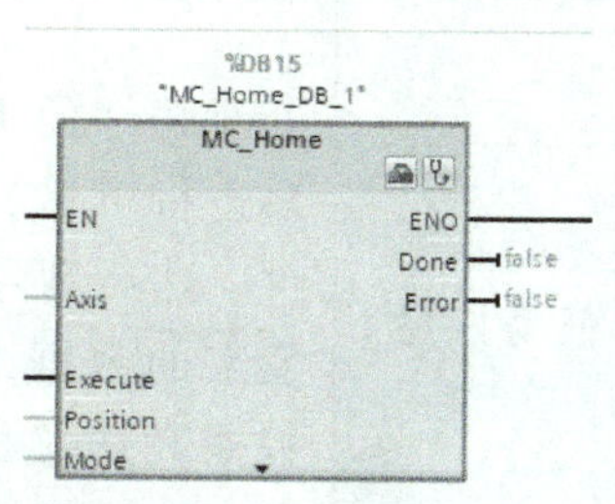

图 5-4　回原参数

1）主动回原点（Mode=3）：自动执行回原点步骤。

2）被动回原点（Mode=2）：被动回原点期间，运动控制指令 MC_Home 不会执行任何原点运动。用户需通过其他运动控制指令，执行这一步骤中所需的行进移动。检测到回点开关时，轴即回原点。

3）直接绝对回原点（Mode=0）：将当前的轴位置设置为参数 Position 的值。

4）直接相对回原点（Mode=1）：将当前轴位置的偏移值设置为参数 Position 的值。

5）绝对编码器相对调节（Mode=6）：将当前轴位置的偏移值设置为参数 Position 的值。

6）绝对编码器绝对调节（Mode=7）：将当前的轴位置设置为参数 Position 的值。

Mode=6 和 Mode=7 仅用于带模拟驱动接口的驱动器和 PROFIdrive 驱动器。

3. 循环移位

ROL：循环左移，如图 5-5 所示。

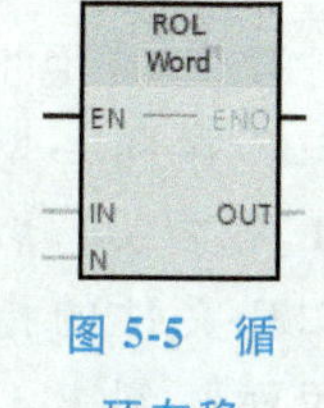

图 5-5　循环左移

可以使用“循环左移”指令将输入 IN 中操作数的内容按位向左循环移位，并在输出 OUT 中查询结果。参数 N 用于指定循环移位中待移动的位数。用移出的位填充因循环移位而空出的位。

如果参数 N 的值为“0”，则将输入 IN 的值复制到输出 OUT 的操作数中。

如果参数 N 的值大于可用位数，则输入 IN 中的操作数值仍会循环移动指定位数。

图 5-6 展示了如何将 DWord 数据类型操作数的内容向左循环移动 3 位。

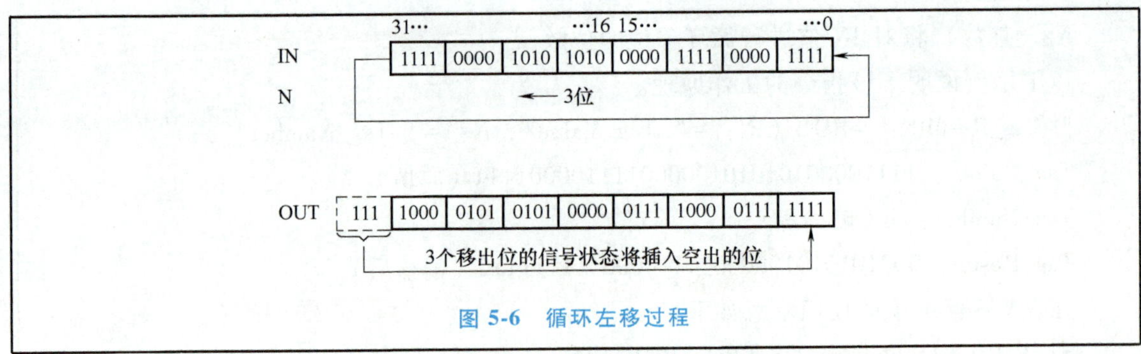

图 5-6 循环左移过程

2. 任务页

工作任务	数字孪生综合调试——博途与 CODESYS 通信	教学模式	理实一体
建议学时	8 学时，其中相关知识学习 2 学时，学员实操 6 学时	所需设备、器材	博途 V15.1
任务描述	对编好的 PLC 程序和触摸屏程序进行下载，正确地导出 GSD 文件，然后利用 CODESYS 接收 PLC 发来的数据，CODESYS 将接收的数据发送给 SimIPT，最终实现数字孪生效果	职业技能	1）PLC 程序和触摸屏程序的下载 2）如何导出 GSD 文件 3）CODESYS 通信 4）Sim IPT 软件和 CODESYS 如何通信 5）虚实联调
任务实施			
步骤	图示		
（1）PLC 程序下载			
1）在开始下载前先把计算机 IP 地址设置为和 PLC 在同一网段，并且 IP 不冲突。然后在存放 PLC 文件的指定文件夹里面找到 PLC 程序，双击打开已经编好的 PLC 程序	双击打开“基础组态环境” 打开界面如图所示		

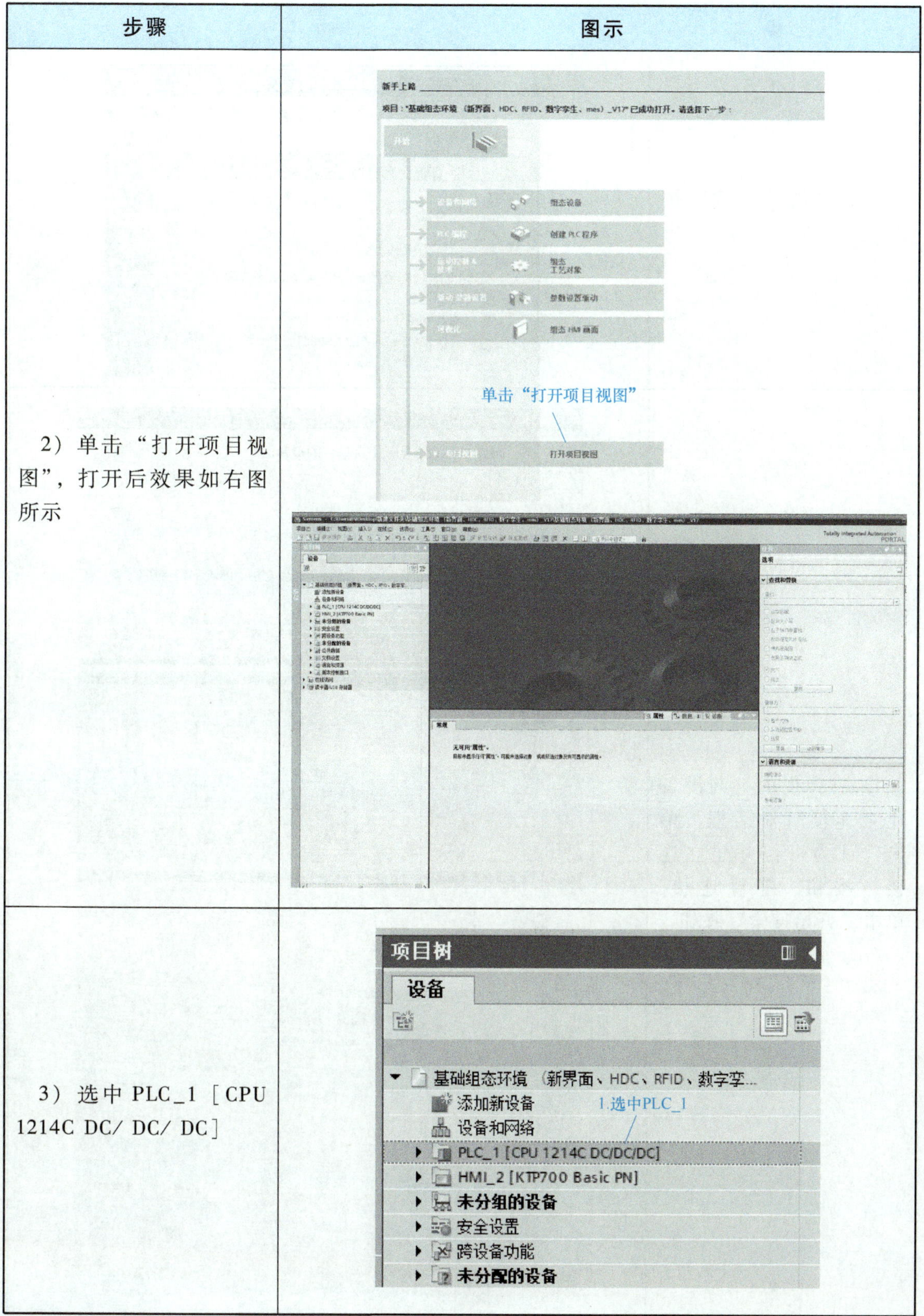

步骤	图示
2）单击"打开项目视图"，打开后效果如右图所示	
3）选中 PLC_1［CPU 1214C DC/ DC/ DC］	

步骤	图示
然后单击“下载”按钮	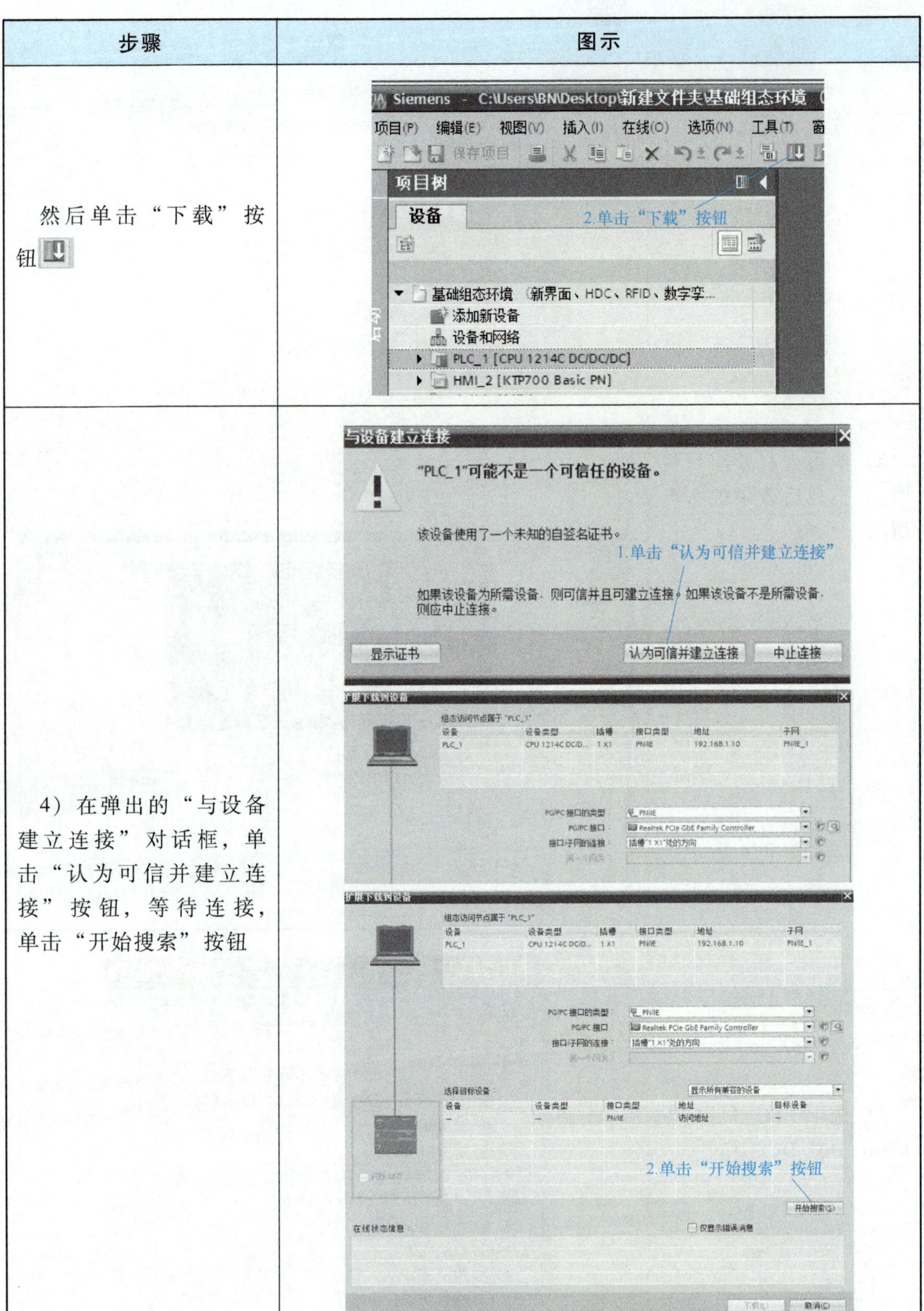
4）在弹出的“与设备建立连接”对话框，单击“认为可信并建立连接”按钮，等待连接，单击“开始搜索”按钮	

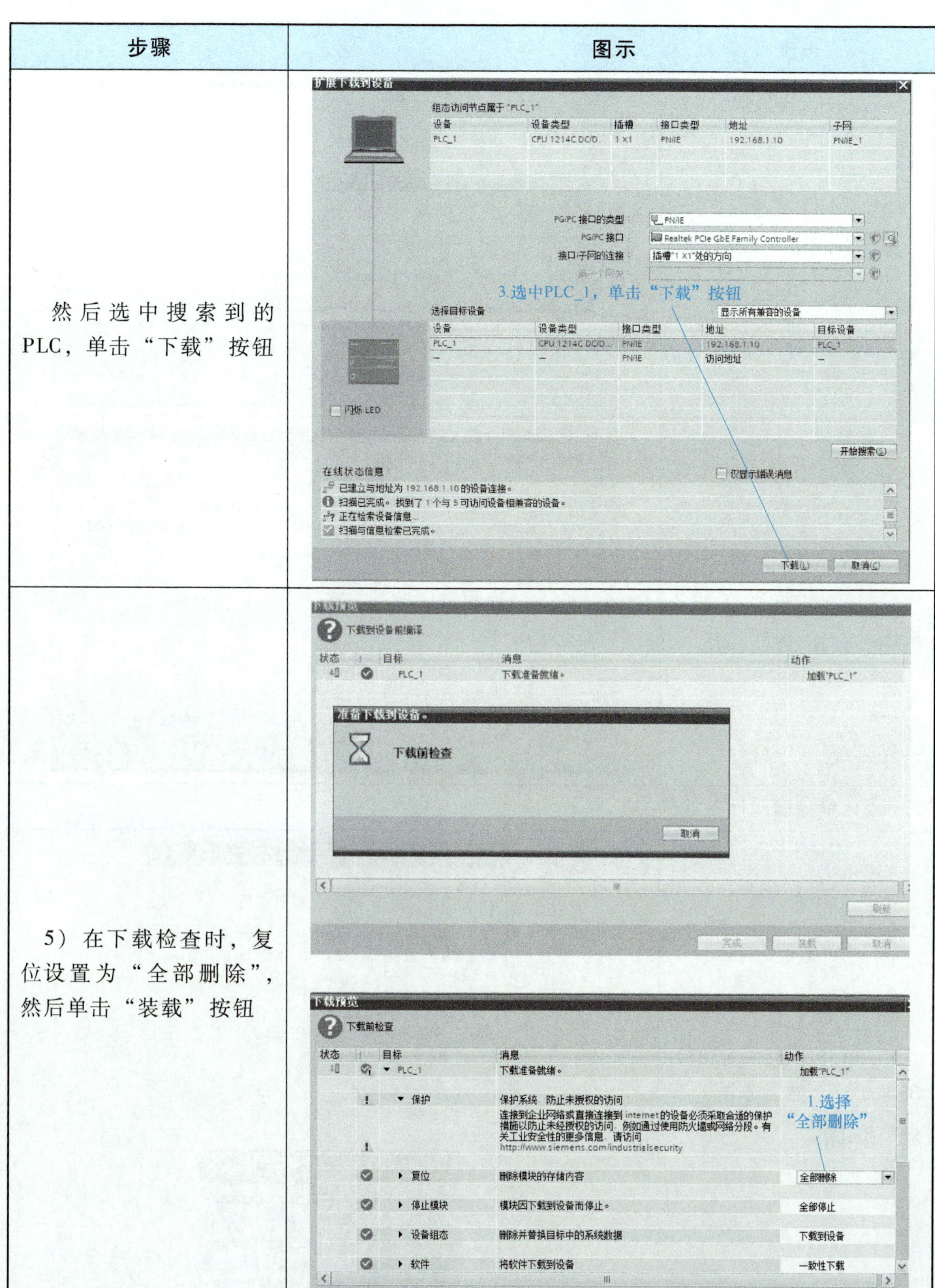

步骤	图示
然后选中搜索到的PLC，单击“下载”按钮	
5）在下载检查时，复位设置为“全部删除”，然后单击“装载”按钮	

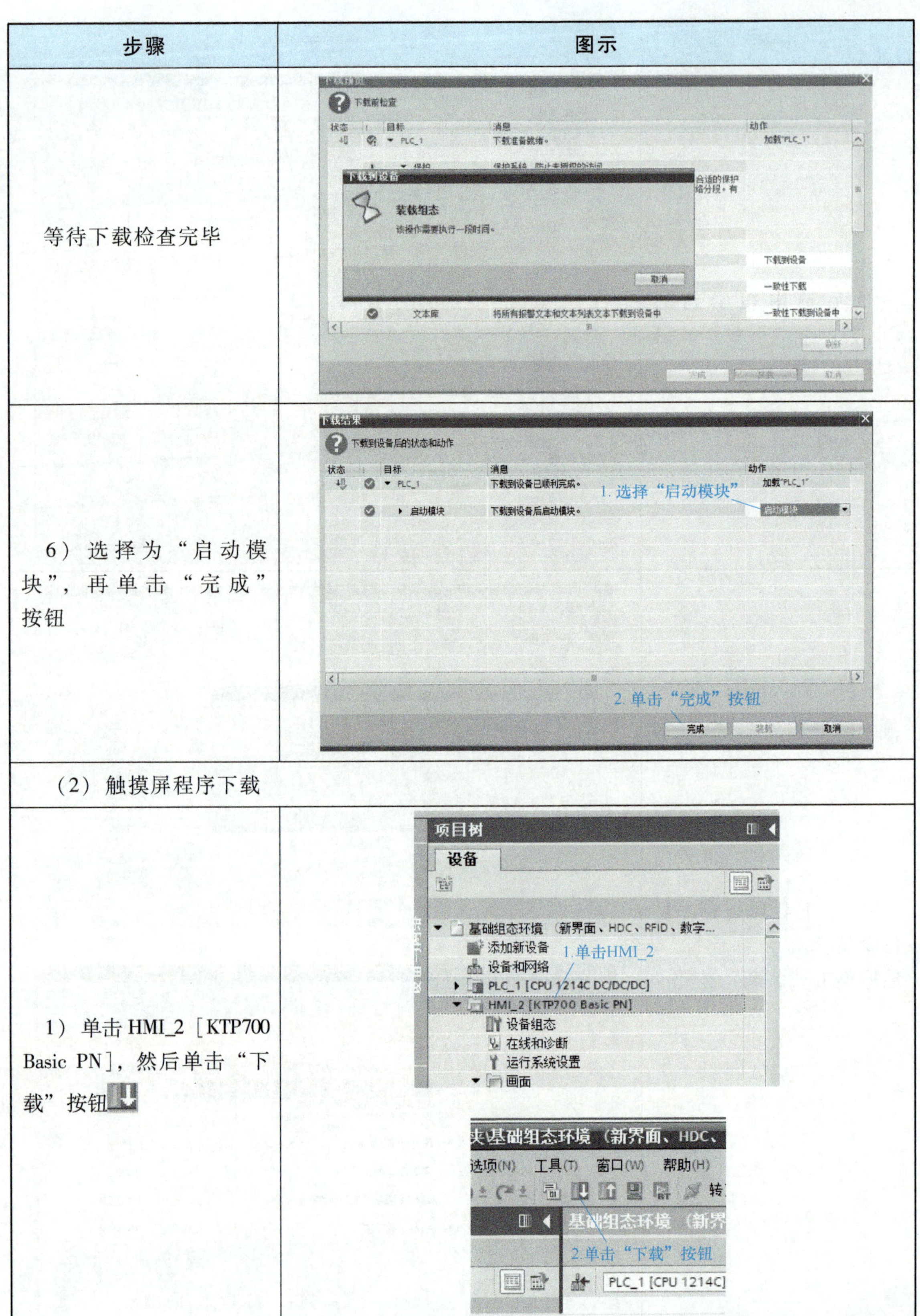

步骤	图示
等待下载检查完毕	
6）选择为“启动模块”，再单击“完成”按钮	
（2）触摸屏程序下载	
1）单击HMI_2［KTP700 Basic PN］，然后单击“下载”按钮	

步骤	图示
单击“开始搜索”按钮，等待搜索到之后，选中搜索到的触摸屏，再单击“下载”按钮	
2）勾选“全部覆盖”，然后单击“装载”按钮	

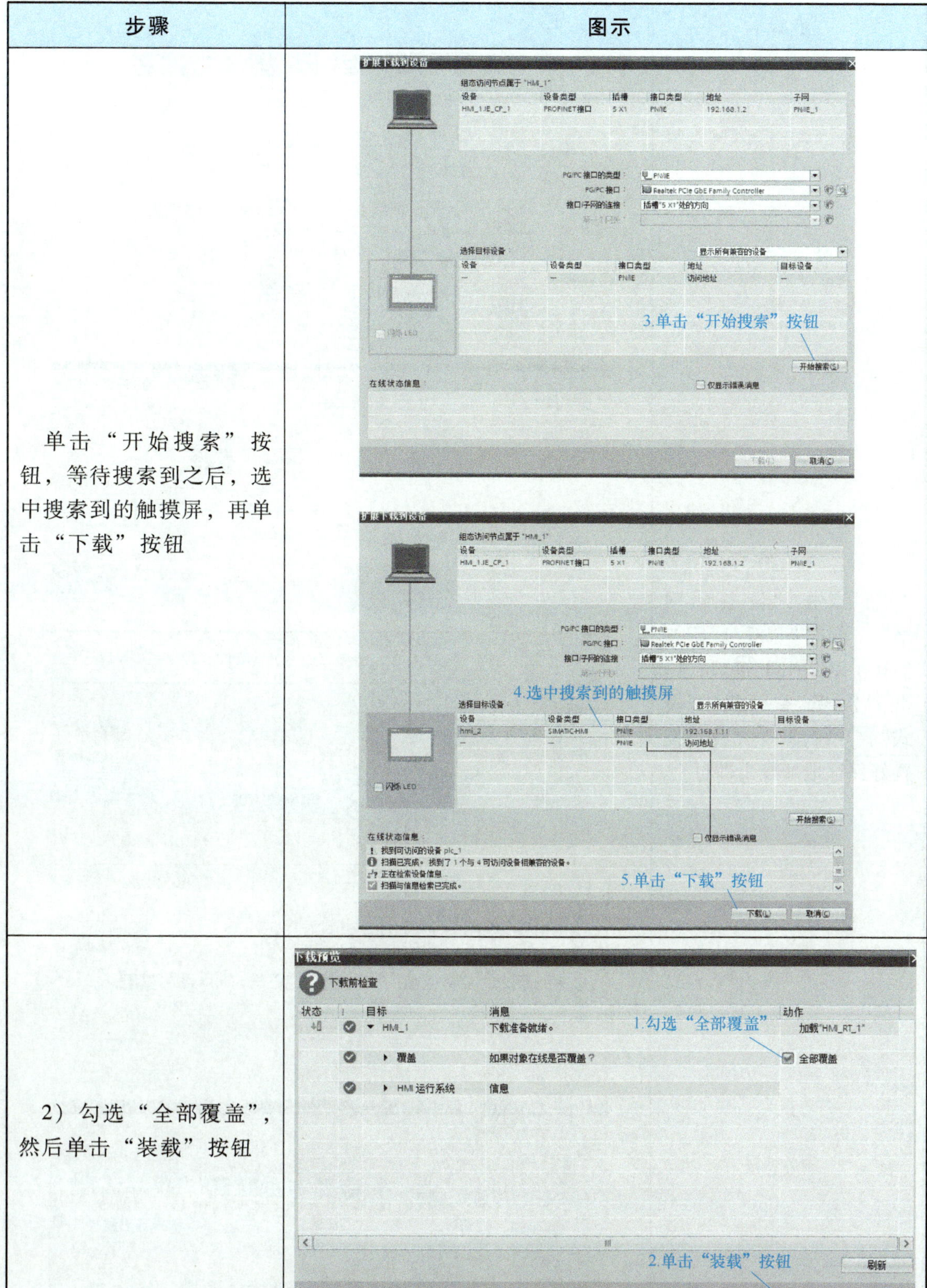

步骤	图示
3）双击“设备和网络”，单击“PLC_1”，然后在 PROFINET 接口，单击“常规”→“操作模式”，导出 GSD 文件，设置好保存地址导出即可	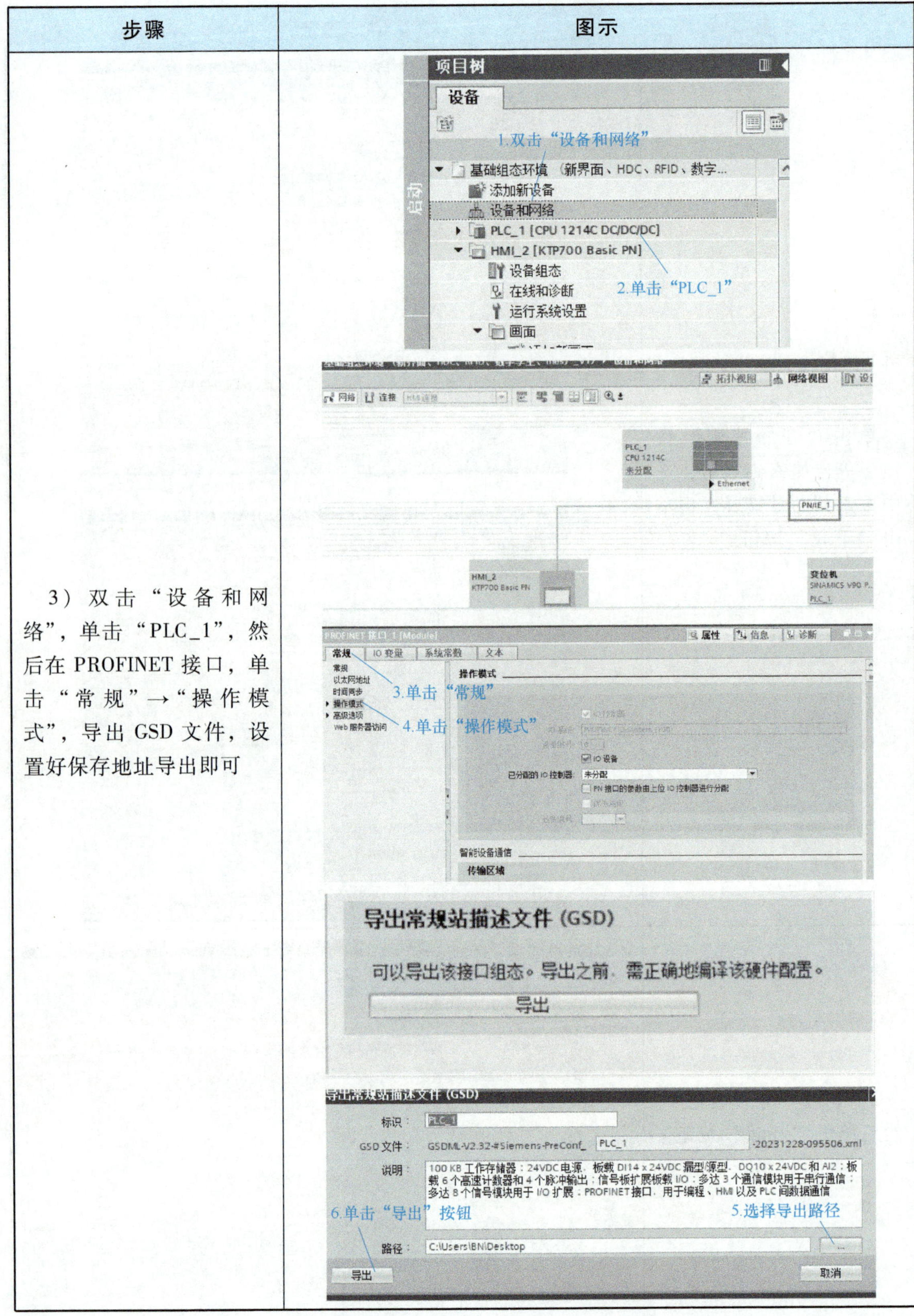

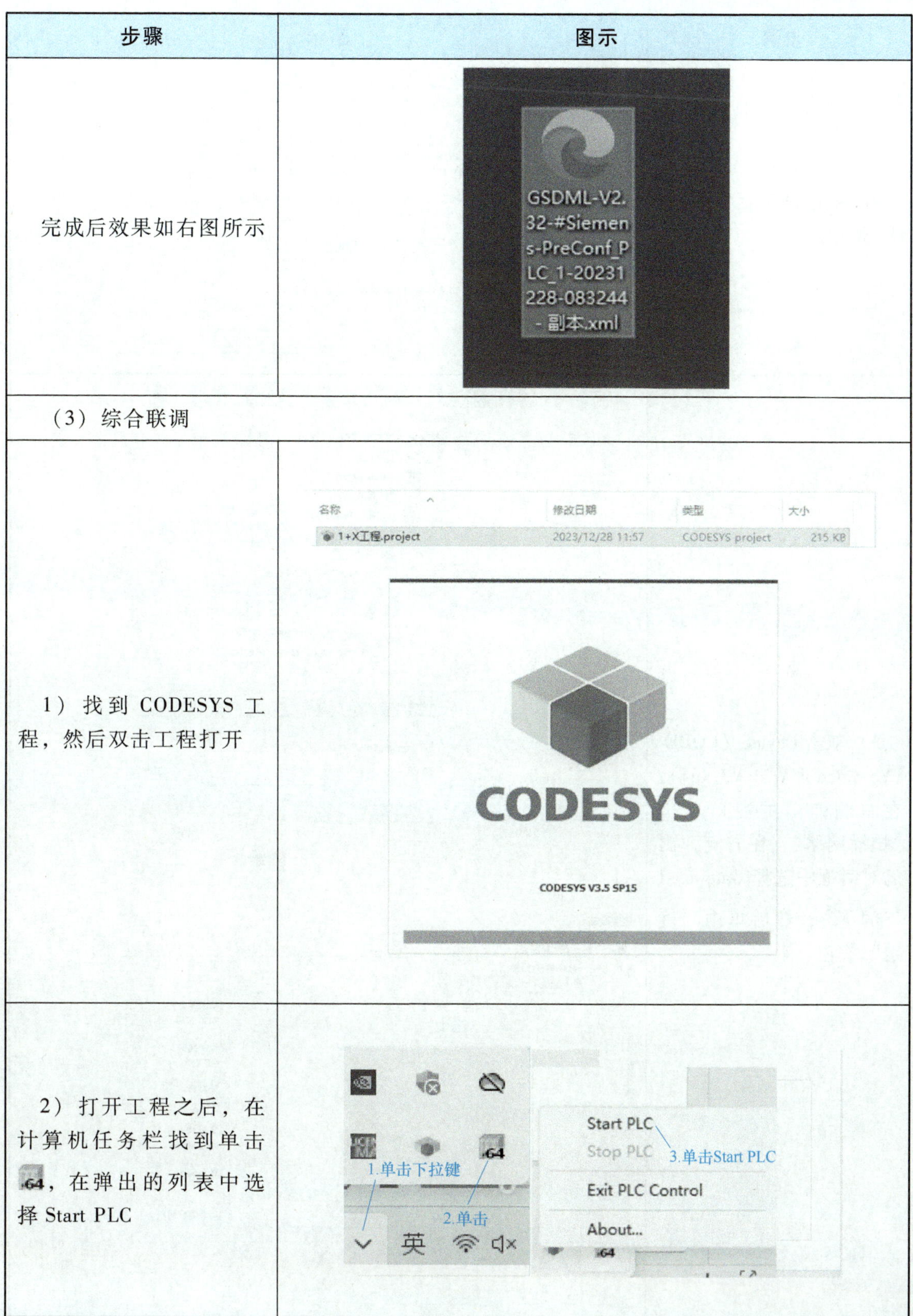

步骤	图示
完成后效果如右图所示	
（3）综合联调	
1）找到 CODESYS 工程，然后双击工程打开	
2）打开工程之后，在计算机任务栏找到单击 .64，在弹出的列表中选择 Start PLC	

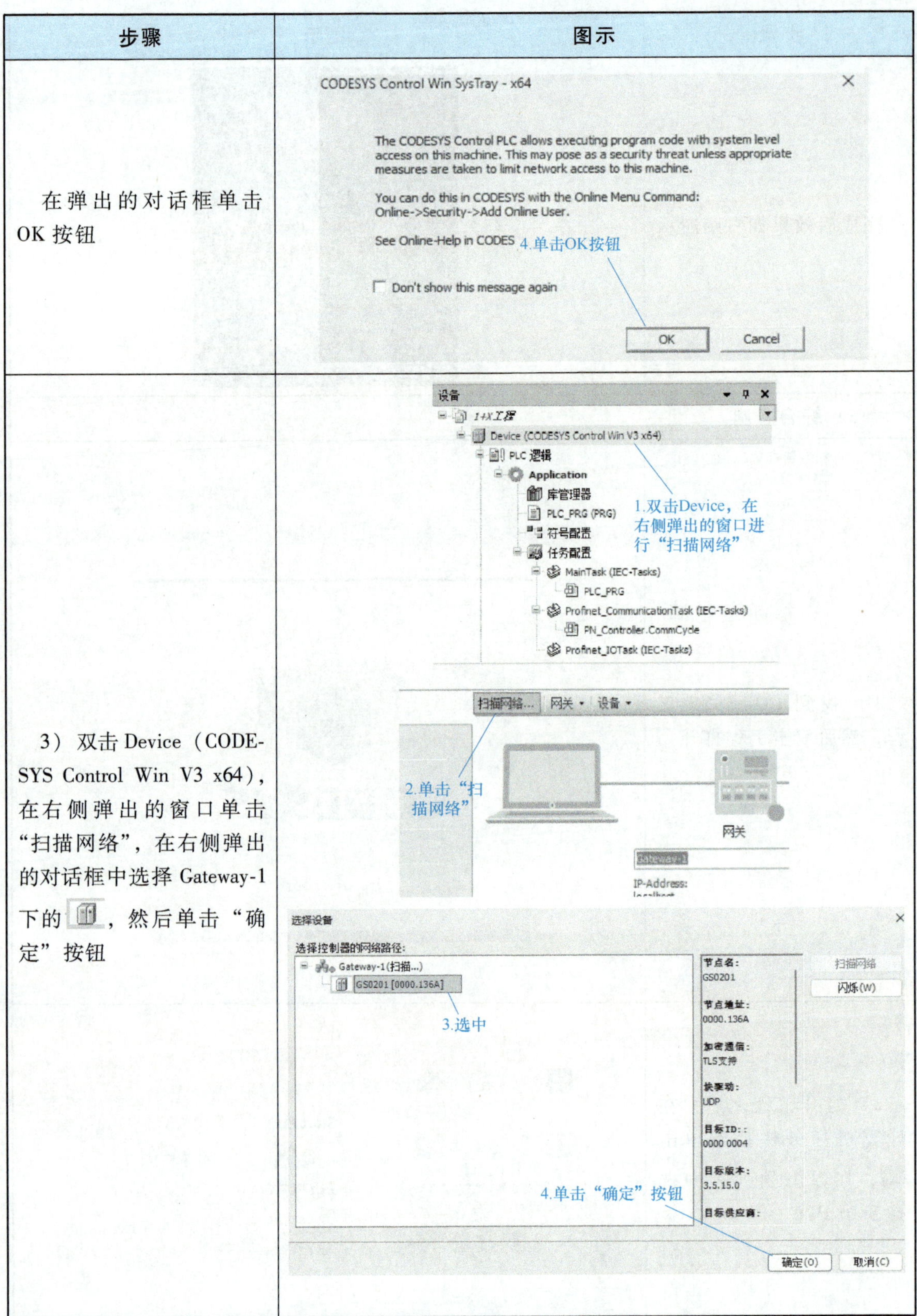

步骤	图示
在弹出的对话框单击OK按钮	
3）双击Device（CODESYS Control Win V3 x64），在右侧弹出的窗口单击“扫描网络”，在右侧弹出的对话框中选择Gateway-1下的 [图标]，然后单击“确定”按钮	

步骤	图示
4）双击 Ethernet（Ethernet），在右侧弹出的对话框里面单击“接口”右侧[…]，在做这个操作前，确保网线已经插好在计算机主机上，且计算机 IP 地址改为和 PLC 在同一网段。然后在弹出的“网络适配器”对话框中选择对应的 IP 地址，且与 PLC 地址不冲突	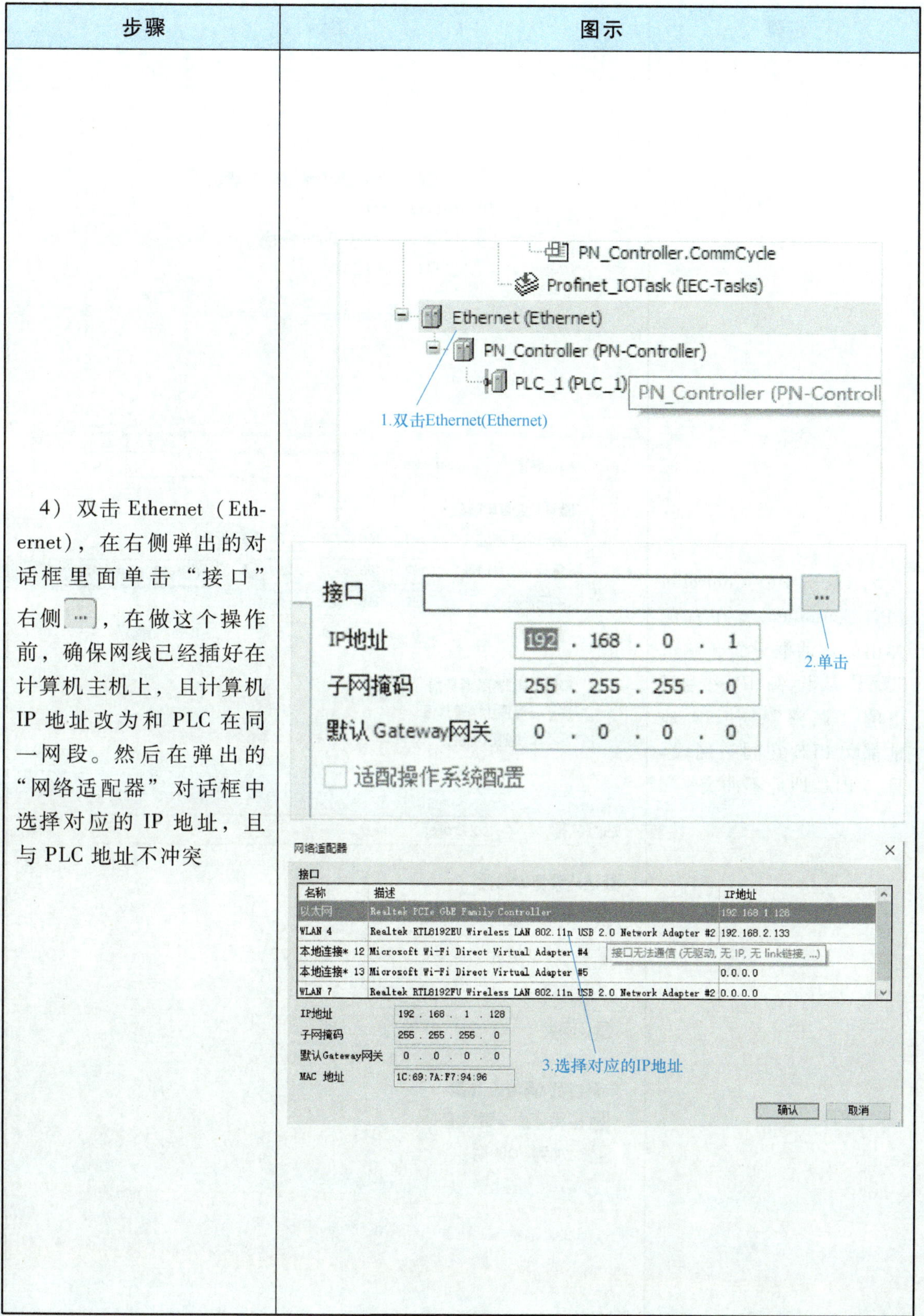

步骤	图示
5）双击 PN_Controller（PN-Controller），在右侧弹出的对话框里面，单击“默认从设备 IP 参数”下的“调整”，使 IP 地址都和 PLC 在同一网段，且与 PLC 地址不冲突	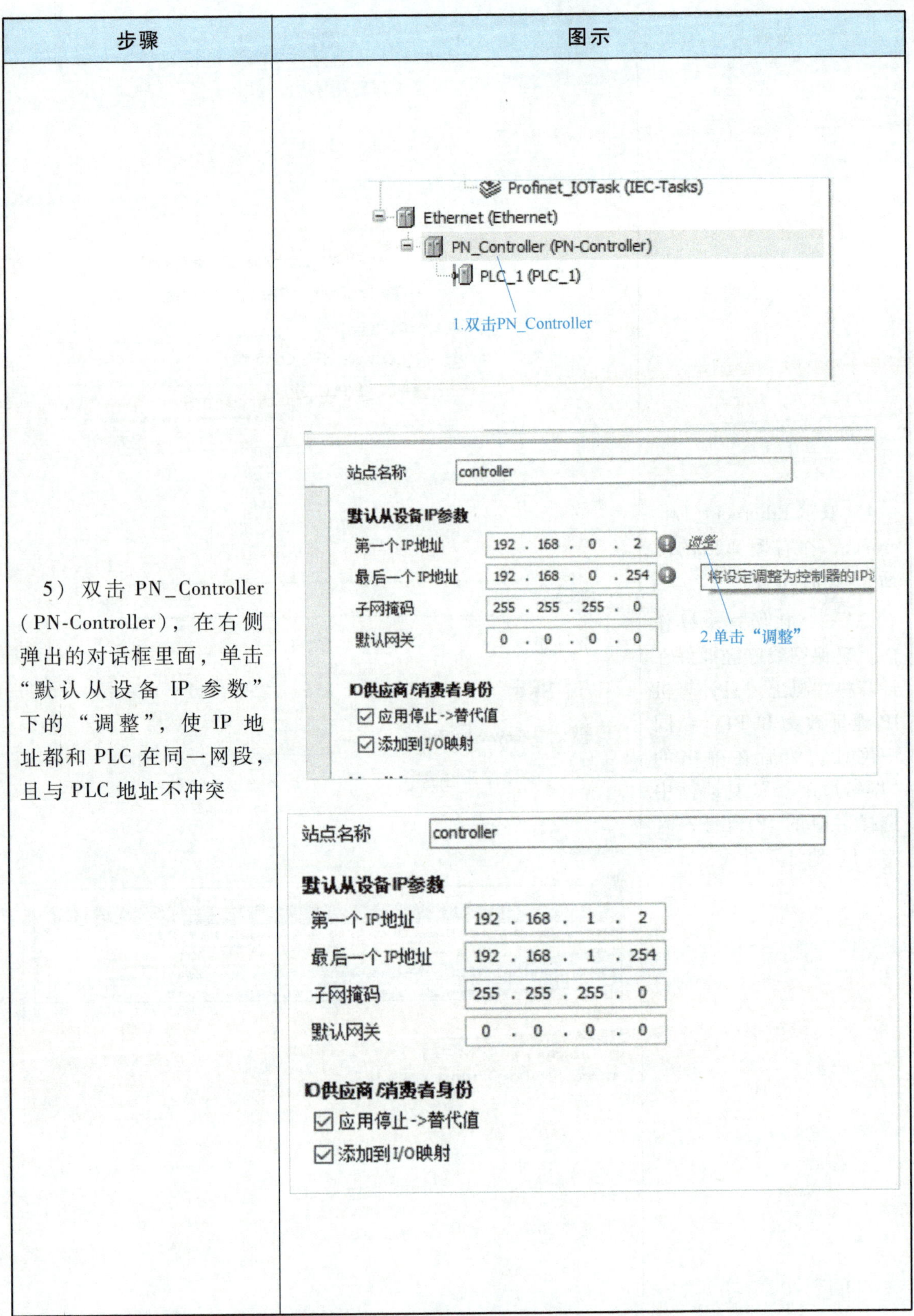

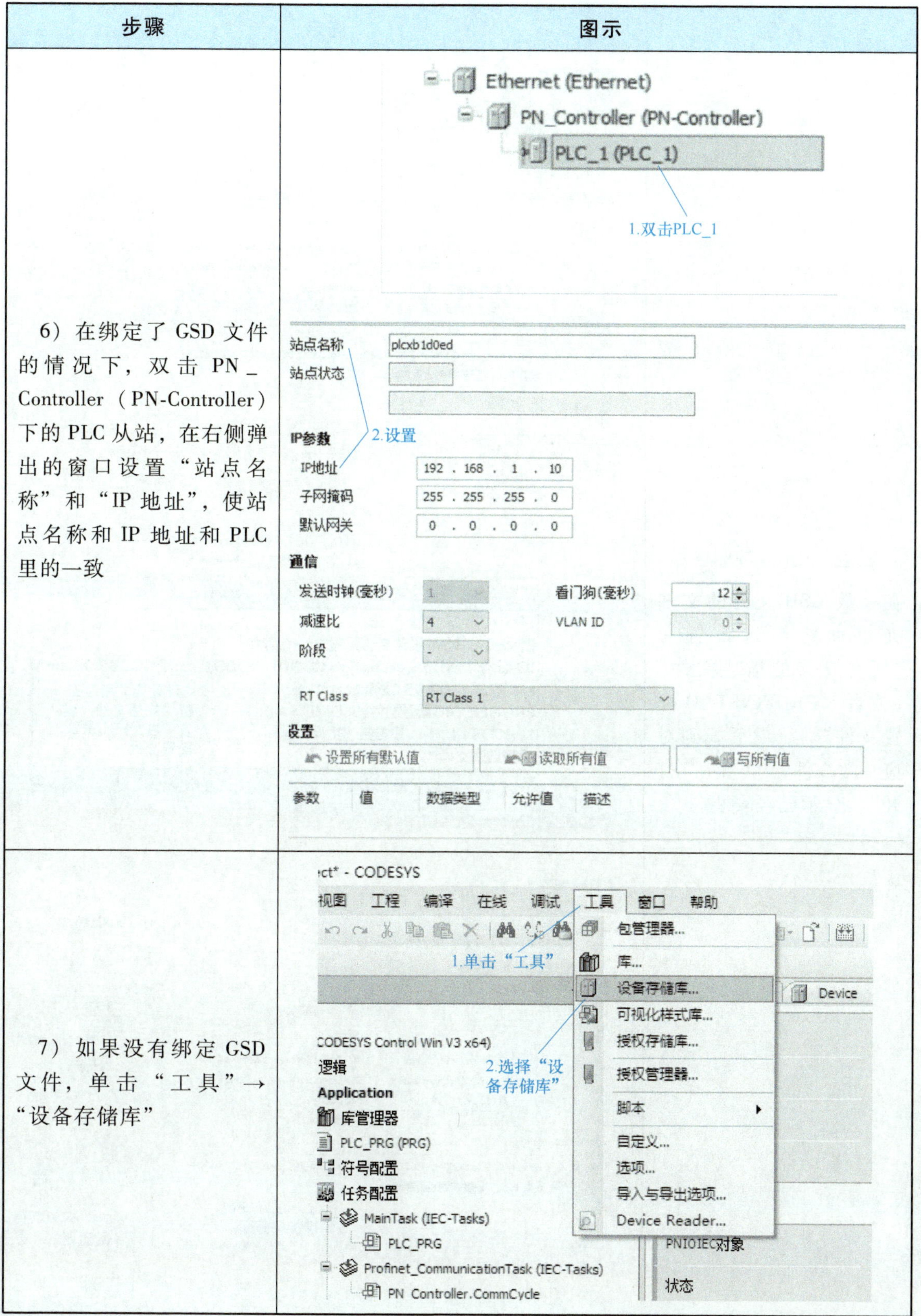

步骤	图示
6）在绑定了 GSD 文件的情况下，双击 PN_Controller（PN-Controller）下的 PLC 从站，在右侧弹出的窗口设置“站点名称”和“IP 地址”，使站点名称和 IP 地址和 PLC 里的一致	
7）如果没有绑定 GSD 文件，单击“工具”→“设备存储库”	

步骤	图示
单击“安装”按钮，在存放 GSD 文件的文件夹里面将筛选设置为“所有支持的描述文件”（或者“PROFINET IO 配置文件”），然后找到对应的文件，单击“打开”，显示已经安装	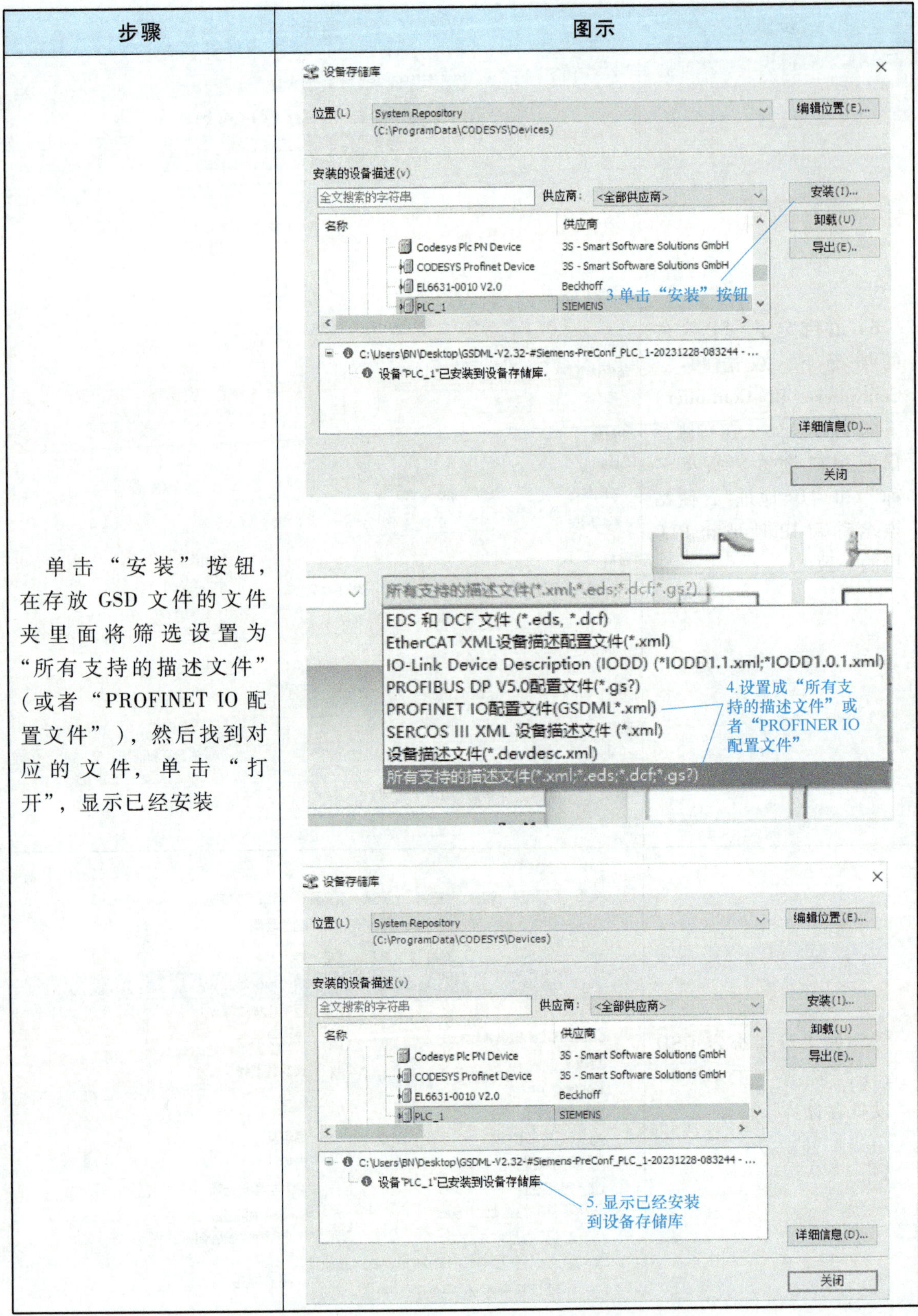

步骤	图示
8）右击 PLC 从站，然后在弹出的列表中选择“更新设备”，在“更新设备”窗口下选择和 GSD 文件对应的从站，单击“更新设备”按钮	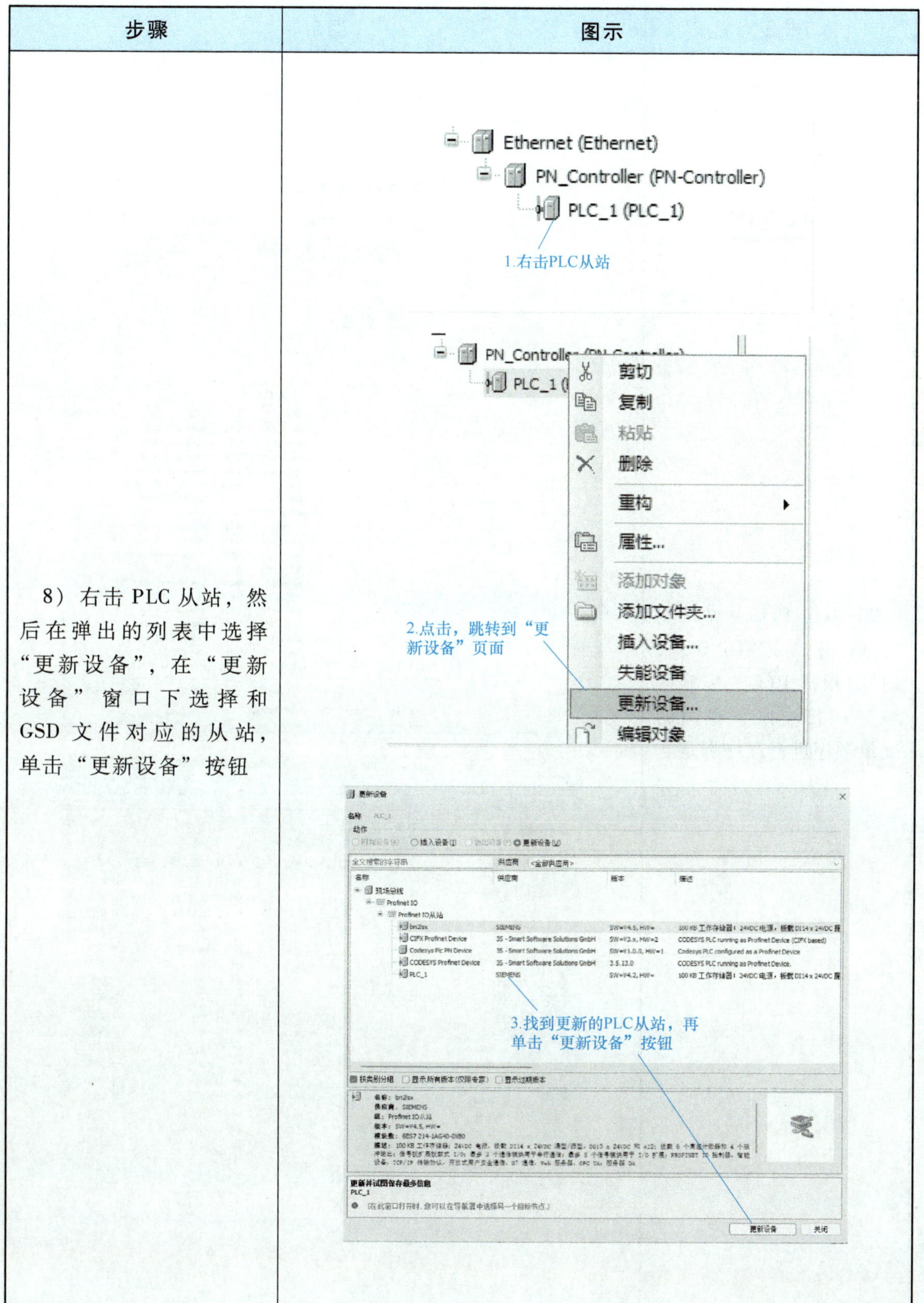

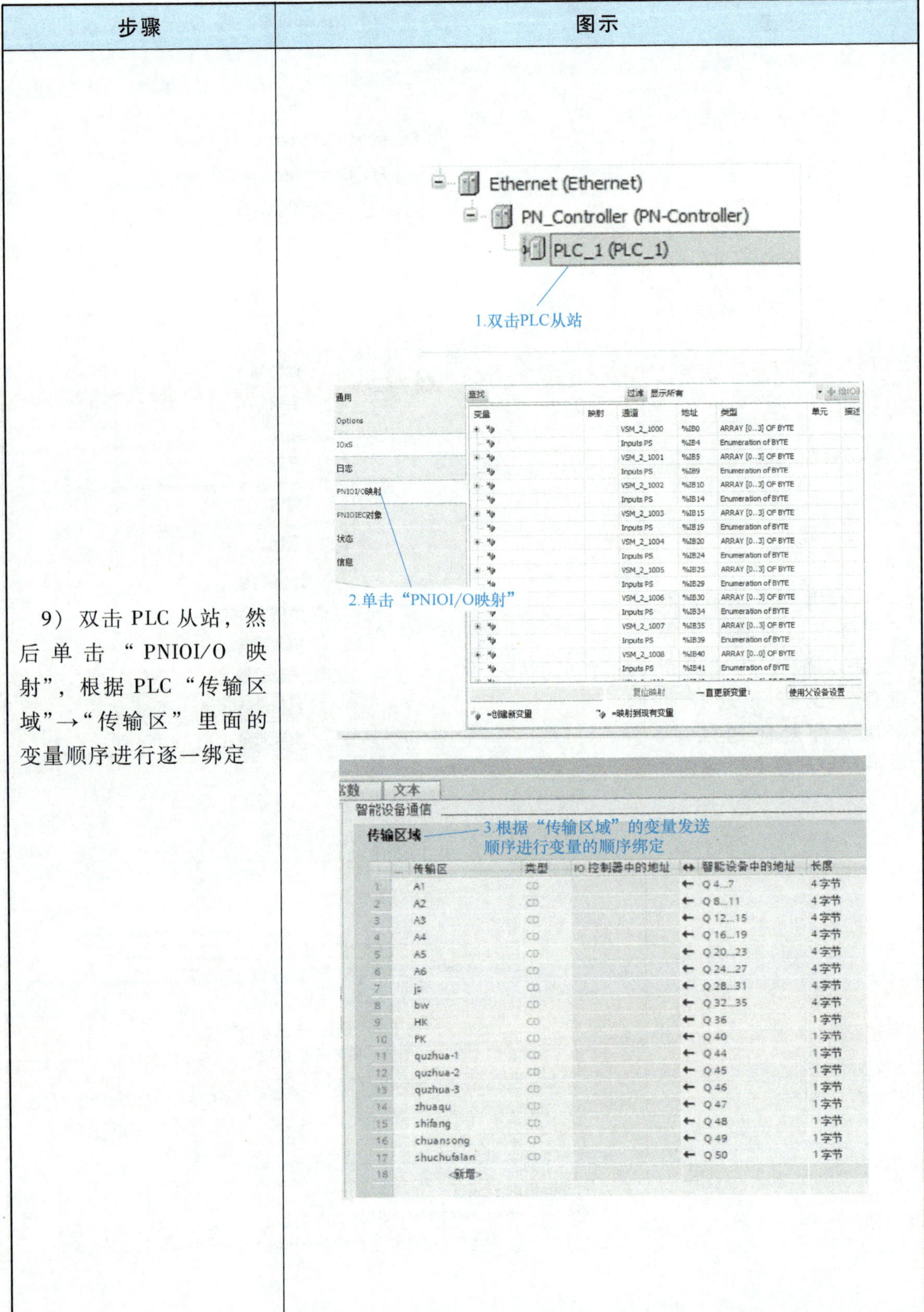

步骤	图示
9）双击PLC从站，然后单击“PNIOI/O映射”，根据PLC“传输区域”→“传输区”里面的变量顺序进行逐一绑定	

步骤	图示
10）单击第一个变量，双击[…]，在弹出的“输入助手”对话框里面找到 Application，单击它的[+]，找到 PLC_PRG，根据 PLC 传输区域的顺序第一个变量应该是 joint1，然后找到 joint1 并选中，单击“确定”按钮	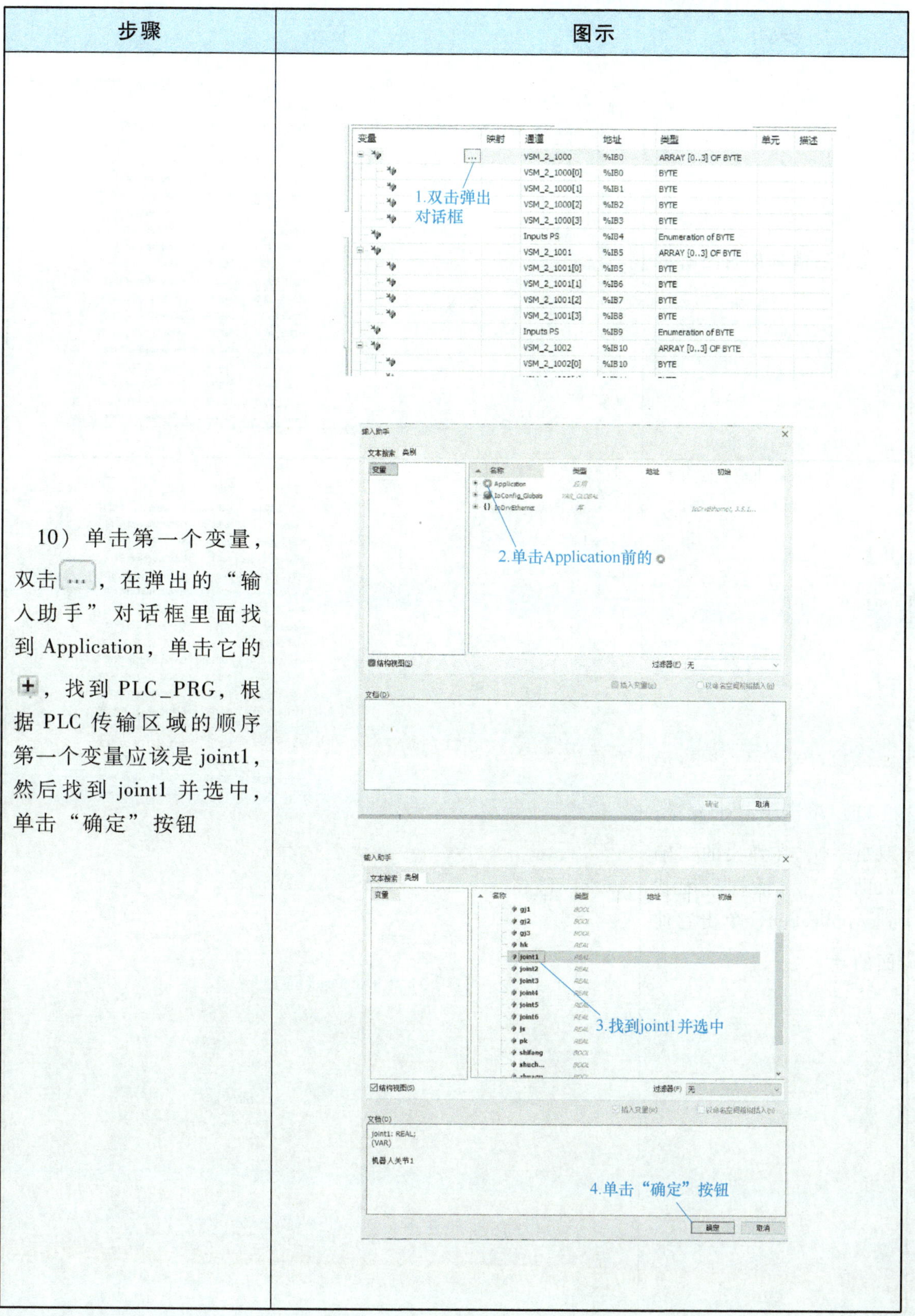

步骤	图示
完成后效果如右图所示	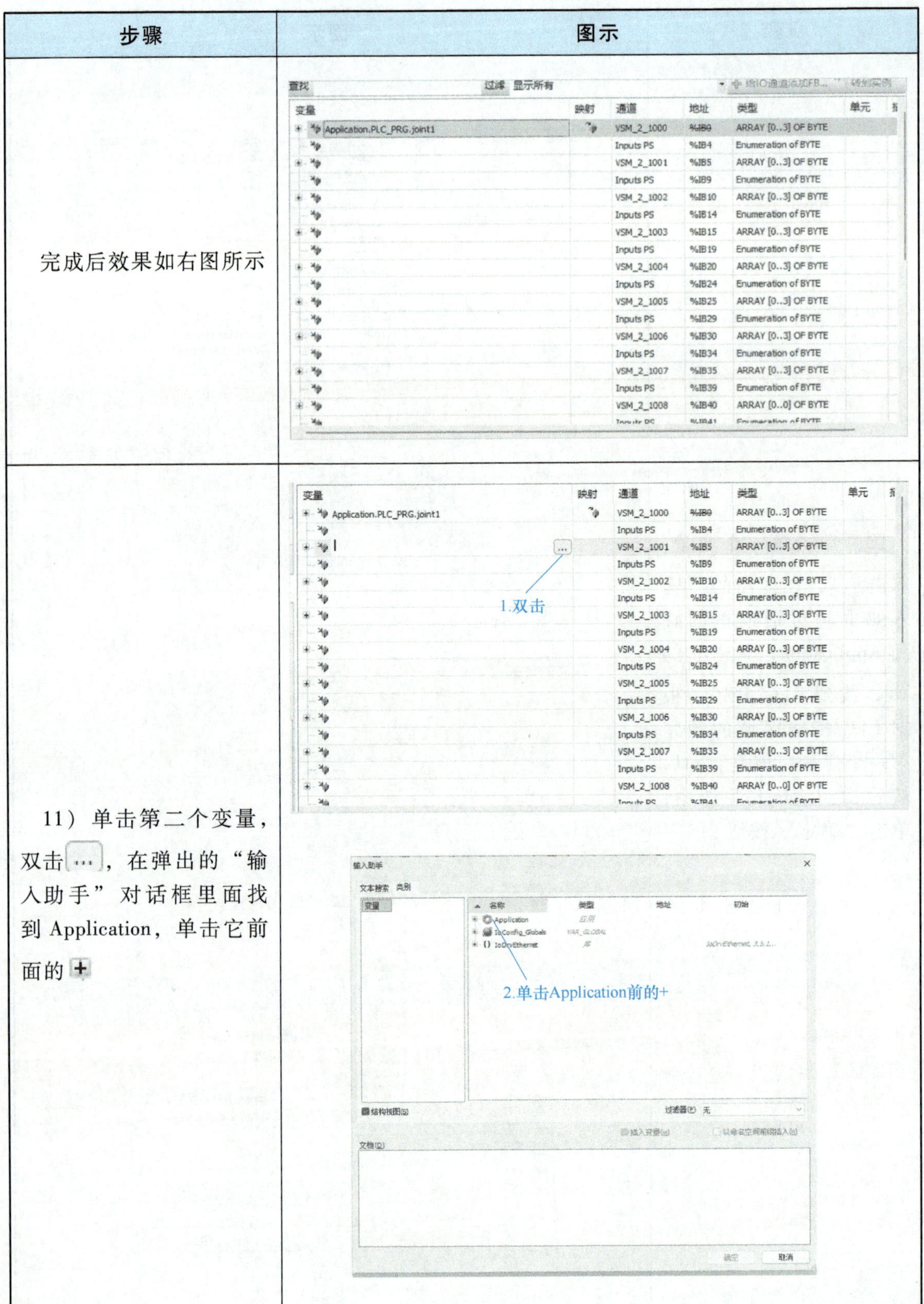
11）单击第二个变量，双击 ... ，在弹出的“输入助手”对话框里面找到 Application，单击它前面的 +	

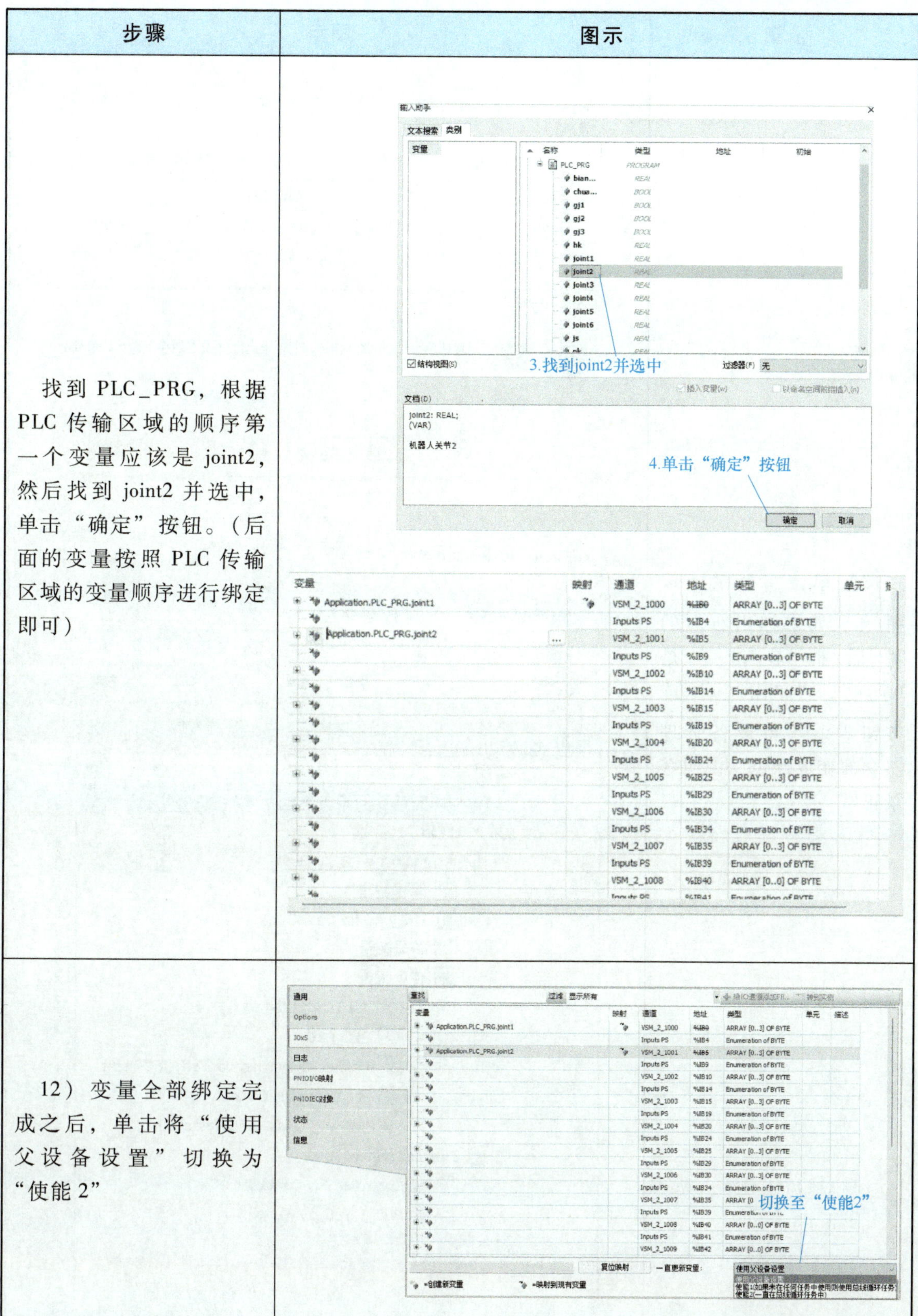

步骤	图示
找到 PLC_PRG，根据 PLC 传输区域的顺序第一个变量应该是 joint2，然后找到 joint2 并选中，单击“确定”按钮。（后面的变量按照 PLC 传输区域的变量顺序进行绑定即可）	
12）变量全部绑定完成之后，单击将“使用父设备设置”切换为“使能 2”	

步骤	图示
13）单击“登录”按钮，如果弹出右面的对话框单击“是(Y)”，再单击“启动”按钮。等待设备管理器全部变成绿色，说明登录正常	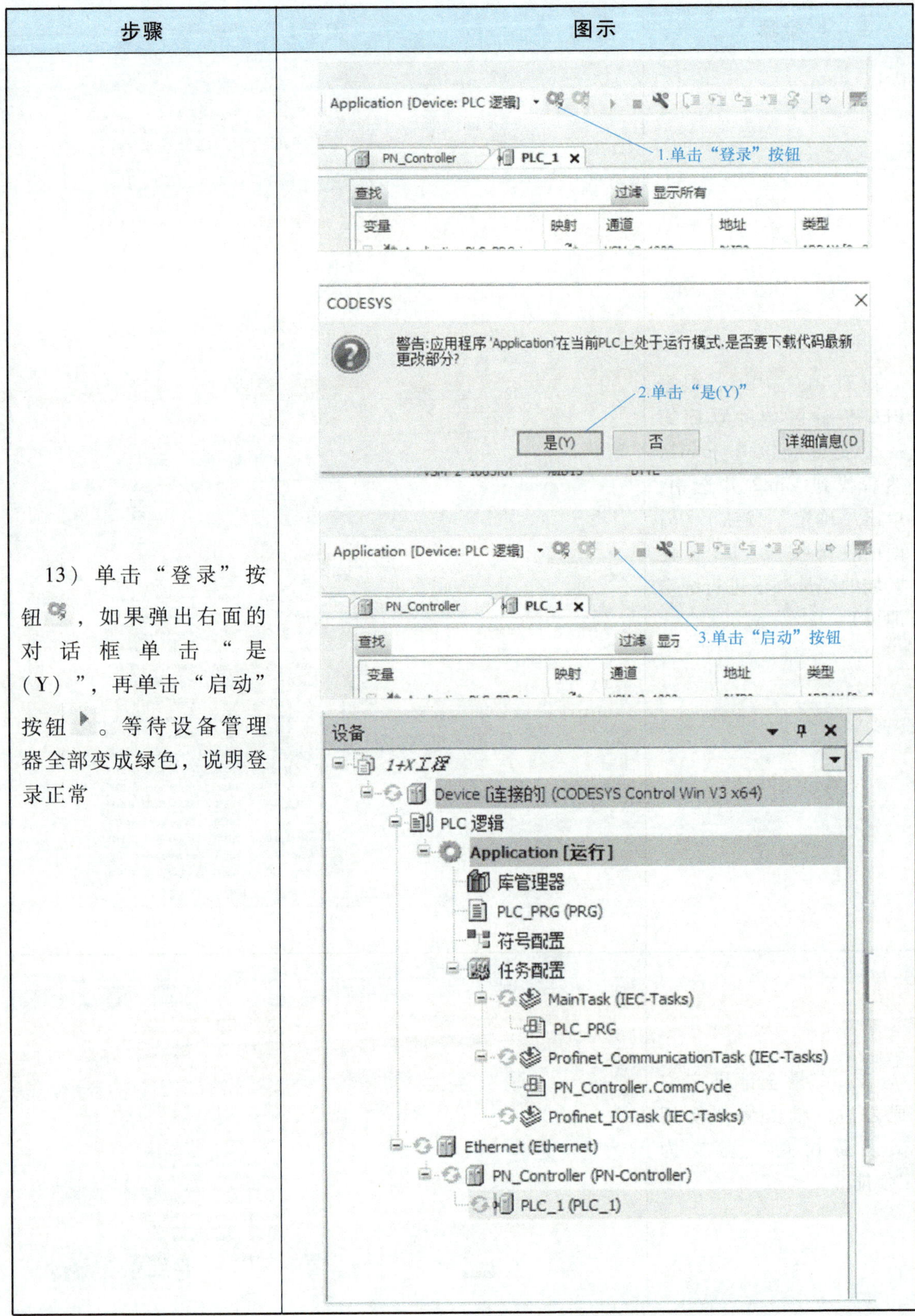

步骤	图示
14）打开之前保存的数字孪生场景，单击“连接”图标	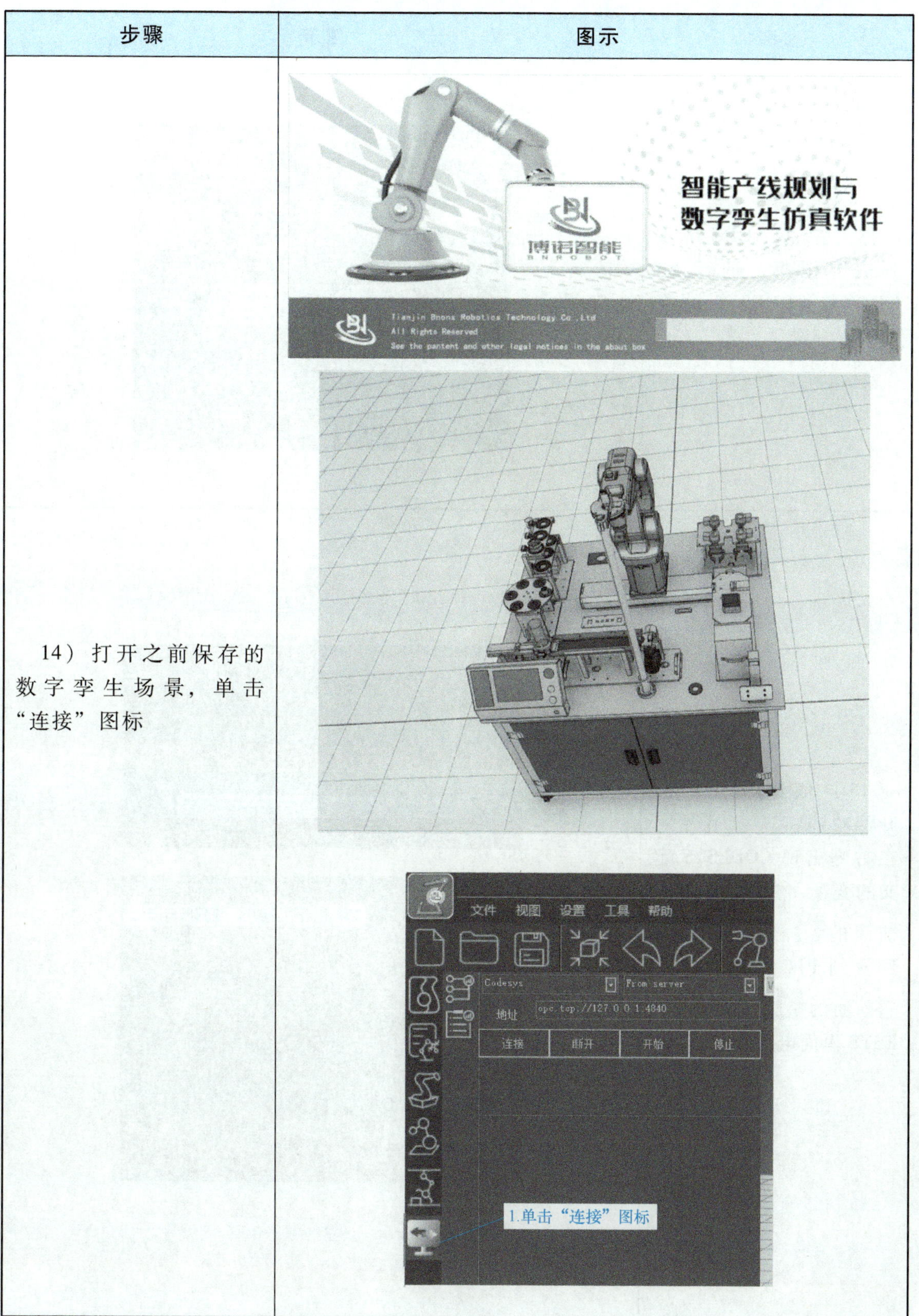

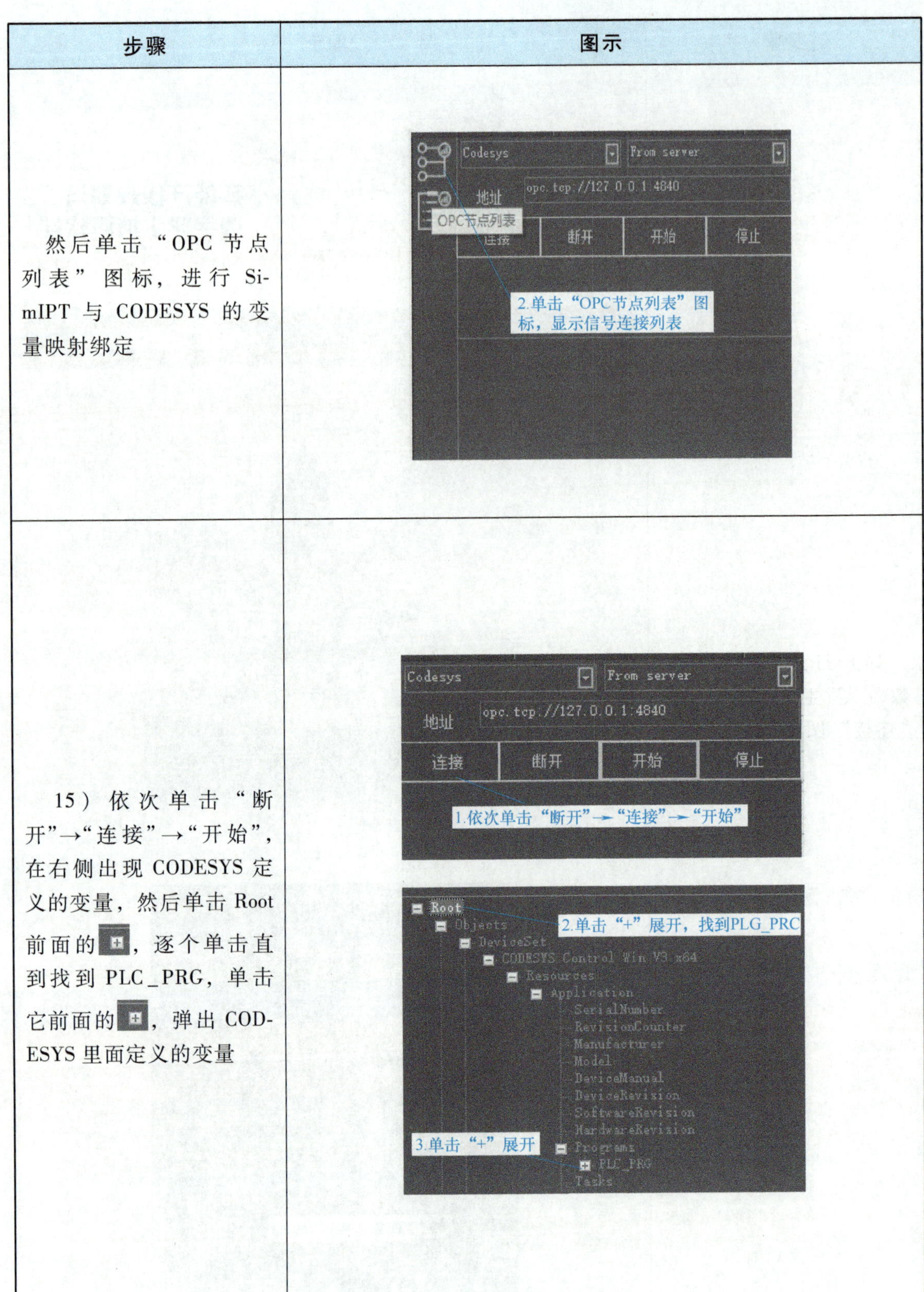

步骤	图示
然后单击“OPC 节点列表”图标，进行 SimIPT 与 CODESYS 的变量映射绑定	
15）依次单击“断开”→“连接”→“开始”，在右侧出现 CODESYS 定义的变量，然后单击 Root 前面的⊞，逐个单击直到找到 PLC_PRG，单击它前面的⊞，弹出 CODESYS 里面定义的变量	

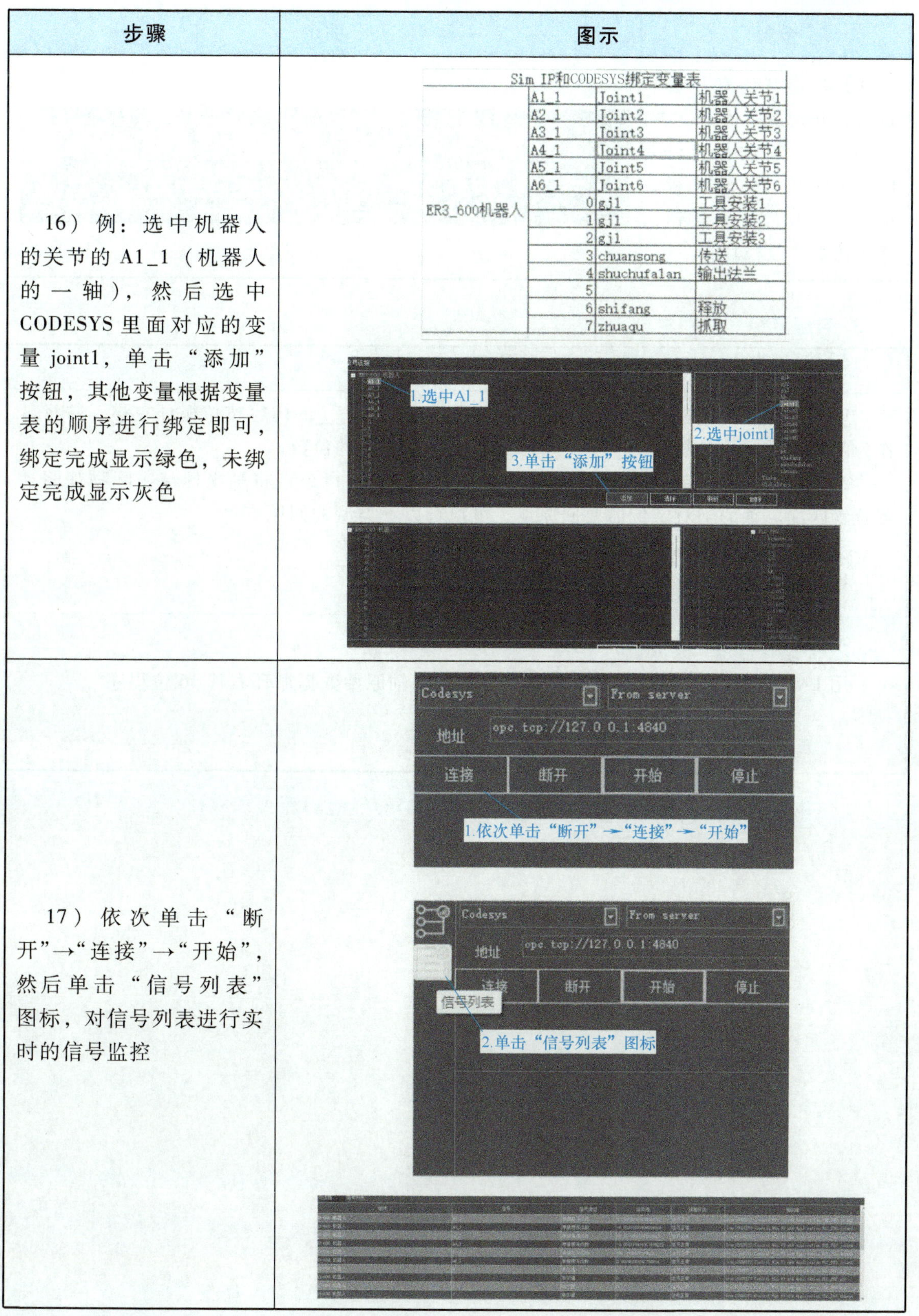

步骤	图示
16）例：选中机器人的关节的 A1_1（机器人的一轴），然后选中 CODESYS 里面对应的变量 joint1，单击“添加”按钮，其他变量根据变量表的顺序进行绑定即可，绑定完成显示绿色，未绑定完成显示灰色	Sim IP和CODESYS绑定变量表（见下表）；1.选中A1_1；2.选中joint1；3.单击“添加”按钮
17）依次单击“断开”→“连接”→“开始”，然后单击“信号列表”图标，对信号列表进行实时的信号监控	1.依次单击“断开”→“连接”→“开始”；2.单击“信号列表”图标

Sim IP和CODESYS绑定变量表

ER3_600机器人	A1_1	Joint1	机器人关节1
	A2_1	Joint2	机器人关节2
	A3_1	Joint3	机器人关节3
	A4_1	Joint4	机器人关节4
	A5_1	Joint5	机器人关节5
	A6_1	Joint6	机器人关节6
	0	gj1	工具安装1
	1	gj1	工具安装2
	2	gj1	工具安装3
	3	chuansong	传送
	4	shuchufalan	输出法兰
	5		
	6	shifang	释放
	7	zhuaqu	抓取

步骤	图示
18）单击“仿真开始”按钮，开始运行仿真，真实设备发来数据，Sim IPT 软件开始仿真流程。单击“仿真停止”按钮，停止仿真，复位场景	

3. 习题页

1. 填空题

1）使用“循环左移”指令，可以将参数____________的内容按位循环左移，并将其作为函数值返回。参数____________用于指定循环移位的位数。

2）MC_Home：使轴归位，使用 MC_Home 运动控制指令可将轴坐标与实际物理驱动器位置匹配。轴的绝对定位需要回原点，可执行以下类型的回原点：

主动回原点（Mode=______）：自动执行回原点步骤。

被动回原点（Mode=______）：被动回原点。

2. 实操题

用 LAD 语言编写 PLC 采集到机器人 1 轴和 2 轴原始数据循环右移 16 位程序。

参考文献

[1] 刘美. 航空发动机气路系统数字孪生技术研究与开发 [D]. 哈尔滨：哈尔滨工业大学，2020

[2] 耿琦琦. 基于数字孪生仿真建模的机器人状态监测技术研究 [D]. 重庆：重庆邮电大学，2020.

[3] 佚名. 数字孪生：数字与物理世界融合之桥 [J]. 软件和集成电路，2018（19）：28-33. DOI：CNKI：SUN：RJSJ. 0. 2018-09-009.

[4] 李浩. “孪生兄弟”切割与焊接携手数字化 [J]. 造船工业，2012（4）：50-53.

[5] 时培昕. 数字孪生：数字与物理世界融合之桥——数字孪生的概念，发展形态和意义 [J]. 软件和集成电路，2018（9）：28-33. DOI：CNKI：SUN：RJSJ. 0. 2018-09-010.

[6] 冯浩. 数字孪生数据驱动设计过程复杂性合成及演化机理研究 [D]. 天津：河北工业大学，2020.

[7] 惠恩明. 数控机床数字孪生自主感知技术研究 [D]. 武汉：华中科技大学，2020.

[8] 张明文. 工业互联网数字孪生技术应用初级教程 [M]. 哈尔滨：哈尔滨工业大学出版社，2022.

[9] 宋海鹰，岑健. 西门子数字孪生技术：Tecnomatix Process Simulate [M]. 北京：机械工业出版社，2022.

[10] 于福华，魏仁胜，董嘉伟. 数字孪生技术及应用：Process Simulate 从入门到精通 [M]. 北京：机械工业出版社，2023.

[11] 蒋庆斌，周斌. 数字孪生与虚拟调试技术应用 [M]. 北京：机械工业出版社，2023.

[12] 何懂，肖琴琴. 数字孪生：产线工艺仿真 [M]. 北京：机械工业出版社，2023.

[13] 惠记庄，王帅，朱斌. 面向智能制造仿真实验的产线数字孪生建模 [J]. 实验技术与管理，2024（1）：150-157.

[14] 张永平，左颖，刘博，等. 数字孪生车间制造运营管理平台 [J]. 计算机集成制造系统，2024，30（1）：1-13.

[15] 张琛，黑晨菲，李晶. 自动上下料系统的数字孪生模型构建与虚拟仿真调试方法 [J]. 制造业自动化，2024，46（1）：45-50.

[16] 谢远龙，王书亭，郭卉等. 教育数字化转型下数字孪生驱动的机械工程专业人才培养 [J]. 高等工程教育研究，2023（6）：47-53.

[17] 周高伟，沙杰，刘梦园，等. 基于数字孪生的加工生产线虚实交互技术研究 [J]. 机电工程，2024，41（2）：337-344.

[18] 熊瑶，费敏锐. 虚拟制造+数字孪生发展及应用实践 [J]. 自动化仪表，2023，44（8）：1-14.